Frank Lloyd Wright

An Autobiography

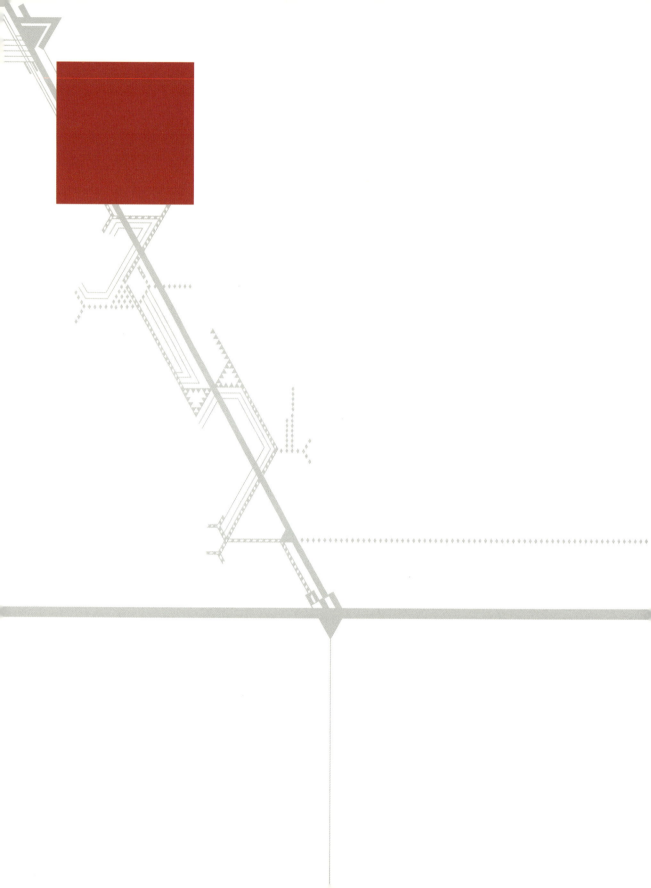

一部自传
弗兰克·劳埃德·赖特

[美]弗兰克·劳埃德·赖特 著

杨鹏 译

生活·讀書·新知 三联书店

Simplified Chinese Copyright © 2023 by SDX Joint Publishing Company.
All Rights Reserved.
本作品简体中文版权由生活·读书·新知三联书店所有。
未经许可，不得翻印。

图书在版编目（CIP）数据

一部自传：弗兰克·劳埃德·赖特／（美）弗兰克·劳埃德·赖特著；
杨鹏译．—北京：生活·读书·新知三联书店，2023.3
ISBN 978-7-108-07467-6

Ⅰ．①一…　Ⅱ．①弗…②杨…　Ⅲ．①赖特（Wright, Frank Lloyd1867-1959）-自传
Ⅳ．① K837.126.16

中国版本图书馆 CIP 数据核字（2022）第 156965 号

责任编辑	刘蓉林
装帧设计	康　健
责任校对	曹秋月　张　睿
责任印制	宋　家
出版发行	生活·讀書·新知 三联书店
	（北京市东城区美术馆东街 22 号 100010）
网　　址	www.sdxjpc.com
经　　销	新华书店
印　　刷	天津图文方嘉印刷有限公司
版　　次	2023 年 3 月北京第 1 版
	2023 年 3 月北京第 1 次印刷
开　　本	787 毫米 × 1000 毫米　1/16　印张 38.5
字　　数	679 千字　图 51 幅
印　　数	0,001-5,000 册
定　　价	168.00 元

（印装查询：01064002715；邮购查询：01084010542）

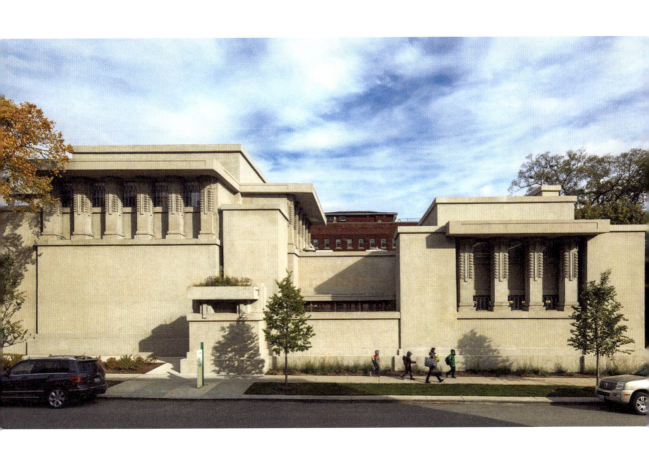

统一教堂

罗比住宅

蜀葵住宅

塔里埃森　　　　　　　　　　　　流水别墅

第一雅各布斯住宅

西塔里埃森

纽约古根海姆博物馆

目 录

译者序 ··· 1

第一卷 家 族 ·· 1
第二卷 结 缘 ·· 71
第三卷 事 业 ··· 143
第四卷 自 由 ··· 323
第五卷 形 式 ··· 403

后 记 ·· 592

附录一 弗兰克·劳埃德·赖特年表 ··· 594
附录二 赖特的"世界文化遗产" ·· 597
附录三 美国建筑师协会认定的"十七座最重要的赖特作品" ······· 598

译者序

一位读完了本书译稿的朋友，认为这是"一个精彩的电影剧本"。这种评价出乎我的意料，但是仔细想来，的确非常恰当。

很显然，作者借鉴了他所崇拜的雨果惯用的笔法。雨果的每一部小说，都像带有完整分镜头的电影剧本。这部自传和《悲惨世界》《巴黎圣母院》一样充满鲜活的人物、精彩的对话，当然也屡屡出现雨果式的大段抽象议论。

如果把这个剧本搬上银幕，你会看到男主角的形象在令人目眩地变换：顶着烈日锄草放牛的少年，校园舞会上出丑的大学生，在东京的陋巷里搜买浮世绘的艺术商，三次婚姻中的丈夫，七个子女的父亲，涉及私奔、火灾、谋杀、诱拐和破产而频频见报的社会名人，监狱铁窗下熬过寒夜的被告，驾驶着敞篷轿车横穿半个美国的花甲老者……

这就是弗兰克·劳埃德·赖特的人生吗？

是的，赖特用他长达九十二年的人生，验证了他喜爱的英国诗人威廉·布莱克的诗句——"丰盛即美"（Exuberance is Beauty）。

当然，他"丰盛"的人生还有另一部分内容。以上种种形象终归只是他的"客串"。他的主业是从事世界上最伟大（没有之一）的艺术种类。在六十多年的建筑师生涯中，赖特总共设计了一千一百座建筑，其中约五百座建成。包括"流水别墅"和纽约"古根海姆博物馆"的二十五件作品，被美国政府列为"国家历史名胜"（National Historic Landmark）。赖特被他从未加入过的美国建筑师协会，评为"有史以来最伟大的美国建筑师"（the greatest American architect of all time）。他的八件代表作（六座住宅和一座教堂、一座博物馆），作为一个系列项目被列入联合国"世界文化遗产"。

当七十五岁的赖特为洋洋洒洒的《一部自传》画上句号时，他正准备迎来事业的又一个高峰。此刻，他所有建成作品中的大约三分之一尚未开始设计。很可惜，这一神奇的事实也是本书最大的缺憾。在生命的最后十几年，赖特把所有的时间都用于攀登建筑的新高峰，无暇增补他的文学遗产。因此，我们无缘看到他描述"古根海姆博物馆"等杰作诞生的过程。

赖特本人未必认为这是多么严重的"缺憾"。

毕竟，他生命中最后的十几年里一片坦途，荣耀与成功如潮涌来，生活似乎不再那么"丰盛"了。而丰盛的生活才是他追求的终极目标。这样我们就不难理解，为什么《一部自传》里长篇累牍地介绍他野餐带了哪些美食、他如何被记者和律师们纠缠，却没有更详尽地描述他的更多建筑杰作。

他最引以为豪的或许不是任何一件作品，而是他享受（某些时候是忍受）的丰富人生。

话虽如此，这毕竟是一位建筑师的自传。作品仍是这棵大树的主干。

值得注意的是，名震寰宇的"流水别墅"在数十万字的《一部自传》里，居然只占据寥寥几行，一笔带过。而另外几座知名度较低的作品，各自都有七八页的详细描述。我推测，那是因为"流水别墅"在他自己心目中无足轻重。如果让晚年的赖特给自己的作品排座次，"流水别墅"未必能进入前二十位。在山清水秀之处，没有任何限制的豪华民宿，只是他抖抖袖子的戏作。他晚年的事业重心，是解决"尤松尼亚住宅一号"这样的难题。在街边狭窄的用地里，为手头拮据的普通的三口之家，建起能长久生活的小房子——并且是全美国最早拥有地板采暖的住宅。

《自传》里提到的大多数代表作，都得到了妥善的维护。例如，"统一教堂"历经百年中的多次维修，仍在正常使用。他的长孙埃里克（建筑师劳埃德的儿子）也是建筑师，参与了包括"统一教堂"的多个赖特作品的维修。"巴恩斯道住宅"（蜀葵）已经开放为博物馆。约翰逊制蜡公司（在中国的名字是"上海庄臣"），像大教堂一样的总部大楼依然身体健壮，目前它的主要角色已经不是办公，而是这家跨国公司最宝贵的企业文化遗产，每年迎接数以万计来自世界各地的参观者。

令人遗憾的是，现代建筑史上最重要的杰作之一，赖特极为得意的拉金办公大楼，因拉金公司破产，于1950年被拆毁——原址成为一个停车场。在自传中占据篇幅最多的作品——东京帝国饭店，于1968年被拆除——原址建成了十七层的新帝国饭店。拆除的主要原因，是它地处东京的核心区，只有不到三百间客房，无法满足商业需求。此外，赖特当年把帝国饭店设计得像一条大船浮在泥塘上，曾帮助它抵抗住了关东大地震，但是也造成建筑整体持续向下沉降。所幸，日本与赖特还有一段缘分未了。饭店精美的大门厅和建筑前方的水池，被细心地拆解，在爱知县犬山市的露天博物馆"明治村"原样重建。

赖特本人最钟爱的作品，还是他自己的家。这一点也是他在现代建筑大师群体中保持鹤立的原因之一。按照常理，建筑大师自己的家，应当都是建筑杰作。事实却并非如此，有谁知道柯布西耶、密斯的家是什么样子呢？

赖特的三处家园，目前都是游人如织的博物馆，一切都像是他留下的样子。橡树园的家里，壁炉上刻着"Truth is Life"（真理就是生活）。山谷里的塔里埃森，小剧场的门楣上方刻着贝多芬《悲怆奏鸣曲》第一乐章的几行曲谱。沙漠里的西塔里埃森，粗糙的石墙上，挂有一块铜板，刻着："The reality of the building does not consist in the roof and walls but in the space within to be lived in。"这是《老子》第十一章中"凿户牖以为室，当其无，有室之用"的意译。

赖特的另一件重要作品，就是《一部自传》。

在有关赖特的上百本学术专著当中，它享有极其独特的地位。尽管时常思维跳跃、有时刻意地闪烁其词，但仍它不啻为探究赖特的思想和人生的最佳线索。

从1926年起的数年时间里，经济大萧条与赖特"臭名昭著"的私生活产生叠加效应，造成他几乎没有建筑项目可做。这时的赖特接受了夫人的建议，开始写作《一部自传》。相当于本书前四卷内容的第一版于1932年发行，获得了巨大的成功。随即于1933年和1938年再版。而后，经历了"复苏"的赖特补充了第五卷，并且对前四卷加以删减，1943年发行了最终的"定本"。其英文版于1945年、1957年、1977年和1998年，由不同出版社多次再版。中文版所依据的是美国石榴出版社（Pomegranate）的2005年版本。

每一卷前面的插页都有赖特亲自设计的线条图案，抽象地体现该卷文字的主旨。前四卷序曲的主题，是按照冬、春、夏、秋顺序排列的四季，这些都是建筑师用心良苦的布局。

想必很多读者会注意到书名里的"弗兰克·劳埃德·赖特"。为何写上这么啰唆的全名？书店里的英美名人传记，大多是类似《华盛顿传》或者《托马斯·爱迪生传》这样的书名。某些传记的英文原著可能包含中间名（middle name），但是中文版为了简洁起见，则极少保留。实际生活中，美国人的中间名，一般也只在少数场合或正式文件里出现。赖特则有所不同。他在各种场合做自我介绍，总是报上全名，中间名"劳埃德"永不离身。一部分原因，恐怕是老先生故作鹤立鸡群之势；更深层的原因，则是强调他母亲一方的威尔士血统。"劳埃德（Lloyd）"是典型的威尔士姓，也是他外祖父的复姓"劳埃德-琼斯"的一部分。相对于外来的盎格鲁-撒克逊人，威尔士人是不列颠群岛的土著凯尔特人的后裔。直到现代社会，威尔士人仍保留着某些鲜明的文化特征。威尔士语和英语的差异，远大于英语和德语之间的差异。"劳埃德"相当于赖特的文化名片，表明他和盎格鲁-撒克逊气质的美国文化主流划清界限。

本书第一卷的童年和少年时代，赖特采用了第三人称。这种别致的写法，是效仿他的恩师路易·沙利文。沙利文的自传 The Autobiography Of An Idea，目前尚无中译本，从童年写到中年，全书都采用了第三人称。在第三卷里，赖特饱含深情地描写他去探望垂危的沙利文，沙利文激动地把他的自传样书题赠给这位著名的弟子。

迄今为止，这部书的译本包括德语（1955年出版）、法语（1955年与1998年出版两种不同译本）、意大利语（1957年、1998年出版两种不同译本）、日语（1988年出版）以及韩语（2004年出版）。

在赖特的有生之年，数以百计的年轻人从美国各地，从墨西哥、意大利、中国和印度，来到他身边充当学徒。其中有些人并没有建筑专业的基础，也不甚了解赖特的作品，只是因为读了这本自传，就毅然做出改变自己一生的决定。

仅举两例。1932年，从密歇根州某社区学院英语系毕业的青年约翰·劳特纳（John Lautner，1911—1994）接受了他母亲的建议，来到塔里埃森学习建筑。日后，劳特纳成为赖特的"有机建筑"最重要的继承人之一。他于九十年代去世的时候，已经是美国现代建筑史不可忽略的人物。而当年母亲的决定，直接来源于她刚刚读完的《一部自传》。

类似的故事也发生在印度。1945年，即将从孟买建筑学院毕业的曼辛·拉纳（Mansinh Rana，1921—2012），在学校图书馆读完了《一部自传》，随即决心远赴重洋，于1947年加入赖特的学徒会。在大师身边的几年，塑造了这位日后尼赫鲁非常器重的著名建筑师。

我之所以有勇气将这部书译成中文，正是因为我坚信自己有限的语言能力和学识，也无法削弱它蕴含的力量。作为一个蹩脚的建筑师，我从这本书里学到：只有思考整个世界，才可能成为一名出色的建筑师。如果仅仅思考建筑，即使你的作品能够体面地建成，它多半只是对于模仿品的再模仿，你本质上仍然只是一个出色的绘图员。

作为人口两千万的大都市中的一个原子，我发现书中写于八十年前的预言已经成为现实：行人无路可走而汽车只能慢慢蠕动、拥挤的地铁和公共汽车剥夺人们起码的尊严。这究竟是人类进步的标志，还是大家都有幸分享的耻辱？作为一个父亲，我甚至可以从书中汲取教育孩子的经验。

我在此感谢世纪文景出版社的多位编辑,把这本书引进中国并使之于2014年顺利面世;也感谢三联书店的编辑刘蓉林促成了它的再版。

我在此感谢赖特基金会(Frank Lloyd Wright Foundation)的玛戈·斯蒂普(Margo Stipe),她帮助我破解了原文中的许多掌故与难点。我的美国朋友庞博(Peter Bandonis)和日本朋友百町新歌,也在翻译过程中给予我热情的帮助。

感谢维基百科,使我能够足不出户就查到大量极有价值的资料,为没有任何注解的英文原著补充数百条注解。它无处不在,却又无影无形。世界上各个角落里互不相识的人共同努力,在某种程度上实现了赖特理想中的"广亩城市"。

感谢我的父母、我的妻子和儿子悠悠。他们的理解和支持,让我在利用两年的业余时间翻译的过程中,虽然饱尝艰苦但终未放弃。

最后,还要感谢美国歌手保罗·西蒙(Paul Simon)。他的那首歌 *So Long, Frank Lloyd Wright*,也是我在疲惫中坚持下去的动力之一。歌中唱道:

Architects may come

and Architects may go

and Never change your point of view.

When I run dry

I stop awhile and think of you.

杨鹏

2012年5月

北京双桥

2017年3月

增补于北京三义庙

2021年10月

再补于北京三义庙

BOOK ONE . FAMILY

第一卷　家族

BOOK ONE. FAMILY

序曲	5
男孩	7
母亲	12
巴赫	15
礼物	18
与世界对立的真理	20
汗水，更多的汗水	22
"詹姆斯舅舅！"	27
致母牛！	28
星期天	32
罗比	36
回忆	40
男子汉	44
马	47
母猪	48
牛	48
母鸡	50
锄头	50
九牛二虎之力	52
宁静！美丽！欣慰！安歇！	53
父亲	54
大学一年级的舞会	60
惨剧	63

序　曲　　　　　　　　　　Prelude

雪后初晴，起伏的田野在清晨的阳光下晶莹闪烁。白茫茫的田野上，点缀着一堆堆金色的干草垛。雪地里露出黑色的草茎，像一根根纤挺的直线闪着金属的光泽，草茎顶端的草穗子在风中轻轻颤动着。在阳光下的雪地上，这些线和点画出蓝幽幽精巧的阴影，织出一幅比它们自身更丰富的图案。

"过来，小家伙，"约翰舅舅叫着他九岁的小外甥，"快来，我教你在雪地里应该怎样走。"

他把头上的宽檐帽拉得更低一些，蓝色的双眸望定山坡上的目标点，然后牵住孩子的手，开始笔直地穿越这片白茫茫的田野。

既没有向左也没有向右歪斜，他笔直地朝着目标点，迈着坚定而专注的脚步。

可是不一会儿，孩子就被雪地里露出的干草吸引了。它们蓝幽幽的影子投在雪地上，织成了神奇的几何图案。他的手套还紧握在舅舅的大手里，人却跑开了。

他先向左边跑去，从草茎上摘下几束流苏一样的穗子；再跑到右边，去摘一些更漂亮的穗子；然后又跑回左边，在几茎颜色更深也更鲜艳的枯草中挑选他的目标。更远处，有几根高高立着的金色草茎顶着深褐色的流苏。他跟在约翰舅舅身后，一边冷得打着哆嗦，一边兴高采烈地跑来跑去，捡起越来越多的"野草"，直到两只胳膊抱拢了满满一束。

走过很长一段路，到达了山坡上选定的目标点。约翰舅舅转过身来望回去。

这个威尔士人坚毅的脸膛上，露出满意的笑容。雪地里，他的脚印画出一道直线，好像绷紧了的琴弦。

孩子抱着一大束干草跑了上来，仰着红彤彤的小脸望着舅舅——看看我找到了什么！

舅舅严肃地看了孩子一眼，仿佛是无言的教导。舅舅走出的脚印是笔直的长长一串，看似漫不经心，却是刻意做给他的榜样。而另一串脚印呢，摇摆不定地在寻找着什么，像绕来绕去的藤蔓随意地缠着笔直的那一串。舅舅指着那两串脚印，目光中带着和善的责怪。

他们两人一起望着山下。快要冻僵了的小手，又钻回粗壮的大手握着的手套里。舅舅用宽容的微笑抚慰着略带惭愧的小脸。孩子若有所悟，却又似懂非懂。

约翰舅舅的意思非常明了——不要向左右两边摇摆，你要走的道路应当每一步都笔直地向前。

孩子看看他找到的财宝，再望望约翰舅舅引以为豪的脚印。除了舅舅的本意，他还悟出了一些舅舅不希望他领悟的道理。

他有些困惑，约翰舅舅的教导漏掉了生命中某些最有意义的东西。

家　族　　　　　　　　　Family

The Boy

男　孩

　　在维多利亚时代[1]的威尔士[2]，有一个身材魁梧的帽子匠。他做的帽子是一种尖尖的黑色圆锥，就像骑着扫帚的巫婆们戴的帽子。威尔士人也戴这种奇怪的帽子。这个帽子匠对他的手艺格外自豪。在集市上，每当有顾客在他的摊子前驻足，他都会把自己做的帽子扔在地上，说道："踩上去试试！"

　　每逢星期天，他都向周围的人布道。胸中永远有一团火焰，他总是瞪着黑黑的眼眸，执着地追问人如何才能真诚地面对上帝。然而，身边所有人的答案都不能令他信服。

　　他名叫理查德·琼斯，一个热情却又孤僻的唯一神派[3]教徒。有一位来自古老的威尔士家族的姑娘玛丽·劳埃德，听过他的布道，爱上了他。

　　　　有义人行义，反致灭亡；有恶人行恶，倒享长寿。
　　　　不要行义过分，也不要行恶过分。因为敬畏神的人，必从这两样出来。[4]

　　于是，她不顾父母的反对，追随自己的信仰，也追随了他。即使她富有的家庭看不上这

---

[1] 通常指 1837—1901 年，即英国在维多利亚女王统治下的时间。——译者注，全书同
[2] 威尔士，英国的一部分，在英格兰西侧。威尔士人的祖先为凯尔特人，与英格兰主流的盎格鲁-撒克逊人不同，有自己的语言及原始宗教崇拜。
[3] 唯一神派（Unitarian），基督教的一个分支教派，否定三位一体，强调以唯一的上帝为信仰核心，更近于自然神崇拜。
[4] 《圣经·旧约·传道书》7：15—18，是所罗门王对耶路撒冷臣民的宣讲。

个倔强的汉子,那又何妨。她爱他,所以信赖他。

他们在一起有了七个孩子,这个家庭的姓氏改成了"劳埃德-琼斯"。

后来,他的自由直言触犯了周围保守的人,因此,这个唯一神派教徒想到了美国这片乐土。他带着娇小的妻子和七个孩子漂洋过海,向西来到这个崭新的世界。在那里,他要凭借强健的体魄耕耘一块自己的土地,建起自己的家园。在那里,他可以自由地信仰和表达,因为人是生而自由的。

五十三岁那一年,这位也是布道者的帽子匠带着他的托马斯、约翰、玛格丽特、玛丽、安娜、詹金和南妮,成了威斯康星[1]土地上的拓荒者。

小南妮在旅途中夭折,被孤独地留在了陌生的地方。

他们乘木船顺运河而下,再坐汽船驶过大湖,途经密尔沃基,到达艾霍尼亚。在那里度过的六年,迎来了四个新的小生命:爱伦、简、詹姆斯和伊诺斯。然后,这个大家庭找到了威斯康星河[2]畔的这座山谷。

"山谷",是日后全家人对他们钟爱的这片沃土的爱称。它依偎在两座舒缓的山丘之间,谷内地势较高的一端被另一座山丘分成两个更小一些的山谷,各有一条溪水从中流出,在他们的农场附近汇成一条更宽的溪流,再一路向前汇入威斯康星河。从附近的小山丘上望去,山谷里地势较低也较为开阔的一端,是溪流冲积成的支汊交错的沙洲。这片不生树木的沙石地,曾经是远古时代威斯康星河的河床。

当外祖父和他的孩子们开垦这片处女地的时候,友善的印第安人还常常在周边出现。

家里的长子托马斯是个木匠,他在山丘向阳的缓坡上盖起一座小屋。外祖母领着孩子们在小屋四周和门前的小路旁,栽下一株株挺拔的香脂白杨和伦巴第白杨。橡木板钉成的曲尺形状的围栏,沿着小路两侧一直延伸到山顶和山丘北坡的树林深处。

向阳的南坡过于干燥,除了裸露出岩石断层的地方之外,基本上没有植被生长。他们房子的屋顶仿照威尔士的传统样式铺着茅草。墙面是托马斯和弟弟们一道钉起来的木板和木瓦,俭朴却很"现代"。厨房是倚在屋后的一间棚子,一段露天阶梯通向厨房下面石头砌成的地窖。屋子不远处另有一个小储藏室,部分埋在地下,部分露出地面被草地覆盖着。

---

[1] 美国中部州名,赖特一生大部分时间在这里生活。下文密尔沃基和艾霍尼亚为本州地名。
[2] 密西西比河的一条支流,发源于威斯康星州北部。

在这片"山谷"里,威尔士来的拓荒者理查德·劳埃德-琼斯,带着他的十支血脉和一道伤痕,在他憧憬过的美国大地上扎下了根。如今,这里是他安居的乐土。

无论是船行在运河上还是大湖里,还是全家暂宿在客栈里,所到之处,他从未停止过布道。他身边总有心怀崇敬的听者分享他的激情和虔诚。虽然他朗读《圣经》时带着独特的语调和浓重的威尔士口音,但是没有人误解他的意思。听者常常会从他布道的言语里感受到新鲜的含义,重新思考他们的信仰。他不仅仅是在土地上拓荒,也是在愚昧的地方点燃精神之火。

在艾霍尼亚,他加入了一个教会。但是又一次,他所信仰的"人生而自由,所以自由地信仰"受到压制。当教会要对他进行审问,他说道:"不必劳神。若是冒犯了诸位,我自会离开。但是我的思想不会屈服。"

他把古老的德鲁伊教[1]的圣符⚒用作家族的徽纹,它象征着"与世界对立的真理"。外祖父的布道秉承着先知以赛亚的意志:"草必枯干,花必凋残,唯有我们神的话,必永远立定。"[2] 他的孩子们都要反复颂读《以赛亚书》第四十章,直到熟记于心中。

他的一个小外孙渐渐长大,萌生出对以赛亚的怀疑。难道因为注定会凋谢,鲜花就不配更娇艳地开放吗?对于山谷里这些以耕种为生的人而言,草是多么的不可或缺啊!如果没有晒干的野草喂养牲畜挨过寒冬,连外祖父自己也难以生存。

自从以赛亚听到"我们神的话",千百年来,永远有鲜花在星光下合上它们的眼睛,又在阳光下睁开,再把种子撒进大地善意的胸膛。鲜花的生命似乎永不褪色,以赛亚听到的"我们神的话"却被口口相传,经过了无数次篡改……

或许最初并非如此。这些必将枯干的草和必会凋残的花,也同样蕴含着上帝的真理。在这一段如雷霆般自负的话语里,似乎流露着卑鄙的忘恩负义。

黑云滚过环抱着山谷的一座座山丘,狂风暴雨抽打着树林,吞没弱小的花草。风暴过后留下一片扭曲和毁灭的景象,让那个男孩看到了以赛亚的"审判"。

看呐!以这位先知的名义,地狱肆无忌惮地张开了"她"的巨颚。

祸哉!祸哉!这个词在男孩幼小的心灵里留下了沉重的一击——"祸哉!那些勇于

---

[1] 德鲁伊教(Druid),包括威尔士人在内的凯尔特人信奉的原始宗教,以橡树、巨石等为圣物的自然崇拜。
[2] 《圣经·旧约·以赛亚书》40:8,以赛亚是一位古代希伯来的先知,生活在约公元前8世纪,宣扬违背上帝意志者必受到严厉的惩罚。

饮酒，以能力调浓酒的人！"[1]即便是"所怀的胎"[2]也难以幸免。孩子们将被踢倒在脚下，遭到践踏。

以赛亚所敬畏的神无情地鞭挞着渺小的芸芸众生，从不抹去四溅的血污，从不满足于面前的累累伤痕，而是不断用可怕的巨掌更加无情地猛击。

然而，以赛亚告诫世人，若你胆敢与"他"（谁也无从判断"他"指的是以赛亚自己还是他的神）论理争辩，你的罪孽必将像雪地那样洁白。为什么呢？

这位被奉作先知的神圣斗士，以他自己的理解来描摹上帝的意志，以他自己的欲求来界定美德，因为他的欲求恰恰是痛苦而不是快乐。

把这些注入一个孩子的头脑，这是何等的诅咒啊！对于一个孩子，还有什么样的鞭打比这更恶毒？对于一个孩子，还有什么样的教导比这更可怕？

小外孙时常看见他敬畏和热爱的外祖父，像一个威武的酋长，须发皆白，腰板挺直地坐在那匹名叫"提摩太"[3]的马上。他双脚踩在马镫里，左臂挂着牧羊鞭，腋下紧紧夹着那本寄托着他信仰的《圣经》。这位以赛亚的信徒纵马奔驰，从来不曾掉落那本圣洁的书。

从星期一到星期六，外祖父信奉的福音是辛勤的劳动。他毫不留情地教他的孩子们，如何在早已筋疲力尽的时候，为了更多的劳动流淌更多的汗水。他率领着子孙们伐倒大树，在亘古以来蛮荒的丛林中，开辟出人烟的生机；为造化的表情，填上一抹人间的笑容。

有时候，路过这里的印第安人会在他的家门口留下一些鹿肉。他会放一些烟叶作为交换，因为他自己也抽烟斗。他的烟斗让他饱受全家人的责怪。外祖父对孩子们一向严厉。如果某个孩子不小心在盘子里多倒了高粱糖饴，外祖父会毫不偏袒地要求他全都吃光——你的"眼睛不能大过胃口"。这种严厉得到全家人的尊重，但是他们难以谅解也无法容忍他的烟斗。

最终，外祖母用她的爱缓和了外祖父的倔强。她教会他如何利用烟斗缓解他的哮喘。[4]

他克服了哮喘，而烟斗也陪伴着他直到生命的终点。

---

[1]《圣经·旧约·以赛亚书》5：22。
[2]《圣经·旧约·诗篇》127：3："儿女是耶和华所赐的产业。所怀的胎是他所给的赏赐。"
[3] 提摩太（Timothy），公元1世纪的基督教圣徒，《圣经·新约》中有《提摩太前书》《提摩太后书》。
[4] 对于哮喘病人，抽烟斗比抽纸烟对气管伤害略轻。

外祖母的慈爱交织着外祖父的倔强，把他们的十个儿女永远牢固地维系在一起。

在山谷里安家十年后的一天，外祖母安详地离开了。外祖父亲手搭起一座亭子，供她的遗体下葬前暂时安放。虽然失去了自己生命中的光辉，但是外祖父仍然坚强地领着孩子们，站在亭子前为她祈祷。多年以后，那一次祈祷依旧萦绕在孩子们脑海里，依旧是他们听过的最美丽的祈祷。

又过了十一个年头的某一个夜晚，八十七岁的外祖父在他的床榻上安然睡去了。他的精神，依旧没有"屈服"。

外祖父的精神在美利坚的处女地上生生不息。这片崭新而广袤的国土，是他和许多远道而来的人心目中的自由。他在其中的一角种下一个来自威尔士的小部落，让它在土地里生根发芽，与周围生长的万物为伴。

土地！它给予理查德·劳埃德-琼斯这样的拓荒者无所不包的深厚、宽广和美丽。他与田间的石头立约，[1] 他自己仿佛就是葱绿的山崖下露出的一块岩石。他建起一个自己的小世界，外面是一重重更大的世界。重重叠套，永无止境。

他不在意那些百合花如何生长。[2]

瘦小的外祖母就是他心中的一切。

美向所有坚强的人走近，虽然有时候带着伪装，不易察觉。

他的子孙后代继承了他的秉性，但是温柔的外祖母给他们心中添了一份在意"百合花"的温情，教会他们对"花必凋残"的同情，对"草必枯干"的感恩。

山坡的草地上有一株"母亲的松树"，那是她疼爱的另一个孩子。这个小生命被瘦小的外祖母种在那里，却被粗心的割草人划伤了。看到有人要把树苗拔起来扔掉，她赶忙拦住："不要拔，把它留给我。"她取来针线筐，跪在树下的草地上。先用松脂填平树干上的伤口，然后用一块厚实的粗布把树干裹紧，再细细地缝好。

今天，那株白松已经长成七十五英尺高！虽然被雷电击中过两次，但是和众多因人类而

---

[1]《圣经·旧约·约伯记》5：22："你遇见灾害饥馑，就必嬉笑。地上的野兽，你也不惧怕。因为你必与田间的石头立约，田里的野兽也必与你和好。"

[2]《圣经·新约·马太福音》6：28，耶稣对他的门徒说："何必为衣裳忧虑呢。你想：野地里的百合花怎么长起来；它也不劳苦，也不纺线。"

消失了的同伴相比，它始终巍然屹立，像一件高贵的标本。

外祖母心爱的伦巴第白杨，曾经沿着小路连绵地爬上山坡，如今只剩下零星几簇。她栽下的香脂白杨，其后代已经遍及山谷周边你想不到的地方。

还有她种在家门前的丁香和石竹花，已经繁衍成一簇簇茂密的花丛，装点着大路两旁。

在这片充满着劳动、歌唱和祈祷的威斯康星原野上，有一个劳动者的身影，属于安娜姐姐。她的儿子就是那个对以赛亚心生疑惑的小男孩，约翰舅舅用雪地里的脚印教导过的小外甥。

安娜是劳埃德-琼斯家的第五个孩子。离开威尔士那年她刚刚五岁，却像男子汉一样走起路来昂首阔步。她有着俊俏的鼻子和满怀梦想的深栗色眼眸，饱满的额头前飘动着同样深栗色的秀发。在她的沉静和优雅下面，埋藏着热情和力量的火焰。

从很小的时候起，安娜就深爱着教育。整个家族都把教育视为救赎之路。唯有教育才能使人摆脱野蛮，有别于兽类。并且，唯有教育能够打开枷锁，把美从宝库中解放出来，融进生命的点点滴滴——在这一点上，她错了。她相信教育是上帝直接的显现，指引世人靠近美，但是她也热爱美的事物自身。

长大以后，她成了一名乡村教师，每天骑着马翻过一座座山丘，穿过一片片树林，往返于家和学校之间。时至今日，已经老态龙钟的乡邻们提起他们的老师"安娜姐姐"，依然满怀敬意。

The Mother
母　亲

她教书的学校时常改换，但总是在离家数英里之外。偶尔，当农活儿需要用马的时候，她就徒步去到学校，但是通常她会骑马往返。策马穿过寂静幽深的树林，跃上山岗，俯瞰草地被春日染成诱人的嫩绿，山林被秋天染成绚丽的火红。最壮美的景色是冬日里，白雪下沉睡的山丘好像僵卧着的远古巨兽。时常，她是在人烟稀疏的夜色下独自回家。

雨天里她一如既往，只不过有时候会戴一顶镶铜扣子、有檐的蓝色军帽；有时候不戴帽

1869年（2岁）

子，任由雨水打湿她的头发。她认得路边的各种蕨草、野花，还有惊走的动物。沿路丛生的浆果、李子和野葡萄等着她连枝权摘下来，挂在马鞍旁一边赶路一边品尝。

没有人知道，那时候的安娜何以会产生一些在当今也称得上现代的观念。唯一的解释，是她在大自然里最直接也最原始的抗争，还有她父亲传给她的坚毅的信念——"你遇见灾害饥馑，就必嬉笑。地上的野兽，你也不惧怕。因为你必与田间的石头立约，田里的野兽也必与你和好"。想必是这"与田间的石头立约"，为她充满想象的精神世界注入了力量。

这本书的主角是她的第一个孩子——弗兰克。

他是安娜姐姐的合法婚姻所生。安娜嫁给了一个符合她对"教育"的憧憬的男子。他是一个巡游布道的牧师，来自康涅狄格州的哈特福德。遇到安娜的时候，他的身份是乐师，正在威斯康星州独石镇附近的乡间教人唱歌。

结婚那一年她二十九岁，他比她年长十七岁。这位音乐教师堪称教育的产物。他出身于知识阶层的家庭，詹姆斯·洛厄尔[1]是其家族的一员。爱丽丝·卡里和菲比·卡里[2]是他的远亲。他借用了这一对姐妹的姓当作自己的中间名。

他名叫威廉·拉塞尔·卡里·赖特。他曾经孜孜不倦地求知，最初在阿默斯特学院[3]求

---

[1] 詹姆斯·洛厄尔（James Lowell，1819—1891），美国诗人。
[2] 爱丽丝·卡里（Alice Cary，1820—1871）和菲比·卡里（Phoebe Cary，1824—1871），美国诗人姐妹。
[3] 马萨诸塞州的阿默斯特学院（Amherst College），创办于1821年的私立大学。

学,尔后做了药剂师,发现那并非真正的科学。于是又转投法律——然而希望再一次落空。正当这时,他听到了"召唤"——在遥远的宗教改革年代[1],他那些做牧师的英国祖辈曾经听到过的召唤。是安娜帮助他听到了这召唤,他们结婚后不久,他也成了一名牧师。但音乐仍然是他永恒的慰藉。当一切都离他远去的时候,音乐是他最后的朋友。

儿子出生之后,丈夫和妻子之间出现了隔阂。安娜将整个身心倾注于孩子,疏远了丈夫。而丈夫似乎从未看重这个孩子。妻子对他的爱并未减少,但她对某种东西爱得更多,某种能实现她内心的热忱和渴望,实现她梦想的东西。

她说,她的儿子将会创造出美丽的建筑。这个未来的母亲衷心地信赖胎教。她一面悉心照看自己的身体,一面在头脑里憧憬着壮丽美好的事物。她始终坚信自己腹内孕育着一个男孩。

美丽的建筑吸引着安娜。她从丈夫订阅的一份《老英格兰》画刊上,拆下十幅整张的插页。她把这些画着古老的英国大教堂的木刻版画用橡木条装好框,挂在以后将属于儿子的房间墙上。

那个男孩儿出生之前,她就希望他日后成为一名建筑师。

里奇兰是威斯康星州一个丘陵环抱的小镇。在那里,父亲既做牧师,也间或帮人打打官司、教教音乐。在那里,母亲的儿子降生了。

那一刻意味着憧憬落幕了,"教育"开始了。

男孩儿三岁而他妹妹刚一岁大的时候,父亲被派往波士顿附近韦茅斯的一座教堂任职。那时节前后,男孩儿的祖父在康涅狄格州哈特福德的家中去世了。这位九十九岁的老人,上楼走进自己的房间,在烛光下给三个儿子分别写了一封信,然后躺在床上,像男孩儿的外祖父一样在睡梦中安歇了。

远离了山谷里劳埃德-琼斯家的领地,这个小家庭向东部迁移。经过父亲的家乡哈特福德,继续前行,在波士顿郊外安顿下来。当地的民众仍然对宗教怀有热情,但是这里的环境和信仰的氛围,都与山谷里的不同。

古老而沉闷的韦茅斯,有一座高高的白色砖砌教堂。不远处一栋灰色的小木屋里,住着

---

[1] 16世纪的英国推行宗教改革,由信奉天主教改为信奉新教。

1870年（3岁）

高挑清秀的母亲、她的儿子和女儿简（以母亲妹妹的名字命名）。

前一天晚上的募捐餐会几乎耗尽了家里的所有食品，只留下二十三张南瓜馅饼还摆在橱柜里。难怪母亲因为思念家乡的山谷而日渐憔悴。

Bach
巴 赫

一个神情紧张、牧师打扮的人坐在教堂的管风琴前。他时常在这里弹琴，这一次正在弹奏巴赫。管风琴背后一间黑乎乎的小屋里，是巨大的风箱和木柄的鼓风杠杆。一盏昏暗如豆的油灯伏在铅质的标尺上，随着标尺上下跳跃，标示出演奏时鼓风的风量。一个七岁的小男孩儿，紧盯着标尺，一边哭着，一边拼尽全力压下杠杆。

乐声从音管中涌出，以恢宏的力度震撼着教堂墙壁上的彩绘玻璃。小男孩儿拼命地使劲儿鼓风，他很清楚要是自己松手的话，会受到什么样的惩罚。一个悠长的颤音响起，好像是孩子心中对远方温馨的期盼。这时候，鼓风可以稍微轻松一些。

他止住眼泪，停下手，屏住呼吸地聆听着。他忘记了自己的职责，仿佛被音乐带走了。忽然间他想起些什么，及时地用尽全身力气开始鼓风，让巴赫的旋律重新迸发，迈出凯旋的

1874年（7岁）

步伐。雄壮的节奏似乎给他注入了新的力量，这一刻他变得精神饱满。但是，随着美妙的旋律无尽地回响，回响，孩子的脊背和胳膊酸疼难忍，眼泪又止不住地流下来。父亲永远也不会停下来吗？他觉得自己被遗忘了——的确如此。他还能坚持住吗？他攒足最后一点儿气力，绝望地盯着那跳动的标尺，压下鼓风的杠杆。音乐还不停下来吗？会的……会停的……因为他不能……

音乐戛然而止，音栓落回各自的音靴。键盘盖"砰"的一声合上。父亲在叫他："弗兰克！……弗兰克！"没有回应。

父亲的身影出现在窄小的门口。他看了孩子一眼，一言不发地拉起他的手走回家去。在家里，母亲见到孩子，明白了一切。她怨恨地看着父亲。

情形总是这样。丈夫和妻子的分歧总是在这个孩子身上爆发。母亲始终在护卫，而父亲在进犯。

小家伙儿一天天长大，变得惧怕他的父亲。

父亲教他音乐。在客厅里的施坦威钢琴前，急躁的父亲用铅笔敲打他手指的关节，让他的双手在琴键上保持正确的姿势。他也常常为父亲而自豪。每一个倾听父亲讲话的人都露出幸福的神情。星期天去教堂的时候，男孩儿会穿上母亲给他做的最漂亮的衣服，抬头望着正在布道的父亲,沉浸在自己眼前的另一个世界里。假如父亲和母亲能够看到那个世界里的景象,一定会惊诧不已。

家里的这个学生始终记得父亲"作曲"时的样子。他的手指和脸上满是墨水的痕迹,一会儿伏在书桌上奋笔疾书,一会儿把笔杆含在嘴里,走到钢琴前试奏刚刚写下的谱子。他的脸溅上墨水之后,变得可怕而诡异。

音乐都是在这种狂热和躁动之中写成的吗?男孩儿问自己,贝多芬作曲的时候也是这种模样?巴赫呢?

他想,贝多芬一定是在雨天里写出了他的那些作品,或者是快要下雨,或者是在阴云蔽日的时候。他相信,巴赫总是在明亮的阳光下创作,听着微风送来街道上孩子们嬉闹的笑声。

有时候,父亲会在客厅里弹琴直到深夜。男孩儿躺在床上一次次聆听巴赫和贝多芬,直到把它们铭记在心里。那一刻,生命对他而言仿佛就是一种聆听。

有时候,一扇门在他的面前敞开,他能够看清门里面美妙的深意;然后,门关上了,神奇的灵光朦胧淡去。然而,门里面永远蕴藏着某些深意。父亲教会了他把一部交响曲想象成一座声音筑起的大厦。

在费城举办的"百年博览会"[1]上,母亲在观光之余有了一项发现。回到韦茅斯的家中,她就迫不及待地赶往波士顿,找一家米尔顿·布拉德利[2]的玩具店。

家里的幼儿园!

她在博览会上看到了这些"礼物"。一套五颜六色的硬纸片,有些是亮光面,有些是亚光面,可以组合出各种鲜艳的几何图案。一套立体拼图,包括一些纤细的长杆和用作接头的绿色小圆球。一套质地光滑的积木块,有立柱插在装积木的盒子上,枫木做的几个方块、圆球和三角悬在立柱上,各自旋转就能变换出许多种图形。这个男孩儿体会到了建造的感觉——如何让形式变成情感。从那一刻起,这种感觉再也没有离开过他的指尖。

还有一套让人心动的硬纸板拼图。一个个三角形或者平行四边形,正面是纯正的深红

---

[1] 1876年在费城举办为庆祝美国建国一百年的"世界博览会"。
[2] 米尔顿·布拉德利(Milton Bradley,1836—1911),美国儿童游戏发明家和实业家。

色,背面和侧边都是白色。只要你赋予它们生命,它们就能在桌面上自然地组合出无比精巧的图案。

Gifts

礼　物

在小手灵巧的指间,跳动着一个色彩和形状组成的缤纷世界。或方或圆,拼成了彩色的图案,拼成了隐藏在周围万物的模样背后的各种形状。

有了它们,就可以去发明,去创造。这些"礼物"给韦茅斯的小屋里乏味的生活,带来了从未有过的快乐。母亲去波士顿听福禄贝尔[1]教育方法的课,回来教她的孩子们。收拾完家务,母亲和两个孩子坐在桌面亮堂堂的红木桌子前,一起探索这些"礼物"。

弗拉·安杰利科[2]画笔下的天使们,身穿艳丽的长袍,红色的、蓝色的和绿色的,最可爱的是黄色的,全都飞来在桌子上空飘舞。他们弹奏着金色的竖琴,简单的节奏在孩子们的脑海中萦绕,好像风的翅膀把种子撒在肥沃的泥土里。乔托[3]戴着一顶佛罗伦萨式的帽子,微笑着立在母亲的肘边。他若有所思的微笑预言着一种艺术的播种和收获,并非他自己的艺术形式,而是同样永恒的另一门艺术——建筑。

母亲的儿子在威廉姆斯小姐的私立学校里读了几年书。那里自然少不了趾高气扬的富家子弟们。在这所时尚的学校里,他的伙伴是韦茅斯勉强能供养的寥寥几个方特勒罗伊小爵爷[4]。

十一岁左右的男孩子,发育绽放的不仅仅是身体。最好是由懂得精神解剖术的艺术家们,把他们微妙的心思记录下来。公立学校里感情丰富的小动物们,学会了母亲们竭力不让他们接触到的东西。而这个母亲对她儿子的保护是如此的成功,以至于他二十一岁结婚的时候,

---

[1] 福禄贝尔(Fredrich Froebel,1782—1852),德国教育家,现代幼儿园教育的创始人。他设计了大量儿童游戏及玩具,包括本书提到的几何体形组合玩具。

[2] 弗拉·安杰利科(Fra Angelico,1395—1455),意大利文艺复兴早期的画家。

[3] 乔托(Giotto di Bondone,1267—1337),意大利画家,文艺复兴的开创者,被誉为"欧洲绘画之父"。

[4] 方特勒罗伊小爵爷(Little Lord Fauntleroy),美国作家弗朗西丝·伯奈特(Frances Burnett,1849—1924)所写的儿童小说中的主人公。方特勒罗伊小爵爷是自命不凡、衣着时尚的代名词。

与异性在生物学方面的接触仍然是一页白纸，留有太多空白等待他自己去填补。

对于他这样一个爱沉浸在梦想中的少年来说，那个时期的一切似乎都朦朦胧胧。他用想象力搭建起一个自己心目中完美的世界，只是有些部分被与他为敌的力量粗暴干涉，不能尽如人意。他崇拜音乐，还有福禄贝尔的礼物。与此同时，他正在学钢琴，在母亲的幼儿园里接受教育。他也学一点儿绘画和唱歌，并且读许多书。

和所有男孩子一样，他瞧不起自己的妹妹。通常他宁可自己一个人玩。偶尔有机会，全家人一起去楠塔基特岛[1]游玩，或者去纳拉甘西特[2]镇上烤蛤蜊。学校里的课程，在他日后的记忆和生活中都没有留下丝毫痕迹。

童年的回忆里，这个牧师的儿子时常被母亲告诫不要吃某样东西："它会让你生病的。"而他总是回答："好啊，那我就吃了看看会怎么样！"

十二岁之前，他只是偶尔得到过一小块甜点心。就着牛奶的姜糖饼、粗糖饼干和爆米花倒是不受限制。只有在背着母亲的时候才能有"从商店买到的糖果"。没有馅饼，没有蛋糕——只有稍稍长大一些，在别人家做客的时候例外。有时候，备感委屈的他会讽刺无力还击的母亲："啊哈，原来你养育孩子就靠格雷姆面包[3]、燕麦粥和宗教，是吧？"

母亲不信任药物和医生。或许父亲失败的从医经历愈发坚定了她的成见。她对食物的理念就是所有烹饪都应当尽可能地简单，要突出而不是遮住原料自然的味道。她做的黑面包、炖的和烤的菜与肉，不用就酱汁也很鲜美。她从未考虑过煎锅有什么用处。

"把烤土豆连皮一起吃。"如果是煮土豆，母亲会带皮一起煮，让天然的味道更加浓郁。做苹果馅饼或者果酱的时候，她会有意切进去几个没有削皮的苹果。她相信，谷物、水果和蔬菜中赋予人生命力的那一部分精华，就浓缩在被阳光染上颜色的谷壳、果皮里。两餐之间或者临睡之前，可以品尝几个老家山谷里送来的苹果。

母亲采鲜花的时候，会连着长长的花茎和枝叶。她从不像时兴的那样把花丛杂色斑驳地摆放，而是把不同种类的花分开——并且从不会一次摆太多的种类。她最喜欢把花插在玻璃瓶里，显露出浸在水中的茎秆。

---

[1] 楠塔基特（Nantucket），马萨诸塞州海滨的一个小岛。
[2] 纳拉甘西特（Narragansett），罗得岛州的一个海滨小镇。
[3] 由未脱壳的小麦加工的全麦面包。因崇尚粗加工素食著称的美国牧师格雷姆（Sylvester Graham，1794—1851）而得名。

衣着方面，她对鲜艳的颜色没有兴趣。她喜欢黑白、灰色或者紫色的衣服，在领口和袖口处搭配乳白色或者黑色的花边。她喜欢舒展、宽松飘逸的线条，从不穿紧绷的束身衣。她常说，一头秀发是大自然赐予凡人最宝贵的礼物。除了作为牧师妻子出席的某些场合，她平日里至多戴一顶头巾。

她喜欢给孩子们朗读。经常读的是诗歌：惠蒂埃[1]、洛厄尔还有朗费罗[2]。有时候也读童话故事。

她认为，世间最动人的事就是一个母亲怀抱着婴儿哺乳。

这个男孩儿生活在强调自然、崇尚健壮体魄的氛围里。除了内心的羞怯之外，他无所畏惧。然而，他渐渐地把自己封闭在想象的世界里。不足为奇，他喜欢读书而不爱和别的男孩子一起玩耍。读书、听音乐、画画还有"做东西"都让他着迷，常常会错过了吃饭，忘了睡觉。最主要的是，他喜欢独自发呆遐想。尽管他用"格雷姆面包、燕麦粥和宗教"来嘲笑母亲，他这种独自遐想的习惯却得到了母亲的鼓励。

母亲注意到了儿子的性格在向何处发展。聪明的她决定要让他有所改变。她做到了。

Truth against the world 🕮
与世界对立的真理 🕮

韦茅斯的这个牧师职位日渐不济。父亲原本是一个浸礼会[3]教徒，然而在他与母亲相识的地方，那里却信仰唯一神派，空气中弥漫着唯一神派的气息。在家里，母亲奉行着比浸礼会更丰富多彩的唯一神派教义。最终，父亲辞掉了韦茅斯的职位，成了唯一神派的又一个信徒。

对于母亲而言，她早已习惯了昂首阔步地走在自由的乡间。如今，却被一丝不苟的正义包围着，必须小心地恪守她作为牧师妻子的身份。狭隘的浸礼会缩在"神圣"的硬壳里，滋

---

[1] 惠蒂埃（John Whittier，1807—1892），美国作家。
[2] 朗费罗（Henry Longfellow，1807—1882），美国诗人。
[3] 浸礼会（Baptist）又称浸信会，基督新教的主要宗派之一，崇尚严格的宗教规程。

生出种种卑鄙和龌龊。几乎每一次"捐献餐会"都导致她与丈夫争辩，要不要回家——"去西部"？

牧师的报酬少得可怜，倒也适合让家里实现教义中清贫的生活理想，保持不容异议的完美无瑕。

劳埃德－琼斯家信奉的唯一神派，蕴含着更博大的内容。在当时混乱纷纭的教义解说中，它宣扬生活是上天所赐的礼物，只有一个至上全能的主宰，世间万物都因"他"而合为一体。

"统一"是他们的咒语。万物的统一！这正是母亲始终追求的理想。然而，对立的善恶依旧困扰着母亲和她的亲人们。当他们把万物统一的准则用于身边的生活，古老的善恶观念总是带给他们困惑和挫折。但是，他们的信仰没有失掉盐的滋味，他们怀有追求真理的热情。真理将拨开迷雾——"与世界对立的真理"。真理所蕴含的美！这足以让任何一个家族不得安宁。劳埃德－琼斯家的人，对美所蕴含的真理感到陌生。这些住在山谷里的人惧怕美，视之为疏忽的脚步可能会踏进的陷阱。美，会让他们在雪地里走出笔直的脚印，在年少轻狂的心中失去威信。

安娜姐姐和她的"牧师"捎回老家山谷里的超验主义，影响着劳埃德－琼斯家唯一神派的信念。他们逐渐认识了康科德[1]那一群内心敏感的思想者：惠蒂埃、洛厄尔、朗费罗，还有爱默生[2]。梭罗[3]？对他们而言，梭罗似乎过于聪明，让他们感到不舒服。

诗意的超验主义[4]思想，与他们对万物更博大、更坚定的敏感融合在一起，结出了可见的果实。

劳埃德－琼斯家的奢侈品不是笑声，而是泪水。

只有让他们眼含泪水的那一刻，你才真正感动了他们。

他们敏锐地体会人世间的渴求、悲伤和苦难。人世间高尚的行为总是令他们激动。在韦

---

〔1〕 康科德（Concord），美国马萨诸塞州的地名，爱默生的出生地。
〔2〕 爱默生（Ralph Emerson，1803—1882），美国作家、思想家、诗人。超验主义的倡导者。
〔3〕 梭罗（Henry Thoreau，1817—1862），美国作家。代表作有《瓦尔登湖》。
〔4〕 超验主义（transcendentalism）强调万物本质上统一的哲学思想，万物皆受"超灵"的制约，而人类的灵魂与"超灵"一致。强调依赖自己的直接经验，蔑视外部的权威与传统。

茅斯这间冰冷破败的小屋里，牧师家的生活日益穷困潦倒。若不是母亲有她的孩子们，父亲有他的音乐，这个家庭早已崩溃。虚弱瘦小的麦琪奈尔降生在这段艰难的日子里。她出生后的头几个月里，母亲把她放在枕头上，连着几个小时给她做抚触按摩，独自一人悉心地照料她。母亲把自己身体里的活力注入了这个小生命。

小女儿的到来，给牧师的肩头又添了一份负担。

母亲的寄托何在？在家里教育她的儿子，繁忙的家务之余一起摆弄那些"礼物"。还有给山谷里的老家写信和寄书，捎去康科德的超验主义：钱宁[1]、爱默生和西奥多·帕克[2]写的书。是的，还有梭罗。

父亲生活的支柱呢？是那些来波士顿演出的音乐家。其中有一个长得像帕格尼尼的意大利音乐家，还有鼻子和眼睛都生得诡异的雷梅尼[3]。搬到麦迪逊之后，吸引他的是风度翩翩的奥勒·布尔[4]。当然，他总是可以在空荡无人的教堂里求助于他的管风琴。

终于，牧师父亲和教师母亲回到了西部。在离老家的山谷大约四十英里的麦迪逊市，门多塔湖畔一幢朴素的房子是他们的新家。此时，儿子的教育成了当务之急。

将要挽救这个孩子的，不是聆听智者在讲坛上诵读"上帝的教诲"，而恰恰是远离那些被人自作主张地当作真理写成的圣书。他将在自然界的每一种生命、每一次呼吸之中，领悟"花必凋残，草必枯干"。

Adding Tired to Tired
汗水，更多的汗水

姐姐安娜的一封信，把弟弟詹姆斯从老家的山谷召唤到了湖畔的小屋。

他赶了四十英里的路，马车后面拴着一头奶牛，为姐姐的孩子们带来了新鲜的牛奶。黝黑魁梧的詹姆斯舅舅，有栗色的头发和浓密的胡须。他笑的时候，眼角的皱纹几乎让眼睛眯

---

[1] 钱宁（William Channing, 1818—1901），美国超验主义者诗人，梭罗的好友。
[2] 西奥多·帕克（Theodore Parker, 1810—1860），超验主义的唯一神教派牧师，废奴主义者。
[3] 雷梅尼（Edouard Remenyi, 1828—1898），匈牙利小提琴家，1878年后定居美国。
[4] 奥勒·布尔（Ole Bull, 1810—1880），挪威小提琴家，曾多次在美国巡演。

成一条缝儿。小外甥一下子就喜欢上了他。

母亲一边抹着眼泪，一边替儿子把金色的鬈发剪短。他仍然有一头卷毛，但是已经短了许多，失去了往日的亮丽。为了让儿子去"劳动"，她要牺牲的还不止这些可爱的鬈发。

詹姆斯舅舅用臂膀搂住姐姐，宽慰她。她轻声对他说了些什么，男孩儿没有听到。他拍拍姐姐的肩，用爽朗的笑声让她放心。他的笑声总是那么响亮清澈！总是让你忍不住也跟着他笑起来。他拉起男孩儿的手，又向姐姐答应了一些事情。

"准备好了吗，弗兰克？我们要往西边去。孩子，你要学着做一个农夫。"母亲用双臂抱住孩子，泪水滑过她的脸颊。

于是，男孩儿告别了母亲，告别了书籍、音乐、城里的伙伴们，告别了父亲、妹妹麦琪奈尔和简，也告别了缥缈的遐想和城里的街道。他将要学会付出汗水，更多汗水，再多一些。然后，再让一切从头开始。他将要学会不断地给自己多加一些重荷，直到支撑不住。

屋顶的小阁楼是他的卧室。白色的斜墙上有一扇窗子，取暖靠的是从楼下穿上来、通到屋顶外面的一根烟囱。

突然间，响起急切的敲烟囱声。停一停，又敲了几下，更响更急。男孩儿揉揉眼睛，有点儿慌了神。

楼下传来喊声："四点钟了，小伙子，该起床了。"

怎么回事？他好像才刚刚睡下呀！但是他马上回过神来，睡眼惺忪地答应道："好的，詹姆斯舅舅，这就来。"

早春的凉意让他打了个寒战。他看看詹姆斯舅舅昨天晚上放在床边的衣服，跳下床，穿上这两件配成的一套：一件灯芯绒衬衫，还有一条蓝色牛仔布的背带裤。蓝色的粗棉布袜子和笨重的牛皮鞋，鞋带也是皮子的。最糟糕的是最后这一样，一顶帽子。瞧瞧这难看的帽子！

他讨厌帽子和鞋。后来，他学会了干活儿的时候不穿戴这两样东西。

詹姆斯舅舅令人振作的嗓音和动人的微笑，在楼梯口等着他。男孩儿从搁在长凳上的水盆里撩起水，洗了脸——水是他用绳子系着吊桶从水窖里打上来的——他准备好了。跟着舅舅走进牲口棚，刺鼻的怪味让他有点儿恶心，但他还是尽心尽力地学着舅舅演示的样子开始挤牛奶，直到双手酸痛。

同一天早上，他学会了要提防那几头刁蛮的奶牛。它们察觉你靠近了，会喷着热气朝你顶过来，逼得你连连后退，抵住牲口棚的后墙。要是用挤奶时坐的小板凳敲它们的后背，只会让它们对你顶得更狠。

挤完牛奶之后吃早饭。煎土豆、煎玉米团、煎猪肉、煎饼和高粱糖饴，一杯新鲜牛奶。桌上有咖啡和茶，但不是为他准备的。

没有奶油。

看到红脸膛、黄头发的雇工戈特列把高粱糖饴浇在盘子里一大块肥腻的猪肉上，男孩儿一下子没了胃口。

早饭后，他帮劳拉舅妈（詹姆斯舅舅的妻子）喂小牛犊。他把几个手指拢起来从奶桶里舀起牛奶，让这些小东西学着吸奶。要对付这些乱撞乱顶、挤作一团的小牛，可不是一件轻松的差事。常常会有莽撞的小牛用头顶一下奶桶，溅得他从头到脚都是牛奶。他气急败坏地挥舞着奶桶抵挡，才没有被这个捣鬼的家伙撞倒。

劳拉舅妈在一旁看着，哈哈大笑。

喂完了牛犊，把几根木料扛到大锯子旁边，然后听候调遣。詹姆斯舅舅见他累得气喘吁吁，只好让他先去歇一歇。

接下来吃午饭。新鲜的炖牛肉、炖土豆、炖胡萝卜和芥菜根、自家做的面包和黄油，还有果酱、梅子干、酸菜、高粱糖饴和蜂蜜、绿奶酪，或者馅饼和蛋糕。桌上有咖啡和茶，但不是为他准备的。

仍然没有奶油。

下午，帮詹姆斯舅舅扶着劈好的橡木板，钉围栏的立柱。五点钟，带着满手掌的水泡，第一次把放出去吃草的牛群赶回来。六点钟，回到家吃晚饭。除了像日落西山一样每晚必有的煎土豆，还有自家做的面包和黄油、烤玉米饼和煎玉米团、牛奶、蜂蜜和自制的果脯，还有煎的腌猪肉或者熏牛肉。

仍然没有奶油！

吃过晚饭，又开始挤牛奶。

七点半，上床睡觉，累得动弹不得。

"当当当"，又是在他似乎刚刚睡着的时候，响起让人听着心慌的敲烟囱声。就这样，开始让汗水流淌，更多的汗水，再多些，更多，再多些。

第二天，重复的内容。第三天，又一天……每天清晨，十一岁的男孩儿都被急促的敲烟囱声叫醒，穿上被汗渍浆得硬邦邦的衣服，再让更多劳动的汗水把它们浸湿。

星期六晚上，他把从水窖里提来的水在炉子上烧热，把硬邦邦的衣服扔在一旁，洗一次澡。星期天早晨，他可以换上从城里带来的衣服。在刚开始的一两年里，每到四月，他就开始盼着九月十七日回城里上学的那一天快点儿到来。太苦了！要是母亲知道的话，她会忍心吗？

没过多久，母亲来看他了。母亲把他拥在怀里，泪水夺眶而出。男孩儿有些纳闷，为什么母亲看见他会这样伤心呢？

母亲回去之后，劳动又持续了四五个星期，他有些支撑不住了。脊背好像断了一样地剧痛。十指、膝盖、两肘和双脚全都僵硬得快要不听使唤。但是他觉得让人知道了很害臊。有一天下午，他决定改变自己的处境。他平日用完锤子总是忘了放回原处，这一次劳拉舅妈训斥了他几句。他气恼地把锤子扔进小河里，然后出走了。他带上了一把厨房里用的刀，打定主意无论如何也要跑回自己家去。

他盘算着，翻过小山，到河边就能找到去对岸镇上的摆渡船。脚走酸了，腿走麻了，手上好几处擦破流血了。他垂头丧气，心中羞愧。

詹姆斯舅舅知道哪些劳动对他的小外甥有好处，并且给了他锻炼的机会。可是，他却逃跑了。此刻，他一心想着不管是跑回自己的家，还是逃到别处，只要不再受苦就好。

小外甥崇拜他的詹姆斯舅舅。什么样的活计都难不住詹姆斯舅舅，他样样在行。他干起活儿来，旁人不禁放下手里的活儿，当他的观众。他能替附近的农夫套住脱缰的马驹。他能制服发狂乱踢、吓得雇工不敢凑近的奶牛。他劈木头的斧子精准地上下翻飞，溅起的木屑让一旁观看的人躲闪不及。他会操作各种各样的机械，总是能修好它们的故障——它们总是少不了这里那里出些毛病。詹姆斯舅舅对一切难题都会笑着应对，毫不畏缩。想到詹姆斯舅舅，男孩儿有些回心转意，想回去留下来。可是，一想到酸痛的四肢和疲惫的脑筋，他还是强撑着一瘸一拐地继续向前走。母亲和湖畔的小屋是此刻他心中的一切，多么亲切，却又多么遥远啊！

爬上离伊诺斯舅舅家不远的山坡，山崖上露出一块松软的白色砂岩。像所有玩起石头来都会着迷的男孩儿一样，他开始用刀子刮起砂岩，刮下来一些软软的白色石片捧在手里。右边有几块粉色砂岩的石崖，他跑过去又刮了几下。然后又在左边黄色的石崖上刮几下。在一层白色石片上面压一层黄色的，再放一层粉色的，最上面再摆一层白色的。他忘掉了沮丧的心情，兴致勃勃地用刀子把自己做的"岩层"切成两半，欣赏着断面的彩色条纹。

不知不觉间，这个小插曲搅乱了他原定的计划。现在他不那么赌气了，他想到赶在詹姆斯舅舅发现之前跑回去。可是，已经捅出了这样的乱子，他只得继续向前，来到了渡口边。

他坐在渡船的船舷边，两脚搭在河水里，一边看水里的漩涡舔着岸边的沙滩，一边等人来开船。好像有人走近了，他抬起头，面前是伊诺斯舅舅！

他喜欢伊诺斯舅舅，母亲最小的弟弟。

伊诺斯舅舅也很疼爱他。他们两人常在一起玩耍，一起摔跤。

天快黑了，詹姆斯舅舅已经派人在四处找他。看着他，伊诺斯舅舅不用问就猜出了大致的原委。他轻声地问道："你要去哪里，弗兰克？"

没有回答。泪水……

伊诺斯舅舅拉着他的手，走到河边高处的草地上。男孩儿放声大哭，倒出来满腹的委屈。

"是啊，小家伙，我知道你很苦。可是，只要继续不停地劳动，浑身的酸疼就会消退。无论多么艰难，坚持下去，你会越来越强壮。很快你就会壮实起来，你会喜欢上劳动，也能像詹姆斯舅舅那样干活儿了。当你觉得又苦又累，快要放弃的时候，唯一的办法就是坚持。我知道你不会放弃的。坚持下去，你就能应对所有的难题，不再把它们当回事了。"

他摸了摸男孩儿软绵绵的胳膊："你会长出强健的肌肉，就像大鸟的翅膀一样有力。"说着，他挽起自己的胳膊："你来捏一捏。"男孩儿捏着舅舅铁块一般的胳膊，羡慕不已。

"你也能长成这样，弗兰克。但是你必须坚持下去。到那时，你也能像詹姆斯舅舅一样笑着什么都不害怕。劳动是一种历险，顽强的男子汉坚持到底，软弱的人半途而废。

"劳拉舅妈？嗯，她是有一点儿急躁。慢慢会好起来的。你不用太在意她。想想你母亲和詹姆斯舅舅。要是你这样放弃的话，他们该多么失望呀。怎么样？咱们回去吗？"

"好！"

他们手拉着手，在夜色里走在回去的路上。男孩儿满心羞愧地爬回阁楼上。

第二天清晨——仿佛什么也没有发生过——又是敲打烟囱的响声，似乎比以前小声了一些，但还是同样急迫，不容他磨磨蹭蹭。

一切又重新开始。

伊诺斯舅舅的话刻在了他心里,"顽强的男子汉坚持到底,软弱的人半途而废"。伊诺斯舅舅告诉他,"劳动"就是这样一种历险,但是,他稚嫩的心思还不能把"劳动"和历险联系在一起。别急,他会的。

不久,又发生了一次叛逃。这一次他跑出去更远。詹姆斯舅舅亲自把他找了回来。一进场院的大门,还有几分气恼的他就钻进稻草垛里躲了起来。整个晚上,他藏在稻草里一声不吭,任凭家里人绕着远近四处焦急地喊他的名字。

这个开小差的家伙是在报复他受到的伤害。"以眼还眼,以牙还牙。"[1]这项性格的污点证明他没有辜负以赛亚的教诲。从摩西时代起就让人类饱受苦难的劣根,已经不是第一次在他身上显现了。

他在草堆里睡着了。

家里人生怕他被什么妖孽摄去了,直到第二天早晨找到他,方才松了一口气。詹姆斯舅舅的大手轻微地惩罚了他,劳拉舅妈在一旁没有作声。

那是他最后一次逃跑。

伊诺斯舅舅和詹姆斯舅舅告诉他的话,一天天得到了应验。如果你为它做好了准备,劳动果然是一种历险。门前的溪流和水底细软的泥沙,牢牢地拴住了他的心思。每次跳进溪水里,他的"娱乐"方式就是用木棍和石块筑起水坝,让鞋子做的小船在他的水库里航行。他在水里玩得不知疲倦,忘记了该什么时候回家。流淌的水!永远吸引着小孩子。

每次下雨,他都忍不住脱光衣服,冲进雨里淋个痛痛快快。在他还只有几岁大的时候,母亲就脱掉他的衣服,让他冲进门外的急风暴雨里。

"Uncle James!"
"詹姆斯舅舅!"

认真好学的小徒弟成千上万次喊着这个名字。他总是有无穷无尽的问题。到后来,一说起要带他去镇子上,詹姆斯舅舅简直有些头疼。每次去镇子上,他两腿耷拉着坐在马车的弹

---

[1]《圣经·旧约·申命记》19:21。

簧座上，一路上不让舅舅有半刻的清闲。

无论大家怎样告诫他不要白费工夫，这个不知疲倦的小好奇傻傻地非要找到一只白色的鸟。他看见过许多蓝色的鸟，据说蓝鸟是快乐的象征。他也看见过红色的鸟、黄鹂，还有黑色的、黑红相间的、棕色的、杂色斑驳的，却从未见过一只白色的鸟。为什么没有白色的鸟呢？詹姆斯舅舅向他保证，这一带除了鸽子和母鸡，绝对没有其他白色的鸟。

他固执地相信，山林中会有一只白色的鸟，继续不依不饶地寻找，甚至惹得詹姆斯舅舅恼火。可惜他从未找到过，直到今天依然没有找到。

他又开始发呆遐想。他会呆坐着好久，一动不动，露出痴痴的表情。詹姆斯舅舅发现了他这个习惯，每当看见他脸上有这样的表情，就会叫道："弗兰克！弗兰克！回来，回来，弗兰克！"

蓝天俯瞰着山林，山林环抱着田野。日复一日，田野里的劳动没有尽头。马匹、牛群、猪和羊，和它们打交道同样没有尽头。

最初，和他朝夕相处的是牛。

To Her!
致母牛！

牛！一个多么圣洁的字眼啊！还有牛铃！牛群！耳边总是响起叫声："那些牛！"

家乡山谷里的牛原先都是红褐色的短角牛。后来，詹姆斯舅舅买回一头黑白花的荷斯坦公牛，让全镇人都羡慕不已。于是，黑白花逐渐在牛群里多了起来。用了三年时间，山谷里的牛全都从红褐色变成了黑白花。

为什么一头牛出现在任何一幅风景画的构图里，都显得那么协调？无论是红褐色还是黑白花的，它都像意大利田园里苗条的丝柏那样，从不会出现在错误的地点。无论周围的地势如何，牛的体态和轮廓总是与环境非常协调，总是能够占据风景里最恰当的位置。出现在风景里的牛群，会让人看得如醉如痴。

可曾有人为生育了牛犊、贡献出乳汁的母牛写一首歌？歌唱她温顺的反刍、悠然的摆尾，歌唱她美丽的眼睛、散发着香气的呼吸和优雅斯文的步履？

她是农场的灵魂，一方土地的财富，一国人口健康的依靠。

千百年来，除了自己的牛犊，她还哺育了多少强壮的身躯？她乳房里流出的乳汁足以托起多少战舰，淹没多少敌人？

是她维系了人类的繁衍！

尽管被人类无情地榨取，她始终安静、忠诚地为人类奉献。作为人类的伙伴，她知足地忍受着一切——甚至无动于衷。然而，千百年来她在诗词歌赋中的地位却是微乎其微。

她不过是一头母牛罢了。

当你穿过卧在草地上的牛群，看着露珠在草叶上消散，看着它们安静地反刍，你会嗅到牛群甘甜的呼吸。那是来自泥土清新的气息，唤醒你心底里某种生命中本质的东西。

难道母牛已经是人类自然而然的母亲，以至于从她的鼻息里，人们就可以"本能"地感受到她的伟大吗？

汗流浃背的农夫们忍着刺鼻的气味，把她的粪便撒在田地里。这份宝贵的财富返回大地，给予疲惫的泥土养分，滋养人类的生活。

是的，无论她的种群在何处兴盛，那里必然土壤肥沃、青草如茵，必然有人们富庶的生息。

她是赞颂上帝的诗篇。因为有了她，"你遇见灾害饥馑，就必嬉笑"，人们喂她草料，喂她盐，给她配种，给她挤奶。她温顺地从小牛犊走向她注定的归宿——人的消化系统。最后，她谦恭地向人道别——化身为他脚下的鞋子。

"快来，小伙子，那些牛！"或者是像救火一样急切地大叫："牛都钻进玉米地了！"

这个少年专门的职责，就是每天把牛群赶出去吃草，再赶回牛棚。那时候，树林边上还没有栅栏。除了农户的住处附近，山野里很少有路，更不用说供放牛用的路。每一次循着远处依稀带着伤感的牛铃声，找到牛群再把它们赶回来，都是一次历险。

在这片自由与勇敢的国土上，曾经有无数少年追寻远处隐约的牛铃。[1]他焦急地屏息倾听，没有？再听一听。有了！好像更近了！一会儿又丢了线索，再次侧耳倾听。

牛铃叮当，不断呼唤着尤松尼亚的少年们，又以某种不同的形式，永远呼唤着长大后的

---

[1] 威斯康星州盛产乳制品，是美国畜牧业最发达的州之一。

他们。

尤松尼亚（Usonia）——塞缪尔·巴特勒[1]为美利坚合众国起的恰当的名字，它来源于"联合"（Union）这个词。如果说合众国的这些州组成"美洲"的话，那么佐治亚州岂不是"南美洲"，而纽约就是"北美洲"？事实上，加拿大人也是美洲人，墨西哥人同样是。真正的南美洲嫉妒我们独占了"美洲"这个称谓。

他走进雾气蒙蒙的树林。树荫下的根脉蓄存着雨水，润泽山下的田野，丰盈峡谷里的清泉。顺着开满茑萝和报春花的蜿蜒山脊，穿过齐腰深的茂密草丛。星星点点的火光在他身边舞动，那是仿佛漂浮在草丛中的野百合花。蹚过几条小溪，有时候会在幽深的橡树林里迷路，他终于找到了要赶回家去的牛群。

他必须一大早出门，才能确保天黑前把牛群赶回家。有时候，回到家天已经黑了。有时候，他实在找不到牛群，只能靠詹姆斯舅舅骑马出去把它们找回来。

天气暖和的时候，他会在场院里帮着挤牛奶；天冷的时候，是在盖着茅草屋顶的牛棚里。挤奶的人需要坐在只有一条腿的小凳子上，让身体保持平衡，把头抵住牛肚子热乎乎的侧面，抓住奶头，缓慢而有节奏地把奶汁挤进泛着泡沫的桶里。偶尔，他也把奶汁挤到自己嘴里尝一口鲜，这是从雇工戈特列那里学来的小把戏。

家里的每个人都要挤牛奶，连手艺差劲儿的劳拉舅妈也不例外。

每一头奶牛都有名字，比如"斑点"。她强行冲进谷仓，敞开肚皮饱餐草料，喝够了水，然后寿终正寝。在她的同类当中，这无疑是像英雄一般威武的告别方式。

"斑点"死了，大家都很伤心。这头和善的老牛，有一条长长的尾巴帮她驱赶牛蝇。所有其他牛的尾巴，都不及她那条任劳任怨。

伴随着一次次不戴帽子光着脚、翻过山林找回牛群的历险，这个冒失的小鬼永不知足地发现新奇的东西。头顶上的树杈、枝叶和脚下的灌木草丛，教会了他山林里的学问。还有藏在地底下、躲在树根里、树皮下和苔藓旁数不清的奇妙的小生物。这些学问带给他无穷无尽的乐趣。他练就了机灵的耳朵、犀利的双眼和敏锐的触摸。他渐渐地读懂了一切书籍当中最伟大的一本。人类唯一真实的阅读，就是体验造物主写下的这本巨著。

这个十一岁的少年，正在学着去体验他听到的、触摸到的和看到的一切。

---

[1] 塞缪尔·巴特勒（Samuel Butler，1835—1902），英国作家。

从日出到日落，任何一座人工雕琢的花园，都会因威斯康星原野上无可比拟的美而黯然失色。

夜晚幽蓝的苍穹，蓝得像冬日雪地上的影子。

野樱桃的花开败了，结出一串串黑亮的果实，只等你张开嘴来浸润喉咙。

清凉的泉水，潺潺地流过婆娑闪动的树影。

阳光透过树干和枝叶的缝隙，斜斜地洒在林间厚厚的叶上。

雪白的桦树在阳光下闪亮。

野葡萄爬满树枝和篱笆。

漆树下的落叶间斑驳地露出绛红色的野果。

淅淅沥沥的雨滴滑过树叶，敲打着树下低垂的香草。

田野里盛开的乳草花，随风送来雪片似的花絮。

远处的山坡被酸模果染成一片通红。

白日里金色的世界，被夕阳镀上一层紫色，又沉入深蓝色的夜晚。

每天清晨，他开始一天勤奋的学习。他的课本是成群飞过的昆虫、蕨草散发的气息、神奇的苔藓和腐烂的树叶。

是他赤脚踏过的草地，和那里面蕴藏着的奇异的生命。

还有脚趾间滑溜溜的泥浆、脚底板下面灼热的沙滩，和山坡上赤脚蹚过的清凉的草丛。

他知道俗称"仙女鞋"的兜兰花长在哪里，知道哪里能摘到黄色的"仙女鞋"，也知道稀罕的白色、紫色"仙女鞋"躲在哪里悄悄开放。

跟着他，你能找到树荫下长着的天南星、向阳山坡上的野草莓，还有山泉汇成的溪水里长出的水田芥。跟着他，你总能找到各种莓子和坚果，总能找到深深的草丛里翘立着的野百合。

草丛中火红色的野百合花总让他怦然心动。日后，一枚同样火红色的方块，成了他创作建筑图画时与签名相伴的徽章。

没过多久，这个少年的耳朵就能分辨是哪种鸟从头顶飞过，是哪种鸟在欢唱，为什么而唱。他喜欢观察金龟子和黑甲虫，喜欢看屎壳郎在烈日下尘土飞扬的路上，推着它们收获的牛粪球。真是一群奇妙的家伙！

蚁穴是一座繁忙的城市，而杨花和柳絮会在如镜的水面上点出各种图案的水纹。

他喜欢抓青蛙，捅癞蛤蟆，扑蚂蚱，听夜晚沼泽地里高声欢唱的蛙鸣。让他着迷的还有蜻蜓和乌龟，他好奇地观察它们精巧的身体构造、颜色和图案，琢磨它们如何飞行或者爬行。这些他不知不觉间的研究内容，正是日后他称为"风格"的东西。

敌人们不可小觑，他得提防蛇、马蜂还有黄鼠狼。

他可怜的脚趾饱受磨难。蚊子、苍蝇、带刺的杂草、荨麻和有毒的野藤，无数次在他娇嫩的皮肤上划出血痕。河里的流沙与谷仓屋檐下、灌木丛里的马蜂窝一样危险。当心闪电！夏日里常有骇人的电闪雷鸣。

席卷而过的狂风威胁着山谷的一切生命。日后，他将学会如何让风为人所用。

一个被叫作"野玫瑰"的疯女人，住在山间一座小窝棚里。据说她会出来乱走。虽然他从没见过，但是所有人似乎都很怕她，总是拿她来吓唬人。

生机勃勃的阳光、安详的白云和浸润大地的雨水，组成了那个年代里的牧歌。

林中的一棵棵树像是一幢幢美丽的建筑。它们各具特征，丰富多样超过了世间所有建筑之间的差异。有那么一天，这个少年将会领悟到，赋予每一棵树个性的力量正是一切建筑风格的秘密。

有时候，繁重的劳动让他没机会在思考的时候发呆，或者在发呆的时候思考。另有些时候，他会一边干着手里的活计，一边发呆遐想。每当这时候，他总是露出奇怪的表情，引得詹姆斯舅舅不停地喊他："回来，弗兰克！回来！"

Sunday
星期天

星期天，是对刚刚过去的六天里"汗水，更多汗水"的救赎。

家族的小教堂里，舅舅们、姨妈们、他们的妻子或者丈夫们，有些头发花白，有些满头银发，在围着布道坛为他们摆好的老式摇椅上坐下。那本紫色布面的家族《圣经》摆在讲台上。星期天的布道坛通常会被孩子们采来的野花盖满。

当然，城里来的小"帮工"也坐在下面。

有时候，附近的农户们也加入进来。

每逢詹金舅舅布道，人们不再吝惜宝贵的泪水。伴随着摇椅的轻轻晃动，泪水悄然涌满他们的眼眶，又顺着面颊悄然流淌。全家人都随着詹金舅舅的布道而情绪激昂，正如他们听到超验主义的经典或者孩子们的歌声那样。所有人都笔直地站起，满怀尊严和信仰齐声歌唱他们心爱的诗篇："自从时间肇始，我们看到人类一步步坚定地向前。"[1]这时候，城里来的少年又一次看到泪水。他目送着真声和假声混合的歌声在屋顶下萦绕，然后飞出窗外，消失在远处的山林间。他们真诚地拜服在宗教的激情之中。他们心中挚爱的诗篇化作歌声，让所有人眼中都涌满泪水。

托马斯舅舅是家族中的诗人。他在小教堂旁边栽下了一丛杉树，为日后星期天的家族野餐投下阴凉。

木瓦墙面的小教堂有一个别致的钟塔。小教堂东边的家族墓园里，有一座朴素的白色大理石方尖墓碑。碑身上用威尔士语刻着"Ein Tad"（父亲）和"Ein Mam"（母亲）。

围绕着修长的方尖墓碑，是家族其他成员的坟墓。

在那几个春天和夏天的每一个星期天里（直到九月五日之前），这个少年都会穿上他城里的衣服，端坐在小教堂里的一把椅子上。

装饰布道坛是他的职责。

星期天的早晨还透着几分凉意，几个表弟跟着他，按照他的筹划去采摘原料。大路两旁的花草树木让人眼花缭乱，只要一伸手就能摘到。他们跑几步，停一停，再跑几步，停一停，直到马车上堆起一座小山。

星期天的布道坛和讲台披上了优雅的盛装。一簇簇鲜花和枝叶被自由地混杂摆放着，就像它们在阳光下的模样，只不过更自然一些。

岁月流逝，小教堂一直得到精心的修葺维护。托马斯舅舅种下的杉树葱郁繁茂，已经快要将它遮住。每当树下摆开一排松木长桌，就是大家族聚餐的时候。劳埃德-琼斯家的十个兄弟姐妹，加上各自的妻子和丈夫，一共十八个人。再加上他们的孩子，一共四十个人。算上附近的邻居和帮工，大约七十五个人。假如有特殊的场合，比如詹金舅舅布道，或者是婚礼、葬礼、露营聚会，那就更加热闹，住在远近乡间的人都会聚在这里。

---

[1] 美国诗人约翰·惠蒂埃的诗句。

山谷里的这个小部落聚在朴素的小教堂里，膜拜他们饱含对上帝的爱创造出来的圣像。反过来，上帝在他们自己的想象中影响着大家的生活。这些欢快的宗教聚会其实是家族部落的欢聚。

仲夏季节来访的牧师客人们，让这些聚会变成真正的神学狂欢。威廉·甘尼特、亨利·西蒙斯、桑德兰德[1]，还有从芝加哥来的托马斯博士，都是家里喜欢邀请的贵客。这些牧师通常利用假期来访，迎接他们的将是露营聚会、野餐和生日宴会。

托马斯舅舅总是以他一贯轻柔低沉的嗓音，召集大家野餐。

"来吧，姑娘们，"他对妹妹们说，"咱们去野餐吧。根本不用费心，带上一些格雷姆面包、一点儿奶酪和一罐子牛奶就可以了——大伙儿都去。"

大家纷纷开始准备。孩子们全都被叫来帮忙。不一会儿，"格雷姆面包、一点儿奶酪和一罐子牛奶"就扩充成了烤猪肉和烤火鸡。还有包着叶子烤的新鲜玉米、填了料的烤鸡、煎鸡排、煮火腿、煮鸡蛋、甜面包圈、玉米饼、饼干、黑面包和黄油、新鲜的番茄和黄瓜。整根黄瓜削了皮，拿在手里像香蕉一样，蘸一点儿盐吃。各种三明治和泡菜、青苹果做的馅饼和南瓜饼、绿奶酪、蜂蜜和高粱糖饴。还有从草莓到西瓜皮的各种蜜饯，和自家秘制的五花八门的腌菜。也少不了各家拿手的糖霜蛋糕或者素蛋糕、点心和姜糖饼。枝头多的是李子和野莓子，任你随手摘来。牛奶放在泉水里冰镇，咖啡用野餐时点起的火堆现煮。凡是劳埃德－琼斯家的人能够想到的美食应有尽有，丰盛无比。

毫无疑问，埃及法老的盛宴也难以与之媲美。

所有这些都塞进几个篮子里，然后各家带着自家的篮子和孩子们，穿上特意准备的衣服坐上马车。第一辆准备停当的马车会等待其他马车，然后庞大的队伍一起出发。料想古时候为某个先知——甚至摩西本人——送葬的队伍也不过如此。

而这只是劳埃德－琼斯家的一次野餐。

野餐选择的地点，通常是树荫下一片凉爽的绿草地，能靠近一条溪水或者一股泉水更好。铺起颜色亮丽的野餐布，将准备好的一切琳琅满目地摆开，孩子们在树下装好的秋千上玩耍。享用完美味之后，孩子们唱歌或者朗诵。城里少年的父亲拉起小提琴，为舅舅和姨妈们领唱他

---

[1] 甘尼特（William Gannett，1840—1923）、西蒙斯（Henry Simmons，1841—1905）和桑德兰德（Jabez Sunderland，1842—1936），都是当时美国著名的唯一神派牧师。

们熟悉的歌曲。长者中有人唱起他们儿时在威尔士唱过的歌，重现故乡古老的节日场面。"现代"的城里少年为大家朗诵《单驾马车》[1]和《戴瑞斯和他的飞行器》[2]。无论是成年人还是孩子，每个人或者朗诵，或者唱歌，都要有所表现。除了詹金舅舅的讲道，齐唱赞美诗无疑是一整天活动的高潮。所有人都加入合唱，那一刻他们洒落的是最热诚的泪水。

远处传来另一种音乐，那是雇工小伙子们在溪水旁一边走一边吹着口琴和口弦，雇工姑娘们陪在他们身边。他们不像劳埃德-琼斯家那样懂得享受布道和唱赞美诗的快乐。

理查德·劳埃德-琼斯的儿女们，在他们父亲的山谷里，像这个威尔士拓荒者希望的那样生活着。这个大家族拥有自己的教堂、自己的磨坊（约翰舅舅的）。山谷里的每一寸土地，都留下了他们耕种和放牧的印迹。

劳埃德-琼斯家族的生活，在幸福和坎坷中向前流淌。

从十一岁起的连续五个春天和夏天，这个少年都是在山谷里度过的。每年的九月，他回到麦迪逊那座湖畔的小木屋里，回到母亲、父亲、简和麦琪奈尔身边，在城市里度过秋天和冬天。

麦迪逊是一座美丽的城市。门多塔湖和莫诺纳湖这两片蔚蓝的水面，夹着一座平缓的小山丘。无论远处或近处，都能看到山丘上州议会大厦白色的穹顶在阳光下闪亮。另外两个小一些也不那么清澈的湖——温格拉湖和沃柏萨湖——陪护在山丘的一侧。

威斯康星大学坐落在市郊属于它自己的小山丘上。组成校园的是一群面孔模糊、毫无特征的建筑。

山顶上也有一座金色的穹顶。

这两座穹顶的性命，都是向米开朗琪罗借债的结果。正如众人所见，它们尽力而为，没有辱没前辈大师的声誉。几年后，这个年轻的学生将会目睹两座穹顶的毁灭。由于世人犯下的过错，时间这位债主（并非米开朗琪罗）剥夺了它们赎回性命的权利。

---

[1]《单驾马车》(*The Wonderful One-Hoss Shay*)，美国诗人霍姆斯（Oliver Holmes，1809—1894）的诗。
[2]《戴瑞斯和他的飞行器》(*Darius Green and his Flying Machine*)，美国诗人特罗布里奇（John Trowbridge，1827—1916）的诗。

麦迪逊的城市格局像一个车轮，主干道是从议会大厦辐射出的八根辐条。其中一根辐条直通到大学的穹顶下面。

麦迪逊是一座具有自我意识的城市，但是它却比绝大多数村庄更为闭塞。大学给城市带来一股学者精英的氛围，可惜这种过度教育的氛围远远超出了这座城市的接受能力。

城里有零星几座不错的住宅散落在湖边——相对那个时代而言。维拉斯[1]家的住宅是其中最好的。除此之外，这座城市只是威斯康星州五千个村庄中最普通的一个，仅仅是规模大了一些。

知识阶层理所当然地统治着麦迪逊。那所大学是一枚徽章，象征着他们短暂的权威。一年一度，雄心勃勃的立法者们从全州的各个市镇云集于此，为了留下不朽的功业而制定一些法律，更多的"法律"。然后，云散回到各自的角落。

那座巍峨的议会大厦夺去了大学的荣耀。

"市民与大学"的较量始终存在，但是从未激化到引来众人的关注。

井底之蛙式的尊重才智，给这座城市箍上了一层自视颇高的外壳，幸而有大大小小的几面湖水，它和它的居民才得以在极端的沉闷中稍作喘息。

Robie
罗　比

有这么一位叫"威廉·C.赖特"的音乐教师，在平克尼街一家店铺的楼上，开办了一所音乐学校。那个年代的麦迪逊有很好的中学。在离家不远处湖边的一所中学里，音乐教师的儿子认识了绰号叫"小瘸子"的罗比·兰普。他们会在一起开辟男孩子特有的事业。他比从前更加羞怯，几乎不愿意结交朋友，但是又不能没有一个亲密的伙伴。他似乎总得有一个贴心的伙伴陪在身边。从少年时代起就是这样，直到今天。

十四岁的罗比·兰普成了他形影不离的伙伴。

罗比挂着双拐，他萎缩了的双腿总是耷拉着——按罗比爸爸的说法，"腿软了"。

---

[1]　维拉斯（William Vilas，1840—1908），威斯康星大学教授，长期在联邦政府任职。

他的大脑袋顶着一头浓密的红头发。通红的脸膛上有一双日耳曼人的蓝眼睛。他的臀部已经畸形萎缩,但是胳膊和胸脯异常强壮,代替了腿的功能。

聪明的脑袋和肌肉发达的肩膀、双臂与双手,还有只属于罗比的精神,这些就是罗比拥有的一切。

"兰普"[1]这个姓再适合他不过了,他总是像火光那样活力四射。虽然他的另一个外号叫"红宝石"[2],但是他的眼珠却像清亮的绿松石一样。

学校里的孩子们毫不留情地欺负瘸腿的罗比。

罗比被推倒在地,他用强壮有力的胳膊举起双拐来反击。戏弄他的家伙们小心地闪在他够不到的地方,再一起扑过来把他压住。就像那年秋天,音乐教师的儿子撞见的那样:罗比被几个人合伙埋在一大堆落叶里,急得又叫又哭,快要喘不上气来。在农场经过了一个夏天磨炼的少年解救了他,赶跑了那帮欺负人的家伙,把他们故意扔在远处的双拐拾了回来。少年扶起罗比,拍拍他身上的土,看着他脸上露出笑容。就这样,少年认识了"罗比"。

他们很快就成了要好的朋友,直到罗比四十四岁那年病死在自己家里。那座乳白色的小屋是他的拯救者日后专门为他设计的,屋顶的花园常年开满了鲜花。

在麦迪逊的家里,空有满腹才华的父亲依旧暴躁易怒。他常常与他的钢琴和小提琴为伴,比以前更多地在书房里专注于阅读和写作,每当这时候,家里总是很安宁。父亲努力维持着他的音乐学校,间或也出去布道。

家里既现代又精致的陈设,都是出自不甘平庸的母亲之手。新铺的白枫木地板打过蜡,乳白色的窗帘半遮住窗扇,精美的木刻画嵌在细挺的枫木框里挂在墙上,每个房间地板正中都铺着印第安织毯,浅黄的底色衬托出鲜艳的条纹图案。家具都是枫木或者藤编的。家里到处都摆满了书,朴素的玻璃瓶里盛着风干的树叶。

作为"母亲的儿子",正如母亲期望的那样,他喜欢摆弄和布置东西。有意无意之间,他似乎正在向建筑靠近。某些时候,他自己也意识到了这一点。

坡顶的阁楼上是他自己的房间。房间的木门装着带链子的插销。门上有几个大大的字母

---

[1] "兰普"(lamp)的原意为"灯"。
[2] "红宝石"(ruby),与他的名字"罗比"(robie)发音接近。

好朋友兰普住宅,赖特设计,1903年建成

拼成"圣殿"的字样。房间里的装饰物是许多干树叶,还有不顾约翰舅舅的"教导",从雪地里捡回来珍藏的那些干草。墙上那几幅英国大教堂的木刻画,是他来到这个世界上看见的第一样东西。木刻画的下面挂着几样多余的"东西"。这个阶段,身边总是有无数值得创作的"东西"——实现"摆弄的效果",这一切都是他幼稚的心思想要搬上"图画"的对象,也包括他自己。

屋里还摆着他的一些铅笔画和几幅"油画"。那是还在韦茅斯的时候,母亲的朋友兰德斯小姐教他画的。兰德斯小姐固执地认为,掌握油画或许会对建筑师有所帮助,并且无疑是一项社交技能。

"油画"的内容呢?其中一幅他精心完成的力作,画的是一只眼神呆滞的公鸡站在铁皮烟囱上,守护着它的妻子和四只斑斑点点的鸡蛋。蓝色天空的背景下,母鸡深思熟虑地把蛋下在一个朝外翻倒的铸铁鸡窝里。另外一幅"风景",画着毛茸茸的一棵树和油晃晃的一汪水面,嵌在兰德斯小姐亲自挑选的金框里。这幅"画作"用的是当时流行的"毛刷"笔法。也许你还记得货郎走村串镇兜售的那种画片,也是同样的笔法,卖一两块钱一个,有时候是趁着你等的功夫现场绘制。这种笔法不失为一门才艺。有时候,它的浅薄居然会让画面产生动人的效果。不管怎样,他一直很喜欢那个画框。

这些画是天真的兰德斯小姐犯下的罪过，而天真的母亲让她天真的儿子成了受害者。但天真无知无疑是一种"罪过"。在适当的时候，它会受到相应的惩罚。

比绘画值得一提的是一个陶土罐子。他用油彩在罐子表面点染，再趁着颜料没有干透用梅花的花瓣在上面擦抹。这件陶艺创作晚于绘画，并且是无师自通。日后他才知道，自己琢磨出的这种技法是正宗的五彩拉毛。

儿子最终放弃了在兰德斯小姐面前展露天资的"绘画"。他开始学中提琴，加入了由父亲带领他的学生们组建的乐队。妹妹简担任乐队的钢琴手。罗比也跟着父亲学小提琴。他的爸妈总是坐在旁边听他们的罗比演奏。没准儿他们觉得罗比今后能以此为业。

他和罗比迷上了印刷。先是在老谷仓里架起一台二手的小印刷机，附带七种"迪威尼"[1]字体的铅字。后来，在家里的地下室建起一座颇为完备的印刷厂。

他们一起读的书有《银冰鞋》[2]、拉斯金[3]的《建筑七灯》（奈尔[4]姨妈和简姨妈送的礼物）、儒勒·凡尔纳的《沙皇的信使》和《太阳系历险记》、歌德的《威廉·麦斯特》。当然少不了《一千零一夜》——阿拉丁和他的神灯，还有许多别的童话传奇。诗歌不那么受青睐，只是一些惠蒂埃、朗费罗和布莱恩特[5]。也许他们算不上什么诗人，但是至少写过些有诗意的作品。

《一千零一夜》总是施展魔法，引他飘进梦幻的世界。

从"五分钱图书馆"搞来的、被文学界所不齿的惊悚小册子同样令他着迷，当然是偷偷摸摸地躲起来看，几个小时都不抬头。吃饭的时候，肇事者的心思仍然不知在何方神游，他经常愣愣地搭不上母亲的问话。母亲不免有些担心。

"你怎么了，弗兰克？哪里不舒服吗？""哦，母亲，我没事儿。我只是在想。""想些什么？"

"有些人的生活多么精彩啊——他们经历的事情那么美妙。可是我们的生活每天都一样，什么也没有发生过。"

"你在看些什么书啊，弗兰克？"母亲用审视的目光望着他。

---

[1] 迪威尼（Theodore Low De Vinne，1828—1914），美国印刷业巨子，曾设计多种印刷用字体。
[2] 《银冰鞋》（*Hans Brinker*），美国儿童作家和编辑玛丽·道奇（Mary Dodge，1831—1905）发表于1865年的儿童小说。
[3] 约翰·拉斯金（John Ruskin，1819—1900），英国作家、艺术家及艺术评论家。
[4] "奈尔"是"爱伦"的昵称。
[5] 布莱恩特（William Bryant，1794—1878），美国浪漫主义诗人。

这时他才完全回过神来，不过他最终也没有搞清楚那些人在河边伏击，是不是逮住了红魔游侠。

In Memoriam
回　忆

"五分钱图书馆"果真那么可怕吗？为什么每次父母和老师们抓到我们手里打打杀杀的故事书，都会没收了烧掉呢？那些书好像饱经世故的钞票一般满身油腻、皱皱巴巴，以一粒玻璃弹子作为交换，从一个口袋秘密地流通到另一个口袋，最后，要是不把书页重新缝一下的话，丢失了的关键段落准会让下一个读者急得抓耳挠腮。

书里面滴着血污的面具和尸体，让人不寒而栗。但是也有频频化险为夷的英雄，让人拍手称快。勇敢的英雄战无不胜，年少的读者们总是觉得自己和他有几分相似。他偃旗息鼓，只是为了更勇武地冲入乱作一团的印第安人和混血的割喉暴徒，在猎刀和长剑丛中杀出一条血路。

电影不需要想象力，而"五分钱图书馆"恰恰相反。字里行间的种种细节，描摹着至善至美的女主角。在经历了反反复复、所有可能的磨难和摧残之后，她依然风采不减，玉洁冰清。

双腿健全的弗兰克和腿有残疾的罗比，结成不甚般配的一对儿，分享着丰富多彩的生活。

一种生活是在湖畔的家里。

一种生活是排版、排字、印刷、设计和发明。

还有一种生活是一起读书和度过充满音乐的夜晚。

弗兰克妹妹的女伴们经常来加入唱歌和游戏。

那些快乐的夜晚啊！青春奔放的嗓音和清澈闪烁的眼睛。那时候，吉尔伯特和沙利文的轻歌剧[1]不只是流行，简直称得上风靡一时。这两位天才完美地合作，让每一个歌唱者和听众都

---

[1] 词作者吉尔伯特（W.S.Gilbert，1836—1911）和作曲家沙利文（Arthur Sullivan，1842—1900）合作了大量轻歌剧，二人先后被英国维多利亚女王册封为爵士。

陶醉于他们所写的歌曲。并且,他们的作品总是不断尝试新鲜的效果。难以想象,他们居然能在丑陋做作的维多利亚时代脱颖而出,不啻为那个沉闷的年代里一剂欢乐的良药。

这些夜晚可不是什么音乐会,而是狂欢。谁也分辨不出歌声在哪里停止,笑声在哪里开始;或者笑声在哪里停止,歌声在哪里开始。

可惜的是,在那个少年进入大学而父亲离家之后,音乐教育停止了。一个不可饶恕的念头莫名其妙地占据了这个大学生的头脑:音乐会让他不够阳刚,而他希望和别的男孩子一样粗犷。

幼稚的头脑里,涌出对外面的世界五光十色的畅想。循循善诱的母亲,让这些畅想朝着一个特定的方向汇合。她的儿子将成为一名建筑师,他将设计出优美的建筑。现在,桥梁和大坝让他着迷。任何一座构筑物都会吸引他凝神注目。他也开始做一些被自己称为"设计"的东西。

弗兰克和罗比都对发明抱有真正的激情。他们没完没了地试验,没完没了地被炸伤,被扎破,被划伤,被染脏,或者干脆被"搞垮"。但是试验总会继续。

他们发明了一种被命名为"弗兰克诺"的水上脚踏车。一种"双体船"已经有了图纸,却因为造价太高而流产。他们还自己制造弩机、弓箭和一种别致的冰橇,再兴致勃勃地给它们涂上彩色的条纹,然后请一位铁匠根据设计把这些发明"打造"出来。他们发明了一种新式的报纸——圆筒状的。他们用彩色纸扎成各种新颖的风筝,风筝的尾巴尤为令人称奇。青春年少的冬日里,记不清究竟有过多少次酝酿构思、多少次修改、多少次撕掉重来。灵巧好用的丝锯和必不可少的车床是他们的伙伴。两个少年源源不断地搞出发明,不停地绘制设计图纸。他们画图常常只是为了好玩,挑灯夜战更是乐趣无穷。

可是,从学校里学到了什么呢?今天的他已经全然回忆不起。

一片空白!除了一些与学术无关的闹剧。比如,把前排漂亮女孩的金发辫子蘸进墨水瓶里,然后拿它在书桌上画画。后果是被罚回家反省。

每个月一次到教室讲台上去发言,对他而言无异于残酷的折磨。

"乱毛"这个绰号总是搅得他心烦意乱。无论什么样式的帽子扣在他满头的鬈发上,都立刻变得奇丑无比。

对几个漂亮姑娘的单相思,是他们生活中的另一片天地。比如古蒂·斯道尔、凯瑞·雅各布斯、弗洛伊·斯蒂恩。罗比对隔壁蓝眼睛的埃塔·多扬怀着隐秘却毫无前途的爱情。那时候,本书的主人公喜欢金色的鬈发和栗色的眼睛。二者兼备的爱拉·格农简直是完美之极！

埃塔的弟弟，比这一对儿搭档还要天真无邪的查理，一心想要加入他们的"印刷厂"。多扬先生算是当时城里的富人。他们给查理开出了条件，如果查理的父亲能借给"厂里"两百美元，买一台大点儿的印刷机和更多铅字，就可以让他入伙。查理很容易就搞到了钱。"借据"文书由多扬先生写好，两个少年签了字。

这就是"赖特－多扬－兰普出版及印刷公司"的来历。查理在企业里的角色是"资本家"。他所做的一切就是悠闲地呆坐着，那副架势好像因为欠了他父亲的钱，整个公司还有两个合伙人就都归他所有似的。要是不随他的意，他就会赌气把排好的铅字搅乱。

还有什么比洁白似雪的纸更让人看着心旷神怡呢？还有什么比耐心地挑选卡片和纸张的纹理、颜色，更让人乐此不疲？

每一个字母都是艺术品，或者应当是艺术品。

在种类浩繁的字体中做出选择，常常会让最具品位的人也无处下手。印刷机工作的过程更是让人着迷。

排版——一片供你自由摆布空间的广阔天地！

印刷机——无论是对稚嫩的少年，还是对阔绰的成人，它都是一件真正的玩具。一个普通的成年人或者孩子，看到自己的名字变成印在纸上的铅字，会怎样地激动啊！更不必说印在名片或者请帖上，简直妙不可言！这里面隐藏着人情世故的许多秘密。

学校里的教育呢？想要在成长的记忆里寻找它的一鳞半爪，都是徒劳的努力。它消失到哪里去了？为什么它对于一个"少年"找寻自我意识几乎毫无贡献？它似乎只有纯粹消极的影响。或许正因如此，它也没有机会造成积极的伤害。

当男孩子们一天天长大，切不可任由他们四处乱跑。父母们不得不把他们捆好，拴在什么东西上面，才能分出神来做一点儿自己的事情。如此说来，一根拴马桩——或者称之为学校，倒是个不错的主意。你一定得将他拉在手里，让他的心跳慢下来。再把他关进笼子里——是的，必要的压抑。一旦他像小马驹那样挣脱了缰绳，你就只剩下最后的选择——培养他成为"艺术家"。送他去艺术学校吧。

但是，学校的教育毕竟残留下一些零星的片段，对他的伤害一直延续到今天，比如"发言"。

春天和夏天，与城里少年在山谷里相伴的是他的表弟们——迪克、汤姆和艾德。他们对这个表兄都很崇拜。他一方面真心地喜爱他们，另一方面他也从中炫耀自己、戏弄他们也利用他们。在他用想象力搭起的世界里，表弟们常常碰得鼻青脸肿。

有一次，他们四个人一整天都在田野里玩闹。少年阿拉丁（也就是我），突然有了一个"聚会"的好主意。他擦了一下神灯，这次"聚会"在他眼前变得越来越真实清晰。恰好他父母这两天从城里来看望外祖父，就住在外祖父家里。这次将由母亲筹办的聚会就定在当天晚上。他凭借自己的畅想添枝加叶，对表兄弟们描绘着他想象中越来越真实的聚会。到时候，迪克、汤姆和艾德会收到他们心仪的礼物和各种点心糖果，还有要刻意吊着他们胃口的"惊喜"。他讲得绘声绘色，三个无限期盼的听众都不禁口水滴答，连他自己也兴奋不已。

他们各自回家，等不及参加晚上的聚会。

虽然一点儿也没有听说这次"聚会"，但是迪克、汤姆和艾德的父母都信以为真，把他们洗得干干净净，穿戴起星期天去教堂的最漂亮的衣服。这时节，未来的建筑师臆想的热情开始消退。他模模糊糊地记起来自己做了些什么，不免心生忐忑。但是他什么也没有讲。受邀的客人们早早地登门。

母亲放下手里的活计，诧异地把他们迎接进来："你们好，孩子们！这是怎么了，全都打扮得这么漂亮？你们要去哪儿？"

"我们来参加弗兰克的聚会。"

"聚会？"母亲看了她的儿子一眼，就明白了这是怎么回事。她转过头来，接待这些满心期待着礼物和美味的客人。

儿子松了一口气，他感激地看着母亲有条不紊地应付难题。也许他对此早有预料吧。谁知道呢！母亲总算想法找到了一些能够充作礼物的东西，好歹没有让客人们太过失望。她做了一些糖果、爆米花和姜饼招待客人，又让父亲用小提琴边拉边唱《嘿！鼬鼠来了》[1]。过了一个小时光景，她送走了客人们。但愿她心爱的儿子保全了声誉。

然后，他需要向母亲解释这次聚会的来由。"弗兰克，你为什么要愚弄表弟们呢？"他感觉受了委屈，否认有意要愚弄他们。

"既然明知他们来了什么也没有，为什么你要向他们许诺呢？"

---

[1]《嘿！鼬鼠来了》(*Pop！Goes the Weasel*)，一首英国传统儿歌。

"可是,为什么他们非得把那些好东西当真呀?这样反而会失掉乐趣。其实只要在想象中过一遍就很有趣了。他们非得来参加聚会吗?难道不能高兴一下就把它忘掉吗?"

母亲理解了他,但别人仍然无法体会。显然,他们都不适合玩这样的游戏。

A Man
男子汉

在农场上经过了两回春夏,这个少年第一次有机会驾着名叫"本丢"和"彼拉多"[1]的两匹马,独自在田里干活儿。对他而言,这是个特殊的日子!昨天,他还是农场上的一个少年。今天,他已经是一个真正的男子汉。成为男子汉意味着挑起男子汉的重任。眼下他的任务是要在播种玉米之前,用"拖板"在已经犁好的田里做最后的平整。

两匹马后面的横木与系紧在拖板两侧的绳索相连。驾马的时候,必须拽紧缰绳,贴近马匹,身子挺直地站在拖板的中间,或者站在要平整的一侧。

上午一切顺利,回到家吃过午饭之后继续干活儿。下午将近四点钟的时候,正在下坡的拖板绊在田里一个露出半截的树墩子上。拖板突然失控向前翻起,把少年朝"本丢"的屁股那边掀去。两匹马受惊跃起,开始狂奔。他本能地用双手分别抓紧两匹马屁股上的兜带,紧紧贴住"本丢",任凭它一边狂奔,一边乱踢。"本丢"每一次踢跳,都会把他甩到半空。幸好"彼拉多"只是跑,没有踢。

他拼命抓紧"本丢"屁股上的兜带。如果他脱手了,或者皮质的兜带断了,拖板就会从他身上轧过去。他死死地抓住兜带,祈祷它不要断掉。这是他唯一的机会。

两匹马带着他蹿下山坡。他被反复不停地甩起、落下,却咬紧牙关,一声不吭。好心肠的雇工阿道夫·斯普兰切正在旁边的田里干活儿。他目击了这惊险的一幕,奋力跑过来,想要牵住两匹马的马头,没有拽住反而摔倒在地上。幸好这时候"本丢"一侧屁股上被勒紧的兜带,把它这一侧的缰绳用力向后拽,逼着它绕一个大圈子跑。阿道夫爬起来,及时地取直路追上它,这才把它降服。

---

[1] 判决处死耶稣的罗马总督名叫本丢·彼拉多。

此刻,刚刚承担了男子汉重任的少年,松开手躺在拖板上大口喘着气。一只马蝇的叮咬,就足够让"本丢"像那天一样受惊狂奔。今后,少年"帮工"还要和这个动辄发威的反抗者较量无数回合。

阿道夫生怕少年伤得严重,但是经不住他苦苦哀求,还是答应了不把这件事告诉詹姆斯舅舅。他在田里又干了一个小时,回到家里继续做些其他杂活儿。第二天早上,他浑身酸痛,又青又紫,完全动弹不得。阿道夫顾不得信守诺言,讲出了事情的经过。

詹姆斯舅舅安排自己信赖的阿道夫在他附近,原本就是为了防范万一。发生这件意外之后的一段时间,必须有人陪着他一起出工。但是他最乐意派他独自下地——被当成一个男子汉。没过多久,他重新赢得信任,可以独自下地了。

那年夏天,他把自己的岗位"捆"在收割机的后面。那台"麦考密克"[1]收割机,是当时整个农场的骄傲。

这台马拉的收割机,被涂成像玩具一样的五颜六色。红、黄、蓝、绿相间的卷轮,把黄灿灿的麦子压在漆成鲜亮红色的木平台上,闪亮的刀刃来回穿梭,将麦秆割断。有四五个人在田野里均匀地散开,负责把收割机后面整齐躺倒的麦子扎成捆,再把一捆捆麦子抛到一边,为再一轮经过的收割机让路。

左手抓起一把麦秆,劈成两股,然后攥住麦秆一头儿,用右手把两股熟练地拧成一根绳索。把现做好的绳索从麦子捆下面绕过来,双臂提起麦子捆,绳索的两端交叉一拧,把这一捆麦子丢在地上用膝盖抵住,拉紧绳索,再用手指把绳索打一个结,然后抛出去——捆好了!

在这一季收成的最后一捆麦子捆扎停当之前,这个年轻农夫的手指甲免不了要磨秃,甚至磨出血来。

收割完毕,用长柄的三齿叉子把麦捆叉起来,扔上堆垛的架子。堆麦秸捆需要精湛的技术,农场上只有很少几个人能够胜任。搞不好有些麦捆就会滑下来,甚至整垛麦子都会塌掉。

每天早晨总要干上两三个小时的活儿,才能让浑身酸疼的肌肉舒展开来。

很快,他学会了在乏味重复的劳动中,找到一种歌唱的感觉。虽然是单调的音乐,但是

---

[1] 以发明者美国人麦考密克(Cyrus McCormick,1809—1884)命名的一种用马拉的收割机。

足以激活人的想象力。

他会跟着重复不停的单调节奏，哼唱变奏或者吹口哨。这是利用想象力忍受枯燥劳动的秘密。

任何一项动作单调的重复运动都有它的节奏。如果你能发现它的节奏，劳动就会立刻生出乐趣。捆好麦子再抖两下，把麦捆扔上马车，堆干草，锄草，摘玉米，在山坡上每隔四英尺一行给玉米下种。把每一个动作当作音符，加入重音或者改变重音的位置，就能为"工作"找到独特的节拍。

所有机器发出的重复噪声，都可以演绎成一段有节奏的乐曲，那或许是藏在万物之中的数学谱写而成的诗篇。

连续几个小时艰苦的体力劳动，会让身体的运动产生一种摇摆的节拍。你可以把这种节拍用口哨吹出来、高声唱出来，或者让它只是在头脑里回旋。

民间舞蹈全都起源于此，宗教祭祝的舞蹈也是同样。

赤脚走在犁过的田里是一个绝妙的机会，可以让你感受自己内心的节奏，把它转化为身体的运动。

单调的重复动作所蕴含的节奏感，自然而然地演变成与动作协调的音律，有时候会配着歌词唱出来。

这种想法——不，这不是想法而只是本能，或者无论你叫它什么——是内心纯真的释放，它让劳动的双手更加有力。收获将更加丰硕，疲惫却没有了踪影。

挤牛奶是一个完美的机会，把单调的劳动转化为音乐。先是挤出奶汁的"哧哧"声，接着加入的是桶里面牛奶泛起泡沫的声音——多么美妙的音乐啊！这个少年常常伴着这种节奏唱起歌来。戈特列把他的红脸膛和黄头发都贴在牛肚子上，有时候也跟着他一起唱。你瞧，他找到了如何释放自己的内心，如何挺过"汗水，更多汗水"的诀窍。詹姆斯舅舅不用再冲他喊："回来，弗兰克！快回来！"如今，当他沉浸于遐想的时候，再也不会让手里的活计有半点儿耽搁。

节奏感，是那几年里他最宝贵的收获。生活是否被它自身推动着向前？

尽管仍然会时不时地心思飘远，十四岁的他已经能够胜任农场上一个成年人的农活儿。从慷慨的詹姆斯舅舅那里，他得到了一个成年人的报酬：除了衣服和吃住之外的每月十九块钱。

你看，詹姆斯舅舅对他相当满意，因为……

The Horse

马

这个还不太在行的"帮工"，体验到了关于马的种种学问。如何上嚼子、备鞍、牵马、驾辕、挥鞭、勒马。反反复复地扣紧马肚带，松开马肚带。他认识了马嚼子、马兜带、车辕等各种马具，还有马肩、马臀、马蹄等与人身体对应的所有部位。他还看见了——配种。母马总是既壮实又温顺。漂亮的克莱德谷公马[1]鼻孔颤动着，昂着它高傲的马头。不幸身为公马的小马驹徒劳地抗争，终究无法抗拒沦为骟马的命运。

他要打理干农活儿的马匹：刷洗马身，清扫马厩里的马粪，给马尾巴编辫子，把马拴住，把马解开，饮马，喂马，遛马，还得哄着它们。

他学着骑在未经驯服的烈马的光背上，骑在驯服了的良马的马鞍上。看着詹姆斯舅舅怎么驯服马匹，他自己却险些被马驯服了：被马掀在地上，被狂奔的马驮着跑，或者被马踢，被马踩。恼羞成怒地爬起来，冲着马大发脾气。他还学会了给马钉掌。

犁地、耙地、播种、划垄、拖平——需要给马换上田里的不同装备。他常常被气得跺脚，但最终还得靠耐心。给马套上收割机、脱粒机、大锯、干草架、干草耙，套上马车送牛奶、运木料。收工后，由他来刷马、喂马、饮马，再牵回马棚。

以马匹为动力的各种机械都需要擦拭抹油，才能够顺畅地运转。有时候，让这些色彩鲜艳、尺寸巨大的成人玩具停止运转，实在是难上加难。他还要学着雇工们通行的语言，用马匹听惯了的咒骂来管教它们。

凡此种种，造就了一个业余的驯马师。

与马相伴，给一个少年成长的日子里注入了高尚的兴奋。它是人类的动物伙伴当中，最高贵也最浪漫的一个……可惜，他还必须要对付……

---

[1] 原产于苏格兰的良种马。

The Sow
母　猪

　　每天都要拌饲料和煮南瓜——喂猪。公猪的嘴里嚼着泡沫，龇着丑陋的獠牙。笨重蹒跚的母猪，肚皮几乎拖在地上，总是哼个不停。粉扑扑的小猪在四个月大的时候，一律要在嘴上套环，免得它们用嘴乱拱，糟蹋了草地。

　　生来不幸的公猪被抓来捆个结实，发出绝望骇人的嘶叫。变成阉猪之后，它们最终的归宿是集市上的肉案。

　　总得有人把寻食的猪从玉米地里赶出去，或者从菜地里、从别人家的田里赶出去。总是在赶它们——不管是赶出来还是赶进去，小猪倌常常累得满头大汗，气喘吁吁。听见小猪仔撕心裂肺的叫声，赶忙把压住它们的母猪赶开。有时候，母猪甚至会吃掉刚生出来的小猪。喂猪时候的吆喝"嗷——格，嗷——格"，是足以在歌剧院谋一席之地的男高音。

　　杀猪的场景让他不堪忍受。刀子深深地扎进肥厚的喉咙，鲜血从全家人的"猪肉"身上喷溅出来。猪圈里污秽之极的气味更是令人窒息！同样腥臊的还有猪的交配。现在，这个不太情愿的小猪倌对这些可怕的勾当已经了如指掌。

　　值得庆幸的是，他和猪打交道要比和牛少一些。

The Cow
牛

　　他在农场里最早的伙伴。

　　他始终有些怕那头脖子很粗、喜欢凶吼的荷斯坦公牛。对每一座农场而言，这头套着鼻环、以配种为业的公牛既是骄傲也是祸根。

　　用男中音吆喝牛群，"索——波，索——波，索——索波"。年复一年，又是一年，无休止地重复。每天都要把早晨放出去吃草的牛群赶在一起，赶回牲口棚里，然后喂牛。早晨挤牛奶，晚上挤牛奶（险些被蚊子吃掉）。恶毒地把牛尾巴拧住，好让它们抬起后腿来方便挤奶。挤奶前要倒干净粪袋，保证牛奶的干净。从星期一到星期六，每天都需要挤奶，即使本该休息的星期天也不例外。挤奶——总有挤不完的牛奶。一不小心，就会赤脚踩进牲口棚里或者是小路上热烘烘的牛粪里。

总是打扫不完的牲口棚，仿佛刚一转身又该打扫下一次。他要把慢吞吞的牛群赶到放牧的草地上，把胆大妄为的牛从玉米地里赶出来。有时候，整个牛群都钻进了麦田里。发现有哪一头牛欺侮它的姊妹，他会敲打脾气暴躁的肇事者。被欺侮的一方眼中闪着惊恐，伸着头一边哀号一边向后退缩。

他要给率众跳出围栏的"头目"的脖子套上木枷。看到这个可怜的冒险家因为动机单纯的行为而受到惩罚，他不禁想到，世间所有冒险家都会受到某种形式的惩罚。他暗地里把残酷的"刑具"卸了下来。下一次牛群又钻进玉米地的时候，他也得跟着挨骂。可是他还会忍不住把木枷从牛脖子上摘下来。

给牛犊喂草时，吆喝"苏——苏——苏，苏克——苏克——苏克"。又是和喂猪时类仿的男高音，但女高音似乎效果更好。来到这个世界上六个星期之后，运气欠佳的小公牛会被选中，变为家里餐桌上的美味，或者被运到集市上。牛头被致命地一击，巨大的身躯扑通一声瘫倒在地，接着是牛脖子下刀光闪过。他要动手帮着剥下厚实的牛皮，剔下热气腾腾的肉块。

把牛群赶回来，把牛群赶出去，日复一日，年复一年。有好几次，他帮着詹姆斯舅舅救起陷在河边泥水里的牛。需要几匹马协力拉紧套在牛颈上的绳索，才能把它拖上来，并且千万不能弄伤了它。他要料理牛在发情期的交配。无论什么季节，总是有几头牛处于发情期。

有时候，他会被公牛追赶，但是从来没有被顶翻过。养牛的技术已经在他身上成为像牛反刍一样的本能。与此同时，他还要对付房前屋后的……

The Hen
母　鸡

哦，紫红鸡冠的公鸡！它是几百只母鸡的夫君。喔喔的打鸣声、咕咕的叫声和嚓嚓的刨土声，满院子此起彼伏。有时候，他不得不在半夜里爬起来，查看乱作一片的鸡舍里是不是钻进了一只黄鼠狼。有时候，由他负责抓住大限将至的小公鸡，砍下鸡头，然后盯着没有了脑袋的活物，在院子里的木料堆上疯狂地扑腾，耗尽最后一丝生命。

没完没了地在鸡窝里找鸡蛋，学着戈特列教他的样子吸一口生鸡蛋，或者把鸡蛋放进盛着水的木桶里。弯着腰从一群老母鸡当中穿过，给喂鸡的水槽里添水，让母性四溢的热情冷静下来。有时候，会被可恨的鸡啄上几口。身上落满虱子自然是常有的事。

这个少年养鸡人敬佩妻妾成群的公鸡，但是他总是很讨厌母鸡，尤其厌恶它们没完没了地交配。他喜欢珍珠鸡[1]。它们低沉的叫声和缀满斑点的灰色羽衣，让他不禁浮想联翩，脑海中出现一只孔雀。这是他在吵闹的鸡群里找到的精神寄托。孔雀让人联想到对美、对装饰的爱。对美的敏感浸润着万物，人永远无法把它关在门外，甚至在饲养动物的时候它也挥之不去，并且攀附着他手中的……

The Hoe
锄　头

每一个想要播种的人，必须先锄地。

每一个想要收获的人，必须先除草。

瞧瞧那片菜园！相对而言，菜园是一片平静祥和的乐土。前提是没有遭到被豢养的敌人侵袭，比如小鸡、猪仔或者不服管教的母猪从不够密实的篱笆空隙拱进来。更不必说那些天然存在的敌人——泥土里面的虫子，还有成群结队飞来的害虫。那些害虫啊！它们是否会最终赢得对人类的战争，从而将人类消灭？

---

［1］又名几内亚鸟，一种家禽，灰色的羽毛遍布细密的白点，状如珍珠。

除草是一门艺术，可惜它会让脊背像断了一样酸疼。这个少年学会了手指裹住杂草，把草茎贴着地面压住，用拇指当作支点一揪——杂草被完整地连根拔起。

为了清除那些夹杂在有用的植物当中的杂草，这套动作每天都要持续好几个小时，直到胳膊和脊背僵硬，手指酸麻，手指的皮也渐渐磨得粗糙，换来的是刚刚发芽的小苗变成长势喜人的菜园。

初夏时节的菜园里，这个还不太熟练的"帮工"用锄头给萝卜、甜菜根翻地，给胡萝卜、卷心菜、番茄和洋葱翻地。翻地和除草，除草和翻地，直到手掌心结满又厚又硬的茧子——像锄头柄一样油光发亮。最后，索性挥起镰刀把气焰嚣张的野草割倒，再拢成一堆烧掉。

有时候，这个少年会一边挥着锄头一边思考。为什么不能研究野草，从中发现培育的可能性，将"庄稼"取而代之？在农夫们发现它们的用途之前，所谓"庄稼"也不过是野草罢了。烟草就曾经是一种野草。玉米？似乎从未有过野生的。土豆最初也是野生的。番茄曾经被欧洲人称作"爱的苹果"，视为一种致命的毒药。几乎所有食用的植物以前都只是野草。也许会有一天，不再有什么"野草"，然后怎么办？这场力量悬殊、永无休止的对抗，无论被你冠以善恶之争或者什么样的说法，最终适者生存的似乎总会是野草。

马齿苋、野藜、豚草，这些"野草"的生命力是多么旺盛啊！偃麦草堪称野草中的国王，而加拿大蓟草则是王后。会不会有那么一天，经过培育的野草占据了人们的餐桌，"庄稼"反而变得像"野草"一样有害？

这里面蕴藏着哪些科学和艺术？去问那些教授吗？

六月的田野里，他看到了辛劳、科学和艺术的回报。一望无际的苜蓿花散发着香气，蜜蜂在嗡嗡地忙碌。鼠尾草低垂的草穗在微风中摇摆。葱绿的七月，一个个黄色的干草堆整齐地点缀在收割后褐色的田野里。八月空旷的田野里，这些干草堆被几个一组地拢成圆形的大草垛。六月里银光闪闪的草垛，将是明日里紫色的干草堆。九月，玉米的秸秆在田野里堆起一个个尖顶的小帐篷。这些"帐篷"之间，到处有金灿灿丰收的南瓜，映着红色的夕阳。

红色的谷仓里，他跟在干草架后面，挥舞着危险的草叉，被干草堆里热气蒸腾的烟尘呛得几乎喘不过气来，还要留神别被脱粒机顶上泻下来的谷壳埋住。脸上的粉尘被汗水和成泥浆，几乎遮住他的眉眼。秋天里，他又要汗如雨下地在筒仓里堆放发酵好的青贮料[1]。还有

---

[1] 青贮料是利用玉米等植物的秸秆发酵成的牛羊饲料。

无数次用砂轮把斧子和镰刀磨得闪亮、无数次旋转风选机的曲柄、无数次压下水泵的木柄，直到两臂从酸痛变成麻木，最后失去知觉。

雨天是否意味着稍作休息？是的——如果篱笆和围栏都已经栽好了的话。

应该有人把铁丝网的围栏写进歌曲和故事。它们记录了人类近世文明的扩张。铁丝网与铁皮罐头携手，让人类征服自然的过程变得太轻而易举。

农场上到处都离不了痛快淋漓的斧头、勤勤恳恳的大锯和沉稳有力的锤子。还有老虎钳、台钳！每一个农夫都离不开它们。差点儿忘了主宰悲剧的管钳。一切都会在它强悍的扭力下解体。有属于它的歌吗？让人爱若至宝的折叠刀呢？可曾有过一支为折叠刀而写的歌？

Main Strength and Awkwardness
九牛二虎之力

这个农家孩子的性命，总是被马蹄、牛角、毒刺、闪亮的犁头和锋利的镰刀掌控着。他在农场的生活，意味着每一次操作都要面对致命的凶险，每一处细节不周都可能酿成大祸。

太干了！太湿了！太高了！太低了！

太热了！太凉了！太早了！太迟了！

干旱和霜冻是最大的敌人，农夫必须学会战胜它们，否则就只能像庄稼和牲畜一样地倒毙。

与此相比，战争不过是故弄玄虚的把戏。农夫必须不断地求助于各种倔强或者是愚笨的工具。他的世界里充满了各种敌意或者善意的装置，被涂成亮红、艳绿、或白或蓝的颜色，像玩具吸引孩子们一样吸引着他，像走马灯一样让他疲于应付。无论这些装置听命肯干还是顽固抗拒，每一次较量都需要他拼尽九牛二虎之力，才能换来最后的胜利。

总是没完没了地把大汗淋漓、或者抗拒或者顺从的牛马套在机器上。稍有闪失，机器就可能结果了这些牲口的性命。如果你能驾驭机器，这些被涂上艳丽色彩的物件就能为你犁地、翻地、切割、堆垛。所有机器都隐藏着或多或少的危险。无论怎样反复地上油，它们总会在关键的部位生锈，早晚全都会化成一堆废铁。

这些五花八门却又每个都必不可少的环节，构成了一个少年在农场上的经历。要想不被这座庞然大物压垮，只有靠他自己。

牛、母猪和母鸡与他整日厮混在一起。被驯服了的马匹陪伴他在田间辛劳。与此同时，令人心驰神往的机器已经在生活中无处不在。它们改善了人类的生活吗？或许是吧，谁知道呢？但是在不远的将来，人类将不得不回答这个问题，否则就会走向终结。

Peace! Beauty! Satisfaction! Rest!
宁静！美丽！欣慰！安歇！[1]

富于创造力的精神永远不知满足，无论过去还是现在，它总是不安分地生出混乱。任何一个见识过创造力的人都对它避之不及。然而，这个少年不懂得这些。没有人告诫过他。

对于创造力，他从未产生过怀疑。

于是，人类中的这个微粒无所畏惧地生活在他想象的世界里。

有时候，白日里过度的劳累让他夜里无法入睡。他会起身套上汗津津的衣服，把裤脚卷到膝盖以上，光着脚不戴帽子，出门爬上屋后的小山。静悄悄的山脊上，散落着星星点点的灌木和树丛。他坐在高坡上，瞪大了双眼望着前方月光下的梦境，陷入遐想。

成年之后，又无数次走过那道山脊，他不禁疑惑，一个赤脚的少年如何能安全地走过那段崎岖的石路。白天尚且危险，更不必说就着月色。

山脊两侧肥沃的山谷，沐浴在柔美的月光下。杂色的树木迎着月光显示出各自独特的图案，逆着月光展露出各自最美的剪影。野花失去了色彩，挂着露水的花瓣晶莹得好像一颗颗苍白的宝石。草丛里清凉的露水，打湿了少年的双脚和双腿。浓重的露水化作薄雾，在树林上空聚拢，伸展成白纱一般纤长的丝带。万籁俱寂，唯有夏夜里催人入眠的虫鸣。仿佛是来自远古的雾气，像一团光，笼罩着一切。幽深的黑影里隐藏着诱人的奥秘。

这一刻，无须匆忙慌张。

他会虔诚地倾听耳畔的音乐，仿佛这将是他生命中最后一次听到乐声，并且在自己脑海

---

[1] 本节标题出自美国博物学家及作家约翰·巴勒斯（John Burroughs，1837—1921）的著作《男孩与男人》(*Boy and Man*)。巴勒斯的作品倡导人类接近自然。

里演奏出更丰富的音乐。他仿佛听到父亲弹奏贝多芬的音乐，就像童年时他躺在床上那样。每当这时，他仿佛被音乐带着向上飞升。

童话中的公主慢慢向他走来。她在某个未知的地方长大，同样在倾听，同样在梦境中期待着他。有时候皮肤白皙，有时候略显黝黑，但她总是拥有少女独特的美，那种只会出现在青春期少年脑海里的美。他胸中涌起高尚的冲动，要去实现五彩缤纷的成就和一个少年能够想象的荣耀。他从未想过这些梦会因为失败而褪去光辉。在像琥珀和水晶一样奇妙神秘的夜晚，随着晨露开始凝结在他腿边的花瓣上，这些清醒的梦悄然飘落在他的脑海里，为他解去现实中的疲惫。

回首往事，那些梦似乎并没有什么神奇可言。但是当时，他被这些梦牵引着，赤足蹚过沾满露水的草丛和被月华浸染的花丛，仿佛脚下踩着的不是冰冷的石块，而是轻飘的云朵。半梦半醒之间，他走回来，爬上床沉沉地睡去——这一次，不再做梦。

当一千两百六十个今天和明天全都变成昨天，十六岁的少年结束了他的农场生活，即将迈入威斯康星大学的校门。

农场上的日子在他身上留下了自信、勇气、结实的肌肉和有力的脚步。他的手指变得像头脑一样敏捷。雨后刺破乌云的阳光教会了他乐观，教会了他失败之后靠努力迎来胜利。从每天的辛劳当中，他清晰地感受到自然界各种力量之间不可或缺的平衡。通过内心世界的体验，这种自然界内在的秩序如同一种宗教，在他心中树立起至高无上的地位。它将给予他精神上的庇护，成为他生长的土壤。

将满十六岁的他，几年来一直承担着成年人的农活儿。他学会了如何挑起重担，如何顺利地、快乐地克服困难，如何在他自信的领域里充当主宰，扬起手中的长鞭。

只有人让他感到畏惧。人，总是那么可怕，不可捉摸，更不用提女孩子了。看到一个姑娘，他就会像受惊后窜进树林里的小鹿那样躲起来。

The Father
父　亲

蔚蓝色湖水边的小屋里，生活并不平静。父亲和母亲常常意见相左。

在儿子即将进入大学之时，父亲正痴迷于学习书写梵文，母亲多年来有病在身。贫苦啮噬着他们的家庭。

在饭桌上，这个年轻人能看出来母亲在自我摧残。她只吃别人不愿吃的东西。喝茶不加糖，但是这并非她的喜好。遇到极其难得的机会，后院养的一只鸡被宰掉端上桌来，她会装出很自然的样子，几乎让你相信她真的爱吃鸡脖子。

老家的农场经常会捎来一些贴补——土豆、蔬菜和苹果。父亲本来就微薄的收入日渐萎缩。音乐算不上麦迪逊市民生活的一部分，在城里和周边村镇零星布道的机会也越来越少。外面的挫折和家里的争执，让他变得愈发暴躁易怒。劳埃德-琼斯家的人不能眼见安娜在艰辛中苦熬。而他作为一个自尊的男人，眼看着送来的接济闷闷不乐，无能为力的感觉刺激着他。

儿子是母亲的至爱，是她最主要的生活内容。这一点似乎并不能给家里增添安宁。

有一次，父亲打了不服管教的年轻人。在马棚里，血气方刚的逆子把父亲推倒，摁在地上，直到父亲答应今后不再管教他。他已经长大了，不能再像孩子一样地被打骂。"父亲应当意识到这些。"他脸色苍白地回到家里，告诉了母亲刚才的事，羞愧让他浑身颤抖。

少年几乎从不把自己看作他父亲的儿子。从前表面上的和睦如今被打破了。儿子对父亲的才华既崇敬又同情。看到天赋出众的父亲在荆棘丛中徒劳地抗争，他被深深地触动——却不晓得如何讲给父亲。就这样，两人之间从来没有产生过能够称为父子之情的纽带。也许，父亲从来没有爱过他的儿子。痛苦的回忆折磨着这个年轻人，也折磨着日后那个成年人……

有时候，儿子会站在紧闭的书房门外侧耳倾听。父亲在书房里一边来回踱步，一边朗诵，为他在教堂里布道做准备。他手里握着书，显然是在朗读一首诗，推敲着不同的语调和重音。有时候反反复复地斟酌某几行诗句。

你听，伴着节奏缓慢的脚步声，父亲正在读《乌鸦》：

……突然传来一阵轻擂，
仿佛有人在轻轻叩击，
轻轻叩击我的房门。
"有人来了，"我轻声嘟喃，
"正在叩击我的房门——

唯此而已，别无他般。"

一段停顿。缓慢的脚步声。

　　那柔软、暗淡、飒飒飘动的
　　每一块紫色窗布
　　使我心中充满前所未有地恐怖
　　　　　——我毛骨悚然

一片寂静。

　　唯有黑夜，别无他般。
　　唯有黑夜，别无他般。
　　唯此而已，别无他般。

稍作停顿，脚步声再次响起。

　　让我瞧瞧是什么在那里，
　　去把那秘密发现——
　　去把那秘密发现——
　　那不过是风，别无他般！
　　那不过是风，别无他般！

寂静。尔后是更急促的脚步声。

　　不管是先知是魔鬼？是鸟是魔？
　　不管是先知是魔鬼？是鸟是魔？

片刻的安静，然后

"基列有香膏吗？
告诉我——告诉我，求你可怜！"
乌鸦说："永不复还。"
乌鸦说："永不复还。"[1]

听到这里，年轻人蹑手蹑脚地从门边走开了。

有时候夜深人静，他仍然能听见父亲在反复练习，伴着来回走动的脚步声——永远不会停下来吗？为了拒绝这哀歌钻入一个少年脆弱的内心，他只得把头深深地埋进枕头里。

终于有一天，在经历了她能够忍受的一切之后，母亲再也无法忍受她和父亲之间的相互折磨——或许父亲也在忍受着他能够忍受的一切。母亲平静地说："就此结束吧，赖特先生，"——每当提到他或者和他讲话，她总是这样称呼自己的丈夫，"离开我们。我会照管好孩子们。去走你自己的路吧。把这个家留给我们，除此以外，我们绝不会再对你有任何要求。为这个家，我投入了以前做教师时的积蓄，还有这么多年来我的生命。从今往后，我们永远不会再向你张口。假如你能寄来些东西，随你。不然的话，我们会自己尽力。"

谁能想象，当十八年来积累而成的心碎不可避免地爆发，只有这样简单的几句话——如此平静地讲出来。

好像长途跋涉的旅行者来到一个岔路口，没有任何东西标记这里的特殊意义，但是当他做出选择，人生的方向和终点，甚至一切都将随之改变。毁灭的力量或许也在岔路口守候着。生命中所有真正的危机，在爆发的最后关头是否都是如此平淡？有谁能评判在人们心中积蓄着的无声的变化？一朝成熟，它们就像花草树木自然的变化那样显露出来。

---

[1] 美国诗人与小说家埃德加·爱伦·坡（Edgar Allan Poe，1809—1849）的诗《乌鸦》（*The Raven*），描写深夜里一只神秘的乌鸦造访作者。本段译文选自曹明伦译，安徽文艺出版社1999年出版的《爱伦·坡精品集》。"基列有香膏"一语出自《圣经·旧约·耶利米书》8：22："难道基列没有镇痛香膏吗？难道那里没有治病的医生吗？"

对这些变化断喝一声"不",将是多么狂妄自负啊!然而,鼓励这些变化同样是荒唐和危险的。对它们施加影响必然会造成伤害,而对它们加以"评判"更是愚蠢的行径。

父亲消失了,他的妻子和孩子们再也没有见过他。城里的卡朋特法官悄悄解除了婚约。

母亲家里的亲人们都为此伤心,这桩"丑事"让他们脸上无光。

母亲也承受着悲伤。虽然她坚信为了孩子们她应当结束这段婚姻,但是她内心深处似乎并不相信,丈夫会因为她的要求而让他自己解脱。

直到十五年后父亲去世,母亲从未放弃过他会回来的想法。在她的生命中,从未对其他男人有过一丝一毫的念头。也许,他们共同生活的灵魂已经被一次又一次的失败消磨殆尽。绝望的父亲一次又一次选择了躲进书房,如同苦行一般,在他的书籍和音乐里逃避他在生活中应尽的责任。在那里,其他所有人似乎都不存在。

极端敏感的他也开始意识到这桩"丑事"。他母亲是一个"离了婚的女人",但是他对母亲的善良与正直没有丝毫怀疑。既然如此,她一定是遭受了不公平的指责。难道这种不公平是出于某种社会目的吗?

疑惑和怨恨在他的内心滋长。潜意识里,他觉得自己和两个妹妹受到了虚妄的裁决,然而他们是那么无辜。难道母亲的不幸被社会视为一种罪行吗?为什么一定是母亲和她的孩子们遭受这样的惩罚?

他心中的阴影从未被抹去,反而加重了他心灵的畸形,他变得愈发敏感、愈发羞怯。他开始怀疑,怀疑一些他自己也茫然不清的东西。

家里剩下母亲和她的三个孩子。母亲把她心目中未来的建筑师,引见给了艾伦·考诺沃教授。有一双清澈的蓝眼睛的考诺沃教授,既是威斯康星大学工程系的系主任,也是一位出色的结构工程师。他在麦迪逊有自己的事务所开展工程业务,当下正需要找个帮手(也许是这样吧)。考诺沃教授待人和善,颇有涵养。他不但给这个年轻人每月三十五美元薪水,而且允许他只在下午来事务所,上午仍旧可以在大学里听课。这样的安排让他有机会在晚上自由地学习。建筑,最初只是母亲的鼓励,如今已经自然而然地成为他自己的梦想。那正是他想要学习的。但是他没有足够的钱去外地求学,而家乡的大学里没有建筑系,所以工程系就成了他能够接触到的与建筑最贴近的替代品。

于是，这个年轻人作为未来的土木工程师，进入了威斯康星大学。

幸运的是，这种"将就"让他幸免于当时风行美国、矫揉造作的"建筑"教育。它满载着过度的矫情，正驶入文化的歧途。

每天早晨，他步行到几英里外的大学。讨论课之后，再步行到考诺沃教授的事务所，在那里吃他自带的午饭。下午的时间集中在绘图板上。走回家吃过晚饭，继续自己的学习。他也结识了一些新朋友，但是罗比·兰普仍然是他的"好伙计"。罗比没有上大学。在那个年代，这意味着一条鸿沟。

基本上可以用一种隐隐的痛楚来形容他的大学时光。他日后能够回忆起的，只是在贫苦中的挣扎、破碎的家庭、无法实现的愿望，还有屈辱和迷茫。所有课程似乎都毫无意义——唯有数学例外。至少数学总是"有效"的。但是，数学课的凡怀瑟教授对自己讲授的专业感受不到丝毫的浪漫。如果能够恰当地领会，这原本是一门最为浪漫的学科。音乐不过就是数学的升华而已。

这个留着大鬓角、一副学究气质的小个子，恪尽职守地向他的学生们揭露一些惊人的事实，比如二加二等于四。难道一个数学教授不应当同时也是一位诗人？一个结构工程师不就是一个交响乐作曲家吗？

法语课？风度迷人的露西小姐坦诚大方，深得大家的喜欢和尊敬。他在课上读了《年轻男子的罗曼史》和高乃依的《熙德》[1]。

教英语作文的老师弗里曼教授，是一位英俊的绅士。他身上流露出的过于强烈的师道尊严，似乎让他自己也饱受折磨。

这个大学生渴望能够纯熟地用他的母语来阅读、写作和讲述。但是在这位自负的教授面前，他看不到任何希望。对他作文的评语都是"很好""见地精辟"，可惜他早已知道这些评价语都是像洗碗水一样乏味。除了纠正他偶尔犯的语法错误，这样的"批改"有什么意义？截至今天，英语依然或多或少地是一个谜团。从来没有人教他英语何以成其为英语——它如何在千百种语言当中卓然翘立，它的独特魅力何在，它的源泉、它的局限何在，如何把这些

---

[1] 高乃依（Pierre Corneille，1606—1684），法国剧作家。《熙德》(*Le cid*) 是他取材于11世纪西班牙英雄熙德的事迹创作的著名悲剧。

局限化为优势。他只有靠自己去尽力发现这些秘密。

这个大学生在家里如饥似渴地阅读。卡莱尔[1]的《衣裳哲学》《论英雄、英雄崇拜和历史上的英雄业绩》《过去与现在》，父亲留下的牛皮封套的《希腊罗马名人传》[2]，拉斯金的《手握大棒的命运之神》《现代画家》和《威尼斯之石》（奈尔姨妈和简姨妈的礼物），威廉·莫里斯[3]的《伏尔松格的齐格德》，还有雪莱的诗，歌德的《威廉·麦斯特》，一点点威廉·布莱克[4]的诗，雨果的《悲惨世界》和维莱特·勒-杜克[5]的《法国中世纪建筑图典》[6]。大学里为功课所读的书，他今天早已不记得一星半点。

考诺沃和布尔两位教授负责检查他的功课，包括固体切割学、图解静力学、解析几何和画法几何。在学生宿舍的绘图室里，他趴在图板上吃力地完成了这些功课。让他收益最深的，还是跟随考诺沃教授实践的机会。

The Freshman Party
大学一年级的舞会

查理·维尔郑重其事地通知了这个一年级大学生有关舞会的事情。然后查理找到同在威斯康星大学读书的表妹梅·怀特，告诉她有这么一个羞怯的傻子，想要胆战心惊地走进只有快乐的天使才敢涉足的地方[7]。

舞会当天的上午，天气晴朗艳丽。男主角像小公鸡那样昂首挺胸地走在校园里，迎面遇

---

[1] 卡莱尔（Thomas Carlyle，1795—1881），英国作家及历史学家。
[2] 《希腊罗马名人传》是古罗马作家普鲁塔克（Lucius Plutarch，约46—约120），为亚历山大大帝和恺撒等一系列希腊和罗马伟人所写的传记。
[3] 威廉·莫里斯（William Morris，1834—1896），英国建筑、家具及织物图案设计家、诗人及社会主义理论家。《伏尔松格的齐格德》是他以北欧神话为题材的长诗。
[4] 威廉·布莱克（William Blake，1757—1827），英国浪漫主义诗人及画家。
[5] 维莱特·勒-杜克（Eugène Viollet-le-Duc，1814—1879），法国建筑史学家，毕生致力于中世纪建筑的保护修缮。
[6] 《法国中世纪建筑图典》，是由勒-杜克编撰的介绍11—16世纪法国建筑的多卷本巨著，以专用名词的首字母为序，呈现典式体例，配以大量插图。
[7] 这里借用英国作家福斯特（Edward Forster，1879—1970）的小说书名《天使不敢涉足的地方》（*Where Angels Fear to Tread*）。

1885年（18岁）

到查理。

"嗨，查理。我得搞清楚在舞会上应当如何表现？怎么做才不会闹笑话？"

"没什么特别的，伙计。你找到梅，带她来参加舞会，和她跳上几支舞。注意别踩着她脚趾。然后，让其他人和她跳舞。你要做的就是这些。你自己也可以和别的女孩子跳舞。对了，提醒你，最后一支舞必须由你和梅来跳。舞会结束后，你把她送回女生宿舍。"

然而，这个一年级大学生无师自通地认为，舞会之后送女士到门口，应当吻别才比较得体。这是他反复思量、最为关心的一件事。

查理笑了："这个随你，可有可无。"然后，他丢下还在飘飘然的一年级大学生走了。年级的舞会就在女生宿舍隔壁的大厅举行，但马车似乎是个"好形式"。于是，他备了一辆马车。

白色的领结、黑色的礼服和闪亮的皮鞋。他穿戴齐整，胸前的口袋里插着花，戴着白手套的手里握着为女士准备的花束。一切都如此美妙，以至于他不免有些紧张。

他来到女生宿舍楼，梅已经准备好了。梅发现自己的男伴害羞得张不开口，对此她早有准备。她陪着他一起上了马车，保持相互足够尊重的距离坐下。还没等梅·怀特和弗兰克·赖特坐稳，马车就在举办舞会的大厅门前停下了。这一对儿年轻人沉默无语地下了马车，青涩的少年领着他的女伴走进门厅，却发现一群"家伙"在推搡打闹，看不见一位女士。他满脸涨红，意识到把梅错领到了男士的入口。他慌张地四处张望，女士的更衣间在哪里？显然梅也不晓得。

他无地自容。

查理·维尔恰好站在屋子另一边，他瞧了一眼就明白这是怎么回事，赶忙跑过来："跟我来，梅！"

她径直跟查理走了。他孤零零地窘在人群之外，觉得自己仿佛是一块箭靶的靶心。有个好心的男生过来提醒他，应当去哪里存外套和帽子。等他再回来，却怎么也找不到这位倒霉的女伴。

方块舞开始了。他的女伴哪里去了？

第一支华尔兹开始了。他的女伴仍然不见踪影！

华尔兹将近结束，他正想逃离现场，听见梅的声音："你怎么在这儿！我在更衣间门口等了你好久。咱们才刚认识，我猜你认不出我了。我只好过来找你。"

事实上，在一大堆看上去都很像她的女孩子当中，他的确认不出她了。他本想矢口否认，却只嘟囔了几下。

他们俩跳起舞来。一支舞结束，查理走过来，接下来的几支舞都是他和梅来跳。但是查理不愧是社交场上的老手，他没忘了安排别的女孩子和梅原来的舞伴再跳一两支舞，作为给他的添头。这个青涩的舞伴一切悉听查理指派。然后，他一面四处游晃，等着最后一支舞曲响起和梅共舞，一面暗自思忖道"晚安"的时候，他是否应当献上一吻。

他琢磨不出结论。虽然完全是个门外汉，他可不愿意被当成傻子，让查理丢了脸面。于是，他打定主意要试上一试。

他觉得自己应该告诉梅，她的裙子真漂亮，她的舞跳得真好。还有，他非常喜欢她的裙子、她的白鞋还有她的发型。但从他嘴里挤出来的只是："咱们在一起挺开心的，是吧？"

"是吗？"梅说道，似乎略带恼火。

当这一对儿坐进马车的时候，这位绅士情愿放弃他的大学教育，换来永远地逃离这起事故的现场。

然而，更精彩的还在后面。

"今天晚上过得挺开心，是吧？"

"真的吗？"

幻想中的亲吻早已是遥不可及！站在台阶上，该是道别的时候了，"嗯……"他突然结巴起来，觉得自己愚蠢透顶，"……谢谢你。"说完，他顾不得为他的女伴开门，转身逃走，跳上还在等着的马车。他相信她最终自己开门进去了,或许吧。

回到家,他点起灯,脱掉让他备受煎熬同时也无颜以对的那身行头,把它们扔在一旁,躺在床上读《衣裳哲学》来宽慰自己,但是无济于事。他在脑子里把整个经过又重演了一次,他变得魅力四射,潇洒的风度无可挑剔——可惜太迟了。直到下一个学期,有一个名叫布兰奇·赖德的城里姑娘,看穿了他的心思。在她出于同情的主动邀请下,他才有勇气再一次参加舞会。

Tragedy
惨　剧

这个当口,一幕活生生的惨剧在刚刚学步的建筑师头脑中留下了不可磨灭的印记。

那一天,恰好在这个年轻人路过的时候,州议会大厦新加建的北楼轰然坍塌。随着一阵撼人心肺的巨响,他看到那墙上的窗户里喷出白色的烟尘。白烟裹着惨烈的哭喊声直上云霄,又飘落下来覆盖了附近公园里的树木和草地。浑身像石膏一样雪白的工人,带着满脸鲜血从地下室的出口奔逃出来,还在胡乱挥舞着双臂,拨挡掉落的砖石和钢梁。他们倒在草地上,有些人死去了,有些人失去了知觉。一个通身被石灰粉染成白色的工人,一只脚被钢梁钉在了窗台上,头朝下悬在五楼的窗口,不住地呻吟着。

他的鲜血顺着石墙淌下来,绘成一幅骇人的图画。

消防队很快赶来了。人群仿佛从地底下涌出来,开始疯了一般地扒开砖块和钢梁,循着奄奄一息的呻吟声,营救被压在下面的工人。面色惨白的女人们无声地呜咽着,寻找自己的丈夫、弟兄或者儿子。

突然间一声惊叫,人群散开了。顺着有人手指的方向,年轻人看到救援人群站立处的砖堆里露出一只手臂。刨开砖块,再搬开被血染红的石灰块,人们从废墟里抬出一个肢体不全的人形——太迟了。一个女子哽咽着跪在旁边的草地上。搜救和哭喊延续了整个白天,直至深夜。

年轻人扶着公园外面的铁围栏,痛苦得久久无法离去。回到家里,他病倒了。接下来的几个夜晚,他都被噩梦纠缠着。那幅恐怖的景象永远无法彻底从他脑海中抹去,直到今

麦迪逊城市街景及州议会大厦，1880年

天依然警示着他。

倒塌后的大厦只剩下了外墙。室内柱子倒掉的结果，是整个内部结构化为地下室里一堆巨大的垃圾。

地下室硕大的混凝土柱子垮掉了。地面以上由它们支撑着的铸铁柱子随之坍塌，无疑也连带着所有的楼板、屋顶和内部的墙体。

基于善意的初衷，富有良知的建筑师琼斯把地下室的柱子设计得过于粗大，以至于承包商认为对它们做一些手脚，也不会造成什么恶果。现场残留的柱子芯，是用小推车一车车填在里面的碎砖和石块。

可怜的建筑师琼斯！在无形的法庭之上，他被同行们裁定犯下了杀人的罪过。此后，他再也没有设计过一座建筑。值得庆幸的是，他不是这个年轻人的什么亲戚。

坐落在湖畔的山丘上，威斯康星大学享受着得天独厚的美景，然而那时的大学生活与今天截然不同。学生人数要少几千人，但是却更加如饥似渴。校园里，破败的建筑和有能力、有作为的教授一样地稀稀落落。它更接近于今日的一所高中，只不过在教育思想的深度方面，比今日的高中还要逊色。它拥有一所大学应当具有的气氛、名士和威严，但是所有衡量的标准都是相对而言的，这在如今和过去同样有效。

和其他学生一样，他也注重华美的仪表。他给自己也置办了一顶黑色的学位帽，垂着漂亮的红色流苏。一条浅灰色、紧绷绷贴身的裤子（当时流行的款式）和尖头皮鞋。他打扮起来像模像样，无奈他的长头发和这些都不太般配，泄露了他内心无可救药的多愁善感。

他的内心从未融入这种教育。那些从来都不是他想要的东西。在那里能找到建筑的影子吗？

对他而言，这种"教育"只是一种模糊的苦恼情绪，一种莫名的不安和畏惧。除此之外，竞争的氛围也让他感到局促不安。教条和规章里隐藏着某种沉闷和威胁。

一年级、二年级、三年级，还有将近修满的四年级，这就是弗兰克·劳埃德·赖特接受过的大学教育，就像一个严重的残疾者参加赛跑，内心深处明白失败早已注定。这是一场无论终点画在何处，任何人都无法赢得胜利的赛跑。甚至没有人清楚为何想要赢得胜利。为了学位？竞相攀比？为了和无数人一样拥有一纸文书？

开场的锣鼓之后，似乎不会有任何事情发生。

这里与农场不同。这里只有教条。例行公事般的各种观点主宰着一堆教条。一大群医生给他开了林林总总的药方，然而在所有关键时刻，从来不曾有任何一个药方见效。归根到底，他根本没有生病。大学里正在修建科学馆，还有机械实习车间和化学实验室。他从未走进过这些崭新的大楼。

他选的课程不需要他进任何实习车间。他也曾经手握一根红白条纹相间的杆子和一架漂亮的经纬仪，与同学们一道测绘。此外，也做过一些材料测试。多亏了慷慨的考诺沃教授，他才得以在建筑本身那里学到了建筑。

一位曾在考诺沃教授的事务所工作过的密尔沃基建筑师，设计了当时正在施工的科学馆。教授本人担任校方的工程监理。在大学的第二年里，他有机会切实地接触一点儿这项工程。他被委以重任，去拆卸主塔屋顶桁架最高处的几个钢夹。虽然只有几个螺栓固定着，但它们还是被犯了恐高症的工人们丢弃在半空中。

地面和屋顶之间，只有一层层钢梁裸露在严冬刺骨的寒风中，到处都滑溜溜地结着冰。但是他攀了上去，沿着桁架的弦杆，爬到了桁架最高处，把固定钢夹的螺栓拧开，把钢夹扔了下去。

这算是教育吗？

在考诺沃教授那里的工作让他获益匪浅。当时他就意识到这一点，并且直到今天都对这些收获心存感激。但是在大学校园里，他一直是个旁观者，只不过有时在校园里露面而已。他渴望积极地接触大地，渴望接受自由生活的考验，期待着某些从未出现过的机会。终于，他意识到那些机会永远也不会到来，因为周围的"他们"全都明白那些机会从未发生过，也根本不会发生。

阅读歌德只是加剧了他的痛苦。唯有行动，还是行动，更多的行动才是他渴望的东西。

这个少年开始思考，作为大学要捍卫的理想，"文化"难道不是意味着尽可能地剔除糟粕吗？然而他所接受的"教育"，却是和承包商填进议会大厦柱子里的垃圾如出一辙的糟粕。虽然当时还没有如此深刻的认识，但是他心中已经萌生了这种不满。

每一次把自己接受的"古典"教育和农场上的生活加以比较，他都发现前者只是些荒谬的行为。建立在那上面的无数高楼大厦，都免不了像议会大厦一样倒掉。

腔调做派应有尽有，并且相当精彩，然而——行动呢？现实呢？

那三年半最宝贵的青春时光，并不能说是一种荒废。

多么愚蠢啊！把生命中的任何一个片段说成是荒废。

一件小事出现不同的结果，整个人生就会是另一番模样。

为任何一个事件或者转折抱憾，都意味着软弱。

"或许会是这样"其实就是"从未发生过"，詹姆斯舅舅总是这样讲。

"自然"总是用有机的方式塑造人的性格，正如她用有机的方式塑造万物一样。本能告诉他，不要评判她的作品，除非他能够理解她的手段，感知她的目的。感谢农场，让他明白了这些。

但是人类渺小的意识总是与"自然"对抗！人永远不知道在自己身上究竟发生了什么，因为人的哲学和"智慧"通常只是关于生命的思考，而不是成为生命一部分的行动。

多年以后，一次次往返于塔里埃森[1]和麦迪逊之间，目睹成千上万的学子涌向大学，成群结队地走过校园，他再一次感到同样的心痛。这一切俨然是一出悲剧：究竟是徒劳的努力还是受到蒙骗？他心底里的感受难以用语言描述。是对批量制造"头脑"的不满吗？不止于此，是深深地感到被蒙骗。

难怪我们会"变老"，是因为过早地接受了教育。

他十八岁了，头脑中时刻萦绕着建筑的梦想，身边的一切都让他联想到建筑。他越来越难以忍受这种教育——威斯康星大学里两千五百分之一的份额。想到母亲为他的教育付出牺牲，却只换来少得可怜的回报，他对大学和对自己不满的同时也感到羞耻。虽然他把从考诺沃教授那里得到的薪水交给母亲，无奈大学里要缴纳的费用名目繁多。

他已经卖掉了父亲的一部分书。父亲离开家时只带走了他的衣物和小提琴。母亲让他把自己的瑞士金表也交给了当铺老板派瑞。他利用晚上和一些假日，用小锯子做一些手工，当作"圣诞礼物"来卖。对他而言，做这些手工也算是一种消遣。然而，他看不到"大学"里有一丝希望。

他成了家里沉重的经济负担。如果没有他这可怜的大学教育，母亲和两个妹妹尚且能过上宽裕的日子。但是母亲绝不会允许他在即将毕业之际放弃，只剩下一个冬季学期和春季学期。她正为此做出伟大的牺牲。第四年的春季学期才刚刚结束，何苦再硬撑下去？

为母亲着想吗？看看她病弱的身体和满面的愁容吧。为什么不去芝加哥呢？詹金舅舅是芝加哥某个大教区的牧师，正在那里新建一座教堂。他可以找一家建筑事务所工作，切实地帮助母亲，也让自己更接近建筑的梦想。

儿子恳求道："母亲，芝加哥有许多伟大的建筑师，也有许多伟大的建筑。我要做一个建筑师，这也正是你的愿望啊。在大学里我一无所获，考诺沃教授很好，但他毕竟不是建筑师。在大学里我只是盲目地画啊画啊，看着那些专职的庸才装模作样。你却要为此苦熬，强撑着我们无力维持的生活。

"你相信自己吗，母亲？我指的是在内心深处。和农场上的生活不同，大学里的一切都

---

[1] 塔里埃森，赖特日后在老家"山谷"里自建的住所及工作室。

是虚假的。你可以问问詹金舅舅，为什么我不能现在就开始学着做一个建筑师呢？再拖下去就太迟了。想想看，去年六月我已经满十八岁了。"

尔后便是威胁："无论如何我都要去。我不能再愚蠢地浪费时间了。为了我上大学你宁可挨饿，因为你和劳埃德-琼斯家的其他人一样，被教育捆住了。可是什么才算是'教育'？是你自己把我送到农场去感受生活。我现在想要的就是那种真实的体验。在这个关键时刻，你会毁了我。我早就受够了眼下这样的生活。你看不出来吗，母亲？不能再这样下去了。"

最后，母亲经不起他的软磨硬泡，给詹金舅舅写了一封信。声望卓著的牧师给姐姐的回信这样写道："绝不能让这孩子来芝加哥。他应当待在麦迪逊完成学业，那才是当务之急。如果跑来这里，他只会在漂亮衣服和姑娘们当中荒废自己。"

看了信，母亲很吃惊，同时也松了一口气。她的儿子一定会顺利地毕业。这种羞辱的误解也让儿子下定了决心。如果那封信的内容就是所有对他的理解和对家中困境的同情，那么总有一天，写这封回信的人将会看到他有所作为。

几天后，他离开了。

口袋里是去往芝加哥的火车票和剩下的七块钱。牛皮封套的《希腊罗马名人传》——他和父亲都很钟爱的普鲁塔克，被留在了派瑞老头儿的当铺里。被儿子翻皱了的那几页属于阿尔西比亚德斯[1]。

一起留在当铺里的是那套虽然精美但是他很讨厌的《罗马帝国衰亡史》和另外几本父亲的藏书，还有一条貂皮领子，那原本属于母亲却被她缝在儿子的大衣上面。

要到第二天晚上发现他没有回家，母亲才会明白。他已经事先安排好了一切来瞒过母亲。一旦在芝加哥找到工作，他会马上给她写信。一定用不了多久……

他把"大学"抛在了身后，胸中满怀坚定的信念。对于什么的信念？他自己也模模糊糊。

---

[1] 阿尔西比亚德斯（Alcibiades，前450—前404），古希腊雅典的贵族将军。普鲁塔克所著《希腊罗马名人传》中的人物之一。

他跳上"西北运"^[1]的列车，前方是芝加哥——永恒的西部之城^[2]。

凭着一切生命固有的勇气，他悲怆地挣脱了成长的家园，坚强地站立在蓝天下。任何畏惧都是多余的。从此，有了属于我自己的天地！一曲心中的欢歌。

再见了，那个"少年"。

从此，未来全在自己的肩上，我将是真正的"我"。

在这片自由的土地上，来自威尔士的情感丰富的外祖父创造了一个情感丰富的家。在那里长大的情感丰富的母亲，养育了她情感丰富的儿子。

---

[1] 成立于1848年的"西北列车运输公司"。
[2] 19世纪中后期美国西部各州仍人烟稀少，当时的芝加哥仍习惯性地被称作西部。

BOOK

TWO . FELLOWSHIP

第二卷 结缘

BOOK TWO. FELLOWSHIP

幕间	75
学徒	77
芝加哥	79
斯尔思比	85
穿粉色的漂亮姑娘	92
橡树园	95
文化	97
塞西尔	99
埃德勒和沙利文	107
任凭死人埋葬他们的死人	112
格斗	117
大师	121
凯瑟琳	123
真理就是生活	125
大师与我	126
芝加哥大会堂	127
六个孩子	129
我，父亲	132
水战	135
教育	137
十九年	138
杂货店与房租	139

结　缘　　　　　　　　Fellowship

Interlude
幕　间

播种的季节到了。

深褐色的田野里，新翻过的泥土松软而又肥沃。蛰伏的生命之根在泥土下萌动。

树液像每一轮苏醒时候那样，载着新的生命从根须向茎干涌动。

田野里冒出似有若无的绿色。树林间挂着星星点点的绿意，夹杂着娇纤的粉色花蕾。两个星期前，野鹌鹑就开始呼唤春天了。房前刚显出嫩绿的草地上，少年在用耙子把枯枝败叶和垃圾扫拢成一堆。他注意到李子树、苹果树、野莓子丛和花丛里，还没有一丝春天的气息。他正准备把盖住果树树盘的枯叶扫走，这时候，他听见——

"弗兰克，别动它们！还没到叫醒它们的时候呢。"

分明是一个春意盎然的艳阳天呀。

夜晚，繁星点点。少年睡前望见窗外挂着一钩弯月。

第二天清晨当他还在睡梦之中，冬天又突如其来地回来了。树枝上结满了晶莹的雾凇，田野里铺上了一层厚厚的白霜。

暖阳唤醒了寂静的早晨，昨天还挂在树梢的嫩绿和粉红都变成了黑色。新芽被扼杀了！

"果然让我猜着了，"詹姆斯舅舅说，"我担心的就是这个！"就让野鹌鹑再叫上一个星期吧。让果树和野花的根，再多保存一些春墒。

少年第一次知道了，为什么要在霜冻之后把庄稼和果树的根部都细心地"遮盖"起来。为了让树根留住更多的春墒，耐心等待它们应该苏醒的时候！

多愁善感的年轻人，要未卜先知者解开他的疑惑："詹姆斯舅舅！为什么树木和花儿自己不知道什么时候应该发芽?"

"啊哈,这个我可说不大明白。"舅舅回答道。

隐约的惶恐盘旋在这个向往真理的头脑里。难道花草树木只会天真地歌唱春天,却浑然不知会有这样意外的打击吗?

难道詹姆斯舅舅会比大自然更懂得"春天"吗?当然不会。

他只是懂得在土地上施加一些诀窍,让树木和庄稼等待更久一些,让它们以为冬天还没有过去,这样他就能稳稳地收获更多的果实。让母牛产下小牛,我们就可以得到更多的牛奶。母猪生下小猪,好让我们餐桌上有更多美味。这些不都是异曲同工吗?

但是这些并不能解释任何东西。这绝不是大自然的语言。

它不真实,它只是人在自然界中挣扎生存的技巧,或许也称得上艺术吧。

少年想探究其中更深的道理。

从那一刻起,这个多愁善感的年轻人已经爱上了真理。古往今来的大地上,可曾有过比这更悲怆的一幕?

The Apprentice
学　徒

　　芝加哥，威尔斯大街车站。一八八七年的暮春，傍晚六点钟。

　　蒙蒙细雨中，车站和街道上刺眼的电弧灯发出丑陋的白光。这是我第一次看到电灯。人流如织，却一个个都面无表情，仿佛他们眼前是空旷的荒漠。

　　不知为什么，我不愿意找人问路，只顾跟着人流，顺着威尔斯大街向南去。前方是跨在芝加哥河上的大桥。我在桥头站住，抵着铁栏杆避开急匆匆涌过的人流，向四处张望。幽暗神秘的河面上，黑漆漆的倒影之间闪烁着船只桅杆和烟囱上半明半暗的灯光。

　　哪里是芝加哥？——快到了吗？突然间，响起一阵当当的铃声。人群开始乱跑，我正疑惑间，发现四下只剩自己一人。大桥吊起，一条拖船牵引着一艘运粮的大铁船从下面缓缓驶过。我凝神望着细雨在河面上拨打着灯光，直到两侧的铁桥慢慢落下，街道重新放行。日后，每一次跨过这座桥，我仍免不了被这种阴郁的美所吸引。

　　去哪里过夜呢？行人们脚步匆匆，仿佛都竭力不去看身边的旁人。我只得打消了找人问一下的念头。

　　继续向南。这里一定就是芝加哥了。湿漉漉的街道上又冷又黑。可恶的电弧灯惨白中泛着幽蓝，让周围的一切都闪着光斑。我打了个寒战，饥肠辘辘地走进兰道夫街的一家小饭馆。这顿晚饭花掉了七角钱——我所有财产的十分之一。我一边吃着，一边打定主意，绝不在詹金舅舅的住处附近落脚或者去找他，也绝不借助他的名字来找工作。

　　走出小饭馆，寒意更紧，雨也更急了。我继续朝南，在一个街角左转之后，面前是华盛顿大街上的芝加哥歌剧院。炫目的灯光下雨雾飘摇，更加衬出目光空洞的人群好似鬼魅一般。我瑟缩着在巨大的雨篷下面避雨，看见巨幅的海报上——"大卫·亨德森的狂想曲，大芭蕾舞团演出"。人行道上刺眼的灯光下，海报上面接近真人尺寸的演员炫耀着他们艳丽的装扮。

　　歌剧院刚刚开门营业，离开演还有将近一个小时。我花了一块钱买票进去。坐在舒适温暖的观众厅里，我仿佛回到了湖畔的家里，看见母亲、简和麦琪奈尔。发现我出走了，她们会怎么想呢？以为我不再回来了吗？我会把她们都接到芝加哥来，安置一个整洁宁静的

"家",没准儿也离湖边[1]不远。我揣测她们是否在为我担心。我没有意识到,她们要到明天晚上才会发现我不见了。我仿佛看见,面色苍白、目光忧郁的母亲安详地坐着,正在等我回家。我已经有些想家了。这时候,音乐声从乐池里响起。

乐队开始兴奋地调音,接下来是华丽嘈杂的序曲。我很清楚这算不上什么好的音乐。好的音乐绝不会如此"肆意滥情"(我父亲表达贬低的说法),但是此刻我仍然乐意享受一番。在那个狂躁的年代里,亨德森的狂想曲并不显得过分夸张,它足以让一个外行的听众为之神魂颠倒。

演出结束,我被人流拥着来到瓦巴什大街。考提芝大街上开行的有轨电车从这里经过。

第一次看到有轨电车,我好奇地跳上车厢,站在操作员旁边想看个究竟。电车一路往南,到达终点之后停了下来。"全都下车!"然后电车返回了车库。

又跳上了一辆原路折返向北的电车。我既不困也不累,只是被迫读着沿路闪过的店铺招牌感觉很不舒服。它们排挤掉周围的一切,占据了你的眼睛。连电车的车身两侧也贴满了广告。它们蜂拥着排开阵势,极尽各种花样戏弄着受害者的双眼。我努力不去看,但是那些招牌依然强行跳进我的眼睛。我只得出于自卫从中挑选一些,直到读这些招牌完全变成一种折磨。

店铺内的灯光映衬着玻璃门上闪亮的招牌。街边电弧灯的眩光,让这些醒目的招牌显得更加刺眼。人行道边的橱窗外面挂着各式招牌:"止步""欢迎光临""你好"。一人高的广告牌两面都写着字,挑在人行道上空,被电灯照亮。狂想曲之后,开始欣赏幻影的表演。

异常敏感的双眼被粗陋和杂乱压制着,努力要恢复清醒,夺回自由,却被强迫着观看招牌组成的游行队伍:酒馆、食品店、理发店、餐馆、酒馆、餐馆、杂货铺、洗衣店——还是酒馆、酒馆、裁缝店、干货店、糖果店、面包房和更多的酒馆。五花八门的店铺名字混作一团:意大利的、德国的、爱尔兰的、波兰的、希腊的、英国的、瑞典的、法国的、中国的和西班牙的。名字里的字母开始飘移错位,交织缠绕在一起。

你的双眼开始堕落。名字抹去了一切事物的本质。一个个名字,盯着你的钱袋,恭候你,服侍你,摆弄你。闭上眼睛也无法逃避,你会听见比看招牌更令人生厌的高声叫卖。这些名字用荒诞的效果演奏着另一支狂想曲,为一场由字母担当主角的芭蕾舞伴奏,A,B,C,D……L,M,N……X,Y,Z。

---

[1] 芝加哥毗邻北美五大湖之一的密歇根湖。

目不识丁是多么大的福分啊！双眼和两耳感官得到的愉悦，需要你付出多么昂贵的代价。

我投宿在兰道夫街北端的布瑞格客栈，睡前用一条薄薄的毯子裹紧全身。从房间的镜子里，我看见那条毯子活像一块阴惨惨的裹尸布。一个渺小的躯体，内心怀着伟大的憧憬。憧憬着什么？我自己也茫然不知。在活生生而又冷冰冰的芝加哥，我睡着了。

Chicago
芝加哥

第二天，开始了我的芝加哥征程。

吃完早饭，我摸了摸口袋里，确信还剩下三美元和一角硬币。我找来一份城市地址名录，自己列出一份建筑师事务所的名单。我从名录里挑选我在考诺沃教授那里听说过的，或者干脆就是听着有趣的名字，总之只是一些名字而已。事实证明，我漏掉了对我而言真正重要的那些名字。我记得，为詹金舅舅设计教堂的建筑师叫"斯尔思比"[1]，他的事务所地址是克拉克街湖滨大厦。但是我不会去那里找工作。我在街上游荡着，看见了街道两侧广告招牌以上的那个芝加哥。

"永恒的西部之城"，你那些伟大的建筑在哪里呢？全都躲在厚颜无耻的广告牌背后吗？路过一片空置的地块，四周硕大的告示牌气宇轩昂地组成一堵围墙。虽然它们专横跋扈地抹杀了一切，毕竟胜过纷乱的广告长龙。

芝加哥！喧闹肮脏的街道织成巨大的方格子。十字路口的车水马龙毫无次序地争相通行，居然在噪声的湍流中相安无事。

看这些愚蠢的方格子啊：马车、卡车、有轨电车与人流，交织在混沌和喧嚣之中。生活方式的惯性让人们以这样的城市格局为荣，享受着一时的安全。一切都在喷吐着黑烟的同时也被浓烟熏黑。伊利诺依中央火车站，永无休止地发出震颤大地的啸叫，用岸边一大片长条

---

[1] 斯尔思比（Joseph Silsbee，1848—1913），美国建筑师。

状的空旷把城市与大湖割裂开来。

太可怕了,一切都被盲目的力量碾压为齑粉,再被同样盲目的力量重新堆积。有谁能够从中发现一丝秩序和逻辑?

在这样的混沌中驻足思索,只会让人感到更加恐惧。从灰黑色的芝加哥河面腾起的水汽和烟雾,是周遭唯一称得上美的东西,只可惜臭味熏天。

找工作的年轻工程师?"山姆·崔特"事务所的主管上下打量着我。

"大学生吗?"一蓬花白头发下露出和蔼的笑容,"很抱歉。"

走出来的时候,我瞥见紧张忙碌的绘图室里人头晃动。

穿过街道上目光空洞的人流,来到"比尔斯、克雷与达顿"事务所。接待我的是合伙人克雷先生。他的黑眼珠闪着幽默的光芒。今天,我仍然记得他盯着我,脸上一副我很好笑的表情。是我的长头发吗?还是因为别的什么?大概是出于怜悯,他告诉我过几个星期如果还没有找到工作,可以再给他打电话。几个星期!我只剩下三美元外加一角钱。下一个目标,"比曼"事务所坐落在密歇根大道南端的普曼大厦里。

大学二年级时候买的"尖头鞋",此刻走起路来不堪重任。这双虚荣的纪念品让我的小脚趾吃尽苦头。终于气喘吁吁地推开事务所的门,却发现比曼先生不在。

绘图室的领班上下打量着我,"大学生?哪个大学?安娜堡[1]吗?"

"不,威斯康星大学。"

"目前不需要人手。没准儿过一段,等几个月吧。"几个月!我口袋里那可怜的几块零钱啊。

我重又汇入街道的人流。著名的普曼大厦从远处看上去非常滑稽,它的存在似乎是专为刺激路人的好奇心。路过帕尔默[2]大酒店,这座久负盛名的"意大利宫殿",像一个风烛残年的老者,虚度的一生只留下满脸奇形怪状的皱纹。去"鲍英顿"事务所的路上,会经过拉赛尔大街上的芝加哥商会大厦。这件鲍英顿事务所的杰作,竟然是一个面孔阴沉、身材畸形

---

[1] 代指主校区位于安娜堡的密歇根大学,创办于1817年,是美国最著名的公立大学之一。
[2] 帕尔默(Potter Palmer,1826—1902),芝加哥富商,出资建造帕尔默酒店等著名的古典主义建筑。

的怪物。我转过身去，从我心中的名单里划掉了这家事务所。

伟大的芝加哥建筑！你们在哪里？密歇根湖畔的老博览会大厦吗？那只是沉重的穹顶下面一个劣质的黄色大棚子而已。街道两旁的乌合之众？全都不是。它们兢兢业业地想要与众不同，其结果却只是面目雷同。它们的思路全都如出一辙，或者说根本没有任何思路。难道所有美国城市都要像我面前这座城市一样地彷徨，一样野蛮地试图与众不同，却又一样地乏味单调？每一座城市，都在为实现引人注目这一共同目标而攀比。这场荒唐的竞赛像大学教育一样，注定无人胜出。

我一边想着，一边朝威廉·詹尼[1]的事务所走去。蒙蒂接待了我。我知道他是芝加哥建筑俱乐部的主席。

"哦，大学生，工程系吗？"

"是的。"

带着画过的图纸吗？没有？

这是第一次有人要看看我画过的图。

"你可以星期六晚上到俱乐部来找我，在那里你也能长些见识。记着带上一些你画的图。"他叮嘱我。

奇怪！我居然没有想到面试需要带着图纸。它们还锁在我寄存在火车站的箱子里。蒙蒂深邃的双眼，为芝加哥的建筑事务所里那种典型的"办公"氛围增添了一丝暖意。

今天再去别的事务所已经太晚了。我从火车站取了箱子，想不出有什么别的地方可去，只能腹内空空地回到布瑞格客栈，换了一间更便宜的房间。店员很同情我，只收我七十五美分，但是和昨晚的那间基本一样。晚饭？两角钱能在面包店买到的所有东西。面包店里码放着香气诱人的糕点，有我垂涎已久却一直很少有机会吃到的，还有我根本没有听说过的美味。想象一下饥饿的孤儿在面包房里乱跑的情形吧，幸亏我的钱已经所剩无几。

爬上床去，筋疲力尽却并不气馁。总的说来，我遇到的人都很和气。一定能找到需要我出力的人。也许就在明天！

离家已经两天，母亲肯定发现我出走了。我竭力不去想她，带着自己画过的图，在几家事务所重复着前一天的经历。蒙蒂外出不在。我试了另外五家事务所，一无所获。

---

[1] 威廉·詹尼（William Jenney，1832—1907），美国建筑师，曾设计世界上第一座建成的全钢结构高层建筑。

午饭？晚饭？都没有吃。一整天只有花一角钱买的几个香蕉。

夜里，我做了一个怪异的梦。我在一个飘在半空的气球吊笼里，母亲在地上一面拼命地拽一根连着气球的绳索，一面喊简和麦琪奈尔来帮忙。然后她们三人一起用力拽绳索。我朝下面叫喊着，让她们在地上找一个东西把绳索系紧。但是，她们柔弱的双手渐渐无力牵住绳索，任由气球载着我越升越高——我从梦中惊醒，恍惚间仿佛自己身在半空中另一个陌生的世界里。

第四天早晨，我从梦中惊醒。无精打采地走在街上，心中暗想，今天一定要成功。又试了三家事务所，都是同样的结果。我感到有些疲惫。

还剩下斯尔思比的事务所。他在为我舅舅设计"万灵教堂"，但是我不会让他知道我的身份。

下午，我找到了斯尔思比事务所。我很喜欢这里与别家事务所不同的氛围，喜欢墙上挂着的斯尔思比的草图，也一下子喜欢上了出来接待我的人。他相貌英俊斯文，梳着蓬帕杜尔[1]式的发型，留着胡子，面带亲切平和的微笑。他叫塞西尔·考文。

"你好啊。"他推开外间办公室的栏杆，哼着《弥赛亚》[2]的调子走过来，好像认识我一样打着招呼。他看上去像一个音乐家。我冲他微笑着问："你喜欢唱歌吗？"

他笑了，瞅着我滑稽的发型，或者说需要有个发型的脑袋："是啊，学着唱吧，你会什么乐器吗？"

"是的，学过一点点……"我遇到了一个知音。

我们两人在外间办公室的桌前坐下。他的袖子挽到了肘部，露出汗毛浓密的小臂。我注意到他握铅笔的手，小拇指很秀气地弯起。他身上有一种优雅温和的气质。我给他讲了这几天碰壁的过程。

"你父亲是牧师。"

"是的，你怎么知道？"

"我不知道，是从你身上看出来的。我父亲也是牧师，'老先生'也一样（他把头朝斯尔

---

[1] 得名于法国国王路易十五的情妇蓬帕杜尔夫人的发型。
[2] 德国音乐家亨德尔创作的大型歌剧，"弥赛亚"意即"救世主"，其歌词全部节选自《圣经》。

思比的单间办公室偏了偏），还有这里的威尔考克斯和肯纳德。要是你来了，咱们就一共有五个了。"我们相视而笑。

"嗯……你看我行吗？"我急切地问。他端详了我一会儿，"我觉得咱们能合得来。给我看看你画的图。"

他很仔细地看着我的草图："你画这些只是为了自己好玩吗？"

"是的。"

"你的感觉很不错。稍等一下。"他拿着我的草图，走进里屋单间的办公室。过了一会儿，一位面色黝黑的高个子出现在办公室门口，鼻子上架着的金丝边眼镜垂下长长的链子，一副贵族气质。他就是斯尔思比。他站在门口，皱着眉瞟了我一眼："好吧，让他来当描图员，每星期八块钱。"然后转身关上了门。

塞西尔承认："的确有点儿少，不过总比没有强啊。"我点点头。

八块钱！这与我的期望相差太大了。凭我的"经验"，足可以挣三倍于此的薪水。可惜没有人看重我的经验。看着我兴奋过后的一脸失望，塞西尔问道："吃午饭了吗？那就跟我来吧。"

我们下楼穿过一个街区，进了一家金斯利餐厅。塞西尔坚持给我点了一大份烤腌牛肉配土豆泥，还点了咖啡。

"谢谢，我不喝咖啡。"

"是吗？"他略感诧异地一笑，"那要牛奶吧。"自那以后，每当我饥肠辘辘，什么都比不上烤腌牛肉配土豆泥美味可口。

"你还剩下点儿钱吗？"他突然问我。

"哦，是的！"

"有多少？"

"两角钱。"

"昨天吃东西了吗？"这个问题触及隐私，我没作声。

"今天晚上到我家去吧，我新买了三角钢琴，咱们可以开个音乐会。"今天是星期六，下星期一早上我才开始工作。

我去客栈取了行李，跟着塞西尔回家。一个温馨的家，慈祥的老父亲是公理会派的牧师，母亲几年前去世了，姐姐马奎塔在家里照看父亲和单身的弟弟。她也颇具"音乐"气质。

度过了一个"音乐"的傍晚之后，塞西尔领我到卧房里。他看出来我很担心家里，递给我纸笔和墨水。我写完信，问他："你能借给我十块钱吗？我工作之后每星期还你两块。"从那一刻起，这种个性化的生活方式就没有离开过我。

他什么也没说，从口袋里掏出一张十美元的钞票放在桌上。我把钱和信装进信封，和他一起出门找到最近的邮筒。我心头一下子轻松了许多。我有了一份工作，更妙的是还有了一个朋友。如你所见，我遇到的每一个人都很友善。现在，我可以去看舅舅新盖的教堂了，它有个名字叫"万灵教堂"。塞西尔正好负责监管它的施工，我向他问起这座教堂。

"你是想去看那座'教堂'吗？"不知为何，他有意强调了"教堂"这个词，"吃过晚饭咱们一起去。它就在橡木大街和朗利大街的路口。"

等到看见它，我恍然大悟，为什么塞西尔的语气里强调"教堂"：它丝毫不像一座教堂，更像是一幢"安妮女王"风格的大宅子，恰如俗语说的"安妮女王的前脸，玛丽·安的后背"〔1〕。虽说谈不上优美，但是它看上去倒也不乏趣味，让人感觉很好奇。

施工将近收尾。塞西尔借这个机会绕着建筑四周，查看一些需要完善的细节。我正站在街对面端详这座建筑，一只大手从背后牢牢抓住了我的衣领。

"嘿，小伙子！你终于来了。"舅舅！这是詹金·劳埃德－琼斯的声音。

"我在等你呢。你母亲写信告诉我了。她很担心你。我会发电报告诉她找到你了。"

"舅舅，不要！我已经写信告诉她我找到工作了，还给她寄了点儿钱。"

"工作？你在哪儿找到的？"

"斯尔思比的事务所。"

"斯尔思比？那可真得谢谢他。他知道你是谁了吧。"

"他不知道，我没说。"

詹金舅舅一脸狐疑，但是他马上明白了，说道："好吧。"这时候，塞西尔走过来和他打招呼。

"嗨，你是在哪儿找到了我的外甥？"

"他是你外甥？我一点儿都不知道。"塞西尔惊讶的表情为我做了证明。

"那么你打算住在哪儿呢？"舅舅问。

---

〔1〕 得名于英国安妮女王（1665—1714）的建筑风格，又称英国巴洛克风格，以立面烦琐著称。

刚到芝加哥后不久的赖特

"我不知道。"

"你在我这里附近找个地方住,我好看着你。今天晚上你先搬过来住在家里。"

"不,他今晚上要住我那里。"塞西尔说。

"好吧,你下星期一晚上搬过来。"

是否踏上"道路"总是如此简单?像一团乱麻的线头,随着时间的推移,当时机来临就会被豁然解开。结果和我预想的完全不同!现实往往不会和我们的预想契合,或者从来都是在意料之外。塞西尔具有我难以想象的内省和自制。我们有很多相同的观念,但是他具有自己独特的个性,并且比我成熟许多。于是,我把塞西尔当成一座学校。很快我们两人就形影不离了。

Silsbee

斯尔思比

当时,斯尔思比正在为约翰·考奇兰[1]设计他要兴建的一大片豪华住宅。这个地产商是

---

[1] 约翰·考奇兰(John Cochran,1857—1923),芝加哥的烟草商及房产商。

一个地道的生意天才,他能够轻轻松松地赚到腰缠万贯。

斯尔思比画起图来总是那么轻松自如。他用很软很深的铅笔,为他设计的风格独特的住宅画出潇洒的徒手草图。他在芝加哥的声望源自他非凡的设计天分。斯尔思比的建筑语言是把三角山墙、角部的高塔、起伏的屋脊和宽大的门廊组合起来,营造出温馨恬静、如诗如画的氛围。他的风格与那个时期充斥的笨拙粗野形成鲜明的对比。有时候,他从自己的办公室走到绘图室来,但是只和塞西尔站着讲上几句话,仿佛其他的雇员全都不存在。他说话的神情透着冷淡和轻蔑,一条长腿斜靠着另一条腿,惜字如金,显出很不耐烦的样子。大家都很敬畏他,只有塞西尔例外。

事务所的设计模式着实令人不敢恭维。通常是斯尔思比先设计好建筑的总体布局和轮廓,再把他头脑中的诗情画意付诸精美的草图,然后由绘图室里的家伙们负责把草图转化成一座建筑,并且保证建筑平面尽可能地忠实于草图的效果。但是他的那些草图让我们都叹服不已。

"天哪,塞西尔,他怎么能画得这么好!"

"是呀,他算是某种天才吧。可是他身上有一些蹊跷的地方。他似乎根本不看重自己的天赋,也没有严肃地对待自己。你能感觉到他只对图画感兴趣,对别的一切都毫无兴致。他是一个被贵族气质毁了的建筑天才。他在锡拉丘兹[1]显贵的家世给了他最好的教育,也让他目空一切。"

我感觉到了,斯尔思比仅仅是在描绘图画。他笔下的东西,离我心目中建筑的实质相去甚远。然而,我仍然很崇拜他。他有自己为人的风格,尽管对待建筑敷衍了事,他的作品仍独具风格。他冷峻的神情里蕴含着某种悲凉的美;从他硕大的喉结里发出浑厚的低音,让你感受到威严。通过塞西尔,我从斯尔思比那里学到了许多关于住宅的知识。

星期一,也就是工作第一天的晚上,我搬到了詹金舅舅家里。在我暂住的那几天里,许多有趣的人物来家里共进晚餐。托马斯博士、赫什长老、简·亚当斯[2]、曼加萨里安[3]和其

---

[1] 锡拉丘兹(Syracuse),纽约州城市名。
[2] 简·亚当斯(Jane Addams,1860—1935),美国女性社会活动家,组织社区互助和福利,积极反战。1931年获诺贝尔和平奖。
[3] 曼加萨里安(Mangasar Mangasarian,1859—1943),美国学者和作家,倡导无神论。

他一些客人。我喜欢在一旁听他们谈话。

母亲回信了。此后她每星期都固定地来信。她很高兴，不管怎么讲我有了一份工作。她叮嘱我要和詹金舅舅多多联系。虽然詹金舅舅百事缠身，但他还是会尽量帮助我。再有就是让我不要担心她。

她把父亲的书都卖了。另外，老家的舅舅们分给她几百美元，作为外祖父留下的农场归她的那一份。等我在这边安顿下来之后，如果需要她的话，她想卖掉麦迪逊的房子搬来芝加哥安家。和往常一样，她忧心我的饮食如何、穿得是否暖和以及身边有些什么样的人。

她在信里写道："我希望你成长为一个理性与敏感兼备的人。在前路的每一处，你都会发现善与真。假如不得不在这二者之间选择，你要选择真。真理是最贴近大地的东西。我的孩子，你要贴近大地，那里是你力量的源泉。像农夫或者牧师一样，志在伟大作品的建筑师也必须有一颗质朴的心。"她从各种不同的角度、不同的主题，把她的信仰灌输给我，到后来我已经能够猜出她的下一封信会写些什么。

母亲一贯很坚强，但是我明白她的心愿是什么。她想来芝加哥和我生活在一起。一旦我挣到每周十八或者二十美元，就可以接她过来。妹妹麦琪奈尔身体还虚弱，简已经开始在乡下的学校教书了。

我和詹金舅舅的儿子理查德意气相投。这个表弟相貌英俊，头发浓密。他是个聪明快活的"城市仔"，既大胆又直率，对身边的人和事总是有敏锐诙谐的评价。理查德志向高远，待人热情，但是有些不知天高地厚。他也是牧师儿子的标本。我的苏珊舅妈比詹金舅舅略长几岁，在我看来，思维也比詹金舅舅更加缜密。她珍爱自己的儿子，每次谈起"我儿子说……"都不知疲倦。虽然这个舅妈对她的理查德大有过度崇拜之嫌，但是我必须承认，理查德的确妙语连珠，值得引用。况且母亲们总免不了习惯性地对儿子过度崇拜。

在文森斯大街上的沃特曼大楼里，舅舅帮我找到了一个住处。有一天晚上，迪克[1]帮我把衣物装上一辆独轮小推车，陪着我搬到新居去。走在夜深人静、宽敞平坦的大街上，我提议来一场比赛。我赌自己推着小车也能比他先跑过两个街区。

我们一路飞奔。我果然比他先跑到。可是在拐向文森斯大街的时候，小推车翻倒了。手忙脚乱间衣物撒落了一地，我自己好像被枪打中一样滑到了，头先着地。迪克跟跄了几

---

〔1〕"迪克"是理查德的昵称。

下，打了一个滚，摔在满地狼藉的衣物堆里。幸好两个人都只是蹭破了一点儿皮，没有受伤。我们像平常那样哈哈大笑着，把散落一地、沾满灰土的内衣、衬衫、领结还有星期天去教堂的正装捡起来，扶起小推车继续走。那一晚大街上的尘土，像染料一般永远地留在了我的衣服上。

在沃特曼大楼安静整洁的公寓里，有时候我会和哈里待在一起。他和我年龄相仿，却和这里其他邻居一样，有一种仿佛是家传的消沉悲观。究竟是我身边总能遇到悲观的人，还是自己的经历让我总能注意到悲观的眼神？

迪克和我经常厮混在一起。他对各种玩耍的窍门了如指掌，就像他知道如何发出最爽朗的笑声那样。我们互相讥笑打趣，乐此不疲。

万灵教堂有丰富的社区活动，时常举办晚会、演讲和各种集会，还有讲授布朗宁的课程和其他门类多样的课程。我在这里读到了《本·埃兹拉比》[1]和《环与书》[2]。万灵教堂有一个图书馆，吸引了居住在周边的市民，在那里举行社会和文学讨论。它还有一间幼儿园。万灵教堂的大门永远敞开着。

詹金舅舅总是活力四射，不知疲倦。他布道的风格和外祖父一样，充满了力量与激情，闪烁着真知灼见。他俨然是芝加哥一个活跃的精神火花，在城里的影响力与日俱增。但是，我开始怀疑他饱满的情绪是否有多愁善感的嫌疑。

塞西尔时常带我回家。有时候我们一起去阿波罗俱乐部听音乐会，或者欣赏其他精彩的音乐会或者戏剧。从那时起，我就对戏剧抱有和音乐同样的热情。

我能够很轻松地胜任事务所里的工作，并且担当一定的责任。我工作了三个月后，事务所新雇了一个名叫乔治·马赫的绘图员。他貌似颇有经验和资历，提出每星期十八块的薪水要求。斯尔思比同意了。

而此时我的周薪只涨到了十二块。我很快发现，乔治的绘图能力并不在我以上，至多和我平手。于是，我决定试着要求再一次加薪。如果斯尔思比愿意付给乔治十八块，他应当能付给我二十。

---

[1]《本·埃兹拉比》(*Rabbi Ben Ezra*)，英国诗人罗伯特·布朗宁（Robert Browning, 1812—1889）以12世纪犹太教拉比、诗人及科学家亚伯拉罕·本·埃兹为题材的诗。
[2]《环与书》(*The Ring and the Book*)，罗伯特·布朗宁的叙事长诗。

"老先生这会儿在里面，你去跟他谈谈吧。"塞西尔告诉我。

我走进斯尔思比的办公室。斯尔思比看着我，皱了皱眉。他显然猜出了我的来意。

"好吧，说说看。"

"斯尔思比先生，我不能接受每星期十二块的薪水。我现在不配每星期挣十五块甚至更多吗？"

"赖特，你刚刚才加过一次薪水。你大概是今年事务所里第一个加薪的人。"

我认定自己受到了不公正的待遇。我"辞职"了。

当初找工作的时候，"比尔斯、克雷与达顿"事务所的克雷先生给我留下很深的印象。我又去找他。

"斯尔思比的人吗？"他问道。斯尔思比事务所的人一般都能模仿他的绘图和设计风格，对于那些设计能力更低一些的事务所而言颇受欢迎。

"是的，先生。"

"你打算要多少薪水？"

"每星期十八块。"

他站起身，领着我找到绘图室里的领班。

"劳克伍德，带上这个年轻人，给他每星期十八块。他叫赖特。"

每天中午和晚上的时间，我仍然和塞西尔在一起。克雷先生待人非常和善，他似乎有意要培养我。但是不久，交给我的工作就超出了我的能力。设计？这恰恰是我需要学习的。

我意识到，长远看自己犯了一个错误。干了几个星期之后，我向克雷先生坦白了我的想法。他倍感吃惊。

"在这里大家都待你不错吧，赖特。交给你的工作也都很有趣，对吗？""是的。"我真心地承认。

"你不喜欢我吗？"

"不，不是这样。"我很喜欢克雷先生。

"那么，既然如此，究竟是怎么一回事呢？"

我告诉他，我还没有准备好做设计。我想要学习怎么设计，而这里没有一个优秀的设计师，我什么也学不到。

"我明白了。"他面无表情，失望地自言自语道，他一定认为我是个纨绔子弟。

"接下来你怎么打算呢？"

"我准备回斯尔思比那里去。"

"他会接受你吗？"

"我不知道。"

"你辞掉这里之前，没有探明他的态度吗？"

"没有。"

"为什么呢？"

我无法回答，我自己也不知道。

"好吧。让劳克伍德给你结清薪水。"说完，他觉得可能会费些周折，就陪我一起去找领班。"劳克伍德，"他轻声地说，"把薪水付给赖特，让他走吧。要么是他头脑发昏，要么是他做出了正确的选择，我搞不懂。"

然后，他和我握了握手，眼光中重又闪现出他特有的诙谐。

就像果断地离开斯尔思比一样，我径直回去找他，告诉了他事情的经过。他一言不发地吸着烟。

"你已经把那边辞掉了，是吗？"

"是的，先生。"

"为什么？"

"我不愿意让人感觉，是你把我从克雷先生那里拉过来的。"

斯尔思比露出一丝他特有的苦笑，走过去拉开门喊道："考文！"塞西尔应声走过来。

"赖特回来了。他现在每星期十八块。"我走出他的办公室，门关上了。塞西尔和我绕着屋子中间的大桌子，高兴地跳起舞来。

往后的几个月里，我们两人形影不离，高谈阔论天空与大地之间的一切话题。我们会一道去盖拉夫人的意大利餐厅和其他舒适可人的餐馆。假如口袋里宽裕，就去普曼大厦著名的楼顶餐厅。

我们在老的博览会大厦里,听大名鼎鼎的西奥多·托马斯[1]指挥的音乐会。在观众席后面的桌子上,摆着德国风味的各式点心。

时至今日,在我听过的无数次音乐会中,那些依然是最为动人的。

那一段日子,芝加哥大会堂即将动工。报纸上满篇都是关于这座建筑如何意义非凡的报道,自然频频提到它的设计者埃德勒[2]与沙利文[3]。我很不解,自己找工作时竟然漏掉了这家事务所。

星期天的上午,我通常会去万灵教堂。有时候也在教堂楼上的舅舅家里吃晚餐。我注意到教堂的信众里一些有趣的人物,但是并没有从中结识新的朋友。有不少人知道我是牧师的外甥,请我到他们家里随便坐坐,我都一一谢绝了。我更喜欢和塞西尔待在一起。他忙的时候,我就自己找点儿别的事来做。

在万灵教堂的图书馆里,我万分意外地发现了这样两本书:欧文·琼斯[4]的《装饰的语法》和维莱特·勒-杜克的《人类栖居的历史》。我曾经读过维莱特写的《法国中世纪建筑图典》,那还是从麦迪逊市立图书馆借来的。

我相信,《法国中世纪建筑图典》是世界上有关建筑的唯一一本真正理性的著作。日后,我给我的儿子们人手一本。这本书能够驱散建筑师们的庸碌浮躁,让你对建筑怀有的信念不致熄灭。

欧文·琼斯那本书是翻印的,但是印刷得足够清晰。我读了"比例"那一章,觉得它所讲的前五条简直是至理名言。这五条原则似乎也同样适用于衡量人的行为。我搞来一包柔韧光滑又厚实的透明描图纸,利用每天晚上和星期天早晨,描下书里的图案设计。直到一百张描图纸全都用光,而我的胳膊也酸痛得快要抬不起来了。

在大学里,我就很想学习拳击,有时候会和同样热衷此道的吉米·凯尔对练一番。那天晚上小推车翻倒后,随同我和迪克散落满地的衣物当中就有一副拳击手套。搬到沃特曼大厦以后,我经常戴上它和哈里练上一阵子。

---

[1] 西奥多·托马斯(Theodore Thomas,1835—1905),生于德国的美国著名小提琴家、指挥家。芝加哥交响乐团的创建者及首任艺术总监。
[2] 埃德勒(Dankmar Adler,1844—1900),美国著名建筑师及结构工程师,沙利文的合伙人。
[3] 沙利文(Louis Sullivan,1856—1924),美国著名建筑师。
[4] 欧文·琼斯(Owen Jones,1809—1874),威尔士血统的英国建筑师。

搬到沃特曼大厦之后，有很多次车费不够了，我就从住处步行去大约四十个街区以外市中心的事务所。

A Pretty Girl in Pink
穿粉色的漂亮姑娘

万灵教堂自办的课程之一，是在詹金舅舅的带领下排演维克多·雨果的《悲惨世界》。其成果是一次化装舞会，依照雨果的描述表现书中的人物形象。为了这次音乐、跳舞和聚餐组成的盛会，特意在教堂附近租下了一间大厅。我没有定时参加课程，因此被分到了安灼拉[1]这个配角。据他们讲，我的角色很简单。我需要的只是一双擦得锃亮、靴根带马刺的高腰军靴，当然还少不了雪白的紧身裤、镶金色排扣的深红色硬领军装，头上再来一顶小红帽。最后，用皮带在我腿边吊着——一把剑！我记不清从哪里搞来这套行头，或许是从道具商店吧。

总之，如果雨果本人看到的话，估计会认不出来这是谁。塞西尔帮我完成了这项伟大的工程。他看着我装扮停当，说道：“弗兰克，或许不怎么像安灼拉，不过还是很值得一看。”

我拔剑出鞘，用剑尖抵住地板，当成第三条腿。

"大家会喜欢你这一身儿打扮的，"塞西尔说，"我简直有点后悔没有接受你舅舅的邀请。"

"那就只管来吧！"我恳求他，但是他不肯来。我披上外衣，系好扣子，让两个袖子空荡荡地垂着以便彰显风度，一只手扶住剑柄，朝举办舞会的大厅走去。我有意要迟到一会儿，好趁无人注意之际溜进去。

我寄存好外套，推开门。只见明亮的大厅里，一派欢声笑语的"悲惨世界"。

我的计划落空了，迟到反而让我成为众人注目的焦点。第一支舞刚刚跳完，大家都站在大厅边上，留出中间空旷的一片供我登场。在一群漂亮的法国村姑和年轻的农夫当中，我看见装扮古怪的马拉，所幸没有人见过真正的马拉。化妆最传神的是苏珊舅妈扮演的神父。突然，几个穿短裙、戴软帽的姑娘跑了过来。领头的爱默莉小姐看见我，叫道："你终于来了。"

---

[1] 安灼拉，小说《悲惨世界》中的人物，是死于巷战的学生领袖。参看《悲惨世界》第五卷。

然后，她转身把我介绍给大家。

她比我年长几岁，在东部时尚的学校接受过"完备"的教育，讲话带着动听的口音，"a"的发音总是很夸张。她非常漂亮，以至于显得有些不自然。但或许这种雕琢，正是她特有的美。

虽然几乎不认识这些姑娘，我还是兴致勃勃地挽着她们的手翩翩起舞。不料，那柄剑成了我的噩梦。它吊得太低了。假如我不用手把它扶住，它就会支棱在我的两腿之间；我稍一走神，它就会绊住我舞伴的腿，引来一阵哄笑。

我克服了羞怯，在舞池里越来越挥洒自如。但是那把剑……我尝试了各种方案想驯服它，但是都不奏效。解下来倒是干脆，可是我不忍心破坏精心打扮起的造型。我宁愿挂着这个叮当作响、摇来晃去的物件，即便是斩断"悲惨世界"里众生的双腿也在所不惜。有几位姑娘摸透了这把剑的脾气，在跳舞的时候或者其他紧要关头帮我提着它。

爱默莉小姐空出几支舞不跳来陪我，或者更准确地说，我们在大厅旁边光线稍暗一些的椅子上坐下来歇息。和她在一起，我感觉很自在。她很高兴我能来，可惜我稍稍疏于监管，那把剑就让她吃尽苦头。

我终于解下这件多余的武器。爱默莉小姐似乎很乐意替我提着它。看起来我让她觉得胆战心惊，或许她觉得比起挂在我身上，这把剑由她看管更安全一些。

晚上十点钟是茶点时间。大家都忙着回到各自的分组。一个金色鬈发的高个子村姑，穿着粉色的裙子，跑过大厅的中央，想加入对面爱默莉小姐的小组。她朝我这边跑过来，却回头看着别人。我躲闪不及，我们的前额正正地撞在了一起。

我眼冒金星地把倒在地板上的她搀起来，她一边有些晕眩地眨巴着眼睛，一边坚强地笑着说"没事儿"。等我扶着她来向她父母道歉，她的额头已经肿起一个包。她坚持说："都怪我自己。"她们是托宾一家，她是他们十六岁的女儿凯瑟琳，父亲叫她"凯蒂"。我在教堂里注意过这个开朗俊俏的姑娘。她父母曾经邀请我去家里吃饭。这一次他们又请我星期天——也就是明天，来家里吃晚饭。我答应了，心中默默祈祷她肿起来的前额不会太疼。

过了一会儿，他们一家人离开了。到十一点晚会结束前，我一直心不在焉。目送爱默莉小姐上了她的马车，我独自沿着大街走回住处。

第二天，我的额头也肿起一个包。

那一撞，想必是某位神明用无形的大手一推。

早上醒来，循着昨夜舞会的思路，我记起雨果在《巴黎圣母院》中写道："书籍将扼杀建筑。"[1]这位天才的法国人一语道破，轰轰烈烈的文艺复兴不过是"被整个欧洲错看成了朝阳的落日。"

起床后，我去教堂的图书馆，找到一种新的译本。这一章的标题被译作"书籍将扼杀建筑"，而不像某些版本保留法语原文："Ceci Tuera Cela（这个杀掉那个）"。我没有参加教堂的活动，而是把书拿回家重读了一遍。

雨果热衷于洋洋洒洒的抽象议论，而这一段无疑是有关建筑的所有论述当中最伟大的篇章之一。重读这段辉煌的文字，我再一次感受到它的力量，我对先前的怀疑更加坚定。在他所处的年代，这个伟大的浪漫主义者是多么的"现代"啊！奇怪的是，某些版本居然会把这一章省略掉。

我被伟大的诗人鼓舞着，沉浸于对浪漫与滥情之间区别的思考，出门有些晚了。赶到德莱克赛尔大街上的托宾家，比约好的晚餐时间迟到了一些。开门的是凯蒂，"悲惨世界"里的肿包基本上消了。她父亲性格开朗直率，凡事都不放在心上，很容易相处。她母亲有一头红发，容貌端庄，是另一种性格。孩子们都爱他们，但是不难看出母亲是这座新房子的一家之主。

凯瑟琳是长女，十六岁。查理和罗伯特是双胞胎兄弟，十二岁。最小的阿瑟是个漂亮的男孩，七岁。他跑过来坐在我的腿上。他们全家都很敬重詹金牧师，因而也另眼看待他的外甥。

我很快就融入这个家里，找到了自来到芝加哥就不曾尝到的温暖。活泼可爱的凯蒂立刻就接纳了我。她在海德公园高中读书，还跟随汤姆林教授学音乐。很显然，凯瑟琳在家里非常自我，但有时候也算通情达理。家里的一切都绕着她转。她不仅习惯凡事自有一套做法，而且从来不会遇到任何障碍。吃饭时，我注意到她自己有一套别致的刀叉、勺子和盘子。想必是从她儿时自然而然保留的习惯。充满欢乐的晚餐之后，凯蒂换上外出的衣服，高帮的靴子、手套和短外衣，还有一顶盖住她亮丽鬈发的苏格兰软帽。

她很自然地拉起我的手，带我去肯伍德看那一带新盖好的房子。肯伍德即将成为芝加哥最时尚的住宅区。我们像小孩子一样，拉着手走下门前的台阶。虽然个头很高，看上去也很

---

[1] 见《巴黎圣母院》第二卷第五章。

懂事，但她其实仍是个孩子。至于我自己，虽然建筑方面的知识日渐长进，但是就待人接物而言，我基本上还是一无所知。

又过了几个月，我在斯尔思比事务所工作满一年了。快要二十岁的我，挣到了每星期十八美元的薪水。按照我的打算，母亲卖掉了麦迪逊湖边的房子，来到芝加哥。

我曾经考虑在密歇根湖北岸找一个住处，但是母亲担心湖上的大风对我和麦琪奈尔的身体不利。不知怎么，她不愿意住得离万灵教堂太近。于是，我们找到母亲的一个朋友，住在橡树园[1]的奥古斯塔·查宾小姐[2]。她约莫五十岁开外，也是一位牧师。查宾小姐体态丰满，浑身洋溢着女性的风韵。她经常穿一身丝质的黑衣，脖颈上一条金链子挂着一个金十字架垂在胸前。她的表情时而非常和善，时而又相当严厉。

查宾小姐和母亲商议，我们先在森林街她那座红砖房子里暂住一段，再决定是否应当在橡树园长久安家。

Oak Park
橡树园

橡树园的另一个名字是"圣徒的安息地"。我猜是因为这里数量众多的教堂和虔诚的信众。这是一座漂亮、庄重的小镇，街道两侧绿荫成行。绝大多数的居民是被这里与芝加哥相比而言的宁静氛围所吸引，希望在此避开大城市的毒害，安心地培育下一代。橡树园有一个自己的镇公所，负责它长久的规划发展。

时至今日，我还记得在镇上开办学校的海奇先生。一个脸膛黝黑、待人和气的老头儿，开着一辆没有顶盖的小汽车，在几个学校之间穿梭着接送孩子们。经查宾小姐推荐，我妹妹简在他的学校里教书。

我还记得斯考维尔家的木房子，又高又蠢地占据了整整一个街区，为那个时代里暮气沉

---

[1] 橡树园（Oak Park），位于芝加哥市西部郊区的小镇。
[2] 奥古斯塔·查宾（Augusta Chapin，1836—1905），美国第一位获得神学博士的女性。

沉的住宅建筑风格充当最后的代言人。

母亲觉得这个安静的镇子很像麦迪逊。这一点足够让我们下了决心。

森林街上查宾小姐家对面，是奥斯汀家的地块。那里恰好是全镇的中心位置，和斯考维尔家一样占了两条街之间的整个地块，但是却杂树丛生地荒废着。只在临大湖街一侧的空地正中，有一栋新盖的住宅。木瓦包裹的屋顶和墙面，是正合当下时尚的安妮女王式风格。

这栋房子背后临森林街的一侧，有一座比例典雅的老式谷仓。颜色质朴的墙面是用竖向木条板钉成的，上面爬满了藤蔓。这么一座饱经风霜的谷仓，居然没有被拆掉。与奥斯汀的新家相比，我更喜欢他的谷仓。后者坦诚地流露出一种足以入画的气质，这正是前者苦心营造妄图达到的境界。然而森林街上的邻居们认为，橡树园的模范公民奥斯汀先生把这座谷仓摆在全镇最体面的街道上，实在是直白的触犯众怒。

奥斯汀先生是一个矮个子的苏格兰老头儿。他步履迟缓，脑袋缩在肩膀里，留着络腮胡子的圆脸上常常露出古怪的表情。

包围着奥斯汀家这片鹤立鸡群的空地，是一大堆陈腐的木匠手艺：一行行干瘪的白油漆木板房子，均匀地排列在各家一小块硬纸板似的草地上。走上门前陡峭的台阶，你看到宝瓶柱和雕饰烦琐的栏杆围成的门廊。这种时髦的门廊完全是一种奢侈的摆设，除了遮住客厅里的阳光，派不上其他任何用场。奥斯汀家谷仓的敌人们，一律在醒目的屋角处有一个凸窗拼凑起的高塔。这种凶狠狰狞的母题究竟是来自何方？绝不是来自大地。无论是方形的、圆形的还是八角形的，它们的高潮无外乎灭烛器形状的屋顶、萝卜头一样的圆顶或者是丝锥一样的尖顶。

走过一条条街道，比比皆是这出滑稽戏成本不菲的布景。我试着揣摩这些设计师的心思，却一无所获。虽然它们也是设计师们冥思苦想或者照搬的成果，然而这些形式毫无意义。

一望而知，那些住宅既没有生命的气息，更无丝毫舒适可言。比起橡树园，其他城镇的情形甚至更加黯淡。橡树园尚且有茂密的植被和树木，略微遮挡丑陋的建筑。住在这些趾高气扬的安妮女王式大宅子里的人们，浑然不觉他们强加给自己的羞辱。单调乏味的郊外住宅组成的队伍，像芝加哥街道上店铺招牌的队伍一样，强行向你涌来。

成群结队的招牌形成的幻影，至少有它的含义；而这里的队伍，却是彻底单调的一团空虚。我想起父亲是如何评价拙劣的音乐。沾染了"肆意滥情"的作曲或者演奏，毁掉了他心目中的音乐。这些住宅算是类似的牺牲品吗？

一次次从它们旁边走过，我就像一个无助的观众，又一次成为绝望的局外人。我心中发出这样的独白：

没有人在家！没有人在家！"他们"待在家里，却并不住在这里。我们从未品尝过生活，但是我们不次于任何人的房子，不次于"他们"——或许比他们更好一些。

被愚弄了吗？也许他们是被愚弄了。我们又何必在意？所有人都被愚弄了，每一个人！"他们"、我们，所有人都被愚弄了。我们正适合住这种房子，它正适合于我们。假如这些房子没有任何意义，我们又何必去寻找含义？

我们和"他们"一样吗？我们想要思考，却无能为力；他们有思考的能力，却不愿思考。他们只购买我们和他们自己脑子里现成的东西，这样更容易一些——或许是因为更廉价一些吧。没有人知道原因何在！

住宅如同衣服一样，难道不是吗？我们自己也只是衣服而已，不得不混迹在时尚之中，不是吗？否则，我们就会沦为笑料！难道你还看不出吗？可是，他们跟紧了时尚依然会沦为笑料——然后怎样？

我们是傻子吗？或许吧，但是我们将作为傻子嘲笑他们。

Culture
文　化

这个世界怎么了？这样的建筑比店铺招牌更让人痛苦，因为这些被贩卖的建筑被称作"文化"。

这里只有一团混乱。难道这些怪物和买下它们、住进去的先生和女士有相似之处吗？难道他们只配得到这样的废物吗？或者是教育愚弄了他们？如果"他们"只能用如此荒唐的方式来表达自我，如此缺乏自然的感受，那么当你直面他们的时候，这些人其他方面的品质又会是什么样呢？除了咀嚼消化和繁衍后代，"他们"身上还剩下什么可靠的功能吗？就连这些基本的器官，也被忽视真实欲求的虚假理想败坏了。为什么他们全都满足于狂妄自大和忸怩作态？他们都只有虚假而丰富的情感，却感受不到真正的理性吗？

我常常向塞西尔谈起我的困惑。难道斯尔思比不是凭借他手中优美的图画，以艺术家的身份做着同样的事情吗？他设计的房子徒有"艺术"之名，内涵和那些拙劣的住宅如出一辙。

我越来越不满足于跟随在斯尔思比身边。在我看来，他似乎让事情变得更糟。他利用娴熟的技艺打造了一个谎言，或者让一个空洞的吹嘘显得更加华丽，从而使可耻的欺骗变得更容易奏效。

每天我都会经过奥斯汀家的那片空地，有时候我会倚在空地边"质朴"的木栅栏上（其实只是一排没剥树皮的橡木板）。一个星期天的上午，我正靠着木栅栏，朝那片树林张望。奥斯汀先生走过来，问我道："不想进来看看吗？年轻的建筑师，你就住在街对面吧？查宾小姐说起过你。"

"我早想进这片乐园里看看。"我指了指他的树林。我问他，怎么会在一大片丑陋的房子中间让这块地空着。他从浓密的眉毛下面盯着我："你不喜欢他们的房子，是吗？"

"他们想让我把老谷仓拆掉，可是——"他望着谷仓，眼睛闪着光，"我喜欢这座谷仓的模样，瞧不上他们那些房子。"他冲我眨了眨眼。

"我也是，宁可住在这座谷仓里，也不愿住在那种房子里面。"我说道。

"来吧，进去瞧瞧。"他领着我走进谷仓。

谷仓室内被改造成了一间游乐室，或者说像一个舞厅。他女儿索菲即将从学校毕业回家来，眼下屋里的布置是为她在这里开一次聚会。奥斯汀夫妇还有一个儿子哈里，正在外地读大学。

奥斯汀先生引我看了他的谷仓，却只字未提他的新房子。紧接着的再一个星期天，他请我来家里见见奥斯汀夫人。我很喜欢他家里富有生活气息的陈设和氛围。我们两人都闭口不谈他房子的外观模样。它看上去像一座老房子套了一层新的外表。奥斯汀夫人行动不便，整日安详地坐在窗前的轮椅上。

奥斯汀先生和我又回到他的谷仓。

"假如有个机会，你会怎么改造这谷仓？"他问我。

我讲了几点脑子里即兴闪出的想法——某种装饰性的改造方案。具体内容我早已忘记了。

"你愿意来帮我实现它吗？"他问我。

然后，他领我走过几个街区，来到森林街和芝加哥街交汇的路口。他指着街角一块长满

赖特与塞西尔

灌木和野藤的荒地,告诉我这块地属于一个苏格兰园艺师——布莱尔先生。芝加哥洪堡公园的园林就是他的设计。奥斯汀先生对这个老园丁敬佩有加,谈起他来滔滔不绝。我一直没有机会见到这位布莱尔先生,但是把这块地暗暗记在心里。

奥斯汀先生时常在星期天上午叫我出来一起散步。从此,我在橡树园找到了一位安详而又忠实的朋友,直到他去世为止。

Cecil
塞西尔

数月之后的一个星期天,塞西尔和我坐在查宾小姐家里闲聊。和往常一样,我们开始探讨那些积蓄在我胸中的困惑。它们让我在事务所里提不起精神。

"你得小心,弗兰克,"塞西尔说,"宗教里的异端思想已经足够可怕了,可是比起潮流和文化中的异端却是小巫见大巫。读读《圣经》吧,你还记得耶稣对他门徒的教诲吗?"

我找来查宾小姐的《圣经》,塞西尔翻到《马太福音》,念道:"(耶稣说)外邦人的路,你们不要走;撒玛利亚人的城,你们不要进……你们无论进哪一城,哪一村,要打听那里谁是好人,就住在他家,直住到走的时候……我差你们去,如同羊进入狼群。所以你们要灵巧像蛇,驯良像鸽子。你们要防备人。因为他们要把你们交给公会,也要在会堂里鞭打你们;

并且你们要为我的缘故被送到诸侯君王面前,对他们和外邦人作见证。"[1]

他放下书:"如今的外邦人和撒玛利亚人,还有法利赛人,就是那些对他们的住宅感到自豪并且心满意足的人。为他们工作的建筑师们,其实不过是'抄经人'而已。如今,'手艺人'的地位,正如耶稣的时代法利赛人眼中的抄经人一般。"

他又捧起书,"不要把圣物给狗,也不要把你们的珍珠丢在猪跟前(猪就是那些判断力被名誉和享乐所控制的人),恐怕它践踏了珍珠,转过来咬你们……你们要谨慎,防备法利赛人的酵和希律的酵。"[2]

他合上书,沉默了一会儿,轻声地说:"斯尔思比是对的。他从不触及那些主顾信奉的东西,也从不违背他们自己的想法和主意。他只是依照那些人已经接受的理念,把工作做得比其他同行更精彩一些,这就足够了。结果怎样?斯尔思比仍然被那些人视为激进者,和他在信念上纠缠不清。天知道他们究竟要些什么。"

我没有答话,斟酌着自己想要说些什么。

"但是,斯尔思比竭尽全力了吗?我的意思是,假如他愿意的话,是不是能够做得更好。"

"即便他做得更好、更正确,又有什么区别呢?"塞西尔说。

"假如他内心明白自己应当做些什么,也知道如何能够做到,却没有竭尽全力,那么他就没有做出'正确的事'。"

"何以见得?"

"因为,如果真的有上帝存在,我们应当坚信,'他'必定会让自己创造的世界尽量地完美。否则,这位主宰者根本就不屑于创造。我们应当坚信,能够修改这一原则的人唯有'他',而不是斯尔思比。我外祖父心中的上帝要做的第一件事,就是让由'他'创造出的芸芸众生——无论头脑清醒还是浑浑噩噩,实践他们力所能及的一切。不是听从别人告诉他们要做些什么,而是坚持他们自己感知到的信念。否则,上帝的存在还有什么意义?"

---

[1]《圣经·新约·马太福音》,10:5,10:11,10:16—17。外邦人指犹太人之外的民族,撒玛利亚人在血缘上介于外邦与犹太人本族之间。法利赛人原为犹太教的一个教派,极端固守摩西律法,后指代墨守传统礼仪而标榜道义者。

[2]《马太福音》,7:6,《马可福音》8:15。希律(前75—前4年),罗马帝国在其犹太行省任命的统治者,以残暴著称。

塞西尔笑了："弗兰克，你亲爱的母亲恐怕要为你伤心落泪了。"

"或许吧，但是假如她真的是我外祖父的女儿，她就不会为我伤心。"

"你和她谈过这些话题吗？"

"没有，因为我自己也是最近才渐渐琢磨清楚的，但是我不害怕她对此的态度。"

"问题在于你要为谁盖房子呢？如果你违背他们的意愿，让他们放弃自己想要的东西而接受你认为正确的，后果将会怎样？"

"这正是需要睿智的造物主给予帮助的时刻。塞西尔，只需要找到千里挑一甚至是万里挑一的这一个人，就足够我充实地忙碌一生。就像我依赖他一样，他也依赖我。他也在寻找我，比如奥斯汀先生。"

"是吗，瞧瞧他现在住的房子吧！"

"没错，我看过了。当初他选了他能找到的最好的建筑师——弗赖德·沙克。奥斯汀先生尽其所能，但结果却令他大失所望。他很清楚那不是他心目中理想的家。在整个橡树园，他就是值得我竭尽全力的人。在他理应听到原真的福音的时刻，他却只能得到被篡改过的福音。假如上帝恪尽职守而不是在天堂里无所事事的话，奥斯汀先生就是我理想的业主。"

"哈哈，你需要做的就是找到他，也让他找到你，"塞西尔略带嘲笑地说，"就这么简单吗？"

"这一次是我找到了他，今后我可以靠作品让更多他这样的人找到我。我知道奥斯汀先生想要的和他错过了的是什么。而且我相信，他得不到的原因正是你所暗示的，'福音被篡改了'，可是你仍然为此辩护。人活着难道是为了要做这些篡改，抛开上帝而唯我独尊吗？"

"我们有机会自由地选择。唯有当我们能够自由地选择，不被某些人掌控我们想要些什么，不被他们的手段蒙骗而失去我们本应拥有的东西，我们才能依照自己的天性生存或者死去，才能让自己适应崇高的法则。"

"什么法则？那个亵渎神明、冷酷无情的'适者生存'吗？"

"不，"我思索着如何回答，"是自然的选择。"话一出口，我知道这是自相矛盾。我再一次尝试："不是的，是要坚持人有能力触及的最真的原则。"

"假如人们找到这样的原则，你如何能把它展现给世人呢？"塞西尔说。

"我吗？那可不是我能够承担的责任。"

"那么干脆寄希望于上帝吗？"

"为什么不呢？"我说，"你看，塞西尔，这就是症结所在。如今，连教堂里宣讲的福音书也出了问题。耶稣的言行，是在实践他力所能及的一切。他传播真理，真理与这个拿撒勒的木匠[1]同在。我甚至猜测在耶稣的时代，或许木匠其实就是建筑师，但是他的言行被他的门徒篡改了。"

"那些门徒尽心尽力地表达他们的虔诚，然而他们所做的却是'修改'耶稣的思想。后世的一辈辈门徒同样以顺应'人类的需求'的名义，继续不断地'修改'。那样的需求并非耶稣和上帝的'需求'，而只是你我父辈的'需求'。耶稣的敏感丰富的情怀正是经他的门徒之口被篡改成了多愁善感。既然如此，哪里能喝到甘醇的美酒呢？"

"但是有谁想要甘醇的美酒呢？"塞西尔说，"盛着水的瓶子就摆在勤地酒[2]旁边。如果不想让你的肠胃被灼伤到难以忍受的地步，最好别去碰那瓶酒。"

"我指的不是什么勤地酒，那只是葡萄皮酿制的俗物。我指的美酒是香槟、摩塞尔酒[3]、波尔图酒[4]或者勃艮第酒[5]。有谁会喜欢掺了水的醇酒？"

"一切美酒都会被掺水，只不过是早晚和多少的问题。"塞西尔说。我们的辩论就此不了了之。

我不禁想到，如果没有成为多愁善感的牺牲品，父亲的生活会是怎样呢？劳埃德－琼斯家的多愁善感究竟在他身上产生了怎样的影响？对我又有着怎样的影响？对母亲、对整个家族的人呢？汹涌的多愁善感究竟怎样影响着世间的众生？

接下来的星期天，我一大早就去找凯瑟琳。

平日里，有时候我会送她从教堂回家。有一天晚上，我想把自己的外套给她披上，她却坚持不要。妥协的结果是我们挽着手臂相互取暖。有时候，她母亲同意我们两人去芝加哥城里听西奥多·托马斯的音乐会。在教堂里我们总是并肩坐在一起。如果我迟到了，她就在自

---

[1] 即耶稣本人。耶稣出生于拿撒勒，继承其父约瑟的木匠职业。
[2] 意大利特产的一种红葡萄酒。
[3] 德国出产的一种高档白葡萄酒。
[4] 葡萄牙出产的一种高档红葡萄酒。
[5] 法国出产的一种高档红葡萄酒。

己的座位旁边为我留一个空座。星期天教堂的活动结束后，我送她回家并且留下来吃晚餐。

我把凯瑟琳的事告诉了母亲。她已经知道了，也许是从詹金舅舅那里听来的。凯蒂在学校里的课业开始退步。她的同学们放肆地拿我们的事和她开玩笑。教堂里的年轻人早已把我们当成了一对儿。

凯瑟琳来事务所找我的时候，塞西尔见过她几次。他觉得凯瑟琳是个活泼可爱的姑娘。我告诉他，凯瑟琳非常喜欢我。

"是啊，我也很喜欢你，你母亲和你两个妹妹也一样。如果你给别的姑娘机会的话，她们或许也会喜欢上你。我看不出在这一点上她有什么独特之处。弗兰克，你还根本不认识其他女孩子，你只认识凯蒂，怎么能说了解女人呢？"

我心里暗想，他自己认识的女孩子才真正少得可怜，而且一个个年纪比我还大许多，既木讷又乏味。他其实是个很有魅力的家伙，我常常纳闷他为什么不去结识更多可爱的姑娘。

"有必要吗？如果你和她在一起时有了家的感觉，难道非要再去认识一大群吗？"

"你吻过女孩子吗？——除了凯蒂。"

"你怎么知道我吻过她了？"

"你不知道我有千里眼吗？呵呵。"

"没有吻过别人，但是……"

"问题就在这个'但是'，你太迫不及待了。"他打断我，"'家的感觉'？我担心的正是这个，难道你不清楚她还是个孩子吗？你自己也一样。在你有能力建立一个安稳的家庭之前，你需要先了解女人。"

"你的意思是，我必须吻过并且'拥有'许多女子，研究她们，然后才能知道我想要什么。你真的这么认为吗？我觉得，把感情当作游戏的男人吻女孩子倒也无可厚非，但是，他怎么能亲近一个自己并不爱也不想一起生活的女孩子呢？"

塞西尔沉默地望着事务所的窗外，神情有些沮丧。

"怎么了？塞西尔。嘿，你说话呀，我想知道你的想法。"

"说出来有什么用吗？在这件事情上，从来就没有人听取过忠告。"他不无感伤地说，"从时间开始的那一刻起，就不曾有过。我能预见到你前方的路，连最好的朋友也无法阻止你，别人就更不用说了。"

他的担心是那样的真诚，我不禁想知道前方究竟是什么样的"危险"。我坐在那里施展自己的想象力，却一无所获。远离所有那些自作聪明的猜度揣摩，不必经过所谓的"试验"，就幸运地遇到了我心目中完美的她，而她也同样地渴望我，这一切都是那么美好。

我替塞西尔感到遗憾，他无法理解我的心境。是啊，这个可怜的好伙计，他只能拿那样一些姑娘和光彩照人的凯瑟琳做比较。她比塞西尔想象的要成熟，根本不是小孩子了，已经是一个非常懂事的大姑娘。她提醒我要攒些钱，还在帮着我这么做。她既通情达理又很细心，而我正好相反，这一点大家都很清楚。

我忽然想到一个问题："对了，你和我母亲说起过这件事儿吗？"

"她来找我谈过。"

"她怎么讲？"

"你还是自己问她吧。"

我觉得受到了伤害。自己的母亲和我最好的朋友谈论我的个人感情，却对我只字不提。我很气愤，转而感到大家都在欺骗凯瑟琳和我。如今她需要我的呵护，从前那种单纯的爱意加深成为一种责任。

"好啦，咱们别吵了。反正你没法儿同时和两个女孩子来往，你天生是个'独奏家'，我了解你。你今后一生都会这样独奏下去。只不过，为什么这样仓促呢？早晚你都会步入这个阶段，何必把平常人至少花掉一年的历程压缩在一个月里呢？弗兰克，我真希望能多一点儿你的感性和激情，而你能多一点儿我的理性和慵懒。

"别觉得我麻木不仁，或者是在说凯瑟琳的坏话。大家都知道，没准儿她就是你生命中的那个女孩子。"

傍晚回家的路上，我脑子里预想着将和母亲交锋的场景。

到家后，我和母亲、两个妹妹还有查宾小姐一起吃晚饭。母亲用探寻的眼光看着我一言不发地吃完饭，上楼到自己的房间去。母亲也跟上楼来，问我白天发生了什么事。

"怎么了？孩子。"

"母亲！你为什么要找塞西尔打听我和凯蒂的事？"

她竟然一点儿也不吃惊，反倒露出微笑："为什么？是啊，为什么呢。"

我丝毫不觉得这有什么好笑，我爆发了："为什么要为这件再自然不过的事焦虑、奔忙？这到底是怎么一回事？难道在你眼中，人的天性是洪水猛兽吗？这是什么样的道理？"

"弗兰克，你想过和这个姑娘单独约会，可能会对她产生的后果吗？"

她的第一个问题就击中了我的薄弱之处。"没有，我当然没想过。她自己才最有资格判断这件事对她意味着什么。我没法儿替她做这个判断。即使她不能，还有她父母呀。"

　　"她母亲已经因为这件事和她争吵过，看来已经管教不住她了。"

　　"你还去找了她母亲？"

　　"是的。凯瑟琳一向都很任性，经常和她母亲闹得很僵。她不通情理，和你一样。"

　　"这不恰好证明我们的交往并没有对她造成什么影响吗？所有这些忧心、焦虑、煎熬、好奇、窥探、祈祷还有流言，把一件最自然不过的事变成了丑闻。我真是一点儿也不明白，母亲，你从来都不是这样的。这不像是你。你总说，'假如必须在善与真之间选择，那么要选择真。'上帝啊，在这件事上真理是什么？"

　　"孩子，我不许你讲诅咒的话。"

　　我忍无可忍了："诅咒？如果一个极端痛苦的人都不能呼唤全能的上帝，那么他的名字还有什么意义呢？这是我真实的想法。凯瑟琳和我在一起很快乐，我们还有结婚的打算。可是我看得出来，你们盘算着要拆散我们。你们怎么能这样？难道这个世界为相爱的男女只留下一条道路吗？一条所有人都认同的、相信的、监视着的路吗？究竟是该死的谁把这一切变得可怕和虚伪？"

　　"弗兰克，在你母亲面前，你又一次讲诅咒的话。"

　　"'该死'也是诅咒的话！那么农场上的人该怎么活啊？'该死'！这是个痛快的好词儿！离开它，谁也没法儿发泄自己的不满。我们的英语能找到替代它的词吗？是不是一切极端的情感都意味着亵渎神灵，所以连'该死'也成了诅咒？"

　　"孩子，以你现在的情绪，和你谈什么都没有用。"

　　"这和塞西尔的话一模一样。为什么？你们所有人都紧扣双手，准备好为我们哭泣！"

　　母亲平静地站起身，出去了。

　　一如既往，母亲的想法终究会产生效力。"你想过和这个姑娘单独约会，可能会对她产生的后果吗？"社会交往所需的本能，正是我的教育中的缺环。

　　这次冲突之后，我认清了所有这些争吵的目的。某种原本纯洁美好的东西被破坏了。我为凯瑟琳感到难过，也替自己觉得丢脸。

　　"凯瑟琳，大家都在为我们两人烦心忧虑，也许咱们待在一起的时间太多了，的确会对你有伤害——反正他们都这样讲。"

"这真是太可笑了。除了没有挨板子，我在家里同样受尽了他们的责难。如果我能承受得住，难道你不行吗？"

"我当然能。但是你还没有理解，有一点他们说的不假。除了我，你还不认识其他男孩子，并且……"

"我认识好多男孩子呀！"她开始数着名字。

"不是那种认识，你明白我的意思。总之，我不能这么频繁地来找你了，我们在教堂里也得保持一些距离。"

"好吧，让他们暂且有一时的胜利。我会给你写信的。"这是她的主意。

"没错儿，写信总不会有什么伤害。"

一个星期之后，她写来一张纸条：她要被送到北部麦金奈克县的亲戚家，去整整三个星期！

我渐渐地看清，虽然人们大谈而特谈"自然"，可是"自然而然"却是这个世界上你最难以得到的东西。即使只有一线希望，他们都要竭尽全力来阻止你。他们口口声声的"自然"意味着什么呢？仅仅是对动物、花草、树木和山川风光的抒情和感怀吗？那些木材、玻璃和钢铁内在的天性呢？少男和少女的天性呢？还有那些自然的法则，这些不都是"自然"吗？从这种角度理解的"自然"不正是上帝最根本的意义吗？

我始终认为，当我在书本上看到，或者我的脑海里浮现出"自然"这个词，它拥有内在的含义，而不是肤浅的字面解释。

愚人们不懂得自然的情感。他们对"自然"这个词的理解，不过是人对小动物的多愁善感而已。正因如此，他们总是在面对理想的时候不知所措，并且制定下诸多愚蠢的戒律、无理的规则和草率的法律。

"'他们'依靠什么指引自己的生活？这世间可有他们能够真正理解的东西吗？"

见不到凯瑟琳，我把精力更多地投入事务所的工作。其结果只是愈发深切地感受到，这样的建筑不能赋予居住者的生活任何真正的意义。这样的建筑完全是扭捏作态。目的只有一个——显得与众不同，貌似诗情画意。这正是不折不扣的多愁善感。

Adler and Sullivan
埃德勒和沙利文

有一天，威尔考克斯——那个牧师的儿子"四号"，兴奋地走过来，倚在我的绘图桌前。"嗨，赖特，"他向周围扫了一眼，确认没有人注意到我们，"我知道哪里能找到你想要的好工作。"

"哪里？"

"埃德勒和沙利文。"

我的心怦然一动。我对这家事务所仰慕已久，它的两位合伙人是芝加哥最知名的建筑师。他们激进的风格独树一帜，当今的建筑界只有伯纳姆[1]和鲁特[2]可以和他们相提并论。

"你怎么知道的？"

"我自己刚从那里回来。沙利文没有录用我。他在找一个能为芝加哥大会堂的室内设计画施工图的人。我干不了，但是我看你行。我把你介绍给他了，他让你去找他。"

"真的吗？我……"我马上想到了塞西尔。斯尔思比恰好不在，我和塞西尔坐在斯尔思比的办公室里谈这件事。

"去吧，弗兰克。你在这里能学到的已经差不多了。沙利文是西部未来的大师，或许他正是你应当追随的人。不管怎么说，试一下无妨。"

我赶忙收拾了几张图纸，来到伯顿大厦的顶楼。

"埃德勒先生见你可以吗？"秘书告诉我，沙利文先生马上要去圣路易斯[3]参加一个建筑师大会。

"是沙利文先生让我来找他。我只需要几分钟时间。"

"你叫什么？"

"赖特。"

和蔼的秘书从沙利文的办公室出来，为我开着门。我走了进去。

---

[1] 伯纳姆（Daniel Burnham，1846—1912），美国建筑师。倡导巴黎美术学院新古典风格，哥伦比亚博览会的主要建筑师之一，也是芝加哥城市规划的主要制定者。曾担任美国建筑师协会主席等要职。
[2] 鲁特（John Root，1850—1891），美国建筑师，伯纳姆的合伙人。
[3] 圣路易斯，密苏里州城市。

沙利文

沙利文先生个子不高,穿着一身裁剪得体的褐色衣服。让我印象最深刻的,是他栗色的大眼睛。只一瞥就洞悉了我的所有想法,甚至最隐秘的内心。

"啊,对了!你就是威尔考克斯说的那个年轻人。你带了什么给我看?"

我把图纸在桌上摊开,他凝神看了片刻。

"你晓得我需要你来做什么,对吗?"

"是的。"我答道。

"这些并不是我想要的那种图,但是……这次没时间了。我星期五早上回来。你画些装饰细部的详图,再拿来给我看。"他和蔼地注视着我。那一刻,他的眼光让我感觉胸有成竹。

"我一定准时拿来。"我热切地答应道。

离开时,我看到大绘图室的门敞开着。从我站的地方可以看到里面有二十多人,无论具体数字是多少,我将成为其中新的一员。我在门前站了片刻,屋里一个高大魁梧的年轻人看了我一眼。他黑色的头发梳成蓬帕杜尔式的发型,长条脸上蓄着稀疏的黑胡须,眼神与沙利文先生颇有几分相似。他的胡子在脸上显得很别扭。很显然,他是绘图员的领班。

"你找埃德勒先生吗?"他问道。

"不,就是看看你。"不等他露出一脸诧异,我就走开了。他叫保罗·穆勒,蓄起胡子以便让自己看着更像一个领班。

我兴高采烈地找到塞西尔。"那份工作是我的了。"

"你怎么知道？"

"我怎么会连这个都看不出来。他的眼力真准，马上就知道我能完成他想要的东西。准备一些图再去面试，只是走个过场。"

"不管怎样，我都会尽力准备好面试用的图。"塞西尔说。

"我会的。不过，现在画这些图会更轻松，因为我知道已经得着这份工作了。"

塞西尔放弃了努力，他清楚我已经被冲昏了头脑。

"沙利文给你多少薪水？"

"忘记问了。我会要每星期二十五块，应该没什么问题。"

晚上回到橡树园，我把这个好消息告诉了母亲，然后就扑在绘图板上。这次我只用丁字尺和三角板做辅助定位，我想给路易·沙利文展示我徒手绘图的能力。

先是临摹几张斯尔思比画的装饰细部。我在画的过程中融入自己的笔法，比起原作来更加简洁和肯定，更少一些张扬的情绪和刻意追求的"草图"感觉。斯尔思比的风格潇洒华丽，他的笔触就像田野里随着微风摇摆的青纱帐。我模仿他的风格画了两三张，仅仅为了表明我可以驾驭这样的技巧。然后，我根据自己印象中埃德勒和沙利文事务所的作品，即兴画出一些装饰细部。自从听说了他们的建筑，我就一直潜心观察。凌晨三点钟，上床休息。

第二天晚上，继续同样的工作。

第三天晚上，我找出之前用透明纸描的欧文·琼斯的哥特风格细部。一边重描，一边把它们改编成了我心目中的"沙利文风格"。

星期五上午，我带着一大卷图纸回到沙利文的办公室。

我按着顺序展示自己的成果，"第一部分，模仿斯尔思比。"

"我看出来了，你描了一些斯尔思比的图拿给我，是吗？"

"不是描的，是我临摹的。你看，这些不是透明纸。"

"但是你可以想法儿把图转拓到这些纸上。"

我笑了："那也太费周折了。

"第二部分，模仿沙利文。"

"嗯，这个你的确没法去描。很不错。"他一面自言自语，一面用铅笔尖搔着头皮，吹掉几点落在图纸上的头屑。

"第三部分，对欧文·琼斯的哥特风格自由发挥。"

"谁？欧文·琼斯是谁？"

我觉得他在开玩笑："《装饰的语法》。"

他面露困惑："是拉古奈特[1]之类的东西吗？"

"我没听说过拉古奈特。"

"啊——我想起你说的那本书了。这么说，你试图把哥特风格的装饰转化成我的风格，以此来取悦我吗？"

"你看，这不是挺简单的嘛。"我发现自己实际上令他不悦。不经意间，我把他的装饰语言简化成了纯粹的"多愁善感"。

"第四部分，一些原创的东西——或许算得上吧。"

他立刻被这些图吸引了。他坐在绘图桌旁的高凳子上，一言不发地看着我的图纸。尔后，仍然不说话，在他自己绘图板铺的纸上画着什么。我的呼吸有些急促，心中窃喜，说道："噢，是你让我画些自己的东西拿来的。"

他似乎忘记了我的存在，只顾自己画着。我站在那里思忖着，如果说斯尔思比的笔触像田野里的麦浪，那么沙利文的风格就如同盛开的莲花。如果有一天我拥有自己的风格，它会是什么样子呢？

"这正是我想要的东西。你可以胜任这里的工作。"他突然说道，"你现在的薪水是多少？"

"不太够。"我回答道。

"那么多少算够呢？"

"二十五块。"

他微微一笑。我心里明白，即使每星期四十块他也会接受的。

"好吧。不过你要记住，你得在这里工作到大会堂的施工图纸全部完成。当然，这期间你的薪水不会固定在那么多。等你慢慢施展开了，我们可以再商量。你能星期一早上就开始吗？"

"可以。斯尔思比那边已经没有太多工作了。他会很高兴让我离开。"

---

[1] 拉古奈特（Nicolas Raguenet，1715—1793），法国画家。

我就是这样进入了埃德勒和沙利文事务所，这样走近大师身旁。自那一刻起，对他给予我的影响、关爱和帮助的感激之情，就从未在我心中消退。

我乐颠颠地回到斯尔思比的事务所。我看得出来，塞西尔既为我高兴，也有点伤心。

"去告诉老先生吧。"他只说了这么一句。

"斯尔思比先生。"

"什么事？"他在桌子后面转过身来。

"这几个星期以来，我的工作让你和我自己都不太满意。"

"我注意到了。"

"我已经去找过沙利文先生面试了。"

"他录用你了吗？"

"是的，他给了我一份相当稳定的工作。"

"你打算什么时候离开？"

"下个星期一——如果你这里不再需要我的话。"

他沉思了片刻："这似乎不大符合你处事的原则吧，赖特。"

"这个机会来得很突然，而你恰好不在。我想过应当先和你谈这件事，但是我怕错失良机。如果你需要，我会留下来。"

"不！我不需要你。我只是想知道，为什么你丧失了自己的原则，就这些。"

"斯尔思比先生，当时我确信在你这里起不了什么作用了，而且我离开会为你减轻负担。"

"这是问题的关键吗？"

"不……不是的！全都是我的错。我不应当未和你商议就去找沙利文先生。事情就是这样。"

"不必挂在心上，赖特。你或许会喜欢跟着沙利文。他的风格和我不同，但没准儿他是个天才，谁知道呢。"

我痛恨以这种方式离开。即便斯尔思比有很多弱点，我仍然很崇拜他。我很清楚自己离开的方式和那种漂泊不定的无赖绘图员们一样，而他着实待我不薄。

还有什么可说的呢？我只能无助地呆坐着，沉默无语。如果他像我猜测的那样看到了我的表情，他一定会原谅我的。如果他能够看到我此刻的内心，他会发现那里有和我的脸上同样的愧疚。

我走出他的办公室。

我再也没有见过斯尔思比。

Let the Dead Bury Their Dead
任凭死人埋葬他们的死人[1]

我问自己，在人的生命里要完成每一步前进，是否都伴随着相应的阵痛。

这次"阵痛"的起因，无疑要归咎于我。我原本可以等一个适当的时机告诉斯尔思比，然后问心无愧地离开。

一如平日，我把事情看得太过理所当然。

当高处枝头的叶子在微风中颤动，下面被遮住了阳光的枝叶将要枯萎死去，树是否感到痛楚？

当春天里的果树从去年的休眠中苏醒复生，它是否要忍受煎熬才能收获一个更加光彩的丰年？当蛇蜕皮的时候，它是否也满怀遗憾？

我们人生的每一个阶段，是否都要以耗费可观的生命活力为代价，因此就可以对人生的历程加以丈量？是否可以用我们所能承受的、一次次向前或向上产生的痛楚的数量，来划定人生寿命的配额？

人最终一定要因为无法承受成长中的阵痛而死去吗？

当我们看到一株翠雀花比别的花更高大更绚烂，一棵树比别的树更粗壮，一个人在同辈当中脱颖而出——我们会不会想到：它们以怎样的坚韧顶住了巨大的痛苦啊！

"任凭死人埋葬他们的死人"，是人类当中最具温情和智慧，也最令人惧怕的一位先知告诫人们的箴言。

是人类固有的缺陷或者过失，注定了他生长过程中的阵痛吗？抑或是人类为自身殷切打造的所谓"美德"自然产生的恶果？

---

[1]《圣经·新约·马太福音》8：22 及《路加福音》9：60，又有一个要追随耶稣的门徒对耶稣说："主啊，容我先回去埋葬我的父亲。"耶稣说："任凭死人埋葬他们的死人，你跟从我吧！"

我离开斯尔思比，正如我离开大学，正如我日后背负着痛苦离开家庭——出于同样的原因，经受着同样的痛苦，抱着同样的希冀，遵从我内心同样的原则。直到我写下这些文字的一刻，我从未停止过为这条原则付出痛苦的代价。

和人类的道德观念同样古老的，是对于成长的渴望。使徒保罗说："兄弟们，我不是以为自己已经得着了，我只有一件事，就是忘记背后，努力面前的。"[1]

无论我希望这样与否，我将和我亲爱的大师沙利文一样，以自己的方式质问我的同辈："你们诚然是拒绝神的诫命，要守自己的遗传。"[2] 他们应当意识到，正是这种拒绝让传统得以在精神的真谛消散之后，保留于文字言辞之中。

我亲爱的大师[3]路易·沙利文，怀着同样的理解，已经用自己的行动牢牢把握住了这种信念带来的快乐与痛楚。

星期一早晨将近九点钟，我来到埃德勒和沙利文事务所的绘图室。那时候的事务所，几乎占据了兰道夫街和蒂鲍恩街转角处老伯顿大厦的整个顶层。这座大厦如今已经被拆掉了。

空荡荡的绘图室里只有保罗·穆勒一个人。

"我安排你坐哪里呢？"他环顾四周。看好一个位置，又几次改变主意，最后把我安排在南面靠墙的两个大窗子之间。一个不错的位置，美中不足的是和旁边的绘图桌挨得太近，有些拥挤。这里和斯尔思比那种设计工作室的氛围不同，而是和任何一家大公司一样，密密麻麻地坐满了员工。

"我会让安东拽几张图板给你。"穆勒把新来的小学徒安东叫过来。安东问："拿几张呢？"

"哦，忘了告诉你。去找那些闲着的图板。闲着的，闲着的，明白吗？"他不耐烦地冲安东嚷道。穆勒精力充沛，为人憨厚但容易冲动。是由于承受了太大的压力吗？相对于他的胡须承担的责任，他无疑还太过年轻了。

"沙利文先生告诉你要做什么吗？"穆勒问。

"还没有。"

"那就等着吧，等到他来吩咐。不用等他指派，我手头已经堆满了事。反正他让你来是

---

[1]《圣经·新约·腓立比书》3：13。
[2]《圣经·新约·马可福音》7：9。
[3] 原文为德语 Lieber Meister。

帮着做设计,而我负责管理施工。我过去也是在茨(斯)尔思比那里。是啊,茨(斯)尔思比是个出色的设计师。"

我喜欢他的发音"茨尔思比",想听他再说一次。"三年前,茨(斯)尔思比需要一个工程师,他雇了我。后来我到了埃德勒先生这里。"

"你当领班多久了?"

"一年多。"

"喜欢吗?"

"噢,要做的事情太多了。怎么说呢,埃德勒先生需要我……是啊,我喜欢这份工作。"

我这个问题显然很愚蠢。这时,员工们开始鱼贯而入,穆勒走回靠门边他的桌子前,也就是我第一次见到他时他站着的位置。他忙得几乎没有机会坐下。

安东找到了好几张"闲着的"图板,铺着马尼拉纸备用。我选了一张平整的图板搁在面前的桌上。一叠光滑簇新的纸,是最令人赏心悦目的美景之一。我背朝着屋内,看不到大家走进来。

他们相互打闹取笑着,直到各归其位。很明显,他们取笑的对象也包括我。仿佛受到某种纪律无形的约束,嘈杂的一群人很快就安静下来开始工作。盯了半天面前的纸,我有些厌烦了,开始观察那些后来我才知道名字的邻居。挨着我桌子的左边是让·阿格纳斯,一个相貌清秀的挪威人。右边是笨头笨脑的爱森拉斯,犹太人。我身后左边是奥顿海默,一副聪明机警的样子,也是犹太人。伊斯贝尔?犹太人。比利·盖劳德?不是犹太人。威德特?一望便知是犹太人。紧挨我身后坐着的怀瑟威克斯,猜不出是哪里人。墙角坐着的安德森,瑞典人。还有另外几张犹太人的面孔。我想这是自然,想必埃德勒先生就是犹太人。我还没有见过他。我孤独地算计着时间,被这群陌生的家伙包围着,在纸边上乱画着,心里想着这会儿能听到塞西尔的声音该多好。

十点半左右,绘图室的门开了。沙利文先生带着他的高傲,用手帕捂着鼻子,慢慢走了进来。他旁若无人地从一张张绘图桌边走过,一言不发。没有一句"早安"吗?是的。他看见我坐在那里等着,立刻走了过来,"哦,赖特,你来了。"整个事务所就此知道了我的名字。沙利文稀罕的热情问候,显然也让大家就此知道了我的"地位"。

"你看这里,赖特,"他把一张图板摆在我的桌上,"我星期六解雇的一个蠢货把这张图搞砸了。你重画一遍,再描上墨线。"大家立刻明白了我的角色是什么。

沙利文继续巡视着,他傲慢的眼光扫过每一个人,或许只对穆勒例外。我的目光跟随着他,直到他在我身后坐着的怀瑟威克斯桌旁站住。

"见鬼!你在搞些什么?"他甚至没有俯身看一下,就大声嚷道。我扭过头,看见怀瑟威克斯直挺挺地站着,满脸通红。

"见鬼!你搞的这算什么东西?!"沙利文提高了音量。所有人都盯着怀瑟威克斯。

"算什么东西?"怀瑟威克斯仿佛被鞭子抽了一下,他被激怒了,"见鬼!这是一座教堂,你看不出来吗?天知道你想要什么东西?"他一边叫着,一边双手颤抖着解下黑色的工作围裙,把铅笔猛摔在图板上,抄起装绘图用具的牛皮袋,大踏步地走了出去。

就像什么也没有发生过,沙利文看了一眼那张命运凄惨的图纸,掏出一块干净手帕擤了擤鼻涕。然后,继续把恐惧散播到其他人身边,直到他像进来时候那样慢慢走出了绘图室,没有再说一个字。整个过程,屋里鸦雀无声。很显然大家早已习惯了这种场面。

他离开之后,屋里响起一阵窸窸窣窣的交头接耳声,直到被穆勒用警告的目光平息下去。

我心里不禁有些打鼓:"恐怕我在这里也待不长久!"但转念一想:"这不是真正的沙利文,我见过另一个他。"

丹克玛·埃德勒会是什么样子呢?将近中午时分,他推开沙利文先生上午走进来的那扇门,出现在绘图室里。他的身材矮且壮实,像一座古老的拜占庭教堂。他厚实的体态,会让人立刻对他的力量产生信心,也让我感到很踏实。

他迈着从容稳重的步子,走到穆勒的桌前,站着和他谈了一阵。然后,随着他双手插在外衣的下摆里四处走动,他低沉浑厚的嗓音也慢慢滚过每个人的桌前。他皱着眉头翻看着桌上的图纸,间或有一句问候。他在某些人的绘图桌前坐下,以一种慈父般的语调提出修改的意见。最后,他走到我跟前,浓密的眉毛下射出深邃的目光,微笑地看着我。

"你好,"一声和善的问候,"沙利文的新助手吗?"

"是的,先生。"

他在我起身空出的凳子上坐下,跷起二郎腿。我注意到他硕大的脚,平平地摊开就像一座大厦的基础。

"赖特,沙利文需要帮手。很难找到一个人能'跟上'他的思路,我希望你能成功!"他仿佛突然想起什么事情似的,如同刚才猛地坐下那样,猛地站起身,像一艘大驳船挤开占满河道的小船,脚步很重地穿过一排绘图桌走出去了。他就是丹克玛·埃德勒。

埃德勒

从此,开始了我追随大师将近七年的那段时光。沙利文先生很赏识我,我也喜欢他。深化完善他的草图是一件充满乐趣的事。他对我的态度明显不同于对其他人。果不其然,这一点让我显得与众不同。我很快就意识到,要巩固自己在事务所里的地位,一场战斗在所难免。

我的工作进展顺利,大师对我的表现颇为满意。征得了他的允许,我介绍斯尔思比那里的乔治·埃姆斯利来做我的帮手,也多多少少消解我在这里的孤独。乔治的父亲不是牧师,但是他的气质很像是个牧师的儿子。再过几天,他就会过来工作。

大师对我明显的青睐,加上我素来不问闲事的天性,以及我对事务所里绝大多数人流露出的反感,使我在短短几个星期里树敌颇多。从第一天起,我就不受欢迎。他们以各种挑逗的言辞试图激怒我。我的长发和衣着都与众不同,背后自然少不了对我的指指点点。他们处心积虑地干扰我的工作。用他们的话说,就是要抱团儿来"整倒"我。计划被掩饰得很好,穆勒并不知情。他是个正派单纯的人,这些龌龊都躲过了他的视线。即便我想透露给他,也没有什么合适的机会;而即便有机会,我也不愿意这么做。

绘图室后面有一间晒制蓝图用的屋子。吃过午饭后,伊斯贝尔、盖劳德和其他几个家伙,常在那里玩拳击。伊斯贝尔似乎挺在行,当然这得把他的口头功夫也算上。盖劳德的确身手不凡,他是"芝加哥第一团"的拳击荣誉候选人。

他们撺掇我也加入一起玩。从我的长发、领带和吹毛求疵的衣着,他们判定可以轻而易举地让我大出洋相。

我盘算着，自己必须主动出击来对付这帮家伙。

凭借以前练过的一点儿拳击，我对自己的呼吸节奏和抗打击能力颇为自信，但是我知道自己还缺乏系统的拳法训练。有一位蒙斯特瑞上校，在毗邻的雅森纳姆大楼里开设击剑和拳击学校。一天中午，我去他那里报名拳击训练班，两个星期里上十二次课。我告诉这位法国上校，我已经会保护自己的头部，我想学一些技巧能够有效打击对手，同时能躲闪对方的重拳，甚至借助于犯规也无妨。

"对于绅士的游戏而言，这太过分了吧。"他说。

"我要对付的可不是什么绅士。我要和一帮混蛋打一场硬仗。我想要严格的训练。"

"好吧，"他递给我一副手套。我戴上手套，拉开架势。

"不对，大学生。是这样。"他把一只手放低些，另一只手像触角般挑逗地晃动着。

"现在，小心啦！"他打出几拳试探我的基础如何，但是都没有击中我。

"很不错嘛。现在，我可要动真格的了。"

"来吧。"

他的第一记出拳就让我有些站立不稳。要是这么容易被击中的话，我在那间晒图室里要吃尽苦头了。一个小时的练习结束后，我洗了澡，穿好衣服，浑身舒畅地回到事务所。

两个星期的训练课快要结束了。与此同时，对我的骚扰和挑衅仍然接连不断。我明白，问题的关键不在于是否进入状态。我具备比伊斯贝尔和盖劳德这两位事务所里的能人更好的状态。

Combat
格　斗

通过每天和老上校的练习，我基本上学到了他在拳击方面的所有技巧。毕竟，他是一个剑客而不是拳师。这些大概已经够用了。现在，我可以很好地保护自己，我信心十足，兴奋地期待着将要到来的挑战。

有时候，我望着伊斯贝尔肥厚的大鼻子，心中暗想，多么好的一个靶子啊！这个金发的家伙体格很健壮，平日里洋洋自得，说起话来大呼小叫。每逢穆勒不在的时候，他总是不停地嘲弄、取笑同事们。盖劳德略显笨拙迟缓，但是更壮实一些。

我来到事务所差不多两个月了。我一贯独来独往，不惹是非，但是针对我的挑衅却变得愈发嚣张和不加掩饰。这一天中午休息时间，绘图室里的人都出去了。我对伊斯贝尔说："你们今天中午玩拳击吗？"

他面露疑惑之色："当然啦。你进来看看吗？"

"好啊，我会来的。"

"别光看看呀，你也来一局！我们不会伤着你的。"

我故作犹豫："你们几个在那儿练了这么久，快要和专业水平差不离了吧。不过，我想试试看。"

为首的壮汉们得意地相互使着眼色。几个走卒也露出将信将疑的坏笑。

我独自一人走进晒图室，已经有六七个人聚在那里。我脱掉外套和马甲，解下衣领，戴上递过来的一副脏兮兮的手套。伊斯贝尔戴上一副同样脏兮兮的手套，他想要第一个上阵"教训"我。

我不了解他的路数，但是他才刚摆好姿势，我就一拳击中他的鼻子。鲜血滴了下来，他的蓝眼睛变得阴森森的。他笨重地扑了上来，我看出他只知道使蛮力。

于是，我就让他使出他的蛮力。

我忽而跃前，忽而后退，一边尽量躲闪，一边伺机出拳。在我的不断逗引之下，他开始呼吸急促，脸色发白，而我却一路轻松自如。

起初兴致勃勃的看客们，这会儿有些泄气。这情形与他们的期待有所出入。

"时间到！"盖劳德大喊。

"时间到？还没呢！这是一局定胜负。"

我的左拳又重重地打在伊斯贝尔的鼻子上。血又涌了出来，然而无人喝彩。伊斯贝尔已经完全是一头嗜血的野兽。我们两人在屋子里忽左忽右，逼得众人慌忙闪开，把屋里的东西撞得满地狼藉。伊斯贝尔愤怒了！

他又一次被我击中鼻子，满脸都是血污。我的嘴唇也在流血。我吮了一口血咽下去，感觉异常亢奋，像刚开局时一样斗志昂然。

伊斯贝尔快要支撑不住，他的伙伴们都看出来了。

"时间到！"盖劳德喊着，"时间到，见鬼！"

"一局定胜负！"我叫道，伊斯贝尔的鼻子又中了一拳。原本就大得出奇的鼻子愈发膨胀。这下子盖劳德忍不住了："这边儿，伊斯！给我手套。该我上了。"

"是吗？该你了？"这时候，什么也阻挡不住我。盖劳德正在戴那副脏兮兮的手套，我一拳打在他的掌心。"比利"朝后一仰，身子摆回来弓起腰，很在行地前后晃动着双臂。相对而言，他算是这伙人里比较正派的一个，我对他略有好感。这样抢先出拳其实非常猥琐，但此刻我已经血往上撞，顾不得许多，满脑子想的就是痛快地揍他一顿。

我拼尽全力抡起拳，用手套内侧在他头上接连猛击。他朝后退，跳进同伙的人堆里。他火冒三丈地叫道："这可真是漂亮的拳法啊。两次犯规！"

"犯规？那算得了什么，"我反驳道，"谁说这是一场比赛了？我还没和伊斯贝尔见分晓，这关你们什么事？来呀，见鬼，你也犯规呀。你们想在这儿整倒我看笑话，现在就来试试呀！脱下手套打一场啊，胆小鬼。"我扔掉自己的手套。

局面越来越难以收场，看客们介入了。

"别跟他纠缠，比利。他是个好斗的疯子。今天就这样吧，咱们另找机会解决他。"

"好呀，你们想办法解决吧！好一帮绅士啊。一个人打不赢，就轮番上阵。"

我迈出屋子，亢奋得什么也不想吃。

整个下午非常安静，不祥的安静。

我深知自己情绪失控，输掉了局面。我理应冷静地对付盖劳德，而不是像对伊斯贝尔那样龌龊地抢先出拳。假如我能够保持理智，盖劳德或许会倒向我这一边。我怒不可遏地冲进他们的船队，让自己成为众矢之的。

这个团伙的头目奥顿海默并不在场。第二天，这个机灵的犹太人从同伙那里听取了禀报。我听见他说："嚯，这个混账杂种！把他留给我。"

奥顿海默自恃和"老先生"——也就是埃德勒先生，有某种特殊的关系，对我明目张胆地讥笑和含沙射影地侮辱。幸好我有乔治陪在身边，对抗包围着我的敌意。他既是一个可以说话的伙伴，也作为我的替补，协助我完成工作。乔治是个身材高挑的苏格兰人，他沉默寡言，思路不甚敏锐但举止斯文，生就一副少年老成却又怯生生的模样。我喜欢乔治，况且我不能没有人陪在身旁——永远如此。

发生拳击事件几个星期后的某一天中午，我和乔治在绘图室里准备一些晒蓝图用的图纸。奥顿海默坐在我斜后方隔一个人的座位上，正在为他即将参加的巴黎美术学院[1]录取考试做准备。一如平日那样，他嘴里一会儿吹口哨，一会儿嘟嘟囔囔。就在前一天，这个蛮横惯了的家伙在楼梯间里拦住我，把我的帽子扔在地上："赖特，尽人皆知你不过是沙利文的一个马屁精罢了。"在这之前，我还忍受过比这更恶毒的侮辱。

现在，"时机"到了。我搁下铅笔，在凳子上扭过身来盯着这个五短身材、面色像火鸡嗉囊一样赤红的壮汉。

"我想我受够你了。"我站起身，慢慢朝他走过去。我没有留意他戴着金丝边眼镜，毫不犹豫地用右拳打在他的脸上。他从凳子上摔倒在地，眼镜碎在一旁。我险些打瞎他的眼睛。

伴着一声野兽般诡异的嚎叫——日后，我只听到一个灌足了清酒的日本人发出过类似的怪叫——他跳起来，抓起桌上的一把长柄裁纸刀，瞎子一样地扑向我。

我用胳膊夹住他的头，试图把他推开。他手里握着刀在我的背后乱挥，猛刺我的肩膀。乔治吓得手足无措，在一旁呆呆地看着。我能感觉到血顺着我的后背流进鞋里，扑哧作响如同踩在泥水里。

最后，我奋力把他甩开。他踉跄着连连后退，重重地撞到了隔壁的门上，但是没有昏过去。刀子脱手掉在离他不远处。他摸索着捡起刀，爬起来又发出那种诡异的嚎叫，像一只渴血的猛兽再次扑了上来。

我抄起自己桌上的丁字尺，握住长柄，用尽平生气力抢起丁字尺。丁字尺的横档击中了他领口上面露出的脖子。横档飞出去，远远地落在屋子另一端。

刀子掉在地上，他摇晃了几下，像一面船帆落在甲板上那样慢慢瘫软在地板上。

我心中一惊，叫道："老天啊！乔治！快弄点儿水来。"乔治被这发生在转瞬之间的一切吓呆了。

"醒醒！快点儿，伙计！乔治！别光看着呀？"

乔治慢吞吞地取来一勺水，我泼在奥顿海默脸上，他没有醒过来。"再拿些水，乔治。"又泼了一勺，他吐出一口气，睁开眼。我浑身颤抖着问道："你伤得重吗，奥顿？"他没有

---

[1] 巴黎美术学院（École des Beaux-Arts），一所包含绘画、雕塑与建筑的艺术学院，19世纪末的众多美国建筑师都毕业于此。

作声,翻着眼珠仿佛又要"挂掉"。

"水!"

"不要!走开……我没事儿。"奥顿开口了。

他一点点儿强撑着站起来,面色惨白。"我会还你的,赖特。"他哽咽着说道,"你会付出代价的,等着瞧。"我坐着不动,微笑着看他走回桌子旁,哆哆嗦嗦地收拾好自己的器具。我很庆幸他还能动弹,生怕自己那疯狂的一击把他打死了。

我再也没有见过奥顿海默。他原本就打算去巴黎美术学院。他直接去了巴黎,再也没有出现在事务所。

事件发生在中午,除了我们三个,其余人都出去吃午饭了。

我的鞋里全是血。"乔治!快叫塞西尔。我得看看这混蛋把我伤得有多么严重。"

塞西尔恰好在事务所里,他马上奔过五个街区赶来。他脱下我的外套,把衬衣剥到腰间。

"好家伙!"他数着伤口,"你肩上被扎了十一刀,全都快要挨到骨头。你真运气,没伤着脊柱,但是左右两侧都有伤口,还好都不严重。咱们去找亚瑟包扎一下。"他哥哥亚瑟是一位医生。

时至今日,我的肩胛上依然可见奥顿的杰作留下的疤痕。虽然伤在后背,但绝不是因为我要转身逃走才被他刺中的。

我的敌对阵营,随着奥顿海默的消失而瓦解。伊斯贝尔被解雇了,盖劳德变得相当友好。

总的来讲,盖劳德是个不错的家伙。偶尔,我的目光会在无意中与爱森拉斯和威德特冰冷的眼神相遇。后来,我找机会制服了他们。穆勒和沙利文先生都对这段恩怨一无所知。几年后他们才稍有耳闻,而那已经是我把这一帮人彻底扫清之后的事了。

The Master

大 师

那个时期,大师走路的姿态是一派标准的"趾高气扬"。正如日后他多次向我吐露的那样,他对他的绘图员们谈不上丝毫的尊重。在我看来,他对其他所有人都是这样——除了他信任的"大主管"埃德勒，还有穆勒。

至于同辈的建筑师，他除了蔑视还是蔑视，唯有霍布森·理查森[1]是个例外。此外，他对约翰·鲁特的抨击也不似对其他同行那么尖刻，显然沙利文很喜欢他。

从芝加哥大会堂、沃克大厦等建筑的外立面，你可以异常清晰地感受到，理查森对沙利文那个时期的作品产生了至关重要的影响，虽然表面上他并未对理查森流露出格外的敬意。

沙利文喜欢向我畅谈他的感受和思想，时常滔滔不绝，忘记了我的存在，然而我总是可以跟上他的思路。我先前基于本能对许多事物产生的激进想法，得到了他热切的鼓励。事实上，我从他身上真切地感受到什么叫作叛逆。

当时，他正痴迷地崇拜瓦格纳[2]。虽然我对此难以产生共鸣，但是能够理解他。沙利文经常坐在我的绘图桌旁，哼唱瓦格纳的歌剧段落，给我描述这段旋律发生的场景。我们两人都很崇拜惠特曼。他深入地研究赫伯特·斯宾塞[3]的著作，并且给我一本斯宾塞的《合成哲学系统》，让我带回家去读。他把自己刚刚写好的《灵感》一文念给我听，可惜我觉得他这种望月低吟依然跳不出多愁善感的窠臼。

我一直不喜欢他早年写的那些文章。即便沙利文也未能摆脱潜伏至深的多愁善感。我对于多愁善感的态度，已经从怀疑演变成了彻底的厌弃。

不久，芝加哥大会堂竣工了。我勤奋地协助沙利文设计随后而来的其他一些项目，例如火灾后重建的科罗拉多州歌剧院和盐湖城的一座旅馆。这座旅馆在基础施工完成后就被永久地搁置了，是事务所引以为憾的作品之一。

从接触建筑的第一天起，我就开始凭借丁字尺和三角板这两件我可以轻松驾驭的工具，用几何语言来表达我对万物的理解。而那个阶段，沙利文的装饰语言正处于纯净和简洁的全盛期。他时常会提到约翰·埃德尔曼[4]。沙利文在巴黎与他结识，后来又曾在纽约拜访过他。虽说算不上是他的老师，但沙利文视他为自己最尊敬的评价者。今天我仍然保存着一些沙利文在巴黎学习期间绘制的图纸，上面有献给埃德尔曼的题词。

任何时候，当大师倚仗我设计一个细部，我总是在他那种流畅圆润中融入一些几何化的

---

[1] 霍布森·理查森（Henry Hobson Richardson，1838—1886），美国建筑师。
[2] 瓦格纳（Richard Wagner，1813—1883），德国作曲家，以场面宏大的歌剧著称。
[3] 赫伯特·斯宾塞（Herbert Spencer，1820—1903），英国社会学家。
[4] 约翰·埃德尔曼（John Edelman，1852—1900），美国建筑师，他介绍沙利文与埃德勒认识。

元素，因为几何构成是我最擅长和最自信的语言。在我看来，这种处理手法既保持了饱满的效果，也为设计加入了它所欠缺的对比，似乎更接近建筑的本质，更加远离多愁善感。但是，我对此并不十分肯定，也不能把这些心思吐露给他。

每当他察觉到我的小动作，总是试图——用他自己的话讲——"唤醒我"。最终，我能够如此娴熟地以他的风格进行设计，以至于在他的晚年，有时候会错把我画的图纸当成他自己的。

我变成了大师手中一支出色的铅笔。他非常倚重我。有了我这支铅笔，他得以享受到更多的自由和闲暇。

那一时期，经常和沙利文在一起的朋友，包括希利和米勒这两位他在巴黎就认识的建筑师，还有"耶鲁与唐尼"公司的拉里·多诺万。

Catherine
凯瑟琳

我把想要结婚的打算告诉了沙利文（我已经二十岁了）。

"那姑娘是谁？"

"是一个还在海德公园高中读书的女孩子，凯瑟琳。她十七岁，我们是在万灵教堂认识的。"

"啊哈，这么快！"

"他们都这么说，而且反对我们。"

"这也难怪。"

"可是我还没有能够养家的稳固依靠。"

"是吗？好吧……咱们想法儿解决它。签一份合同怎么样？埃德勒！"他叫道。埃德勒走进来。

"赖特准备结婚——但是他没有稳定的方式来养家。让他签个五年的合同，你看怎么样？"

"没问题。"埃德勒说，"你来处理吧，沙利文！"说完，他以惯常的告辞方式，仿佛突然想起什么急事似的走了出去。

接下来，让我们从芝加哥大会堂塔楼里学徒与大师的结缘，转到另一段我和正在海德公园高中读书的女孩之间的缘分。

你已经了解到我们最初的几次交往，以及后来在家庭内部遭遇的坎坷。一步步走来，我终于可以向亲爱的大师宣布我的喜讯。

这段缘分的主角是身材苗条的十七岁金发少女，还在海德公园高中读书的凯瑟琳。她剪短了的红色鬈发，在微风中随着欢快的脚步跳动。白皙的皮肤衬着粉红的双颊，蓝色的双眸坦诚而又任性。

托宾一家的掌上明珠"凯蒂"，依旧凡事由着自己的脾气和喜好。与人相处也是同样，唯有对她的祖母例外。

在事务所里被刀扎伤之后，我去肯伍德找凯瑟琳。我们之间从不谈论爱情、婚姻或者求婚之类的话题。何必谈论这些理所当然、迟早会发生的事呢？

然而，在北部的亲戚家暂住回来之后，凯瑟琳发生了显著的变化。她瘦了，面色略显苍白，蓝色的眼眸失去了往日的快乐，也不及从前那样活泼。有时候少言寡语，无精打采。

过去这一段时间，我自己也渐渐感觉到我们两人陷入了尴尬的处境。她在学校里整日心不在焉，时常被那些知道这段恋情的同学戏弄。我看见一幅大眼睛凯蒂的画像，下面写着"完美的坦白"[1]。这是同学们从学校里寄给她的。

与此同时，我们不再满足于面带羞怯地一起谈天、游玩，或者例行公事般的拜访、听音乐会。懵懵懂懂之中，我们初试了少男少女之间的亲昵。

自由是人与人之间任何美好交往的前提。失去自由，美好的交往就会被无形中的暗示蒙上一层猥琐和羞耻。甚至连猜测是否在被人监视，都令我们感到羞耻。我决定彻底解开这道难题。

向亲爱的大师宣布的结果，促成了一对少男少女恋爱一年之后的婚礼。理性或者冲动的反对依然存在，但是，抵住所有的异议——结婚！

年轻的准新郎刚刚二十一岁，年轻的准新娘还不满十八岁。

婚礼是在一个雨天，场面倒更像一次葬礼。我竭力躲避的多愁善感，迎来了它怒放的花

---

[1]"弗兰克"这个名字的本意为"坦白"。

期。屋外是天空在流泪，屋内是众人在哭泣。新郎的母亲晕倒了，新娘的父亲热泪盈眶。担任主持的牧师舅舅也同样难以自持。

我带着一个新的想法，去找沙利文先生。

"沙利文先生，如果你希望我为你稳定地工作五年，你是否可以借给我足够的钱盖一座小房子，然后按月扣除我的一部分薪水作为偿还？"

当时，沙利文先生手头似乎有一大笔自己的钱。他领我找到他的律师，签好了合同。大师和我——"他手中的铅笔"——去橡树园看我选中的地，也就是苏格兰老园艺师布莱尔先生的那块荒地。看过之后，大师同意出资买下它。然后还剩下三千五百美元，用来在森林街和芝加哥街拐角处的这片空地上盖一座小房子。

"小心些，赖特！"沙利文先生说，"我了解你的品位……不允许有额外的追加。"

"是的，不会再有追加。"我答应了。

房子完工时还是超支了一千两百美元。我没有声张，用自己的薪水把它付清了。

按照埃德勒先生的说法，这份合同使我成为当时全芝加哥报酬最高的绘图员。尽管如此，未来几年里降生的孩子们，让频繁出入的债主们成了家里熟悉的风景——这也算是一种"品位"吗？让孩子们和债主皆大欢喜，无异于扯着两个袖子，把衣服从后背撕开。

在这个鼓励他们拥有自己品位的环境中长大，孩子们也培养起类似的"品位"——其结果自然是邀请越来越多的债主前来做客。

Truth is life
真理就是生活

我在客厅壁炉上方一块橡木板上，刻下"真理就是生活"的字样，以此作为对多愁善感的挑战。没过多久，我发现其实"生活就是真理"。但是我无法让一行字表达出我真实的领悟。

我无法更改那块铭牌，它已经被刻在那里。但是我仍然自认为，与外祖父用以挑战世人的"与世界对立的真理"相比，它似乎是某种修正。事实并非如此。

The Master and I
大师与我

在大师身边最初的几年，是我生命中无可比拟的一段经历。一个怀有激进的想法和清醒的鉴别力，同时又渴望求知、不知疲倦的学徒追随着大师路易·沙利文。事务所搬到了芝加哥大会堂塔楼的顶层之后，我在沙利文隔壁有了一间自己的小屋子。大约三十个绘图员在我的指挥下进行方案和细部的设计。穆勒仍坐在大绘图室的另一端，负责管理结构工程师和施工监理人员。埃德勒和沙利文，已经树立起他们在建筑行业领军者的地位。以办公楼、剧场和俱乐部为主的大量公共建筑项目，源源不断地流向这家当时全美国发展最快，也最为成功的事务所之一。

丹克玛·埃德勒曾经是一名军队工程师。承包商和业主们都对他信服不已。他能够游刃有余地驾驭这两种对象。他像一只凶悍的大狗抓起一只小猫那样，挑中一个承包商，把它摇晃几下再丢到地上。每一个承包商在他面前都俯首帖耳。有些承包商已经养成习惯，在去见他之前先喝几口酒壮壮胆。埃德勒也是一位出色的设计师和犀利的评论家，但是他只与沙利文合作，也不屑于评价沙利文以外其他人的作品。埃德勒总是称呼他的姓"沙利文"，从不叫他的名字"路易"。他毫无保留地信任沙利文的天才。

据说，当年沙利文刚从巴黎美术学院学成归来，埃德勒就雇用了这个年轻的绘图员。日后，提携他成为设计合伙人。当时的建筑师们只是把建筑理解为一层外皮，因此往往由一个人来设计建筑外表，另一个人来负责"处理"其余的内容。埃德勒与沙利文的合作模式并非如此，丹克玛·埃德勒是犹太人，路易·沙利文的父亲是爱尔兰移民。事务所的业主圈子是埃德勒一手建立起来的，其中不乏对沙利文质疑的声音。然而这些质疑每每以徒劳告终。业主们只能在接受沙利文和放弃埃德勒之间做出选择。你可以从我踏入事务所第一天见识到的解雇事件，窥见沙利文待人的态度。

但是，我从最初就认识了另一个沙利文。他喜欢对着我高谈阔论，而我也乐于倾听。大会堂塔楼顶层的办公室，俯瞰着夜色下的密歇根湖与灯火阑珊的城市。有时兴之所至，他会滔滔不绝直到深夜，全然忘记了我的存在。或许他把这当成自己喜欢的一项运动吧。每次听完他的教诲，我只能匆忙赶上开往橡树园的末班有轨电车，到家后腹内空空地上床睡觉。

正如我从那时起就觉察到的，沙利文似乎没有意识到机器是建筑的一项直接要素。无论是从抽象还是具体的角度，他从未提到过机器的意义。他所追求的是"放诸四海皆准的规律"。然而在我的生活中，无论过去还是如今，最令我激动的却是那些验证规律或者推翻规律的"例外"。

作为一个满怀敬仰却不失独立思考的听众，我有机会通过他向我喷涌而出的思想，深刻地理解他。与所有天才相仿，沙利文专注于以自我为中心的世界，具有近乎夸张的敏感和永无止境的活力。这种自我主义与其说是他的性格，不如说是一层防护用的盔甲。过分的敏感通常会伴随着这种防范，逐渐习惯而成自然。抛开他富有逻辑性的思维、他对规律法则执着的追求，他依然是一个无可救药的浪漫主义者。日后的经历告诉我，除了某些浪漫主义者蜕变成多愁善感者的情形之外，这种表面的矛盾具有它的一致性。沙利文有时候的确会多愁善感。然而，有哪一颗丰富博大而又执着于真理的心会否认这项"温和的指控"呢？

当复古的"格兰特将军"哥特风格[1]大行其道，而芝加哥俨然被全美国的保守派奉为他们丑陋结盟的核心之时，沙利文凭借他融会了理性的清新风格脱颖而出。

富于浪漫气息的理查森和敏锐感性的鲁特正崭露头角，然而主宰乾坤的仍然是芝加哥湖滨大道上的帕尔默酒店之流。帕尔默的私宅、帕尔默酒店和芝加哥商会大厦，都是当时众人艳羡的建筑。埃德勒与沙利文的作品以其清新质朴，与之形成鲜明的对比。以鲍顿大厦[2]、盖基大厦[3]和他们设计的其他芝加哥建筑为例，这些早期作品的装饰语言中流露出约翰·埃德尔曼的影响。

The Auditorium Building
芝加哥大会堂

芝加哥大会堂的观众厅，是第一个真正告别了风行的传统，真正为观众欣赏演出而建的厅堂。"可塑性"这个神奇的字眼，被大师沙利文应用于大会堂的室内装饰。建成后的室内

---

[1] 指1869—1877年格兰特担任美国总统期间风行的复古建筑风格。
[2] 鲍顿大厦（Borden Block），位于芝加哥的高层办公楼，落成于1879年。
[3] 盖基大厦（Gage Building），位于芝加哥的高层办公楼，落成于1899年。

芝加哥大会堂内的剧场

效果应验了这一构想。我相信，这种效果并非他刻意为之，而是形成于他的潜意识之中。

埃德勒先生发明的声反射板——从舞台台口上方探向观众厅上空的斜面，是他早期设计的剧场建筑共有的特征。这项简单的发明，保证了埃德勒与沙利文事务所设计的每一个公众集会空间，都具备优良的声学效果。沙利文将这种声反射板演绎成一组椭圆形的拱顶，正如你今天在大会堂的观众厅看到的造型。虽然这些拱顶并非真实的承重构件，而只是上面的屋架吊挂着的薄壳，但是这一点并不妨碍它实现理想的效果，也无损于它在声学领域的前瞻地位。

芝加哥大会堂的首演之夜，是一次值得纪念的文化和社交盛事。包括阿德琳娜·帕蒂[1]在内的众多歌剧名家登台献唱。歌剧演出的效果堪称完美。它被公认为当时最辉煌的建筑成就。时至今日，把各方面的衡量因素考虑进去，或许它仍然是全世界最理想的歌剧演出场所。

---

[1] 阿德琳娜·帕蒂（Adelina Patti，1843—1919），意大利女高音歌唱家，被公认为19世纪末最伟大的女高音歌唱家。

在老家可爱的山谷里度过了几个星期蜜月之后,一对新人回到了橡树园。拜赐于和事务所签订的五年合约,新房子正在施工。

"我的?你的?"[1]在回程的火车上,开始了第一次类似主题的争执。

我提议刻一些带有格言的铭牌,挂在新家各个房间的门上。一贯任性的凯蒂似乎比我更具备理性,她坚持自己的意见:"不,不要挂什么格言。"但是,她的理由令我大为失望:"我以前就不喜欢格言。"

新婚的丈夫汗流浃背地提着一个沉重的皮箱,该死的箱子不停地在他腿上磕磕碰碰。我惊诧地发现,在关乎自己的作品之时,我向来自视甚高的品位居然遭受异议。我自己的"多愁善感"被抓了个人赃俱获。每当类似的情形发生,我丧失的不仅是脸面,还有我的耐心。我总要找到某个人或者某件事来迁怒发泄。

我放下箱子,抹掉脸上的汗水。被视为多愁善感是我最难以容忍的羞辱。我拒绝了她要帮忙的好意,重又提起箱子。谢谢,这种情形下我不会接受帮助。

我们已经渐行渐远。

Six Children
六个孩子

小小的新家,为迎接它的主人做好了准备。我们搬进了新家。

年轻的妻子向丈夫抱怨,他对这座房子的感情胜过了对新娘的爱。

没有一个孩子会等待你为他做好准备,他们只会兀自呱呱坠地。新生活的第一年迎来了第一个孩子。儿子,劳埃德。两年后,又一个儿子,约翰。几位祖母和姨婆常会过来帮忙或者支着儿,让家里免于乱作一团。

又过了两年,一个女孩儿,小凯瑟琳;再两年,一个男孩儿,大卫。总是各执己见的祖母和姨婆们忙得不亦乐乎。尽管这一切全然不在我的计划当中,然而隔了两年,又添了另一个女孩儿,弗兰茜。直到又一个五年过去,小儿子莱维林降生。

---

[1] 原文为拉丁文 meum and tuum。

年轻的丈夫被他的工作包围着，年轻的妻子则被家务事包围。建筑是我的职业，做母亲是她的职业。倒也公平合理，然而我们之间出现了裂痕。

在斯尔思比那里，我有机会深入地了解美国住宅的实际功能需求。我在埃德勒和沙利文事务所工作期间，事务所一直拒绝承接住宅项目。碍于重要业主的情面推脱不掉之时，为数不多的几个住宅设计就委派给我，由我利用业余时间完成。自然，两位合伙人会审核我交出的成果。沙利文自己在芝加哥大湖街上的住宅就是其中之一。他在密西西比州的别墅和毗邻的查恩利家的别墅，也都是出自我手。

在我家二楼临着森林街一侧的绘图室里，我利用晚上和星期天时间，完成了芝加哥城里埃斯特街的查恩利住宅，还有其他一些住宅设计。但是，这间工作室很快就被改作孩子们的两间卧室——当初建这座房子的时候，并没有把孩子们筹划在内。

在设计埃斯特街的查恩利住宅时，我第一次体会到光洁平实的墙面蕴藏着强烈的装饰韵味。查恩利住宅的图纸都是由我在家里完成设计草图，在事务所里描制再晒成蓝图。我利用这些"加班"所得，偿还了一部分盖这个新家的借款。

五年的工作合同快要到期，各种新的债务接踵而来。我以自己的名义接受了几个住宅项目，它们的业主包括哈兰博士、沃伦·麦克阿瑟和乔治·布劳森。因为无法跟进配合的施工细节，我在这些项目中没有尝试任何激进的设计构思。我在事务所的工作时间以外完成了这些设计，并没有躲躲闪闪。不久，沙利文先生知道了。他非常生气，拒绝把房契交给我。我在橡树园的房子借款已经完全还清，房契理应归我所有。当时我还没有意识到，这些私揽的设计已经让我违反了工作合约。我向大师提出抗议，近来我在事务所里的表现有所懈怠吗？

"没有。但是在你的工作合约期内，你应当全力投入事务所的工作。任何形式的三心二意我都不能容忍。"

这似乎于我不公。假如我可以一边完成事务所里的工作，一边在家里加班为事务所完成一些住宅设计，凭什么我不能以同样的形式解自家的燃眉之急？这样的理由无法抵消我的错误。我也意识到这一点，但是我被大师似乎不公正的态度激怒了。这是他第一次对我说出严苛的话语。

我向埃德勒先生求助。他出面替我说情，而这却让大师愈发恼火，他决意要扣下我的房契证书。

当大师把他高傲的语气第一次用于我，冷淡地告知我他的这一决定，我压抑不住心中的恼怒，甩下手里的铅笔，永远地走出了事务所的大门。我的五年合约即将在几个月之后到期。这五年加上签订合约之前的一段，我总共在这里工作了六年多的时间。

我又一次错了。在这件事上，我比我的大师更执迷不悟。又一次，我坚持了自己的错误。

随后的十二年里，我没有再见过路易·沙利文，也没有过任何联系。埃德勒先生安排人送来了我的房契证书。

从此，临着芝加哥街加建起的一座小屋成了年轻建筑师的工作室。年轻母亲的家兼作幼儿园，在临着森林街的一侧持续地扩充它的规模。一条连廊串起他们两人各自的事业。一株婀娜繁茂的柳树从走廊的屋顶穿出，投下一片阴凉。

我只知道寥寥几个邻居的名字。年轻妻子的交际也仅限于几个请丈夫设计新居的人。孩子们生下来全都健康漂亮，每一个都是健康儿童的样本。他们阳光般灿烂的金色鬈发、蓝眼睛和白皙的肤色，都很像他们的母亲。他们每个人的出生，似乎都是他们自己努力的成果。有时候你不禁会想，这些或许都是基于他们自己的意愿和决定。他们继承了父亲逆反和偏执的天性，继承了母亲美丽的相貌。

临着森林街一侧的家，很快就变成一个热闹的天地。打碎东西的响声、洪亮的哭声、尖叫声、吵闹声和笑声。要么是这个，要么是那个闯了祸，或者干脆是几个小家伙一起闹翻了天。每一分钟都伴随着某种破坏发生。

家里摆设的艺术品、盘子、碟子还有各种玩具，搭伙结伴地飞来飞去，随之崩溃的是母亲耐心的极限。我，这位法律意义上的父亲，在过来找东西填饱肚子的时候，或者是难得一见地早些上床睡觉之前，不得不倾听她的满腹牢骚。

孩子们属于他们的母亲，也是由母亲来负责照看。除了某些时候，这一对年轻父母自己也加入进来，八个孩子一起玩个痛快。

沃伦·麦克阿瑟是我早期的业主也是朋友之一。某一个星期天早晨，他来家里和我们共进早餐。突然，他爱开玩笑的秉性灵光一闪，拉住一个孩子问道："快说，弗兰克，这个叫什么名字？"

他的奇袭果然奏效。我一时愣住，说错了名字。

有时候，我会听到对于我的生活状态善意而又好奇的询问："你有孩子吗？"

橡树园自宅与工作室

"是的,有六个。"回答往往让善意的好奇者瞪大了眼睛。恐怕我看上去从来都不像一个父亲,也从来没有一个父亲应有的行为。我感觉不到自己是一个父亲,也不晓得如何找到这种感觉。

Fatherhood
我,父亲

我们夫妇两人有一个共同的银行账户,经常只顾从中不停地开出支票,直到支票被盖上"账户余额不足"的印戳退回来。赤字!我们这才意识到钱已经用光。不必在意,离下个月初发薪的日子只有两星期了。到那时自然会有钱补充进来,何必忧心?

做建筑师的父亲把孩子们的未来记挂在心里。我希望他们在一个美丽的环境中成长,培养他们对美好事物的热爱,尽管我对多愁善感越来越难以容忍。

我在房子的顶层为他们建了一间宽敞的游戏室。我还没来得及还清布置游戏室所欠下的

橡树园自宅的游戏室

债务,一位慈祥的警官就来到家里坐下,并且整夜不舍得离开,第二天一大早,我搞到了八十五美元才把他送走。今天,我依然清楚地记得数目是八十五美元,却想不起是从何处借来的了。也许是事务所的老会计威顿从我的薪水里预支的吧,他曾经不止一次这样帮助我。

孩子们不晓得发生了什么。别担心,日后屡屡发生的类似事件会让他们了解这些客人的身份。

那间漂亮的游戏室充分发挥了它的职能。游戏室的山墙上画着《一千零一夜》里"渔夫和魔鬼"故事的壁画。画中魔鬼的形象,是我以直线为语言设计的第一幅图案作品。我曾经借这个故事给孩子们上了一课。我记不清当时究竟告诫了他们一些什么,大概是不要太感情用事,或者是太好奇、爱管闲事,否则就会有严重的后果。

邻居的孩子也时常加入这个幼儿园。孩子们在家里到处乱跑,直到有一个小家伙从窗户摔出去——我的小儿子莱维林。所幸伤得不重,他的裙子被游戏室的窗台钩住,让他摔下去之前在空中悬了片刻。

孩子们很少生病。但是只要有一个孩子病了，整个家里就会阴云密布，仿佛生活全都停止了，直到他或者她好转康复。幸运的是，红头发的鲁夫医生就住在几个街区以外。更加幸运的是，他们的病从来都只是短暂的小恙。这六个孩子都有快乐、健康、开朗和独立的性格，更不用说体格。他们成人之后都走上了各自的道路。他们对自己的父亲怀有与他们相互之间同样程度的尊重。多年以后，你甚至很难从语言、态度或者是相貌上分出哪个是父亲，哪个是孩子。

一切家务事都是围绕着孩子们。然而，我必须双管齐下。一边是充满了混乱和乐趣的生活，另一边是通向未来激动人心的探险。二者都丝毫不谦让对方。一段快乐的时光总是不可避免地被某件事情打断。它们开始相互竞争。或许我身上建筑师的那一部分吸走了我做"父亲"的潜能。每当和朋友们走在街上遇到我的孩子们，我总感到自己无法适应他们对我的称呼和与之相配的身份。我痛恨叫"爸爸"的声音。

做父亲是一种品质吗？果真如此的话，我天生缺少这种品质。但我设计的每一座建筑都是我的孩子。毫无疑问，离别很久之后再一次看到我的作品，我心中都会涌起父爱般的感情。这必定是一种真实的父爱。而我从未对自己的孩子们有过同样的感受。我关爱他们，在我眼中他们是与我同路的玩伴和同志。我对他们负有责任。然而，他们的意愿与我的平行，绝不交叉或者抵触，除非我试图保护自己免受他们的伤害。

尽管如此，出于对六岁的弗兰茜的教育考虑，有时候，我还是会把她关在卫生间里作为惩罚。她的哭声传遍左邻右舍（弗兰茜能把嘴张得大大的，发出声声巨响）。我锁了门，却忘记关上窗户。哭够了之后，她逃到大街上，要去投奔她的外祖母，住在那里"永远"不再回来。这种对她自尊心罕见的伤害令她愤怒，同时也令我触动和惭愧。她喜欢把大街上无人问津的流浪猫狗带回家，对这些脏兮兮的小生灵倾注爱怜。在常人看来，这实在是可笑的枉费心机。如果她的小动物被送走了，她会站着不动，愤怒地咧开大嘴，任由泪水喷涌而出。

我常常想，难道世间还有比一个成年人打小孩子更加卑劣的行为吗？百分之九十九的情况下，这个懦夫只是在发泄他自己的烦躁，或者他的"权威"受到挑战时的不满。

收起棍棒岂不是溺爱纵容？是啊，这正是从《圣经》的摩西时代起就在人类心中种下的可怜的情结。这种强权是一项特殊的发明或者说自卫方式，美其名曰"父权"。"父权"？不过是为把持家庭中更大利益而设立的一项制度。

随着我年纪的增长，小家伙们一个个长大成人。如今，他们称呼我"爹爹"。然而，即使他们叫我"弗兰克",我也不会感到吃惊。对我而言,历来如此。

在他们小时候,孩子们有时候叫我"弗兰克",而他们的母亲每每视之为一种不敬,纠正他们要叫"爸爸"。不仅如此,她会把重音置于第一个元音"a",发音成"爸啊——爸",而不是重音在后的"爸——爸啊"。前者更加令人生厌而难以忍受。对家中男性的这一称呼,总是让我联想到刻板的家庭生活。

五十岁以后被唤作"父亲"尚可接受,"爸啊——爸"?绝不!

The Hose
水 战

我记得有一天,我和两岁半的劳埃德坐在自家的台阶上,等他母亲从教堂回来。

春光明媚,我打开了旋转喷头来浇门前的草地。小家伙注意到了这个会转着圈喷水的怪物,他想要抓住那喷头。

"不行,劳埃德。你不能拿这个,快躲开!你会把新衣服都弄湿的。"

无法克服自身欲望的小家伙,被我连哄带拉地回到台阶上。我让他坐在我身边,在水雾的射程以外欣赏嘶嘶转圈的水景。不一会儿,他无视我的警告,又跑去追那团水雾。我再次把他摁着坐下。反复几次之后,我向他警示可怕的后果,而他似乎只顾痴迷于那个目标,没有听见我的威胁。勉强刚刚坐下,他又一次跑了过去。

"回来,小家伙!"

但是他毫无回头之意。我把他强行抓了回来,这一次我动怒了。应当惩罚他吗?是的。可是,门前的街道上不时有从教堂回家的人走过。

不等我打定主意,他已经跑进喷头的射程之内。这个贪婪的小家伙跑了几步,停下来喘一口气。

"回来,劳埃德,你会湿透的。"我大声叫着,声波却没有传到他那里。他继续向前。浑身上下都被浇湿了。他又喘了口气,把脸扭向一边,站着不动。

"好吧,没准儿这才是最好的解决办法。"我在台阶上坐下,静观这场搏斗。他母亲出门时把他打扮得干净又漂亮,此时一塌糊涂。

他现在闭上眼睛，屏住气，两手探出去，摇摇晃晃地挨近那个充满诱惑的东西。

够了！他浑身湿透，摔倒在泥里。哇哇大哭着却没法儿再朝前去，他站起来把脸扭向一边，愤怒地哭喊着。

虽然惨不忍睹，然而他离自己的目标仅有一步之遥。他转过头想继续前进，但是脸上的泥水让他快要喘不过气来。

"回来吧，贪心鬼！"我怒冲冲地叫道，"你没看见你抓不住它吗？快回来！"他显然没有听到，摇晃着向前跨出一步，我猜他能抓住目标了。不，他摔倒了。泪如泉涌地在泥水里躺了几秒钟，他又翻身起来，手脚并用地向旋转的水雾爬去。

"好吧，让我们见识一下这个小家伙是块儿什么材料。"我冒出一个残忍的念头，想看看他躺在泥水里能搞出什么名堂。带着满身的泥水，怀着一腔愤怒和渴望，他大哭着站起来，又一次跌倒，但是终于抓住了他想要的东西——用他的双手！这时候，我急忙跑过去提起从头到脚被泥水浸透的小家伙，耳边响起他母亲骇人的尖叫声。她一把从我手里抢过快要淹死的孩子。"我的孩子！我的孩子！"她呜咽着大声斥责我，而她自己漂亮的春装顷刻间化为另一道风景。

他果然是一块儿好材料。

浇草地的水龙带也多次成为闹剧的引子。某一个星期天，我从外面办事回到家里，看见劳埃德和约翰正在玩草地上的水龙带，两人都已经浑身湿透。我呵斥道："小家伙们，快把水龙带放下！"毫无反应。"劳埃德！约翰！把水龙带放下，要不然我把你们两个搁在树上，不管你们。"约翰抓着水龙带，把水朝我喷过来，算是对我小小的警告。我生气地嚷道："你们两个，快把水龙带放下！"

什么也没有发生。

两个小家伙一起抓着水龙带，水柱朝我喷来。我向后跳开几步："小心点儿，你们……"有几位从教堂回来的邻居，开始驻足观望。这场面让他们两个越发兴奋起来，却让我不知所措。

我绕到灌木丛旁边，想要从侧面出击。

他们已经做好了准备，把我浇了个透湿。

"小伙子们，过来咱们好好商量，把水龙带放下。"我开始哄骗。

"看看你能不能抓住它！"这起恶行的领头者约翰叫着。他们抓着水龙带跳来跳去，朝我冲过来。我只得向后躲闪。邻居们站在街道两侧，在笑声中观赏这场以下犯上的闹剧。既然已经被浇湿，我索性扑了过去。他们两个把水龙带对准我喷着，然后仓皇逃窜了。

生活仍然继续。

Education
教 育

那些年，我通常在早晨洗冷水浴。自己洗完之后，我会把儿子们丢进盛满凉水的木桶里，再想方设法让他们的尖叫声不要把屋顶掀翻。把他们身上擦干之后，我会把自己的一只手插进衣袋里，另一只手戴上拳击手套，让他们两个都双手戴上手套，和他们来一场"搏击"。渐渐地，我双手都戴上手套也对付不了他们两个，后来甚至连一个都难以招架了。

从孩子们的童年时起，我为他们每人选择了一件乐器，作为我对他们教育方面仅有的要求。

劳埃德——大提琴

约翰——小提琴

小凯瑟琳——声乐

弗兰茜——钢琴

大卫——长笛

莱维林——吉他和曼陀铃

他们的母亲弹钢琴，或者朗诵。有时候我也弹一会儿钢琴，即兴让琴键自己嬉戏。劳埃德用他的琴弓做指挥棒，来统领这支乐队。他会娴熟地用琴弓敲打出错了的乐队成员的脑袋，而不会打断他自己演奏的节拍。夹杂其间的"哎哟"和"呜呜"，赋予每一次演出鲜明的现代特征。

每逢有重要的业主来商讨设计方案，工作室的门就会被小心翼翼地推开。几个卷毛的小脑袋露出来，眨着顽皮的大眼睛向我挑衅，他们知道此刻我奈何不得他们半点。环绕着工作室外面的是一圈儿阳台。孩子们喜欢攀上阳台，窥探屋里在做些什么。不等你大声呵斥，他们会叽叽喳喳叫着一哄而散，过一会儿又蹦蹦跳跳地卷土重来。

某一天，德文夫人这位既时尚又苛刻的业主，初次来到我的工作室。我们面朝走廊，坐在屋子中央的大书桌旁。我正略带紧张地准备把她新居的设计图第一次呈给她看。这时，门开了一条缝，探进来小凯瑟琳脏脏的脸蛋儿和扶着门把手的小脏手。

我不断地用眼光下达"快出去"的命令，她却毫无惧色，反而把门开得更大，挤了进来。一只袜子耷拉在鞋上，大大咧咧地嚼着口香糖。她从哪里弄到的口香糖呢？虽然满脸污垢是常有的事，口香糖却是绝不允许的。

她非常清楚我现在的处境，蹭到书桌另一端，一边忙碌地运动着两腮，一边好奇地端详着德文夫人，显然怀着敌意。

突然，一只小脏手伸了出来："爸啊——爸！妈妈要一毛钱！"

我口袋里没有她想要的东西。于是我采用安抚战术，把凯瑟琳二世护送到走廊里，然后锁上了门。我犯了致命的错误。

她又出现在阳台上俯瞰着我们，肆无忌惮地大嚼着口香糖："爸啊——爸！妈妈要一毛钱！"

终于，她母亲赶来让这个执着的债主放弃了我口袋里没有的那一毛钱。我敢说，小凯瑟琳充分展现了她的魅力，或者至少是刁蛮。

德文夫人被逗乐了。想必我也乐在其中，或者说是耿耿于怀吧。总之，这段画面让我永生难忘。

那些孩子啊！他们各自的故事都值得写一本书。

Nineteen years
十九年

生活和事业，填满了橡树园里的十九个年头。

同时供养六个孩子需要的食品、衣物、住房、教育还有娱乐，居然奇迹般地实现了。大一些的两兄弟在我的两位姨妈办的家庭学校接受教育，从那里进入大学。最小的两兄弟从橡树园高中毕业后进入大学。两姐妹读的是私立学校。弗兰茜先后就读于潘恩·霍尔和索菲·纽考姆女子学院；小凯瑟琳在纽约学习音乐。六个孩子全都接受过某个门类的音乐教育。基本上依靠自身的天分和努力，他们长大后显露出各自的才华。唯有自由自在能让他们感到快乐。从很小的时候起，他们就知道如何快乐地自由自在。我猜他们天生就具备这种能力。

只要我们钟爱的奢侈品有了保障，生活必需品总是能够设法自我保全。交响音乐会的年度套票必不可少。孩子们身上品位不俗而又价格不菲的衣服，配上他们靓丽的相貌总是引来众人的目光。穿着我为她设计的衣服，凯瑟琳是如此地光彩照人，以至于她忍不住要频频添置新装。设计服装也成了我的一项乐趣。

对美好事物的追求——地毯、书籍、版画、一切艺术品、手工艺品和建筑——尤其建筑，时常会让肉铺老板、面包师和房东不得不耐心等待。有时候，等待的时间长得不可思议。

Groceries，Rent
杂货店与房租

好心肠的高奇先生在街角开一家杂货店。有一次，他拿着八百五十美元的账单来找我。我记不清那份账单已经攒了多少个月，但是至今我仍然清楚地记得，他和颜悦色地坐下，向我诉说他的苦处。他说假如我能够定期付账，他会以非常便宜的价格卖货给我。

"这么说，如果赊账的话你就得加收利息，是吗？"我问道。

"那是自然，"他说，"我别无选择。我也有一群孩子啊。"的确，我见过他那几个漂亮的孩子。他接着说："如果我不保护自己的话，过不了多久，我就只能看着你潇洒地给予你的孩子们舒适的生活，而我的孩子们却享受不到类似的一星半点儿。"

他没有强行索债，只是让我认识到自己的疏漏是多么愚蠢。惭愧之余，我终于设法筹到钱，付清了他那里的欠账。接下来，我努力克制购买艺术品和工艺品的欲念。可惜好景不长，过不了几个月，这样的自我摧残就难以为继了。结果无外乎是生活必需品为奢侈品让路，以至于后来我简直无法判别哪一样是必需品，哪一样是奢侈品。

这也正是我的不幸——每个人都甘愿信任我。我不明白原因何在。我实在无法想象自己的生活方式能取悦一个生意人，如同日后我无法想象自己的建筑能取悦本地的银行家一样。

然而，在早先那些年里，我总能遇到一些和气的生意人，他们极度的宽容简直令人难以置信。而这恰恰纵容了我可怕的随性和散漫。唯有银行会以"账户余额不足"来回绝我们，换回我们对它的怀疑和鄙视。这是银行在它力所能及的范围内帮助我们的唯一方式。我与银行之间真诚的互不信任，随着时间推移而不断增长。

在与一间怪模怪样的工作室为伴的家里，孩子们一天天长大。他们享受到非同一般的奢侈和非同一般的教育。最终，虽然我从未彻底理清每一笔钱的来源和数目，我总能想方设法付清购买那些必需的奢侈品的欠账，外加数目可观的赊欠利息。

我记得，我在希勒大厦里为自己的事务所租下了一间办公室。有时候我会拖欠七八个月的房租。当大楼的管理者多斯先生把账本拿给我看，我才意识到欠账已是如此惊人，不免连连道歉并做出承诺。而他总是说："别挂在心上，赖特先生。你是个艺术家。还从来没有一个艺术家赖掉我的房租。你会付给我的。"

当然，我付清了他的房租。此后，我尽力地定期付租金。

回首那些奔忙无序的年月，我相信，无论房东还是别的债主，最终没有人损失过一分钱——除了我自己。为了偿还债务，我不得不让一部分生活必需品做出牺牲，累积下来大概有四分之一吧。或许值得如此，谁知道呢？

我还记得有一个做投资经纪的法国人。在他窄小寒碜的办公室里，我看到墙上挂着一幅格言："花掉你挣来的钱。"我告诉他，这样的格言只会把人引向歧途，它会毁掉这个国家的青年们。

"如果把这句话改成'挣来你花掉的钱'，所有人都将怀着更饱满的动力为你辛勤工作。"其实我还可以说，每一位债主都会借此来驱使欠他钱财的青年劳作不休。

多年以来，我身上的债务始终如芒在背。我相信，没有人能真正忘掉自己欠下的债务。它会跟随你到天涯海角，不时地刺痛你，在不眠之夜折磨你。我同样相信，债务使某些人受到激励，也会让另一些人变得愚钝。我想，这取决于一个人承受惩罚的限度。金钱在不同人的口袋之间进进出出，已经把经营店铺的那一套规程注入现代生活的道德观中，使牧师、教师和挥霍无度的人一样专注于聚敛钱财。

信用记录调查的诡秘结果、推销分期付款购物的商家，还有他们不能示人的计谋和花言巧语的勒索。任何人误入圈套，都会被这些生意场的伎俩所俘获，付出惨痛的代价。否则，他只能横下心来任凭账单漫天飞舞。这种丑恶的制度之所以能大行其道，要部分归咎于年轻人面对债务时"且待明日"的通病。它为许多人提供了就业机会,也为鲨鱼们提供了丰盛的美味。

年轻人的这项"弱点",喂养了一大群能够嗅到金钱腥味的鲨鱼。今天,这种"制度"——庸俗而荒谬的"分文不差",正撕咬着我们当中几乎每一个人。终有一天,鲨鱼利齿的受害者会警醒过来,意识到这些"明日"的金钱猎手是多么的凶残,要避免沦为他们的猎物,只有投入劳动。

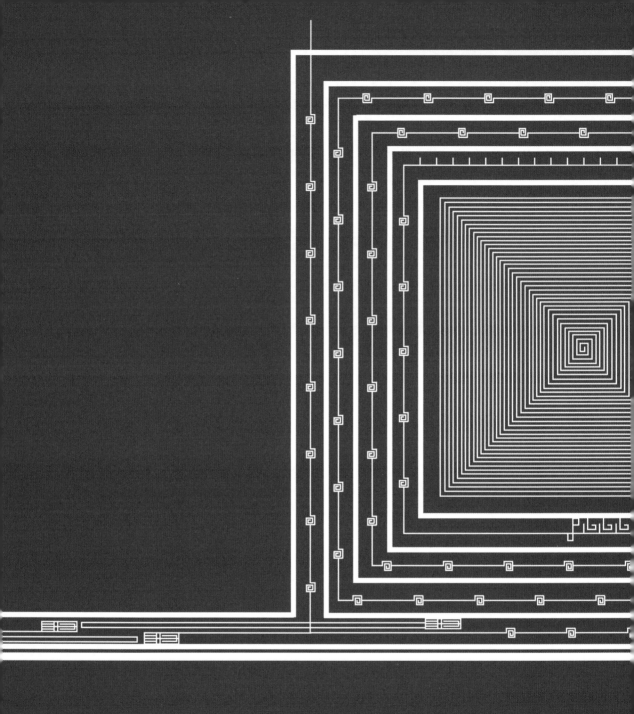

BOOK THREE. WORK

第三卷 事业

BOOK THREE. WORK

田野	147
事业	149
罗密欧与朱丽叶	158
建造新的住宅	166
简洁	169
可塑性	171
材料的天性	173
第一声抗议	175
设计统一教堂	179
一则信条	187
库诺·弗兰克	188
无路可走	189
流放	191
后果	192
塔里埃森	194
中路花园的故事	202
再一次	213
塔里埃森Ⅱ	216
浮世绘	220
天国之歌	220
江户	230
与末日抗争——帝国饭店何以在大地震中幸存	237
好莱坞的蜀葵住宅	249
天使们	258
何种形式	259
第二自我	260
新手	261
"微雕"——加利福尼亚的头生子	263

神秘的生意 …………………………………………… 279
玻璃摩天楼 …………………………………………… 280
以赛亚 ………………………………………………… 284
重逢 …………………………………………………… 286
大师的作品 …………………………………………… 292
塔里埃森Ⅲ …………………………………………… 294
回首 …………………………………………………… 320

事　业　　　　　　　　　　Work

The Field

田　野

　　仲夏的骄阳照着起伏的麦浪。收割之后的田野里，金黄的麦茬隐约泛着青绿的底色。三匹白马拉着色彩鲜艳的收割机，一圈圈转着，把成片割倒的麦子留在身后。

　　收割机的大轮子轧出条纹状的图案，一个个麦秸堆点缀其间。穿着亮蓝色衬衣的雇工阿道夫正在忙着堆起捆好的麦子。他把每六捆竖着靠紧，再将两捆斜放着压在顶上。

　　这片田野正在变成一幅线条描绘的"作品"。

　　另外四个负责捆扎的雇工，在配合这台五色相间、嚓嚓作响的成人玩具收割。他们每人负责四方块的一边，向尚未收割的麦田中心推进。他们必须在收割机下一圈扫过之前，完成自己扎麦捆的任务。否则，只要落后一次，就再也跟不上劳动的节奏了。

　　丰收绘成的作品里，到处都有韵律和图案。

　　随着节奏反复弓腰、起身的雇工们身后，跟着一个赤脚没有戴帽子的少年。他来回跑着，每一次提起两捆麦子，再把每八捆摞成一堆。

　　肤色像核桃一样的十二岁少年，坐在烈日下的一捆麦子上稍作歇息。

　　旁边一个麦秸堆的背阴里，放着一个褐色的石头水罐。他走过去，打开水罐的塞子，用两个手指扣住罐子的提手。他举起水罐，学着雇工们喝水的样子，用小臂抵住水罐，头向后一仰，让罐子里清冽的泉水流进他的喉咙，然后搁下水罐，用挽到肘部的蓝布衣袖抹了抹脸上的汗和泉水，抬起头侧耳倾听。

　　百灵鸟在歌唱！

　　低头瞧一眼被刺破了的手指和磨秃了的指甲，接着干活儿。他拾起刚才坐着的那捆麦子,一条响尾蛇[1]从里面掉了出来。

它在地上迅捷地盘起来,翘起的尾巴上露出一节节的响环,发出"喀喀喀"的响声。吐着叉子一样的毒信,蛇眼里闪着阴森的冷光。

赤脚的少年凝神盯着面前这个华丽的敌人。

骤然间,他脑海里浮现出一幅清晰的画面:金色的麦田,转动的收割机轮子,人们的谈话声中夹杂着某个人的歌声,远处割刀翻飞的声音混杂着眼前毒蛇发出的响声,一条金色的带子镶嵌着美丽的棕色斑纹。少年陷入了痴痴的遐想。这一切仿佛是冥冥中早已注定,似曾相识。是重复前生吗?某种来自遥远地方的东西向他飘近。

他纹丝不动地站着,双眼与毒蛇的双眼对视着,剑拔弩张。

离水罐不远的麦秸堆旁靠着一把三齿的干草叉。他飞身过去抄起干草叉,瞄准毒蛇猛地扎下去。蛇头被死死钉在地上,蛇身拼命扭动着,徒劳地想要挣脱。

接下来怎么办?他举起石头水罐,瞄准蛇头奋力砸下去。三角形的蛇头几乎被罐子底砸平。然后,他抓着蛇尾把这条斑斓的彩带倒提了起来。它有九节响环!

收割机迎面开过来。舅舅勒住马,跳下座位朝他跑过来。

"快看,詹姆斯舅舅!我抓到了什么?九环的!"

"你快把它扔了,让阿道夫来收拾它。"

"为什么?"少年指望着会受到赞许。

"为什么?你光着脚,要是被它咬到就会没命的!"

男孩儿还是高高地举起蛇,要看看它到底有多长。

繁忙的收割又重归它正常的节奏。没有任何警示,某种可怕的东西突然闯入丰收的田野,挑战那里安宁的秩序。

劳动被预料之外的某种东西暂时打断了,某种永远是生活的一部分,也永远威胁着人们的"期望"的东西,某种曾经困扰着写出《圣经》的先人们的东西。难道魔鬼是它唯一的答案吗?

---

[1] 响尾蛇出生时尾部仅一节响环,以后每蜕皮一次即增加一节,成年后大多有六至十节。响环节数越多,发出的声音也就越大。

Work

事　业

请随我走进弗兰克·劳埃德·赖特的建筑师事务所。它位于希勒大厦 1501 室。大厦顶层四面有连续的拱券承托着方正厚实的楼顶。它也是埃德勒和沙利文的作品之一，如今已经更名为"盖瑞克"大厦。

时间是一八九三年的年末，正值关乎美国文化命运的时刻。"他们"将要走上一条伪古典的道路！

哥伦比亚博览会[1]像一扇转门那样，对美国的大众开启了一瞬之后又关闭了。

我离开埃德勒和沙利文事务所不久，塞西尔和我一起在芝加哥希勒大厦的顶层租下几间屋子，开办了事务所。但是我们并不算合伙人。当初，由于沙利文留恋他新盖好的南方别墅，这座大厦的相当一部分设计实际上出自我手。我选中这里，既是习惯了高处的视野，也希望在感觉上并没有远离埃德勒和沙利文。

在一间公用的大办公室两侧，是塞西尔和我各自的绘图室。大办公室与外面走廊之间是一个前厅。前厅的天花板是一块直线条图案的镶嵌玻璃，低低地垂到与门的上缘齐平。看不到任何外露的灯具，只有玻璃顶发出柔和的灯光，像阳光溢满这间狭小的前厅。门两侧各有一个橡木的抽屉高柜，柜子上摆着几尊麦克尼尔[2]的印第安人塑像。墙面完全没有线脚之类的装饰。靠两侧墙面各摆着两把俭朴的方椅。我们——塞西尔和我，喜欢站在门厅里谈论未来，也经常在这里迎候业主，或者送业主出门前稍作叙谈。

前厅与外面走廊之间的门，和通向屋内大办公室的门一样，都是通常宽度的木门框嵌着一整块透明玻璃。玻璃几乎与门的尺寸相当，我们两人烫金的名字贴在走廊一侧玻璃门的上端。大办公室一侧的门上贴着烫金的"私人办公"字样。

安装这种整块透明玻璃的门是一种新颖的做法。任何人站在电梯厅，都可以透过玻璃门看见屋内的前厅，再透过另一扇玻璃门望到里间的办公室。因此，我们给两扇门都装了通高

---

[1] 为庆祝哥伦布发现美洲四百周年，芝加哥于 1893 年举办了哥伦比亚世界博览会（Columbia Exposition）。为此兴建了一批新古典主义风格的重要公共建筑。
[2] 麦克尼尔（Hermon MacNeil, 1866—1947），美国雕塑家。

的遮帘。但是为了保持通透宜人的效果，它们极少派上用场。

公用办公室的中央是一张巨大的方桌。桌子四角各有一个带抽屉的低柜当作桌子腿，留出四边的中段让坐着的人伸腿进去。桌子四边各摆着一把舒适的椅子。坐在这里，我们可以充分利用桌子的四边，同时接待各自的业主或者承包商。七英尺见方的桌面正中，摆着一个中空的玻璃球，里面通常会插上从我们的小花园里采来的鲜花。坐在桌前，我可以对电梯厅和外面的走廊一览无余。这种格局导致了种种后果。

写到这里，我回想起其中的后果之一。我曾经将一个姓下田的日本绘图员解雇，并且警告他绝不许再出现。此中的缘由涉及一位女士，她喜欢在大会客桌上的玻璃球里留下一些花。下田在背后讲了一些有关她的污言秽语。

有一天中午，我正坐在大方桌前，无意间抬头，正好瞥见刚走出电梯的下田。他蜡黄的面孔露出惊慌之色。也许，他再次回来只不过是想见见别的伙计，然而我警告过他绝不许再出现。

他转身要逃，而我通过平日的练习，已经可以足够敏捷地跳起身来，打开两道门冲出去。我精准地飞起一脚，他哀号着躺倒在楼梯的休息平台上。我回到办公室坐下，静候他的下文。

他显然对我这种接待不甚满意，跑到万灵教堂去向我的牧师舅舅诉苦。他对每一个细节都夸大其词，尤其是我脚上那双靴子。言下之意，当天我穿它的唯一目的，就是要结果他的性命。

"我好不容易才逃脱了。""黄袜子"（这是熟人们给他起的绰号）这样哭诉道。

令我奇怪的是，几个星期后，他居然又以为我外出而跑来这里。为了强化故事的戏剧色彩，这一次，我的动作更加干净利落。他从休息平台一直滚到了楼下。

问题终于得到解决。下田从美国消失了，这不失为一个我可以接受的结局。不，下田绝不是一个好的日本人。

如果你是我的第一位业主，你会看到事务所的大玻璃门上，用细小的金字写着：

弗兰克·劳埃德·赖特，建筑师
塞西尔·考文，建筑师

注意到排序了吗？年长的塞西尔完全有理由把他的名字写在前面，但是他不会那么做。

你瞧，开一家事务所就是如此简单。在芝加哥通常就是这样，租下一间你相中的屋子，拆掉整个门扇，换成一大块漂亮的透明玻璃。然后，坐下来用选中的字体和尺寸写下你的名字，迟疑片刻，在名字后面加上"建筑师"字样。不免有些兴奋，却丝毫没有意识到这个称谓真正的含义。找一个做招牌的工匠用金字刻好贴在玻璃上，一切就绪。城里又多了一个建筑师。有多少曾经整日听着牛铃叮当的少年，体会过我此刻的兴奋——给自己冠以某种名号？开一家事务所？

"与世界对立的真理"是一个严苛的准绳，一面鲜明的旗帜。我没有把它写在门上，但是它却坐在屋里。个人的喜好与嗷嗷待哺的孩子们都是难以抗拒的现实。

把种种现实与喜好结合在一起，你能够拥有些什么？或者说是什么掌控着你呢？

当我还在埃德勒与沙利文事务所的时候，有一位开铁艺装饰公司的温斯洛先生，时常来与我商讨设计。现在，是他给了我第一个项目——他在与橡树园毗邻的林河镇的新家。拥有一个真正属于自己的项目，这简直令人难以置信，我从前的理想即将化为现实。

爱德华·沃勒先生的家与温斯洛住宅隔街相望。沃勒先生是那时我所见过的最风度翩翩也最具贵族气质的人。我们成了朋友，他非常欣赏温斯洛住宅。温斯洛住宅诞生的过程值得写成一篇故事，但是这项使命至今仍有待完成。沃勒先生的老朋友丹尼尔·伯纳姆，是约翰·鲁特的合伙人，而鲁特当时刚去世不久。

沃勒先生邀请我和凯瑟琳来他家里，引荐我和伯纳姆先生夫妇会面。伯纳姆先生被大家尊称为"丹老爹"。他看过温斯洛住宅，并且直率地形容它"从台基到屋檐都称得上一座绅士的住宅"。

晚餐后，沃勒先生领我们去他惬意的书房，他要给"丹老爹"展示我为这间书房所做的室内设计。我们走进书房，他转身锁上了门。正当我感到诧异时，一场我永生难忘的谈话开始了。

"丹老爹"仪态潇洒雍容地坐下。开门见山，他提出有意资助我赴巴黎美术学院学习四年，之后在罗马游学两年，回国后加入他的事务所。在我深造期间，他将负责我妻子和孩子们的生活。这简直是喜从天降，但是我却被吓住了，窘迫地坐在那里，不知如何回答。

沃勒先生站起身，来回踱着步。他反复提醒我这是多么宝贵的机会，而我却在暗自斟酌应该如何谢绝。

"弗兰克，再耽搁一年就会太迟了。"丹老爹说道。

他的这句话启发了我。"是的，丹老爹，太迟了。我担心现在已经太迟了。我错过了这样的机遇。我追随沙利文先生的脚步太紧，他毁掉了巴黎美术学院在我心目中的地位，更准确地说，从巴黎美术学院的角度看，他毁掉了我的前程。从他向我的讲述中可以看出，他对自己在那里度过的时光感到懊悔。"

"弗兰克，我知道你对沙利文非常忠诚，我很欣赏你这一点。我也很佩服沙利文的装饰才华，归根到底他只是一个伟大的装饰设计者。我喜欢他的装饰，至于他的建筑，难以恭维。弗兰克，芝加哥博览会将对整个美国造成巨大的影响。美国人第一次有机会，以如此宏大的规模领略到古典的魅力。你也见识了博览会的成功，或多或少你总能从中悟出点儿什么吧。我们应当把握它带来的机遇。"

丹老爹继续说道："想想艾特伍德为博览会设计的艺术宫、比曼设计的商人大厦，还有麦金姆的作品吧——所有这些杰出的建筑！太美了！我能够预见到，整个美国建筑界将沿着博览会指明的方向发展，洋溢着高贵和尊严的古典风格。当代所有杰出的建筑师们全都认同这一点，无一例外。"

"不，沙利文并不这样认为。假如鲁特和理查森健在的话，我相信他们也一样。"

"弗兰克，沙利文和理查森固然很出色，但是他们的风格不会成为主流。建筑正在向着另一条道路前进。博览会的成功已经证明了这一点。"

"但是，那条路上丝毫没有创新的希望，不是吗？"

"没有创新？你所指的创新又是什么呢？难道还有比古希腊建筑的比例和线条更崇高的美吗？那是不可超越的。我们应当聆听它的教诲，遵从它的法则。没有扎实的古典教育，你如何能够……成功呢？"

"我明白，丹老爹，你所讲的或许都有道理，但是却让我联想到某种可怕的东西——好像监狱。我无法接受它。白白地让准则和时间荒废，又一次坐等某种注定不会降临的机遇。我无法想象这样的生活。不知怎么地，它让我感到害怕。"我思忖着从哪里能逃出这间屋子。书房的窗子半开着，房门锁着。

眼见我执迷不悟或者说冥顽不化，沃勒先生终于忍不住要介入了。

"弗兰克，难道你看不出这个机会对你意味着什么吗？记住，此刻的选择将决定你今后一生的方向。"

"是的，沃勒先生，我很清醒。我已经见识过那些从巴黎回来的人才。他们全都出自一个模子，完全丧失了原有的个性。"

"个性？伟大的建筑就是严格的法则。"丹老爹说道。

"想想你的前途，再想想你的家庭。"这是沃勒先生的忠告。我感觉到了事态的严峻。

我脑海中浮现出一幅图画：自己一帆风顺地成长为建筑"主流"的领军人物，事业蓬勃，一呼百应。凭我的能力加上丹尼尔·伯纳姆的扶持，我相信这一切都将毫无悬念。同时也过于轻松平淡，并且是那么虚假，充其量不过是权宜之计。

这就是我梦想的成功吗？它近在咫尺，触手可及。我同样感受到了哥伦比亚博览会的影响力，然而我对它却毫无敬意可言。丹老爹道出了事实。我相信，他所预言的"主流"必将成为可怕的现实。我真想知道沙利文对这一切会作何反应，可惜现在我不能去找他了。

两位朋友误以为我的沮丧是对巴黎美术学院的成见有所松动。

"怎么样？"他们友善而慈祥地微笑着。

我感觉自己是一个忘恩负义之徒，感到从未有过的痛恨内心深处的自己。但是，内心深处的我却在勇敢地抗争着。

"不，伯纳姆先生，沃勒先生，我不能逃跑。"

"逃跑？这是什么意思？"沃勒先生问道。

"我不能仅仅为了成功，就从属于我，也属于我们这个国家的那片天地里逃出来，躲进不属于我的——应该说是不属于我们的地方。我不能走，即使我希望抓住这个成功的机会。"

我猜这两位朋友中没有一个会相信我所说的话。他们一定觉得我是在卖弄——这一点写在他们脸上。

"这或许是个愚蠢的选择，但是我宁愿以失败和'愚蠢'换来自由，也不愿被任何循规蹈矩的成功拴住。那里没有自由……仅此而已。是的，我很清醒自己在做什么，我对你们两位心怀感激，但是我不得不令你们失望。"我站起身。忽然之间，眼前仿佛云开雾散，因为我对那片当时被叫作"美国"而如今被我称作"尤松尼亚"的土地怀有信念。

"多谢二位，我理解你们会认为我是多么偏执和狂妄，但我还是要循着已经启程的方向走下去。我的天性就很愚顽，后天接受的培养和树立的信仰更让我无可救药。"

沃勒先生打开书房的门，伤心地立在门边。我从他身边走出书房，帮凯瑟琳收拾好她随身带的物品，回家去了。很久以后，我才告诉她那天晚上发生了什么。

温斯洛住宅如同春天的花朵，绽放在郊外的小镇。无论对橡树园还是林河镇，它都是一个新的世界，吸引了远近人们的目光，激起无数夸赞和敬佩，当然也少不了讥笑。讥笑总是刻在盾牌的另一面。我的第一件住宅作品，以这种方式从山羊堆里筛出了绵羊。[1]

与我同住在森林街上的律师摩尔先生，要新建一座住宅。我听说了此事，但是根本没有指望他会来找我。有一天，摩尔先生夫妇出现在希勒大厦事务所的玻璃门外。我几乎不敢相信自己的眼睛，兴奋地打开门，请他们进来坐下。

"赖特先生，这是怎么一回事儿？所有我认识的、听说过甚至没有听说过的建筑师，都通过各种方式接近我，希望设计我的新居。而你就住在我的街对面，却没有丝毫的表示。"摩尔先生问道。

"巴顿先生也找过你吗？"我问道。这位美国建筑师协会的主席，当时也住在橡树园。

"是的，并且是第一个来找我的。为什么你不来呢？"

"我知道，如果需要的话你能找到我。可是我不确定你是否需要我，"我回答道，"你是一位律师。假如你了解到有人需要找一位好律师，你会登门自荐吗？"

"我明白了。"他说，"我们决定请你来设计我们的新居……但是——我想要的绝不是温斯洛家的那种房子。我可不愿意为了逃避众人的嘲笑，每天早晨赶火车进城都得从自家后门溜出去。这些才是我想要的东西。"他在桌上摊开几幅英国传统风格住宅的图片，陡峭的屋顶，浅色的外墙面上有深色木架交错的图案。

三个孩子穿着寒酸的鞋子在街上玩耍，我的那个小家庭是多么需要钱啊！（不止一次有人猜测我的那座住宅究竟是殖民地风格还是海滨风格，令我蒙受侮辱。）没有人比我更急需一份收入。我能够接受摩尔先生的要求吗？我是否能为他设计一座好的住宅，既有英国式老宅子的特征，又不至于背叛自己？值得一试，于是我决定尝试一下……

新居建成之后，摩尔先生夫妇和看到它的所有人都非常满意，唯有我自己例外。每一次听到对它的赞誉，我都会懊恼地想到自己在沃勒先生和丹老爹面前勇敢的立场。但是，用这一座房子作为回旋，毕竟胜过以一生作为退却，不是吗？

---

[1]《圣经》中的典故。山羊代表虚假的信徒，绵羊代表真诚的信徒。

我宽慰自己，这毕竟只是漫长事业中的一页而已。我屈从于严酷的事实，因为我拥有一个家庭，而我的家人们有生活的权利。他们的生活依赖我。这正是二项式定理[1]铸成的悲剧啊！

日后，我时常为刚独立开业那几年里做出的"屈服"而遗憾。直到今天，这样的场景依然时常浮现在我眼前：一个稚嫩的建筑师坐在事务所的大会客桌前，桌上的玻璃球里插满丁香花。他充满热忱地望着你：

"你打算盖一座住宅？……嗯？像我给摩尔先生设计的那样？"

心头的冲动被失望浇灭，我喃喃地说道："为什么要像摩尔先生家那样呢？"于是，一场辩论开始了。

"他们"都很欣赏它，而我可以非常自然地在整个职业生涯，继续建造那些毫不自然的房子。但那毕竟是一座英国式的木构墙住宅第一次拥有门廊，并且那门廊与它颇为相称。

一个多小时过去了，我已经有充分的把握说服面前的业主，为什么在这个国家盖英国式的老宅子是一种错误，尤其眼下更是大错特错。因为尤松尼亚的民众是自由的，并且它已经足够成熟，可以分辨那种品位并非自由。

希勒大厦里的那间事务所，见证了温斯洛住宅和摩尔住宅的诞生。橡树园的另一位律师鲍德温先生来到事务所，留下一张三百五十美元的支票，作为他的新家设计费的定金。他显然是听了摩尔先生的推荐。那一时期我的作品，还包括海勒住宅、伍尔夫湖滨别墅，以及为房产公司设计的弗兰西斯公寓和列克星敦公寓。这一系列的建筑全都带着沙利文风格的印迹，至少是在细部方面。我不可能在一夜之间拥有自己的语汇。环顾四周，没有任何可以供我借鉴的资源。在我设计这些作品时，甚至连向沙利文学习的机会也没有。

我的业主温斯洛先生对我说："弗兰克，沙利文让我告诉你，看起来你正在建立起自己的个性。"

如此说来，他依然关注着我。

塞西尔也在忙于自己的项目，尤其是拉什医学院[2]。我们算不上合伙人，忙起来几乎没

---

[1] 二项式定理，此处指一对夫妇繁衍出的一辈辈后代。
[2] 拉什医学院（Rush Medical College），1843年创立于芝加哥的私立医学院，现隶属于拉什大学。

有时间碰面，而他也结识了一些新的朋友。有一天，我们坐在事务所里聊起近况。我注意到他面露消沉之色。

"怎么了，老伙计？"

"没什么特别的，弗兰克。要说有问题的话，我感觉自己不是一个建筑师。"

"拉什医学院那边遇到了什么困难吗？你对这个作品不满意？"

他蜷在吱呀作响的椅子里，轻轻地前后摇摆着，表情伤感又带几分玄妙："何必问我，你自己明白的。"

"那的确是一件不错的作品啊。"

"但它是建筑吗？"他语气平静地说。

"它比百分之九十九其他建筑师们的作品都要强。他们只是在修修剪剪、涂脂抹粉。再说你才刚刚起步啊，塞西尔。你对比例非常敏感，具有很高的品位，还有……你怎么这样看着我？对一个业主来讲，你是我认识的建筑师中最称职的一位。"我说道，"你这是怎么了？"

"好吧，年轻人，事情是这样的。我发现除了做你的旁观者，我在建筑里寻找不到乐趣。当我试图创作的时候，我感到很乏味。你能够看到建筑的真谛，你就是你手中的作品。我做不到这样，并且未来也没有希望。最糟糕的是，我越来越怀疑自己是否想要成为那样。你能从中享受到乐趣甚至为之着魔，你生活在自己的作品里。但是我能够预见到，某天你一觉醒来将会发现自己不再具有这种能力，到那时你的生活将出现危机。"

他的一席话在我本以为称心如意的地方撕开一条裂缝。他没有跟上，落在我的视野之外了。我亲爱的老伙计，建筑毕竟不是生活中的一切呀。然而，接下来发生的事更为可怕。

"弗兰克，我想去东部。我打算和布坎南医生合伙做点儿事。你可以租下整个办公室，你正需要它。"

我难以相信自己的耳朵。我自己内心在作怪，责怪塞西尔其实是我为自己抛弃了他而感到不安，却转而埋怨他。我绝不相信他会做出这样的决定。即便他亲口讲出来，我依然感到难以置信。

我和他争辩，向他请求，全都无济于事。

"我向你坦白，弗兰克，我不愿意继续望尘莫及地旁观你的事业。比起我们刚刚搬进这间事务所的时候，我已经有些力不从心了。对此我不太在意，这并不像你想象的那么痛苦。"

果然验证了我的猜测。他之所以放弃，正是因为我忽略了他。我感到深深的愧疚。我可以邀他做合伙人，但是我知道他不会接受。

我想做最后的努力："咱们可以一起干啊，塞西尔。我需要你，或许我能帮你摆脱这种困境。你得试一试才会知道。"

"不，弗兰克。我不是你需要的事业伙伴。我根本做不成生意，而且我鄙视生意场的花言巧语、利欲熏心。现在，我意识到自己同样不适合做建筑师。你需要的塞西尔是一位朋友，他永远是你的朋友。你会有远大的前程，并且正是你心目中的那种成功。只不过，小伙子，并非所有人都能承受你为艰苦的工作而付出的代价，还有人生的牺牲。"他又说道，"想到你日后将要面对的那些，我不禁替你担心。"

他的语气里并没有苦涩。他站起身，如释重负一般地重又露出笑容。而我却陷入了沮丧。

塞西尔似乎是一个预言家。

他去了东部。我再也没有见过他——天知道为什么。

塞西尔走后，希勒大厦的事务所屋里变得空空荡荡。我陆续又遇到一些同行，罗伯特·斯宾塞、麦伦·亨特[1]和怀特·帕金斯[2]。怀特在由他设计并新近建成的斯坦威大楼里，有一套带阁楼的公寓，他自己用起来绰绰有余。于是我们组成一个团体，搬了进去。外屋是公用的接待室，里屋用隔断分成各自的工作室。有几个和我同样刚刚出道的建筑师，组成了我最早的事业伙伴。其中还包括乔治·迪恩和休·卡登。伯奇·朗是个年轻有才的渲染画家，我们雇了他一起在斯坦威大楼里工作。

有时候，我和这些年轻建筑师一起去女子俱乐部参加讨论。渐渐地，他们和我一样谈起理论来头头是道。然而，他们的理论落实到真正的建筑上却有天壤之别。于是，我决定由他们负责高谈阔论，我来专注于实在的建筑。

那段时期，我在成立伊始的"艺术与工艺协会"宣读了一篇题为《机器的艺术与工艺》的论文。它对建筑界的现状发出抗议的呼声，并且提出了鲜明的新观点。第二天的《芝加哥论坛报》刊登的一篇评论文章认为，这是第一次有一位艺术家宣称机器可以成为

---

[1] 麦伦·亨特（Myron Hunt, 1868—1952），美国建筑师。
[2] 怀特·帕金斯（Dwight Perkins, 1867—1941），美国建筑师。

艺术家手中的利器。我猜测，它应当是出自简·亚当斯的手笔。她和茱莉亚·拉斯罗普[1]都认同我的观点。

我宣读这篇标新立异的论文之后，遭到在场的祖布林和崔各斯两位教授以及众位建筑师和能工巧匠们的猛烈抨击。"协会"变得偏执于"手工艺"，不久就解散了。几十年来，我提出的任何一个激进或者有机的论点，从未得到过建筑师或者教授们的认同。然而，我曾经看到小心翼翼的模仿来自四面八方，如同一个人看到不平整的镜子里自己变形的身影。当这些模仿不足以激怒我的时候，仅仅是令人生厌而已。

这些年轻建筑师从来没有机会深入了解沙利文，他们只能从我这里听到改编过的福音。我希望能够不受他们的反馈或者误解的影响，也避开恶意的恭维，理清自己对建筑的思考，直到形成彻底满意的结论。然而，当时却不可能有这样的机会。我只能在旷野之中摸索，传播那些还很不成熟的想法。

我在斯坦威大楼接待的第一位业主是沃德·威利茨。我为他在高地镇的谢尔顿路上，设计了流线型的草原住宅。很快，我设计的其他几座住宅沿着它的方向，树立起我自己独特的建筑风格。

也是在那一段时间，建成了"罗密欧与朱丽叶"，这座我业余设计的工程构筑物。它以建筑的形式体现出结构的理念，这正是我未来设计思想的雏形。每当我回忆起这对"情侣"的过去，看到它们的今天或者想到它们未来的重建，就感觉仿佛自己也是它们的一部分。

Romeo and Juliet
罗密欧与朱丽叶

这段故事的主角，是我母亲的两个妹妹——住在老家"山谷"里的奈尔姨妈和简姨妈。

她们姐妹两人创办了"山坡家庭学校"，供四五十个学生寄宿和学习。我设计了这座学校的第一批房屋，建成于一八八七年。学校的徽章上刻着"Truth against World"（与世界对

---

[1] 茱莉亚·拉斯罗普（Julia Lathrop，1858—1932），美国女性社会活动家，教育理论家。

立的真理）的字样。姨妈们在外祖父留下的农场上添建了几座房子。为了更坚定地捍卫她们的理想和心爱的学校，也为了应对未来的困难，这两位创办者相互承诺毕生独身。

围绕着山坡学校散布着我的五个舅舅和姨夫的农场。他们总是把我的姨妈们唤作"姑娘们"。他们悉心关注着这姐妹二人和她们为之献身的教育，总是力所能及地帮助"姑娘们"，至少我的舅妈们总是抱怨自家的农场快要因此而青黄不接了。他们为这所学校倍感自豪。来自十多个不同州的男孩儿、女孩儿们和家族里的孩子们一样，称呼他们"舅舅"或"姨夫"，称呼两姐妹"奈尔姨妈"和"简姨妈"。她们两姐妹的外甥和外甥女们当中，有三十几个孩子也在这里接受教育，最终走出家乡的山谷，变身为大都市里的白领。

这所学校日渐兴盛。

当我还在斯尔思比事务所工作时，我为家庭学校最初的几座建筑做了业余设计，由当地的一位建造商克莱默施工建成。然而，让形式新颖的结构设计变成优美的建筑，并不是克莱默的习惯。

如今，在学校上方山顶的砂岩体里新凿出了一个大蓄水池。水池完工后，两位姨妈想在山顶立一座风车塔。通常，每当有关乎家庭学校或者家族成员的大事，就会召开家族会议。

作为家庭学校的管理核心，奈尔姨妈提议："是不是可以建一座漂亮的风车塔和学校的建筑相协调？不要我见过的那种丑陋的铁塔或者木料堆起来的塔。我想让弗兰克来设计它。"

"瞎说，奈尔，"经常来访的詹金舅舅恰好在场，"盖成和大家都一样的铁塔就挺好。我在野外骑马的时候，这种铁塔让人看着很舒服，而且既实用又便宜。"其他几位舅舅和姨夫纷纷表示赞同。

简姨妈是家庭学校富于感情和温存的一面，她反驳道："从四周的山谷里都能看到我们的学校，风车塔一定要和学校的建筑相配。我支持奈尔，让弗兰克提一个设计方案。"

每当家庭会议上各执己见之时，奈尔姨妈做出的决定总会让大家偃旗息鼓。和往常一样，奈尔姨妈做出了决定。

詹姆斯舅舅说："好吧，让我们见识一下小伙子的本事。"

我寄来了设计方案。包括一幅风车塔立在山顶树丛中的透视图，还有结构细部的图纸。姨妈们都很喜欢，认为它能够体现这座学校的尊严，舅舅们觉得它纯粹是浪费钱的胡闹。

建造商克莱默——这位"附近相当出色的建筑师"（照舅舅们的话讲），取走了图纸去做一个成本估算。全家人都在期待他的答复，但是毫无结果。詹姆斯舅舅只得到几个镇子以外去找克莱默。他独自回来后，几位舅舅和姨夫聚在一起，严肃地商议克莱默给出的结论。

"克莱默说那个木头塔既破费钱财，又浪费时间。要让它不被风吹倒[1]，除非人能长生不老。想想看，六十英尺[2]高的塔上面，挂着直径十四英尺的风车轮！克莱默说，那东西就是个木头的八角形筒子，每个角上的木头立柱才四英寸见方，贴着立柱里侧和外侧各钉一圈木板，再在外面钉一层木瓦。整个东西就是一个木桶，只有横箍却没有上下方向的固定。由一个钻石形咬住一个八角形拼成这个木桶。露在外面的半个钻石形状充当什么'暴风冠'——这是弗兰克给它起的名字，还写在图纸上。这个'暴风冠'，看上去像是一片大刀立在木塔顶的西南角。在这个钻石形状的中央，竖一根六英寸见方的木柱子，一直伸到顶上托着风车轮。弗兰克还要一个巨大的石头基座，八根粗的螺栓埋在里面，露出六英尺绑扎在木头立柱上。

"克莱默笑话这个疯狂的设计。他说最好由我们来告诉姐妹们，弗兰克是在搞试验。"

全家又一次召开紧急会议。

"克莱默十分肯定地说过，弗兰克设计的塔会倒掉吗？"奈尔姨妈问道。"万分肯定。"詹姆斯舅舅回答道。

"你想让这座六十英尺高的塔，还带着直径十四英尺的风车轮，抗住这里的狂风？奈尔，这是在胡闹！相信克莱默吧，为什么要盖一个咱们从未见过的东西呢？要是我没猜错的话，连弗兰克自己也没见过。"詹金舅舅说。

"可怜的孩子，要是他设计的塔倒掉了，那该多可怕！他怎么能保证它不会倒呢？这下子他该失望了。"简姨妈说。

奈尔姨妈一言不发。她双手背在身后，踱到窗前抬头望着山丘顶上。她仿佛看到那个风车在树丛上方转动。"我会发电报问问弗兰克。"会议结束了。

参加会议的所有人都认为，让我承认错误简直是与虎谋皮。但是收到回电之前，他们只能等待。刚刚在芝加哥独立开业的我，收到了奈尔姨妈发来的电报："克莱默认为这样的风车塔一定会倒掉，你确定它不会吗？"

我的回电："尽管建吧。"

---

[1] 威斯康星州所处的美国中西部地区，夏季常刮大风，甚至龙卷风。
[2] 每英尺约合30厘米，每英寸约合25毫米。

和睦的大家庭里波澜乍起。大家惊慌失措,心里全都明白奈尔姨妈一定要建起这座愚蠢的风车塔!

"这孩子会毁了他的姨妈们。"这种论调在家族中不胫而走。克莱默带着反对和忠告匆忙赶来。

但是奈尔姨妈决意背水一战:"难道这孩子会比我们更想让这座塔倒掉吗?他要承担更大的风险。他说过'尽管建吧'。或许他比我们都更有把握。如果他的设计不够扎实牢靠,他不会这么自信。"[1]

简姨妈说:"他不大愿意解释他的设计。但是,我相信无论如何他清楚自己在做什么。"

"克莱默,"奈尔姨妈问这位实用主义者,"按照弗兰克的设计建这座塔,需要多少钱?"

"九百五十美元。"

"一座铁塔呢?"

"两百七十五美元。"

"只差六百七十五美元而已,"她的结论让众人摇头咋舌——那是一八九六年的乡间,"无须再议了。"

反对派满怀焦虑和沮丧地解散了。

亲爱的奈尔姨妈、简姨妈:

  为了"罗密欧与朱丽叶",你们一定颇费周折。几百年前,这一对恋人就曾经惹出怎样的事端啊!直到今天,他们象征的理想依然让这个世界不得安宁。他们二人相互依存……谁也不能失去对方。如你们看到的那样,"罗密欧"是支撑着风车的主体,依偎在身旁的"朱丽叶"扶持着他。"罗密欧"将顶住袭来的狂风,"朱丽叶"将给家庭学校的孩子们带来乐趣,然而,任何象征的手法都不应当流于具象。这座塔蕴含着清晰的结构原理,但我从未见过它以这样的具体形式表现出来,也从未见过任何形式可以否定它。

  如果加以解释的话,我所依赖的结构原理是这相互依靠的一对儿会把风力消解,转化成对深埋在基础里的铁螺栓的拉力。我的胜算取决于,克莱默的工匠们是否用钉

---

[1] 自 1896 年起,"罗密欧与朱丽叶"安然矗立,直至 1992 年拆掉依照原样重建。

子把木板结实地钉在立柱上。钉子必须足够多而且足够长。钉子虽然不算什么工程技术，但它非常实用。我相信你们一定会把它建起来，我会来看的。

爱你们的
弗兰克

又及："罗密欧与朱丽叶"将安然地矗立二十五年。它会比周围的铁塔寿命都长。它倒掉的时候，恐怕我的几位舅舅和姨夫都已仙逝了。

建造商克莱默——"附近相当出色的建筑师"，坚信这座风车塔必然会很快倒掉。"风车要在六十英尺高的塔上转动，而且是直径十四英尺的风车。"他一边嘀咕一边摇头。

"唉，这两个老太婆被一个毛孩子牵着走。那孩子跑来也只是穿着漂亮衣服，在山上转悠转悠，和学校里的姑娘们逗逗乐就回家了。除了找乐子，他才没什么要在乎的呢。

"没办法呀……"终于，他发完了牢骚，开始干活儿。

我那五个鬓发苍苍的舅舅和姨夫，虔诚地躲避开这把悬在头顶的利剑。两个鬓发苍苍的姨妈在照看学校里的孩子之余，每天都到山顶上查看工程的进展。手艺精湛的威尔士老石匠蒂姆是我们家的老朋友，他负责塔的石头基础。只有蒂姆安慰我的姨妈，他知道她们需要有人支持她们的外甥。

"小伙子们（我的几位舅舅和姨夫）不了解这个年轻人的想法，管它呢。早晚他们会对这个年轻人刮目相看。是呀，管它呢。难道会有哪一个木头塔能把这石头基础撅起来吗？"蒂姆把螺栓埋得比我要求的更深、更结实些。这个威尔士倔老头，管它呢。

随着木框架越建越高，工匠们变得草木皆兵。每当大风吹来，他们赶忙都从塔上撤下来。

终于有一天，巨大的风车轮被运来安装上去，开始在蓝天下优雅地转动。

塔顶随风产生几个英寸的摆动幅度，这合乎我的设计，然而工人们都惴惴不安，甚至有些人找到各种借口辞工。风车塔立在山坡的最高处，从"朱丽叶"顶上的观景台朝下看，的确感觉高悬在半空，四周的景色一览无余，也难免产生恐高的晕眩。我去过一次工地，查看有什么问题，看看塔身周圈内外两层的木板是否钉得牢靠。至于老蒂姆负责的基础锚固，我完全信得过。

你瞧，道理非常简单。木塔就像一棵树那样生根。除非被连根拔起，只要它不裂开，就决不会倒掉。把它比成一个木桶也无妨，试试看你能不能打破一个木桶！

从五位舅舅和姨夫的农场，都能清楚地望见"罗密欧与朱丽叶"。简姨妈从她客厅的窗子里也可以看见它。建成几个月后的一天夜里，它迎来了第一次狂风的考验。第二天日出时分，五位舅舅和姨夫，还有两位姨妈，全都急不可耐地把手拢在额头前望去。它还立在那里，从此姨妈们不再担忧，而他们却始终观望着，"毕竟，这才只是一场风暴。"几年后，固执己见的托马斯舅舅去世了。

年复一年，怀疑的阴云在"山谷"里徘徊不去，如同在世界的每一角落里，都有怀疑的目光投向理想。一次风暴之后是另一次，然而每一次都只是让怀疑者的信念更加顽固：下一次必定是"最后一次"。他们总是摇着头，站在自家门前，望着风车塔经受住了又一次风暴。风车塔建成十年后，克莱默去世了。不久，倔老头蒂姆也去到那个"管它呢"的神秘世界里找克莱默了。后来，詹姆斯舅舅去世了。又过了几年，拥有磨坊的约翰舅舅也去世了。

自从风车塔出现在山丘顶上，二十五年过去了。两位姨妈和詹金舅舅也先后安息了，那座风车塔依然在风中矗立。已经老态龙钟的菲利普姨夫，带着他无法化解的怀疑搬进了城市。山谷里只剩下年纪最小的伊诺斯舅舅，业已年迈的他仍然没有放弃已经坚持多年的"守望"。每当风暴来临，他总会走到门口，把手拢在额前，看看正在经受考验的那座风车塔。现在，他也搬进城市，再也看不到这座塔了。

一旦它倒掉，怀疑者就会宣告他们的胜利。

今天，距离"罗密欧与朱丽叶"开始在山丘顶上沐浴灿烂的阳光，已经过去将近四十四个年头。作为这个业余设计的作者，我自己也像当年的奈尔姨妈一样两鬓染霜。当风车塔还命运未卜的时候，奈尔姨妈曾眺望窗外远处的树丛，想象着它立在那里的模样。虽然只是一次试验，但是这座木塔似乎依然坚强。如今我是否应当把它拆掉，让这个忠诚的仆人就此休息，还是应当顺其自然，直到它像我一样必然地倒下——虽然无论我还是它，都没有显现出要倒下的迹象。

风车塔已是饱经风霜，我已鬓发斑白。世事难料，然而可以肯定的是，有朝一日我们倒下的时候，将会响起这样的声音："看哪，最终还是倒掉了吧——我们早就知道。"

不，"罗密欧与朱丽叶"将会相互依偎着一起倒掉。

伴随着"罗密欧与朱丽叶"在山顶上建成，我的建筑作品开始出现在中西部的大草原

风车塔"罗密欧与朱丽叶"

上。日后,它们将被称作"草原学派"。

我和芝加哥一家生产玻璃砖的工厂签订了合同,作为顾问工程师协助它为美国各地的许多办公楼安装玻璃砖。凭借从中所得的报酬,我在橡树园自家房子的隔壁建起了一间"工作室"。

一株大柳树立在连接工作室和家的走廊当中。我设法在树干周围做了防水处理,使大树潇洒地穿出走廊的屋顶,在夏天为工作室投下惬意的阴凉。我喜欢看到阳光下闪烁的绿叶抚弄着建筑。如果有可能,我希望把那些被过度雕饰的建筑全部用绿化来覆盖。

在这间工作室里,我和许多作为助手或者学徒的小伙子、姑娘一道辛勤工作,换来草原上一系列风格鲜明的建筑,它们影响了美国北部和西部的大批建筑。得益于便利地出没于绘图板附近,我的孩子们养成了鞋底带着图钉跑来跑去的习惯。

从那时起,这种工作室与家毗邻的习性就从未改变过。我可以工作直到深夜,随时爬上床去。有时候,为了某个构思而辗转难眠,我会起身下楼,穿过走廊再回来继续工作。

当我还在埃德勒和沙利文的事务所时，我借平日里往返于橡树园和芝加哥城里的机会，观察沿途草原上的建筑。这些所谓美国式的住宅莫名其妙地出现，而且成为一种典型。但是无论从抽象还是具体的角度，它们都有悖于对自然的信仰，都不属于这里的环境。一些关于自然的住宅的构思，自然而然地在我头脑中酝酿着。每当我设计的一座住宅建成，我就渴望下一个机会。很快，我的愿望得到了满足，因为我并非这里唯一厌恶虚伪、渴望真实的人。

这些草原上的住宅究竟患了什么样的病症？请听我为你细细地拆解。

作为开场白，不妨说这些住宅的每一个部分都是谎言。它没有丝毫的统一感，也没有在一个自由的国度里，自由的人群中一个自由的个体应当享有的空间。它在自己碰巧落脚的地方张牙舞爪。从中西部的草原上，拔掉任何一座这样所谓的"家"，只会让景观变得宜人，让空气变得清爽。它仅仅是一个盒子，表面布满孔洞以便让光线和空气进入，另有一个格外丑陋的洞口供人进出。除此以外，它不过是尖耸笨拙的屋顶罩着一堆砖和石块。精细的木匠手艺是尊贵的主宰。地板是屋子里唯一朴实平坦的部分，家庭主妇们却要盖上她们收集来的各色地毯，否则岂不是过于"光秃秃"？多么遗憾啊，人们居然无法在木雕的宝瓶柱或者石膏线脚上行走。

如果说作为一个建筑师，我在橡树园被一群违背人类价值观的醉鬼所包围，也并不为过。我敢断言，这一堆拥挤的盒子是古往今来世间最龌龊的住所。暖气、上下水管道和电灯，是唯一能救赎它们罪过的手段。

面对这种混乱，我最初萌生的渴望是简洁，能够被称为"有机"的简洁。当我设计温斯洛住宅时，这种思想尚未萌芽。如今，它已经出现在我的创作中。有机的简洁，创造了和谐的自然界中每一个重要的角色，让每一种生命都具有自己独特的美。

我本能地热爱中西部草原的美。树木、花草与天空形成强烈的对比，却又构成简洁的整体。

在我看来，即便是微小的凸起在草原上都会显得很突兀。任何一个使高度增加的细节都至关重要。这里无尽宽广的空间，被人用荒唐的方式随意滥用。所有土地都被一横一纵两刀，切成五十英尺见方的小块——除非你想少要或者再多要二十五英尺。地产商把土地照此切好，再不受任何限制地卖出去。在这个年轻和自由的国家，人们全都喜欢挤在一起。他们拒绝让自己的生活舒适而自然地平躺在大地上，宁愿别扭地跷脚立着。甚至当这种陋习已经因汽车的产生而变成愚蠢的经济行为和社会罪行时，情况也并未好转。在我的脑海里，浮现出一组平行于大地的平面。它们组成了建筑，让建筑成为大地的一部分。我开始把这个理念付诸实践。

芝加哥周边草原上的建筑，全都高耸而又拘谨。每一座住宅屋顶上都耸起几个烟囱，宛如熏黑了的手指威胁着天空。烟囱旁边是几乎和它们一样高的老虎窗。老虎窗像自成一体的一个个小房子，从屋顶上冒出来。佣人们借此从阁楼里探出脑袋，呼吸一口新鲜空气。所有住宅无一例外地在土质黏湿的草原上挖出一个地下室。整座住宅周边的石墙基座凸出地面一英尺左右，地下室透过石墙上窄小的窗子眨着眼睛。

无处不在的"地窖"像一把石头或者砖砌成的椅子，让住宅坐上去。端坐在这把椅子上的，通常是瘦削的两层建筑。墙面最好钉满竖直或者斜向排列的木瓦。穿戴烦琐的木瓦墙面上，挖出专供大猫出入的大洞和专供小猫出入的小洞，还有另外几处透进空气和光线的洞口。外墙顶部的线脚和花哨的支架，托着陡峭烦琐的屋顶，时常还有老虎窗做伴。起伏有致的屋顶炫耀堆砌到了疯狂的程度，完全背离了为人们遮风避雨的本意。整个住宅的外表如同群魔乱舞，或者说是墙板、墙角、窗框、柱础、花边等等组成的拼图游戏。这些就是"他们"对于风格唯一能想到和做到的事。木匠手中的锯子和车床作为忠诚的帮凶，促成了这一邪恶却又完全合乎道德的时尚。

除非屋主已经穷困潦倒，住宅的角部总是少不了一个精心打造的尖塔，戴着灭烛器形状的圆顶或者像尖头向上的萝卜、洋葱模样的尖帽。这种颇具想象力的贫乏，身旁总是少不了煞费苦心的飘窗和华丽的门廊。那些工匠用砖雕琢出的东西，几乎和石材做的一样出色。那是一个公平的社会，它对所有材料全都一视同仁地不加区分，直到今天依然如此。

这一团团的堆砌与简洁之间的距离，正如牲口圈里的喧闹与音乐之间的差异。然而，建筑师的工作却因此变得异常容易。是的，他需要做的只是嘱咐绘图员："伙计，就用咱们的第三十七号成品，给这位女主人再多加一个飘窗。"

Building the New House
建造新的住宅

第一件事就是去除阁楼和屋顶的老虎窗，去除它们下面虚假无用的空间。下一步，去除藏污纳垢的地下室。是的，草原上的住宅里将没有地下室的踪影。屋顶上不再阴惨惨地林立着瘦削的烟囱，让人联想到末日审判。每一座有舒缓的坡顶或者平屋顶的住宅，只需要一个庄重得体的烟囱，至多两个。烟囱下面宽大的壁炉里，将燃起一团真实的火焰。一个真实的壁炉在当时算是稀罕之物，因为人们风行用壁炉架作为替代品。所谓的壁炉架，就是四边镶嵌大理石的铁篦子上摆几个可怜的炭块；或者是铁篦子下面贴着地砖，再用木线脚围成一件家具，嵌在贴有壁纸或者刷了涂料的墙面上。这无异于侮辱舒适的感受。在每一座我有幸设计的草原住宅里，壁炉都是与建筑整体密不可分的重要部分。

火焰在砖石砌成的宽大的壁炉里舞动，总是让我感到温馨，产生一种家的感觉。

人是我的尺度。我把建筑的层高降低，以适应一个普通人（比如五英尺八英寸半[1]——和我同样身高）的感受。除了人本身，我没有其他可以信赖的尺度。依据人的尺度，我尽量把建筑的体量向水平方向延展，强调宽敞的空间感受。曾有人说，假如我再长高三英寸的话，我设计的住宅将会是截然不同的比例。也未可知。

地面上水泥或者石块的散水基座，像低矮的平台承托着整个建筑。住宅的外墙在二层的窗台位置终止，舒缓的坡顶和深远的挑檐遮蔽着二层卧室连续的窗子。在这种新的住宅里，墙开始变得不受欢迎，因为它阻挡了室外光线和景色。如果说建筑等同于不得不开一些洞的盒子，那么墙则是这个盒子的灵魂。当我设计温斯洛住宅时，仍然停留于"墙即是建筑"的概念。在那之后，我对于建筑的认识开始改变。

我所理解的墙，不再是盒子的侧壁，而是当人受到风雨或酷热袭扰时需要的遮蔽。它的另一个重要角色，是把室外引入室内，同时让室内融入室外。基于这种理解，墙的功能应当接近于屏风，成为一种使空间开放的形式。随着建筑材料的进步，最终将会实现自由地利用空间，而不会影响结构的合理性。

中西部草原的气候，决定了这里的居住环境在酷热与严寒、潮湿与干燥、昏暗与明亮之间交替。有鉴于此，挑出深远的屋檐回到了数千年前屋檐线脚最初的角色，为屋檐下的建筑提供保护和遮蔽。挑出的屋檐底面光洁平整，并且通常涂成浅色，以产生柔和的反射光线，照亮檐下的室内。它具有双重功能：遮蔽墙面不受风雨侵蚀，并且利用反射使二层的房间更加明亮。

---

[1] 约合 171 厘米。

那一阶段，我所理解的住宅，是宽大的遮蔽下供人生活的室内空间。我喜欢它看上去具有遮蔽的感觉，至今仍是如此。

住宅开始与大地结为伙伴，在周围草原的衬托下显得自然而然。

建筑的初学者们或许会问，这样的住宅在当时真的有什么"新奇"可言吗？是的，它们不仅属于新生事物，还是异端邪说，荒唐的离经叛道。即便是在今天，它们依然与正道格格不入，甚至显得愈发奇怪。当时，它们是如此之新，以至于我险些无法再靠设计住宅来养家糊口。起初，"他们"把这些住宅称作"衣着改良"，因为美国社会正为人们的穿戴发生变化而兴奋不已。对于井底之蛙而言，我所崇尚的简洁貌似某种改良。

上面所讲的一切，都是与住宅的室外相关。而发生在室内的，才是这些住宅的意义所在。

那个年代的时尚住宅，如同被冷漠的人们刻意地胡乱切成的碎块。室内空间无外乎是一个盒子挨着另一个，或者一个盒子套着另一个，美其名曰"房间"。所有这些盒子再被装进最外层一个烦琐的大盒子。家庭生活的内容，被分门别类地填进一个个盒子里。

除了二层的卧室拥有私密，这样的生活有什么意义可言？相互隔离的斗室，让人联想到古代的牢房。或许，它们被当作睡觉用的盒子倒是无可挑剔。

我将住宅的一层空间视为一个大的房间。厨房将不再是一个小房间，而是类似试验台那样敞开着。佣人的起居和休息空间靠近厨房，但并不紧邻。在这个大房间里，用隔断灵活地划分出就餐、阅读、会客等功能空间。

当时，这样的住宅设计毫无先例可循。然而，我的业主们都希望借此解决在家中困扰着他们的佣人问题。许多无用的门消失了，隔断根据需要而自由延伸或缩短。屋主与佣人都欣然接受这种自由。整座住宅空间变得更加宽敞和自由，也更加适于生活。

住宅里将不再被塞满垃圾。减少门的个数，减少窗洞的个数同时增加窗的面积。门和窗的上沿降低到与人的身高相称的高度。一旦做出这些改变，房间的天花板将会随之降低。窗上沿和天花板之间，是一条和天花板颜色相同的石膏带。天花板仿佛降到了窗上沿的高度，并且被放大了，让人在窄小的房间里也感到头顶上有开敞的空间。

接下来要谈到的是一种新的要素：可塑性。对于成功地利用机器，它是不可或缺的要素。有时候，我会采用角窗，强化可塑性和室内空间的感受。我积极地推广向外的平开窗，因为它能够使住宅与室外更紧密地结合。换句话说，平开窗不仅操作简单，而且使用过程和效果都更人性化，也更加自然。假如它不是已有的资源，我也一定会自己发明它。然而，平开窗在当时的美国无人问津，我因为执意采用它而失掉了许多业主。

屋主们大都习惯于断头机一样的竖向提拉窗，我只在温斯洛住宅里使用过一次，此后就永远抛弃了这种构造复杂而又违背人性的装置。那时候，我尚未彻底抛弃木线脚，但是我尽量使"线脚"具备可塑性，以轻巧流畅的线脚取代繁复的叠涩转角。所谓的线脚看上去不再像是木匠的手艺。依照我的设计，机器可以完美地制作线脚。具备可塑性的线脚能够掩饰工匠们拙劣的做工。当时，机器与工会之间的斗争已经使工匠们丧失了操守，需要有足够多的线脚来掩饰足够拙劣的做工。

那个时期，人们对于机器资源的理解仍极其肤浅。我不得不绘制大量图纸，只是为了让制作部件的工人们明白需要省略掉什么。可塑性这一革命性的概念，巧妙地应用在线脚和其他难以尽述的方方面面，产生了种种出人意料的神奇效果。从人们欣赏这种变革的态度不难看出，几乎所有人都已经无法忍受那些暮气沉沉的住宅。有机的简洁为建筑带来了历史性的变革，它所影响的不只是这个国家，还有整个文明世界。

Simplicity
简　洁

在早期的探索阶段，我发现有机的简洁依赖于我在前文描述过的协调。显而易见，乏味并不意味着简洁。"罗伊克劳福特-斯蒂科利"[1]风格的家具，像谷仓门一样乏味——却与真正的简洁有天壤之别。我发现，机器制造的物品未必是简洁的。我的大师沙利文讲过："思考，就是探寻简洁的过程。"这意味着关注事物的整体。

我相信，有关简洁的唯一真理在于，任何孤立的事物自身都毫无简洁可言。一切事物只有被恰当地置于某个有机的整体之中，才可能实现这个局部自身的简洁。一朵野花是简洁

---

〔1〕"罗伊克劳福特-斯蒂科利"（Roycroft-stickley），19世纪末美国的一种家居风格，受英国的"艺术与手工艺运动"影响。风格朴实而缺少装饰线脚。

的，而当人工培育出两朵野花，就会丧失简洁，因为自然界最初的意图已经不再清晰。田野里百合花与生俱来的简洁，依赖于自然界赋予它清晰的设计和完美的意义。耶稣曾经道出了关于简洁最精辟的箴言："何必为衣裳忧虑呢？你想：野地里的百合花怎么长起来；它也不劳苦，也不纺线。"[1]

只需三条线的地方，五条线就是愚蠢；只需三磅重即可，那么九磅就是臃肿。然而，简洁并非一味地删除言谈或者文字里生动、强化语义的词语。建筑方面类似的删减也与简洁无关，往往只是一种愚蠢。

在建筑领域，丰富的表面变化和清晰有力的线条，尤其是材料的肌理和图案，能够使事实更具说服力，让形式更具意义。盲目删减造成的危害不亚于过度雕琢，甚至更加频繁。只有掌握了简洁这把利器，才会知道哪些应当省略，哪些需要保留，如何实现这些目标，最终随心所欲地表达。

从我事业的起步阶段，住宅里的艺术品陈设就一直被新生的简洁视为敌人。只有挑选得当，并且每一件都与住宅整体协调，我才能接受它们。古董、现代雕塑、绘画和陶器，都可能被我加以吸收，参与建筑设计。这些珍贵的物件可以成为任何一个住宅设计的元素，如同优雅的生活伴侣。然而，将它们融入整体是一个异常艰难的过程，需要使每一件室内陈设都相互协调。

我试图说服业主们，假如某些家具陈设不能与建筑固定在一起，成为建筑有机的组成部分，那么它们也应当因设计而获得固定家具的特征，并且被视为建筑本身的一小部分，即便是偶尔才拿出来一用也不例外。

然而，屋主们通常会在乔迁新居时，把他们已有的老家具也搬进去。因此，几乎每一次屋主自作主张地完成室内布置，我都会感到心痛。

不久，我发现抽象化的家具的确是一个难以实现的目标。也就是说，将家具设计成建筑的同时使它适于人的使用。我的一生当中，与我早年设计的家具过分地亲密接触，屡屡让我身上紫一块青一块。

或聚拢或独处，或坐或卧，人们都离不开家具。他们还必须吃饭。设计餐桌餐椅要容易许多，并且往往是一个体现艺术才思的好机会。安排一个人舒适而随意地独坐或者几个人围

---

[1]《圣经·新约·马太福音》6∶28。

坐，是一个棘手的问题，稍有不当就会扰乱设计的整体合一。然而今天，这个矛盾应当被克服，也能够被克服，因为只有人的舒适与方便才合乎这种现代的整体观念。

人的使用与舒适，不应成为任何设计者个人癖好的牺牲品，而应当是每一个室内空间的宗旨，同时体现在每一处建筑外表。装饰理应让使用变得更加吸引人，舒适变得更加得体，否则，装饰不过是一种被滥用的特权而已。

随着以上这些思路凝结成一座座住宅，实现自由的平面布局和消除无用的空间高度，奇迹出现在这些新的住宅建筑里。一种适度得体的自由理念，改变了整个住宅的面貌。住宅变得更适于人的居住，也更契合它所处的环境。无法想象，建立在这些原则之上的住宅会出现在草原以外的地方。就建筑空间而言，产生了一种全新的价值观。大约三十七年前，建筑世界里有了一个新的成员：安详从容的流线型建筑。如同应用于轮船、飞机和汽车那样，这种光洁的流线型表面也被应用于建筑，不同的是它表现为硬朗的平面，紧密地结合建筑材料、环境与人的使用和感受。

然而，在这些新思想当中，最为重要的是可塑性的思想。从萌芽到日渐成熟，它开始逐步实现有机建筑的理想。

Plasticity
可塑性

以关节连接清晰准确的骨骼作为对照，包裹骨骼的肌肉可以让你真切地感受到何为可塑性。假如形式果真"追随功能"——如我的大师沙利文宣告的那样——那么，从精神的层面更加直白的表述是：形式与功能合二为一。无论当时还是现在，它是我所知道的唯一方式，可以消除人为的割裂，以及为取悦双眼而起伏流转的线脚堆砌。与一切灵感萌发的过程相似，我本能地捕捉到这一原则。从那时起，可塑性就作为连续性的一种表现，在我的作品中不断发展。

在建筑领域，可塑性不过是古老思想的一种现代表达方式。将这种思想应用于建筑以及一切人间世事，能够重塑已经支离破碎、慌乱无措的人类社会。路易·沙利文喜欢用"可塑性"这个神奇的字眼，来描述他的装饰设计语言何以与众不同。何不将它进一步用于对建筑整体的思考呢？

难道会有一种原则适用于局部，却与整体矛盾吗？

假如形式果真追随功能——从建筑材料的可塑性来看，的确如此；而在精神的层面上，形式与功能可以合为一体——那么，纠缠于竖直的柱子和水平的横梁还有什么意义？不再有像"细木匠手艺"一样堆砌的梁与柱子，不再有任何线脚、柱头和壁柱，也不再有任何附着在建筑上的"装置"。不同部分之间的界限将会消失。与之相比，古典建筑不过是被锚固起来的一堆装置。

墙体、天花板和地板应当成为彼此的一部分，它们流动着的表面相互交融。将建筑视为连续的整体，清除一切添加上去的装置。正如路易·沙利文在他的装饰设计中消除背景，不再有背景与主体的对立，只有密不可分的整体。一种思想从建筑材料的层面升华到了精神的层面。想象一下，整座建筑像一株植物那样从土壤里破土而出，自由地生长，"依据人的天性拥有自主的生活"。它像自然界中的一棵树傲然挺立，然而它却是人类精神的孩子。

它是机器时代里建筑的理想，也是美国建筑的理想。它将茁壮地生长，如同一棵树。

然而，我所指的绝不是模仿一棵树。

作为一种重要的建筑理念，可塑性一步步地从笼统变为具体，开始体现在我的作品之中：马丁住宅、希瑟住宅、托马斯住宅、托麦克住宅和库恩利住宅等数十个住宅。我痴迷地看着它所产生的效果，以及这些效果继续衍生出的种种结果。

古老的建筑语汇开始在我的头脑中消散，新的建筑语汇像是被魔法召唤而来。可塑性这一原则，为整个建筑历史的巨著增添了崭新的语汇。前方是水到渠成的简洁与妙不可言的和谐，我为这种美而感到喜悦与惊奇，有时甚至是震撼。

自那时起，可塑性始终是我的创作实践遵循的原则，它帮助我靠近被称作建筑的崇高目标。它体现在实体之中的延续性，是房屋天性的一部分。而每一种外在的美学形式，都是事物天性的表露。因此，这种美学理念必然会作为一种结构原理，出现在建筑生成的过程之中。

我努力使柱子与梁结合成连续的结构整体，而不是彼此独立的两个元素。然而，循规蹈矩的结构工程师们却不能给予我丝毫帮助。他们习惯于把一切结构简化成柱子与其支撑着的梁，然后才能开始计算，告诉你在哪些位置有多少根柱子和梁。这就是他们能做的一切。墙体与楼板合二为一并且相互作用，他们对此闻所未闻。他们手头没有足够的科学公式来计算连续的结构。

我在东京帝国饭店采用了中心支撑的悬挑楼板，就像餐厅侍者用手指在盘底中央托起盘子那样。当时，这种结构形式是一种新生事物。但是，工程师们很快就借助于公式掌握了悬挑，由此它成为一种新的建筑设计语汇。作为至关重要的结构特征，悬挑使帝国饭店在一九二三年的大地震中得以幸存。钢材的延展性决定了悬挑不仅仅是一种新的美学形式，而且是一种具备科学性与经济性的结构手段。

The Nature of Materials
材料的天性

从我早期对于可塑性的思考，生发出另一种概念。如果要将可塑性的原则应用于实践，必须具备一种新的意识——科学地认识材料。当时，钢、玻璃、钢筋混凝土这些最伟大的材料才刚刚开始学步。假若它们出现在古代，所谓的"古典建筑"将根本不会诞生。

我吃惊地发现，在文明世界的文学宝藏里没有任何对于材料天性的阐述。于是，我开始思考材料的天性，学着理解它们。我学会了用砖的语言和砖交流，把木材理解成木材，学会讲混凝土和金属各自的语言。或许你会觉得奇怪，然而这种过程需要凝聚丰富的想象力。每一种材料都渴望顺应其天性地施展机会。以有机的简洁这一理想境界为准绳，基于某一种材料的巧妙构思，用在另一种材料身上往往成了生搬硬套。忽视或者误解了材料的天性，有机的建筑注定是一纸空谈。机体内部的协调是生长的首要原则。整体合一或者说"有机"这个词的含义在于，任何事物只有作为整体的一部分，自然地顺应整体生长的方向，它才会具有价值。我亲爱的大师沙利文，却对一切传统的建筑材料不加区分。无论砖还是石材、木材、锻铁、铸铁或者砂浆，都只是他借以挥洒想象力和生动的装饰语言的原料。

对他而言，一切材料都只是供他编织理想的同一种材料。我依然记得，当我在亲爱的大师的作品中发现这一缺憾，我既心存窃喜又为自己这种心理感到羞耻。关于材料的这些新思考，刺激着我寻找把思想化为现实的工具。生活中无处不在的工具是什么？是机器——自动运转着的工具。工厂里的刨床、翻模机、各种车床、电锯，还有庞大的冲压机和切割机。在炼铁厂和轧钢厂，铸铁和钢材被打造成任何你能够想象的形状。然而，这些机器都无法唤起路易·沙利文的兴趣。或许他将这些都视为理所当然。轧制、冷拔等金属加工工艺，是多么神奇的资源啊！还有混凝土搅拌机、混凝土模板、制砖机、连铸机和生产玻璃的机器，所有这些古老意识无法理解的工具，都被组织森严的工会所控制。

一个个不同行业的工会，都是高度商业化的组织。在那里，精湛的手工艺只剩下微弱的喘息。标准化已经变得不可或缺并且也不容变通。标准化究竟是建筑师的敌人还是朋友，这完全取决于他做出的选择。建筑师要么成为一件利器的主人，要么沦为可有可无的附庸。当时的建筑师根本没有察觉——甚至今天仍未充分意识到，标准化的力量已经使一切形式的手工技艺濒于窒息。

实现新的建筑，需要借助于新的工艺。我所设计的建筑不仅应当贴合材料的天性，并且要让建造它的机器淋漓尽致地施展各自的才华。我将遵从一个崇高的原则。对于人类的一切文明成果而言，整体完美的协调是世间最为严苛的原则。任何其他原则，都不及它那样万无一失地给予人丰厚的劳动回报。（难道能指望人际关系吗？）机器使笔直的线条和光洁的平面从缺陷转变为优势，而柔韧的钢材带来了解放。

温斯洛住宅于一八九三年建成之后，我依照摩尔先生的要求设计了他的新居，使他不至于因为住在一座"别致"的房子而招人耻笑，就连早晨赶火车去芝加哥都得从后门溜出去。我们的银行家们有着铜墙铁壁一般的头脑，只知道盲目地听命于"昨日"。起初，他们拒绝为这种"新式"住宅提供贷款。借助于朋友们的资助，我的几件早期作品才得以实现。施工的分包商对着用来做预算的设计图纸刚看上几眼，就会在图纸上找到建筑师的名字，忙不迭地把图纸送还给承包商，再附上一句"我们可不想自找麻烦"。意料之中的是，承包商通常自己也不能正确地解读设计方案。设计必然是令人惊诧的简洁，因为有如此之多的废物从建筑里被扫了出去。许多小承包商接受了这种挑战，最终却陷于破产。天使不敢涉足的地方，将成为愚人们横行的乐园。在整个橡树园，我和我的业主们似乎是承包商们最敢于提出苛刻条件的对象。业主们通常会满怀激情地支持我，甚至超出了他们的经济承受能力。其结果是，他们搬进新居之后不得不为了节省花销而继续使用老的家具。这是我不愿看到的悲剧。有机的简洁意味着完美的整体合一，剔除所有装置，拒绝一切表皮化的装饰。所有照明和供暖器具都是建筑特征的一部分，所有家具都应当尽可能地由建筑师来设计，成为建筑整体的一部分。挂饰、地毯全都遵从同样的原则。某一方面的失当，往往会破坏整体的效果。未经与建筑师协商，不得在房前屋后栽种植物，这可惹下了麻烦。未经与建筑师协商，不得在屋里添置雕塑和挂画，这可惹下了麻烦。有人兴冲冲地拜访屋主，想要兜售饰物和摆设。刚一听到建筑师的大名，立刻彬彬有礼地抬一抬头上的帽子，转身告辞之前，没忘了酸涩地道一声"日安"——其真正的含义却是"晚安"。虽然造访者不乏真诚的崇拜者，屋主也会受到庸俗的好奇者的滋扰，时常遭受正统人士的嘲讽。那些百分之一百美国式的井底之蛙，从来只走在大路的正中间。

每一座新的建筑都是一次新的试验。针对每一位不同的业主，选用一种不同的建筑材料，意味着一个崭新的构思。在世纪之交，混凝土的应用才刚刚崭露头角，橡树园的统一教堂是世界上第一座整体使用现浇混凝土的建筑。它的另一创举在于，木模板现浇混凝土不仅是施工方式，也是设计方案自始至终的依托。当时，就连住宅采用抹灰墙面都属于创新。我设计的住宅是唯一采用平开窗的建筑。除了重力的法则和业主们的喜好，我的作品中几乎一切都是新生事物。

The First Protestant
第一声抗议

拉金办公大楼[1]是建筑世界里第一声豪迈的抗议。是的，它是第一次豪迈而果敢的抗争，阻挡丹老爹所预言的席卷美国的洪流，阻挡那些煞费苦心的荒唐。美国没有机会以智慧和耐心创造一种新的建筑，而是被洪流冲进了一座富丽堂皇、堆满了世人追捧的各种风格建筑的垃圾场。

拉金办公大楼犹如一块简洁的巨石，砖砌的四周墙面上密闭无窗。不远处，从纽约中央

---

[1] 拉金肥皂公司的办公大楼，位于纽约州水牛城，1950年被拆毁。

火车站开来的火车喷出毒烟与废气，然而，作为美国最早拥有中央"空调"的建筑之一，它的室内空气始终保持清新。

它使用的建筑材料是砖和石块。拉金办公大楼挺直的线条和光洁平整的表面，直率地体现出力量，正如远洋邮轮、飞机和汽车的形式直接地体现各自的功能。如果说它曾对欧洲建筑界产生过深远的影响，也并不为过。

在设计过程中，它的个性、冷峻的力量以及实现这个时代独有的美的机遇，在我脑海中逐渐成形。事实上，当时和今日的我把这些要素都视为一体。当时的我满目所见，属于我们自己的伟大机遇屡屡被人荒废。我意识到，无论是以反叛者还是抗议者的身份，成功的唯一途径在于真实地展现这个机器时代里崭新的秩序。

我努力将某种东西注入这座建筑，试图清晰地表达这种新的秩序。直到保罗·穆勒接下了施工合约，完整的建筑石膏模型摆在橡树园我的工作室里，我才得到我最终希望的清晰呈现。解决的方案像闪电一般划破犹疑不决的云层，我跳上开往水牛城的下一班火车，去说服拉金公司为什么需要追加三万美元，把楼梯间布置在远离建筑中心的大楼四角。楼梯井将不仅是独立的竖向交通路径，并且充当空调系统的进风管道。追加的资金将使这一特征得以清晰地实现。

和善而慷慨的拉金先生批准了这一想法。在我心目中，这座房子被拯救了，它将能够被称为建筑。

整座建筑是由耐火材料建成的一个巨大石窟。它或许是世界上第一座室内外彻底耐火的建筑。包括办公桌椅的所有家具，都是用钢和镁土砖在现场定制并且与建筑固定为一体。废纸篓成了漏网之鱼。日后，我也一直没有机会让它（还有电话机）融入设计的整体，只能听任它们被业主随意安排。除此之外，一切都与建筑相协调或者成为建筑的一部分。

对我们而言，镁土砖是一种新颖的材料。但古罗马人用它建起的罗马城，直到今天依然坚固。经过多次试验，我们决定在整座建筑的室内都使用镁土砖。其他创新之处还包括：不落地的厕位隔断、直接固定在墙体上的抽水马桶和长条形连体办公桌椅。所有的创新都是为了便于打扫和操作。通高的办公中庭沐浴着屋顶泻下的天光，创造出一个明亮洁净而又不失肃穆的工作环境。顶层是餐厅和音乐厅，点缀着从楼下中庭可以看到的鲜花和绿色植物。屋顶是砖铺成的休闲场地。这座新建筑的每一处细节都务求实用。否则，它不过是令整个国家愈发堕落的又一例多愁善感而已。

拉金办公大楼外观

拉金办公大楼中庭

投入使用之后，包括两位高级职员达尔文·马丁和威廉·希瑟在内的公司雇员们，都对这座大楼赞许有加。然而，对于拉金家族极端保守的英吉利品位而言，它似乎过于质朴和萧瑟了。他们的注意力更多地集中在那一次次试验上，其中某些试验（例如镁土砖）造成了工程延期。有几处小的纰漏，也令他们大为不悦。或许他们因此感觉，整座建筑仅仅是一味的标新立异而已，他们从未意识到世界将如何看待他们拥有的这座建筑。因此，日后进行的愚蠢改造总是毫不犹豫。在他们眼中，无论从哪个角度衡量，这座大楼都不过是公司产业的一部分，与其他产业没有什么不同。在建筑意识方面，他们肩上依旧扛着盛有托马斯·杰斐逊[1]遗体的棺木。自然而然地，拉金家族的成员在水牛城的住宅都是清一色的殖民地风格。

接下来，我的橡树园工作室收到的委托，包括统一教堂和在水牛城的马丁住宅、希瑟住宅。

同时也有几份设计竞赛的邀请。但是，无论项目的内容多么令人心动，邀请者许下多少诱人的承诺，我坚定地回绝了所有竞赛。这一原则延续直至今日。

世界从未因竞赛得到过一件建筑杰作。原因在于：

第一，评委会自身必然是由某些人挑选而定的平庸之物。评委成员必须得到某些项目资助者的认可。

第二，因此，自身是平庸之物的评委会，其上任后的职责无外乎浏览所有参赛作品，首先剔除最优秀的和最拙劣的，这样方能对平庸的作品进一步达成平庸的共识。

第三，故而，任何建筑竞赛无外乎一个平庸的团体代表一批平庸者的利益，对一件平庸的设计达成平庸的一致。

第四，最终的结果是，在开工之前这座建筑就只能望见时代的背影。

如果平庸之作是建筑领域里民主要追求的理想，或许你可以将竞赛视为一种民主。然而，竞赛的意义仅仅在于为羽翼未丰的年轻人提供机会。

为了让所有竞赛更加彻底地失去价值，每一个参赛建筑师都绞尽脑汁地揣摩公众的成见和评委们的口味。无一例外地，对此把握最为精准者将会赢得竞赛。

在筹备之初，统一教堂也曾经考虑过进行竞赛。经过激烈的辩论和再三犹疑，它被直接

---

[1] 托马斯·杰斐逊（Thomas Jeferson，1743—1826），美国第三任总统，也是美国古典风格建筑的奠基人。

委托给了我。

除非被强有力的领导者所指引,建筑筹委会的决定往往难以超越平庸。离开了这个筹委会的领导者——发明家查尔斯·罗伯茨——的坚定支持,统一教堂必将无法实现。

让我们循着建筑师的思路,把统一教堂加以拆解,看一看它如何变成了今天你所见到的模样。

Designing Unity Temple
设计统一教堂

假如主持这座教堂的牧师约诺特博士是弗拉·朱尼佩罗[1]的话,它的风格将注定是"西班牙传教士风格";假如他是拉图[2]神父的话,它必然会是一座中古罗马风的建筑。事实上,唯一被约诺特博士认可的建筑传统,是"回归东部"——新英格兰地区白色的小教堂,屋顶总少不了瘦削的尖塔指向天国。如果多愁善感也算理性的话,这或许不失为一种选择。

可惜,这位牧师运气欠佳。现实引导着他为了建筑的理想而放弃了成见。希望每一个将要阅读以下文字的人,也能为了同样的理想而放弃一点点自己的成见。

筹委会的每一位成员都是善良正直的人物。其中有一位——前文提到过的查尔斯·罗伯茨,既是机械工程师同时也是发明家。他在创造力方面具有远见卓识,而只需一位这样的成员,就足以像酵母一样,让任何尤松尼亚建筑僵化的筹委会变得松软。斗争开始了。因为建筑的理想,建筑师与善良正直的人们之间始终存在着斗争。

首先是这座教堂在我心目中蕴含的哲学。

面对建筑里的艺术与手工,让我们抛开一切有文学意味的象征形式。建筑内在的韵律深

---

[1] 弗拉·朱尼佩罗(Fra Junipero,1713—1784),西班牙传教士,在加利福尼亚传教多年。
[2] 拉图神父(Jean Latour),薇拉·凯瑟(Willa Cather,1873—1947)于1927年出版的小说《大主教之死》(*Death Comes for the Archbishop*)的主人公。书中,他主持修建了美国新墨西哥州罗马风的大教堂。

植于人类心灵深处的敏感，它高于其他一切艺术形式。何必执着于白色的小教堂和瘦削的尖塔？为何要指向天国呢？

我给筹委会讲了下面这个故事：一位渴望看到上帝真容的圣徒，攀上了世间最高的山峰。他衣衫褴褛、精疲力竭，仰起被汗水浸润的面庞，向天空呼唤上帝。他听到一个声音——回去！

他果真想看到上帝吗？那么，他应当回去，下山回到属于他和他身边人们的山谷里——唯有在那里，他才能够看到上帝的表情。

那么，为何不建造这样一座殿堂，不是以多愁善感压过理智的方式敬献给上帝，而是敬献给人？供人们在此聚集，以上帝的名义探究人的自身。它将是一座现代的聚会场所，一个带给人快乐的空间。

牧师约诺特的思想很开明。然而，他的开明面临考验。筹委会的成员们全都充满好奇：这样一座建筑会是什么模样？他们着实难以想象。

"这正是你们求助于我的原因。我可以想象出并且帮助你们实现它。"我请他们先回去，答应下一次会议向筹委会展示一些形象化的设计。

我最先想到的是一间肃穆的布道大厅，由这间大厅的氛围来塑造整座建筑。让它内部的空间决定外部的建筑。

建筑的体形呢？这取决于材料。在一九〇六年，以四万五千美元建造一座容纳四百人的教堂，只有一种材料可供选择——混凝土。它很便宜。

用木模板浇筑的混凝土，形成各个不同部位的建筑体块，围合成一个室内空间——布道大厅。你从建筑的整体外观，就能够感受到内部空间的特征。混凝土体块的表面，将不做任何饰面处理。它既廉价又耐久，并且具有别致的美感。

屋顶呢？如何利用混凝土遮蔽头顶的风雨烈日？答案无疑是钢筋混凝土的楼板。如果这座建筑要实现完美的纯净，也就是说以同一种材料建成，我们别无选择。

这一切是否过于肃穆？我担心对委员会而言它的气质过于直率。混凝土楼板将整个空间罩住，他们是否会觉得亵渎神明？没有起伏或者坡度的混凝土楼板，施工既便捷又廉价，体现出一种庄严的简洁。最主要的成本是浇筑混凝土用的木质模板，因此应当尽可能地反复使用同一模板。建筑四面的形状和尺寸相同，可以最为高效地使用木模板。由此生发出最简洁的形式——正方形的建筑平面，立方体的建筑空间。

统一教堂外观

混凝土楼板也是立方体空间天然的一部分。"我崇尚简洁。"[1]立方体是最具想象力也最快乐的形式,它散发着整体统一的浓郁气息。

在我的头脑里,这座教堂开始逐渐丰满成形。用地紧临大湖街的一侧,有汽车往来的嘈杂。因此,最适当的布局是将入口设在背离街面的一侧,通过一个庭院进入教堂,而保持其他三面封闭。借助于前文描述的那些思路,教堂本身流畅地成形了。但是这座建筑的功能还有世俗的一面,一个容纳主日学校和信众们聚餐、娱乐等活动的空间。

这些内容和教堂结合在一起,会破坏简洁纯净的布道大厅——那里肃穆的空间供人们表达对于上帝的景仰。于是,我把世俗活动的空间设计成"统一之家",是位于用地背侧的一个独立建筑。在长条形的开敞大厅里,根据主日学校或者其他活动的需要,用可移动的屏风划分空间。虽然独立,却与布道大厅协调。它们的入口都设在联系二者的门厅里。

圣坛将设在方形教堂的入口一侧。信众们从圣坛两侧进入大厅,通过下沉的走廊和设在大厅角部的楼梯到达楼座的座席。在这个过程中,他们可以看到大厅里面,却不会被已经落座者察觉,这样能够保持厅堂里安静肃穆的氛围。

---

[1] 原文为拉丁文 credo simplicitatem。

布道结束之后，信众们将面朝他们的牧师起身离场。他们从牧师身边走过，通过圣坛旁边的大门进入门厅。这种离场方式，体现出对牧师的尊重，而在绝大多数教堂里，信众们都是转身背朝着牧师离开。

落成后的建筑实现了这一点。

布道大厅的尺寸，取决于如何让四百人腿脚摆放舒适地坐下。大厅里四根中空的混凝土柱子支撑着屋顶。供暖管道装在柱子的内腔里，既节省造价，散热也更均匀。四根柱子与墙壁之间是双层的楼座。四根柱子之间的屋顶是天窗，天光透过琥珀色的天窗玻璃，绕过井字形交错的混凝土梁，均匀地洒在室内。无论晴天还是雨天，大厅里都仿佛浸润着温暖的阳光。夜间照明用的灯具，悬在天窗下的大厅上空。照明设计的思路在于统一，利用柔和的漫射光保持室内空间的纯净。

接下来，在以混凝土为载体的具体手法之外，我们来看孕育在头脑中的有机整体。我们将要触及"风格"的问题。值得注意的是，迄今为止我们谈论的都是理性的布局。设计"方案"着眼于以具体的形式表达构思，但同时运用想象力来"感受"尚未诞生的整体。

首先，是委员们听到的那个小故事里蕴含的哲学。一切艺术创作都有各自的哲学，它是创造的首要条件。然而，某些人会面带微笑地把它说成创作的"结果"。

其次，体现在每一部分当中的主旨：理性的布局。这种布局既要体现尚未实施的整体构思，又要在实施过程中符合现浇混凝土的特征。作为创造的前提条件，将多种多样的因素始终聚拢在既定的方向上，绝不是轻而易举之事。想象力孕育了和材料紧密结合的设计方案，以及整个构思的主旨，形式随之逐渐变得清晰。

想象力是至高无上的主宰，直到它让位于自然而然生成的整体形式。

假如所有这些构思都健康地发展成熟，那么有关风格的问题将迎刃而解。有机的风格已经形成。

我们无法选择风格。风格是正在向我们靠近的东西，是整个创造过程本身的另一种体现。对于任何一个建筑师而言，迎接风格的到来都是一个激动人心的时刻。他将要看到自己为之冥思苦想的某种东西，究竟是什么模样。内心理性的秩序与对美的热爱结合，孕育了这个产物。不管将会给予它的使用者们祝福还是诅咒，任何建筑都是产生于爱与理解。如果人们能够理解它、呵护它，它将祝福他们。如果人们和建筑师之间丧失了相互理解，那么这座建筑和使用者之间也必然会相互诅咒。当建筑师准备描绘出他的构思，他正是怀着这样的信念和志趣。

所有艺术家都或多或少地怀着同样的志趣和同样的信念。

此刻，面前是一叠纯净的白纸，准备记录下设计的一步步思路。

丁字尺、三角板和比例尺伏在洁白似雪的纸面上，这是怎样的诱惑啊！

"儿子！快去叫凯利把工作室的壁炉点着火！问问赛蒂这会儿为晚餐做烤洋葱是不是还来得及！再去叫你母亲，我工作的时候要听见她弹琴。最好是巴赫，她想弹贝多芬也行。"

接下来，交织着怀疑、犹豫与热切的渴望，思考的成果将破壳而出。从小比例的草图入手，尔后是较大比例的图，最后是更大比例的细部推敲。

跳动的火焰是为创造力提供帮助的伙伴。富有诗意的烤洋葱，是辛劳的艺术家忠实的朋友！美妙的音乐是对一个艺术家最好的激励。毕竟，人只是创造的力量可怜的载体，犹如萨拉萨蒂[1]手中的弓弦。

在绘图板前长时间不受打扰地挑灯夜战，最适合收获丰硕的创作成果。

与此同时，各种念头在我脑海里闪过。"设计就是以纯粹的几何语言将自然界中的元素加以抽象。"——我们是否应当以此来定义纯净的设计？

这个立方体——正方形——比例。材料固有的图案和肌理通常是如此地接近成熟与抽象，它们本身就是最理想的手段，只待设计师的双手驾驭它们……混凝土表面采用什么样的肌理？何不显露它本身的石粒？如何让石粒表面保持清洁？现实，是的，"美好的事物"总是意味着现实。然而，现实主义滥用了这种美好的感受……保持纯净的直线，保持思路的每一个亮点。光洁平滑的表面总是具有清新明朗的表现力，材料的肌理会在阳光下为它们增添神采。

现实即是精神，是一切表象背后的本质。牢牢地把握它！现实的图案是最纯粹的几何，它是一种魔咒，并且对一切几何图案施以魔法。

随着线条在我的丁字尺、三角板和比例尺下流淌，这些想法在我脑海中涌现。它回答了"艺术家意味着什么？"——牢牢地把握表象背后无处不在的本质。

---

[1] 萨拉萨蒂（Pablo de Sarasate，1844—1908），西班牙著名小提琴演奏家及作曲家，技法纯熟绚丽。

统一教堂的布道大厅

猛一抬头,看到朝霞满天,爬上床去稍事休息。

再回到绘图板前,一叠铅笔绘制的平面图、剖面图和立面图已经完成,只剩下供世俗娱乐活动的"统一之家"还没有绘制外立面。在不同功能的建筑之间建立和谐,是一道棘手的难题,常常令人绞尽脑汁。

又一轮持续数日的全神贯注。如何既让世俗活动的空间保持教堂整体应有的肃穆,同时又无损于世俗活动的功能,不必虚伪做作?我充分意识到,对于想象力而言,有机建筑的理念通常是严苛的律条。总是有某一个无关大局的细节,需要你耗费大量的时间和精力才能求得完整的和谐。任何一个细枝末节,都可能成为令建筑师抓耳挠腮的重大矛盾。不计其数的设计图纸被我丢进废纸堆,只因为某一个细节无法化为现实!

经过三十四轮设计的推敲,这座建筑拥有了今天你所看到的那种完整的和谐。不幸的是,这些设计过程图纸与成千幅我的其他作品的过程图纸都不复存在了。它们全都是类似的辛苦推敲的见证,目标是让建筑的各个部分完美地凝聚成有机的整体。如果它们能保存下来该有多好。今天你所看到的聚会大厅非常协调自如,因为它是经历多次修改之后理性的成果。

最终,这个大厅的空间氛围不仅得以保留,并且将被视为整个设计的灵魂。神圣的宗教崇拜空间不是深藏于具有雕塑感的体块之中,而是由四壁与屋顶简单地围合而成。这就是建筑鲜活的"母题"吗?

大量的细部仍然有待完成。为了维护构思的纯净完整,需要进一步剔除哪些冗余的部分?类似的推敲永无止境。从这个角度讲,没有一座有机建筑会彻底"完工"。有机建筑的理想从未彻底实现,也不需要如此。可曾有哪一个崇高的理想得以彻底实现呢?

统一教堂已经完整地在纸面上落成。对于一座早已在头脑里建成的建筑而言,并不存在所谓的"草图",也从未有过。

建筑师面临的最艰难的考验,是把设计第一次呈现给不具备理解力或者怀有敌意的人。

这个建筑师已经有些担心他的设计将面临怎样的命运。如果被迫做重大的改动,他宁愿彻底抛弃已有的设计而重新开始。除了罗伯茨先生,我对筹委会其他成员不抱什么希望。为何不请他先来看看,向他解释设计构思的原委?看过草图,听过我的描述,罗伯茨先生非常高兴。他理解了!他毕竟是一个发明家。要实现任何一个能够称为建筑的作品,都离不开这样一位亲密的朋友。罗伯茨先生建议我做一个建筑模型,否则将寸步难行。模型很快就准备好了。

可以恭迎筹委会驾到了。委员们满怀好奇地齐聚一堂,看过之后都面露困惑,端出一副"解释一下吧"的姿态。此刻,和某些懂得"风格"的同行比起来,追求创造的建筑师就显得捉襟见肘了。后者可以向业主展示他们的资料画册,大谈而特谈威尼斯的圣马可教堂,或者西西里的帕拉丁教堂[1],以其博学和权威慑服怯懦的业主。

而有机建筑的创造者只能谈一些规律和常识。他唯一的魅力在于新鲜的思路,并且依赖业主独立的思考和判断力予以认可。业主必须能够自主地思考,领会如何将原则扩展到具体的细节。当建筑师走进一座法庭,他需要怎样的运气才能遇到睿智的头脑坐在法官席上啊!眼下这个建筑师已经学会以评判者的个人喜好作为睿智头脑的替代品。

我们怀着希望,竭尽全力。在第一次会议上,发明家和我说服了另一位委员。包括牧师本人的另外四位委员仍然抱有怀疑,斯基林先生是其中的公开质疑者。牧师虽然被设计方案打动,但是他很慎重——非常慎重。幸好他具有预见新世界的眼光,而这就是希望,确凿的希望。当他投下赞成的一票,天平将向有利于我们的一侧倾斜。最终,牧师接受了设计方

---

[1] 帕拉丁教堂(Cappella Palatina),位于西西里岛的巴勒莫,始建于约 1080 年。

案。余下的三个委员未被说服,但是建筑师可以大步前进了。怀疑和畏惧被束之高阁,只有斯基林先生仍不放弃。他坚持认为,建成之后室内必然一片昏暗,声音效果将会一塌糊涂。跨过他的异议和警告,筹委会做出了正式的决定。尤松尼亚的每一座现代建筑,都会在路途中遇到一位斯基林先生。

那么,由谁来建造这座教堂呢?四处询问几个星期之久,却找不到一个稍有意愿的承包商。设计方案不是很简单吗?——没错儿,这恰恰是症结所在。简单到没有任何先例可供参照。需要承包商施展太多的想象力和主动性,方能确保工程的进展。收到的仅有一份报价,是我们预期上限的两倍。没有人真正愿意接手。虽然都是天生的赌徒,但是承包商们只会对眼前十拿九稳的对象下注。

保罗·穆勒前来搭救。他的双眼能够将设计方案读成翔实的工程图纸。他给出的造价只比筹委会预期的略高一点。在将近一年时间里,他驾轻就熟地掌控着施工过程,始终没有发生大的偏差。他乐于拯救灵感、参与创造。在工地这个建筑师永远的课堂上,我和他一起克服了一道道困难。

它终于建成了,迎来了星期天的揭幕典礼。我待在家里,不愿去参加典礼。

过了典礼开始的时刻,电话铃声不断响起。祝贺夹着笑声接踵而来。足够了,疲于应付的我要带着小弗兰茜出去透一口气。我刚戴上帽子,电话铃声再次响起。听筒里传来斯基林先生语气平淡的声音:"我收回说过的一切……大厅里到处都很明亮,所有人都很喜欢。"

"听着清楚吗?"

"是的,视线和声学效果俱佳——当初的设计全都实现了。"

"我很高兴。"

"再见。"最终,这位胸怀坦荡的怀疑者送来了衷心的赞誉。小弗兰茜被高高地抛在空中,又欢声尖叫着落回我的怀里。过去、现在和将来,一座建筑诞生的过程总是如此。

正如我开头提醒过的那样,即使你对建筑抱有兴趣,这个故事仍显得有些冗长乏味。缺乏对于建筑图纸的了解和照片的参照,这些文字不免让你生厌。我在此尝试的,是通过解剖统一教堂,揭示原则如何赋予一座建筑特征与风格。或许我并非这项使命的适宜人选,完成这项文学的壮举需要一支生花妙笔。

A Code
一则信条

将传统的教堂理解为一座现代建筑！宗教和艺术是人内心体验的形式。伴随着人类社会成熟的过程，它们变得更加细腻与深刻。我们永远不会失去宗教或者艺术。然而，我相信宗教的体验将会摆脱教堂本身——并非摆脱宗教，而是摆脱作为一个具体机构的教堂，正如建筑出于人文和科学的原因摆脱文艺复兴那样。在我看来，任何一种沿袭古代"机构"形式的教堂，都只是奄奄一息的多愁善感。宗教殿堂作为交流的论坛和共享快乐时光的场所，带给人们美和启迪。基于陈旧仪式的宗教殿堂呢？它已经失去自由，毫无生命力可言。

显然，我试图解释的思想当中至关重要的部分，却根本无法解释，也无须解释。然而，我在年轻助手们的协助下进行的创作，正是探索这一思想的过程。

在你读到的这些词句背后，有某种暗示帮助你理解"设计一座建筑"究竟意味着什么。

以上这段关于建筑如何在设计者的头脑中诞生的简短描述，无法完美地解释"什么是风格"，但是它或许提供了一点点线索。

为了照亮某种创造物，尤其是他自己的创造物而付出的艰辛，是人类的另一种悲剧。仅此而已。

在我设计统一教堂期间，艾佛瑞·库恩利夫妇来到橡树园，请我设计他们在伊利诺伊州河滨镇的住宅。

在此之前，他们尽其所能地考察了我的许多作品。

库恩利夫人在橡树园的工作室里告诉我，之所以选择我，是因为他们在我设计的住宅里看到了"原则的神情"。对我而言，这不失为真诚动人的赞誉。于是，我为了他们的新居竭尽全力。今日回首，我依然感到那是当时我能够设计出的最好的住宅。

库恩利住宅的故事将会告诉你，我如何将创造力倾注于住宅设计，尤其是这座我自认为最成功的住宅。然而，它的故事并没有出现在这部自传里。

Kuno Francke
库诺·弗兰克[1]

库诺·弗兰克是作为"罗斯福交换学者"的哈佛大学美学教授。他在芝加哥周边看到一种新颖的草原住宅,不免打听这些建筑出自谁人之手,而每每得到相同的答案。

在教授的请求下,我的一位德国朋友引着他和他风姿绰约的夫人,从芝加哥来到橡树园。弗兰克在我的住处待了一整天,第二天再次来访。和沃勒先生、丹老爹一样,他也鼓励我去欧洲。所不同的是他建议我去德国,在那里生活和创作。

"你的作品所蕴含的有机思想,在当下的德国仍流于肤浅。那里的人们会珍视和看重你。而你自己的同胞还需要走很长一段路,才能接受你呈现给他们的东西。"

我向来热爱古老的德国。歌德、席勒、尼采、巴赫——这位碰巧以音乐作为语言的伟大建筑师,还有贝多芬和施特劳斯。还有慕尼黑[2]!这一系列受人景仰的人物,他们不正是德国的同义词吗?维也纳也总是引发我无尽的遐想。巴黎?从未令我如此神往。

德国应当是个理想的目的地。

直到那一刻,我始终拒绝前往欧洲,固执地让它停留在我的梦想之中。

在此之前,来自伦敦的查尔斯·艾什比[3]也曾经向我提出不无相似的忠告。当时,他正以"艺术与手工艺运动"代表的身份在美国做巡回演讲。经简·亚当斯女士的鼓动,他前来与我会面。我用自己对未来美国的憧憬说服了艾什比。现在,如何让弗兰克教授也分享我的憧憬呢?与我对丹老爹讲过的话相仿的内容,又一次被用作我的辩护。

"但是,当这幅蓝图在美国实现的时候,你又身在何处呢?"我尊敬的美学教授问道,"难道你指望活上一百岁,甚至更久吗?"

"啊,当然不会。可是我打算活到足够长,能够看到这个目标向我们靠近,"我自豪地说道,"美国正在迅速地成长。这是一个自由的国家!"我给他讲了艾什比的故事。艾什比在为他而设的晚宴上抨击芝加哥贫瘠的文化。在座有一位芝加哥的子民实在忍无可忍,他激愤

---

[1] 库诺·弗兰克(Kuno Francke,1855—1930),德国艺术史学家。曾在哈佛大学任教,并担任校内的德国博物馆馆长。
[2] 德国南部城市慕尼黑曾是欧洲文化艺术中心之一。
[3] 查尔斯·艾什比(Charles Ashbee,1863—1942),英国建筑师,是最早在欧洲推介赖特作品的建筑师之一。

地起身反驳说，也许芝加哥当下仍是文化领域的矮子，但是有朝一日芝加哥决意要征服"文化"，它必定会让文化"吃不消"！讲罢，我和弗兰克教授相视开怀大笑。

这次妙趣横生的谈话之后不久，我收到柏林一家享有盛誉的出版商瓦斯穆特发来的邀约，希望我提供图纸资料用以出版我的作品全集。这份邀约想必是缘于弗兰克的橡树园之行，虽然这种猜测从未得到验证。

（今天早晨，正当我写下以上这段文字的时候，一份报纸落在我的书桌上，刊登着库诺·弗兰克去世的新闻。）

The Closed Road
无路可走

作为建筑师那一段吸引我为之废寝忘食的经历，在一九〇九年告一段落。我快要四十岁了。

筋疲力竭，我失去了创作的激情甚至是兴趣。每一个星期里的每一个日与夜，我好像那个詹姆斯舅舅农场上的少年一样，付出"汗水，更多的汗水"。虽然常常为辛劳之后的成果而激动，此时我却似乎抵在一堵高墙下面，看不到任何出路。除了想要离开，我不知道自己想要些什么。或许应当去德国，与出版商筹备作品专辑的资料？我盼望踏上这一旅程。

下午四点以后的时间，我习惯骑着我的小黑马"狩野"[1]（得名于日本古代的绘画大师），在橡树园北面的草地上，时而任由马儿纵情飞驰，时而在马背上勒住缰绳，从衣袋里取一本书来读。在户外读书是我长久以来的爱好——尤其是读惠特曼。

骑马、游泳、跳舞、溜冰和无所不包的阅读，从童年以来就陪伴着我。我始终如饥似渴地热爱音乐，还有驾驶汽车（很难讲汽车究竟让生活的内容增加还是减少）。驾驶汽车干扰了我的这些爱好。汽车直接地或是含蓄地搅乱了一切价值观，也搅乱了我的生活。

我总是努力地把工作转化为娱乐，把娱乐转化为工作。近乎严苛的全心投入，为了一个

---

[1] 一个浮世绘画师家族的姓氏，形成延续两百余年的"狩野派"，成员包括狩野永德（1543—1590）和狩野山乐（1559—1635）等多人。赖特曾收藏"狩野派"所绘的屏风画。

我爱它胜过爱我自身的理想而放弃生活中最宝贵的东西。所有这些对我产生的影响，现在开始显现出来。

各种各样的责任和压力，尤其是家庭生活，如同压在我肩上的重担。我不知道自己想要些什么。我爱我的孩子们，爱我的家。一个真正的家，是一个人最完美的理想。然而为了获得自由，我提出了离婚。深思熟虑之后，凯瑟琳拒绝了我的要求，但是我们达成了约定：假如我能够再等待一年，届时可以获准离婚。一年之后，虽然有言在先，凯瑟琳仍然拒绝赐予我法律上的自由。现实留给我的只有一种选择——直面现实，为了所有人着想，努力追求美好的生活。为了这个崇高的理想，我无法保全我的家。今天，我不愿打扰那一段经历中的隐私细节。你们将看到的以下三项基本权利，是那一段抗争多年之后沉淀而成的结果，它们是通向诚实生活的途径：

一、缺乏双方相互感情的婚姻之可怕，不亚于任何一种形式的奴役，并且更为可怕。

二、唯有基于相互感情的婚姻才是正当的。爱情绝非财产，抢夺爱情是何等野蛮的行为，而守卫也同样是一种野蛮。

三、孩子是父母对人类未来怀有信念的证据。不存在不合法的孩子，只可能有不合法的父母——无论他们的结合是否合乎法律。

除非符合以下条件，在任何真正的民主社会里，法律对于以上三项基本权利的干涉都是无益的：

一、合法的婚姻仅仅是一对男女之间的民事合约，目的在于分享财产，共同为该婚姻产生的孩子提供生活保障。从这个角度讲，合法的婚姻受制于其他任何合约适用的法律解释与法律执行。合法的婚姻，绝不应当被视为仅仅是性关系的执照。性关系绝不应当如目前法律所限定的那样，无耻地成为合法婚姻的核心。

二、即便是在法律的保护范围内，爱情自身也有资格抵御他人染指或者相互猜忌——除非爱情已经堕落为一种商业行为。对于这种堕落，应当由法律像管制其他堕落行径一样加以管制。恰恰是成熟的爱情自身，能够决定爱情是得以保全还是行将崩溃。

三、孩子是父母之间的爱情给予社会的证据，政府有责任制定并且维护法律，保障这一证据。每一个孩子都应当由其父母提供良好的住所、食物和待遇，享有身体和思想成长的自由。除此之外，孩子应当拥有他出生这一事实赋予他的最令人渴望的东西——爱。然而，后面这一项与法律无关。

以上这些归纳，是在充满误解、夸大其词、推诿拖延和沮丧消沉的那几年里，我深刻思索的结果。它们与任何人都具有生存权利一样地清晰确凿。否定这些权利，不仅有害于重新凝聚我的家庭，并且无异于毁灭我的家庭。

我把手里未完的设计项目和我的助手们，都托付给了我刚认识不久的冯·霍尔斯特[1]，一个年轻的芝加哥建筑师，又尽我所能地为家人安排好了一年的生活供给。然后，心里仍留着无法舍弃的责任，我切断了和家庭的一切联系。[2]

毅然决然地离开，如同当年离开麦迪逊的家、离开大学，我登上了从橡树园开往芝加哥的火车。正如我曾以作品表达自己的信念那样，我等待着未知的前路考验我对自由和生活的信念。我面对着生活彻底改变的风险，以及每一次追求内心自由的抗争都不可避免的社会打击。自那时起，我就清醒地意识到，以内心自由为目标的抗争从未在这个星球上完全实现过。所有叛逆者都自愿地选择了流放。

In Exile
流　　放

古老的小镇菲耶索莱[3]，俯瞰着佛罗伦萨这座令其他城市黯然失色的浪漫之城。在小镇的威尔第街上，有一座乳白色的小别墅，那里暂居着一对叛逆者。曾经有多少人为了摆脱现实或者幻想中的家庭痛苦，来到菲耶索莱的山坡下寻求安宁！

---

[1] 冯·霍尔斯特（Hermann von Holst，1874—1955），生于德国的美国建筑师，1910—1911年替赖特暂时接管他的事务所及项目。
[2] 赖特与他的业主切尼的妻子梅玛（Martha Borthwick，1869—1914），分别离家前往欧洲。两人在欧洲会合，逗留一年后回到美国，两人未正式结婚，开始在塔里埃森共同生活。
[3] 菲耶索莱（Fiesole），佛罗伦萨郊外的一个山城小镇。

与我一同在这里寻求安宁的,是凭着叛逆的力量,循着爱的光亮走近我身旁的她。手牵着手,白日里沿着盘山小径,从佛罗伦萨走向比它更古老的菲耶索莱。沿路绽放的玫瑰送来花香。臂弯相挽,月光下走在同一条古老的小路上,倾听夜莺在树影婆娑的林中歌唱,倾听生命深处的歌声。许多次怀着朝圣的心境,走过狭窄的威尔第街,推开白色院墙上的绿色大门。走进门去,历尽沧桑的大门把世界关在外面。小巧的铁笼子里,火焰在木柴上跳动,系着白围裙的埃斯泰萝,正微笑着恭候"先生和夫人"享用充满惊喜的晚餐。诱人的烤鹅、葡萄酒和抹着焦糖的布丁,每一样都是我从前尝过的佳肴无法比拟的美味。

　　沐浴着佛罗伦萨的暖阳,漫步在高高院墙围起的花园里,或者水池旁爬满黄玫瑰的廊架下。黄玫瑰花丛下的喷泉旁边,铺着洁白桌布的小石桌上,已经摆好两套餐具。

　　一次次长途步行去往瓦洛布若萨[1]修道院,翻过起伏的山丘,穿过遍布山野的罂粟花丛。修道院附近的松林里,深吸一口松林独有的芳香,聆听瀑布溅起的水声消失在幽深的静谧中。走累了,就宿在山间的小客栈里。

　　手牵着手走在回去的路上,顶着烈日和尘土,走过曲曲弯弯的山路:一条古老的意大利小路。这条有溪水相伴的小路,见证了从古罗马直到今天的沧桑!

　　在欧洲各处的美术馆里,沉浸于建筑的美、雕塑的美和绘画的美,筋疲力尽地并肩坐在长凳上。无论下一座教堂多么古老,下一件艺术品多么诱人,也不能让我们再挪动一步。

　　一位忠诚的伴侣!

　　这是梦吗?还是化为现实的梦境?不,它是人类生活肌理中的一根金色丝线。

Aftermath
后　果

　　无论我出现在何处,报纸上耸人听闻的报道总是追逐而来。

　　关于这种无情的迫害,我想要说的一切,就是我根据亲身经历得出的以下三条简单的结论。正当我竭尽全力在有益于所有人的基石上,重建有益于所有人的美好生活,舆论却在追

---

[1] 瓦洛布若萨(Vallombrosa),佛罗伦萨东南三十公里处一座始建于11世纪的修道院。

逐和迫害我和所有我爱的人、我尊重的人。

结论一：既然美国的所有公众媒体皆为私人所有，那么针对上文的三项基本权利，一切利用、伤害和侮辱任何个人的媒体报道都是不道德的。

结论二：不允许媒体以隐秘的个人生活作为谋取利益的手段。媒体的报道应当仅限于法律相关的范围内，除非证明发生了损害这三项基本权利的犯罪行为。而出具证据的义务应当由牟利者而不是被利用者承担。

结论三：这三项基本权利，比任何与财产相关的利益都更为神圣。

在一个处心积虑地干涉这三项基本权利，或者蔑视这三条结论的社会里，你如何能够想象拥有长久的自由？

生活的进程完全依赖激情的推动。牺牲的起点是自私，甚至爱情的起点也是肉欲。然而，从这样的起点依旧涌出推动生活的力量。人的道德成长，意味着个人通过对于自己生活的纯粹隐私的深层思考，自主地生存或者死去。除了断喝一声"住手"或者"请站远些"，法令对于道德成长还能做些什么？我坚信，如果一个人寻找不到长久相爱的伴侣，那么他短暂的人生必将在痛苦之中荒废。鞭笞、嘲弄和审查，正是将这种荒废塑造成社会楷模的工具。

除了被畏惧或者欲望所蒙蔽，想要扮演狂暴的耶和华的人，任何人都将认清这一点。然而，由政府掌控的法律何以被频频用作敲诈或者复仇的利器？显而易见，根源在于政府对两性相悦的干涉如同它对饮酒的干涉[1]——禁绝并且严惩违反者。在任何正当的社会里，法律干涉生活并且试图承担与之毫不相干的责任，就意味着法律将被滥用。只有在个人的自由选择是文化基础的社会里，我们才可能拥有真正的民主文化。

政府的角色一旦失度，政府自身必然面临着被人利用的危险。它很可能被不择手段或者满腔仇恨的人用作手中的武器或者工具，以公众的名义了断其个人恩怨。

托马斯·杰斐逊，我们的共和国缔造者中最为睿智的一位，曾经坦诚地宣告："最好的政府就是最接近于不存在的政府。"[2]

---

[1] 美国于1919—1933年实施禁酒令，禁止生产与贩卖个人消费用的酒精。
[2] 一说此语出自美国独立革命时期的另一思想家托马斯·潘恩（Thomas Paine，1737—1809）。

我所描述的这些感受，在本质上符合人类生活的美好信念。这种信念曾经指引我的祖辈世世代代的生活。如今，它支撑着我承受脱离家庭、丧失声望和在橡树园的事业，使我不被痛苦焦虑的旋涡所吞没。我的事业、生活和爱情将迁徙到祖辈留下的可爱的山谷。母亲预见到我的困境，买下了山谷里的一大片坡地作为我避难的家园。一九一一年，当我从欧洲回来之后，我开始建造塔里埃森。那里是我的庇护之所，是一面我能够坚实倚靠的墙。

Taliesin
塔里埃森[1]

"塔里埃森"，是一个威尔士先贤的名字，他既是在威尔士人当中赞颂艺术的诗人，也是德鲁伊教的哲人。许多威尔士传说，都与这个受人爱戴的名字相关。

理查德·霍维[2]的诗剧《塔里埃森》，让我认识了这位先贤。我所有的亲属都用威尔士语来命名他们的家园。受他们的启发，我给自己的这块土地取名"塔里埃森"。它在威尔士语里的字面含义，是"闪亮的前额"。

今天塔里埃森山丘的"前额"，是我少年时代钟爱的地方之一。当三月的暖阳照着残雪，我曾在那里的草丛中寻找银莲花。登上山顶，四周树林的枝头在你脚下，让你仿佛置身于半空中。劳埃德-琼斯家的"山谷"和另外两个山谷铺向远方。"罗密欧与朱丽叶"依然在东南方向的山丘上矗立，山坡家庭学校就在山脊的另一侧。

从孩提时起，我就熟悉这里的每一寸山坡和谷地。塔里埃森的模样，是这里山丘的体态，是造化在山丘上编织出的肌理，是春天的嫩绿送走冬天的白雪，夏日浓艳的绿意化作秋日斑斓的五彩。今天，我依然感到自己与树林、鸟群、蜂群、牛群和红色的谷仓一样属于这里。

一九〇九年的春天，我在橡树园的家庭生活变得与每一个灵魂都有权享有的自由对立。我别无选择，只有维护我的自尊，自愿地流放到前途未卜的迷茫中去。置身于法律的保护之

---

[1] 塔里埃森（Taliesin，534—599），古代威尔士诗人。
[2] 理查德·霍维（Richard Hovey，1864—1900），美国诗人。

外，以这种方式，我被推入了绝境。我渴望摆脱世俗枷锁中的生活。我回到这片山林，如同外祖父来到他视之为希望和庇护的美国。那时候，我忘记了外祖父的以赛亚，忘记了以赛亚的鞭挞和惩罚。

此时，我对于建筑已经有了独立透彻的认识。它来自我真实的体验，它意味着某种从我们称之为美国的土地上生长出的东西。建筑是某种"与田间的石头立约"，是对于"草必枯干，花必凋残"的同情。它就像是慈祥的外祖母的百合花，自然而然地契合某种伟大的变革——这个国家自身。

我无法想象，至少是难以忍受，一座房子被生硬地加在我心爱的山丘之上。

我清楚地认识到，任何房子都不应当被强加给一座山丘，或者强加给任何环境。它应当属于山丘，成为山丘的一部分。山丘与房子应当幸福地共生。除非人为的干预，万物原本可以如此自然地和睦相处。每当人试图显露他的一丁点儿力量，总是难逃对自然界拙劣的模仿。为什么？难道不能有自然的住宅形式吗？我的努力给出了肯定的答案。如今，我希望建起一座供我自己居住的自然的住宅。我察看这里的山丘，断层中露出的岩石暗示着建筑应有的形态。绿色的草坡之上，裸露的岩层和深红的杉树、白色的桦树相互映衬，显得那么平静和有力。它们都是南威斯康星州独特表情的一部分。

我自己也希望融进我深爱着的南威斯康星州，不愿让自己这渺小的一部分突兀地立起。

建筑的本质，就是像树林那样编织一种肌理。如你所见，一株山毛榉就是山毛榉，它不会努力想长成橡树。一棵松树也绝不愿变成桦树。当它们并肩组成一片树林，每一棵树都让另一棵树更加妖娆多姿。

这个世界曾经拥有过恰如其分的建筑——如今，何不让这样的建筑重现？一定会有某一种房子，像树林和岩石那样，像外祖父和母亲那样，属于这山丘。

会有这样一座自然的住宅，它所具有的并非洞穴或者木屋那种直白的自然，而是与它生长的土壤息息相关的精神。它将重新揭示，在建筑生命力旺盛的那些久远年代，建筑究竟意味着什么。我看到过的所有建筑都难担此任。这个国家已经让所有恰如其分的老建筑失去了魅力。我无法想象居住在任何一栋我所见过的时尚住宅里。是的，会有一座住宅和山丘像夫妻一样幸福地共生。我渴望找到它，眼前甚至已经浮现出它的模样。我开始建造它，使它成为那座山丘的前额。

这些仍只是一个萌芽不久的理想，但是它将在果园里插下树苗，在葡萄园里栽下枝蔓。

一株株小树将会长成枝繁叶茂的大树,在房前屋后四处投下惬意的阴凉!

我仿佛看到,屋后的山顶上有一丛苹果树正在开花,花香随风飘满山谷。被压弯的枝头挂着红色、黄色的果实,像丰收中的柑橘树一样美丽。我仿佛看到李子树上雪白的春花绽放。用手摇一摇树干,蓝色或者红色的果子从八月的枝头上纷纷掉落。我仿佛看到成片的野莓子树丛,粉色和绿色的醋栗犹如项链一般,从枝头垂下来。我仿佛看到成串饱满的红宝石,像流苏一般垂在黑加仑树丛中。我仿佛闻到了将要丰收的黑加仑果的香气。

黑樱桃?白樱桃?自然少不了它们。

红白相间的果实和绿色的叶子,点缀着种草莓的白色稻草垫。

我仿佛看到菜园里成行的芦笋和大黄。阳面山坡上的葡萄园里,紫色、绿色和乳白的珠玉硕果累累。小伙子和姑娘们挎着丰收的篮子,把葡萄像鲜花一样摆在每间屋子里。西瓜密密麻麻地卧在山坡上。成群的蜜蜂绕着果园飞舞,在鸡舍边白色的蜂房里把它们的劳动成果储藏。

瞧瞧我养的牲口!一群温顺的荷斯坦母牛和一头颇具王者风范的公牛,来回走动吃草,装点着田野和草地。山坡上吃草的羊群中,不时传出小羊羔"咩咩"的叫声。

还有会把一切废物化为金子般宝贝的猪。

我仿佛看到黑色和栗色的马群,毛色俊美闪亮,奔驰如风。还有健壮的马匹在耕地。从播种到收获,田野随着季节变换它的色彩。我仿佛看到高傲的公鸡和它成群的妻妾、雪白的鸡蛋。池塘里,鸭子、家鹅和天鹅浮在树影摇荡的池塘里。

我希望有爪哇的白孔雀落在舒展的屋顶上,或者在院墙上啼叫。

穿过菜园,走进深深的地窖。这里是外祖父的菜窖的现代版本。地上铺满了芹菜和成堆的南瓜、萝卜、土豆、胡萝卜和洋葱。用纸包着的卷心菜吊在顶棚上。装满苹果、梨和葡萄的木桶摆成整整一面墙,直抵顶棚下。还有奶油!当年那个小家伙吃不到的奶油。舀起来,浓稠得像蛋清一样挂在勺子边。它可以像鸡蛋那样飘浮在早晨香气扑鼻的咖啡里,或者浇在红艳艳的草莓上。

是的,塔里埃森应当是一个真正的工作室和一个温暖的家,还有一片花园和一座农场。

一切都在我眼前活灵活现,当我给这座建筑埋下基础的时候,也为牛栏、鸡舍和马厩埋下了基础。所有这些少年时代的生活内容重又回到我身边,比起那时更加美妙诱人。

就这样,"闪亮的前额"出现在完好无损的山丘上,享受着充实丰盛的田园生活。

一英里开外的山坡上有一片采石场。黄色砂岩层层叠叠裸露的形态，正是我希望建筑在山坡上应有的模样。挪威石匠拉尔森老爹，在采石场把石块凿下来然后劈开。附近的农夫们组织起来，把石料拖到山脚下，再增加一倍的人手，陆续把五百多捆石料拖上山来。石板用作庭院和露台的铺地，石块砌成随着山坡起伏的石墙。带着岩层肌理的石墙，向四周伸出长长的臂膀，把一座建筑拢入这片土地。这片土地！外祖父的土地！

　　最终，你很难分辨哪里是土地、哪里是铺地和石墙。尤其是山顶上，低矮的石墙围成庭院，石砌的台阶直铺到山脚下。庭院一侧是几株没有受到打扰的橡树，注视着它们脚下一道围起庭院的曲线石墙。石板铺砌的小路，会引你找到一股泉水或者一个中间有喷泉的水池。每一处庭院里都有喷泉。溪水上拦起一道厚厚的石墙作为水坝，在山脚下蓄起一个从塔里埃森能够看到的池塘。流经水坝的水，由水泵抽至山顶花园后面一个石砌的大水库里，然后重又经过庭院里的几处水池，再去浇灌屋前的菜园。

　　别忘了，塔里埃森是一个建筑师的工作室，也是他和年轻助手们的家，以及农场雇工们的宿舍。围绕一个大场院，是农活儿需要的各种房子。在塔里埃森两百英亩的土地上，从猪到主人都能够享受自给自足、舒适而又美丽的生活。房屋、食品和衣服，甚至娱乐都一应俱全。它还有自己的发电站、储油场、道路和自来水系统。

　　塔里埃森将成为我的孩子们和他们的孩子们的游戏场，或许还包括更遥远的子子孙孙。威斯康星的山野间这个朴实的人类居所，由四个围绕着山坡、相互连通的庭院组成。串起庭院的道路一侧是建筑，另一侧是花园，花园与山顶之间是挡土的石墙。

　　山顶依旧完整，一组建筑成为山丘的"前额"。片石叠砌的石墙从地面一直伸展到烟囱。塔里埃森将成为石头与木头抽象的结合，正如二者在附近山林中自然地相会。山丘的轮廓线就是屋顶的轮廓线，山丘的坡度就是屋顶的坡度。挑出深远的屋檐下，抹灰的木质墙面好像山下河岸平坦的沙地，因为抹灰的原料正是取自那里。

　　用在室外的木板的色泽，是灰色的树干染上紫色晨曦之后的颜色。

　　屋顶的瓦片任由风吹日晒，变成了和屋檐下的树枝同样的银灰色。一个个壁炉的烟囱，沉稳地端坐在屋顶上。屋里那些石头砌成的洞口旁，是人们聚会的好场所。屋外敦厚壮实的烟囱，品味着屋里的舒适与乐趣。

　　对于石匠们而言，采石场上岩层的纹路是他们的范本，建筑师本人是他们的老师。石匠们学会了把修长的石片砌成岩石自然的肌理。他们养成习惯，不时地退后几步，检查刚砌好

塔里埃森（前景是赖特收藏的菩萨像）

塔里埃森的起居室

的那一片石头效果怎样。他们像一个埋头创作的雕塑家那样兴致勃勃。你可以想象他们的样子：退后几步，歪着头，玩味一下整体的效果；有了结论，再上前来修改石片，仿佛永不厌倦这种推敲。他们当中许多人第一次有了做艺术家的感觉，并且乐在其中。

参与建造塔里埃森的每一个石匠都很出色，从捷克来的西格诺拉老爹或许是最棒的一个——但那是在菲利普·沃克加入之前。五年来，菲利普眼看着塔里埃森一天天成长——因为它永远不会彻底完工。直到今天，你仍可以从这些差异鲜明却又相互协调的作品当中，辨认出每一个石匠的个性。看到一片石墙，我仍时常想起那位创造它的石匠。

在当时的条件下，把大量原材料运上山顶需要组织人力和马匹。卡车是许多年以后的事了。在聪明头脑的指挥下使出九牛二虎之力，方能克服重力的法则，把成吨的沙子、石料、碎石和木料运到指定地点。本·戴维斯是当时运料的总管。他是一个富于创造力的咒骂者。为了完成工作，他不得不如此。听着他一边咒骂一边指挥，不由你不像面对一位演奏大师那样脱帽致敬。体力劳动者们通常会在每个单词之间加上脏字，而本·戴维斯能够把一个词剖开，艺术化地把他的诅咒插入音节之间的每个空隙。

有一天，本·戴维斯和五个工人在搬运一大块石头。突然间石块滑落下来，砸在了他的大脚趾上。我胆战心惊地绕着这块巨石上下打量，与此同时，他倒吸着凉气，怒目圆睁地威胁着、咒骂着那石块。虽然我从未怀疑过他咒骂的能力，但是他排山倒海一般的复仇仍令我刮目相看。与本·戴维斯作为诅咒者在事业巅峰时的这一表现相比，《马赛曲》的歌词[1]与《旧约》时代先知们发下的毒誓全都相形失色。威廉·布莱克说过，丰盛即美。或许我这么说有辱斯文，然而那一刻，本·戴维斯的咒骂不愧为丰盛，他的形象是如此光彩照人。

在春绿镇（附近的地名都是这样简单朴实，比如"黑土""蓝土堆""平原""独石"和"银溪"），我找到一个叫威廉·韦斯顿的木匠。他是一个天生的好木匠，我从未见他干活时有过一次失误或多余的动作。他的锤子异常轻，手柄是他自己设计的。他像剑客挥舞手中的利刃那样挥动锤子，每一次都精准地敲打在正确的落点。对于任何建筑师而言，他敏锐的思考和迅捷沉稳的手艺都是一笔财富。十四年来的大多数时间里，威廉陪伴塔里埃森挺过了一次次困境与磨难。在美国的乡间，偶尔会有一位技艺精湛的工匠现身。他就是其中的一个。

---

[1] 此指《马赛曲》歌词里对敌人的诅咒，如"让敌人的脏血灌溉我们的田地"等。

严寒将至。屋顶完工了，抹灰和安装窗子也已经完成，工匠们开始室内施工。夜晚，他们聚在壁炉旁，把木柴丢进火堆里，抵御从地板缝隙漏进来的寒风。他们都来自附近的村镇，周末以外的食宿都在工地现场。每个星期六晚上，他们口袋里装着领到的工钱，或者提着用工钱在村子里换来的日用杂货各自回家。这种时刻，他们生动的表情足以入画。其中一个叫约翰·沃恩的工匠是我眼中的天才。来到塔里埃森之前，他和另一个爱尔兰老乡合伙做混凝土生意，结果以失败告终。约翰说："我们没有垮得更早，只是因为我们没有接到更多生意。"

某一天，我碰巧听到下面这段对话。这个身材瘦高的天才是木匠们的主管，他正在向曾为我在芝加哥的几个建筑担任工头的比利唠叨。约翰说道："这个塔里埃森，是我从一片瓦都没有的时候盖起来的。"

"嗨，那算不得什么，"比利说，"我在橡树园盖起了那些房子的时候，手头连一张图纸也没有。"说起聪明伶俐，从来没有人比得上比利。

无论得到多少图纸和解释，工匠们都永远不会满足。然而，建筑师们偶尔也需要听一听类似的自吹自擂。

工匠们把建造塔里埃森当成某种历险。无论从哪个方面讲，它的确是一次历险，尤其是资金方面。我必须拼命地工作，以保证足够的收入。

室内大量采用清爽柔软的木材，保留它们质朴的表面。室内某些石柱和石墙，也尽量显露石材天然的模样。室内地面除了用深色纹理的柏木地板，其余部分都是和室外地面一样用石材铺成。室内墙面抹灰的材料混合了赭石色的生土，晾干后呈现出自然的金黄色。室外墙面使用同样的抹灰，但是颜色因为添加水泥而更接近灰色。然而，整体的"构架"才是这座建筑的关键所在。整个建筑将极为自然。倾斜的天花板像帐篷一样罩着房间，天花板与墙面交接处是打过蜡的软木带。建筑的朝向，保证一天当中每个房间总有一段时间能照到阳光。推开窗子，窗外是爬满了野葡萄藤的橡树和野樱桃树的树冠。春天的花香飘进屋子里，除了冰封大地的几个月，从日出到日落总能听到鸟儿在窗外歌唱。

我理想中的家，屋顶没有排水沟，冬天里它会邀请一条条美丽的冰凌挂在屋檐下。当厚厚的白雪覆盖了屋顶和庭院，窗外的原野和屋里向外眺望的目光之间，闪耀着晶莹剔透的冰凌，有时候足有六英尺长。冬天的塔里埃森，仿佛是一座白色的宫殿。屋檐下挂着水晶一样的流苏，玻璃窗上闪烁着温暖的火光。十几个壁炉里木柴毕剥作响的火焰，将袅袅白烟送上夜空。

　　室内的装饰陈设简洁而又适度。起初，地板上铺着浅棕色的亚麻薄地毯，后来索性掀去地毯，露出更为直白简洁的石板和木地板。门和窗挂着朴实的棕色织物挂帘。家具全都是自己打造，采用与墙面和天花板上色带相同的木料。我的威尔士老邻居丹·戴维斯，家资阔绰但仍然精打细算。看到我们自制家具，他对我夸赞道："做得对，弗兰克。这下子你也省了不少钱，是吧？"

　　给我帮工的邻居威廉姆斯大妈纠正他道："省钱？他可不是那种人。要是图省钱，他早就在西尔斯百货店都买现成儿的了。这个我可晓得。"

　　一座北方的住宅，低而舒展，渴望与周围的环境结为伙伴。它可以迎着夏天的清风敞开，变得犹如露天的营地。头顶上没有死气沉沉的闷顶，你可以在屋里听到春天的屋顶上响起自然的音乐。有深远的挑檐加以保护，你尽可以在雨中打开窗户，感受雨丝特有的气息。

　　当一切都清新有序，塔里埃森就会露出幸福的微笑，欢迎所有的人。

　　星期六和星期天，常会有"更发达的媒体宣传"从远近四方前来，围住塔里埃森。其中混杂着几位颇具特征的女士。利用这次难得的机会，她们一直溜达到客厅外，透过上半段开着的荷兰门〔1〕，探头探脑，不时发出"哦"和"啊"。我就躺在客厅里一张靠墙的长榻上，但是她们看不见我。片刻的沉默之后，一个带着浓重鼻音的声音分外自信地说道："看起来……看起来，我还是宁愿住在一个规规矩矩的房子里。"

　　工作室的北面墙上是一排高大的窗子。空间被划分成一间大的和三间小的工作室，它们中间是一个用作保险柜的耐火石室。设计图纸、私人文书和钞票在屋子里随处散放，它们的安全只能听天由命。而塔里埃森收藏的元禄〔2〕刺绣和浮世绘彩色木刻，却在保险柜里高枕无忧。伴随着我一次次远赴海外，中国的陶瓷和雕塑、桃山时代〔3〕的屏风逐渐涌入各个屋子。几年后，屋里的每一件装饰品都是"古董"或者珍品。

　　凝神注视这样一件饰物，无疑是值得体验的消遣。这些从异域文明来到塔里埃森的信使，想必散发着祥和与友善的气息。石像或者画面上的人物，投来饱含亲情的微笑。

---

〔1〕荷兰门指分成上下两段、可以各自开启关闭的门。
〔2〕元禄时代，指1688—1703年，是日本刺绣史上的鼎盛时期。
〔3〕桃山时代，指1573—1603年，以画面精致华美的屏风而著称。

是的，我所描述的这些都一一实现了，正如今天你在这里看到的那样。

塔里埃森是一个非常古老的故事，像人类的精神一样古老。那些古代的艺术品是这种精神的痕迹。随着时间不息地流淌，它们被留在了人类前进步伐的后面，在塔里埃森惬意地歇息。它们是故事中隐藏着的故事，是古老对新生的诉说。

新生为了古老而存在，正如在久远的年代，古老为了未来的新生而存在。

北方的风暴在舒缓的屋顶上滚过。这里的闪电总是那么狂暴，仿佛是以赛亚的怒火，然而塔里埃森始终微笑着。塔里埃森不会对别人横加干涉，它只是遵循自己的职责和与它心灵相通的古老精神而生存。然而，新生的世界没有意识到塔里埃森是它的一部分，仍旧对它追逐围攻，投来诋毁和侮辱。愤怒的塔里埃森想要反唇相讥，但终于还是保持着微笑。

塔里埃森是一个"故事"，因而它和它包含的一切不得不应对挑战。它冲破了风暴与重压，经受了三年以来的所有威胁和恶意的窥探——始终微笑着。任何人感受过这里的安宁，都无法相信它一直承受着外界舆论风暴的侵扰，只因为它是一个与我心心相印的女子寻求庇护的家园。

渐渐地，创作的欲望和信念回到我的身上。塔里埃森焕发出生命力，我重又投入了创作。

设在芝加哥乐队大厦的事务所处理商务，而设计工作室仍在塔里埃森。那里诞生了很多新的建筑，其中包括库恩利夫人自办的幼儿园、芝加哥大学附近的中路花园。作为我重新开辟事业的第一次成果，中路花园在许多方面都独具创新，并且让我联想到发生在塔里埃森的惨剧。接下来，就是这座建筑的故事，建筑的《一千零一夜》里的一篇。

The Tale of the Midway Gardens
中路花园的故事

一九一三年秋天，艾德·沃勒年轻的头脑里冒出了在芝加哥办中路花园的主意。说干就干，他首先想到了我。有一天，适逢我从塔里埃森来到芝加哥，他找到我商议此事。

"弗兰克，在这个阴沉沉的城市里，找不到一个能让人流连忘返的地方。要么光秃秃得很丑陋，要么又廉价又龌龊。我想在这片只有汽车和酒馆的荒原上，建一座供人们休闲的花园。"

或许你还记得我和丹老爹在沃勒先生书房里的谈话，他讲起这番话颇有他父亲沃勒先生的风范。

"我相信，芝加哥会懂得欣赏这样一座美丽的花园。市民们去那里欣赏音乐，享用美酒佳肴。这个户外的休闲花园，就像你在慕尼黑郊外去过的那些小公园，德国人喜欢全家一起去那里游玩。时下正风行跳舞，我们可以在室内为年轻人设一块舞场。还要有一大块空场供乐队露天演出，名流们可以坐下来欣赏在家里用餐享受不到的音乐会。

"当然了，芝加哥的气候是个麻烦，能够开放的季节很短。但是我们可以盖一座就餐用的冬季花园，中间有巨大的舞场。只需投入一个全年开业的酒吧的成本，就能稳赚不赔。我们可以把它办成高水准的大型休闲场所，有帕芙洛娃表演舞蹈，马克斯·本迪科斯[1]的整个乐队来演奏，你知道马克斯的。傍晚七点开始露天音乐会，乐队曲目的间隙可以有舞曲填空，让姑娘们拉着小伙子们在冬季花园里跳起舞来。每星期有那么几天下午的专场演出，每晚有特色表演。我想象许多人聚在露台或者屋顶上。灯光、色彩和音乐中人来人往——一个热闹的好地方！

"弗兰克，你一定能把它设计得独一无二。"

"只要你给我理想的用地，它一定会独一无二。"我告诉他，"你记得中路地[2]南边不远的老无忧宫[3]游乐场吗？这些年貌似热闹，其实一直在勉强支撑。那块地有差不多三英亩，足够大。我的设计会让你的付出得到回报。"

从哪里能筹到资金？这是艾德唯一没有搞清楚的问题，但是对他而言，"那是最容易的环节"。他会解决的。

"你觉得这个主意如何？"他问我。

阿拉丁和他的神灯曾让童年的我心驰神往。如今，这个年轻的阿拉伯人象征着创造的渴望，他的神灯象征着另一样东西——想象力。我听着艾德描绘他的蓝图，自己仿佛变成了阿拉丁，而年轻的艾德就是那个看守神灯的精灵。显然，他很清楚哪里能找到那些"神灯的奴仆"。听起来这有点儿像魔法之类的东西，但是我的确相信有神奇的力量。难道你忘了我曾

---

[1] 马克斯·本迪科斯（Max Bendix，1866—1945），美国作曲家、指挥家及小提琴演奏家。
[2] 中路地（Midway），芝加哥郊外的地名。
[3] 无忧宫（Sans Souci），芝加哥的第一个游乐园，1899年开放，1913年关闭。

经擦拭我的神灯，产生神奇的效果吗？此刻，我没有迟疑。

"艾德，你回办公室后，寄给我一份老无忧宫的地块测量图。星期一再来我这里，你会看到……你将要看到的东西。"

星期一，当他出现在我面前的时候，我从袖筒里像变魔术般地抖落出来一卷图纸。短短几天时间里，他的畅想已经跃然纸上——精美的彩色渲染图让年轻的艾德看着爱不释手。

"我就知道你一定行。这正是我想要的东西。"

保罗·穆勒是我和艾德一致认定的"神灯的奴仆"。穆勒看了我的设计方案很感兴趣。他以自己惯有的充沛精力，开始让这个美梦化为现实。他的合伙人、他手下的工头还有熟练的与笨拙的工人们，合在一起被他称作"组织"。这些人其实全都属于芝加哥城的一个大建筑承包商，它的名字叫"工会"。穆勒依照行情从工会租借来这些"奴隶"。一如既往，他自己才是让中路花园得以实现的真正的组织。

艾德容不得一丁点儿等待。他太年轻了。看守神灯的精灵给他的畅想插上了翅膀，他从此飞个不停。

几天之后，老无忧宫开始沸腾了。一如既往，恪守职责的工会用嫉妒的眼神监视着。没过多久，原先的游乐场只剩下一座锈迹斑斑的铁塔立在一大片空地的角落。工人们开始拆除铁塔，这时候，工会出手了。这座铁塔虽然已经摇摇晃晃，但它毕竟是钢铁工人心目中的圣物。因此，只有他们才有资格毁掉它。这意味着额外的一千多美元花销，但是我们没有时间为此争辩——工会也清楚这一点。于是，一伙老练的钢铁工人拆掉了铁塔。

身材高大（六英尺两英寸）的穆勒，作为"奴隶"监工手执一个扩音喇叭筒大声喊叫着，指挥着貌似混乱的施工现场。

挖掘机、蒸汽铲车、卸材料的货车、拉渣土的卡车、小推车、骡子、混凝土搅拌车、起重机、泥浆、水、工人交织在一起。运来的水泥、沙子、砖块、钢梁和木料堆积如山。

在神圣的铁塔曾经盘踞的地点，如今是一间临时的板房，墙上刷着"保罗·穆勒建筑公司"一行大大的黑字。干练的工头们聚在屋里，依照建筑师的蓝图，指挥石匠、搬运工、砖瓦工、抹灰工、木工和钢筋工在正确的时间完成正确的任务。

想必你能够猜得出施工的蓝图来自何处。年轻的艾德是发起这一通喧嚣热闹的天才，而这是他有生以来最为兴奋的时刻。

艾德的公司里有一个叫查理·马修的雇员。他颇有教养，怀有艺术天分并且痴迷于音乐。马修也积极地为这个工程出谋划策，劝说许多投资者购买中路花园的股份。当工地上热火朝天之时，艾德、查理还有他们的朋友们也在忙着筹钱。结果只筹到了大约六万五千美元，离最终所需的三十万五千美元成本相差甚远。当时，没有人意识到这一点，或许艾德例外吧，但是我怀疑他同样心里没底儿。总之，就是靠他们筹到的这些钱建起了中路花园。

所有人都没有意识到巨大的资金缺口，中路花园仍执着地在蓝天下破土而出，迅速地成长。如果说除了工会的伎俩之外还会有什么阴谋，那么我所知道的唯一一个阴谋，就是中路花园需要在九十天内完工，届时顾客可以在餐桌前坐下，享受佳肴和音乐。开业日期定在了一九一四年五月一日。

中路花园的构想，包括一个供夏季露天活动的花园。步道和柱廊环绕着一组低矮的砖砌露台。旁边冬季花园的露台，也是通体由砖砌成。冬季花园一侧临主要的大街，相对的另一侧是乐队演出用的露天音乐厅。作为经济收益的"亮点"，酒吧设计在一个关键的角部位置。艾德认为酒吧应当设在人流穿过的途中，大张旗鼓地吸引顾客。这个年轻人广博的知识架构中，也包括他对人性弱点的深入研究。日后举国萧条之际，这间酒吧仍凭借它大张旗鼓的诱惑而生意兴隆。

用地的最外围朝向主要大街的角部，将竖起两座平顶的高塔作为迎客的标志。塔顶的廊架将爬满鲜花和攀缘的绿植，夜间在灯光照射下，为夏季和冬季两个花园充当广告。厨房相当于人的胃，它设置在整片建筑核心位置的地下。有便捷的地道通达花园的各处，服务楼梯直通冬季花园的露台。数量众多的侍者，可以非常方便地直接到达各层露台和屋顶平台。

"服务要利索，饭菜得热乎。"这是约翰·沃格桑的口头禅。他负责款待顾客，取悦顾客的肚皮，正如马克斯·本迪科斯负责取悦顾客的双耳，花园的建筑负责取悦顾客的双眼。所有这些叠加在一处，取悦众人口袋里的钞票，让它们滚进中路花园翘首期盼的保险柜里。约翰这句口头禅是让顾客用餐满意的诀窍。约翰深得此道，他在芝加哥经营的餐馆当时正红火之极。厨房施工完毕，设备安装妥当之后，一切有关厨房的安排都"悉听约翰的指点"。

然而，露天音乐厅的顶罩成了引发争执的焦点。

在埃德勒和沙利文事务所，我积累了设计剧院建筑的丰富经验。他们成功地设计了芝加哥大会堂和另外二十六座歌剧院。我为中路花园的露天音乐厅设计了一个顶罩，并且对它的演出效果充满信心。

这时候，查理·马修的音乐知识开始发挥作用。他本人曾经担任过乐队指挥，所以被指派确保演出的效果。众所周知，除非你理解其中简单的科学规律，否则很容易被声学效果的种种微妙之处搅得无所适从。但这一点在当时仍不为众人所知。于是，查理首要的任务就是遍访美国的音乐家。每个音乐家提出的要求都和我的设计相悖。然而我不会因此做出让步。火冒三丈的查理又找来了众多专家。我的设计是利用开敞面让声音更均匀地传到花园的各处，专家们对此一致予以否定。查理说："改掉它。"

我说道："不，查理。我不会就因为这些而做改动，你得拿出更充分的理由。"查理气急败坏："见鬼，弗兰克，你以为你是全世界唯一懂得演出声学的人吗？"

"不，查理。但是就这个音乐厅的顶罩而言，答案是极其肯定的。我对此毫不怀疑。"

过了一会儿，电话里传来艾德的声音："我说，建筑师先生，你对这个音乐厅的演出效果有把握吗？"

"万分自信，艾德。"

"那你就只管干吧，不必对任何人让步。"我很清楚，他所说的"任何人"就是查理。

对待音乐厅顶罩这个问题上，我处在拆除铁塔时"工会"所处的位置。工程的进展刻不容缓，"时间"就是独裁者制胜的法宝。这场冲突的确让我有些焦虑，但是一旦我表露出丝毫的犹疑，这个音乐厅顶罩的设计注定会一塌糊涂，因为你不可能以两种不同的方式来建造同一座建筑。假如我的立场稍有退却，我或许将被迫在至少六种不同方案之间徘徊，最终还是会在建成之后极为不满地把它拆毁。

于是，我提出了能够和查理达成妥协的方案。在乐队座席背后立起一面约九英尺高的墙，从墙面挑出形状简洁的顶罩悬在乐队席的正上方。在我原先的设计中，音乐厅周边只是局部有墙面围合，而向外开敞的部位正是引发争执的根源。修改之后的方案，是在原先设计为开敞的部位，设置可以朝外开启的门扇。如果证实开敞利于演出效果，就打开这些门扇。反之，就权且用它们张贴电灯拼成的曲目数字和标识。

这个妥协的方案让我和查理重归和气。

在一派混乱中，中路花园的施工进展迅猛。舒展低矮的水平线和长方形的砖砌露台初具规模。从远处看，你不禁好奇地猜测那里究竟会出现什么。

正当中路花园的设计于一九一三年诞生之际，新艺术运动在它的发祥地法国已经奄奄一息,但它仍心有不甘地要抓住任何碰巧滑过手边的东西。与此同时,各种"抽象"绘画和雕塑的试验在欧洲涌现,美学的前卫者们为之心潮澎湃,芸芸众生却视之为一种羞辱。

从我具有独立而清醒的建筑意识的那一刻起,抽象的直线条和平整光洁的表面就始终是我的建筑作品的个性。

我从未对"写实主义"产生兴趣,建筑中具象写实的元素令我大为失望。当今为世人称道的艺术作品,例如绘画领域的《离家远行》[1]、雕塑界的"罗杰斯群雕"[2]以及《自由》[3]杂志的封面都是为了满足"写实主义"胃口的一时应景之作。建筑界则充斥着对古代风格贫乏和拙劣的模仿。在我设计中路花园那一时期,找不到任何能令我萌生敬意的建筑作品。

忠诚的丁字尺和激发灵感的三角板,是我赖以靠近我所憧憬的中路花园的方式。

我想要回归最本质的原则——一切都是纯净的形式;优质的材料和精巧的施工,用砖编织美丽的图案;邀请绘画和雕塑加入进来,在同一盏神灯的照耀下,实现一切艺术形式的综合。

是的,何不利用这个百年一遇的机会,让整个中路花园成为一件和谐的艺术品,如同马克斯·本迪科斯将在这里演奏的崇高的音乐?何不回归根源,以我自己的方式唤醒那些几何形式,为芝加哥想象力的世界奏一曲和弦?那些形式可以成为视觉的欢庆,正如音乐成为听觉的盛宴。并且,这件艺术品将是真正的建筑而不是涂抹出的布景。

然而,芝加哥的大众将如何看待它呢?芝加哥是否能够领略它的美?芝加哥还远远不具备形式、色彩或者音律方面的鉴赏力。但是我相信,这仅仅是因为它从未有机会选择真正的杰作。尽管哥伦比亚博览会热闹非凡,艺术却仍没有光临过这座城市。绘画依旧意味着一幅具象的图片,越栩栩如生像实物一般,越能得到芝加哥的赏识。雕塑也未能幸免,一件雕塑必须足够"真实",以至于你忍不住想要上前触摸。喔,这才称得上最伟大的雕塑。芝加哥将如何看待我所要的抽象?芝加哥能够理解"抽象"究竟是何物吗?或许不能,想必不能。我何必自讨苦吃。

我没有对任何人谈起这些想法。毕竟,这些主观的想法与别人有何相干?幸运的是,简

---

[1] 美国画家荷文顿(Thomas Hovenden,1840—1895)创作的写实油画,刻画一个青年男子离家前往大城市。
[2] 美国雕塑家罗杰斯(John Rogers,1829—1904)创作的一批人物群雕,以具象的写实手法著称。
[3] 《自由》(*Liberty*),1924年创刊的一本通俗周刊。

洁强烈的形式和艳丽的色彩,将会激发人类心中孩子一般的热情。芝加哥仍然幼稚和纯真,或许它能够全心地拥抱这一切。

从儿时游戏起就陪伴着我的直线、方块、三角和圆形,如今已经是我所习惯的思维。它们将赋予中路花园的建筑、绘画和雕塑以抽象的个性。我在美国和海外所见的同类场所,几乎都是低廉和唤起肉欲的臆幻,一种纸浆堆砌成的布景。中路花园将容不得暧昧的肉欲,也容不得无度的多愁善感。一切都将是坚实永久的构筑。在这里,绘画和雕塑中人的形象将只是谦恭地衬托建筑,为整体的氛围增色。

人的形象?是的,以几何形式表现的一个个精灵。这些可爱的人形将作为几何化的成员,加入欢歌笑语。我把色彩装饰委托给芝加哥艺术学院的画家威廉·亨德森、杰克·诺顿和东方学院的画家杰瑞·布鲁姆,并且决定用平涂色块作为表现方式。我特意从洛杉矶请来依阿奈利[1]负责雕塑。

中路花园里的绘画和雕塑将重归它们最初的角色,也就是从属于建筑的一部分。建筑师将重归他作为统帅的地位(对此我毫不避讳)。然而,艺术家们对于自己的权利异常敏感。现代社会的艺术家,还不习惯作为乐队的一员演奏建筑师谱写的乐曲。他们并不像自己古代的前辈那样认可这种"协同"。他们感到有失脸面,不愿承担这项应尽的责任。我很欣慰终究还是说服了他们,虽然我对日后他们的感受如何不甚了了。在向知心的读者坦露我内心的想法之后,我们再来看看砖和混凝土如何让这些想法变为现实。

我的儿子约翰协助我照管现场,日以继夜地赶工。实在支撑不住的时候,我就在冬季花园的角落里睡上一会儿,由约翰继续监工。

"赖特,瞧瞧这个,"有一天,穆勒满脸怒气地找到我,"你搞的这是什么名堂?你带来的这只小猎犬一步不离地跟着我,时不时咬住我的裤子,甩也甩不掉。如果想要按时完工开业,我能对工地上的一大堆差错置之不理吗?别让他再缠着我了!"

对我而言,这不失为一个好消息。约翰继续为缠着穆勒而忙得不可开交,他的利齿也时常派上用场。

我们搭起了几间板房作为雕塑家和模特的工作间。雕塑家理查德·鲍克[2]和依阿奈利、

---

[1] 依阿奈利(Alfonso Iannelli,1888—1965),生于意大利的美国雕塑家。
[2] 理查德·鲍克(Richard Bock,1865—1949),美国雕塑家。"迪克"是"理查德"的昵称。

他们的助手和一个女模特在那里加班加点。这位模特散发着神秘的气息，不断引来男性好奇的关注。虽然没有时间读，但是她每次来去总带着一本易卜生的剧本集。她非常科学地把自己的装束精简到除了鞋袜、手套和帽子之外，只剩一件大氅。按她的话讲，可以方便地"溜上"和"溜下"。她蒙娜丽莎一样的微笑，被依阿奈利的巧手留在了中路花园里。

正当雕塑家们在板房里辛勤地创作，画家们也在花园里建筑的脚手架上忙碌着。画家们从芝加哥艺术学院找来几个学生做帮手，其中一个才华出众的姑娘叫作凯瑟琳·达德利。

有一天，一个无赖模样的家伙把头探进雕塑的工作间。又是工会！这是工会第七次找借口前来滋事。

"嘿，你们在整些什么？那个穿着裙子忙着画画的小姐，她可不是什么艺术家，对吧？"

"她是艺术家呀，头脑还蛮聪明哩。"我答道。

"唔……算了吧……她不过就是一个时髦的漂亮妞。"他俯下头，伸出下巴，"把这小姐赶走，否则你们搞的那些什么花园……永远不会开张的，明白吗？还有那三个一边抽烟一边忙着刷油漆的，我看他们可不像什么艺术家。他们都得有劳工卡，明白吗？"

"艺术家也要办劳工卡吗？伙计。他们可都是了不起的艺术家，在芝加哥艺术学院教书。（我以为这名头足够唬住他。）你只管去艺术学院打听就是了。"

"嘻，我才懒得打听呢。他们都得有劳工卡。明白吗？赶紧去办好。"

他斜了一眼鲍克和依阿奈利，那边急忙用幕布遮住了模特。

"你们在那幕后面藏了些啥子？"

"咱们得说说看，你这么理直气壮地指指点点，这里究竟关你什么事儿？"

"关我什么事儿？"他叫道，"让你瞧瞧究竟关我什么事儿。你背着工会雇了这帮人，他们都得加入工会。明白吗？"

他不怀好意地瞅了两位雕塑家一眼："他们的劳工卡在哪儿？"

"他们不需要劳工卡。他们也是艺术家，是雕塑家。他们看上去不像艺术家吗？"（我忍不住要提醒他这一点。）

"嘻，别拿什么刻石头的、捏泥人的来应付工会。他们得老老实实去办劳工卡，不然就得停工。"

我把鲍克从脚手架上叫下来。这个流氓进来之前，他正忙着为冬季花园的柱子刻四个柱头。我把他叫到一旁。

"迪克，这家伙在胡闹。天知道，工会本来就够滑稽的了，我们还碰上这么个醉鬼。你银行账户里还有钱吗？"

"我估计还剩七块钱吧。"

"妙得很！你的支票簿在手边吗？"

"是的。"

我走到那无赖跟前。

"我说，好汉，给这两个伟大的艺术家办劳工卡得要多少钱？"

"每人三十五块。"

"那就是七十块钱。"

"七十。"

"好吧，迪克，给工会开一张七十美元的支票。"

"收款人写谁？"迪克问道。

那家伙接了支票，转过身，正好看到幕布撩起。已经戴好帽子和手套的蒙娜丽莎，腋下夹着她的易卜生，眉眼低垂着走了过来。

那家伙龇牙一笑："啊哈，我明白了。"他咧着嘴出门去了。

"老天爷，"迪克叫道，"这混蛋要是发现账户上没有那么多钱，他准得回来宰了我。"

"咱们且看他的下文。"我说。

在此之前，工会曾经几次三番地找各种借口对我们加以阻挠，然而，这次之后却不再有下文。没有了"工会"的帮助，艺术家们的工作进展顺利。那张被工会"代表"兑现了的支票显然发挥了效力，他收获的个人利益让他选择了保持沉默。

中路花园背负着压力日夜不停地赶工，终于接近完成。依照我的设计将电灯密布在穿孔铸铁管里制成的灯具，已经高高立起，照亮了夜间的整个施工现场。

从远处看，它们具有很好的广告效应，但约翰·沃格桑仍不满意。他瞒着我准备悄悄地搭建一幅巨大的招牌，用五彩的电灯拼成"中路花园"的字样。我及时发现并且阻止了他，然而只是暂时的胜利。开始营业之后不久，约翰还是把它挂了上去。那是中路花园经受的第一次沉重打击。

墙壁上的混凝土浮雕图案之间，应当镶嵌深红和绿色的玻璃，然而我们没有资金实现这

中路花园外观

一设计。没有资金在冬季花园竖起四座绿藤和鲜花装饰的高塔作为迎客的标志。也没有资金在花园角上栽植大树。简而言之，连最初承诺好的资金都没有到位，甚至连搭建舞台的钱也不知去向。我设计了尺寸不一、色彩艳丽的一团团气球固定在穿孔铁管上，飘浮在花园上空，也因为缺少资金而无法实现。即便是这样的少量花费，当时也变得举足轻重。

资金方面的困窘，引发了焦虑和怒气。然而，眼前仍充满希望和正在努力兑现的承诺。

若不是穆勒和他的合伙人塞普坚持着挺过了危机，中路花园也许永远不能开门迎客。我们都坚信，开始运营之后的第一年里，资金的窘迫一定会迎刃而解，事实果然如此。

施工将近收尾的一天中午，当我正坐在冬季花园里吃午餐，噩耗从塔里埃森传来。它使我暂时远离了这座建筑，也暂时远离了一切。

为了方便监督夜间加班赶工，保证将近完工的中路花园能够如期开业，我和儿子约翰夜里就睡在工地墙角的木屑上。这一天中午时分，我们正安闲地坐在刚刚装修好的酒吧里吃午餐。一个长途电话从春绿镇上打来："塔里埃森失火被毁。"当时并无只言片语提及可怕的惨剧。当晚归家的火车上，手中报纸的头条闪着骇人的标题，我才一点点得知究竟发生了什么。

三十六个小时之前，我离开的是洋溢着生机和欢乐的塔里埃森，眼前的它却仿佛是被雷电击中一般瘫倒在地。我的一个仆人，由约翰·沃格桑大力推荐来的巴巴多斯黑人，在我离家的时候变成了疯魔。他砍杀了家中的七个人，又点燃了房屋。仅仅半小时，塔里埃森供生活居住的那一半以及屋内的一切都化为废墟，只剩下几面石墙立在那里，见证着一个被梦魇

211

所控制的疯子犯下的纵火与谋杀。

只有工作室的那一半幸存下来。我的木匠威廉·韦斯顿挽救了它。

他也被那个膂力过人的疯子抓住，但是奋力挣脱了魔爪，浑身血迹地跑下山，向最近的邻居求救。然后威廉又立即跑回来，却看到一片火海。虽然已经站立不稳，他仍然挣扎着找到嵌在院墙壁龛里的灭火水龙带，顾不得自己的儿子就倒在喷泉池旁边，解开水龙带，跟跟跄跄地救火，直到被赶来的人们架走。

几个焦黑的石头烟囱孤零零地立在山坡上，烟囱下面的壁炉敞着大洞，悲壮地望着天空。

塔里埃森最初是为她而建，她和她的两个孩子却都不在了。才华出众的学徒艾米尔·布罗代尔、韦斯顿的儿子、大卫·林德布罗姆，还有一个忠诚的工匠托马斯·布朗克。这就是丧心病狂者夺走的七条生命。两天后，人们在冒着黑烟的废墟旁的锅炉炉膛里找到了那个疯子。他仍然活着，但是已经奄奄一息。他始终未吐一字，死在了道奇维尔县的监狱里。

在家族小教堂里举行了一个简朴的葬礼。离外祖父和外祖母的墓不远处，塔里埃森的几个工匠挖好了一个深深的墓穴。伊诺斯舅舅赶来安慰我。繁复的葬礼仪式、专职的殡葬师和他们俗鄙的棺材，只会让我感到讽刺甚至亵渎。我让自己的木匠们做了一口朴素的松木棺材，再从原本属于她的花园里，采来鲜花铺满棺材里面。

我的儿子约翰，帮我把她的遗体抬起来，安放在为她而生长、为她而盛开的鲜花中间。棺材的盖子钉上了。两匹忠实的小马"达比"和"琼"[1]拉着马车候在那里，我的工匠们抬起朴素而结实的松木盒子，把它放在同样铺满鲜花的马车上。看到鲜花覆盖着整个马车，我感到一丝宽慰。

无论春夏秋冬，自从塔里埃森诞生以来几乎每一天，我们都驾着"达比"和"琼"拉的马车，沿着山谷里的小路翻过一座座山丘。

跟在马车旁，我们步行来到墓地。没有钟声，也没有人迎候，只有我在山谷里的两个表弟拉尔夫和欧林等在小教堂的门口。我们一起把被鲜花覆盖着，里面也铺满鲜花的松木盒子放入新挖好的墓穴。然后，我请他们留下我独自在这里。

---

[1] 一对夫妻的名字，在英语里代指幸福的夫妻。

我要亲手用土把墓穴填满。

八月的阳光向我熟悉的山丘那边斜下去。慢慢地,黑暗笼罩了我。我将墓穴填平,站在黑暗中,感到一种异样的亲切。

直到今天,在埋葬她的地方仍没有一块墓碑。

过去的五年里,追求自由的抗争抹去了我之前的生活,而此刻这本身也被抹去了。为何要标记孤寂结束之后重又开始的地方呢?

Again
再一次

没有被毁的工作室后面的小卧室里,幸存的那一部分塔里埃森陪伴着我。所有人都仿佛离我远去,甚至也包括被毁灭了的她。

大火在美丽的山坡上留下一个焦黑的大洞,也在我生命中留下了丑陋的伤痕。第一个塔里埃森的毁灭,将我置于一种奇怪的困境之中。

自从返回灾难现场见到惨象的那一刻起,除了几个助手以外,我不愿见任何人。那时候,我所能承受的只有工作。

接下来几个星期的夜间,整个塔里埃森只有我独自一人。有一个守夜人膝盖上放着枪,坐在门口。远近的村庄都因为这场惨剧而人心惶惶,不知道还会发生些什么。找到凶手之前,附近的村民们一直在田野和树林里搜索。

小屋里孤寂漆黑的暗夜,笼罩着莫名的恐怖。没有月光,没有星光,没有山下池塘里熟悉的蛙鸣。诡异的寂静之中,只有残留的黑烟从废墟里升起飘散。

我周身麻木却又无法入睡。起床来洗了冷水澡,重新有了知觉。我走出门,登上漆黑的山坡。黑暗中,我不知自己身在何处,眼前不再有少年时代所见的美丽,而只有漆黑的暗夜和莫名的恐怖。我摸索着安全地回来,爬上床去。

我心中有一种奇怪的感觉,曾与我共同拥有塔里埃森的那个生命,似乎并没有化作精灵在我近旁闪烁,而是已经决然地消失了。

在第一波痛苦的煎熬之后,某种绝望似乎让我的感觉和对她的思绪都陷于麻痹。任何信仰和希望都无法给予我宽慰。除了感到厌恶，我所有的想法就是重建塔里埃森。只有对重建的期盼能让我感到一丝宽慰。只有工作，能让我摆脱持续的恶心和晕眩。

多年以来的积习是我唯一真正的排解。工作和音乐，是生活留给我仅有的色彩。救火的人们把钢琴从窗子里拖了出来。断了腿的钢琴现在倚着工作室的壁炉边。我坐下来，试着抚弄琴键。

其余的一切都已经被毁掉，或者潜伏在某个阴郁幽暗、黑影摇曳的房间里。

回望那一段日子，我眼前是山坡上的黑洞和笼罩着一切的暗夜。我在不祥的阴霾中徘徊。暗夜之后是同样黑暗无光的白日。她彻底地消失了。

不，这绝不是动人辞藻的铺陈。我写下这些文字，只是为了陈述发生过的事情。我曾经倾注生命爱过的她，消失在此后几年近乎无知无觉的黑暗中。

这算是一种慈悲吗？我感到过去的几个星期犹如几个年头，时间仿佛不复存在。当白日沉入黑夜，我对一切都失去了知觉，唯有不由自主地迈出脚步，重新建起被仇恨所毁灭的家园。

每日里仅仅被习惯推着继续工作、被习惯推着吃掉摆在面前的三餐。我日见消瘦，身形憔悴，脊背和脖子长出许多第一次出现在我身上的脓包。我独自一人搬回到芝加哥杉树东街狭小的寓所里。陪伴我的只有一个爱尔兰仆人。

自那时起，我不得不用到之前从不需要戴的老花镜。

眼镜第一次挡在我和我的工作之间。

造化有仁慈的左手和残酷的右手。我坚信任何头脑和肉体背负过于沉重的压力，都会变得麻木。当开始治疗伤口，真正的痛苦才随之而来。精神的创伤和肉体的伤痛，服从这种相同的规律。

我开始被可怕的孤独缠绕。但奇怪的是，我不愿见到任何一个我从前爱过的或者认识的人。母亲被深深刺痛了，因为我不愿让她来陪伴我。我也不想见自己的孩子们——以前我总是期盼他们的到来。我不会忘记，当我身处绝境时孩子们给予我的关爱。

那段日子里，我宁愿穿行在陌生的面孔之中。

无论当时还是今天，我自己也不能理解这其中的缘由。几个月过去了，我感觉好像是挨过了漫长的一生。

或许，像烧焦的树根上长出新芽那样，新的知觉一定会萌发。

无论真相如何，事实不会泯灭——多年以后，回首梅玛和我在塔里埃森的共同生活，仍旧像置身于幽暗的房间里，试图透过摇曳的黑影，看清潜伏着的恐怖。我只能急忙转身离开。

我只能望着前方。巨大的痛苦让我不敢扭回头去。

有一段时间，我似乎根本无法看清任何东西。

这种痛苦像一阵鞭打，迫使我在恰到好处的时刻重新振作自己。我是在描述绝望吗？不，我从未感到过绝望。

恶毒而愚蠢的流言，又一次向塔里埃森袭来。死难者似乎白白失去了他们的生命。人们讥讽塔里埃森的英勇，嘲笑塔里埃森的爱情。但是对塔里埃森而言，来自四方的怜悯比昔日公众的好奇更令人无法忍受。

"伤风败俗，果然遭了天谴。"这是某些人的论断。难道那场惨剧果真是对异端的审判吗？就像外祖父曾经面对的审判，意在征服一个不可征服的信念？

难道只因为对于工作、生活和爱情中的真、善、美怀有不羁世俗的信仰，就应当遭受打击吗？

几个月前，我坐在俯瞰山谷的石砌露台上，看见那头名叫"枫"的纯种荷斯坦牛正站在远处一棵橡树下。它是塔里埃森的宝贝，价值堪比几百头普通奶牛。树下还有两头相比之下不值一文的奶牛。突然，一道闪电划过。随着一声巨响，两头奶牛从树下逃出来，毫发无损。我珍爱的"枫"却被雷击中，僵死在树下。为什么偏偏是世间难求的"枫"？

为什么是塔里埃森？

有太多善良的人乐于对"为什么是塔里埃森"给出他们的答案。他们找到了足以劝诫世人的说教之辞。然而，比任何说教更令人信服的解释，是"有悖世俗"激起了世俗的敌意。这股敌意溢出了狭隘的胸膛，终于以某种显著或者隐秘的方式喷发。这也足以解释"枫"的有悖世俗吗？它凭借自己纯正的血统翘立在杂种的同类当中。难道是寻常者的妒忌和怨恨给它引来了毁灭吗？

一派胡言！

恶毒的舆论和谴责如黑云压来，激起我胸中的愤怒。当愤怒开始消退，我终于意识到，经历了死亡的磨难之后，塔里埃森的生命应当延续。世人必将看到，焦黑的废墟不会被孤零零地留在山坡上，注视祖先开垦的这片可爱的山谷，叹惋曾经回荡在那里的幸福。

行动能够抚慰痛苦的精神。只有重建的行动才能驱走我心中的痛苦。一块块石头，一片片木板，塔里埃森Ⅱ在塔里埃森Ⅰ的灰烬中诞生了。

在大火给房屋留下可怕记忆的地方，我进行了彻底的改建。在惨剧留下最明显痕迹的地方，新建了一座石板铺地的开敞廊架，朝向山谷里劳埃德-琼斯家族的小教堂。

在西侧，我加建了一间带大壁炉的客房，留给母亲和我年迈的姨妈们。现在，我想接她们到塔里埃森来同住。

我不会因为哀痛而转过身去，也不会驻足伤怀。曾经美丽的塔里埃森应当创造新的生活。将要与我分享塔里埃森的人，一定会分享我的信念，伸出帮助的手。

我执着地相信这一点。

那场惨剧引来了丑恶的舆论潮涌，其结果是数百封寄自全美国各处的来信。我把这些未曾启封的信件扎成一捆，付之一炬。我重又投入了工作。生活并没有失去盐的滋味，生活中盐的滋味永远是一个人最出色的工作。

Taliesin Ⅱ
塔里埃森Ⅱ

更多石料，更多木料，更多的汗水让它们更和谐地休戚共生。更多工匠，更多资金，意味着我不仅需要发挥更多的创造力，而且需要竭尽全力赚来必备的资金。

又一轮秋冬春夏。一九一五年的年末，第二个塔里埃森在曾经是第一个塔里埃森的地方重生。它比自己的前身更加端庄，更加精美。塔里埃森高举着双臂，并没有变得乖巧畏缩。从摩西到以赛亚世代相传的惩罚之说，不配用来解释塔里埃森承受的牺牲。是谁施加的惩罚？又为了什么而承受？来自各方的多愁善感或者愚昧迷信的答案，没有回答任何问题。

但是，塔里埃森经受种种磨难之后，某种东西变得逐渐清晰。不，不是叛逆，而是更坚定的信念。头仰得更高，双眼更加敏锐。随着事业再一次重生，曾经因为软弱和困惑而稍有踉跄的脚步，变得更加坚定。

与此同时，尚未完全竣工的中路花园以芝加哥前所未有的盛况，开始接待顾客。不仅开业的时候没有完工，后来也从未真正完工。入口处的装饰尚未完成，冬季花园的高塔没有任何装饰，还有其他各处的缺陷。但是最初我们憧憬的氛围已经实现。建筑的形式、色彩、灯光和乐声鲜活灵动，是每一位顾客都难以忘怀的画面。成百上千个衣着艳丽的女子和身着燕尾服的男士在画面中游走。每一个看到这幅画面的人，都觉得它是具有魔力的咒语。所有人都仿佛置身于梦境。他们相信这一定是梦。芝加哥惊诧、认同、赞叹。芝加哥人一次次重返光顾，一次次感受惊奇。许多人认为它源自埃及文化，另一些人则感受到玛雅文化的影响，还有些人嗅到浓郁的日本气息。但是对所有人而言，都是全新的体验，它唤醒了他们心中的神秘与浪漫。每个人都依据他自身具有的特征做出回应。愚顽不化的芝加哥在和一位陌生的美丽女郎频频约会。艾德公司的保险柜日渐充盈。在所有人眼中，前景无比灿烂。

我从塔里埃森的废墟回到芝加哥，正值花园里人头攒动。还没有从悲痛中走出来，我努力让自己体会眼前的成功。音乐厅的顶罩表现完美，所有人对演出效果都很满意，查理不再作声。然而，中路花园缺少了对于任何艺术作品而言都至关重要的收尾之笔。这种令人心痛的缺憾，使得所谓的成功在我心目中大打折扣。

世界的悲剧也在那一年上演。不久，战争爆发了[1]。芝加哥和全美国都异样地亢奋，每个人的正常生活都被打乱了。营业的第二年，花园的经营出现资金紧张。但是如果能与第一年持平的话，仍大有希望。帕芙洛娃翩翩起舞，乐队的演出无可挑剔。

然而，公司金库里的钱屡屡不翼而飞，债主们的欠款却还远远没有偿清。经营者之间出现纷争，怀疑与威胁开始蔓延。

困惑终于发展成愚蠢的混乱，"雪绒花"啤酒公司趁机渔利，轻而易举地买下了中路花园。他们把自己的啤酒带进花园里。啤酒的口味固然不错，但是毫无想象力的主人将它变成了单纯的"啤酒花园"。这里绝不是什么"啤酒花园"，而"雪绒花"对此并不了解。曾经无比自豪的中路花园落入了庸人手中，难逃枯萎的厄运。

新主人试图让花园"精神抖擞"，雇来一帮人给原本显露材料本色的混凝土刷上颜色，在光洁朴实的墙面上刻出图案，又添加了各种可憎的庸俗噱头。整个环境的氛围被廉价的布

---

[1] 即第一次世界大战。

尔乔亚品位所取代。花园里曾经完整一体的各个部分,如今被最丑陋和粗劣的世俗"装饰"所覆盖。原本建筑形式、材料与功能紧密结合的地方,被涂上恶俗的艳红、惨白和浊蓝,如同又一次"世界博览会"的热闹景象。

接下来,灾难降临了。整个国家"干枯"了[1],这也是对花园加以侮辱的最后一击。伴随这个国家一起干枯了的,是建造中路花园的初衷——在这座伟大的城市里,市民们越是需要在美之中享受快乐,在快乐之中享受美,也就越需要一个艺术化的约会场所。在那里,富于想象力的经营者,呈现给市民们值得举杯欢饮的美。

中路花园已经沦落为啤酒花园——如今连啤酒都失去了。曾经卓然翘立的花园,如今只能黯然回味它昔日的风姿和未曾实现的各种可能,梦想着在铁笼子一般的芝加哥生活中鹤立鸡群。它像一位曾经拥有过荣耀地位的美貌女子,被无可奈何的现实推进耻辱的泥潭。

状况从糟糕恶化成为可怕。它再度易主,美其名曰"沙龙"。这一次的主人把它改造成一个大舞厅。"花园"里注满水,变成人工的溜冰场。未来的客人将是恶俗的群氓,因此室内需要打扮得更加花枝招展。

"他们"给它打上腮红,涂上唇膏,头上插满假花。"他们"把纯朴的白色混凝土雕塑涂上更荒唐艳俗的色彩,用更廉价的手法覆盖原先的装饰,毁掉原有的轮廓线和整体的平衡。昔日的协调荡然无存,一位美丽超凡的女子沦落成为娼妓。我常常自问:"为什么没有人出于仁慈给它彻底毁灭的最后一击呢?"

归宿终于到来。它被仁慈地拆毁,让位于一家新建的自动洗衣房。我对此深怀感激。负责拆毁的承包商发现这些建筑盖得如此坚固,以至于他这桩生意注定是要赔本了。

德国的瓦斯穆特出版社发行了我的作品集,装帧异常精美。这套书在德国广受欢迎,达尔文·马丁负责帮助我在美国销售。用于在美国销售的五百套作品集,在塔里埃森的火灾中灰飞烟灭,只抢救出幸存的三十余套。房屋被烧塌三天之后,堆在地下室里的那批书仍有黑烟冒出。

这时候,一道亮光闪过——我收到了在东京设计帝国饭店的邀请。一个包括日本建筑师

---

[1] 指美国实行的禁酒令。

芳滝[1]和帝国饭店经理林爱作的筹委会，在世界各地寻访理想的建筑师。他们来到美国中西部，立刻被几座新颖的住宅所吸引。这些房子全然不同于日本的风格，却似乎能与日本的环境相融。他们找到我，重建之后的塔里埃森愈发令他们心动。正如林爱作所言："我被带回了神武天皇的年代。"[2]他和他温柔的妻子都爱上了这里。

林爱作年轻的妻子隆子穿起精美的和服，是那时候塔里埃森一道美丽的风景。很遗憾，当时拍摄的照片保存下来的寥寥无几。她的举止恬静有节，并且对一切都异常好奇，尤其对于我们的"异国"风俗。有一次晚饭席间，她问我道："瑞托君[3]，'goddam'[4]是什么意思？"

"goddam？"我很诧异她是从哪儿听来的。

"喔，隆子，'goddam'是一个表示'非常'的礼貌用语。你可以说一个'goddam'迷人的夜晚，或者'goddam'新鲜的黄油。也可以在晚餐后对女主人说，多谢你'goddam'丰盛的晚餐。"

"噢，噢，"这是她表示惊叹的唯一的英语用词，"噢，我明白了。瑞托君，请递给我那块'goddam'新鲜的黄油。"余下的时间里，她一路的"goddam"伴着餐桌上的一路笑声。饭后，她果然一脸天真地向主人感谢"goddam"丰盛的晚餐。

她真的如此单纯吗？我不禁想知道，她是否始终不明白阵阵笑声的缘由。在餐桌上同样笑个不停的林爱作，不愿或者不屑揭示谜底。

在劫后幸存的工作室里，我根据林爱作提出的总体要求，完成了帝国饭店的概念设计。筹委会在塔里埃森逗留一星期后，返回了东京。几个月后，我收到了即刻前往东京的正式邀请。我没有做片刻耽搁。渴望离开，再一次远离美国，我依旧寄希望于一个人能够以这种方式远离自己——至少是一点点。虽然我的心智和情绪在逐渐恢复，我却总是预感会有某种打击降临。无论清醒还是在梦中，灾难将至的阴云时时悬在我的头顶。这种心理恰好与人们对于地震的感受契合，而地震正是我所设计的这座建筑将要对抗的敌人。此刻，我把日本视为庇护和拯救自己的地方。与古老的德国一样，古老的日本是我梦中的国度。

---

[1] 芳滝（1879—1953），日本建筑师。
[2] 神武天皇，神话中日本的第一代天皇。
[3] 瑞托君，即赖特在日文中的敬称。
[4] 英语中较粗俗的俚语，"见鬼"，表示极其以及程度重的意思。

Japanese Prints
浮世绘

日本的浮世绘版画陪伴我,度过了在橡树园的最后几年时光。我为之着迷,并且从中学到许多。在我从二十三岁时开始的艺术探索中,简洁意味着剔除无足轻重的东西。这一信念在浮世绘中找到了有力的佐证。自从发现浮世绘的那一刻起,日本就成为我心目中最浪漫、最具艺术气息和与自然最息息相通的国度。日后,我发现日本的艺术与建筑具有真正的有机特征。与任何死去或者现存的欧洲文明相比,日本的艺术更亲近大地,更忠实地体现一方水土的生活与劳作,因而也更具有现代性。

在第一次日本之旅中,我有了这些发现。那是一九〇六年[1],完成了拉金办公大楼和马丁住宅之后,筋疲力尽的我把在日本的旅行作为休息和放松。

A Song to Heaven
天国之歌

船在横滨湾落锚。又一次日本之行将加深我之前的感受。假如你从未到过这里,不妨想象一下这个山峦陡峭的国度。它周边的海底显然太深,以至于所有的海岸都生硬突兀,看不到一处平缓的海滩。清晨金色的天空下,一片片小舢板的白帆摇曳在蓝色的海面上,如同在水面上歇脚的海鸟。

山麓间和山脚下点缀着许多古老的雕像,它们是几个世纪以来的积累。顺着山势有一层层的水稻梯田,山坡的更高处是点点翠绿的蔬菜田。山顶上成行排列着新栽不久的松树,帝国政府大力推广的"重新造林"随处可见。

山坳里茅草屋顶的村落,好像在枝头筑巢的鸟儿,也像是攀附在陡峭山坡上的植被。转头望去,迎面走来几个渔夫,赤裸的躯干在阳光下闪着古铜色的光泽。再转回头去看那些稻田里劳作的农夫,穿着靛蓝色的衣服,与鲜花和鸟儿一样生长在这幅自然的美景里。令人诧

---

[1] 实为 1905 年,作者记忆有误。

异的是，这里的鸟儿并不啼叫，鲜花几乎都没有香气，花瓣亮丽得好似假花。欣赏花道的时候，我不止一次用手触摸花瓣，想鉴别它们是真是假。

试想你第一次弃船登岸，走进村庄里的街道。穿着鲜艳和服的孩子们在嬉闹，他们的背上还背着婴儿。孩子是日本的国之重宝。无论老妪还是少女，每一个踩着高高的木屐碎步走来的日本女子，从脖颈到脚跟都有曲线婀娜的轮廓。她们脚上的白袜，比其他任何东西都更有资格讲述日本住宅的故事。这里的幼儿和老人都受到格外的呵护。据说这个国度是儿童和老人的天堂。在日本，年老意味着拥有更多生活的资历，而绝非丧失生活的资格。可悲的是，我自己的国家里缺少这种文明的例证。

无论老幼，所有人都欢喜而又谦卑地相互关爱，相互尊敬。踩着木屐在湿润的土路上相会，人们微笑着相互鞠躬。他们穿一种柔软的白色棉袜。外出时，踩上放在门口的木屐。进屋时，将穿脱方便的木屐留在门口的石板上，"洁白的双脚"踏上一尘不染的"榻榻米"。铺在日本住宅的地板上，可以灵活移动的硬质草垫被称作榻榻米。

地板上的草垫是如此干净。在开往东京的火车上，我曾看到男人和女人面朝车窗坐在长凳上，双脚优雅地并拢压在身子下面。你可以看到，他们雪白的脚底板干净到一尘不染。

洁净！是的，"洁净"是神道教的灵魂。从中国前来传道的佛教徒们，发现这里有一种本土的古老宗教——神道教。它的核心并非一个善良或者合乎道德的人，而是一个洁净的人。一双洁净的手，一颗洁净的心灵。最终，神道教让日本的住宅成为人类一切洁净事物中的极致，因为它是一种纯粹的精神。日本人憎恶浪费，也憎恶污垢。丑陋也是一种污垢，而污垢总是丑陋的。经过数百年的磨砺，无论苦力还是贵族，每一个日本人的家都被"洁净"的精神所浸染，变得如同一座庙宇。

随着逐渐融入这里的生活，我发现日本的住宅是一个"精简"的典范——不仅剔除污垢，而且剔除一切无足轻重的琐屑。我被它深深地吸引，有时候会花上好几个小时，把一座住宅拆解成各个部件，再拼合起来。在日本人的家里，我找不到一件多余无谓的东西，几乎找不到额外的装饰。所有我们称为"装饰"的东西，都体现在日本人的生活必备品本身，或者他们所用的简朴的建筑材料之中。这也是一种洁净。

终于，我找到了一片乐土。在这里，自然而然的简洁是至高无上的境界。日本家庭的地板可以真正地承载生活的内容，你可以在上面睡觉、跪在地板上用餐、跪坐在丝质的软垫上冥想，也可以在上面弹拨吹奏或者云雨合欢。

任何物件都不允许突兀地孤立在圣洁的地板上。居家使用的每一样器具都是可移动的，用罢可以被细心地收纳起来，从设计到制作都体现这样的特征。只有使用得当才会产生美，而只有在适当的时刻才加以使用。甚至划分室内空间的隔断也可以滑动，以便于清理。

奇怪的是，传统的日本住宅是我正在潜心钻研的现代标准化的完美实例。为了便于清洁而可移动的地板草垫——榻榻米，每一叠都是三英尺宽、六英尺长。所有房间的尺寸和形状都取决于这个单元。推拉隔断和门扇都定位在草垫单元的交界处。房间的规格因实用情况而定，分为九叠、十六叠或者三十六叠。

简洁的木质方柱支撑着天花板和屋顶，方柱落地的位置恰好在榻榻米的交界处。可滑动的纸质隔断——"障子"，和充当外墙与窗子的屏风，都可以来回推拉，收纳在墙上的壁龛里。地板下面也可以通风。宽大的木板铺成屋内低矮平整的天花板，外面是铺着弧形灰瓦的坡屋顶。

被称作"便所"的旱厕通常设在庭院的一侧，远离"魔鬼的角落"。似乎是为了证明每一种迷信都有其理性的基础，我发现，所谓"魔鬼的角落"恰好是在主导的上风向。便所与居室脱离，但是通过有屋檐遮雨的木板铺地相连。便所旁的水缸，通常是镂空的整块巨石，或者由一组形态各异的天然石块砌成。有时候还会摆一个盛满清水的大铜盆，一把精致的小竹舀漂在水面上。每当主人或者客人如厕出来，侍女都会用竹舀把清水浇在他的手上。这是另一种供奉神道的洁净之神的方式。起初，我们这些外国人略感疑惑，明白之后则尴尬不已。

厨房呢？走下几步台阶，你会看到这个干净清爽、通风良好的工作间。木地板与室外的地面齐平，上方直接露出屋顶的椽梁便于通风。墙面是手工磨光的混凝土或者硬质石材。厨房里一件件精美的铜壶和漆器餐具，会让一个西方收藏家看得眼花缭乱。

浴室！这个最为神圣的场所是一间独立的棚子。石板或者木地板的铺地，同样与室外的地面齐平，并且有坡度以便排水通畅。石砌的地板上是木条制成的垫板，浴者赤脚站在上面，水流从木条的间隙顺畅地排走。方形的木质浴盆固定在地面上，深度足以让人站在里面洗浴，洗澡水总是从盆底加热。

学着当地人的样子，我先用肥皂将身上洗净之后，才能进入浴盆。浸泡在热水里，坚持到我能够忍受的程度，让身上的细菌慢慢剥落。与神道传统下的其他生活内容一样，洗浴也是一种精致和虔诚的行为。为了方便反反复复的洗浴，日本人无论男女只需解开腰带这一个动作，就能脱掉整件袍服；重新穿上也是同样简便。他们的衣着也体现出简洁、方便和端庄——让身体和房间一样易于清理。尽管佛教在日本广为流传，然而产生并且维护这种独特文化的却是神道教。我发现这种衣着极其方便，在日本的旅店和住宅里，我总是穿上和服，每每引来旅店里当地人好奇的目光。

我试图分辨日本人家中庭院在哪里结束，又在何处起始，以此作为一种乐趣。但是，这个问题本身带给我的快乐，使我很快就放弃了寻找答案的努力。对于如此完美的事物，好奇心难免会流于浅薄。

这样一种住宅，与它的创造者之间自然而然的关系，恰如乌龟与龟壳之间的关系。它与亮闪闪古铜的肤色、油亮的乌发和眼神狡黠斜睨的黑眼珠一样属于这个国家。

笑容可掬的女主人和她羞涩的女儿们，会用一种奇特的方式让家里的每一个角落都整洁有序。她们料理家务的时候，一定有某种类似宗教的神圣感支配着她们的头脑，或者内心。

"最简洁的方式，不带丝毫浪费。"当我试图为自己的国人寻找可资借鉴的规律，我发现神道教的仪式渗透在日本人的日常生活中。所有日本仪式当中最为高贵的茶道，可以让你感受到这一点。无论贫富，每一位有教养的日本女子，都必须学会依照千利休大师[1]制定的步骤来敬奉茶道。千利休也是花道的大师。我曾经试图学习茶道。茶道所蕴含的科学和艺术，在于以最优雅也是最节俭的方式备好一杯茶，恭敬地献给爱人或者贵客。这种浓缩着敬意的仪式，把"洁净"升华到如此的高度——加之如此的长度，让凡事直截了当的西方人感到厌倦。我们不具备这种精神，也无法忍受它——至少长时间不行。这种仪式体现出"洁净"思想的精髓，不仅憎恶浪费与污垢，并且将任何形式的杂乱无序视为同样的糟粕。

西方人无法忍受这种悠长的仪式。遵循古老的神道教精神，我们家中几乎所有的陈设都要从窗户扔出去，让街上捡垃圾的人如获至宝。假如"基督徒们"像日本人将神道教的精神融于住宅当中那样，以适当的精神内涵对待他们的住宅，由此产生的后果虽然不会充实西方人的内心世界，却会顷刻之间毁掉我们珍爱的"如诗如画"的家。

我们"高雅的品位"正在毒害着他们！与我们的接触，让他们猛然意识到这些需要凝神

---

〔1〕 千利休（1522—1591），日本茶道及花道的宗师。

静息的美德是多么困难和多余啊。他们发现，如果要仿效我们的样子把持世间的力量和权威，他们的那些戒律将变得不再重要，甚至毫无意义。

在有关日本住宅的一切事物中，都有某种不可或缺的精神在活力四射地歌唱。一首与他们心目中的天国完美融合的歌。

观察日本人如何满足他们对美好事物的渴望，如何自然而然地靠近美，对我而言是一种乐趣和启迪。难道他们比我们更自然而然地拥有对美的渴望吗？即使最简陋的住宅里，也会有一处供人欣赏艺术的角落，他们称之为"床间"的落地壁龛。床间里色彩恬静的粉壁墙上，根据不同的季节挂着某一幅特定的画。一枝鲜花优雅地插在漂亮的花瓶里，摆在"挂物"（那幅画）旁边。下面是一件雕塑或者漆面案几上一个用材考究的抽象摆件。看到这三种并置的艺术产生协调的对比，你不禁对主人独特的情趣发出由衷的赞叹。三者结合的整体，始终洋溢着呼应季节、天气与心境的诗意。床间之外，以某位诗人的名句为内容的书法装裱悬挂在"障子"——可推拉的纸质屏风——上。除了精美，所有这些还必须有适度的分寸，并且与季节时令相称。

日本人是真正文明的民族，他们热衷于自己身边美的事物。对他们而言，一切美的事物都如同宗教一般神圣，能够得到美的眷顾是他们莫大的荣幸。

他们住宅里的一切设计，都是为了适应跪坐的起居方式吗？的确如此。但是，这种至关重要的整体如一，同样可以使我们这些双脚踏在地板上的人从中受益。

我们这些西方人，无法并且也不应当居住在日本式的住宅里。然而，假以五十年的努力，遵循某种与日本人的理想同样高贵的秩序，我们也将有机会拥有自己美好的住宅。我确信，西方人需要这种灵感的源泉。西方人能够照搬一切，唯独日本人的住宅和日常生活用到的器物让他们难以入手。

无视准则，这难道不是野蛮吗？完全听凭本能，这难道不是野蛮吗？这些恰恰是我们的品位和财富包含的内容。西方社会的富足，使我们的本能堕落成一种野蛮，因为它将自己拥有的智慧束之高阁，一味多愁善感地滥用祖辈遗留下的文化。与其他形式的道德败坏相比，这种堕落对生活造成了更大的威胁和伤害。

我曾经不顾膝盖遭受的折磨，试着向日本人学习他们的仪式。在正餐后，学着以"完美"的方式制作一杯茶，企图领会其中的秘密。然而，一次次的重复让我从厌烦转而绝望，后来再接到类似的邀请，我都会回避这种考验。我承认，这些规程对于我们而言太严苛了。是的，太严苛了。我们的文明程度，尚不足以使生活中的任何内容臻于完美，更不要说生活的环境了。除了偶尔做片刻的体验，我们更缺乏足够的修为让生活本身转化为仪式。与他们相比，我们的快乐与悲伤有不同的源泉和表达方式。我们消遣娱乐的方式更与他们的大相径庭。

我不无遗憾地发现，我们在日本人优雅的环境里总是显得那么粗鲁。他们的大拇指总是自然地内收攥住，而我们的总是向外翘起。他们的腿安静地蜷在身子下，而我们的一定会散漫地伸出来。不妨说，被丝袜紧裹的大腿和高跟鞋是我们文明的基石，也是我们心目中的天堂；优雅的臂膊、妖娆的胸部和灵巧传情的手，是他们文明的基石和他们的天堂。

在日本人的住宅里，每一根骨架和纤维都是诚实的，而我们的住宅却充斥着虚假。日本人的住宅蕴含着某种真诚美好的思想，并且坦率地将它化为现实。我们这些西方人，用种种既多愁善感而又粗野陈腐的权宜之计，将自己与日常生活蕴含的美割裂开来。为什么我们要煞费心机地把大地改造成天国，而不能像神道教朴素的智慧所指引的那样，从容地把天国接引到大地上？

在这片日升之地，我发现神道教创造的日本住宅是一支朴实地赞颂人类精神的歌，一曲"天国之歌"。它是内在天性真正的绽放，如同树枝吐绿、鲜花盛开与蜜蜂飞舞。为了净化我们自己的生活，我总是在能够享受或者忍耐的限度内，珍惜每一次学习的机会。例如在九鬼男爵[1]的家宴上，观察那些恭敬地跪坐在他周围的人。虽然他年事已高，不再承担外交家的职责，但是他府上的美食和"收藏"仍然远近闻名。或者应邀参加其他某些日本朋友举办的宴会，在至少二十四道艺术品一般的菜肴之后，无一例外地会肃穆地奉上依照千利休大师所训的茶道。

以上这些正是我第三次远赴日本之前，对于它的了解与思考。与其他任何民族的建筑相比，日本土生土长的建筑似乎与现代建筑具有更加紧密的联系。

我把焦虑和打击抛在脑后，满怀希望和感激地奔向日本，寻找新的生活。我完全有机会

---

[1] 九鬼隆一（1852—1931），曾任日本驻美国大使，后担任东京帝国博物馆首任馆长。

或者说应当孤身一人前往日本。然而，决定一个人命运的天性和性格总是会占上风。

塔里埃森的灾难发生几个月后，我收到一封表达同情和理解的短笺，它显然出自某位颇具修养的艺术家之手。我揣测，写信人想必是一位白发苍苍的年长女士，饱经苦难但仍然精神矍铄。我和母亲谈到这封信。或许是由于孤独，我简短地回信表示感谢。对方回信询问是否可以和我见面。她是一位雕塑家。一段以失败告终的爱情纠葛，使她的生活支离破碎，留给她的哀痛不亚于我所经历的苦难。她在信中给了我一些抚慰伤痛的建议。虽然几个月前我曾经拒绝过类似并不新鲜的建议，但如今我感到自己需要这些。我复信约她在芝加哥城里乐队大厦的工作室见面。她的回信中暗示最好约在办公时间之外。

就这样，米瑞姆·诺艾尔[1]走进了我的生活。她是随我前往日本的伴侣。

见面之时，我掩饰不住自己的诧异。她的形象和我预想的完全相反。我无法把那些信和眼前这个人联系在一起。当她在我办公室的桌前坐下，从言谈之中我理解了她如何能够写出那些信来。

她看上去像一个后天培养而成的巴黎人，光彩照人，举止典雅。年轻时无疑有惊人的美貌，如今依然有出众的仪容。浓密的深栗色头发衬着苍白的面色，清澈的双眸里闪烁着绿色的幽光。她的装束华美时尚，戴着海豹皮的披肩和帽子。小巧的手上戴着好几个戒指，脖子上一条金链挂着镶宝石的十字架，还有白丝带系着一个单片眼镜。交谈过程中，她不停地抚弄着那条丝带。

她把一个时髦的烟盒放在桌上，从里面抽出一支香烟。我替她点上——我自己不会吸烟。进屋时，她左手拿着一本黑色软封皮的书。她把书放在桌上，那是玛丽·贝克·艾迪[2]写的《科学与健康》，那本书里大概有作者关于心理学最新的研究成果。

"你怎么看我这个人？"她问道。她的头不停地轻微颤抖，似乎是某种病症的痕迹。她注视着我，等待着这个简单问题的答案。

---

[1] 米瑞姆·诺艾尔（Miriam Noel，1869—1930），赖特的第二任妻子。
[2] 玛丽·贝克·艾迪（Mary Baker Eddy，1821—1910），美国女作家，《基督教科学箴言报》(*The Christian Science Monitor*) 等一系列刊物的创办人。

"你不同于我以前见过的所有人。"我诚实地回答。

我了解到她的两个女儿都已结婚,还有一个儿子四处漂泊旅行。她没有任何真正的亲人,"无家可归"。一场和我的经历相仿的爱情悲剧,击垮了她的身体。

她和许多生活在巴黎的美国人一起,因法国宣战而回国。目前暂住在芝加哥她女儿诺玛家里。她在巴黎从霍瑞斯·豪利[1]那里听说了我,又通过报纸了解到那场惨剧。她被我的遭遇所打动,冒昧地给我写信,对此她表示歉意。

过去的几个月里,除了例行的工作需要,我几乎没有和母亲之外的任何人有过交谈。

据说,将要溺死的人会抓住脆弱的稻草求生。我面前的并非稻草,而是见识不凡的伴侣。她给予我帮助和一线光亮。当时我并没有意识到,拯救或许会出自黑暗——或者说盲目。于是,开始了一段盲人牵着盲人的故事。

敏感多情的人如何能够与自己和睦相处呢?依靠虚伪吗?我时常会向我所知道的最敏感多情的那个人——我自己,问这样的问题。答案非常明确,正是虚伪,对自己的虚伪,而这正是一个人对所有其他人虚伪的基础。

光彩照人的米瑞姆陪伴着我前往东京。

当我第三次抵达横滨湾,金色的天空下屹立着无上圣洁的日本之神——山巅白雪皑皑的富士山。一如既往,晕船令我在船上度过的每一个小时都痛苦难耐。"中国皇后号"邮轮在晨曦中落锚,巨轮的引擎终于安静下来。码头上穿梭往来的人力车是我熟悉的画面。记忆中美丽的景象涌上脑海,让我迟钝的思绪重又感到清亮。

两年前,我为设计帝国饭店第二次远赴日本。此刻,基础的试验已经完成,建筑即将动工,在数年之后迎来它的诞生。

与公众的偏见相反,一对成熟并且自立的男女之间两情相悦,往往是基于高尚的生活理想以及相互尊重。他们必须如此。坦诚地面对自己和对方,意味着对生活提出高于通常的要求。更加严苛的伦理准绳,也将对男女双方的品格提出要求。不受法律约束的关系本身,会对双方不断地提出要求,而合法婚姻完全可以省却这些负担。尤其是对于一个自愿投入这种关系的女子而言,她将会面对更加严苛的要求。当一个足够勇敢或者足够愚蠢的女子真诚地

---

[1] 霍瑞斯·豪利(Horace Holley,1887—1960),美国作家及巴哈伊教倡导者。

投入这种关系，那一段关系就成为她生活内容和目标的全部。因为，从最初的一刻起，她将不可避免地承受与社会割裂的痛苦，并且痛苦将与日俱增，直到令人无法承受。

对于不惜违背世俗而公然生活在一起的男女而言，成熟并且正直无邪的人格，是他们获得幸福——即便是短暂幸福——的前提。

当时的我仍然是"非法"之身——换言之，我仍然不能合法地摆脱与凯瑟琳的婚约。我曾与她争辩，但无济于事。因此，在这种情形下，任何足够愚蠢而敢于和我公然生活在一起的女子，都不得不走上违背世俗的道路。这种关系导致的任何悲剧，比起合法婚姻内的类似悲剧都更加可怕。因为，这种关系不仅毫无抵抗的能力，并且承受着无情的拷问，它失败的结局正是"良好"的社会乐于见到的。

但是，我从未学会逃避。假如我懂得逃避，我理应拒绝任何这种形式的伴侣。下意识的虚伪已经足够可怕，而对于任何富有创造力的艺术家而言，清醒的虚伪会更无情地侵蚀他的灵魂。没有任何懦夫能创造出作品。我曾经这样认为，今天依然坚信。

暧昧举动对它的施加者造成的伤害，将十倍于对它的接受者的伤害。隐秘和虚伪都将给人的性格留下无法治愈的创伤。他人怀有的虚伪固然令人难以忍受，但是我宁可忍受，而不是自己也加入虚伪。难道会有任何真诚的生活对社会构成威胁吗？伪装的生活，不正是社会织锦上朽烂的丝线吗？

虽然，究其本质，婚姻是为那些并不需要它的人所设，然而离开婚姻的保护，任何人都难以在合法的婚姻形式以外长久生存，除非你拥有粗糙强悍的个性或者世间罕有的忠贞。

为了接纳在新帝国饭店施工期间日益增多的客人，依照我设计的方案在老帝国饭店旁加建了一座临时建筑。帝国饭店的管理者，允许我在加建部分内部划出一个属于我自己的角落。我的寓所朝南的窗外是一片日式庭院，这里与老帝国饭店相通，可以享受饭店里的全套服务，还有一个日本小伙子专职听候我的吩咐。我们置身于神秘的东京，它与伦敦在许多方面有相似之处。东京有无数充满惊奇的角落。走进昏暗的街道，推开简陋的大门，再穿过安静的门廊，面前是一座肃穆的殿堂。

在我东京寓所小小的客厅里，壁炉的火焰从不熄灭。客厅外的阳台上摆满了盆景和鲜花。与客厅同层有一间自带阳台、卫生间的卧室和一间小餐室。饭菜会从老帝国饭店送过来。一个窄小的楼梯通向屋顶的阁楼，那里有宽敞的工作室和卧室。我可以伏在工作室的绘图板上，通宵达旦地工作而不会干扰任何人，累了就随时上床休息。客厅里有一架在东京非常稀罕的小型三角钢琴，我们的客人个个都有让它奏出曼妙音乐的双手。读书、研讨，漫步在夜晚的东京。有时候，在星期日的白天骑着摩托车四处游历。为数不多的几个忠实的朋友理解我们的处境，尊重我们的选择。和他们一起消遣的时光组成了我们当时的生活。

我们结识了一大群有趣的朋友，例如才华横溢的波兰伯爵武宾斯基夫妇，还有几位旅居东京的俄国人，包括切雷米西诺夫公主、阿波洛莫夫伯爵夫妇、伊万诺夫一家，还有既是钢琴家同时也是语言学家的奥尔迦·克伦斯卡。我的日本朋友羽仁吉一[1]夫妇创办了"自由学园明日馆"。依照这所学校的办学宗旨，我为他们设计了一座校舍。那是我生命中一段尤为宝贵的经历。

多年以来，能够洞察人心的米瑞姆一直被莫名其妙的狂躁情绪困扰着。不久，我就发现了这一点。有时候，她会表露出夸张的情绪和做作的举动，在接下来的几天时间里，让我们两人的生活都痛苦不堪。我试图找到这种间歇爆发的根源，并且在我自己身上查找可能的原因。

事实上，她的神经遭受过破坏性的刺激。从那时起，她始终无法摆脱毫无缘由的失控。有时候连续数日，她的情绪风和日丽。然后，陡然间莫名其妙地阴云翻滚。夸张情绪的爆发越来越趋于病态，各种奇怪的举动也变得越来越激烈。在她的内心，似乎始终有两种相互矛盾的天性在残酷地争斗，释放出把她撕成碎片的力量。尔后，又会是一段平静美好的生活。

莫名其妙甚至是歇斯底里的狂躁，混杂着快乐的片段，填满了帝国饭店施工的四年时间。她的情绪失控逐渐变得越来越具有破坏力。不断升级的吵闹，让我们失去了理智和安宁的生活。痛苦和烦恼不仅伴随着我殚精竭虑的设计工作，而且侵蚀着我生活的每一处细节。

所幸，永远有无穷无尽的浮世绘供我搜寻，永远有神秘和精彩的江户城供我探索。你难以想象，那些浮世绘是我生命中何等重要的部分。假如浮世绘从我求知的历程中消失，我不知道自己会走向哪里。"剔除无足轻重的东西"，浮世绘使我在建筑的世界里透彻地领悟了这一福音，正如它深刻影响了立体主义和未来主义的法国画家那样。然而，浮世绘却被压在所谓"现代主义"的底层，它的重要性和对艺术发展的影响力鲜为人知。我对此百思不得其解。

---

[1] 羽仁吉一（1880—1955），创办女子学校的日本教育家。

Came Yedo
江　户

与古老的罗马城相似，古老的江户也是一座"七山之城"。每一座山顶都有灰瓦森森的寺院。山间蜿蜒而过的公路两旁悬挂着红纸灯笼。这种发光的"广告"是古老的风俗，不像芝加哥城里的广告那样刺眼。红纸上书写的文字和灯笼都令人赏心悦目。

眼前是充满魅力的江户。在这座庞大的城市里有无休无止的人来人往，宽阔的土路上人流如织，街道两侧蓝灰色瓦顶的两层木质房屋鳞次栉比。虽然像一座巨大的村庄，它却是世界上最大的城市之一，拥有数百万居民。有人推着满载货物的小车，有人沿街叫卖，有人信步闲逛，有人驻足在店铺前议价，有人赶着古怪的小马拉着的两轮马车，有人牵着怪异的驼背马穿过人群。犄角上缠着绿松石色饰物的黑色牛犊，低垂着头拖着车上沉重的货物。身穿和服的人、手推车、背篓、闲逛者、马匹和牛车构成一幅熙熙攘攘的街景，数不清的孩子在街道上欢笑着玩耍。日本的儿童似乎总是在路上拥有优先权，他们鲜艳的衣着好像阳光下的花丛。

偶尔有一顶猩红和金色相间、轿帘低垂的轿子经过，黑色的轿杠搭在两前两后四个赤裸着腿的苦力肩上。到处都散发着神秘的气息。神色诡异的人从我们身边走过，仿佛来自世外的秘境。在热闹的市井纷乱之外，酝酿着笼罩一切的安静，仿佛是某种魔法打造的诡异场景。四周洋溢着的欢快气氛，却又让人感到亲切的满足和心安。

暮霭沉沉的街道上，开始亮起灯笼柔和的灯光，球形或圆柱形的红纸上写着白色或黑色的奇怪文字。一盏盏精美的红灯笼沿着街道整齐地排列，间或夹杂着一盏造型朴素的大灯笼。每一座建筑檐下都有灯笼在微风中摇摆。有一些灯笼挑在街边立着的竹竿顶上。这种柔美的光令人双眼沉醉，它是一种以灯火作为媒介的古老广告方式。

店铺密密地排满所有大街小巷的两侧。店铺的二楼一律是主人的居所。纸质推拉门或窗的外侧，通常有竖条木格栅拼成各种精巧的几何图案。夜幕降临，随着屋内的人来回走动，门窗上映出的剪影忽隐忽现。店主家的女儿手持象牙的拨片弹着三弦琴，哀怨的琴声在诡谲的静夜里飘远。是啊，一切都如同浮世绘的画卷。

沿着迷宫一样的大街小巷两侧，房屋底层是一间间紧挨着的铺面，整齐摆放着各式新奇的货品。十八世纪末的浮世绘，生动地刻画了城里七座山丘上的庙宇和园林。

在这座既古老而又现代的都城里，石川丰信、铃木春信、胜川春章和北尾重政正在描绘它安详而又欢快的生活。不久，喜多川歌麿、葛饰北斋和歌川广重[1]将拿起他们的画笔。

那时，佩里[2]将军尚未开始推行他的国际合作。日本的国土尚未出现荷兰人的踪迹。在浮世绘将这里的雾霭、月色、飞雪、飘花与女子呈现给西方世界之前，顽强的英国人威廉·亚当斯[3]是唯一领略这一切的西方人。幕府的将军们不允许这个沉船落难的英国水手离开，而这正合乎他本人的心意。只有通过他，这个在完全封闭中发育的独特文化才得以零星地接触到西方。只有通过浮世绘，西方才得以了解古老江户的一鳞半爪。

江户生活的点点滴滴，都离不开这一条条热闹的街道。所有可爱的儿童似乎都在这里玩耍。丰富即美。

江户城里，笑声无处不在。嗒嗒的木屐声、街巷里小贩怪异的叫卖声无处不在，动物嚎叫一般诡谲的乐声也无处不在。对我们而言，日本音乐犹如一种动物的嚎叫。夜晚神秘的寂静深处，歌声四处响起，像是风声却又绝非风声，间或夹杂着三弦琴沉郁的琴声。恬美幽怨的笛声，好像彩色的丝带从店铺后院的花园里飞起，在空中飘荡。断断续续的歌声与乐声，似乎在为我们面前视觉的盛宴助兴。此起彼伏的木屐声，清脆地响在碎石铺砌的街巷，时而渐强，时而渐弱，充当那些乐声的背景。远处不时传来嚎叫刺破和谐的音律，犹如未知的动物在相互召唤。听到附近有女子的笑声和说话声，才让人感觉不必担心。

温馨的家庭和对生活真正的满足随处可见。夜间的江户，每一处有灯火照亮的地方都有人来人往，直至深夜。在这幅奇异的夜景中，总有人在无声地行动。一个个黑影在红白相间的纸灯笼旁晃动，又融入黑沉沉的江户城。夜晚光线柔和的氛围，使你感觉置身于某位现代女子挂着红色窗帘的客厅，而街道则像她客厅里的地毯一样整洁。

这幅场景里的所有人，都身着穿脱异常方便的袍服。

熙来攘往的人群绘成了江户的生活画卷。

---

[1] 石川丰信（1711—1785）、铃木春信（1725—1770）、胜川春章（1726—1792）、北尾重政（1739—1820）、喜多川歌麿（1753—1806）、葛饰北斋（1760—1849）和歌川广重（1797—1858）都是江户时代著名的浮世绘画家。
[2] 佩里（Matthew Perry，1794—1858），美国海军将领，曾率舰队强迫日本开放通商。
[3] 威廉·亚当斯（William Adams，1564—1620），第一位航行到达日本的英国水手。1600年到达日本，客死于日本。

然而，店铺的后院里却是一片温馨朴素的安静。夜晚的店铺里烛火摇曳，随风晃动的灯笼仿佛在传递神秘的信息。在这一切背后隐藏着黑暗与神秘。几个黑巾罩头、两侧腰间佩刀的黑衣人，行色诡秘地在我们身边闪过。与他们的长刀相比，所有刀剑都显得如同儿戏。他们勇武的脚步、威风凛凛的架势，足以令纽约第五大道上的显贵们屏息侧目。传奇的武士登场了！走过来几位身材巨硕、面容温和的相扑手，乌黑的长发从前额向后挽起，身后跟着几个仆从和仰慕的人群。这些被专门豢养的职业摔跤手，每个人的身形都相当于数个普通日本人的总和。知名的相扑手也是浮世绘的题材之一。像西方人养赛马一样专门豢养一群人？是的，这是他们千百年来的习俗。

看到街头那些气宇轩昂的身影吗？他们是游历四方的虚无僧[1]，腰悬短剑，面容被大钟形状的草编罩头严实地遮住。

茶室随处可见。毗邻东京湾的这一家茶室，门外密密地挂满了红纸灯笼，尤其引人注目。门口深蓝底色的垂帘上，白色的大字写着店主的名号。掀起布帘走进院子，只见漂亮的日本侍女们正跪坐在地榻上恭迎。她们面带微笑，恭敬地俯下身去，把头弯到更低、更低。然后，站起身来，牵着手引我们进屋。我们的鞋呢？脱下来放在屋外，穿着袜子踩在干干净净、散发着草香的地榻上。环顾四周，第一次感受极其简洁的形式和材料如何融入迷离的色彩和晃动的人影。柔软的白袜意味着干净和安静。人类生活中还有什么能够如此优雅和干净？

我们从一间间屋子旁经过，瞥见屋内惹人心动的场景。身穿丝质和服的客人们，手摇小扇，头发油光乌亮。啊！你瞧，所有东西都浸透了无可模仿、永不消逝的风格。黑色！在这里，黑色不仅是一种属性，而且是一种揭示。

走廊另一侧的立柱上，装有萤火虫的小竹笼在夜幕下闪烁。穿过走廊，眼前是一幅令人心醉的画面：日本式的庭院！三弦琴的乐声仿佛夏日田野里的虫鸣，从四面八方飘来。从一扇推开的门里，传来如泣如诉的笛声。月光照着松树和挂在枝头的灯笼，安详如镜的水池里映出一弯新月。青石台上流下的小瀑布银光闪闪，瀑布的细流溅落在绿苔包裹着的一堆奇石上，水边的鲜花和灌木簇拥着石块和粗糙的树根。

这个庭院好像把人带回到了古代的乡间，或者朦胧迷离的王国。但是，它却可以非常

---

〔1〕 虚无僧，日本禅宗云游乞讨的僧人，常头戴竹笼遮住面孔。

小——必然是小而又小，小到难以置信的五英尺见方！

我们远离外面嘈杂粗鄙的世界，跪坐在素雅的丝质垫子上，谦恭而又入神地注视着这个充满简洁完美的艺术品的环境。

一件艺术的杰作进入场景。她的装扮着重于头部、双手和胸部，而不是如西方人那样关注大腿和小腿。她微笑着，优雅地把头一次次触到地板，轻柔地问我们：在这个最温存的夜晚，她能够献上些什么为这些最尊贵的客人助兴。与此同时，乌黑的发髻在隔壁的几间屋子里晃动。扑满白粉的鹅蛋脸上，黑色的秋波流转，猩红的双唇轻启。这红唇是为了和清酒酒盅的颜色相配吗？

黑色！"黑色"的科学与艺术比比皆是。当这些身材娇小、一举一动都优雅有节的艺术品悄无声息地在你四周走动，你能感觉到她们的黑眼睛向你投来狡黠的目光。向她们要些什么？我们只能面带微笑而又粗鲁地说一声"开饭"。除此之外，又能怎样呢？

现在，请拿起仅供这一餐使用的"箸"——一副松木筷子，将它掰开成两根。揭开黑色漆器的木碗盖子，露出只有在日本才会这样制作的米饭。娇美的侍女从黑漆的大木碗里舀出热腾腾的米饭，盛在我们各自的红漆碗里。托盘上锅岛烧[1]瓷碟里鲜美的鱼肉，或许会让你胃口大开。不喜欢金漆碗里浓醇的鱼汤吗？看来你还不太受用鱼汤的滋味。别致的甜点摆在装饰精美的几案上，品尝之后却令我们有些失望——与我们熟知的甜点相比，这实在算不上是甜味。

此时，远处隐隐传来鼓声，仿佛雨点在屋檐下敲打着空洞的金属蒙皮。鼓点诡异飘忽，我们的耳朵无法捕捉它的节奏。吃到厌倦再抬起筷子的时候，年轻的侍女端上漂亮的竹篮，每个竹篮里盛着拧到半干的热毛巾。她把一个个竹篮分别递给我们，看着我们用毛巾擦拭脸和双手，低头羞涩地窃笑。等到我们嘴里哎哟叫着，不顾有失大雅地伸腿活动一下酸痛的关节，或者想要起身却纷纷向后翻倒，像被清酒醉倒了一样而其实只是因为跪坐得太久，她终于忍不住咯咯地笑出声来。

手拿着三弦琴的艺伎们，在走廊里悄无声息地穿梭往来。除了略显红润的两侧太阳穴和红艳的嘴唇，她们的前额和脸颊都涂满了厚实的白粉。这样的场景正如铃木春信、鸟居清

---

[1] 锅岛烧，日本的一种著名瓷器。

长[1]、喜多川歌麿、胜川春章和北尾重政，用画笔忠实记录下来留示后人的那样。一位身姿婀娜的女子跪坐在地榻上，拨弄着琴身修长的古筝。你不禁感叹"多么温柔"，"多么朴实而优雅啊"！富有秩序的美与日常用具的实际功能，被日本人如此精妙地结合在一起。结合？不，应当说是将生活中必需的器物和行为转化成美。这就是文明的定义。一切是否过于完美，令人难以置信？必定会有险恶的一面潜伏在黑暗中！或许吧，这就是你所了解的东方。西方人用怀疑的目光审视着。迄今为止，我们没有看到任何不道德的东西。

然而，这当然是不道德的，也必然如此。

既然在西方世界，丑陋是一种美德，那么，在东方，美难免是不道德的。然而，一切似乎都是那么天真和迷人。

东方的交际花，既是浮世绘青睐的题材，也是备受责难的众矢之的。这就是日升之国里不道德的东西吗？不，它仅仅是与道德无关。

本性可耻的行为，也能够被转化为美吗？

我们蜷起双腿，膝盖抵住下颚，挤在一顶浪漫的轿子里，穿过长长的街道。街道两侧的店铺中有许多摆满版画出售的"新闻"店铺。身上挂着叮当作响的饰物的香客和背着细长背篓的小贩，从我们身边走过。有些小贩的背篓里，装满了各个时下红火的画家的版画，印着歌舞伎名角们的画像，在四处热闹的场所销售。这些版画仿佛是流动的新闻报栏，小贩们就相当于日后的报童。

张贴在店铺门外的彩色版画上面，是美艳的花魁[2]和她们的随从。

那时候，"广告"也和今天一样兴盛，但当时的艺术家却从未因此牺牲他们的个性。为什么呢？

前方是一扇巨大的黑漆木门，正对着门口是一株盛开的樱花树，四周无数红白相间的灯笼，照着粉色的花瓣像飞雪一样缤纷摇落。一进大门，我们就遇到吉原[3]花魁的巡游。这种我们曾在浮世绘里看到过的场景，此刻鲜活地展现在眼前。

---

〔1〕 鸟居清长（1752—1815），江户时代的浮世绘画家。
〔2〕 江户时代日本的高级艺妓。
〔3〕 江户时代东京妓院密集的街区。

每一组烦琐的巡游队伍的中央，是一位惊艳绝伦的女子，被华丽炫目的和服与极尽奢华的头饰包裹着，面孔惨白，红唇欲滴，白袜踩着黑漆木屐。她带着女性的妩媚，以精心夸张的高贵姿势缓缓向前移动着。在华丽的和服、毫无表情的面孔和金色的头饰构成的画面中，唯一显露她是活物的是那双狡黠的黑眼睛。她的双眼在白色的面具上闪烁着，幽怨的目光在你身上只做片刻停留。花魁四周是一些同样妩媚却远不及她美艳的女子。紧跟在花魁后面的是两个衣着精致的随从，虽然身材矮小却同样气度高贵。这种华丽的奇观，只会让你联想到荒蛮时代。巡游的队伍簇拥着他们太过威仪反而近乎荒蛮的女王，缓缓地向大门推进，花魁的身上沾满了樱花树抖落的花瓣。彩色灯笼摇曳的火光中，另外几位"花魁"跟在后面，各自被类似的队伍簇拥着。

当巡游的队伍折返回来，一群素色衣着的男子像围绕着烛火飞舞的蛾子，跟在队列后面。这种景象让生活枯燥黯淡的人目眩神迷，仿佛看到了天国里的幽灵。

每一位花魁的队列都独具风采，同时又恪守应当遵循的传统风格。

踩着黑漆的高跟木屐走过落英缤纷的街道，是一种我们西方人从未有机会领略，或许也难以理解的赞颂仪式。

一个女子被托举到极高的地位，成为翘立于男子中的一种象征。你需要理解，她们已经不再是普通的女性而是独特的"女人"。被人为夸张了的女人，被组织化了的女人。道德沦丧吗？不，仅仅是"职业"使然。她们身上艺术和优雅的气息，是一股难以抗拒的力量。既然尚未受到"道德"歧视，因此也谈不上有罪。难道技艺超群地取悦男人，能够给予她们骄傲的感觉吗？难道被奢华炫目包裹着成为男人欲望的靶标，也是一种值得为之献身的事业吗？

如果从当时浮世绘画卷上赞美花魁的题诗来看，答案是肯定的。

江户时代日本文化中的某种社会力量或者是自然力量，将那些操此职业的女性奉为极尽绚丽的"女人"。如果说丰盛即美，那么这句话再次得到了证实。如喜多川歌麿那样的艺术家们，就生活在他们描绘的青楼女子的画卷中。在他们笔下的浮世绘里，女性成为几乎一切事物的象征。他们身后的艺术家同样流连于吉原，享受此间的放浪，留下供后人欣赏的画卷。文人骚客们来到吉原，将尘俗的喜忧一并忘却。蒙面的武士们前来寻求解脱，暂时解下形影不离的长刀，沉醉于别处无法感受到的自由与浪漫。

社交礼仪和包括音乐、诗歌、舞蹈的典雅艺术，与这种寻欢作乐持久相伴，使其与兽欲

《宽正三美人》，喜多川歌麿

的行为不可同日而语。这里不存在一种给寻欢作乐打上"兽欲"烙印的道德因素。发生在古罗马和古希腊哲学家与当时的交际花之间的事，也同样发生在江户城里，区别仅仅在于后者是富有美感的仪式。

所有这一切，没有意识到自己是一种堕落的行为吗？

如果我们以无关道德的眼光来看，将会发现它的美。如果我们预先给它贴上"肮脏"的标签，就只会看到肮脏的东西。

在昔日的江户像日报一样印制流传的画册，今天已经是珍稀的古董。这些浮世绘记录了艺术家们对这种生活的赞颂，而我们从中看到的只是单纯而没有堕落。

浮世绘让我们看到，对于美和生活的热爱是一个诗意的主题，它像一条丝线贯穿吉原的妓女们的生活。那里面有真实而又原始的浪漫。然而，在如今日本的风月场中，也如西方历来的情形，除非完全由运气促成的浪漫，不再有浪漫可言，只剩下纯粹的金钱交易。

在《青楼美人合姿镜》这套世间最精美的画册里，胜川春章与北尾重政携手为我们描绘出一百多年前日本风尘女子[1]的生活场景。

---

[1] 原文为法文 filles de joie。

伴随着帝国饭店的设计构思日渐深化，建筑破土而出，我如饥似渴地搜集这些江户时代的珍贵记录。我透过浮世绘这扇窗子审视自己的作品。接下来，我必须结束在日本古老的文化中心江户的徜徉，开始讲述建造帝国饭店的故事。

Building against Doomsday（Why the great earthquake did not destroy the Imperial Hotel）
与末日抗争——帝国饭店何以在大地震中幸存

自民族的蒙昧之初，日本人就把他们的思想和感情，寄托于雄伟而又安详的民族之神——圣洁的富士山。日本人崇拜这座圣山，它随着阳光、月光和云雾而变幻出丰富的表情，蕴藏着深刻的美，诉说着这片土地上独一无二的从容与尊贵。

这是一个古老而又现代的国度。如果说这座圣山是古老日本的上帝，也并不为过。

造就了圣山的同一股力量，也不断地吞噬着无数对圣山虔诚膜拜的生命。沿着崎岖的海岸线，是世界上最深的海底。海水巨大的力量将地壳撕开裂缝，海底水火相遇之处冒出滚滚的气泡。深渊里的爆炸产生地震，威胁着地面上的生命。强烈的震动像痉挛一般摇撼大地，使大片的国土在一夜之间改变模样。整个村庄消失不见，一些新的岛屿生成，而另一些沉入海中。峡谷隆起，山峰塌陷，海岸线随之改变。大火！每一次沧海桑田的巨变都以燎原大火收场。

千百年来，日本人为了应对灾难形成了结构轻巧的建筑传统。他们以木材和纸为主要材料的住宅，会被一个最微小的火星点燃。一旦失火，则无法扑救，直至成百上千的房屋烧毁殆尽。每一次强烈的地震过后，都由大火来完成毁灭行动的收尾。

幸存者掩埋了没有被深渊吞没的遗体，又一次哀叹"只能听天由命"，一如既往地忍耐着。大地的波动似乎是不可抗拒的命运，它比人类所掌握的任何力量都更强悍，你只能听天由命。在日本生活的四年多时间里，这种隐忍无为的态度时时出现在我的身边。在这片地震仪显示地下从未有过一刻彻底宁静的土地上，我将以刚强力量之外的方式面对灾难。

伴随着佩里将军敲开日本国门的壮举，外国人纷至沓来，分享着日本人的欢乐与痛苦。很快，日本政府需要在东京为外国人士建造一座专门的寓所。原因很简单——没有一个外国人能够坐在或者睡在地板上。需求日益紧迫，于是天皇决定由皇室出资建造这座"帝国饭店"，并且聘请德国人把它设计成了德国传统风格，充斥着夸张的石膏和木质装饰。

这个可怜的建筑奇观很快就显得陈腐不堪，建造一座新的帝国饭店迫在眉睫。这一次，皇室决定与造船商、建材商、银行家和烟草商等帝国的私人财团共同参股。我，一个美国人被选中作为设计者。

截至那时，还不曾有过一个应邀而来的外国人向日本的传统表示敬意。来到这里的外国人，带来了自己家乡的出产，却毫不顾及是否恰当。谦恭尚礼的日本人接受了这些馈赠，并且叹服不已。他们试图投桃报李，以日本的出产回赠外国人。深受中国影响的日本传统艺术，是举世最高贵、最纯净的艺术之一。直觉告诉我不能侮辱这里的文化。西方有太多东西要向东方学习，而日本是通往伟大东方的门户。东方，是我自从第一次见到浮世绘，第一次读《老子》时起就魂牵梦萦的地方。

然而，我将要面对自然界赐予一切建筑物的可怕的天敌——大地的战栗。

在设计和建造新帝国饭店的四年当中，我曾经多次体验到大地恐怖的战栗。任何人都不会忘记那种感受。有时在夜里，被仿佛海浪颠簸一般的震动所惊醒，听到来自大地深处而人间绝无的声音。突如其来的震颤、下沉，然后摇晃。震颤与上下颠簸、摇晃交替，在下面托着房屋的底盘好像已经脱落。墙壁的粉刷剥落，木质的梁架吱呀呻吟，似乎预示整个房屋随时会解体坍塌。我难以想象还会有比地震更令人心悸的威胁。

日本人对于地震的反应，起初是怒目相向，接下来冷汗淋漓，最终变得麻木平静。然而当极其猛烈的强震袭来，仍不免惊慌失措。通过研究，我发现这种震动来自地下而不是海上，它强烈的冲击力令任何刚性结构都无法抵抗。

在地震波的作用下，深埋的建筑基础——例如深桩基，将会造成上部结构的猛烈摇晃，因而，基础务必很短或者说很浅。在帝国饭店的用地范围内，八英尺厚的地表土壤下面是大约六十至七十英尺厚的软泥。这层软泥仿佛是上天的馈赠——一层消解灾难震颤的缓冲垫。

何不让建筑漂浮在软泥上面，宛如一艘浮在海上的战舰？何不以轻巧和延展性，取代结构巨大的重量和刚度？何不让这座建筑像掌心相对、十指相扣的双手那样，在外力作用下可以朝任意方向弯曲，当外力消失即可恢复原先的位置？何必与地震硬拼？何不顺应它而以智取胜？

这正是帝国饭店设计的起点。

最关键的问题，是如何让泥浆层以上那八英尺厚的乳酪状土层产生最大的承载力。在方

东京帝国饭店外观

案设计的第一年里,我们制作了一批直径九英寸、长八英尺的混凝桩进行试验。运来一车车铁锭放在这些桩子上施压,加大荷载直到把它们压入地下,由此获取了荷载和混凝土桩应变的数据。通过遍布场地的打桩试验,找出土层的软弱部分。地下水出现在地表以下两英尺处,因此孔一钻好就必须尽快灌入混凝土。当采用尖头桩来钻孔时,桩刚刚拔出就立即将混凝土灌入。

数据资料在手,我拿出了相应的基础方案。在整个场地里,混凝土桩密密地布成纵横间距皆为两英尺的网格,再在桩上布置条形基础,这样可以充分发挥八英尺厚表层土的承载作用。道理非常简单,这里的可压缩性土壤将在放大的墙基下被压缩,增加桩柱与土层之间的摩擦。试验结果证明,压缩可以安全地加大摩擦,这意味着建筑的重压使桩基下沉五英寸,而建筑本身也沉降相同的尺寸。这种做法尽管经济,但是带有风险并且相对复杂。

最终,这座建筑的重量被逐磅加以测算,并且完全按照试验数据分布均匀地在地表下面"漂浮"着。建筑的基础就位了,仅有极少处与计算稍有偏差。

这种基础比东京一直沿用的做法要节省数十万美元。然而，如果当时帝国饭店的出资者们了解到哪怕一丁点儿我们的打算，势必会掀起一场轩然大波以阻挠其实施。谣言几乎做到了这一点。我们设计的减震垫层和桩基施工完毕，等待着日后的考验。

那么，究竟如何实现一个柔性结构来代替蠢笨的刚体结构呢？首先，把建筑分为若干部分。长度超过六十英尺就需要从基础、地板到墙体都彻底断开，然后在设计中精心处理衔接位置的缝隙。这一切依赖清醒的判断和精心的计算。

需要这样一种结构形式，使楼板不是架在墙与墙之间，以避免楼板在发生地震时因墙体摇晃而坠落。何不像侍者端盘子那样，手臂高举，指端托住盘子中心来平衡荷载？所有楼板的结构支撑点都在楼板中心，而不是像通常那样搭在楼板边缘的墙体上。

换言之就是悬挑，所有结构原理中最浪漫也最自由的一种。对这座建筑而言，也意味着最为合理。侍者手托在盘底的中心托着盘子，与悬挑楼板体现相同的原理。帝国饭店的所有楼板都采用悬挑的结构形式。

日本传统建筑沉重的屋瓦，曾经在地震中夺走成千上万人的性命。在我的设计中，采用一种手工制作的轻质绿色铜屋顶。为何要继续荼毒众生？

外墙下部加宽加厚并加重，向上则逐渐变得薄而轻。与此相反，东京原有的建筑都是头重脚轻。墙体的收分有助于降低建筑重心来抵抗震动，而倾斜的墙体则构成建筑外观的美学特征之一。挑出外墙的楼板所形成的雨篷上有装饰性的孔洞，既减轻结构重量，也产生了丰富的光影效果。

在东京随处可见的铺地石材，是一种轻如橡木、易于加工的火山岩。先前，将这种普通的材料用于如此高贵的建筑，必然会被视为不敬之举，这种独具特征的材料最终还是被选中，用作自由地塑造建筑师想要表现的形式。整个主体结构被建造成双层的壳体，外层是细长而精致的实心砖，内层是带凹槽的空心砖，内外两层一同砌至四英尺或更高一些的适当高度，二者之间的空腔以混凝土浇实以结成一体。

这座庞大的建筑物，成为一个火山岩与砖拼镶而成的整体。地震总是会使埋设在结构里的管道和电线断裂，引发水淹或者漏电。因此，所有管线都将埋在地下室中带盖的混凝土地沟里，与包括基础在内的结构主体脱开。所有主管和支管都是铅制的，所有接头都是弧形的。穿越地沟的铅管弯头与结构脱开，悬吊在垂直的管道井中，从中再将弯曲的支管引出连接在浴室的管道口。因此，最强烈的震动也只会使管线抖动或者扭弯，而不至于断裂。

最后，重要性不亚于以上诸条的建筑特征，是入口庭院里一个巨大的水池。它与饭店的水系统相连，收集屋顶的雨水。

设计方案遵循的原则，是建筑的所有特征都具有不可或缺的实际功能。我把直线与光洁平整的表面加以变化，形成的风格尊重这座建筑的主人们的文化传统。设计思路的精髓在于，我希望设计他们那种密集的手工制作方式能够出色驾驭的东西，因为我们不知道哪些机械可以用于此地。难以预料这方面的成果将会如何，或许不容我过于乐观。

建筑方案最终确定下来。

但是却无法做出投资预算，因为所有这些设计皆无先例可循，没有一个生意人愿意接手。如果不放弃整个方案，唯一的出路就是自己组织施工，尽管语言是一个障碍，日本工人的习惯也让人感到陌生。

除了建筑师和一位出色的工程师——来自芝加哥的保罗·穆勒——这两个外国人，包括将近二十个日本的建筑系大学生（其中一些曾在威斯康星协助方案设计）在内的团队成员全都是当地人。帝国饭店的经理林爱作加入我们的组织，担任主要的管理者。我们在静冈县买下烧砖窑，专门生产比例纤长的砖。以前从未有过这种风格和尺寸的砖用于外墙，在这个国家也将第一次把空心砖用于内墙。我们还在日光市附近的大谷买下了一片火山岩采石场。此后的四年里，石料源源不断地从这里运往东京的工地。日后在大谷采石场留下的深坑，尺寸接近修建纽约中央火车站时开挖的基坑。

我们雇用了一百多个凿石工，在这种带绿色豹纹的火山岩上，凿出所需的肌理。在施工的四年期间，工人的总数量始终保持在六百名之多。其中大多数来自近郊的农村。他们和随同而来的家属一起暂住在工地周围，就在这里做饭、洗衣、睡觉。我们执着地——有时候以狂躁甚至是辱骂的口吻，教他们如何建造这座建筑。最终的结果是我们和他们的方法加以折中。

我们曾试图引进磨石机和切割机，但是很快这些机器就被他们挥舞石斧溅起的石屑所掩埋。尔后我们又试图采用起重机和卷扬机，然而他们宁可肩上扛着沉重巨大的石块爬坡。我们试图不用脚手架，教他们从室内砌墙，同样行不通。他们沿袭数百年来的方式，把木棍巧妙地捆扎在一起充当脚手架，再靠脚趾勾住木棍来保持平衡。

他们是多么熟练的能工巧匠啊！何等的耐心与聪明！因此，与其徒劳地试图教他们接受我们习惯的方式，不如顺应他们的习惯。我对最初的设计做了大量修改，以便最好地适应他们习以为常的东西。语言的障碍日益减少，但是奇怪的差错总是难以避免。诚然，日本人对任何事物的态度都是螺旋式的。对于来自任何方向的进犯，他们本能的反应都是迂回曲折的。但是他们的温顺、聪慧和忠诚足以弥补这一弱点。那完全是一种喽啰对待武士一般的忠诚。不久，我们就接受了他们的教化。施工进展得颇为顺利。

在一大片貌似混乱不堪、被建筑材料和几百个工人家庭占据的工地上，建筑的模样开始初露端倪。工人们对这座建筑产生越来越浓的兴趣。他们不时地聚在一起，对某些完工的部分加以赞美或是进行犀利而精准的批评。

那是一种在美国建筑界不可能看到的由衷赞赏和对工作的忠诚。

假日是对施工进程的诅咒。他们并不在星期日休息，但是每两个星期中会有几天假期，而假期过后大多数工人需要再有一两天来恢复工作状态。工程进度也因此变得拖沓。还有雨季！按照日本人的说法，东京的雨不只是从天而降，而且会从地下涌出来。

东京的绝大多数建筑，都是在一种顶上铺瓦、四周有草垫遮挡的罩棚内施工。我们设法省掉了这种造价不菲的设施。正当我们庆祝成功之际，才发现他们比我们更了解这里的气候。假如我们利用这种罩棚让工人们免受雨水和烈日的袭扰，就可以使享有舒适工作环境的工人们提高效率，将工期缩短七个月。

再有几项类似的"成功"，就足以让我们陷入困境。

这时，几年来定期召集的董事会中出现了牢骚和抱怨。

传到董事会耳朵里的流言，首先来自英国人和美国人（在东京的英国人喜欢与美国人厮混在一起，而身在海外的美国人无一例外地彼此敌视）。耸人听闻的说法是这个建筑师是个疯子。一旦地震，这座建筑就会战栗崩塌，整个沉入地下厚厚的泥浆中（泥浆的厚度的确足以吞没它）。曾经的热情支持者，开始犹疑推诿。我的设计团队从未有任何动摇，但是作为管理者的林爱作受到频繁的恐吓与审查。在这个关键时刻，需要追加三百五十万日元方能使建筑顺利完工。一时间，阴霾四起。

与此同时，一小队工人正在已经建成的饭店底层加班加点。完工的每一部分建筑都被用作加工构件的场所。二层的楼板施工完毕，工人们立刻开始在宽敞的一楼室内赶制屋顶的铜瓦、室内的木饰和家具等许多附件。

我从美国带过来一批精致的家具，把它们分解成部件，教日本工匠们依照类似的原理，根据新的设计制作与帝国饭店的建筑融为一体的家具。工匠们熟练地掌握了这门技艺。地毯将在北京定制，其设计将与大厅和客房的室内设计相协调。建筑主体已经完成了三分之二。在几年来的施工过程中，外国人自然无从了解资金的去向和各种花费的细节。

危机爆发了。

董事会成员被召集在一起。

大仓男爵[1]是董事会主席。除了他的个人利益，他还代表皇室持有的股份——除土地所有权之外，帝国饭店百分之六十的股份。董事会成员当中，满头白发的浅野君是极具影响力的船业大亨，白色的眉毛下目光如炬。烟草商村井是个始终与人为善的和事佬。银行家若井身高体胖，站着的时候长髯垂过桌沿。另外还有五六个成员。

几年来，大仓男爵始终是我的支持者，此时他也陷入了困境。往常的董事会议都是在老帝国饭店里召开，伴以轻松的社交气氛和可口的茶点。这一次则大不相同，凝重的气氛危机四伏。年逾八旬的大仓男爵依然有着像年轻人一般的满头乌发。他是掌控帝国财政的重要人物之一。他坐在长桌的端头，我坐在他左边。他右边坐着毕业于哈佛大学的秘书，充当我的翻译。其他人都无足轻重。他们不分先后地叫嚷着发言。我反反复复地回答他们最关心的问题——建筑的基础。没完没了的基础问题，还有造价。钱！

在会议的一段时间里，男爵保持着耐心和礼貌。当他激动发怒时，他的下嘴唇总是习惯性地突出并且抖动。这个特征在会议中显现出来。他突然站起，身子前倾，愤怒地用双拳敲击着桌子。这是他罕有的举动。

吵嚷的人们像是被狂风吹熄的烛火，屋里顿时鸦雀无声。

男爵仍然站着，直盯着我。我不知个中原委，但也本能地站起来。翻译站起身说道："男爵说，假如这个年轻人（凡事皆是相对而言）能留在日本直到建筑落成，男爵本人愿意筹集需要的资金，将这些资金投入……"接下来，是对我而言如同天书一般的日语名词。

尽管已经被乡思和疾病纠缠，我还是向男爵伸出手去，郑重地做出他想要的承诺。会议结束了，董事会成员们怒气未平地鱼贯而出，并未因自己卸掉责任而感到高兴。

营建雅典的帕特农神庙之时，伯里克利[2]是否也承担了与大仓男爵一样的角色？总之，

---

[1] 大仓喜八郎（1837—1928），日本明治时期的实业家、大仓财阀的创始人。
[2] 伯里克利（Pericles，约前495—前429），古希腊雅典重要的统治者。他在希波战争后的废墟上重建雅典，扶植文化艺术，现存的很多古希腊建筑都是在他统治期间所建。

帝国饭店的建设得以继续。每一个董事会成员都像间谍。隔墙有耳，流言甚嚣尘上。我失去了往日的自由，遭遇了前所未有的阻力。但是我的日本助手们依旧很忠诚。这时，出现了又一次危机。

"为什么不能去掉设计的那个水池，省下四万日元呢？"董事会成员们向男爵建议。男爵深感言之有理，派人把我找来。他决心已定，再做任何劝说都是白费口舌。我向他解释，当地震来临，城市的供水切断后，水池将是和灾难抗衡的最后一道防线。帝国饭店五百英尺长的沿街部分采用木质窗扇，而街道对面全都是木结构建筑。它们或许能挺过地震，却难逃震后大火的吞噬。我已经在东京目击过五次严重的火灾，火海卷过之处，一切可燃的东西都被吞噬。

无所谓，水池必须去掉。

不，水池绝不能去掉。如果男爵坚持干涉的话，我有权打破对他的承诺而立刻回国。

说罢，我离开了他的办公室。结果是我没有离开东京，而水池在两年后那场毁灭性的灾难中承担了重要的角色。

再坚持一年，我就可以回家了。除了秋天和早春，东京的气候常年潮湿阴郁，加上工作的重压和焦虑，我已经身心疲惫。

就在这时，一场可怕的测试平息了扰人的担忧，也减轻了建筑师背上的重压。

主体结构将近完工，我的工作室移到了建筑左翼柱廊上方的顶层。有一天将近午时，我和几个工人以及缩减到只剩十人的学生助手，正在工作室里忙碌。突然间，一股毫无征兆的巨大推力把整个建筑向上掀起，助手们连绘图板一起被抛在地板上。陷入痉挛的建筑不停地摇摆，人们在片刻的惊慌之后乱作一团。我被奔跑逃生的工人和助手们撞倒在地。幸运的是，当时在顶层工作室里的工人不多，否则我一定会被他们踩踏致死。我趴在地板上，透过被掀起的建筑构件，能够清楚地看到楼下的地面涌动鼓起，伴随着可怕的撞击声和挤压声。几声雷鸣般的巨响让我心惊胆战。事后我才知道，那是老帝国饭店被火灾烧毁之后残留的五座烟囱被震倒了。

我的工作室后面新建的宴会厅，似乎已经坍塌。

只有一个忠实的日本助手远藤君没有逃走，他面色苍白，惊魂未定。整个建筑里只剩下我和他两人。我们爬上屋顶，看到街对面丢下手里工具逃生的建筑工人们面露恐慌，就连在庭院里干活的工人们也不例外。他们在一片死静中呆立着，面色苍白地颤抖着。全城都被诡

东京帝国饭店宴会厅

异的寂静所笼罩。不一会儿,远近有十几处起火。敲钟声伴着人声骚动,哭号的女人们拉着受惊的孩子们在街道上乱跑。

我们刚刚经历了过去五十二年来最强烈的地震。这座建筑安然无恙,在基础上放置的检测仪没有显示丝毫移位。

我的设计得到了验证。

城里各处损毁的报告接踵而来,帝国饭店却未受影响。林爱作君喜极而泣。过去的一年里,他经历了几乎无法承受的怀疑和骚扰。这一切都过去了。帝国饭店的施工已经接近收尾,无须建筑师留在现场监督。

虽然仍有一翼没有完工,但是只需要对称地复制已经完工的一翼。我可以问心无愧地踏上归程了。以大仓男爵为首的董事会成员,慷慨地增加了额外的设计费。首先是董事会举行香槟午餐会为我饯行,随后是帝国饭店施工的组织团队在茶室举办歌舞宴会,表达他们由衷的敬意。最后,是工匠们以他们的方式送别。

启程的日子到了。我必须从后面穿过整座建筑到达前门乘车。我穿过空荡荡的厅堂,看着到处空无一人,心中疑惑。原来,所有工匠都站在前门的庭院里,翘首等待。我本以为自己的辛劳已经得到了足够的认可，然而眼前的景象才是真正的谢意。这样的场面只可能发生在日本，这种精神正是我努力在自己的作品中致以敬意的精神。

他们的建筑师走出饭店大门，立刻被人群围住。所有级别的工匠，从清扫工到领班的工长，一边笑着一边哭着，笨拙地用握手这种"外国"方式和他们的建筑师道别。"谢谢"和"再见，瑞托君"混杂着他们学会的"aw-right"[1]。

"瑞托君"难以抑制自己的激动。人群跟着轿车，顺着日比谷大街去往火车站，一路奔跑呼喊着："万岁，瑞托君，万岁！"

当我乘火车到达十八英里外的横滨港码头，六十位工长已经从东京赶来，再一次呼喊告别，直到他们在岸上的身影随着船渐渐驶远而模糊不见。这样的人们啊！在世界的另一个地方，还会有如此温暖感人的善意和忠诚吗？

两年之后——一九二三年[2]。可怕的新闻传遍洛杉矶街头。东京和横滨被夷为平地！一场前所未有的浩劫！

接连几天，令人战栗的详细报道接踵而来。一切人工的构筑似乎都无法在这场灾难中幸免。我难以入睡，焦虑万分地打听有关帝国饭店的消息，也为执行弘道[3]、远藤、林爱作、大仓男爵和其他许多朋友的命运而忧心。终于，第三天的深夜两点钟，电话铃响起。《洛杉矶先驱考察报》[4]告知我帝国饭店已经彻底毁于地震。我心中一沉，转念又笑着问道："他们如何知道的呢？"报社的夜班编辑念着收到的消息：帝国大学、帝国剧院、帝国医院被毁，还有帝国这个、帝国那个等一长串名单。

"你瞧，这不是很容易把帝国饭店和其他帝国什么的混淆吗？我相信，假若东京还留下一座建筑的话，那必然是它。要是把帝国饭店的'新闻'登上去，肯定还得撤下来。"

挂断之前，听筒里传来对方的笑声。与日本之间的直接通信中断了，接下来的十天，只有各种含混而又相互抵触的消息。这时，我收到一封电报：

---

[1] 英语"all right"的不准确发音，意为"没事的"。
[2] 1923年9月1日，日本发生关东大地震，死难人数达十万以上。东京七成的房屋毁于地震或震后大火。这一天恰好是新帝国饭店揭幕开业之日。
[3] 执行弘道（1853—1927），赖特的好友，日本著名艺术商。
[4] 《洛杉矶先驱考察报》（*Los Angeles Herald-Examiner*），创办于1903年的一家洛杉矶日报。

加利福尼亚州洛杉矶市南斯普林街608—610号邮电总局

收录时间一九二三年九月十三日下午六时

弗兰克·劳埃德·赖特收

加利福尼亚州好莱坞佛蒙特大街1645号奥利弗山工作室B栋

下列电文今日收自东京：

饭店安然无损，乃阁下天才之丰碑。数百丧家者得到其运营如常之救助服务。

谨贺。

帝国饭店　大仓

绝无仅有的一回，新闻意味着好消息。大仓男爵的电文，像理性获胜的号角传遍整个世界。男爵在东京的两处寓所荡然无存，他筹建的博物馆和其中的展品全都毁于一旦。他鼎力支持的美国建筑师设计的建筑，成为他在东京唯一的财产。

从收到的信件中，我知道几乎所有我的朋友都安然无恙。而最令建筑师欣慰的消息，是最初的强震过后，幸存者们来不及埋葬成堆的尸体，冒着接连不断的余震，牵着孩子们的手汇集到帝国饭店的平台上，祈求保全了这座建筑的神灵佑护他们。这时，席卷整座城市的大火伴着人们的哀号向这里袭来。饭店的服务员们排成长龙从大水池里取水，依靠当时唯一可得的这一点儿宝贵的水源，将沿街的木制护窗板和窗框浇湿，才挡住了在狭窄的街道里肆虐的火舌。

为帝国饭店的安全所做的最后一点考虑，发挥了它的效力。

完成了帝国饭店回到美国之后，我逗留在洛杉矶，在儿子劳埃德的协助下，用混凝土设计一种独特的砌块单元体系。

然而，设计帝国饭店的经历让所有新的事业机会都显得乏味。刚刚从日本回到美国的一段时间里，任何无法与帝国饭店相提并论的设计委托，都不能引起我的兴趣。或许是因为持续几年殚精竭虑地投入那座建筑，我感到太过疲惫。

在日本的将近四年时间里，我废寝忘食地倾注于创作，同时承受着家庭生活的吵闹袭扰。终于，我未能躲过习惯于干燥的北方人在潮湿的太平洋海岸容易患上的疾病。八十岁高龄的母亲知道了我在东京病重的消息，不顾众人劝阻，远涉重洋来到太平洋的这一端。她的到来，使已经回到美国的诺艾尔恼羞成怒地割断了与我之间残存的牵连。

令我倍感欣慰的是，母亲在日本受到了相当的礼遇——在那里，年长是一种尊荣。在生命的最后几年中，她享受了许多快乐和独特的时光，尤其是在天皇的一次花园聚会上，她看上去如同一位女王，只不过比女王通常的模样更幸福一些。

我在东京的朋友们也常常来我的寓所看望她，带她参加各种场合的活动。尤其执行弘道对母亲照顾有加。这位资深的艺术鉴赏家，被明治天皇指派负责所有在海外举办的日本艺术展。回想起来，她在东京的时光没有一时一刻是孤独的。来到东京大约四个月后，她在一次坐车前往宫之下[1]游玩的途中因车祸受伤，只得返回美国。

日渐成型的帝国饭店是一个不断变化着的世界。与中世纪任何一件凝聚了创造者意志的不朽杰作一样，它是灵感自然挥洒的结果。随着工程的进展，我在塔里埃森完成的设计方案几乎完全被丢弃，取而代之的是我在现场根据需要或者当时的灵感做出的改动。这件作品的各个细节都是由同一位建筑师完成。这样的建筑在古代极其罕见。曾几何时，创造任何一件伟大建筑的过程，都是从一位建筑师延续到他的后辈。我可以借此向我景仰已久的文化脱帽致敬，这是外国建筑师从未有过的举动。在某种程度上，我实现了自己的夙愿。

身在洛杉矶郊外的好莱坞，重温在东京度过的那一千零九个浪漫的日与夜，我依然沉浸在不久前建成的那件伟大作品之中。

艾琳妮·巴恩斯道[2]在洛杉矶郊外的住宅与帝国饭店的建造过程并行。她给自己未来的家取名叫"蜀葵住宅"[3]，而我把它称作"加利福尼亚的浪漫曲"[4]。坦率地讲，它是利用建造帝国饭店期间我的假期完成的。塔里埃森的惨剧发生之后不久，我认识了巴恩斯道小姐。亨利·赛尔带她来到我在芝加哥杉树街的工作室，她希望在洛杉矶建一座剧场。她睁得硕大的双眼流露出一种不太真诚的表情，让人难以把她和那座剧场联系起来。而她出奇娇小的手和脚，似乎也与她的宏大志向不相匹配。

后来，我为她的剧场拿出了初步的方案。此时，从浸润着老子、道、禅以及武士道的国

---

[1] 富士山脚下箱根的一个小镇，因温泉而驰名。
[2] 艾琳妮·巴恩斯道（Aline Barnsdall，1882—1946），宾夕法尼亚州石油大亨的女儿。
[3] 得名于蜀葵花的抽象图案，1921年建成。
[4] 一种音乐体裁，是无固定形式的抒情短歌或短曲。贝多芬和舒曼都曾写有浪漫曲。

度回到美国，我暂且开始为好莱坞的基督徒们创作。

最终，蜀葵住宅变为奥利弗山天际线的一部分。建造过程中巨大的困难，部分归咎于我远在日本，部分归咎于我把它托付给了缺乏经验的人。下面这个故事，属于艾琳妮·巴恩斯道。

Hollyhock House in Hollywood
好莱坞的蜀葵住宅

假如可以称某种艺术比另一种更伟大的话，那么作为艺术之母的建筑，是比音乐更伟大的艺术。当然，这样的说法仅供商榷。我暗中嫉妒贝多芬、巴赫等伟大的音乐家。在倾注心血的创作完成之后，他们只需优雅地挥动白色的指挥棒或者双手，就会有几十个相互协同的头脑和几十双热情饱满的双手组成乐队，实现他们设计的作品。熟谙乐器脾性的几百个训练有素的手指，会依照大师的意愿刻画每一处微妙的细节。

相对于建筑而言，这种实现设计的资源更具备现代特征。

巴赫和贝多芬是我的灵感永不枯竭的源泉，甚至给予我直接的启发。

伟大音乐家们能够随心随性地从多种多样的体裁中选择，从赋格到奏鸣曲，从浪漫曲到协奏曲，或者旋律宏大、无所不包的交响曲。这是任何一个建筑师无法拥有，甚至永远不可企及的优势。

童年的我时常会在睡着之前躺在床上，久久地聆听父亲弹奏他热爱的贝多芬，直至深夜。在我稚嫩的脑海里，音乐用一种神奇的语言诉说着。自那时起，我就懂得了音乐是超越一切词汇的语言，它属于人的心灵。父亲教我领悟到，一部交响乐就是一座声音的殿堂。如今的我，深切地感受到建筑不仅仅有可能并且应当具备交响乐一样的特征。

因此，当巴恩斯道小姐希望我为她在好莱坞建一座住宅，作为她在奥利弗山上兴建的戏剧艺术中心的一部分，何不让它奏响一首加利福尼亚的浪漫曲呢？然而，多愁善感的巴恩斯道小姐已经预先用"蜀葵"命名她的新家。出于种种合理的原因，她对这种花情有独钟，希望我能够将她心爱的花以建筑的语言体现在这座住宅里。

与众多"艺术的资助者"不同，巴恩斯道小姐想要的绝非一座普通的住宅，因为她绝非一个等闲女子。假如能摆脱女儿身，她必定会欣然一试。遗憾的是，无法改变的事实总是带给她烦恼，阻碍她远大的志向。如果说哪个女子曾有过九天摘星的宏图大志，那就是艾琳妮·巴恩斯道。蜀葵住宅和她在附近新建的剧场，比她的"戏剧艺术"本身超前了一代甚至是两代人。就这两座建筑而言，她摘取了一颗明亮独特的星，那就是她的建筑师。

今天，许多希望拥有自己住宅的人只能随波逐流，每每沦为"时尚"建筑师们的业主。对于这些困惑到近乎绝望的屋主而言，"诗歌""浪漫"这些字眼无异于令人愤怒或者厌恶的标签。无怪乎，某些业主害怕听到"浪漫"这个词。因为，几乎所有怀着美好的信念追求浪漫的人，一旦霉运高照要在洛杉矶这个地方兴建新居，就会染上多愁善感的时疫，而传染源正是盘踞此地的"品位不俗"的建筑师们。厄温·吉尔[1]是很久以前这里出现过的一个例外，然而"时尚"人士们对他纯净简洁的建筑纷纷投以白眼。

在我们这个可爱的国家，狂热追求滥情的建筑已经白白浪费了数以亿计的财富，也或多或少地对数以百万计原本正直优秀的人造成了精神伤害。正如我对于塔里埃森的期望那样，蜀葵住宅将成为一座自然的住宅。它生长在加利福尼亚，就像草原上的住宅生长在草原上那样。

适合于巴恩斯道小姐的住宅，必将是一种"诗意的形式"。因为任何一座加利福尼亚的住宅所具有的美，都应当是加利福尼亚自身所具有的美。她想要的绝不是普普通通的住宅。

"浪漫"这个美妙的词语如今变得含混暧昧。它暗示着对生活的某种逃避，而不是实现理想的生活。无论是继承了可怕的遗产，还是身中毒招，总之所谓"浪漫"已经等同于空中楼阁、某种时尚却与生活格格不入的东西，充其量是异域风情，最差的结果则可能是愚不可及。由此可见，"浪漫"已经变成一副带着病态傻笑的面具，罩住了美国的新生活。在这个机器的时代，"浪漫"试图从严酷的现实生活里逃脱，躲进每一条可怜的蚯蚓为自己和别人（如果恰好是个建筑师的话）钻好的土洞里。

然而在音乐领域，"浪漫曲"是作曲者可以不受形式所限而自由挥洒的唯一一种体裁。一个音乐家对和谐的把握，是浪漫曲需要遵循的所有原则。完成之后的浪漫曲是散发着神秘

---

[1] 厄温·吉尔（Irving Gill，1870—1936），美国建筑师。作品集中在洛杉矶周边，以简约的体形和纯白色的外立面著称。

气息的有机整体，找不到创造过程的丝毫痕迹。当我把"声音与耳朵"翻译成"造型与眼睛"，浪漫曲会在加利福尼亚成为一种合理的建筑形式吗？

然而，我所要驾驭的并非乐队。为了有可能奏出一首浪漫曲，甚至只是在建筑中实现一星半点的真实，我必须征服在金钱的汤锅里煮过了火候的工业社会，还需要说服或者迎合性格鲜明、有时候趾高气扬的业主们。与我为伴的将是一斗砂浆、一堆砖块，或者一台混凝土搅拌机和一群工人，还有工会和机器。最后，但是同样重要的是——业主。所有这些组成了"表达的载体"。

现实与机遇造就了蜀葵住宅。这些语意曲折的描述，源自于回忆那段浪漫曲中的假日历险，其中包含着许多我刻意想要忘却的记忆。

巴恩斯道小姐把奥利弗山那块景色优美的土地交付于我。我们一起在加利福尼亚清澈的天幕下，建造她的新居。

我们——或者说我，开始着手设计。不久我就发现，这位业主充满各种奇思妙想，并且要求设计师也有同样多的奇思妙想。但是，无可救药地渴望旅行与漂泊，使她的每一个奇思妙想都难以为继。我不禁揣摩，她需要这么一个精致的家有何用处？这个家是在何处或是什么模样，又有什么区别？日后，我才明白这恰恰是她需要一个家的缘由。怀着一颗永不落定的心，她在自己走过的地球表面的任何地方，都不愿长久停留。她会不断地抛出各种建议和想法，就像俯冲的轰炸机丢下炸弹之后又冲进云霄。你永远猜不出她的炸弹从何处而来，投向哪里——只能眼睁睁看着它们爆炸。

为了给这项艰巨的使命增添坎坷，我受命运的调遣在未来的四五年间因建造帝国饭店而奔波于太平洋两岸之间。有时候，当我正在东京为帝国饭店的细节而眉头紧锁，会收到她发自好莱坞的信件。而她会在西班牙的旅途中，收到我返回好莱坞后给她的电报或信。有时候，她会从纽约写信给人在芝加哥或者旧金山的我；当我在浩瀚的大洋上饱受晕船折磨，也曾收到过她发自洛基山密林深处某个山庄的电报。

在蜀葵住宅诞生的年代，还没有无线电而只有电报。因此，它的诞生基本上是依赖业主和建筑师之间的电报联络，直到我们发现难以弥补的漏洞。

艾琳妮·巴恩斯道这样不拘世俗的业主，奥利弗山这样的选址，加利福尼亚这样的气候和一位执着于自由的建筑师。当这些组合在一处，即使是间接不畅的沟通，也阻挡不了这首加利福尼亚的"浪漫曲"的诞生。

数学的升华即是音乐？

那么，协调的形式当中所蕴含的数学，就是建筑。我将沿用我已经熟练掌控的语言：直线和平面。但是将在这二者之中融入第三种数学元素——有机的装饰。它将修正或者强化直线和平面，产生灵动与韵律。这些要素不仅属于加利福尼亚的"浪漫曲"，还属于所有的浪漫曲。

艾琳妮·巴恩斯道会喜欢这样一座住宅吗？答案或许肯定，或许否定。在风格和主义方面，她既不"新"，也不"类"，更不"伪"。她像印第安人一样土生土长于美国，也像欧洲人一样怀着成熟的心智周游四海，感受世界的美，她"安分守己"得像划过夜空的流星。"内心的声音"说："在你的时代，跃跃欲试的机器是否有机会大显身手？"

诸位，人难免会厌倦他的责任。年轻人甚至会厌倦他的幸运。我又一次让这内心的呼声暂时"离去"。蜀葵住宅将成为我的又一段假日。

建筑师的设计方案，终于沿着诗意的形式铺成的道路，来到巴恩斯道小姐面前。她非常欣赏它。我似乎把这首为她而写的浪漫曲定调太高，几乎写成了一部交响曲。

然而，我的业主急于要看到它建成，而我却必须立即返回东京。我们把设计草图进一步深化，增加文字注解和细部详图，达到足以照此顺畅地完成施工的程度，然后把图纸交给了我留在现场的助手。在当时的情况下，这不失为一种合理的工作方式。

我的儿子劳埃德介绍了"工会"里一个姓罗伯森的承包商。就我所知，罗伯森应当是一个能够担当此任的"首席演奏家"，我派来稚嫩的助手鲁道夫·辛德勒[1]负责施工现场。然而，事实证明罗伯森能够解读常规的乐谱，却难以领会眼前这一部乐谱。辛德勒虽然理解我的设计意图，却无法掌控局面。辛德勒总是过于彬彬有礼，永远无法学会板起面孔。他的这种性格正是我喜欢他的原因之一，可惜对这座住宅而言非常不利。不久，坏消息越过大洋追到了日本。

---

[1] 鲁道夫·辛德勒（Rudolf Schindler, 1887—1953），奥地利裔美国建筑师。生于维也纳，作为赖特的助手之一，负责赖特在日本设计帝国饭店时期美国的建筑事务。

罗伯森声称，这些挫折全都要归咎于设计方案太过粗糙。他只说对了一半。每一个承包商都会这样讲，并且在任何情况下，他都会说对一半。他知道这是个屡试不爽、听上去颇为可信的借口。真正油滑的承包商，总是能够从自己的利益出发，成功地利用这个理由来实现他预期的效果，而这基本上就是他所关心的一切。

承包商关心的只是他自己的身心健康。我提供了充足完整的图纸，但是不断添加的细部设计，让原本身体虚弱的承包商有些气喘吁吁。

这时候，手和脚出奇地纤巧、既富有又孤独的巴恩斯道小姐，开始表现出女性固有的弱点之一，也就是说拥有几位随从一样的"朋友"。还有一伙自视为她的朋友的受雇者，一脸忠诚地努力捍卫这位女性雇主的经济利益，直到雇主猛然醒悟的一刻。后来，她果然醒悟了。

巴恩斯道小姐的朋友们组成了替她保驾护航的大军。他们对这座建筑的了解，不亚于所多玛[1]人对圣洁的理解。他们只会保证她的失败。在这个紧要关头，建筑师、业主和承包商之间永恒的三角关系开始显露玄机。每当与建筑师之间出现第一丝矛盾的征兆，业主总是投向承包商寻求庇护。这也正是巴恩斯道小姐的选择。

我的业主已经被建筑师的某些过失惹怒。于是，她的朋友们从这位建筑师的品德入手，指出他身上有一个难以改正并且此时尤为令她不快的缺点，那就是建筑师显然并不尊重这件作品真正的主人在实施过程中至高的地位。当她希望依照那些护卫者提出的荒唐建议对作品的生命加以摧残，建筑师直率地拒绝了她。这无异于对她的挑战。

施工已大致过半，她做出了一个惊人的决定——她的"朋友们"将负责完成这座住宅。到了我应当彻底摆脱它的时刻。你能够理解一位情深意切的建筑师对他的作品的感情吗？有谁会不疼爱自己的孩子？同样的道理，他也如此。我不能就此罢手，将正在成长的孩子丢给他们。

在第五次远赴日本的前夜，我同意由斯文有礼的辛德勒和我的儿子劳埃德，继续在现场照看这个工程。最终，我的业主和我将不得不收拾她的护卫者们留下的残局。我的错误的根源在于极度的疲惫，或者说极度的懦弱。

至于因业主自己接管而造成的恶果，以及业主从万里之外发来的指示迫使建筑师做出的

---

[1] 见《圣经·旧约·创世记》，因城内淫乱横行而被上帝降祸毁灭的城市。

鲁莽举动，我不愿做详尽的描述，以免对其他专横的建筑师和固执的业主产生某种负面影响。更不必细说她的护卫者们如何为了她的利益着想，采取了一些"省钱"的权宜之计。权宜之计往往比实现真正的目标成本更高。但是作为对其他建筑师的警戒，我必须承认这位建筑师也犯下了严重的错误，其中之一就是不公正地对待一位聪慧而又强悍、如今满腹怨气与怀疑的业主。

足够了。为她保驾护航的朋友们，凭借良好的意愿和充足的理由，帮助奥利弗山上的这位女主人获得了这件艺术品的控制权。而那些理由就是我本人。

眼前浮现出贝多芬和巴赫的影子——我说过这是一首浪漫曲吗？幡然猛醒。

尽管所有人都很清楚这样的事实——一个诗意的理想要化为现实，它必须战胜陈旧世界里的顽固、怀疑、敌意和贪婪，才能出现在那座小山丘上。此外，还要对付那些阴谋诋毁它的人。

在这位业主的血管里，激荡着爱尔兰人冲动的天性。她不计后果的行为使自己和她的建筑师都陷于困境。种种莫名其妙的纠葛，让建筑师感到孤立、愤怒、茫然与困惑。

在此，我愚蠢地讲述这些细节，目的在于证明一旦选择了具有独特个性的建筑方案，任何胆怯犹疑的业主都只能背水一战。只要存在美国建筑师协会可憎的发明——业主、建筑师和承包商之间的三角迷局，他就别无选择。

无论业主多么胆怯，他真正的利益与建筑师真正的利益必然合二为一，尤其在某些至关重要的方面更是不可分割。无可厚非，承包商始终是坐在他们对面的共同天敌，除非他的道义超越了生意人的本性。通常，需要从最开始就挫败老到的承包商向业主提出的各种建议。这些"独特的"建筑的本质，决定了承包商必然是一个新手的角色。但是他绝不会公开承认这一事实，否则他根本就不会有登场的机会了。

从足以毁掉这个作品的混乱、误解和愤怒之中，诞生了这个奇特而又美丽的"形式"。一切都无法阻挡它，甚至连贬斥不休的护卫者们也被它所打动。某种东西凝聚了所有的分歧，造就了这个意义非凡的新生事物。难道所有的贬斥与攻击都只是针对图纸上的内容？毫无疑问。然而，无论经受怎样的毁谤，遭遇怎样的冲突、曲折和失误，这些设计的印记终将证明自己。

尽管诸多愚蠢的纠葛使两人都濒于崩溃，建筑师十足的粗暴、傲慢与坚持，加上业主强烈的渴望，终于使"形式"化为了建筑。

这就是当我从东京归来之后见到的奇迹。直到今天，它依然是个奇迹。

时过多年，我仍不免将这场战斗的残酷描摹得言过其实，就像每一位身为父母的人为了孩子的安全着想，都会在风暴过后把危险夸大。我低估了巴恩斯道小姐的品格。她发自内心地期盼一件美丽的艺术品，懂得如何珍爱它。她一次次回到这里，避开她的那些朋友，将那些她自己也曾参与其间的吵闹都抛在身后。今天，那些过往的纠葛早已烟消云散。正如你从字里行间察觉的那样，我更多地是在责备自己。因为，我曾经轻视这位业主，没有给予她应得的理解。

无论你喜欢与否，好莱坞的蜀葵住宅——这首加利福尼亚的浪漫曲，从我的构想与渴望变为了现实。它或许不及当地的"新西班牙风格"那样有居家的情调，但不失为一个自豪而舒适的居所。是的，蜀葵住宅是一座骄傲的建筑。

艾琳妮·巴恩斯道最终回来了。她在这座房子里住的时间，超过了以前在任何别的地方。我的儿子劳埃德，帮助她在房前屋后栽下绿植和鲜花。她珍爱它，努力弥补起始阶段业主和建筑师依赖书信沟通造成的某些缺憾。

某些缺憾是她和我都无法弥补的。但是，当阳光滋润着房子周围的一片绿意，她欣然地接受了这些缺憾。她喜爱松林染绿的山峦，在屋后的山坡栽下一片松树，再用桉树丛将松树林环抱。她在房前屋后种下成片鲜艳的花丛，如同屋里铺着的奥地利编织的精美地毯。她从欧洲带回来几件精挑细选的艺术品，与嵌筑在房间墙上的东方艺术品，还有作为建筑的一部分而设计定制的家具相互映衬。

她似乎将要成为好莱坞的知名人士，为这里增添更多美好的东西。下一步，或许将她梦想中的剧场化为现实。设计方案和一个白色的石膏模型已经完成。

在奥利弗山一行行灰绿色的橄榄树林间，美国石油拓荒者的女儿建起了自己的小王国，像女王一样自由自在地生活着。世界上的任何地方，都无法与这里相比。她将把这个意义非凡的家留给她的女儿。尽管有过冲突、曲折和失误，艾琳妮·巴恩斯道终究胜利了。

正当这个小王国变得越来越美丽，它所蕴含的建筑思想在海外引发越来越多的关注时，她却开始为拥有它而感到孤独——比拥有它之前更加孤独。

蜀葵住宅成了一件艺术杰作。各类艺术家从那片被巴恩斯道小姐当作避暑胜地的旧大陆慕名而来，又带着赞叹离去。欧洲的参观者们认为，它蕴含着人类精神崇高的和谐。新生的

蜀葵住宅的庭院（混凝土柱上的浮雕象征蜀葵花）

蜀葵住宅的起居室

抗议者感受到，这位建筑师再一次纵容了自己，回避他自己定下的将与机器携手完成的使命。这首加利福尼亚的浪漫曲，不过是建筑这门最伟大的艺术的又一种语汇。假如你不愿像我这样称它为建筑，你尽可以称它为诗歌，或者任何你中意的称谓。

有人说，艾琳妮·巴恩斯道是好莱坞的布尔什维克——一个"沙龙里的布尔什维克"。对于生活在名号当中的小人物而言，名号就是思想，而思想就等同于名号。他们乐于嘲笑这个兼有"无产阶级"思想和细腻生活的女子。她过着贵族一般隐居的生活，像公主一样俯瞰着平庸的优雅。她居住在像诗意一样稀罕的氛围里，她的生活拥有无与伦比的独特风格，而公主们只能在传统老套的环境里自叹弗如。身为拓荒者的女儿，她自己也是一个拓荒者。在充斥着虚假的浪漫，盘踞着"新西班牙""类意大利"、陈腐的"文艺复兴"、奄奄一息的英国式木屋和美国殖民地时期的老宅子的土地上，她开垦着真实的浪漫。

没有人能参透究竟是什么让她做出了决定。人的行为动机，深埋在似乎毫不相干的琐屑之下，或者与心底的情感有千丝万缕的联系。她决意捐出这块所有地产经纪人梦寐以求的山顶宝地，连带土地上的建筑，一并捐赠给洛杉矶市。

甚至还包括她忠诚的日本裔厨师乔治。

她的明智之处在于，这批财产将专供美国最穷困的阶层使用。机器的胜利使他们沦为境遇最悲惨的乞丐，但或许他们并不是最懂得心存感激的一群人。未来的使用者将是加利福尼亚的艺术家们，蜀葵住宅将成为"加利福尼亚艺术俱乐部"的所在地。她把未来的用途限定为美国奇缺的艺术教育。她定下的条件是，在未来的十五年里，不允许对这座建筑做任何改动。她认为，她能够从中感受到的价值——属于加利福尼亚的浪漫形式——将在这期间伴随这些艺术家。在她看来，十五年之后就可以任其破败了。

或许是因为几乎所有东西都会被投机买入，再标价卖出，这里的富翁极少会为了具有文化价值的东西而付出。洛杉矶地产经纪人贴上的"价值一百万美元"的标签，以及对于这个家的钟爱，都无法阻挡石油大亨的女儿将她的家赠予社会。她希望以此来帮助那些挣扎在生存边缘的艺术家。在这样一个时代，他们又能有多少幸存的机会？

今天的蜀葵住宅，倾听着艺术家们的责备、牢骚和劝诫。它和他们相互劝诫。或许正如它的捐赠者希望的那样，蜀葵住宅带着他们的喜怒哀乐进入了一种新的生活。但是，它仍然心存感激地期待着曾经的主人。是的，她依然是这里真正的主人，甚至比从前更名副其实。因为，没有她就不会有它的诞生，它向所有人诉说着她的精神。

为什么每一座土生土长的尤松尼亚住宅，都如同出自呆板乏味的模具，而尤松尼亚的民众却全然不是这样？为什么艾琳妮·巴恩斯道要住在和施瓦茨科普夫家[1]一样的房子里？或者像普拉斯特比尔特夫人[2]一样，住在威尔夏大道[3]上伪造的大庄园里？个性，难道不是生命中最可贵的东西吗？它是真实的民主制度赖以存在的基石，是尤松尼亚将拼尽全力去捍卫的东西。洛杉矶比比皆是的肤浅而时尚的标准化，只不过是折中主义的最新版本——自称为"国际式风格"的匆匆潮流。

　　我有限的经历一次次地见证了，所谓的"时尚"，永远是将在明天早晨被咀嚼之后丢弃的一堆骨头。假如你希望拥有一座"时尚"的房子，毋庸置疑的是，它尚未完工就已经错过了这一波潮流。

　　人类精神的一切表现形式当中，唯有以鲜明的特征体现出的原则能够持久。个性是特征真正的财富。唯有特征鲜明的建筑，能够免受表演潮流的侵蚀。

　　蜀葵住宅就是这样一座建筑。

The Angels
天使们[4]

　　蜀葵住宅将要完工之际，我环顾洛杉矶这座城市，满怀希望然而却大失所望。

　　英国圣公会的信徒们正在热火朝天地用挖土机铲平山坡，在山头上建一座具备"时尚"风格或者说美学上空洞无物的住宅。在任何一个时代，折中主义从未停止在垃圾堆里挑来拣去。今天，它拾到的是所谓"墨西哥－西班牙"式。又一个"博览会"[5]，这一次轮到了圣迭戈。它树立起来的"墨西哥－西班牙"风格将成为未来三十年的时尚。"潮流"正在忙于在四处绘制漂亮的图片。打着"艺术与装饰"的旗号，用廉价的漂亮图片美化一个个狭小的洞

---

[1] 常见的德国姓氏。
[2] 赖特自造的虚拟姓氏，意为"石膏制造"。
[3] 洛杉矶的一条繁华主干道。
[4] 此指"洛杉矶"（los angeles），其在西班牙语的原意"天使们"。
[5] 1915—1917年加利福尼亚州圣迭戈举办的"巴拿马世界博览会"，以庆祝巴拿马运河的开通。

穴。他们在洞中堆满枕头和带厚实软垫的家具，以便显得"舒服"一些。

在此生活的几年里，我努力争取创作的机会，在这些圣公会的信徒当中，寻找具有"清醒的艺术头脑"或者社会责任感的屋主或者承包商。每每我自认为遇到了一位业主，却发现除了能够倚仗我之外，他一无所有。

好一片浅薄的沙漠啊！所有人都绞尽脑汁地想要"原创"或者"与众不同"，而结果却令人费解地单调重复。光洁朴实的墙面逐渐增多，让人略感宽慰，然而思想的贫乏依然浸透每一个角落。品位——品位，品位，这个无知的代名词毕竟朝着简洁的方向前进了一小步，但是真实的思想和情感仍没有走进这里的建筑。所有人都在吹嘘或者编造一派廉价的繁荣。俗丽的中世纪西班牙风韵大行其道。这种品位将给明天留下些什么？答案将是另一种引人注目的无足轻重。是的，毋庸置疑。

What form
何种形式

对于现实的渴望重又开始啃咬我的内心。我无法逃避现实，也还没有堕落到甘于忍受虚幻的生活。

找到某一种建造方式作为建筑的出发点，这是我从未动摇过的目标。我相信，无论古代还是现代，这都是建筑唯一的出发点。

采用何种形式呢？形式自然会向我们靠近。当我们拥有了一种理性和可行的建造方式之后，形式将及时地主动现身。混凝土砌块？建筑世界里最廉价（同时也最丑陋）的一员。它最重要的角色只是被当作石块的替代品，用来铺砌排水沟。让我们看看从排水沟里还能飞出些什么？在混凝土砌块之间埋设钢筋，让砌块结合成一个整体，形成一种简洁实用的建造方式。这难道不是一种现代建筑的新语汇吗？它将具备耐久、典雅与优美的特征，并且保持廉价的本色。

建筑，应当拥有同等现代的许多种语汇。

混凝土将承受压力。作为一种具备可塑性的材料，它适合表达丰富的想象力。一种编织的过程浮现在我眼前。何不编织一座建筑呢？我仿佛看到一个以钢筋为经纱、砌块做纬纱编织而成的建筑外壳。砌块的尺寸和重量应当适合人工操作，重量大约四五十磅。同样的中空砌块被敷设在砌块之间的钢筋编织在一起，应用于楼板、天花板和墙体。

我曾经在中路花园的部分墙体使用过类似肌理的砌块。如果能够不用砂浆砌筑，就可以让整个建造过程变成一种机械操作流程，而不再依赖熟练工匠。我对此抱有信心，开始以"微雕"住宅作为试验。它是爱丽斯·梅拉德夫人和她所收藏的珍本书籍的家。

轻巧与力量！将钢筋织成的蛛网嵌在具备可塑性的廉价材料里。

这样一种"外壳"作为人的居所？是的。有机建筑的另一种语汇。笔直的线条和光洁平整的表面，将被赋予肌理。外墙砌块上的孔洞编织在一起，成为外壳的一部分。室内空间透过这些孔洞与室外交融。肌理丰富的外壳，将塑造具有真正建筑意义的体量。在此，装饰将与建造过程浑然一体。

我让儿子劳埃德协助我捕捉这个崭新的灵感。

我的创造热情重被点燃。

The Alter Ego
第二自我[1]

与此同时，在这个"地产风情"取代了诗情画意的地方，一些年轻人正在协助我，以此作为他们建筑生涯的开端。他们的汗水将帮助大众摆脱粗鄙的意识，帮助尤松尼亚改变鹦鹉学舌的处境。今天，五十多个这样的年轻人正在美国、欧洲和日本从事建筑师的职业。他们从世界各地来到我身边，参与我的设计工作。我不是老师，他们也不是学生，而更像是学徒。在起步阶段，除了他们在塔里埃森的食宿之外没有报酬。如果能够胜任相对而言更重要的职责，会得到少量的报酬。随着发挥越来越大的作用，他们会在食宿之外得到一份不多的固定薪水。

在橡树园我的工作室里，为了让所有助手能够维持生计，他们全都有一份象征性的工资——起步阶段相当于食宿费用。但是，有六七个对工作的热情和对我的忠诚无可挑剔的助手例外。或许，应当说是对建筑理想的忠诚。毕竟，他们是为了理想而来。

这种由他们决定的自然选择有其优势，也有其弊端。我从不需要特意地寻找助手。我总

---

[1] 心理学概念，指密友或本人个性的另一面。此指模仿偶像的年轻人。

是欢迎那些希望追随我的人——时常会出于怜爱而做出牺牲，接纳某些并不像我需要的那样得力的助手。我喜欢置身于充满敬意的年轻人当中。他们满足了我的这种欲望，而我也满足了他们的欲望。双方都可以轻松地做到这一点。然而，他们开始产生这样的错觉：当导师转过身去，他们就可以用导师的或者他们自己的方式画出导师的构思，将这些构思占为己有。日后，他们必须以行动来澄清这种"反射"。很快，这些"第二自我"开始有意识地或者不自觉地对我恶语中伤。我成了他们前进道路上的阻碍，除非我友善地让他们加以利用。

自始至终，我的建筑事业具有的特征从未有过骤变和偏转，它始终沿着自己的中心线从容地发展。我的模式——或者说我所缺乏的模式，就是我从未拥有过传统意义上的"事务所"。这种模式能够成为我长久的习惯，并且运转良好，仅仅是因为我直接掌控着每一个细节的设计。每当我离开，往往会出现麻烦或者趁机而起的背叛。我的事业过程中，从未有过类似通常建筑师事务所那样的组织。只要我处于核心的位置，就不会迫切地需要这种组织。我身在哪里，我的事务所就在哪里。我的事务所就是我自己。这正是我的工作方式与建筑师们普遍采用的工作模式之间的巨大差异。后者意味着严格的束缚，而不是我所希望的自由。

The Novice
新　手

拒绝一个小伙子的请求总是很困难。

橡树园的一个星期天早晨。虽然前一天夜里工作到很晚，但我还是被叫醒。有一个小伙子正等着见我。我起床下楼来，他站在绘图室中间的细部绘图桌边，小小的个子，由于紧张而通红的脸上满是青春洋溢的粉刺。他想成为建筑师——喜欢我的作品，自己也想设计这样的作品。

叫什么名字？

弗兰克·拜恩[1]——爱尔兰小伙子。

在哪里做事？

---

[1] 弗兰克·拜恩（Francis Barry Byrne，1883—1967），美国建筑师，以众多教堂建筑作品著称。

蒙哥马利·沃德连锁店[1]。

做什么？

捆扎包裹。

挣多少钱？

每星期十块钱。

我观察着，他为学习建筑做了很好的准备。只读到中学吗？在家自学？

一丁点儿。

就这样突然决心投身于建筑，不是过于仓促吗？

是的，他自己也这样认为。

他能在我这里做什么，挣每星期十块钱呢？——他对绘图一无所知。

不错，他可以干杂活儿，拖地板，擦窗户——什么都行。可是我告诉他，这里已经有几个做杂务的小伙子。他露出失望的表情。

如此果敢地为了自己的志向而改变生活，这一点打动了我。他身上似乎有某种潜力。他沮丧地站在那儿。虽然我不需要他，也不想雇他。但是，说不定这个纯朴的年轻人会是一块可塑之材呢？

好吧，小伙子，你来吧。

他在我这里待了四年。离开时，他已经强过许多在各方面都起步更早的人。他是我身边的第一个天主教徒。是"天主教"帮助他一步步发掘出自己身上的潜力。

虽然，在我的学徒当中不乏具有建筑师名号或者接受过高等教育者，还有许多修养颇深的欧洲建筑师来到塔里埃森，但是这个例子仍颇具代表性。无论他们能力如何，我对待所有人都一视同仁。称职的学徒将会跟随我两年到十年不等。

我以同样的原则对待他们所有人：不要认为自己是进入了一所学校。他们来到这里，是尽其所能地帮助我。我是一个实践的建筑师。他们将看到创作的真实过程，并且被给予最大限度发挥自己能力的参与机会。在基本生活得到保障的同时，他们能够从这段经历中得到什么，完全取决于自身。工作室里有设计方案的争辩和讨论，我作为核心人物完成方案和细部设计，再根据个人能力把任务分派给他们。某些人很快就退出了——他们无法适应这种自

---

[1] 蒙哥马利·沃德连锁店（Montgomery Ward），1872年创建于芝加哥的全球第一家邮寄零售连锁店。

由，将它滥用。另有一些人利用这种自由，带着他们能捡到的东西离开，把它们当成自己的东西来兜售。还有一些人在自由的氛围里如鱼得水。绝大多数人忠诚地守在我身边，把握住完全由他们自己的选择所构成的自由。

他们日后有何建树呢？

他们投身的建筑世界已经被彻底地商业化，并且在愚昧地追逐各种"伟大"而又时尚的风格。建筑师这门丧失了原则的职业，被那些拥有务实"品位"的建筑师进一步商业化。我斥责过某些曾经追随我的年轻人。对我而言，他们不加抗拒地在当今堕落的商业大潮中随波逐流，无异于出卖自己。通常，我会听到这样的辩解，"赖特先生，我们不得不生存啊！"

"为什么？"我会追问。

我难以理解为什么会有人"不得不"生存，以自己热爱的东西为代价，像寄生虫一样苟活。为什么不能尝试某种更真诚一些的生活？

有些人加入了其他的派别，因为"孤身奋战实在是太难了"。也有些庸才成为我的竞争对手。我的作品里所蕴含的东西，基本上都会出现在他们的作品里。

我非常了解他们遇到了怎样巨大的阻力，也可以理解他们。虽然，在我们当中的许多人被压成粉末埋葬之前，那些阻力将不会烟消云散，但是今天的情形已经比昔日大有改观。今天，许多曾经跟随我的年轻人正在美国中西部、西北部、西部和海外开辟自己的事业。然而，时尚的潮流依旧在嘲弄我们努力的结果，尽其所能将它撕得支离破碎。我们的期望，不过是保存几个碎片留给未来的生活。

只有原则，能够抵抗这种可怕的混乱。离开原则，我们的理想将一败涂地。

想到以上这篇题外话，是因为建造"微雕"的同时，几位年轻人各自在加利福尼亚的事业也蒸蒸日上。砌块的试验已经完成，我做好准备将它付诸实施。第一座砌块住宅被它的主人命名为"微雕"。接下来是有关它的故事。

La Miniatura, First-Born of California
"微雕"——加利福尼亚的头生子

"微雕"像仙人掌一样生长在这块土地上。当中西部草原上的人们盆钵渐满之后想要寻找新的天地，他们纷纷来到这个遥远的世界享受永恒的阳光，并且开始改造这里。

阳光下荒芜的海岸旁，是一片纯净的沙漠。今天，你仍可以想象美国中西部的移民入侵这里之前，它应当是多么诗意盎然。星星点点的灌木丛像豹纹一样撒在褐色的小山丘上，山脚下是斑驳起伏的沙地。这种景色从你的脚下一直延伸到无尽的远方。人类的尺度变得极端渺小，随着所有景物都远去，逐渐融入山巅覆盖着积雪的远山，融入更远处蓝色的苍穹。除了低矮的白色院墙，人类为这首宏大的乐曲添加的和谐音符是桉树。一株株桉树像是身材苗条的女士，散发着漫不经意的妩媚，用它们的橄榄绿和象牙白，在金色与玫瑰紫的交响乐中加入异域风情的乐章。水会从天而降，但是仅限于每年一度、令屋顶措手不及的骤雨滂沱。浊浪翻滚的洪水裹挟着沙砾和石块，在沙漠里冲出一道道生命短促的溪流。然后，一切都恢复干燥的常态。

不，或许存在例外。水被人们在山坡上建起的混凝土墙挡住，变成涓涓细流浇灌着他们的葡萄园、果园和树丛，是的——还有一块块局促的"地块"上面平整靓丽的草地，与他们中西部老家的情形一般无二。这些僵硬滑稽的小物件——或者说住宅，蹲在草地上东张西望，一样木然的面孔露出各不相同却又千篇一律的表情，好像人们透过自家的窗口相互张望。

从富饶的中西部草原来到加利福尼亚的人们，希望这里的阳光就是他的新家。然而起初，他的房子和他一样不懂得如何痛快地享受阳光。他自己至多敢卷起衬衣的袖子，而他的新房子甚至没有袖子或者任何东西可卷，仍旧和他的家乡老宅一样僵硬和自负，和在冰天雪地里一样警觉好斗。永恒的阳光让这种咄咄逼人丧失了实际意义，也让这种扬基佬的房子显得格外僵硬。

这些来晒太阳的人在房前屋后栽下花木，然而于事无补。在属于自己的那块虽然局促但是修建整齐的草地上，他们不假思索地栽下各种怪异的花草树木，与馅饼、冰水、摇椅和口香糖一道，还带来了必不可少的门廊。

先于他们很久，传教士朱尼佩罗神父和拉图神父就曾光顾此地，但是他们的影响力却在一百多年后才开始显现。这些早期传教士家乡的意大利和西班牙式建筑，似乎更加适合加利福尼亚。

与在西班牙或者墨西哥一样，你一不小心就会被南加利福尼亚的烈日晒伤。南方式的建筑如今在这里为人们遮挡暴晒。中西部的来客起初拒绝传教士们的天主教信仰，但是随天主教而来的建筑形式却有足够长久的生命力，稍加改动就变身为这些移民在加利福尼亚的新家。

最终，这些远道而来晒太阳的人，拜倒在朱尼佩罗神父的脚下，开始复制他从西班牙带来的建筑，复制他带来的家具和花园。虽然购买了朱尼佩罗神父的古董，然而这些初来乍到者仍旧眷恋中西部的穿戴：硬草帽、英国式外套、长裤和靴子等一应俱全。出于对气候的妥协，他们偶尔也会单穿一件不带硬领的衬衣，有时候出门会忘记戴礼帽。但是一旦需要穿起"正装"，他不会有一星半点儿的含糊。他待在自己的朱尼佩罗式房子里，如同朱尼佩罗神父本人或者某个悠闲的西班牙人坐在芝加哥的客厅里。唯一的区别是对于朱尼佩罗神父而言，意味着增加；对于来晒太阳的人而言，永远是减少。

西班牙的力量通过受人轻视的墨西哥，逐步改变着乏味呆板的中西部入侵。由山中水库浇灌而生的绿洲上，绿叶掩映着如诗如画的洞穴。幸好有质朴的白色泥墙，为西班牙的异国情调添了一抹清新。琼斯一家和史密斯一家可以享受自家凉爽的天井，荷包充实的罗宾逊一家可以拥有豪华的西班牙式庄园。西班牙式的瓦屋顶衬托着圆拱的柱廊和爬满藤蔓的廊架。无论是真实的弧梁还是模仿它的装饰，都被布帘包起来，甚至连窗户外面也安上了遮阳的布帘。

如今的加利福尼亚，退回到了刚刚迎来传教士们的一百多年前。相对于美国中西部而言，这些传教士家乡的气候至少接近加利福尼亚，而如今的所谓加利福尼亚人，却来自爱荷华、威斯康星或者俄亥俄。他们没有任何借口，为肤浅地接受西班牙古董的品位而辩护。铁笼子一样狭小的地块，现代的卫生间、门廊和带餐桌椅的小厨房，所有这些他们中西部"老家"的宝贵财富，如今成了"传教士风格"的特征。把你能够抓住的一切牢牢抓住，看上去像那么回事儿。这就是所谓进步吧。

加利福尼亚用桉树、含羞草和温柔的玫瑰花瓣，把她不得不接受的这生硬的一切覆盖起来，同时也掩埋了改行做化妆师的建筑师将建筑丢出窗外的错误。

以上这段冗长的介绍就是"微雕"的背景图画：一派欣欣向荣的多愁善感。

在我们这片勇敢者和自由者的国土上，每一座真实的建筑都是一次考验心灵的艰苦历险，正如朱尼佩罗神父失败了的传教历程那样。他带来的建筑样式获得了成功，却算不上激动人心的历险，因为那是他从万里之外的"老家"能够带来的唯一东西。

"微雕"的诞生是一次激动人心的历险。这座小房子在探寻那幅背景图画里缺少的东西。

缺少了什么呢？加利福尼亚真正的表情，忠实于现代工业和美国人的生活。仅此而已。

很少有人在那里希求这样的表情。"微雕"渴望能够称呼自己为"建筑"，并坦然地直视自己。从芝加哥郊外的大草原来到这里的梅拉德夫人，是这个故事的女英雄。她身材娇小却充满活力，为了所有人能够拥有最美好的东西而斗争。

十五年前，我为梅拉德一家设计了他们在芝加哥近郊高地园的住宅。有一位老主顾能够忍受我为她设计的第一个住宅，并且请我为她再设计一个新家，对此我深感自豪。在出自我手的一百七十二座建筑里，那是我第十一次享受这样的殊荣。

因此，我怀着感激之情为她献上我迄今最好的作品。也就是说，让这座住宅属于它脚下的土地。它应当敏感地契合她收藏古旧书籍的职业。桀骜不驯的头发和坦诚的蓝眼睛，衬托着爱丽丝·梅拉德身上的艺术家气息。她并没有完全预见到自己将被无情地卷入建筑命运的激流，她将成为一个典范。今天，我依然无法理解，假如人们的住宅为了真诚地生活做过任何努力的话，为什么它们还会藏着那么多的哀怨。从日本回国之后，用混凝土砌块建造住宅的构思在我头脑中逐步成形。我把它展示给爱丽斯·梅拉德，她没有被新颖的设计吓怕，一点儿也没有。

我们将把建筑材料家族里地位卑贱的混凝土砌块，从脚下的排水沟中解救出来，发现它不为人知的灵魂，使它拥有美好的活力和树丛一样的肌理。是的，这个建筑将由混凝土砌块构成，却会像一种独特的树，与周围其他的树一起生长在它扎根的土壤里。

我们需要做的，仅仅是教混凝土砌块学会优雅地编织在一起。相邻混凝土砌块之间的缝隙布置钢筋，再灌满混凝土。用同样的手法，筑起中空墙体的内外两层墙。这种墙体虽然很轻，却是坚固的钢筋混凝土结构。无须特殊技能的普通工人，就可以胜任施工。

双层墙体分别朝向室内外两侧。二者之间连续的空腔，能够保持屋内冬暖夏凉，全年干燥。室内一侧的砌块表面凹凸肌理较浅，作为理想的背景衬托泛黄的照片、古雅的书籍和挂毯。室外一侧的砌块沐浴着阳光，就连周围的桉树都会尊敬它、爱上它。爱丽丝·梅拉德无须为她的珍本书专设防火罩，因为整座房子都是耐火的。我向她讲解我的构想，她越听越感兴趣。看到我的初步方案，爱丽丝·梅拉德说，假若这座房子能够散发出旧大陆的气息，她一定会非常喜欢。我告诉她，它会的。

差点儿忘了提一句，爱丽丝·梅拉德仅有一万美元用作房子的预算——也许能再追加两千美元,但尚不确定。这里的银行家与所有别处的同行一样,永远都敌视理想,永远紧盯着昨天。你的构想越是伟大,越是让银行家们恐慌。因而整个建筑的功能布局必须异常俭朴。爱丽丝·梅拉德需要的只是一个格外开敞高大、带大壁炉的客厅。壁炉上面二楼漂亮的平台通向她的卧室。宽敞的卧室里配有更衣间、浴室和露台。另有一间尺寸适宜的客人卧室,平时可以用作办公室,自然也配有浴室。一间足够举办小型餐会的餐厅,以及厨房、储藏室和自带浴室的仆佣房。

我的这位业主具有高雅的品位。她厌弃廉价的木料和廉价的器具,总是能敏锐地鉴别粗劣的做工。车库将与住宅合为一体。她希望整座建筑没有任何劣质的成分,耐久并且耐火,在造价一万美元的条件下实现它的美丽。

设计方案就绪后的一天,梅拉德夫人兴致勃勃地前来告诉我:"我找到一个理想的人选,他能为我们盖起这座'血统'纯正的房子。我已经和他商谈过,他领我看了他给我的一个朋友刚盖好的房子,最后的花费比他预估的报价还要少。他还给我的朋友附送了很多小物件,没有额外收费。他人品不错,效率也很高,我那位朋友简直用不着请建筑师。咱们现在就去看看那座房子。"

建筑师、业主和承包商的三角关系当中的一员,又一次带着迷人的微笑伸出了他的脚——至少脚趾已经探进门缝。我不能拒绝去参观那房子——至少当时还不能。于是,我们出发了。

施工质量的确不错,最终的造价也和爱丽丝·梅拉德的预算相仿。以这样的造价来衡量,这座房子不失为一个理想的结果。我和这个承包商谈了谈,但爱丽丝已经迫不及待地做出决定。她不会考虑请任何其他人来盖她的房子。

"我认为,我们可以'绝对地'信任他。"她说道。

她对这位承包商新朋友的信任,如同对她的建筑师的信任一样坚定。而我却感到脚下这条泥泞湿滑的路似曾相识。

"你觉得他这个人怎么样?"她问我。可以看得出来,她情绪高昂并且急不可待。

"在我看来,女人的直觉在这些事情上依然灵验。他看上去的确很有头脑,并且具备丰富的经验。他很喜欢砌块单元的概念,就为了试验,他情愿以成本价格接下这个项目。他是这样说的。如此看来,他算是个志愿者了。既然你决意不会请其他人……那么,我基于目前的了解接受他。"

她松了一口气。

她很放心,而我没有充足的理由质疑她的最后通牒。但愿我也能像她一样地放宽心。我必须承认,此时此地我并不认识其他承包商愿意为她做出这种牺牲。我给几位材料供应商打了电话,他们也都大力推荐此人。就这样,我们为这个新的建筑概念找到了一位教父。

承蒙美国建筑师协会的法规荫护,流氓承包商又一次披着伪装登上了舞台。我可以拿爱丽丝·梅拉德的最后通牒作为理由,为我的让步做虚弱的辩解。我非常清楚她的意志何其坚定,我不愿尝试改变她的决定。和所有孤身一人的女子一样,她也有数不清的朋友。假如她不是那么坚定地漠视所有朋友的反对,甚至牺牲了几位至交的友情,她又怎么会和我一起踏上这次天真的历险呢?

最初的施工一切顺利。他们一贯如此。

在此,我像对蜀葵住宅一样历数了种种细节,描述一个新生儿在陌生世界里必然遭遇的险恶。一个构想如果不能像一团酵母那样在危险的环境里幸存并且发酵,就必然会萎缩乃至夭折。这个构想的作者需要时刻不懈怠地保护它,挽救它的生命。他拥有成功的机会,但前提是所有的牌都明摆在桌面上!

接下来是我的坦白——希望它有益于我的心灵安宁。

我们不妨把这位承包施工的伙计,称作这个新建筑概念的教父。我可以在这个称谓前面加上适当的形容词,但是看完下文,想必你可以自己完成这项任务。爱丽丝·梅拉德依赖这位教父,视之为上天对她的恩赐。我不得不惭愧地承认,本应是我赢得她如此的信任。据我所知,在这座城市里任何人都不信任其他任何人,然而她却对他付出了信任。在这座一切都浮于表面、一切都过于应景或者急于成为某某某的城市里,她也同样迫不及待。

当时,我还不了解这座城市的禀赋。

自从发生这段故事以后,我对几乎所有人都失去了信任。爱丽丝·梅拉德也是如此,她甚至也不再信任我,尽管她不愿承认这一点。

这座建筑的建筑师和业主,都天生无可救药地幼稚单纯,都仍然相信有圣诞老人。在这位教父的鼓动下,建筑师和业主相信了这个工程的造价能够控制在一万一千美元左右,也就是他给出的预算。他毫不犹豫地签了合同。

他有什么理由会不签这份合同,或者随便什么内容的合同呢?

与此同时，我放弃了梅拉德夫人原先买下的地块——那里没有一棵树，我相中了一片景色迤逦的谷地，背临环形路，面朝莱斯特大街。那里有两株婀娜多姿的桉树。

我相信，没有人愿意在谷地里盖房子。大家都乐于住在高高在上的地方，并且最好能坐在顶端的中央。习惯使然。我鄙视这一习惯，但这种愚人的癖好促成了我们以非常便宜的价格买下那块地。

我把住宅的入口设在临环形路一侧，把临着莱斯特大街一侧的谷底留作下沉庭院。这座小巧的建筑夹在两棵桉树之间。阳台和露台从建筑前面延伸到谷地里。地块两侧的邻居看到自己临街而建的房子中间留出了一大片庭院，都乐滋滋地赞赏这种布局。

施工开始了。这位承包商在梅拉德夫人心目中的地位，变得日益高大。我怀着警觉和懊丧看着他将一切置于掌控之下。没有建筑师会乐于看到，业主把他的灵感和心血的安危完全托付给一个承包商。她对自己的朋友们也给予如此的信赖。或许这是她的天性？我无从知晓。她本人绝不会承认这一点，那么只得由我面带笑容地替她承认这一点。

出于某种独特的原因（或许是天气吧），这一带的建筑师对于出现对手与他争夺业主的信任和尊重并不感到陌生。对此我曾经有所耳闻。但是，究竟是什么"诀窍"使承包商赢得业主的信任呢——尤其是女性业主？显然，很容易使她相信他经验丰富。很容易使她相信真正能够建起这座房子的人是他而不是好高骛远、惹是生非的建筑师。这位承包商既然知道怎么钉木板和挂瓦片，想必他也懂得这些混凝土砌块，等等。对于女性业主而言，一位经验丰富的承包商始终有不可抗拒的魅力。总而言之，女性比男性要客观许多。她每每会对显而易见的事实产生怀疑，这是造物者赠予她的天赋。

于是，虽然对这位对手心存不满，我依然面带微笑地没有做任何对他掣肘的行动。我不得不收起笑容，承认在当时的情形之下，即便我蠢蠢欲动也无能为力。我每天亲临施工现场，尽我所能地协助施工。我精心推敲细部的设计，直到制作混凝土砌块所需的模具终于完成。经过反复试验，确定了沙子、石子和水泥的理想配比，并且刻意让材料配比在不同砌块里有微弱的差异，使砌块之间存在协调的色差。

我们的承包商让他在洛杉矶的某位亲戚负责制作砌块。施工过程不需要熟练的工匠，因此有更多他的亲戚前来加入，肩扛着砌块登上梯子把它们运到指定的位置。受造价所限，这座将成为典范的住宅，只能诞生于粗糙的家庭作坊式的施工。除此以外，施工依照设计方案顺利地进行着。截至那时，为了满足开始施工的要求，建筑师倾注于绘图板上的心血和辛劳，不亚于纽约圣约翰大教堂[1]的设计者，无疑超过了伍尔沃斯大厦[2]的建筑师。

倾注所有的创造力，这正是建筑师存在的意义。

对我而言，这座住宅绝不仅仅是一座房子。是的，梅拉德夫人的朋友们没有说错，她的建筑师狂热地陷在自己的想法里不能自拔。一个个砌块开始在桉树之间的空地上生长。我，这个编织者憧憬着它建成后的效果，憧憬着属于崭新生活的崭新建筑，以及它如何唤醒那些仍旧昏昏沉沉的人——属于浪漫美丽的加利福尼亚的真正的生活。以这个简朴的小建筑作为源泉，我的头脑中生发出由它衍生的许多其他建筑，它们有着令人心醉的丰富多样和无与伦比的美丽。这个国家狡诈的建筑体系中所有烦琐的纠缠和无谓的浪费，都将被逐渐抛弃。任何一座小房子都将拥有曾经只属于古代建筑的真实和完整。机器将不再束缚我们获得属于自己时代的美。终于，我把握住了一种秩序。

标准化是机器的灵魂。此时此地，我这位编织者将以标准化作为工具，编织一个美好的未来。一种自由的砌块肌理能够创造惊人的丰富多样和建筑的美。当然，我必须承认，我完全忘记了这座小房子其实属于爱丽丝·梅拉德。帕拉迪奥[3]？伯拉孟特[4]？桑索维诺[5]？都只是雕塑家而已！如今，我，弗兰克·劳埃德·赖特是一个编织者。从这个朴实卑微的源泉，将涌出无穷无尽的可能性。

"编织者"继续把精力倾注于推敲，力图让他的构思更臻完备。在他看来，所有伟大的艺术构思都有其卑微的源泉，甚至比我手中这座小房子更加卑微。一种新的建造方式将从这座小房子起步。摒弃虚假与奢华，在一个卖身于急功近利的国度里筑起真实的建筑。以机器为工具实现无限的丰富多样，将不再是不切实际的美梦！可怜的"微雕"被我赋予了过于崇高的责任！

回到我们的故事。我是多么幸运啊，遇到一位聪慧的业主，能够与我一道跨过起始阶段，当她把理解和信任完全给予她的承包商之时，尚能从中分出一杯羹给我，无论旁人说些什么。

---

[1] 圣约翰大教堂（Cathedral of Saint John the Divine），著名的天主教大教堂，1892年动工，施工历时数十年。
[2] 伍尔沃斯大厦（Woolworth Building），纽约的一座五十七层摩天楼，1913年建成。
[3] 帕拉迪奥（Andrea Palladio，1508—1580），意大利文艺复兴时期的建筑师。
[4] 伯拉孟特（Donato Bramante，1444—1514），意大利文艺复兴时期的建筑师。
[5] 桑索维诺（Andrea dal Monte Sansovino，1467—1529），意大利文艺复兴时期的雕塑家。

工程进展顺利。盖到二层时，爱丽丝·梅拉德前往欧洲度夏。临行前，她向承包商支付了费用，却没有征询我的任何意见，也没有索要付款收据。我从她的来信里方才知道这些。当时的事态之下，向那位承包商索要收据，就好像别人送你一匹昂贵的骏马，你却要掰开马嘴来检查牙口。她的举措不啻对我的自尊致命的一击，幸好我已然超然于打击之上——或者说被彻底击倒而麻木不觉了。

　　我每天开车去现场查看，却连续多日不见承包商的踪影。我怒冲冲地四处寻找。找到之后，从他那里得到了我想要的承诺。没过多久，梅拉德夫人的承包商前来找我，要求追加费用，否则工程将无法继续。我给了他一些我自己的钱，然而他毫无行动。

　　这时候，轮到梅拉德夫人行动了。她满怀期待地从欧洲回来，发现一切陷于停顿。原来如此，我调查了她的——不，应当是我们的——承包商，由此造成了严重的后果……

　　这场闹剧该收场了，哪怕从此不再有人信任我，不再有人请我设计一座房子。

　　我终于调查清楚，"教父"正在离工地很远的地方为他自己盖一座新居。屋里满铺地砖，外加崭新的家具和三角钢琴。蹊跷吗？进一步调查的结果却证明这一切都合情合理，因为连房子带陈设全都在他妻子的名下。

　　这就是我们面临的局面。已经被花掉的三分之二预算，其中一部分或许换成了地砖、新家具和钢琴？不必再纠缠细节了，总之，承包商决意辞工，因为我的恩将仇报激怒了他。这下子，梅拉德夫人被她创意非凡的建筑师推入了泥潭。此刻，这位建筑师让我厌倦自己，如同他也令你们厌倦一样，并且出于同样的原因。我相信，她那些曾对我提出质疑的朋友，此刻可以洋洋得意于"早就提醒过你"。

　　非常公允。

　　在令人哭笑不得的泥潭里，我的业主挺身站起，显示出女英雄的风范。

　　她说："我们一定要建好这座房子，哪怕花光最后一分钱我也在所不惜。我能感觉到，即便不能达到我预期的质量，它依然会是一件精品。从这一堆混凝土块里，将长出某种宝贵的东西。"这已经超出了我应得的回报。

　　曾经有另一位业主问我，一万美元能够建一座什么样的住宅。我告诉他，虽然没有明确的答案，但是它将配得上这一万美元，并且会有某些钱买不到的东西为它锦上添花。那座住宅的最终造价是一万八千美元，而它的主人认可物有所值。看起来，梅拉德夫人预计造价一万一千五百美元的住宅，似乎会比那一座更加物有所值。我知道她自己无法负担追加的成本，便写信回威斯康星询问是否可以靠我的信用支取一些钱。我认为，自己应当付出足够的罚金，帮助她完成这座建筑。于是，一系列的低声下气换来了我处罚自己的六千美元。当时，我没有向她提起这件事，重要的是向前推进。

除了蜀葵住宅的施工者，我在本地不认识别的承包商，而他不愿意再次自讨苦吃。我明白，我的业主有意回避她的好朋友们。这是身处困境的人最起码能做到的事。

我知道她心乱如麻。但是她面带勇敢的微笑应对一切。她身上永不枯竭的活力，支撑着她乐观地寻找一个新的承包商。然而，他们都远远地躲起来。终于，我找到一个承包商。他完成了余下的施工，质量并不比此前完成的部分更好，总体衡量甚至应当说更差。

摆在我们面前的是亏空、逼债、扣押、嘲笑和侮辱，还有诸如起诉之类的本地土产。不妨说，这座城市尤其盛产这样活性十足的东西。幸运的是，我已经有六千美元准备在衣袋里。

曾被寄予厚望的承包商起诉了我们。这贪婪的家伙究竟想要讹诈多大的数额，我不得而知。结果是他被处以五百美元罚款附加审理的费用，然后结案。我猜是他的厚颜无耻激怒了法官。这样的结果让我们略感宽慰。他之所以起诉我们，想必是为自己的骗局未能发挥到更加淋漓尽致而耿耿于怀。那是一个多么美丽的骗局啊！

信不信由你，不管怎样说，这座小房子的施工质量毕竟不算太糟。爱丽丝·梅拉德心中凄然，因为她的标准是如此之高。后来的施工者不如人意，因为他们的报酬的确非常有限。但是此刻她体会到它带来的快乐，她痛快地赢了一场战斗。

我们两人都为它而一路跌跌撞撞，却都像傻瓜一样地对它引以为豪。就最终造价而言，理应可以实现更多几处露台和其他细节，但是我们很清楚一部分钱被——或许不算浪费掉了，但是……谁知道呢？

我们稍事休息。兴致盎然地把古董书摆上书架，还有主人在意大利为新家精挑细选的老物件儿。我们坐在桌旁，看着壁炉里跳动的火苗，品着下午茶。室内空间实现了我们预期的效果，散发着旧大陆的气息。工人们施工中有时会抱着砌块撞在一起，或者把砌块掉在地上。假如你不去刻意挑出砌块边边角角的破损，建成的效果还算差强人意。然而，屋主人对于用料和做工的品位，在欣赏的过程中受到挫败。指出每一点明显的施工瑕疵，似乎都刺痛她的内心。尽管如此，她仍享受这一次胜利。她欣慰地看到，一个人的理想借助于设计构思得以在大地上实现,而十个月前它还仅仅是一个构思而已。

那片谷地变成了一座可爱的花园,一池碧水荡漾着建筑与树的倒影。房子的轮廓和砌块的肌理,与两株桉树相互映衬使对方更加秀美。

造价不菲的露台、阳台和屋顶花园与造价节省的室内空间一道,使整座房子成为山谷自然的一部分,以至于你无法想象将它移植到其他任何地方。一定是出现了奇迹。我们以半价买下的这片谷地,原本是用作汇集街道上的雨水。我们亲眼看着它冲开混乱与欺诈,变成一个魅力四射的家。是的,它拥有动人的魅力!有一种精神战胜冲突、曲折和失误,将它凝聚在一起。

"微雕",诞生在这个曾经荒芜空洞的山谷里。

然而,上天的诸神从不会忘记考验人们在凡间的创举。依照日本人的说法,心怀妒意的诸神会把某些纰漏埋在一个显而易见的地方,方才心满意足。施工者曾经多次埋下这种伏笔,但我们是第一次领教。似乎是为了配合这个伏笔,一团异常巨大的黑云在山谷上空聚集。

在每一个终日阳光明媚的地方,都常有不测风云。天空仿佛被撕裂,豪雨滂沱而下。地下室里埋有街道雨水的排水管道,过去五十年来从未出过问题的管道此刻溢满了。泥水浸泡着餐厅的混凝土地板,简直能把整座房子飘起来。洪水想必是把它误认为另一个诺亚方舟,只不过这一次,不能将它卷走,只能用泥浆覆盖它底层的露台,扑灭它半地下室里的火焰,掩埋它的燃气锅炉,然后满意地离开。梅拉德夫人的自信和骄傲也随着火焰而熄灭,她流下了泪水。

很快,我们在帕萨迪纳[1]市的帮助下清理了淤泥,修复了房子。但是这起事故造成的烦恼仍有待估量。

西哈诺·德·贝热拉克[2],这位一生传奇的冒险家,被一个花盆砸中了脑袋。那盆花就摆在高处的窗台上,恰好在他经过的时刻落了下来。我始终认为,那只是一盆普普通通的红

---

[1] 帕萨迪纳(Pasadena),洛杉矶郊外地名。
[2] 西哈诺·德·贝热拉克(Cyrano de Bergerac,1619—1655),法国剧作家,绰号"大鼻子情圣"。相传他被一个落下的花盆击中受伤,不久后死去。

梅拉德住宅（"微雕"）的起居室

色天竺葵。

"微雕"来之不易并且即将实现的理想，正面临与西哈诺相仿的命运。不要以为这里终年阳光灿烂，屋顶就会比雨雪多发的地区让你掉以轻心。每年有十一个月两星期零五天，烈日将屋顶灼烤得皱纹堆垒。没有给予屋顶任何警告，乌云会突然裂开。毫无防备的屋顶，被雨量达三英寸的倾盆大雨所淹没。

我同样很清楚，在南加利福尼亚，存在漏水隐患的屋顶比世界上其他所有地方的总和还要多。人们对水通常抱以感恩之心，唯有在这件事上例外。他们依赖水才得以在此处生存，然而每一次在屋里的墙壁上发现任何从天而降的水渍，他们都会气急败坏。这难道不算一种恐慌症吗？我了解这种恐慌，并且在这座小房子的细部设计中认真地予以考虑，避免那些被人忽视的屋顶可能导致的恶果。事实如此。

细节的设计堪称完美，足以经受任何人的挑剔。但是如果一片屋顶决意要漏水，你也只能任由它去。我们查清楚是那个承包商对我撒了谎，没有在墙体里安装必要的导水板。我因故要去塔霍湖之前，曾就此事提醒他。漏水发生时，我刚刚回到塔里埃森，并且对此一无所知。或许是不愿伤害我的感情（希望如此吧），梅拉德夫人请来了她能想到的几乎所有人，商议如何修复屋顶。接下来的一整年都不会再下雨，因此修复屋顶并非难事。或许你会认为，我借此机会承认自己在这件事情上的无能，是为了把这起事故轻描淡写。然而，我的确是在真诚地忏悔。事实上，爱丽丝·梅拉德的意志虽然被水沾湿，依旧坚韧地挺过了这最后一次考验。不必再多做笨拙的忏悔了，我最终找到了问题所在，修复了漏洞。

爱丽丝·梅拉德的决心和勇气让她笑对那次考验。如今，谈起旧事我们会相对而笑。然而，当时却做不到这一点。

如今，我有时候仍会悬想，假如诸神没有被嫉妒所驱使，将谋杀理想的最后一线机会赐予盘踞一方的建筑师协会、梅拉德夫人的"私人秘书们"、太多警觉的顾问们、地产商们、令人信服的承包商们、街上游荡的闲人们、律师们、工匠们、游客们、肉店老板们、杂货铺老板们和仆人们——所有这些打着"早就提醒过你"的旗号集结而成的队伍，"微雕"将会给建筑的未来和我个人微薄的财富带来什么呢？

这座房子漏水了！至今，我仍诅咒被他们所有人抓住的这最后一线机会。他们焦急地坐在西哈诺头顶的花盆上，盼望这最后的重重一击。"他们"对这座房子唯一的心愿就是看到它毁灭，因为它所追求的东西羞辱了他们所有人。

西哈诺死掉了，然而"微雕"依然活着。它还太年轻，来日方长。加利福尼亚建筑的头生子，至少赢得了旧大陆建筑界评判者充满敬意的目光。今天，"那里"的建筑师正在应用这种建造方式。朴素的混凝土砌块，赋予建筑师们另一种自力更生的简单工具，取代鹦鹉学舌和从海外购买他人的果实。从我列举的种种困难中可以看出，任何追求理想的创造冲动一旦开始付诸实践，你都无法掌控它的进程和结局。

在实现理想的过程中，当被理想所驾驭的木偶们感到身上的牵线拉得太紧，就会抓起手边的随便什么东西作为报酬，然后一走了之。假如遭到忘恩负义者的侵扰，他们可以诉诸法庭，被法官判罚五百美元附带诉讼费，然后被"解雇"。几日阴沉的天气之后，必然有太阳照常升起，必然有某种超越时尚、超越价格和一切善意苛求的东西，迎接向往真实的探寻者。

我相信，这种回报是那些有幸自己建一座住宅的人得到的唯一补偿。

在洛杉矶郊外的蓝天下与桉树相伴的"微雕"，象征着理想的胜利。冲突、曲折和失误都不曾毁掉它，今天更是无能为力。今天，爱丽斯·梅拉德仍然住在这里。她所见过的其他任何住宅都不会再令她心动。她为此斗争并且胜利——即便有人认为她输了那又何妨？这里是她的家，又绝非寻常意义的家。它是任何一个投入激动人心的建筑历险的人有权享受的回报。

循着"微雕"为之抗争的精神去寻找美，你永远不会失败——即使承包商也曾背叛，工人们也曾笨拙，你所有的朋友也曾掣肘，银行也曾畏缩，即使天空也曾张开巨颚倾泻滂沱，除了仅有的一位例外，几乎所有神灵都心怀嫉妒。

也许是过了太久的隐士生活，并且我所读的几乎都是造物者写下的书，对我而言，即便是设计罗马圣彼得大教堂的殊荣，也不及创造这座小房子的机会珍贵。

"微雕"完工前的几个月里，我对砌块体系做了大量的改进。包括斯托尔住宅[1]和弗里曼住宅[2]的其他几座砌块住宅，也在洛杉矶开始施工。"小熊星座"——巴恩斯道小姐创办的幼儿园也已开始施工，但是基于她的原因半途而废。我在蜀葵住宅的现场助手鲁道夫·辛德勒——已经羽翼丰满，受雇于巴恩斯道小姐，将它改建成一片花园平台。

恩尼斯住宅[3]是砌块住宅家族的第五个成员。完成了方案和细部设计之后，我把这座住宅托付给前来协助我的儿子劳埃德，然后返回了塔里埃森。

在我写下这些文字之时，已经有一百七十九座大大小小的建筑作为我的作品建成。还有七十几个作品仍然留在纸面上。如果它们能够付诸实施，或许这些我的有想象力的孩子有机会讲述最精彩的故事。比如，塔霍湖酒店、多希尼农场、"沙漠里的马科斯"旅馆和圣马可大厦，等等。

我的作品当中大约五分之三是一帆风顺，皆大欢喜。然而，我却为这部书刻意选择了能够代表我的成功、失败与曲折的作品。

还有许多作品的故事值得在此讲述，比如温斯洛住宅、山坡家庭学校、芝加哥大学校园里的罗比住宅（目前已经是教会的资产）。尤其是橡树园的库恩利住宅、水牛城的马丁住宅、东京的"自由学园明日馆"校舍，还有福原有信[4]住宅。这座住宅在关东大地震中裂为

---

[1] 斯托尔住宅（Storer house），1923年建成。
[2] 弗里曼住宅（Freeman house），1924年建成。
[3] 恩尼斯住宅（Ennis house），1924年建成。
[4] 福原有信（1848—1924），日本实业家，资生堂创始人。

两半，客厅随着下面的岩层滑入深不见底的山谷。值得庆幸的是，家里所有人都恰好在卧室里，没有人受伤。还有蒙大拿州的苦根花山谷度假营地和许多其他作品，原本可以在这里更好地展示我的成功。然而，我却选择了某些失败的故事。

堪萨斯州维奇塔的亨利·艾伦住宅也值得一讲。亨利是一位生活富有情趣的业主。还有我为威廉·怀特[1]设计却未实现的新居。因为威廉怀有一种动物的本能，害怕搬出他的老屋。

我很乐意讲一讲我为弗兰西斯·利托设计的住宅。利托先生本人是煤气站的建造者和经营者。他退休后，将那座房子卖给了鲍勃·克拉克。还有我为利托先生设计的第二座住宅，以及他在明尼苏达州明尼通卡湖畔的第三座住宅——我尤其钟情这座从未发表过的房子，利托一家更是如此。我如何获得爱荷华州梅森市酒店与银行的设计委托，是另一个有趣的故事。

还有绰号"飞机"的吉尔莫住宅。我想要讲一讲戴纳住宅和它的主人——我敬爱的劳伦斯老夫人——的故事，讲一讲她做的面包、腌黑莓和我们向往的传统家庭气息。我想要讲一讲达尔文·马丁数十年来给予我的信任和友情，还有我为他设计的几座住宅——曾经对我的设计大不以为然的马丁夫人，最终加入到我们这一边。我还想讲一讲橡树园的发明家查尔斯·罗伯茨给予我的帮助。

往事不断涌上脑海，就像上课的铃声响起，孩子们涌进学校大门。或许这样讲有失谦逊，但是毫不夸张地说，任何一件凝聚着某种深刻思想、体现出诸多原则的作品，都没有在我的头脑中消失。虽然有不少已经被拆毁，让位于城市的变迁，它们并未就此消失。数量众多的住宅因原先的屋主生活变动而"转手"——正如广告词常用的说法。在一个如此年轻和变化迅猛的国家里，这些自然在所难免。其中两座住宅，日后又被最初建造它的屋主购回，据说他们无法在别处找到家的感觉。我尤其想要讲一讲那些"从未建成"的建筑。毫无疑问，它们才是我最好的作品。

美国人纷乱躁动的经济生活所造成的社会变化，令人眼花缭乱。欧洲人能够理解它吗？美利坚合众国的人们生活于其中，熟悉它却也不理解。

然而，我已经讲得太多了。无论是归咎于建筑领域的"邪恶三角"、当时的形势所迫还

---

[1] 威廉·怀特（William Allen White，1868—1944），美国作家。

是我自己的过错，在蜀葵住宅和"微雕"这两段经历中，我都占尽劣势。选择它们的故事，意图在于揭示任何追求理想的创造努力，都时刻受制于人的天性——例如无足轻重的个人喜好和这个国家恶毒的建筑制度。且慢，我应当收回这句话。涉及创造的过程，没有一个环节是无足轻重的。即便是最琐屑的因素，也可能让整个作品前功尽弃。是的，永远保持警觉是创造的成功以及尤松尼亚建筑实现自由的唯一前提。

显然，个人的过失和误判，以及与最终结果有所牵连的任何缺陷，都应当包括在关于建筑的讲述中。归根结底，建筑是一种人的行为。

在美丽的西海岸生活的两年期间，我感到这里建筑事业的环境犹如一片急功近利的浅滩。我的几乎所有努力都浮在水面上，以某种形式出售。如果我在那里逗留更久的话，迟早会被折价处理给开价最高的买主——如果确有买主的话。对于深刻与品质的渴望，似乎都在遥不可及的未来。每个人和每件事都在忙于寻找值得一卖的东西，或者是推销自己。无休止地买来卖去，并且最终总能成交。

芝加哥人寿保险公司的总裁阿尔伯特·约翰逊曾经向我提出，愿以两万美元作为报酬请我为他设计一种利用悬挑结构的摩天楼。我还在洛杉矶时，就开始着手这项设计，并且把最初的草案拿给他看。回到塔里埃森之后，我继续深化已有的草案。

悬挑结构是让帝国饭店在大地震中幸存的特征之一。约翰逊想知道这种悬挑结构能否适用于现代的摩天楼，是否能够用于他将在芝加哥水塔广场建造的一座办公楼。

各种新颖的想法吸引着这位保险业巨头。带着独特的讪笑，他不断地提醒我："赖特先生，记住！我要的是处女，一个处女。"

我把足够完善的设计图纸交给他。他把图纸镶上玻璃镜框，拿回家放在自己的卧室里。有一天，一幅彩色渲染图的玻璃被仆人打破了，约翰逊亲自带着那幅渲染图开车找到玻璃店，守在那里直到重新装好玻璃，再带回家来。他狂热地钟情于这些想法，不希望别的任何人看到这些设计。

我相信，他并非热衷于建筑，而是属于这样一种保守人士：他们被某个理想所诱惑，在理想背后窥视着，再试探地戳上一下，然后转身逃走。虽然是我们的资本主义制度培育出的人物，但他们既不是资本主义这艘巨轮的船长，也并非掮客或者银行家，而是略胜一筹的一类：他们不满足于被乏味所包围，却没有足够的勇气投身冒险。我曾经遇到许多类似的人物。

The Business Mystic
神秘的生意

　　他之所以只能在理想门前徘徊，很大一部分原因在于，一旦他被某个想法所吸引，他所掌握的一切资源立即对他产生影响——工程师们连连摇头，租赁代理商们纷纷躲避，银行家们则在门上挂起"正忙"的牌子，建筑师们结成同盟对这个构思嗤之以鼻。最终，这位有些创造的欲望并曾灵光一闪的生意人，被巨大的阻力推回到原本属于他的领地。他或许是这个时代的财富，远远领先于那些货真价实的船长。后者只会使大众的理想蜕变为寄生虫享有的好处。对于他们而言，不会有任何事情发生。他们只走在大路正中，因为那里是所有人的选择。他们从来不缺同路人，并且正是这些同路人养得他们脑满肠肥。

　　但是无论如何，约翰逊先生支付了一大笔费用，想要看看如何实现一个理想。

　　约翰逊是狂热与神秘的奇妙结合，一个富有人情味的商人夏洛克。他有异常睿智的头脑，他的脊背在一次火车事故中受伤折断，凭借顽强的意志才死里逃生，但是至今走起路仍有一点儿驼背。我们两人曾经一起前往加利福尼亚的死谷[1]，去看他和"死谷斯考蒂"[2]在那里共同打造的城堡。他开着自己的道奇牌小轿车，我坐在副座。一路上，造化的壮美犹如无垠的长卷在我眼前展开。

　　约翰逊是比利·桑迪[3]的信徒。桑迪是一个原教旨主义者，以其宗教活动或者说与宗教事务相关的活动而著称。约翰逊是一个极端保守者，喜欢就宗教问题争辩。我和他对宗教的理解恰好处于两个极端，然而这并不妨碍他出资请我帮助他实现一个理想。

　　任何人都不可能被简单地塞进一个贴有标签的抽屉。作为一个特立独行的人，他特立独行的体现之一是他和"死谷斯考蒂"独特的友谊。人们都怀疑，那个只有"死谷斯考蒂"知道位置所在的金矿与一宗谋杀有牵连。但是我怀疑他所谓的金矿就是阿尔伯特·约翰逊。

---

[1] 死谷（Death valley），加利福尼亚州东部内华达山脉东麓的沙漠地区，极度炎热干旱。
[2] 斯考蒂（Walter Scott, 1872—1954），宣称在死谷发现黄金，绰号"死谷斯考蒂"。
[3] 比利·桑迪（Billy Sunday, 1862—1935），美国牧师，宣扬保守的原教旨精神，维护《圣经》的绝对权威，支持禁酒令，鼓吹清教传统。

The Glass Skyscraper
玻璃摩天楼

约翰逊先生的地块东西长约三百英尺，南北宽约一百英尺。我选择了铜和玻璃作为赋予这座大厦个性的立面材料。铜和玻璃沿着悬挑楼板的外缘构成幕墙。这位业主坚持反对使用过多的玻璃，因此我决定在外立面的四分之一面积采用铜框，四分之三采用玻璃。

我想到了金属和玻璃构成的房屋——与汽车有兄弟之情的加油站。机器的时代应当拥有数量众多的建筑类型，至少每一种材料和建造模式应当拥有匹配的建筑类型。每一种类型都有望独具特色。此刻，我将采用什么样的具体的形式呢？在此之前，我还没有机会深入地研究钢结构。

我把这座保险公司大厦的设计当作一个机会，充分利用现代材料和技术，探索比时下风行的摩天楼更为实用有效的高层建筑思路。标准化将得以大显身手，因为它是金属板材与钢筋混凝土这两种材料的天性的一部分。再一次，想象力必须解放建筑师受到束缚的活力。

具有重量与厚度的外墙消失了。取而代之的，是与楼板边缘轻巧搭接的标准化铜框玻璃幕墙。作为幕墙单元，玻璃窗能够单扇或者成组地随意开启。所有玻璃的外表面，都可以安全便捷地从室内清洗。竖向窗梃是填充阻热材料的铜管，其截面尺寸和强度只需满足窗梃整层通高的稳定性即可。窗梃向外凸出的程度因室内对自然光的需求而定。窗梃凸出较多，则投在玻璃上的阴影较多；反之，玻璃上的阴影较少，室内也更加明亮。这些凸出的窗梃，充当了竖向的遮阳百叶。

由于约翰逊先生厌恶过多的玻璃，所以采用两英尺见方这种较小的玻璃分格，只强调竖向的铜窗梃分格，每隔一根的竖向窗梃加粗，每隔三根更粗一些，产生规则的韵律。弱化玻璃的横向窗梃，它们会承积雨水和灰尘。各层楼板的边缘被削成与窗梃截面类似的尖角，嵌在玻璃幕墙之间，成为间距两英尺的横向分格的一部分。由此将混凝土楼板与幕墙这两种元素紧密地编织成一体。

建筑的外表面是颜色各异的玻璃。为了尽量避免影响自然光透过幕墙，承重的钢柱从用地边界退后，使四周的楼板悬挑。楼板悬挑的尺寸因不同建筑功能而异，在这座大厦里是十二英尺。钢柱贯通各层，在楼顶显露出来。柱身在结构需求的尺寸基础上加大，以便容纳电气、上下水和供暖管道。从竖向管井中分出的管道，不再埋于楼板内而是固定在每层天花板下面，延伸到各个末端。所有电气或者上下水设施可以迅速拆卸并重新组装，不会造成时间和材料的浪费。

室内隔断墙采用单元化预制，只需与门一起在设计的位置安装即可。这种标准化设计与室外幕墙的风格统一。预制的室内隔断可以储存好备用，根据任何租户的要求，在一夜之间便捷地组合安装。约翰逊先生是一位经验丰富的地产商，他很欣赏以上这些简单实用的概念。也正是这样的标准化，让我们拥有了汽车。

这种新式摩天楼的幕墙玻璃面积，仅比通常摩天楼的开窗面积增加了大约百分之十（玻璃面积的微小浮动取决于与铜窗梃的宽度）。因此，供暖的成本并没有实质性的增加。中空的窗梃内部填充阻热材料，窗扇单元采用机械化加工以保证密闭，这些措施补偿了增加玻璃面积造成的热量损失。玻璃幕墙内侧低处的散热器设计成栏杆的形式，便于清洗。大楼的最下面两到三层的外幕墙，是从上一层楼板悬吊下来的整片玻璃。商铺的店主可以尽情展示他们的商品。

连通各层的楼梯间是火灾时必要的疏散通道。借助每一层都设有防火门的楼梯间，人流可以通畅地疏散到人行道上。

与任何已经建成的同类摩天楼相比，这样一座建筑的自重至少减轻三分之一，抗击外力冲击的能力增强三倍。它的承重结构就像一个人的双腿，外幕墙是从肩膀上探出的双臂，体重只是为了保持平衡。

这个设计的可贵之处在于，它剥掉了束缚着所有摩天楼的砖石外套。施工现场将不再有室外或者室内墙体的砖石砌筑。整个建筑将是工厂预制加工的产物，只有某些最复杂的部件需要在现场组装。

结构框架的施工，与室内外预制单元的施工互不牵扯。坚不可摧的结构，将彻底摆脱在这个国家被称为"建筑"的所有室内外零碎的纠缠。当今的摩天楼里，各个成本高昂的"建筑"要素纠缠不清却又互不相干。在这个设计里，"建筑"的各个要素彼此相关却又互不干扰。

所有供暖、照明和上下水的管道和线路，都是在工厂里制作。施工现场的人工只是组装而已，并且无须反复试装，只要拧紧接口处的螺丝即可。

除了现场浇注的结构框架和楼板，我们有了一个完全预制化生产的建筑。建造的过程从工地搬到了工厂。像包括小哨子和钢琴的任何机械产品一样,建筑可以标准化地生产。这种新的建造过程自有它的尊严、想象力与实用性,巨大的经济效益更是显而易见。

在这座建筑里,没有一处不能出租的空间,没有一处为效果而设的部件。

无论室内和室外,没有一处单纯追求"建筑效果"的"亮点"。

在法规不要求建筑范围随高度退后的前提下,所有楼层都具备与地块边界重合的可出售的空间,而地产商自然会心满意足。

很显然,这是一座轻巧整齐、实用高效的建筑,每一英寸和每一磅都物尽其用。它必然也会是美丽的,但是最好不要向约翰逊先生提及此中的原因。

这种利用悬挑结构原理的建造方式,目的在于彻底科学化地利用机器这种工具。首要的是实现一种真正的标准化,它不仅赋予房屋能够称其为建筑的真实生命,且使我有机会以真正的建筑来表达一种宝贵的原则。

一九二〇年冬天,我开始着手这项设计,但是它的概念雏形早在一九一七年我在东京设计帝国饭店时已经形成。在路易·沙利文去世前不久,我有幸将一些草图拿给他看,向他细细地解释我的构思。今天,我满怀感激而又不无自豪地回想起他的话:"我一直坚信有一天它会诞生,这是一件伟大的艺术作品。我这些年来预言的东西终于有了着落,不是吗?我自己永远无法创造这样的建筑,但是我相信,没有我,你也不可能做到这一点。"

我知道,如果没有他和他所做的一切,我绝不可能设计出这件作品。它是敬献给沙利文的。

建造帝国饭店和砌块住宅期间,我提出的离婚请求仍被拒绝。这意味着我依然过着有悖世俗的生活,依然处于自愿的流放状态。随我前往日本之前,命运多舛的米瑞姆·诺艾尔在塔里埃森找到了暂时的庇护。

然而,当生活在塔里埃森Ⅱ重新开始,却与旧日大为不同。不再有熟悉的山岗上无忧无虑的漫步,不再有山下河水中畅快的游泳,不再有田间的小路上纵马奔驰,不再有冬日里快活的坐雪橇与溜冰,也不再有自由,不再有歌声。不自觉间,生活仿佛被慢性毒药所麻痹。塔里埃森似乎在不易察觉地从内部解体。幸运的是,这样的日子很快就因为我们远赴日本而结束了。

只有几个看门人和一个忠实的学徒威廉·史密斯守护着塔里埃森。随后的几年里,塔里埃森日渐枯萎。每年中有几个月,我会从地球的另一端回来,安慰一直在无助地呼唤着主人的塔里埃森。

古老的佛像上积起厚厚的尘土。塔里埃森呼唤着我,我期待着它为我和那些我爱的人再次焕发生机。在和米瑞姆正式结婚几个月后,我终于回来了。然而,婚姻只是毁了我们双方。我们的关系并未如我所愿地有所改善,反而每况愈下。

婚姻似乎让她失去了对塔里埃森的生活仅存的兴致,她变得越发焦躁不安和睚眦必报。她终于离开,去"过她自己的生活"。任何一点儿轻微的阻拦都会引发暴力,而我也不愿加以阻拦。

她首先去了芝加哥。但是我尚未完全放弃这段已经持续多年的关系。我们双方都曾为它经受折磨,付出牺牲。尽管无论天性还是能力方面,我都难以胜任自己涉入的这项艰巨的使命,但是怯懦——一种我并不熟悉的道德怯懦,使我拒绝承认失败。形势变得越发不可收拾,以至于危险的程度。我求助于芝加哥著名的心理医生威廉·希克松(他后来移居日内瓦)。求医的过程被屡屡拖延,最终为时已晚。

希克松医生观察的结论是,这段在过去六年里痛苦挣扎的关系,从最开始的一刻就注定无望。她不仅是对自己的威胁,更给每一个与她密切相伴的人带来危险。于是,我同意离婚,对她提出的条件只做了轻微的改动。她从芝加哥返回了洛杉矶。希克松医生认为,唯一能让她获得长久自由的方法,就是任由她我行我素。目前的情况下,任何反对都只会愈发迅速地激怒她。

当我重又在塔里埃森安定下来,艾奥瓦县的法官詹姆斯·希尔拟好了离婚协议。

塔里埃森吸引着世界各处的年轻人,来到这里分享它的精神。学习土生土长的美国能够反哺给欧洲的信息。结束了设计工作的夜晚,钢琴、小提琴和大提琴会吟咏巴赫、贝多芬和亨德尔神圣的旋律。威廉·布莱克、萨缪尔·巴特勒、惠特曼和雪莱时常是聚会的召集者。卡尔·桑德堡[1]、艾德娜·米雷[2]和拉德纳[3]时常朗诵或者献歌。山丘上的生活因为这个渴望了解"美国"的小群体而重又容光焕发。正当美国建筑师们不遗余力地把美国变成欧洲,

---

[1] 卡尔·桑德堡(Carl Sandburg, 1878—1967),美国诗人及作家,赖特多年的朋友。
[2] 艾德娜·米雷(Edna Millay, 1892—1950),美国女诗人及剧作家。曾获普利策奖。
[3] 拉德纳(Ringgold Wilmer Lardner, 1885—1933),美国作家。以讽刺专栏和短篇小说著称。

塔里埃森不动声色地让美国影响着欧洲。

然而，这些远道而来的拜访者仅仅享受了十一个月的短暂安宁。正如双眼属于脸庞，艺术与美已经融入塔里埃森的肌体。此时，它们全都陷入孤独和忧伤。偶尔，艺术与美在塔里埃森闪过一丝骄傲的亮光，又很快黯淡了。塔里埃森时而憧憬时而沉思，劳作之后，它入睡了。

它感受到壁炉里火光送出的温暖，却已经忘记了如何生活。吵闹和冲突使它蒙羞，它挺拔的石墙和温馨的天花板为之愤怒。

只剩下一个希望仍在那里生长，一如既往地希望重新找到幸福。

Isaiah
以赛亚

我和米瑞姆彻底分开大约一年以后的某天黄昏，闪电划过依稀尚明的天空，风势渐紧，一场风暴即将袭来。我在塔里埃森山顶那间独立的餐室吃完晚饭，走下山回家去，望见我的卧室里涌出浓烟。

又一次——火！

火借风势，一场恶战在所难免。想到其他人都外出了，家里只留下司机迈尔和一个叫土浦龟城的日本学徒，我心头一凉。我大喊着求助："水！"随着我不断的高喊，有人运来水救火。两个小时过去了，我以为火已经被扑灭，这时，从卧室的天花板里传出一阵不祥的爆裂声。火已经窜到了屋顶和天花板之间的夹层里。我赶忙再次呼救，人们重又赶来扑灭笼罩着塔里埃森的火焰。

狂风裹着烈焰，从屋顶夹层蹿上了屋顶。"先把屋里的东西抢出来吧。"人们叫喊着。

"不行，要把火扑灭。照我的话去做，要么挽救塔里埃森，要么就什么都不要剩！"我大吼道，像一个顽固愚蠢的船长不理会众人已经放弃即将沉没的船，仍旧坚守在甲板上。

水！更多四邻的人跑过山岗，把更多水泼向可怕的火海。狂风裹挟着浓烟和火舌，卷过塔里埃森的一个个院落，连我也快要绝望了。和烈火一样无情的狂风啊！

我站在浓烟四起的屋顶上，脚受伤了，头发和眉毛烧光了，被呛得喘不过气来。雷声滚过之后的闪电，照亮了山顶上安静地站着看热闹的人群——他们在旁观以赛亚对我的惩罚吗？

我不能放弃。当下首要的是竭力保住工作室的房子。别人全都放弃了，在他们眼中整个塔里埃森已经不复存在。

火势蔓延到了工作室。水用光了，人也筋疲力尽。为了继续奋战，救火的人们躺在屋顶上稍作喘息。

突然间，伴着一声骇人的炸雷，风向骤变，把火势引向了山谷一侧。大雨瓢泼而下，像浇在咆哮着的熔炉上一样嘶嘶作响，火势退缩了。仿佛有无形的巨手在操纵着一切，看客们无不为之变色。他们或许会认为这是天意吧。

二十分钟的劫难，将塔里埃森居住生活的区域化为灰烬——又一次！

高温把玻璃窗变成一片水晶珠，散落在发烫的石板地面上。瑟缩在灰烬中的，是来自历史深处的人类灵魂的奇花。这些被我们称作艺术品的无价之宝，要么仅存碎片，要么已是无影无踪。

塔里埃森又一次承受了残酷的打击。

自从第一个塔里埃森被毁之后，我积累的创作成果和游历东方所得的收藏品，几乎荡然无存，此刻留给我的只剩下身上的皮裤、袜子和衬衫。所幸工作室基本完好无损。

但是，我站在哪里，哪里就是塔里埃森！一个从阴霾中走进我的生活的人这样对我说。我相信奥格瓦娜[1]的话。

惩罚的雷霆再一次向我袭来。难道人类的疏忽和过失也是源于上帝的愤怒吗？火灾很可能是由我卧室床头的一个电线短路引起的。值得庆幸的是火灾中没有人丧生，只有一件件珍贵的艺术品回到了创造它们的那些灵魂身边。

我没有能够保护它们。对于后人而言，我是一个拙劣的保管者。我安慰自己，它们将留在我的脑海里。我会以自己的作品证明，它们的生命融进了我的生命。我向火灾发生后聚在漆黑的山顶上观望的人群宣告。

---

[1] 奥格瓦娜（Olgivanna Lloyd Wright，1898—1985），赖特的第三任妻子。

那些可怕的看客啊！他们站在山顶上，端着被火光映红的面孔，欣赏这毁灭的场面。有少数几个人流露出同情，一些人的同情中夹杂着慨叹厄运难逃，另一些人鄙夷这个傻子居然幻想塔里埃森能在第一次灾难后重生，还有一些人神情麻木地嚼着烟叶，仿佛在看一出好戏。

难道他们才是再次一击的"力量"吗？他们是真正的"以赛亚"吗？

塔里埃森幸存的部分给予我鼓励，至少我活在它们当中。我坚信自己可以重建一个新的、第三个塔里埃森！

几天后，在为了重建而清理仍有烟气冒出的废墟时，我捡出几个几乎被烧成石灰的中国唐代佛头、曾经美轮美奂的北魏石雕残片、宋代陶塑和已经被烈火烤成焦褐色的明代瓷器。无论它们被当成牺牲祭献给了哪一位天上神灵，我把这些残存者收好，日后嵌进了塔里埃森Ⅲ的石墙里。在它前身的废墟上，在我的头脑里，已经有了一个新的塔里埃森。我再一次投入工作，前面两次的经验让我能够建起一个更美的塔里埃森。

又一轮惶惑、毁灭和孤寂之后，我重又投入塔里埃森的工作室，重又在林间散步、河中游泳、山间纵马、冰上嬉戏。创造的渴望仍然略有一些迟滞，但是正在又一次迅速地苏醒。对于充满创造力的生活的渴望，就在不远的前方。

Reunion
重　逢

就在塔里埃森遭遇第一次劫难之前不久，我和亲爱的大师重逢了。

那场胜利的灾难——哥伦比亚博览会——闭幕不久，他和埃德勒分手了。此后，他的境遇颇为坎坷。当我离开他时，事务所刚刚接下纽约州水牛城担保大厦[1]的设计，它将成为埃德勒与沙利文合伙的最后一个项目。

回顾他们两人合伙开业的历程，追求创造力的天性导致了事务所完全没有资金积累。虽

---

[1] 担保大厦（Guaranty Building），位于纽约州水牛城的一栋高层办公楼。

然他们收到的设计费不低于任何顶级的建筑师，或许比其他绝大多数建筑师更高些，然而投入项目的巨大成本常常让他们入不敷出。哥伦比亚博览会之后出现的经济萧条重创了他们。紧要关头，克兰电梯公司的老板乘虚而入，他提出以每年两万五千美元雇埃德勒为他销售电梯。一份工作毕竟强过坐以待毙。沮丧消沉之中的埃德勒接受了这份工作，离开了独自心怀怨气的沙利文。

沙利文不得不面对这样的事实：以前的业主圈子基本是埃德勒建立起来的，他必须在埃德勒的人脉之外重新开拓自己的事业。合伙时期的业主中唯一没有抛弃沙利文的是迈耶，他请沙利文为他设计了位于州街上一栋新的百货商店大楼。

与此同时，克兰公司新雇的英才遭遇了一次奇特的挫折。他去纽约向西格尔大厦推销克兰公司的电梯。与他竞争的斯普拉格电器公司向西格尔大厦提交了一份报告，内容是几年前建筑师埃德勒建议芝加哥大会堂采用他们的电梯。这份报告帮助斯普拉格公司赢得了一切，包括西格尔大厦的电梯合同。埃德勒先生回到芝加哥后，克兰公司要求他做出解释。埃德勒先生还不习惯被人以这种口吻教训，尤其是被曾经频频有求于他的人。结果是克兰公司开给埃德勒一张支票作为他一年的报酬，终止了他们的合约。

所有人都期待着埃德勒与沙利文再度合作。但是，大师仍旧不能释怀，而大主管也已经身心疲惫。

离开克兰电梯公司之后不久，埃德勒先生叫我去联邦同盟俱乐部找他。截至那时，我辞职后和沙利文先生还不曾有过任何联系。昔日的"大总管"看上去忧心忡忡。他非常担心在芝加哥大会堂设计中，为迎合业主而冒着风险做出的一些让步。他也很担心为迎合沙利文而加高的塔身，还有为迎合费迪南德·派克[1]在观众厅桁架以上加建的宴会厅等隐患。建筑的沉降一直没有停止，塔身的沉降已经牵连到与之相邻的建筑其他部分。

我注意到他身上一个显著的变化。他开始辛辣地攻击沙利文，后者在刊物上发表水牛城担保大厦时删去了埃德勒的名字。

"赖特，没有我就根本不会有那栋大楼！"

"是的。但我相信这并非沙利文先生的过错，也许是出版商的疏漏。你何不查问清楚？"

"我已经足够清楚了。"

---

[1] 费迪南德·派克（Ferdinand Peck，1848—1924），芝加哥富商，芝加哥大会堂的出资人。

我试图让他重拾对沙利文的热情。我告诉他,大家对他们二人分道扬镳是何等的失望。世间罕有的默契互补曾经让他们合作创造出伟大的作品。经济萧条不会持续太久,周围有许多分道扬镳的合伙人正在考虑重新合作。

"不,赖特,"他以标志性的动作拂着两颊的胡须,"我将尽自己所能去掌控一个小的事务所。我不需要庞大的事务所、惊人的房租和一长串的发薪名单。我想量力而行地应对为数不多的几个项目。与挣到五万美元却只能留下一千相比,我宁愿单靠自己挣到五千美元而留住两千。"

"记住我的忠告。你也应当这样做,赖特。"浓密的眉毛下射出锐利的目光,他盯着我说道,"任何追求这种自立的建筑师都不需要合伙人。"

我看到,曾经让两个人如此紧密地相互依赖的东西正在燃尽——或者已经是冰冷的死灰。

我陪他步行走到他在大会堂的事务所。他在临着瓦巴什大街一侧租了几间小屋,当时沙利文自己的事务所仍然在大会堂高耸的塔楼里。这样的局面实在是令人伤感,但我仍然相信他们会再次走到一起。离开时,我又一次这样讲。昔日的老主管已经被焦虑和失望牢牢地压住,而这绝不是他能够承受的生活。

过了不久,他就去世了。

此后又过了大约七年,我和大师重逢了。一望而知,他的境遇同样每况愈下。大会堂的经营者拒绝他继续租用塔楼里尊贵堂皇的办公室,只肯租给他楼下临瓦巴什大街的两间屋子,那里靠近埃德勒独立开业时的事务所。他接受了,但很快他连这两间办公室也难以负担。他打长途电话给我,幸运的是,我当时还有能力帮助他。然而,始于早年巴黎生活的积习已经拖垮了他的健康。正如他身边的人所言,他已经"停转"了。

他变得比以前柔和,也更加深刻。他很亲切地叫我"弗兰克",我喜欢听这个词从他口中吐出,以前他总是叫我"赖特"。

他并没有失去勇气,永远不会。他的双眸和从前一样矍铄,双眼里闪烁着旧日诙谐的光芒。然而,他的举止仪态不复旧日风采,身体也日渐虚弱。

我还记得,坐在他的书桌前,我注意到桌上胡乱堆满的文件当中,夹杂着几张建筑照片。那是他设计的一座小银行,依旧显露着他天才的一鳞半爪,令人回想起他在大会堂塔楼里设计温莱特大厦[1]的岁月。如今,他的事务所倚仗着乔治。乔治一直没有离开他,协助他完成了那些作品。

至少,亲爱的大师可以安详地坐在壁炉边的圈椅里。"崖居者俱乐部"[2]授予他终身会员资格,不失为这个艺术家组织值得称道的义举之一。我在日本和洛杉矶都和他有书信往来。每次我到芝加哥,都会在国会旅馆我的客房隔壁为他也订一间房。那时节,他住在考蒂治大街上的华纳旅馆,那里并非有什么吸引人之处,只不过是他旧日熟悉的地方而已。他对我的帝国饭店颇感自豪,为《建筑实录》杂志写了两篇文章评价它出色的表现。

"不管怎么说,弗兰克,"他说,"有些东西是他们无法从你那里夺走的。"我想知道,为什么他会认为"他们"无法从我这里夺走?"他们"可以剥夺任何人的任何东西。如果欺哄失效,那么必然施以强夺。

他的几位芝加哥建筑师朋友,对他非常友好。比如盖茨、卢卡斯和霍廷尔,尤其是他在西北制陶公司的朋友们。然而,他对同时代的建筑师仍没有丝毫宽容,甚至比以前愈发尖刻。

多年以来,他不得不坐视无数宝贵的建筑项目落入庸才之手。假以机会,他将创作出令那些同行无地自容的杰作,甚至这种比较本身就异常荒谬。他失去这些机会,仅仅是由于他的秉性触犯了井底之蛙,激起他们的警觉和厌恶。无知者的偏见和尘俗的鼠目寸光,是他永远不会饶恕的敌人。天才?他的天才如愿以偿地变成了加在他身上的诅咒。任何天才都会被挤出我们这个唯利是图的舞台。

捂紧钱袋!当天才这个词走近,你最好蹑手蹑脚地躲开。

他自身的弱点伤害了他的事业。与古往今来的天才一样,他不得不努力挣脱孤独、困窘和背弃。

即便在迟暮之年,假如这时天赐良机,他依然能够大展才华。然而,受嫉妒所蛊惑的怯懦和偏见,在他身边筑起一堵无知的高墙,把他与美国的大众隔离开,埋没了他。某些时候,他骄傲和乐观的天性也会被沮丧和消沉击垮,他非凡的勇气也会迫于生计而屈服。但是

---

[1] 温莱特大厦(Wainwright building),位于密苏里州圣路易斯市的10层办公楼,1891年建成,是世界上最早的高层建筑之一。
[2] 崖居者俱乐部(Cliff Dwellers Club),1907年在芝加哥创建的精英人士俱乐部,以促进高雅的文学、艺术活动为主旨。

不久，他的高傲重又将一切涤荡。

当他情绪不佳的时候，与他同时代的十几位老于世故的建筑师，会被他的尖刻震撼得从各自栖居的枝头跌下来，摔得体无完肤。他的刀锋依然犀利精准，寒光四射。

他正在写自传。有时候，他会把其中的章节念给我听。他始终热爱写作。而今被彻底剥夺了自然的表达载体，他越来越多地将灵感诉诸写作。这让他重新焕发出大师的光彩。我能够感受到，这本书对他而言意味着很多。

几年前，他曾经造访塔里埃森。然而，那次来访的劳顿之苦使他染上了严重的感冒。两年以后，他的呼吸仍然时有短促。喝下几杯他依赖成瘾的浓咖啡之后，他的呼吸会变得愈发急促，甚至需要我扶着才能蹒跚地行走。

他正在一天天枯萎。我尽量每星期都去看望他。

数个星期后的某一天，我在塔里埃森接到华纳旅馆经理打来的电话。我赶到芝加哥，正看到旅馆经理对重病在身的沙利文恶语相向，要蛮横地将他扫地出门。费尽周折之后，我和旅馆经理达成妥协，为他找到了一间客房栖身。旅馆经理自称衷心地崇敬沙利文，但是他已经仁至义尽。我们好不容易找到一个护士愿意留在这里看护他。他忠诚的伴侣，那个理解他并且愿意为他付出一切的红头发女子，自己正卧病在医院里。

"别离开我，弗兰克，"他恳求我，"留下来。"

我留下了。黄昏时分，他的精神似乎好了许多。我们谈起他即将出版的自传。他希望这本书能够带来些许收入。

我尽量让他感到舒适。晚上他睡熟之后，我返回了塔里埃森。临走之前，护士答应一旦有需要就会立即通知我。

几天后，我再次来到芝加哥，又去看望他。

这一次他的精神状态不错。第一本装订好的自传样书刚刚送到！就摆在他床边的桌上。看到我，他想要起身。我扶他起来坐在床边，用毯子盖住他踩在地上的脚，把自己的外套披在他肩上。他翻看着那本样书："弗兰克，它终于完成了。"

我坐在他身边搂着他的肩，让他暖和且省力一些。我用手掌上下抚摸他的脊背，能够摸到他脊柱的每一个骨节，感觉到他的心跳。据医生讲，这是一颗在过量的咖啡和安眠药作用下，比正常状态大一倍的心脏。

"把书递给我！这第一本是给你的。铅笔！"他想抓起铅笔，却抬不起胳膊，只得笑一笑，放弃了努力。

我从来没有读过那本书。我对书中内容的了解都是他亲自读给我听的。我无法翻开那些书页。后来，它被塔里埃森的大火吞没了。

直到那一刻，他的意志依然坚强，深陷的眼窝里依然目光如炬。他调侃着自己的日子所剩无几，沉重的喘息夹杂着几句咒骂。这是他第一次承认快要走到终点了。虽然胳膊很无力，但是他看上去似乎略有好转。好转也罢，恶化也罢，他不愿意谈论这个问题。

他晚年的生活始终没有脱离困窘。朋友们无力帮助他摆脱怀才不遇的悲剧。就在一两年前他独居的那一段时间，他为自己撰写的《建筑装饰的体系》一书绘制了精美的插图。他的手时常因为麻痹而颤抖，但是每次他一开始落笔，手就变得稳如磐石。无论风格还是笔触，那本书里的插图都不逊色于他巅峰时期的手笔。他驾驭装饰的天才陪伴他直到生命的最后。

那一晚之前，我曾陪在他身边度过了几次貌似更危险的状况。我扶着他回床上躺好，为他盖好被子。我坐在床沿上看着他睡熟了。显然，他挺过了又一次病危。他睡得很安详，呼吸变得很平稳。护士暂时离开片刻，这时塔里埃森打来电话，有急事需要我回去。我给护士留下一个字条，一旦他有任何恶化的迹象，就立即给我打电话。

在塔里埃森家中，我焦虑地等待着。没有电话，我松了一口气。

两天后，我从报纸上知道了沙利文的死讯。麦克斯·唐宁[1]打来电话告诉我，我走后的第二天，他去世了。

弥留之际，热心的唐宁和另外几位建筑师恰好来看望他，陪伴在他身边，并且料理了后事。没有人通知我。

大师没有留下任何属于他的财产，只有几件从前我很喜欢看他穿的衣服，还有一幅银版相片，是他八九岁时和弟弟站在母亲两侧。

知道自己将不久于世，他让护士把这些珍贵的财产转交给"弗兰克"。

把他曾用过的那条围巾系在颈前，应当会令我倍感温暖。然而，那有何意义？他已经不在了。

没有任何人就他的葬礼安排征询我的意见。我出席了葬礼，沙利文在"崖居者俱乐部"的好友华莱士·赖斯在葬礼上致悼词。后来，他们为他设计了一个纪念碑……在他的墓前树

---

[1] 麦克斯·唐宁（Max Dunning, 1874—1946），芝加哥建筑师。

起一块刻有装饰的石板，沿袭他自己的风格！"他们"决定由乔治来设计这个纪念碑。乔治是我从斯尔思比事务所带去的助手，因为那时沙利文希望我培养一个得力的助手。我辞职后，他顶替了我的角色，在大师身边又工作了十多年。对于我，理解并深爱着他的人而言，建一座纪念碑献给大师完全是一种讽刺。没有任何东西足以纪念他。这只不过是朋友们对他的追思的表现。任何纪念碑都只是为了纪念它的建造者们，难道不是吗？

看看这些纪念碑吧！我们能否有一天停止这种庸俗与亵渎？

我们对于哪一位伟人的怀念，没有被"他们"为他立起的纪念碑所中伤、戏弄和侮辱？我想到了亚伯拉罕·林肯。竖立纪念碑的人所做的一切，不过是主动或者无意间背叛伟人最珍视的目标。在伟人深陷困苦之时表露出"慈善"，在他去世之后指手画脚。让这些人都见鬼去吧！

当时，我写下一席肺腑之言发表在某份刊物上。虽然已经记不得发表在何处，但是这篇文字仍在。

The Master's Work
大师的作品

在旧的当中探求新，在新的当中留存旧，正是永恒的原则。

原则，是我的大师路易·沙利文热爱的所有也是唯一的现实。

当周围文化的毒雾弥漫低垂，让世界上一切美好的希望都晦暗不清，他始终虔诚地追求原则，眺望远方。

他短暂的创作生涯留给我们的建筑作品，仅仅是他天才微小的一部分。他内心深处的思想，是这个国家无穷的财富，然而这个国家辜负了他，世人辜负了他。并非出于刻意的漠视，而是因为他们没有机会了解他。

研究任何一件闪烁着人类思想的伟大作品，都必须以它所处的时代作为参照。

他留给我们的作品也是如此。

或许你还记得，当他的第一件杰作芝加哥大会堂诞生之时，他的同行们都在做些什么。

局促混乱的普曼大厦、鲍英顿设计的商会大厦、丑陋的联邦火车站，以及麻木而又疯狂的潮流中难以尽数的苟安者。

除了约翰·埃德尔曼对他早期创作的启发,理查森激情四射的罗马风复兴也对他的作品产生了影响。约翰·鲁特是与他同时代的另一个比肩者。虽然才华不及沙利文,但是鲁特拥有和沙利文一样的敏锐,某些时候精准中的。仅此几人能够与沙利文相提并论。他们摸索着他们的道路,而他用自己的思考摸索着一条新的道路。

丹克玛·埃德勒,驾驭设计和人力的大师,曾经是他忠诚的伙伴。

芝加哥大会堂的结构形态,很大程度上得益于埃德勒理性的判断力和克制力,然而,是路易·沙利文教会了这座建筑歌唱。

雅园墓地的盖蒂墓[1]是沙利文独立完成的作品,它是敬献给人类丰富情感的一座雕塑、一首诗。

然而,当他把画着温莱特大厦草图的绘图板搁在我桌上那一刻,我彻底被他的天才所折服。

那是一个属于路易·沙利文的年代。他最伟大的成就是赋予摩天楼活力。这个阳光下的新生事物虽然具有缺陷,然而自有它与生俱来的品德、个性与美丽。在沙利文为它指明道路之前,一座摩天楼从未是一个整体,而只是一层层的堆砌。每一座摩天楼都在为高度而拼抢,不懂得优雅和诚实地接受自身的高度。沙利文最先将高耸的大厦视为一个和谐的整体。拜赐于大师的点化,摩天楼才得以抛弃虚假的体量,组成如今纽约和芝加哥的天际线。

温莱特大厦像一个预言家,为我们今天引以为豪的高层办公建筑开辟了道路。时至今日,只要摩天楼在建筑界仍占有一席之地,它将是摩天楼永恒的经典。

只需举出芝加哥大会堂的室内空间、运输大厦、盖蒂墓园和温莱特大厦这四件杰作,就足以展示路易·沙利文非凡的创造力。他的其余作品全都是由它们生发的侧枝,或者直接的衍生。如果我们暂且不谈蕴含的思想,而是根据完成后的品质加以衡量,那么其余作品与这四件相比全都有所逊色。

他怀着炽热、真诚和诗意的爱,仅靠他的装饰语言就足以证明这一点。他的爱在作品中化为深奥的意蕴。它的可贵是否会因此而折减?

你是否意识到,他的装饰语言并非数百年来文化演变的结果,而是个人"风格"的表达。自凶蛮的古罗马人以来从未有过的物欲横流,正在将诗意碾碎。在这样冷酷的环境里,

---

[1] 盖蒂墓是芝加哥木材巨头盖蒂(Henry Getty)妻子的墓地。

他奋力创造出可塑的个人风格。在过于短促的生命中，他凭借一己之力，用发自内心的微笑取悦艺术女神，唤起整个人类文明数百年来徒劳追求着的神圣感。

他的成就让我们看到，会有那么一天，每个人都可以拥有自己宝贵的风格。但是，除他以外，哪里能找到这样的人呢？

他神奇的装饰语言，将引你踏上怎样激情四溢的精神历险啊！

大师拥有天才，或者毋宁说他的天才拥有他，掌控了他。他挥霍了自己的天才。

任何天才的影响力，在他所处的时代都难以为世人所感知，甚至永远都无法被彻底追踪和感知。世事无常，生命中的一切都是可塑的。尽管人们努力地借助各种名头使它固化，希望它依照人的意志静止下来，然而一切都在永恒的变化中。一粒石子在海面上激起的波纹，将随着时间和距离而逐渐微弱乃至消失，但是一个人的天才却会永远绵绵不绝。天才总是原则的体现，因此天才之间从不会相互冲撞抵触。

在他亲手创造的作品和他给予志同道合者的教诲中，都闪耀着他的直觉和独特的天性。然而他却非常悲观。即使古往今来一切流派的一切作品，与世间所有生意人的所有推销伎俩叠加在一起，他对此蔑视的程度，也不及他对于未来、对于这个国家的建筑的悲观。

去世前不久，他曾经满怀沮丧地对我讲："如今，想要创作出激进的作品变得更加艰难，而让它被世人接受更是空前地困难。大众已经停止了思考！他们假借民主之名，不可避免地滑向温暾和庸俗。这已成现实。"

不，我的大师。相信我，现实并非如此。从未有过不可避免的逆流能够阻挡对生活的热忱。自人类蒙昧之初起，从文明的深处传递到你手中的火把，在你高高举起的手中熊熊燃烧了二十余年。它将继续世代相传，永不熄灭。

Taliesin Ⅲ
塔里埃森 Ⅲ

我的母亲去世了，她还只有八十三岁。

我的大师，在他的时代到来之前离去了。

我失去了三个心爱的家。第一个，橡树园里我生活了十九年的家和工作室。第二个，存在了五年的塔里埃森Ⅰ。第三个，陪伴了我十一年的塔里埃森Ⅱ。还会有塔里埃森Ⅲ吗？

现在，我自己的双手将建起第四个家园。打击和惩罚都无法扼杀的丰富情感——对于生活依旧的渴望，将孕育一个新的家园。

帮助总是来自生活的深处。志同道合铸成了真正的朋友，理解对方并且准备做出任何牺牲。奥格瓦娜出现在我的生命中。对于一个珍视她的男人而言，她是最真诚的朋友。塔里埃森Ⅱ蕴含着的生活理想，这一刻依旧坚定。

理想？简单地讲，任何人都有权拥有这三件东西，前提是他能够真诚地对待它们——生活、工作与爱情。

我自己是否做到了真诚以待？我是否还有这样的机会？

前方没有答案。唯一的答案在身后的岁月里。我再一次投入工作。又一个春天浸润着辛劳和对生活更加炽热的爱，又一轮暑去秋来，又一个冬天过去。一九二五年的春天，诞生了一个新的却又是相同的塔里埃森，给予我又一次机会可以拥有平静的生活和事业。

塔里埃森Ⅲ怀着骄傲和悔恨，从塔里埃森Ⅰ和塔里埃森Ⅱ的灰烬中生长起来，没有离弃曾属于它的两次已经化为废墟的那些生命。

从火灾后塔里埃森Ⅱ的石柱、石墙和壁炉的废墟中，我选出一些过火后变成红色但仍可用的石块，把它们和我从灰烬里梳理出的雕像残片，混在一起砌进新的石墙，让它们讲述着新的石墙从未听过的传奇。虽然先前也有不断的加建，但这一次却是整个塔里埃森自然而然地涅槃重生。

参照它两次前生的模样，我画了四十幅铅笔图样来设计塔里埃森Ⅲ。我仍然没有摆脱塔里埃森Ⅱ产生的债务，然而，所谓的慎重明智不能阻挡我开始重建第三个塔里埃森。"生活就是这样！"

塔里埃森Ⅱ的废墟上又涌来舆论的潮水，但是这一次不再是猥琐和恶意。即便是报界人士，也会在理解之后投来善意。过去七年困惑生活的终点，是留有它痕迹的一切都遭到毁灭。让我聊以自慰的，是我曾经热爱并引以为师的美好事物，将带着对我的责备从灰烬中重生。

这一次，更多更好的建筑材料，更多更娴熟的工匠，更精巧的设计和施工，更多困难与阻挠。抱着与先前同样的信念，我付出更多的耐心，承受更多的焦虑，在自然面前更加谦卑。

塔里埃森闪亮的前额被屈辱和痛苦玷污了，但是它必将浸润着前所未有的静美而再一次闪亮。生活给予我第三次尝试的机会，新的生活帮助我筑起那些石墙，赋予它们更加高贵的精神。

经过许多年的痛苦、磨难和挫折，一个期盼已久的新的小生命出现在塔里埃森Ⅲ，带给它尚未寻找到的和得而复失的东西。

奥格瓦娜、伊奥万娜[1]和斯维特兰娜[2]，塔里埃森Ⅲ是由她们而建，也是为她们而建。

毋庸置疑，以赛亚仍站在风暴的云端喃喃自语，伺机再一次鞭挞贴伏在山丘上的家园。闪电时常向我们袭来。然而，屋檐下的幸福准备付出任何牺牲，只为塔里埃森能够获得新生。

美丽的面庞毫不畏惧以赛亚，迎着他斜睨的目光仰起可爱的鬈发和黑色的长发飘动的头颅。明知他正在山丘后面潜伏，塔里埃森还要再一次从灰烬中重生吗？

如果这位狂暴的先知曾经摧毁过它两次，那么他也会再一次挥动雷霆之手。

一边是人性中的卑鄙鼓噪出愈演愈烈的街谈巷议，另一边是冷酷的先知，自命为愤怒的耶和华的代理人。二者携手共谋，实施"正义"之举。这一次的武器不是死亡与火海，而是疯狂的逼迫。塔里埃森这位凯尔特人的先知，和荫护着他的一位仁慈的上帝，想要举手还击，但最终还是选择在沉默中等待。

又一次，"惩罚"的呼声叩击着政府官员们的大门。有一些官员受到蛊惑，用他们的手段为这种呼声助阵，将被侮辱者的伤口撕裂得更深。假如没有被"以赛亚"所蒙蔽，他们原本会保护这些被侮辱者。愤怒的塔里埃森想要还击，却又一次收回了拳头——目标是谁呢？

像以赛亚一样，将孩子和妇人击倒，任由他们的鲜血流过街巷吗？

不，塔里埃森选择了劳动，因为劳动能抵御包括以赛亚在内的一切侵扰。虽然被不知何等名目的先知投出的怨恨和嫉妒所包围，至少在温馨的屋檐下，生活中不会再有背叛。

塔里埃森坚强地挺立着，直面来自各个角落的报馆老板、编辑、记者、摄影师、出版商、律师、联邦官员、州府官员、县里的官员，华盛顿的律师、明尼阿波利斯的律师、芝加

---

[1] 伊奥万娜，奥格瓦娜与赖特所生的女儿。
[2] 斯维特兰娜，奥格瓦娜与前夫所生的女儿。

哥的律师、密尔沃基的律师、麦迪逊的律师以及巴拉布县、道奇维尔和春绿镇的律师，法官、委员、检察官、治安长官、狱监、联邦移民官、警察、华盛顿的政府大员、国会议员和州长——"权威"是否还有其他存货呢？他们尽其所能，也就是施展他们最卑劣的伎俩，再一次席卷过塔里埃森。

最终，这一切由于我的朋友和业主们的干涉方才收场。他们挽救了塔里埃森，也给予我重启事业的机会。

如果说古老的以赛亚是一个信奉复仇的先知，那么塔里埃森则是一个更为高贵的先知，他的力量不在于令人生畏。这位德鲁伊教的先哲，永远歌唱仁慈的美。在任何存在美的地方，塔里埃森都用歌声赞颂注定凋残的鲜花和注定枯干的野草。他仍然热爱并且信任人类。

如今，在犹太先知以赛亚意欲征服的地方，挺立着以塔里埃森命名的第三个也是更加高贵的家园。这位凯尔特人谦逊地宣告，觉醒了的美利坚合众国的土地应当拥有属于自己的建筑，宣告每一个不甘尘俗的人都有权真诚地面对他的生活、他的事业和他的爱。

生活和事业成为同义词，我却无力保护二者当中的任意一个，在无家可归的同时失去事业。坐视家园、事业和爱人被置于越聚越多的公众的股掌之间，任其疯狂地玩弄利用，这无异于堕入自掘的陷阱。我经受的磨难，归根到底是一个软弱无助的女子在他人怂恿之下，毁掉她自己也毁掉所有曾经与她有所牵连的人，其结果只是为报纸增添厚厚的假日副刊，为那些对她和她的生活都漠不关心的人提供新闻而已。

所谓"新闻"，总是等同于坏消息。假如传来的消息并不算坏，那么就必须把它变成坏消息，否则就没有新闻。

我相信，由于自己犯下的过错而遭受卑鄙无良的非难，总是比不牵扯自身错误的磨难更令人难以忍受。在三年的时间里，我忍受着自己的过错引来的祸患，忍受着公开的秘密变成暴露的伤口，丑闻逐步升级为羞辱和歪曲。我宁愿独自忍受这些，却连这一点也无法实现。于是，我记录下这些经历，将它留给生活去评说。至少让歪曲和夸大第一次与冷静的事实对质，至少这部生涩的自传包含的每一个字都是事实，或许这就是它最初的动机。

在企图毁掉塔里埃森Ⅱ的火焰投下的阴影里，走出来奥格瓦娜。她遭遇了甚嚣尘上的公众窥探，以及我们的社会对人性价值和尊严的践踏。

我很惭愧，她来到美国伊始就不得不面对这里如此丑恶的一面。我试图向她解释这场喧嚣的闹剧根源何在。我告诉她，我们被人为地塑造成与世俗道义对立的角色。我努力将责难揽于自己一身，但是奥格瓦娜承受了这一切磨难，毫无怨言。我们没有畏缩。

她的祖辈黑山人和我的威尔士先民有许多相似之处，而她的成长经历和我的也有颇多相似之处。为了接受先进的俄罗斯教育，她九岁时来到俄国高加索地区的巴统，投奔嫁到那里的姐姐。她父亲担任黑山的首席大法官将近三十年之久。晚年双目失明的他，从未看见过经常牵着他的手走过采蒂涅[1]街道的这个小女儿。失明之后，他又继续担任首席大法官多年。她的外祖父"伏耶沃达"·马可是一位巴尔干将军，因为捍卫黑山的独立而广受敬仰。和威尔士、巴斯克[2]一样，黑山那片狭小多山的土地从未被外族彻底征服过。

成长在一个父权威严的政要阶层家庭，并没有妨碍奥格瓦娜拥有自己的性格与意志。

相识之初，我和她都视自己为自由之身。虽然她从未见过米瑞姆·诺艾尔，但是她清楚地了解我的经历和境遇。我们两人都明白，我的离婚文件只需最终签字，就能让我彻底摆脱米瑞姆，而在遇到奥格瓦娜一年多以前，我和米瑞姆就已经实质性地分手了。和奥格瓦娜相识不久，我得到了离婚签字，然而这些事实却没有出现在报纸的视野里。富于想象力的记者们臆造出"来自黑山的舞蹈家"这一说法，使出惯常的伎俩借此大做文章，在他们赖以谋生的格子纸里天马行空。

我弹钢琴，难道因此就是一个钢琴家不成？奥格瓦娜跳舞，但是仅限于她在枫丹白露的葛吉夫学院[3]接受的训练。这个笼罩着神秘气氛的学院，也被低俗的笔触加以演绎，让某些人希望看到的画面更加丰满。

我不曾预料到，会有第三次公众的闹剧[4]。离开塔里埃森之后，我设法让奥格瓦娜在霍利斯市[5]她哥哥弗拉基米尔家里暂避。我很喜欢弗拉基米尔和他的妻子。亲人的爱与呵护冲洗了过去几个星期里她忍受的羞辱与痛苦。在她家人的坚持之下，我来到霍利斯与她会合。

---

[1] 采蒂涅（Cetinje），黑山共和国西部的一个城市。曾长期作为黑山的首都。
[2] 巴斯克（Basque），西班牙北部地区一个民族，拥有自己的语言，长期以来谋求独立。
[3] 亚美尼亚人葛吉夫（Gurdjieff, 1866—1949）创办的学校，宣扬神秘主义的修行。
[4] 前两次指赖特离家与梅玛结合，以及与诺艾尔结合引起的舆论风潮。
[5] 美国新罕布什尔州地名。

每天早晚，我和弗拉基米尔往返于纽约市和霍利斯之间。白天他工作的时间里，我独自一人游荡在纽约街头。我不愿与任何人见面，以免报纸嗅到我们的行踪。

正是在那个时期，我开始写作。我试图把我对大城市的感受付诸笔端。在完成《束缚》和《尤松尼亚的城市》之后，我开始写这本自传。

深陷寒冷恶劣的天气和严峻的事态，奥格瓦娜的状况没有如预期那样好转。在弗拉基米尔家里过完圣诞节，我开始考虑往哪里去。我想到了波多黎各。虽然路途遥远，但是那里毕竟很暖和。当时波多黎各已经是美国的属地，我们不必担心护照问题。事实上，无论我们的脚步踏过美国的哪个地方，都会向公众谈资的高墙上溅起一摊泥水。

我们隐姓埋名，乘船登上了波多黎各这片残存的大西洲，在远离海岸的偏僻之处找到一座舒适的小旅馆住下。我们可以在旅馆里西班牙式的石砌浴池里游泳，享受池中天然的硫黄温泉。夜晚，我们钻进蚊帐里，但是和小虫子之间的战事依然不得平息。只有深入山中，才能避开白天和夜晚都很闷热的天气。驱车沿着西班牙殖民者留下的壮观的山间公路，我们尽情地呼吸山野清凉的空气。

正值金风铃木的花期。四周优美的风景，映衬着粗壮的白色树干和枝头繁茂的深红色花朵。凋落的花瓣在公路上铺起绚丽的一片深红色。

我们在敞篷轿车的车顶梁架上挂起一个篮子，我们的小女儿伊奥万娜就躺在篮子里，在车后座上方悠然摇晃着游历整个岛屿。

我们每天带上在旅馆里准备好的午餐，遍览小岛各处风光。时常会有阵雨袭来，片刻重又晴空万里。

波多黎各的风光迤逦多姿，但是当地人的生活却凄惨不堪。这些和善而淡漠的人，似乎是一个文明高度发达的种族残留的后裔。他们的贫苦令人难以置信。这里所有的甘蔗种植园都被"美国人"买下了，被来自美国各州的资本控制着。劳工的薪水是每天七角钱，加薪则遥不可及，因为那会影响到糖的价格。

随处可见瘦骨嶙峋、目光黯淡的孩子们，还有孱弱哀怨的妇人和潦倒的男子。贫苦的景象打碎了奥格瓦娜对这片乐土的美好印象。

波多黎各的贫穷是如此触目惊心。我还记得，一个男子怀揣一只用红手帕包着的小鸡，骑着瘦小的马赶了几英里的路，只为卖给我们的旅馆，换一点儿钱。类似的凄惨场景比比皆是。

两个月后，我们告别了美丽的波多黎各群岛，告别了它浪漫的历史传说，回到华盛顿。

每天上午，伊奥万娜都在国会山前沐浴初春的阳光。忠诚的保姆从不让孩子离开她的视野，奥格瓦娜从不让保姆和孩子离开她的视野。

那段日子，奥格瓦娜瘦弱得像个影子。好心的旅馆店主问我们，能为她准备些什么别致的饭菜。她吃得实在是太少了。

必须结束这种被焦虑煎熬的颠沛流离，我们需要一个家。

我们不顾迫害的威胁，回到塔里埃森，直面可能产生的后果。任何后果都胜过这种危险的漂泊不定。

我之所以被迫离开塔里埃森，是因为从法律的角度讲，它已经不属于我了。银行发出正式的通牒勒令我离开。两次火灾以及艺术收藏品的损失，加之连续多年被迫远离建筑事业，以及被法律和律师们频繁地滋扰——种种这些叠加的后果，使我最终受制于金钱和它操控的机器。那不失为一段有趣的经历。因为我从中感受到，法律的机器与任何机械一样，一旦出现差错，其后果完全取决于操控者的智力，它就像农场上拴在牲口身后的任何一台成人玩具。

尘埃落定之前，我只得违背自己的意愿，遵照律师的建议，又一次带着奥格瓦娜、伊奥万娜和斯维特兰娜离开塔里埃森。这一次我们将彻底销声匿迹，给律师至少三个月时间来处理由于我的鲁莽而造成的乱局。

"离开这里，"我的律师莱维·本克罗夫特对我说，"三个月之内，我会替你理清这些纠葛。公众的注意力会随之消散，诺艾尔和疯狂的记者们将再也找不到继续表演的机会。

"只要尚存一线机会，她就会被推到前台，使你变成报纸头条和茶余饭后的精彩谈资。媒体会诉诸官员来把事情搞大。在这个国家里，报纸主宰着这些小官吏的命运。他能否保住职位，基本上取决于报纸是拥护还是反对他。为了一个刺激的故事，报纸会设法逼迫官员逮捕你和奥格瓦娜。

"你好好考虑一下吧。他们正在利用一个已经无所顾忌的女子的贪婪和弱点。除了疯狂的舆论曝光和臆想中对你的报复，她现在一无所有。在背后怂恿她的人永远不会满足，她也一样。她之所以撕毁和你签署过的协议，是因为有人让她看到有相当的把握，能够夺走你在这个世界上所剩的一切。

"如果现在你不能满足她索要的东西，或许说是她身后那一帮律师撺掇她提出的目标，她终归可以从你手中夺走。假如你一文不名或者身无立锥之地，也并非他们的过错。"

我听着，这些都是无情的现实。我曾经领教过舆论的疯狂，那是在一九一一年的塔里埃森。我也见识过诺艾尔如何被报社和她的律师无耻地利用。我有一万种理由相信他们不会轻易收手。

我选择了走出戴恩县法院的大门，而不是败坏两个女人的名誉。在法庭上，我发现只有这样做才能获准离婚。那一刻我意识到，在胜诉酬金的刺激下，律师们会帮助这个扮作"愤怒的妻子"的女人轻易地夺走我拥有的一切。修建塔里埃森Ⅲ、第二次因火灾丧失我在中国和日本收集到的艺术品，以及过去和当前的舆论迫害造成我无法依靠设计得到任何收入——这一系列事件积累的结果，是如今我欠下威斯康星银行总计四万三千美元。

在这种情形之下，我的律师詹姆斯·希尔法官和莱维·本克罗夫特向我建议："去找银行。银行的主席霍普金斯是你的朋友。况且为了保护自己的利益，他也会乐于帮助你。为了借款，你应当一揽子地抵押你的所有财物，什么也不要留。你的设计图纸、你的收藏、绘图器具和农场的工具，统统抵押出去，等待我们能够和银行周旋的时机到来。"

"一个人雇了律师却自作主张，他就是不配请律师的傻瓜。"伊文思法官对我直言。詹姆斯带我来到银行，解释了目前的处境。

"好吧，我们乐意效劳。"银行答复道。

詹姆斯必须赶火车，我被孤零零地留在威斯康星银行的主席办公室里。

等了一个小时，银行的律师拟好了周密详尽的文件。

"这里，在这里签字。"我照办了，换来一张一千五百美元的支票。除了这家银行的许可或者说恩典以外，我已经一无所有。

这就是塔里埃森当时的处境。

莱维说："你离开之后，银行自然会照管好这里。所有东西都在他们手中，他们晓得保护自己的利益。"

"可是我有一种感觉，莱维。假如我依照你的建议躲开，逃避这场战斗，就会失掉我一直为之抗争的东西。这有悖于我的信念，也不是我的风格。照这样下去，我不知道接下来该怎么走。我已经后悔和银行的交易了。"

我请求他："为什么不能让我承担这件事，奋力一搏？把我当作工具。尽管我被视为道德败坏，可是还算不上伦理不容。你清楚这一点。为什么不能让我鼓起勇气，挺过这场危机？"

"弗兰克，你忘了你的孩子。他们很清楚孩子是你的软肋，况且奥格瓦娜再也经不起更多压力，她现在处于极度的紧张状态。"

"我明白。但是只要我们待在一起不分开，就没有什么了不得。"

"好了，"莱维失去了耐心，"你们会待在一起的——按照我建议的方式。好好考虑一下。"

我考虑之后，拒绝了他的建议。然而莱维没有放弃。奥格瓦娜自己也认为暂避风头是明智之举。莱维以奥格瓦娜和孩子的安危作为说服我的利器，取得了胜利。你不得不尊重他真诚的强迫。他是一个出色的律师。并且，我也从未怀疑过他的正直。

九月，凯迪拉克载着我的小家庭出发了。去往明尼阿波利斯如何？那里有美丽的明尼通卡，还有我的朋友赛耶尔一家。想必莱维不会赞成，我猜他会建议去加拿大。但是我很清楚，在当时的情况下，奥格瓦娜一旦踏出美国，再想入境就难上加难。

我们开车沿密西西比河北上，在拉克罗塞跨过大河，来到明尼阿波利斯。

那时，我们浑然不知自己的行为触犯了联邦法律。假设我们了解法律，步行跨过州界，将不会触犯任何法律。法律就是这样。

我们在明尼通卡找到一座漂亮的小房子，屋主是一位辛普森夫人。在我的劝说之下，她意识到自己需要一次外出度假，她答应我们暂住三个月——这是莱维预计所需的时间。她外出期间，我们是在她家中暂住的客人。

我们将是"理查森"一家，但时常会记不起自己究竟姓什么。

我们把凯迪拉克敞篷车的车顶收起，停在辛普森家的车库里。有时候乘赛耶尔家的小船在湖上泛舟，有时候在乡间散步。这是我有生以来第一次躲藏。只有赛耶尔一家和他们的朋友戴万一家知道这个秘密。

在奥格瓦娜的热切敦促下，我开始写作这本自传的前两卷。毛迪·戴万每天下午来辛普森家的小屋帮我打字。

不久，我们从报纸上知道自己成了"逃脱正义的漏网之徒"。这是一个记者们中意的法律名词，颇具引起轰动的效力。

我们离开几天之后，斯维特兰娜的生父（也就是奥格瓦娜的前夫）被诺艾尔的律师带到塔里埃森。他发现我们和斯维特兰娜都不见了，便跟随这位已经兼做他的代理人的律师，找到巴拉布县的治安长官。他作证发出逮捕令，罪名是"诱拐"他九岁大的女儿。法律的工具对于不择手段者比对于良知尚存者更有价值。律师们的创造力终归有它的用途。我们继续躲藏，谨小慎微地自认为做到了隐姓埋名。我继续写作这本《自传》。我的儿子约翰来过这里，带着我的指导去塔里埃森料理一些未完成的设计项目的细节。我们安定下来。接着会发生什么？我们一无所知。

你瞧，我犯了一个致命的错误。
我们的逃离让原本轻微的指控发酵膨胀。
也为失去理智的追逐注入了勇气。
我们的销声匿迹，给公众的谈资增添了鲜活的色彩。

我们住下六个星期后的一天，辛普森夫人的儿子从明尼阿波利斯城里过来。这位律师借口要在母亲房子的阁楼上找他的钓鱼钩。他上上下下地打量我们，但是我没有太在意。奥格瓦娜也注意到了，她有些担心。

"不必在意。他母亲是个值得信赖的人，他毕竟是他母亲的儿子。"

我们刚刚吃过晚饭，把婴儿放在床上。斯维特兰娜在门厅里她的床上睡着了。戴万正在打字机前誊清书稿。壁炉里的火焰毕剥作响，这是深秋里一个温暖惬意的夜晚。九点半钟，临街的客厅门上响起一阵粗暴的敲门声。我走去打开门。十几个面目狰狞的人堵在门外，领头者是诺艾尔的律师——他现在同时受雇于斯维特兰娜的生父。后面跟着记者们，其中有几张我见过的面孔。他们挤进门，围住了我们。

我面前冒出三个尺寸和品种各异的治安长官，其中身材魁梧粗笨的一个发出这样的声音："你们都被捕了。"

危急时刻，奥格瓦娜显现出她的镇定自若。

她站起身，请他们暂时到隔壁的一间屋子里去。我推开隔壁屋子的玻璃门，他们略显惭愧地答应了奥格瓦娜的请求。这并不妨碍他们的使命，因为他们仍然可以透过玻璃门监视我们。

在隔壁屋子间，他们又恢复了常态。身兼二职的胖脸律师神气十足地嚷着："看看，找到他们了，好不容易呀！孩子在哪里？"

他推开卧室的门。我跟了进去，只见他猛地掀开熟睡着的婴儿身上的毯子，笑着叫道："啊哈，在这里！"

两位治安长官分别夹住我的一只胳膊——幸好我只生了两只胳膊，告诫我道："不要动武。别冲动，别冲动。"

三位治安长官在场，他们把那个流氓请出了卧室。

奥格瓦娜开门进来："不要冲动，弗兰克。千万不能让局面变得更糟。"我意识到自己轻举妄动只会给记者们提供报纸版面的内容。这是他们惯用的把戏。

"你要保持冷静。"她说。我做到了。

显然，这是一出报纸和"律师们"共同导演的好戏。起因是报纸上刊登的悬赏，让那位"母亲的儿子"发现自己的信息有利可图。屋外已经架起照相机，只待我们走出门来，就可以为报纸上的故事提供插图。

我是何等的无能呀！我向勇武的治安长官恳请只把我带走，天亮之前留下警卫在这里看管母亲和两个孩子。十点钟后，治安长官走到屋外，装作给他在明尼阿波利斯的上司打电话请示（将母亲和两个孩子留在这里，会让故事显得不够刺激），回来后告诉我无法联系到上司。其实这只是有意设下的圈套。

虽然没有上司的指示，但是他同意就地监管我的家人。我穿过"咔嚓"响作一片的闪光灯，钻进他的车里，被带到了明尼阿波利斯城内的看守所。他的名字叫布朗。

身为治安长官的布朗是亨内平县声望卓著的名人。凭着拳拳爱国之心，他不求报酬地为"浸礼会圈"[1]充当整饬道德风化的清道夫。几天前，某位记者主动向他提供了一条线索。他决定抓住线索，将一对恶棍绳之以法——以此向"民众"显示他们的治安长官是多么恪尽职守。

他对我们的了解，仅限于报纸对这个案件的介绍和街谈巷议。

我徒劳地与布朗大人争辩，举出种种理由，请求这位具有牺牲精神的高尚公民允许母亲

---

[1]"浸礼会圈"，美国中部和南部地区，基督教氛围浓厚的地区，也被称为"圣经圈"。明尼苏达州是其北部边缘。

和两个孩子留在原地过夜。如果他能体谅她们的柔弱，我甘愿前往监狱。

"赖特先生，我向你保证我不能这样做。不行，即便对我的亲兄弟也不行。我是一名发誓捍卫法律的公职人员。"

铁面无私的布朗，据说他连薪水都拒绝了。

"我敢说，即使对自己的母亲你也不会网开一面。"我无计可施，"那么，好吧。能否允许我给家人打个电话，告诉她们接下来会发生什么事，有情况的话如何应对。"

"没有必要。她们就在这里。况且也绝不会允许你与外界联系。你正在羁押中。"如此说来，治安长官的承诺没有兑现，她们还是被跟在我那辆警车后面的车带到了监狱。

记者们挤在隔壁的房间里，为各自的日常工作而忙碌。他们的报道把"志愿者"治安长官刻画成一位高贵的英雄，这是他配合记者们演出的回报。我猜是这样，但愿如此吧。

加在我身上的，是一个自由的国度对于她自己孩子的侮辱。

假如我是孤身一人的话，我绝不会任由他们摆布！——可是我有奥格瓦娜，还有两个孩子！

然而，我的罪过都是成双成对犯下的，因此也就无法由我独自地逐一偿还，即使在像我们这样自由的国度，也做不到这一点，更不必说当治安长官是作为志愿者在维护法纪。

于是，我和这位非凡的共和党人，清廉无瑕的布朗走进电梯。上楼后，他把我交给里面的人。

"他们"搜我的身，拿走了除一丁点儿零钱之外所有的钱，然后在亨内平县监狱的记录单填上了我的家谱。本着生意圈的待客之道，布朗代表明尼阿波利斯向我这位声名狼藉的客人，以略微不那么斩钉截铁的口气，道了一声"晚安"。

狱监领着我穿过长长的走廊。在一个空旷巨大的空间里，两层相叠排列着一个个冰冷的铁笼子，笼子顶上露着高高的屋架。一道又一道铁门在他手里打开又关上，响亮的撞击声回响在我们身后。我被带到了走廊的尽端，那里关押的都是诈骗犯和私货贩子这些监狱王国里的"较好分子"。犯人们都睡了，一片寂静。狱监打开一扇窄小的牢门，这间牢房的长度略大于我的身高，宽度略小于我的体长。靠着一侧墙壁有一张满是泥渍的垫子，墙角是一个肮脏的抽水马桶。我将要领到的是政府为邋遢的男子气概而设的配额。

我走进牢房。

狱监说了声："晚安。"

我的祖国！对你的一个自由的儿子，道这样一声"晚安"？

笼子的铁门重重地摔上，铁栓自动落锁。我感到喘不过气来。

我紧紧抓住冰冷的铁栏杆，想要保持头脑清醒，让自己不要丧失幽默感。这就是眼下我能够采取的自救措施。

我转过身，向前走了三步，顶到了这个方向空间的尽端。污秽不堪的马桶发出恶臭，我一阵恶心，几乎要窒息。

呼吸困难，我只得在垫子上坐下。垫子上的污渍是血迹吗？谁的？发生了什么？

朝上看，头顶是光滑的钢板，我站着抬手即可摸到。

奥格瓦娜在哪里？孩子们呢？我曾恳求告知我她们的处境，然而犯人无权与外界沟通，即使是无辜入狱者。

"我能给孩子们的母亲写一张字条吗？"

"不行，这违反规定。"布朗回答。

这就是机器制造出来的布朗，一个凭借生硬的教条为法律护航的志愿者。

智力？都关在门外。

人性？也在门外。

生活、关爱、工作、荣誉？一律抛开。留下一星半点吗？丝毫不留。

这是污垢与耻辱！

这是人与人之间的暴行！

人生最黑暗的印记，是对于同类极度的不信任。他亲手挖开的最深的鸿沟，阻断了他自己的未来。

我认为，每一个公民所受教育的重要环节，都应当包括在监狱里度过两个夜晚。

让每一个善良、恭顺和聪慧的人都有机会体验这里的单调重复、没有尽头的"永远"，这里就是被他们称为"监狱"的地方，他们赖以维护自己的善良、恭顺和聪慧的地方。

我虚弱无力地咒骂着。

我站起来，身体倚在铁栏杆上，头向后仰。终于可以呼吸了。

寂静的走廊里只有值夜狱监的脚步声。

他巡视的折返点，恰好是我的牢房门外。

他来得正是时候。我见他朝我这边瞟了一眼，急忙在身上寻找，发现"他们"搜身时漏掉了衣袋里的一张纸片。神奇的是，垫子上居然掉着一根断铅笔头。我低声叫道："能等一下吗？"我潦草地写下一个字条。

"把这个给她。她是和我一起抓来的。行吗？"我用纸片包了一枚五角钱的硬币，从栅栏空隙里递给他。他把食指贴在嘴唇上，点点头，把硬币还给我，接下字条走了。

下一轮巡视。

"她收到了吗？"

"当然。"他说，"她很好。有个大姐在照顾她和孩子们。"

这个玩忽职守的伙计，打破了地狱里魔鬼的戒律。

一缕光照进来，我终于可以呼吸了。最黑暗的时刻总会过去，我的幽默感开始恢复。余下的夜晚，我坐在垫子干净些的一角，时而来回踱上几步——作为休息。我脱掉鞋，只穿着袜子，以免吵醒我的好邻居们。

天亮了。走廊远处响起电动开启牢门的撞击声。随着开门声向我这边滚来，变得越来越响，最后咆哮着仿佛要撼动整座监狱。哐当一声，我的牢房门也猛然弹开。然后，回声渐渐退去。

面前是串起一个个笼子的细长走廊。此刻，我可以走出笼子，在走廊里活动一下腿脚。铁笼的门边摆着布朗长官赏赐的一小杯菊粉茶，旁边是布朗长官给的一小块面包。我尝了一口杯中的液体，又吞下一口面包，还好没有噎着。

过了一会儿，我隔壁的同志过来打招呼。他看了今天的晨报。连牢房里也有报纸。报上有我们的照片。

"嘿，你搞到一个好姑娘。她会牢牢跟着你的。"

"没错，她会的。"

"不会平白无故被抓进来吧，"他说，"你一定摊上了点儿什么事。"

"麻烦的是她也受了牵连。"

"他们不会对她怎么样的，她们很快就会没事儿的。"

"是吗？为什么呢？治安长官说，即使对他母亲他也要照章办事。"

"嚯！"

"你怎么进来的?"我问他。

"我?贩了一点儿私酒[1]。第二次了。我说,我也有一个好姑娘。"他继续说,"你知道她干了些什么吗?"

"什么?"

"瞧见那边探监的地方吗?"我望过去,那边有一片开敞的空间,靠墙是一个淋浴间。犯人进去之后,站在里面透过金属网让站在外面的人探视。网子的孔隙仅够伸过一支铅笔。

"她从报上知道我进来了。她来探视,他们叫我出去见她。她瞧见看守走开了,就叫我:'站近一点儿,吉米。'我靠近了一点。嘿,她解开裙子上身的扣子,你猜猜她胸口夹着什么东西?"

"猜不出。"

"一夸脱[2]好酒,老天爷,一夸脱!看守走过她身边,她就等着不动。等看守过去了,她从兜里掏出三根吸管塞给我:'快喝吧,吉米,快喝。喝了你就有精神了。'我把吸管都插进瓶里,把酒全喝光了。怎么样,你比得了这个吗?"

"比不了,"我说,"我看没有人能比得了。"

牢房外走道的宽度仅容一个人通过。我想在走道里活动一下腿脚,迎面遇上了另一个犯人。

"你好,"他说道,"你待在这儿看上去挺滑稽。"

"是啊,我自己也这么觉得。"

"我看了今天早上报纸上你和她的事儿。他们把我抓进来的时候,动静更大呢。"他抽出一张油腻腻的旧剪报,自豪地指给我看。

"我因为伪造保释进来的。就要开庭了。但是我找了个好律师,纳什!全明尼苏达州最好的律师。他会帮我打点妥当,没什么大不了的。"

"他名叫纳什?"

"纳什。"

"我怎么能见到他呢?不允许我打电话。"

---

[1] 时值1926年,美国于1919—1933年实施禁酒令。
[2] 夸脱,液体计量单位,美制1夸脱合0.94升。

"我今天会约见他,我让他叫你出去见他。"

就这样,我的"律师团"又多了一个成员。

纳什也是一个好律师。他很快就弄清我入狱完全是无妄之灾,唯一的证据是威斯康星州索克县某个警员发来的一封电报。有人在那里作证,要求签发对我的逮捕令。布朗收到那封电报,却没有核实是谁发来的、真相如何。至少对于仁慈的布朗而言,我们入狱仅仅是由于涉嫌犯罪而并无确凿的证据。当然,报社的记者们并不这样认为。上午,布朗叫我出监接受报纸采访。威斯康星州巴拉布县的长官提请撤销控诉之后,我们在一个公开的法庭上被正式宣布无罪获释。

无论真相如何或者它被涂改成什么样子,总之案件被撤销了。对我们的拘捕被刻意安排在夜里,以确保在撤诉释放之前,我们能享受一夜狱中时光,同时给报纸充分发挥的机会。这就是律师与记者通力合作的智慧结晶。

一旦落入任何职业敲诈者的手中,法律就会沦为一件被邪恶操纵的复仇工具。它从各种不同的角度出击,并且屡屡"得分"。被释放之前,我们还需要面见联邦官员,一位坐在扶手椅上、因强烈的"道德观"而闻名于北部"浸礼会圈"的著名人士。他担当这项重任能力绰绰有余,可惜我忘记了他的名字。

站在这位联邦法律威严的爪牙面前,我们被控违反了《曼氏法案》[1]。多年以来,这部法律每每偏离其初衷,被用作复仇的工具。曼先生和他妻子,曾经就坐在万灵教堂里与我一条走道之隔的信众席,听詹金舅舅布道。他制定的法律早已是一纸空文,至少在公众心目中如此。然而,对于那些动机隐秘的人而言,它依旧是一件利器。我们触犯了法律:没有步行,而是开车越过了州界。

于是,在记者和照相机的前呼后拥之下,我们穿过街道去接受联邦听证,陪同我们的还有一群被报纸上的新闻召唤而来的美国民众。截至那一刻,我成功地使妻子和女儿免受媒体闪光灯的侵扰。为了躲避他们,奥格瓦娜不得不怀抱着刚出生三天的小女儿,走出洛杉矶的联邦火车站,一年以来,我赢了和记者们之间的每一场游戏,保护奥格瓦娜免受任何采访。最终,看客们胜利的嘲弄和指指点点使我前功尽弃。

---

[1]《曼氏法案》,1910 年美国国会通过的一项联邦法律,旨在为杜绝性奴役而禁止跨州贩运妇女,因发起者伊利诺依州众议员詹姆斯·曼(1856—1922)而得名。卓别林也曾受到相似指控。

我们夫妇两人的保释金额为一万五千美元。但是，一位名叫拉法耶特·弗兰奇的公诉人又向我们夫妇分别提出控告。他年轻气盛，对自己的仕途踌躇满志，尤其擅长挖掘涉及男女肉身方面的细节。

他的目标是更大规模的舆论聒噪。

我的朋友们意识到事态严峻，开始为此公开抗议。我们自己也意识到事态严峻。我妹妹简不顾一切地从费城赶来明尼阿波利斯，我妹妹麦琪奈尔从纽约给纳什律师打电话询问状况。在第二次公开露面之后，我们获得了保释。民众们再次受邀到场。在新的罪名之下，我们仍需要在监狱里再待一夜。

亨内平县监狱里的第二夜将会轻松许多。除了在法庭之上，我仍然没有机会见到奥格瓦娜，也根本没有机会见到孩子们。她告诉我孩子们很好。虽然虚弱得快要支持不住，但是她坚强镇定地应对着一切。再熬过一晚，我们全家就可以团聚了。

就在新的"案件"悬而未决，我的律师纳什还没来得及和奥格瓦娜会面之时，一位联邦官员找到奥格瓦娜，循循善诱地从她那里得到了一些新的故事。和我一样丝毫没有负罪感的奥格瓦娜，把她所知的来龙去脉完整地告诉了这位官员，包括在波多黎各的暂避。所有内容都被官员详尽地记录在案，包括女舍监积极补充的遗漏的细节。虽然奥格瓦娜对这些问题一头雾水，但她全都如实回答。和联邦法规之间的游戏就像一场比分的较量——或者最简单的藏猫猫游戏。

她的彻底坦白，将使我们接下来陷入移民法规的纠缠。

得知这位联邦官员乘虚而入，纳什气愤不已，但也仅限于气愤而已。联邦官员们自然足智多谋，我猜他们也得挣到足够的分数才能生存。

伊奥万娜出生后，为了求得清静也让奥格瓦娜身体更好地恢复，我们在波多黎各暂避了两个月。现在看来，这将成为我们触犯移民法规的罪证。波多黎各虽然是美国的一部分，但是在法律的技术层面上它仍被视作海外。因此，借助忠于"道德"的技术操作，"他们"认为我们"出于不道德的动机进入这个国家"。我们自己束手就擒，其结果是联邦官员们可以对我们随意处置。法律不过是工具，如何操作完全在于律师。

回到牢房，布朗已经派人换了一张干净的垫子，并且清洗了马桶。我躺在干净的垫子上享受狱中的第二个夜晚，体会着犯人们告诉过我的感受——一种安全感。至少在监狱里不会再发生什么。

傍晚时分,透过栅栏给动物们喂过食之后,上面一层笼子里有几头动物开始唱歌。领唱的是阳刚且优美的男中音,有时候是一个人,有时候是两人轮流。其他笼中的动物,听到熟悉的曲调就加入进来。那真是震撼人心的场面。他们一首首唱个不停,有流行歌曲,也有宗教歌曲。大概是回声的缘故吧,虽然实际上是二三十人在唱,听起来却仿佛有几百个罪人在齐声高歌。他们一直唱到九点钟,刚过九点钟立刻全都按照规定不再作声。在苦难中,他们形成了神奇的团结一致。

他们使我感到惭愧。毕竟,我只是在此稍作停留,而等待他们的将是数个年头,或许一生。

那个伪造保释的伙计的案子白天也开庭了。我听见他回到牢房,正在用口哨轻声吹着一支流行歌。我在牢门栅栏上拍了两下,告诉他我还没有睡。

"情况如何?"我悄声问。

"判了二十年。"他低声回答,继续吹口哨。不一会儿,响起他的鼾声。难道他毫无感情吗?或者是意志无比刚强?

第二天早上,我在走廊里遇见他。

"纳什会帮我减刑的。"他说。

他给我讲了自己犯罪过程的细节。他违法的花招与我们经历的司法程序相比,其复杂与精妙的程度毫不逊色。盗亦有道,他怀有科学家对待研究成果一般的职业自豪感。他只是基于偶然而又奇特的原因,出发时走错了方向而已,转向了左边而不是右边[1]。

十点钟开庭,我的案子撤诉了。我请求布朗允许我招待昨晚的歌手们和所有听众,每人一客猪排和土豆泥。

"抱歉,这违反规定。"

伙计们都祝我好运。我和每一个狱友热情地握手。他们都为我尽了全力,甚至布朗也是。

遗憾的是,一个不能超越自己职位的人,没有权利获得这份关乎人性的职位,即便他不

---

[1] 英文 right,意为"右"与"正确",同字双关。

求回报。

几天后，在离火车站不远的路边，我正坐在克里佛·赛耶尔的车里等他。一辆福特牌轿车在马路对面停下来。

一个男子下车穿过马路走过来，咧嘴笑着向我伸出手："你好，赖特先生，你好！我说，我妻子就在那边车里。我想让她见见你。我能领她过来吗？"

我愣了一两秒钟，认出他是我的狱监。那身制服——或者说是现在这身衣服，让他看上去好像换了一个人。

"不，"我说，"请她就坐在车里。我和你过去见她。"

她很高兴见到我。他也有一个好姑娘。

然而，一切都澄清之后，仍需费些周折我们才能获准离开这个州。我们仍被法律锁链上的某些环节纠缠着。我已经记不得是哪一条法律的哪一个环节，唯一记得的就是那个州叫明尼苏达。

赛耶尔和迪万两家人都对我们格外关照。他们到监狱里探望过奥格瓦娜，还带两个孩子出来放风。我到现在也搞不清他们怎么带孩子们出来的。当时布朗一定在忙于让记者给他照相吧。

克里佛把我安顿在他的俱乐部。他自创了一个说法叫作"从名人榜到蹲班房"，并为此洋洋自得。

他父亲替我们交了保释金，尔后又一波舆论的洪流冲破了堤岸。

我们正在明尼阿波利斯等待那位年轻有为的公诉人签发离开的许可，却等来了银行"清偿债务"的催函。我略感吃惊，给银行写信提醒抵押的状态。没有回信，情况似乎不便记录或者公开。这只是与其他技术操作迥然不同的另一种技术操作。虽然差别微不足道，但是结果常常令人惊诧。或许我与联邦官员产生瓜葛被银行视为不利的信号，它威胁要剥夺抵押的赎回权，立即出售我在纽约托付给米歇尔·肯纳利[1]的浮世绘收藏。这个节骨眼实在不是出

---

[1] 米歇尔·肯纳利（Mitchell Kennerley，1878—1950），美国出版商。

售的好时机,但是银行执意出售。一套珍稀的画品,被以四万两千美元的灾难性的低价售出。肯纳利从中抽取了将近百分之三十五的"委托费",仍然没有捞到太多油水。我原本指望他至多会抽取百分之十五。如果你也深陷像我当时所处的泥沼,当你仍能够勉强支撑或者对于他人而言价值尚存,眼前的任何一线机会都不容错过。

离开明尼阿波利斯,跳出北部"浸礼会圈"之后的几个月里,我们在纽约我妹妹麦琪奈尔家暂住。在麦琪奈尔舒适的家中,我们得以喘息调理。她尽心尽力地疏解我们的困境。我们一起想方设法渡过这道难关。然而,为了维护绝对的合法,报界人士总是有新鲜的招数层出不穷。将非法移民递解出境的故事出现在报纸上。这一次"他们"的目标是奥格瓦娜。在我妹妹家门前,奥格瓦娜被移民局的官员正式逮捕。我为此拿出我购买的最后一期"自由国债"[1],将她保释出狱。

种种迫害之后的这次最新的骚扰,将我的愤怒推到了极限。我的幽默感开始消退。以冷酷无情而著称的移民部门,从未流露过丝毫的善意。它只是一台以小职员们充当齿轮运转起来的机器。

银行同样是一部机器。迫在眉睫的危机引起银行的警觉,它容不得我有一丝喘息地频频索债。我已经一文不名,因为我所有的资产都抵押在银行手中。银行家们也清楚这一点。在这样几乎绝望的窘境中,我有了一个想法:以我自己为经营内容成立一家"公司",也就是说向那些有意"购买我"的朋友或者从前的业主出售我自己,用筹到的资金赎回抵押给银行的塔里埃森和我的艺术品收藏。从此,我可以不受困扰地继续创作,我的事业将不再受法律的纠缠。否则,一旦我有能力获得任何收入,嗅到气味的"迫害者"必然会手执法律的武器向我扑来。

怀着这个想法,我们回到塔里埃森。不久,银行也加入公司的认购,但是一揽子的抵押仍令我们如芒在背,随时有可能被银行驱逐出门。

于是,开始了一次似乎注定要失败的努力。

达尔文·马丁很欣赏这个想法,他首先认购。我拿着他的律师起草的文书,找到我的其他朋友。我以前的业主库恩利夫人和几位财力并不宽裕的亲友都认购了,包括我最好的朋

---

[1] 1917—1918年美国政府分作四期为第一次世界大战发行的国债。

友费迪南德·柴维尔博士[1]、乔·厄本,还有我妹妹简。最终,我总共筹集到七万五千美元。关键时刻,亚历山大·伍尔考特[2]鼎力相助。查理·麦克阿瑟也尽其所能——为了让我的脸上露出笑容。菲尔·拉佛莱特[3]同情我的处境,他准备出手相助。

"弗兰克,你以前的法律顾问都很糟糕。"

"是的,菲尔。我没有依照他们的建议行事。你愿意帮助我吗?"

"好啊,但是我不想直接插手你的案子。还是由詹姆斯·希尔继续做你的律师,我会从侧面见机行事。"

他找到柴维尔博士和马丁,征询他们是否愿意支持我,得到了肯定的答案。事态日渐平息。领衔所有这些指控的傀儡,也就是那位愤怒的妻子目前身在洛杉矶,没有收入来源。她的律师们同样拿不到报酬。报社发现故事久无下文,变得节奏拖沓。他们决意动手补救。

如果公司能够实现发起时的构想,诺艾尔和她的律师们就会落得两手空空,并且在对这件事开始公正合理的报道之前,报纸再也挖不到任何新鲜的原料。沿着这条路走下去,矛盾有望妥善解决。先前强硬的债主们,已经开始主动提出妥协的条件。

然而菲尔改变了计划的进程。他开始协商谋求离婚。为了离婚,我们必须"双手干净"地出庭——这是法律圈里的术语。为了达到这个目的,他建议奥格瓦娜自愿地暂时离开美国,为此他从"公司"的资本中取出一千美元交给我。

菲尔的立场与当初莱维的如出一辙。"地方检察官纳德森(负责我所在的县)不会与被报社操纵的公众舆论为敌。"菲尔说他认识这些地方检察官。但是检察官们似乎相互并不认识,他们的举动往往会令彼此大吃一惊。

"但是,他一直很独立、公正,我认为他不会受舆论裹挟。我可以亲自去见他。"我说道。

"别去找他。你去接近他只会束缚他的手脚。"

这一点听上去有道理。

---

[1] 费迪南德·柴维尔(Ferdinand Schevill, 1868—1954),美国历史学家。
[2] 亚历山大·伍尔考特(Alexander Woollcott, 1887—1943),美国戏剧评论家,长期担任《纽约客》杂志的评论家。
[3] 菲尔·拉佛莱特(Phil La Follette, 1897—1965),律师,曾任威斯康星州州长。出身于威斯康星州政治世家。其父曾任国会参议员及威斯康星州州长,以政治立场坚定敢斗而著称。

"弗兰克，只有一个办法可行。让奥格瓦娜和孩子们避开一年。否则，政府早晚可以因为她的护照有问题而强制她离境。在这个问题上谁也帮不了你。在她们远离期间，你可以抓紧时间从事设计，积攒一些钱。然后你就能像一个负责的男人那样把她们接回来。离婚一年以后，你就可以重归正常的生活。"

"依照你建议的这种安排，需要多久我才能获准离婚？"

"不好估计。六个月左右吧。"

"奥格瓦娜和孩子们在外流浪一年半？几乎身无分文？不行，菲尔，你的计划行不通。"

然而，菲尔和他的合伙人罗杰斯把我逼到了悬崖边。

"你这样做对奥格瓦娜不公平，你们两人都会因此被捕。然后呢？由本地找来的陪审团裁决？那样你们还有多大胜算？"

菲尔继续说："弗兰克，你对自己比对这个女人考虑得更多。你能承受这种种磨难，但她不能。在这件事上，你既无能又自私。你一直没能照顾好她，现在是时候真正替她着想了。暂时把她送走吧。毕竟，你的勇气可嘉，但是你的立足点是非法的！"

这种居高临下的道德口吻惹怒了我。

看起来，菲尔似乎不大像是他父亲的儿子。

我说道："菲尔，你的建议或许是'合法'的，但是你既没有考虑人之常情，也不敢越雷池半步。你所谓的'照看'，会把奥格瓦娜和伊奥万娜都推上绝路。没错儿，我当然很自私。这一切显然都是因我的自私而起，我会照这样下去直到有个结果。我们要一起留在自己家里，抗争到最后，甘愿接受任何后果。"

我那些慷慨解囊的朋友，被我的法律顾问们搬出来向我施压。我屈服了，接受那一千美元，然后惭愧地回到家中，宣布这个消息。

"奥格瓦娜，准备一下，我们直接去华盛顿。"

我的想法是在去纽约的途中，凭自己的力量再做最后一次努力。我带着奥格瓦娜来到华盛顿的移民局总部。携带着詹姆斯·希尔法官和斯维特兰娜生父提供的证词，我准备将所有事实彻底摊牌。

从任何道义的角度，奥格瓦娜都是我的妻子。她是出生在这个国家的孩子的母亲。她另一个女儿的生父，是已经入籍的美国公民。我们全都被一团法律的绳索缠住，被合法地拖进一个"故事"的陷阱。为了让故事更加有趣，事实不断地被人忽略，我们被人利用。法律也被当作工具,替一个无所顾忌的女子火中取栗,而她自身也正被齐声聒噪的报纸推着越来越远离理智。

华盛顿的移民官员,对于这种迫害似乎并不感到陌生。顶层的官僚毕竟不同于渺小的官僚。我终于遇到了具备智力和责任的头脑。

"是否可以给我们一段缓冲期,把事情妥善解决?"我问道。

"多久?"

"六个月。"

我们获得了批准。我立即发电报给菲尔,他的计划可以暂缓。我们启程回家。

他怒气冲冲地写信给我。我违背了和他定下的协议:"任何情况下都不要回塔里埃森。"

我们还是回来了。我们无处可去,即便能寻到一个容身之地,也没有足够的旅费。无论"双手干净"与否。

诺艾尔的律师们得不到酬金,开始谋求妥协,并且已经扣押了她的许多"财产"。米瑞姆·诺艾尔来到法庭上索要赔偿费,并且最终同意出售她两年多以前已经签字认可的离婚,价格正是她当时认同的数额,只不过她扮作"愤怒的妻子",利用虚假和煽情的指控额外收获了我的身败名裂。

威斯康星州的离婚协议附带着一条诅咒。威斯康星州的法律禁止在离婚生效的一年之内再婚,虽然离婚已经如法官所宣布的那样"彻底"。

亲耳听到霍夫曼法官的口中念出"彻底"一词,我以为离婚能够就此终结我们之间的纠葛。

事实上,离婚似乎才刚刚揭开演出的大幕。"依法行事"抹去了人格、性情、勇气和常识。我们在玩一场法律上的捉迷藏。菲尔告诉我,假如在离婚后的一年之内,我被发现有任何"不道德行径"——换言之,和我的妻子、女儿生活在一起的话——"彻底"的离婚即宣告失效。

律师们只会从法律的层面看待一个案件。正因如此,他们才成为律师。

克莱伦斯·戴罗[1]曾经这样劝告我:"弗兰克,你面对的绝不是单纯的法律纠纷。你需

---

[1] 克莱伦斯·戴罗(Clarence Darrow,1857—1938),美国著名律师和人权斗士。

要的是一个睿智的朋友，提出些好的建议来帮你渡过难关。离律师们远一点儿。"

无疑，菲尔的建议对于寻常的生活而言是合理的。然而正如克莱伦斯所言，除了某些表面现象，这件事远远不只是单纯的法律纠纷。

刚刚拿到她的离婚赔偿费，这位"愤怒的妻子"就和一群记者冲到艾奥瓦县的地区检察官办公室，将一位年轻正直的检察官团团围住。对于足智多谋的记者们而言，这个"案件"的好戏还在后面，他们将排演更多肥皂剧，一幕接一幕轮番上演。"愤怒的妻子"仍然被他们操纵着，滑向她自己癫狂的极限。她从地方检察官的桌上抓起一把左轮手枪，吆喝记者们"奔赴"塔里埃森。

这就是"彻底"的离婚！

脚下是属于自己的土地，我在塔里埃森试图开始工作，手里接到了几项设计的委托。

然而，公司的走向发生了变化，违背了认购者的初衷。银行的要求没有得到满足，我的业主们同样很不满意。假如我的朋友们能付七万五千美元来了结这桩起诉，那么他们完全有能力进一步付清我的所有债务。具有种种化身的"依法行事"获胜了。

既然可以趁机向我施压，债主们有什么理由错过这个索要钱财的机会呢？银行拒绝兑现它认购的公司股份。这个消息，以及离婚将使我仅有的财产任人压榨的事实，让几位认购者也撤销了他们的认购。

"公司"已经收到的钱，都落入了米瑞姆和她的律师们手中。

债主们进一步施压，而我却无力应对。事态的发展已超出了事件主人公的控制，他已经被彻底踢到局外，这个案件也不再是针对有悖世俗的生活方式，而是变成了对法律条文吹毛求疵的一团乱麻。所有人都被牵扯进去，一面给生活涂抹污点，一面不断付出更大的代价。

某一天下午，银行主席趁我们外出之际来到塔里埃森。他雇了仍留在那里的我的帮工们，宣布我们将被扫地出门。我的工作室里一个忠诚的学徒约翰·戴维斯，从帮工口中得知此事，立即通知了我们。

第三天，银行转发给我们一份冗长的法律通告，签发者是麦迪逊的霍夫曼法官。内容是塔里埃森被用于有悖道德的行为。抵押权人（即银行）为此动怒并且提出抗议，将要驱逐我们。

我立刻打电话给菲尔。

这似乎在他的意料之中："是吗？依我看咱们什么办法也没有。"

"你的意思是我应当坐以待毙吗?"

"我想不出咱们能有什么对策,弗兰克。"

我们赶往芝加哥谋求帮助。

然而一无所获。

我们又开始漂泊。

离开塔里埃森的前一天,我收到阿尔伯特·麦克阿瑟的一封电报:"你愿意到凤凰城来吗?"这似乎是一个天赐良机。如你所见,"公司"仅仅是一个未完成的碎片,此刻已经于事无补。

我们等来了期盼已久的离婚,却没有做到"双手干净"。无家可归、近乎身无分文的我们来到亚利桑那。我在那里与阿尔伯特合作设计一座新的比尔特摩酒店。银行开始合法占有塔里埃森的程序,强迫我偿还到期的欠款。两万五千美元的抵押贷款以及抵押七年产生的利息,加上律师费、法庭诉讼费和重重累计的利息,使我原本欠银行的四万三千美元已经变成五万七千甚至八万美元。

是啊,依法行事是至高无上的!

一个人可以保持法律上的正确,同时却极端荒谬并且背弃一切正直和公平。这实在令人费解,但法律将界定何为正确。

接下来发生的转机全靠达尔文·马丁的努力。在马丁先生的要求下,菲尔与银行斡旋,希望达成公平的解决方案。法律和金钱陷入对峙的僵局。与此同时,为了逼迫我的朋友们为解救我而慷慨解囊,银行将塔里埃森的家具、设施和收藏品统统拍卖。塔里埃森如同被铺摆在大街上,供好奇的看客们一饱眼福。然而,刚刚收到几个报价,银行就改变了主意。

金钱的机器计划卖掉整个塔里埃森,连同它的建筑和土地。

出于种种原因,没有人愿意出价。我后来得知,造成这样结果的种种原因当中不乏善意的默契。

九月里,银行接受了妥协方案,我们在加利福尼亚的拉霍亚收到马丁夫妇的一封电报:"塔里埃森敞开大门,恭候你们归来。"将近四年的磨难望到了终点,我们欣喜若狂。当我们离开塔里埃森,前途未卜之际,我正为这位真正的朋友和业主设计他在伊利湖畔的夏季别墅。我让儿子约翰为他继续完成设计。

"不，"马丁先生坚持道，"没有人能替代弗兰克·劳埃德·赖特。我们可以等待，直到他摆脱困境。"

现在我可以帮助他了，虽然只是略尽微薄之力。银行接受了它逼迫我离开塔里埃森之前收到的协议数额，法律的机器开始堆砌数额庞大的账单。

银行搬出了塔里埃森。那些人曾把它当成一个消夏营地，造成一些损毁，但是我们可以自由地回家，这才是最重要的。达尔文·马丁和费迪南德·柴维尔，也促成了我与其他债权人之间达成妥协方案。

我已经走出财务窘境，那家以我本人为经营对象的公司因此变得更加可行。如今，我可以不受债务滋扰和限制地尽情创作。我将受到"资本"的管理，而我的利用价值能够被无限地延展。公司的出资人又增加了哈罗德·麦克考米克和乔治·派克。查理·摩根作为志愿者加入，另外几位朋友也对此产生兴趣。

为了挽救我在塔里埃森未来的事业，以马丁先生为首，我的几位忠实的朋友尽其所能地投入他们的钱，甚至牺牲了自己的利益。他们只是用这个"公司"作为一种法律手段，通过"买下"塔里埃森和我的创作能力，确保他们给予我的借款不会流失。他们持有这家公司的所有优先股。赎回这些优先股之前，我拥有的普通股一文不值。

这家公司没有余下任何资本，除了我的创作之外不具备任何获利方式。如果我的事业难以为继，我和我的家庭将挨饿受冻，股东们的投资自然也会损失殆尽。

这时候，我有了一个奇异的发现：没有任何一家保险公司愿意卖给我人寿保险。虽然我的健康状况无可挑剔，但是有"过多的公众曝光"。

在我们最终返回塔里埃森之前，上演了又一幕"依法行事"的肥皂剧。捕猎者发现了我们在拉霍亚海滨的寓所。这位和我"彻底"离婚将近一年的"愤怒的妻子"，趁我们外出之际闯进小屋，将屋内砸得一片狼藉，离开时拿走了她看中的物品。

随后，她又以"愤怒的妻子"的身份，无视"彻底"的离婚，向圣迭戈法院提请以"不道德行径"的罪名逮捕"她的丈夫"。

又一则故事不胫而走。依照"彻底"离婚的协议，我正在法律的约束下，出资打造各种法律枷锁、公众娱乐和其他疯狂的个人侵犯，只为给报纸的读者平添乐趣。

我作为一个建筑师赢得的声望，只不过让自己饱受打击。假如我是一个无名的碌碌之辈，我将有机会安然地享受生活。如此说来，我成为羞辱和掠夺的对象，完全要归咎于过去惊心动魄的二十二年来我以心血换来的些许成功。

一年的再婚限制期过后，我和奥格瓦娜在加利福尼亚州的圣达菲悄然举行了婚礼。婚礼之后不久，在密尔沃基上演了疯狂追逐的最后一幕。

在前往巴黎的途中，米瑞姆·诺艾尔在密尔沃基短暂地逗留。离婚生效时，我在银行里设立了一个以她为受益人的基金，由她依照我们商定的数额按月支取，此时账户里只剩下一万一千美元。她被人怂恿提起诉讼，要求将基金的本金恢复到最初的数额。律师刚刚受理她的起诉，她就发病了。在密尔沃基一家医院里接受手术，并没有减轻长期以来折磨着她的病痛，反而使病情恶化，变得愈发不可收拾。她在密尔沃基结识的一个朋友打电话向我告知此事，我自己了解到的情况证实了这位朋友的说法。

又过了数月，她在昏迷中被人从精神医院移到一家私立疗养院。直到在疗养院里死去，她再也没有从昏迷中醒来。最后的时刻，她的两个已经成家的女儿和一个未婚的儿子陪在她身边，却没有一个子女留下帮助料理后事。

十五年来，一个情绪异常亢奋的女子被她病态的精神所积蓄的火焰灼烧着。除了表面上的平静，她极少享受过真正的安宁。她终于可以安歇了，从此摆脱被人利用的厄运。

对于她自己和所有关心过她的人而言，这都是一种仁慈。

没有一家报纸敢于就她的精神状态讲出真相。单是使用"疯癫"这个词，就足以惹来一场官司。此外，讲出真相会破坏他们完整的故事构架。

由于她的孩子们都拒绝接受她留下的东西，那位自称是她朋友的密尔沃基女子和一位密尔沃基的律师，成了不幸的米瑞姆·诺艾尔的财产"继承人"。

Retrospect
回　首

自从我记录下这段令我的国家与我本人蒙羞的经历，已经过去了十二个年头。

怨恨之情充溢于这段独白的字里行间。如果此刻重述那段因我自己的轻率莽撞而起的祸患,我的笔端不会再流露出任何怨恨。然而,当时事实被邪恶地歪曲,以至于我无法克制自己,记录下理应揭示于世人的真相。真相是冷酷的,但是我从不会因为与真相为伴而局促不安。道出真相,意味着怨恨将没有容身之地。

我知道罗列事实并不能构建真相。真相掩藏在更深的地方。我们可以感知它,却几乎无法通过事实来触及它。当时,我坚信自己应当记录下这些事实。如今看来,我并未因此有任何获益。

我把真相如实地留在这本书里,期待它实现潜在的价值。对我而言,那些真相已经是毫无价值的过往云烟。除了和我有类似经历、陷入我当时的困境的人们之外,我难以想象这些东西对于别人有何价值可言。

我不希望任何人陷于那种境地,甚至我最可怕的朋友或者最亲密的敌人,甚至那些在世界上没有任何敌人而朋友们却都不喜欢他的人。

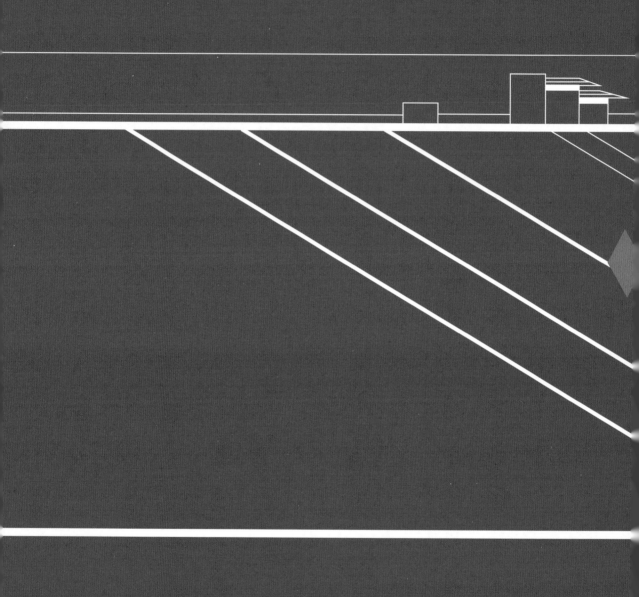

BOOK FOUR. FREEDOM

第四卷　自由

BOOK FOUR. FREEDOM

| 赞歌——秋日 | 327 |

圣洁的书！	328
重返事业	329
更多的荣誉：不是创作，只是回声	330
亚利桑那	331
无处不在	339
回首	339
沙漠里的圣马可斯	340
引人注目的无足轻重	343
愤怒的预言家和他的宣道：城市	344
租金	345
时间	348
交通	349
为什么要使贫穷成为这个国家的制度？	350
新的自由	352
旅途总是胜过客栈	353
土地	354
加油站	354
汽车，越来越多	355
分散	356
权宜之计	356
"品位"：滑稽戏	357
旧的秩序	358
权威的象征	359
敌人	362
青年	362
材料的天性：一门哲学	363

玻璃：一种崭新的现实	366
另一种现实：连续性	366
材料自身的意义	369
新的真实	371
整体合一的装饰	372
伟大的力量	374
尤松尼亚的建筑	375
睁开双眼	375
老练的布道者	377
一则实例	377
进步博览会的三种构想	379
密尔沃基：另一则例子	382
又一段插曲	385
荣誉的间奏	388
更多的例证	388
凯瑟琳	390
自传	390
迟来的回忆	391
塔里埃森Ⅲ	393
又回家了	394
万福玛利亚	397
尾声	400

自　由　　　　　　　Freedom

Hymn-Austumn
赞歌——秋日

　　大自然已经是一支五彩斑斓的歌。

　　红色的漆树，如同野火燃遍一座座山丘。

　　枝头挂着今日诱人的果实，将未来完美地封存在它包裹着的种子里。

　　橡果掉落在橡树下的苔藓上，会有人将它们一颗颗捡起来带回家去。饱满的野浆果被鸟儿和野兽吃下肚里，化作新的土地上新的生命。物种是否凭借满足饥饿的欲望，来保证自己的未来？

　　注入无数茎管的又一轮生命，已经让大树变得更加壮实，灌木和野花更加顽强。

　　绿草仍未泛黄。树叶为欢唱的枝头披上五彩怒放的新衣，迎来生长过程中最伟大的时刻。

　　白霜轻柔地拂过，唤起对造化固有的节奏的呼应。完成了一年的使命，大树、灌木和野花都把宝贵的汁液归还给它们的根。

　　睡吧。

　　詹姆斯舅舅栽下的杉树丛掩映着家族的小教堂——"与世界对立的真理"。小教堂里，威尔士家族的成员们一同起立，齐声歌唱。

　　又一次唱起：自从时间肇始，我们看到人类一步步坚定地向前。

　　头发花白的老人、零星白发的中年人、青年和少年，所有人一起混合着真声和假声的歌声,坚毅地回响在教堂天花板下。一个古老而又日新的挑战,从窗口飘向五彩斑斓的山野。

城里来的少年也在跟着唱,歌唱人类精神的升华。路边采来的金色和紫色的树叶,仿佛给布道坛罩上了金色和紫色镶嵌的衣衫。与之映衬的,是来自山林里还带着藤蔓的紫色浆果,缠绕着漆树的枝杈。

田野里采来的香青菊花,像白色的星光闪烁其间。

全家人缓缓地坐下,头发花白的老人和零星白发的中年人,偷偷地拭去他们的泪水。

少年很不解,为什么他们总是在这种时刻哭泣?总是在一切都最完美的时刻,泪水最多!

The Book!
圣洁的书!

紫色的布封套和烫金的包边,那本翻开的书摆在布道坛的架子上。

今天的布道者是白发苍苍的简姨妈。她站起来,走上布道坛。

听她的话语:"感恩的时刻到了。"恩典!

"我们无偿地接受,

"那么让我们也无偿地施与。

"感恩?它是自由的礼物,被赐给坚强的心灵。

"感恩的时刻到了;是的,施与他人恩典的时刻。

"让生命充实饱满——人,深爱着美。

"美,深爱着人。"

"美,深爱着人。"深深地刻在了少年的脑海里。

轻柔地善待一切生命,这个念头在他心中激起快乐的涟漪。

自由?

不。

信念。

1926年的赖特（59岁）

To Work Again
重返事业

一九二七年。

负债累累已经达到了常人难以想象的程度，但是创作的激情重又开始涌动。一如既往，债务和激情携手而行。曾是在黑暗中摸索的前进目标，如今变得清晰明朗。充斥着困窘和屈辱的混乱已经结束。重回理智的生活？正常的生活？这二者是人拥有自由的基础。

然而，塔里埃森已经步山坡学校的后尘，日渐破败凋零。银行的掠夺和好奇者的涂鸦，让塔里埃森陷于彻底毁掉的边缘。雨水漏过残破的屋顶，将山坡学校化作废墟。塔里埃森也同样一片狼藉。曾经被银行租赁的田地里杂草丛生。塔里埃森的建筑不堪恶劣天气的侵蚀，急待修缮。然而，下一步举措甚至连一餐饭都悬而未决。我们身无分文。

阴霾中现出一小片蓝天。美好的机会露出端倪，把希望重又带到塔里埃森。更多来自欧洲的肯定和荣誉，此刻无异于雪中送炭，我对此深表谢意。然而，最近一次有实际意义的创作还是在一九二三年。我渴望的是工作，而不是荣誉。为约翰逊先生深化悬挑结构的摩天楼构想，以及为戈登·斯特朗设计休闲公园方案之后，我再也没有获得任何设计的机会。

有几位才华不凡的年轻人守在我的身边。他们是来自苏黎世的莫瑟[1]夫妇、来自维也纳的纽特拉[2]夫妇和来自东京的土浦龟城[3]夫妇。还有来自渥太华的威廉·史密斯，他在阴云密布的塔里埃森忠诚地度过了第九个年头。此时，他们也都远走开辟各自的一片天地了。最终，我身边没有一个助手，却等来了重返事业的自由。

失去了创作的机会，我还能有什么自由呢？

Not Work but Echoes, More Honors
更多的荣誉：不是创作，只是回声

继柏林的瓦斯穆特出版社于一九一〇年出版我的早期作品之后，荷兰的《曲折》[4]杂志社出版了我的作品专辑。我想，对于任何建筑师而言，这本专辑都是一项极高的荣誉。这完全出乎我的意料，也是我第一次听说这家以荷兰语、英语和德语发行的艺术刊物。它的组织者包括十九位来自荷兰和比利时的建筑师、雕塑家和画家，由杰出的建筑师威德维尔特[5]担任编辑。在荷兰有这样一种说法，假如没有我的作品，荷兰的现代建筑将不会存在。因此，威德维尔特很容易地寻到了知音。

此后，涌现出更多介绍我的作品的出版物。在德国有四种，日本两种，法国两种，捷克一种。而在我自己的国家，仍看不到只言片语。

安特卫普皇家艺术学会授予我荣誉会员资格，这无疑是一个惊喜。这个历史悠久的佛兰德斯艺术组织，可以追溯到伦勃朗和哈尔斯[6]的时代。德国皇家学会的荣誉会员资格，是德意志帝国第一次对现代主义建筑的赞誉。当我正颠沛流离于数个美国城市之间，用业已习惯了的视角仰视我们的社会之际，听到了这些欧洲同行鼓励的声音。

结束了四年的流亡生涯回到塔里埃森之后——对我而言，远离塔里埃森无异于远离建筑事业，我开始进一步深化约翰逊保险公司的悬挑结构大楼，并且设计了一系列标准化的加油

---

[1] 莫瑟（Werner Moser，1896—1970），瑞士建筑师。
[2] 纽特拉（Richard Neutra，1892—1970），奥地利建筑师，1929年加入美国籍。
[3] 土浦龟城（1897—1996），日本建筑师，曾在东京协助赖特设计帝国饭店。
[4] 《曲折》(Wendingen)，在阿姆斯特出版的一种建筑月刊。
[5] 威德维尔特（Hendrik Wijdeveld，1885—1987），荷兰建筑师。
[6] 哈尔斯（Frans Hals，1580—1666），荷兰画家。

站,还有"沙漠里的圣马可斯"旅馆以及纽约的圣马可大厦。与此同时,一系列扭曲变形的方盒子正浮出海面。这些方盒子自视为新生事物,给自己起名叫"国际式"风格。

是的,有机建筑的理念漂洋过海到达欧洲,再流传回到美国的时候已经被扭曲了。"国际式"?它比任何一种放之四海而皆准的"风格"都更加令我生厌,它确凿无疑地与民主的理想背道而驰。

在一条极度窄仄、贴着"风格"标签的道路上,从业多年的初学者们开始竞相仿效折中主义。作为天生的鼓吹能手,建筑师们挥舞着现代建筑左翼的旗帜,兜售一种"风尚"。门派内部更小的门派层出不穷,所有人都在经营着"原创"的一点残羹冷炙,同时竭力掩盖它真正的来源。虽然,彼此之间如同一个豆荚里的豆瓣那样毫无差别,所有人仍拼命地相互推搡,要把别人挤在一旁。所有人都否认自己从中跳出来的豆荚,尤其要抹杀豆荚赖以生长的秧蔓。

小事一桩。

但是,可怜的尤松尼亚!她所拥有的无孔不入的传媒,让她比其他所有国家都更容易染上这种病症。为什么?美利坚合众国,为什么你从不给自己一点机会去领悟建筑的要义?置身于这场虚假的文艺复兴之中,我自己的事业依然坚定地向前。

Arizona
亚利桑那

当我们仍在凤凰城和拉霍亚流亡,焦急地等待塔里埃森彻底摆脱法律的繁文缛节时,一九二〇年首先用在好莱坞的混凝土砌块重新有了用武之地。这一次的成果是一座造价百万美元、位于凤凰城郊外的比尔特摩度假酒店。

项目的出资人是麦克阿瑟家的查尔斯和沃伦两兄弟。他们的弟弟阿尔伯特曾是我在橡树园工作室的助手之一。他理所当然地出任这座建筑的设计师。在我人生的低谷,出身富家的阿尔伯特请我帮助他利用砌块体系建造这座酒店。当时的我虽然已不再是"逃脱正义的漏网之徒",但依然在流离漂泊之中。我欣然前往凤凰城,在富于当地特色的气候条件下(阴凉处仍有气温一百一十八度[1]），用九个月时间帮助阿尔伯特实现我们的目标。我始终待在幕后，并且乐意如此。

这座建筑落成了，然而新颖的设计以及陌生的施工方式，让阿尔伯特遭遇了众多难以避免的阻力。工程师们对我设计的建造工艺提出种种修改意见，阿尔伯特无力顶住潮水一样不断袭来的冲击。不久，他的让步令混凝土砌块丧失了所有经济方面的优势。最终成果只是新奇和漂亮的外壳，覆盖着工程师强加的、造价惊人而又蠢笨的梁和墙体。结构的经济性原本是这种建造体系内在的一部分，如今这种体系沦为徒有其表的浮华美景。假如能够允许我们自然而然地发挥砌块的作用，建筑的造价将节省数十万美元。然而在当时的情形下，造价似乎不成为问题。

我的角色，仅限于在幕后对阿尔伯特加以恐吓、威胁和提出建议。我无力阻止浪费，无力阻止在原本的方案基础上加建第四层。虽然我指导的多项试验全都成功地证实了我们的设计，但是工程师们应当感兴趣的数据却被搁置一旁。所幸，在酒店的独栋套房区，原先方案的细部得到了较好的贯彻，自然也实现了较为理想的效果。

这座亚利桑那比尔特摩酒店的故事，还是留待日后由阿尔伯特自己来讲述吧。那将是对年轻建筑师们的一个颇有价值的警示，或许也是某种礼物，我不得而知。但是阿尔伯特本人置身于"你的？我的？"种种纠葛之中太深了，或许至少二十年内，他自己也难以客观地讲述其过程。

令人备感欣慰的，是与老朋友麦克阿瑟一家在凤凰城重聚。他们兄弟三人和老母亲，住在由阿尔伯特设计的一组可爱的住宅里。麦克阿瑟老夫人的盛情款待，疏解了我们的漂泊之苦。假如麦克阿瑟一家没有在凤凰城落脚，那里将不会有这座比尔特摩酒店。

一九二七年，正当我在幕后帮助阿尔伯特之时，我结识了亚历山大·钱德勒博士。有一天，他专程前来拜访我。在凤凰城以东约二十英里，离一个摩门教小城不远的台地上，是由他缔造并以他的姓氏命名的钱德勒镇。他为那里的建设倾注了四十年的心血，他自身已经与那里融为一体。他卓然不俗的品位和判断力也赢得了众人的口碑。

钱德勒博士的梦想之一，是建造一座沙漠度假乐园。他想用尚未被灌溉开发破坏的荒原，吸引那些青睐干燥的沙漠而不是湿润和绿荫的东部富翁。在距离镇子十英里外数千英

---

[1] 合摄氏四十七度。

亩纯净的沙漠上,他计划建造这座独具特色的沙漠酒店。在钱德勒镇,他成功地经营着一座圣马可斯酒店。听说我来到凤凰城,他前来邀请我们一家到富有贵族气息的圣马可斯酒店小住,以便商谈他的蓝图。

对于这座沙漠酒店,他有许多清晰的构想,其中不乏精彩之处。他说,过去十年来,他一直在寻找能实现这一梦想的人,直到遇见我。他一边讲,一边露出灿烂的微笑。全世界只有一个人的微笑比他的更灿烂,那就是他妻子。

于是,由他的黑人司机哈里斯驾车,我们一道去看他选好的土地。哈里斯也是一个艺术家,擅长肖像画。但是却只有一个哈里斯!有时候,哈里斯患了严重的感冒,声称自己必须卧床休息到第二天上午十点钟,病才能好。

在这个星球上,没有比亚利桑那纯净的沙漠里的那片土地更让一个建筑师激动的了。终于,等来了天时、地利、人和齐备。钱德勒博士似乎具备成就一座浸透理想的建筑,或者任何事业所必需的力量和决断。我不顾自己仍然身在旋涡之中,准备与他一起实现这个理想。离开亚利桑那之后,我前往拉霍亚海滨暂避,在那里一面为他的酒店完成第一批草图,一面在希望中焦急地等待着返回塔里埃森。十月间,我在返回塔里埃森的途中,顺路在凤凰城给钱德勒博士展示了我的方案。他对方案颇为赏识,计划第二年(一九二九年)冬天开始施工。

我们回到了塔里埃森。设计进展了约两个月后,我收到了钱德勒博士的电报,他建议我们前往现场继续设计。

令人鼓舞的好消息!我终于盼来了敏捷的"复出",并且它将带来四万美元的设计费。当时,我们正被困在塔里埃森,窗外零下二十二度[1],风雪肆虐。我们不顾菲尔·拉佛莱特(他是为我而成立的"公司"的秘书)的反对,冲入门外呼啸的暴风雪中。塔里埃森的居室和工作室旋即关闭。包括家人和几个得力的设计助手,我们组成一行十五人的车队,向亚利桑那进发。

我构想中的沙漠酒店将体现我对一座自然的建筑的所有理解。首先,它将优于一切拘泥于实用的建筑布局。它将利用沙漠里的材料,从沙漠里生长出来。砌块体系就像当地独有的萨瓜罗仙人掌[2]那样自然地生长。萨瓜罗仙人掌,将是它的整体风格以及细部灵感的源泉。

---

[1] 合摄氏零下三十度。
[2] 一种生长在亚利桑那的巨型仙人掌,通常高达数米。

比尔特摩酒店

在比尔特摩酒店的设计中，我已经就此有所尝试。创造的机会被荒废和动荡剥夺了将近七年之久，此刻终于有一个激动人心的机会向我走近：一片纯净的土地，一个为了自己的梦想而鼎力付出的投资者。在任何建筑师的一生中，这样的良机都是绝无仅有的。美国需要为富于创造力的建筑师提供许许多多这样的机会，她才可能获得创造性的建筑。

　　一九二七年的一月初，我们历经路途中的艰险，到达了钱德勒镇，却发现需要花费数千美元，才能租下供我们生活和开展设计的住所。这是供我们住到夏天结束时的房租，但是我们被告知，在这些房子里无法忍受夏天的酷热。那么，野营如何呢？把不得不花费的"数千"美元，用于建一座舒适的营地岂不更好？不仅可以用作现场设计，还可以用作日后施工监督？

　　我把这个想法告诉了钱德勒博士，希望他能划出一块地供我们自己建立营地。他抓起帽子，走到灰色的福特车前，亲自驾车载着我驶向沙漠。

　　车子开出十英里，我们眼前的沙漠里涌起一片平坦舒缓的石丘。它孤零零地空悬于沙海当中，从那里可以望见设计中的酒店。

"这里如何？"他问道。

"这里——你指的就是这里，我们可以在此扎营吗？"

他点点头。

"没有人指望比这里更好的选择了。"我说。

"不过，咱们可以朝建酒店的方向再走远一些，或许你会找到更如意的地点。"他建议道。

"喔，不必了——就是这里。"

太美妙了，然而，它是真实的。

当天下午就运来了本地产的木料，有截面一英寸宽、十英寸长和两英尺宽、四英尺长两种规格的木板，还有截面一英寸宽、两英寸长的木条。糟糕的是木料的尺寸不足，而且全都没有经过烘干。

我坐在镇上的旅馆一间冰冷的屋子里，就着用箱子临时搭起的绘图桌设计我们的营地。瑟瑟发抖的小伙子们围着站在我身边，不时递给我画图的工具。据当地人讲，这样寒冷的天气在钱德勒镇极其罕见。然而，我所到之处似乎总能遇到"极其罕见"的天气，诸如"三十年来最冷最潮湿的天气"，或者"五十年来最热最干旱的天气"。设计方案一气呵成。第二天上午，我们开始建造自己的营地。我们赶到露营地，在那里吃早餐。忍着逼人的霜气，我们望着无垠的沙漠，一轮红日在色彩瑰丽的天空中冉冉升起。

第二天晚上，我的一个年轻助手唐纳德·沃克裹着毯子，留在营地看守木料。第三天，已经支起了第一批帐篷，足以容纳他和另外三个小伙子过夜。第四天，除了我们夫妇和两个女儿的所有人，都可以就地宿营了。我们一家人甚至有些不太情愿回镇上的旅馆去。但是，次日一早我们就驱车赶回营地，和大家一道吃早餐。在这片长约六十英里、和天宇同宽、与苍穹等高的餐厅里，我们一边打着寒战，一边望着初生的朝阳，放声歌唱。

环顾波澜壮阔的四野，这片各种神奇的自然力量角逐的战场，名叫"亚利桑那"。终有一天，这里将成为美国人游戏的乐园。但是眼下，时机尚未成熟。百分之一百的美国人，正沉溺于"墨西哥—西班牙"风格甚至"最新"的国际式盒子，他们只会玷污了这里。

我感到，在这片伟大的空间里，任何对称的形式都显得格格不入。对称只会让人的视觉感到乏味，阻塞人的想象力。它通常会在演出开始之前就合上大幕。对我而言，对称的形式在这片沙漠里的任何建筑中都没有容身之地,尤其是在我们的新营地。对称的形式也将与"沙漠里的圣马可斯"酒店无缘。

任何健全的体格都不会缺少优雅的生理反射。年轻的建筑师们,去找到这些反射!此刻,在一个建筑师的工作营地里,将开始一段陌生的沙漠历险。我们给营地起名叫"沙漠刺"[1]。

维克托·雨果曾说:"沙漠是上帝现身之处,是人类的禁区。"亚利桑那的沙漠验证了他的话。但是住在沙漠城镇里的亚利桑那人,让木匠为他们建起了一批美国中西部样式的小木屋。如果运气好的话,可以建一座地中海风格或者墨西哥样式的大宅子。信不信由你,他们已经建起了一小撮摩天楼。如果尚有余力,他们一定会建造更多摩天楼。

"扬基佬-霍比人"混杂的风格在凤凰城广受欢迎。在这片奇诡多彩、一望无垠的荒原上,除了在木栅栏上歇脚片刻就飞走的乌鸦,没有什么东西像这些亚利桑那的房屋一样稍纵即逝。

亚利桑那纯净的天性遭受了如此的羞辱,它呼唤着属于自己的、热爱这片空间的建筑。直线和平面仍将是我创作的语言,然而在这里,直线应当变身为不连贯的虚线,舒展的平面应当拥有肌理。因为,在震撼人心的沙漠里,找不到一条生硬笔挺的直线。在巨大的台地上,由造化砌筑的作品是今天的亚利桑那尊贵的建筑,却又全然不是建筑,而是灵感。属于亚利桑那的建筑奥妙,就隐藏在萨瓜罗仙人掌之中。

萨瓜罗仙人掌是建筑结构的完美范例。它内部竖直的主干支撑着巨大的躯体,屹立不倒长达数百年之久。它是比人类建起的所有高楼都更为纯正的摩天楼。

沙漠里一切奇异的生命,都显现出"建造"的科学和经济。尤其是沙漠植物的茎,对于任何一位聪明好学的建筑师和工程师而言,都是绝佳的教材。他不仅可以在萨瓜罗仙人掌的果肉里,看到茎秆如何像"钢筋"一样起到结构作用;他还能够在鹿角仙人掌的茎秆里,和比格纳拿仙人掌柱状的储水构造里,学到类似焊接钢筋网的完美的编织结构。甚至连小仙人球的果肉,也是值得研究的结构。在绝大多数种类仙人掌的肌体里,都可以看到具有连续性和可塑性的管状结构。仙人掌的周身都利用了坚实可靠的延续结构,而不必费尽心机地将结构简化成梁与柱子的模式。造化建造的巧妙,令我们最出色的工程师汗颜。

---

[1] 一种开红色小花的沙漠灌木。

"沙漠刺"临时营地

工程师们将面对"可塑性"这一建筑结构的新理念,他们却往往像建筑师一样愚蠢。我曾经领教过所谓的专家犯下的"贻害至少五十年的错误"。

　　沙漠拜服于烈日之下。这里的一切生命都在烈日下坚韧地生长,又在烈日下死亡。因暴晒而枯干的生命遗迹随处可见,触目惊心。

　　在这片奇境里,一位建筑师和他的助手们动手建起了一座简朴的营地。它是纯净无瑕的荒原上人类栖居的痕迹,是这里永恒不断的变化中的一环。我们总共需要十五间小木屋。这些临时性的建筑也被我们称作"蜉蝣"。它们远看像一群翅膀上有深红色斑点的大蝴蝶,姿态优雅地暂息在黑色的砾石上。钱德勒博士陪同我选中的石丘,即将迎来人类的欢乐。

　　一组木板搭建的木屋,被一条曲曲折折、低矮的木板墙联系起来。木板墙围合成一圈,体现出"营地"的感觉。木屋顶棚的材料是帆布,墙面洞口处的窗子材料也是嵌在木条边框里的帆布,利用橡皮筋弹力来控制开启和关闭。没有出现玻璃的门窗。玻璃不适用于这种沙漠营地,而我甚至怀疑它在沙漠里是否有用武之地。

这些白色帆布做的翅膀像船帆一样展开，整个营地好像微风中帆影摇曳的船队。

是的，这一组木屋就像是某种新奇的沙漠船队。我们把营地周边的木板围墙涂上水性颜料。我选择了玫瑰一样的深红色与沙漠匹配。直角边长度比例为一比二的直角三角形，是我设计营地时的母题。它源自地块周边的山形，在营地的总体布局和单个木屋的设计中都有所体现。我们把木屋两侧独特的三角形山墙刷成深红色。沙漠刺的花瓣就是一个个深红色的三角形，这正是我们给营地取名"沙漠刺"的缘由。

白色帆布被用作屋顶，或者用在墙面上取代玻璃窗。我发现，经帆布滤过的漫射光柔和地充满小屋，与沙漠非常契合，以至于想到中西部建筑加在人头顶上厚重的天花板，我不禁会感觉压抑。

沙漠里的妖精时常会跳着胡旋舞，乘着冲天漫卷的沙尘光临。有时候，席卷而过的沙漠精灵，会让我们的营地像海面上的小船一样剧烈地战栗。所幸没有造成伤害。

我相信，我们过度忽视了如何赋予轻巧的建筑以美感，或者赋予美的建筑以轻巧。轻巧与力量可以是同义词。

我们往往耗费过多的精力，只是为了赋予建筑所谓的"持久"。我们依然缺乏创造建筑的能力，只不过是忙碌于为幸存的穴居者修筑洞穴而已。

"沙漠刺"——我们的沙漠营寨，你将如蜉蝣一般转瞬即逝。然而，你会在流淌的时间中播下自己的一粒种子。

我当时的助手有亨利、唐纳德、弗拉基米尔、勇敢的乔治·卡斯特纳（他还生着病），还有弗兰克·沙利文和威廉·韦斯顿。我们利用钉子、螺栓、代替合页的橡筋条，还有船上的绳索，自己动手建起了营地。对每一处细节的精心设计，甚至超过了设计任何永久性的建筑。虽然比不上设计船舶的精致，并且施工也不尽如人意，然而在当时的技术条件下，已经难能可贵。它们全都会在一年之后消失吗？或许两年？

事实上，它的寿命还要更短些。附近的印第安人把我们的营地整个儿搬走了。那是在一场灾难降临美国之后的冬天，当时我们已经离开了亚利桑那。一九二九年的秋天，全美国的建筑活动和建筑师的工作都陷于停滞。

Ubiquity
无处不在

我们的营地被印第安人搬走了。然而,我早已学会不再为我的作品夭亡而过度伤悲,即便它们无法被更出色的作品所取代。

令我感到安慰的是,今天的任何一件设计都可能产生深远的影响,因为我们的机器——传媒,能够轻而易举地把一个思想散播到世界各处。例如,完工将近两个月之后,在没有我的建议和协助的情况下,"沙漠刺"发表在了德国和荷兰的刊物上。尔后,它出现在世界各地的杂志上。感谢机器:它无远弗届。当然,在某些情况下它也会因此而受到诅咒。

以某种印刷的图像来传播并且普及一个思想,无疑是机器在这个时代里为我们做出的最卓越——或者也是最可怕——的贡献之一。

当有机建筑摸索着走近我们,我们将停止像目前这样盲目地破坏自己的生活。如果我们能停止这种破坏的伟业,所有人的生活都将变得富足而美好。那些我们引以为豪而实际上却是枯燥雷同的微弱差异,只会让我们永无休止地重复毫无意义的相似。我们似乎惧怕任何哪怕是表面上的差异。更不用说任何真正的"差异",将会造成何等的恐慌!

这种流毒甚广的哲学正是被教育固化了的思维。在我们脚下的土壤里,这种思维永远不会也无力播种任何能发出新芽的种子。无论昨天还是今天,在被种下的土壤里生长,是一切真正艺术与文化必要的根基。失去了这样的根基,我们将根本没有明天可言!在我们掌握恰当的建筑语言之前,与其犯下贻害长远的愚蠢错误,还不如暂做蜉蝣一现的尝试。尤松尼亚的现实证实了这一点:美利坚被过早地赋予了可耐永久的建筑材料,大概早了一个世纪吧。

Retrospect
回　首

"沙漠刺"完工了。我们都很喜欢它。

帆布制成的门和窗能够像船帆那样撑起,也可以为抵御沙尘而关上,或者部分开启让沙漠里的微风吹进屋内。炎热的白日里,开启门窗形成穿堂风是降低室内温度的绝佳方式。在夜间门窗将会关闭。帆布屋顶三角形的轮廓线，从容自如地与周围景观的线条相映成趣。三角形的长边向阳，在冬日里能带给室内多一些暖意。如果在营地度夏，向阳的屋顶长边将再增加一层帆布，让空气在两层帆布之间流动。我们把这个细节留待夏天到来时再增加。

举目四望，我们欣慰地看到自己和谐地嵌入了这片奇异而严酷的环境中。这里独特的生物，也如同这片环境本身一样抽象。与我们称之为死亡的东西相比，植被在地球表面不可抗拒的生命力是更令我畏惧的法则。无处不在的生长，比其他所有不可抗拒的力量之总和更让人胆战心惊。

凡间的万物似乎都无法摆脱地球上不可抗拒的法则——生长的法则，或者说阳光的法则。尤其无法凭借死亡摆脱生长的法则。

台地上舒缓起伏的群山或者平原上绝地而起的山峰，都见证了昔日的沧海桑田。经过了地质巨变的荒原，如今在风和水这两位雕塑家的抚慰之下，保持着相对安详的姿态。这件在火中诞生、在水中成形的寂静无垠的作品，被这两位建筑师交付于风这位雕塑家。风与水绵绵不息地侵蚀，永无止境地打磨，直到地质灾变的狂暴再也没有丝毫的痕迹，直到气势恢宏的一切都和谐地沐浴在永恒的阳光下。

如果要"评价"我们的荒野历险的话，与我们一行人在钱德勒镇或者凤凰城暂住同样长时间相比，"沙漠刺"的花费并没有超过租住旅馆所需的费用。它的材料成本折合下来大约每个木屋两百美元，人工几乎完全由我们自己承担。我们与沙漠相遇，爱上了它，与它共生，拥有了它。

San Marcos in the Desert
沙漠里的圣马可斯

一九二九年一月二十八日，我们的露营地建成了。在头顶半透明的帆布滤过的光线下，我们为钱德勒博士，也为那些依旧热爱美、渴望在美丽安静的环境里独处的大亨设计度假酒店。设计工作一直持续到六月中旬。我们经常挑灯夜战。在发电机到位之前，靠汽油灯解决照明的问题。

酒店布局的核心是三个南向的平台。三个相互连通的平台顺着山势依次跌落，平台上的每一间客房都有自己的水池和花园。在"微雕"住宅的首次尝试和比尔特摩酒店跋足的应用之后，混凝土砌块将作为纯粹而单一的材料建造这片建筑群。内外两层墙体都是有钢筋锚固的混凝土砌块，而砌块本身就是承重结构。

平台背后的两座山丘夹出一条峡谷，里面隐藏着通向建筑主入口的道路。主入口位于峡谷里的建筑下方。那里将有一座铜和混凝土砌块筑起的管风琴塔，像峡谷里的一株巨大的萨瓜罗仙人掌，昭示着入口的位置。管风琴发出的声音将在整个峡谷里激荡。依据钱德勒博士的想法，四周的山丘上将安放回声风琴，供夕阳下的沙漠里举办露天音乐会。

餐厅呢？就是一面铜框的玻璃天窗罩住客厅的中央部位，天窗的边缘搭在两侧的山坡上。从最后一层平台，可以徒步到达山丘上的几座度假小屋。它们是整体规划的一部分，留待远期实施。

台地跌落的布局，让这片舒展铺开的建筑群里的每一间客房、每一个卫生间、每一个储藏室甚至每一条走廊都能享受到直射的阳光。这座建筑的每一个部分，都自由地面对阳光和壮美的景观。每一座冬季度假酒店，都将嫉妒它拥有的阳光和温暖。至于建筑结构的寿命，我们不妨称之为"永久"，或者说至少三百年。与三百套带卫生间的客房匹配的水电设备，将同样既实用而又坚固。

在沙漠里的圣马可斯，你看到的每一条水平线都是虚线，每一片墙面都具有萨瓜罗仙人掌那样起伏的质感。整座建筑利用耐久的混凝土砌块，刻画出周围的山峰和仙人掌抽象的图案。如果你能理解我的意思的话，这座建筑比任何一株仙人掌更具有仙人掌的精神。然而，它依然是一处人类栖居的场所，或许会像山峰一样恒久。

人类开始栖居在只有上帝能够现身的地方。人踏入这里，仿佛他自身就是上帝的某个部分。这正是建筑可以赋予他的东西——不仅表达对亚利桑那大地的敬意，并且赋予他在此栖居的资格，让他像上帝一般化身为亚利桑那自然界的一部分。亚利桑那的沙漠是我的建筑灵感的来源，因为它切实地充当了一个建筑师在逆境中的工作室。设计的结果，是建筑群的每一个部分都成为地形环境的一部分，这就是我所指的土生土长的建筑。沙漠里的圣马可斯证实了它不仅可能存在，并且已经出现在那里。

当然，一切都顺利得太不真实了。有时候，我恍若身在梦中。可是你瞧，完整的设计方案和精心推敲后的细部都已经就绪,翔实的造价预算也已经完成。保罗·穆勒签过字的施工承包合同只待钱德勒博士签字。

正当钱德勒博士乘火车赶来完善余下的一些事务时,一九二九年的大萧条降临了。钱德勒博士去哪里了呢?就这样,我的"复出"不但没有带来四万美元设计费,还给塔里埃森平添了一万九千美元的债务。而我手里的全部现金,只剩下两千五百美元。

没关系,开始滚动的车轮不会就此停下。日后,你会看到它产生的影响。

五月的天气让人领教了什么是热浪,沙漠何以成其为沙漠。蛰伏的动物感受到季节的变换,渐渐苏醒。营地里发现了九节响环的响尾蛇,所有人都必须小心翼翼。我们在营地里又继续了几个星期阳光下自由自在的生活。

为了返回威斯康星的旅程,我们买了一辆二手的"帕卡德"[1]牌敞篷跑车。离开之前,我们储存好营地里剩余的物资,预备来年冬天返回这里。敞篷跑车驶出营地大门,踏上了返回塔里埃森的征程。一九二九年的经济崩溃将对我们的事业产生多么大的影响,当时我们尚不知晓,仍然满怀憧憬。

奥格瓦娜和我坐在前排轮流驾驶,斯维特兰娜和伊奥万娜坐在后排。我们自己动手为后排也加装了挡风玻璃。与快乐的营地挥手道别之后,我们接上了钱德勒博士。他将陪我们去霍尔布鲁克,考察一种适宜用作水泥的天然材料。在台地上的风沙吹积物里发现的这种白色镁土,遇水能够迅速定型,定型之后质地坚硬并且防水。它或许是制造混凝土砌块的理想材料。在营地中央,我们留下了一个砌块的石膏模型。原本计划依照这个洁白精美的模型,制造用于"沙漠里的圣马可斯"的砌块。如今,它成了这座建筑在大地上最接近真实的遗迹。

经过漫长而又平淡的中西部,我们终于到达了芝加哥。缺少了西部长途跋涉当中的插曲和趣事,继续前往纽约的路途上只剩下了单调。我将与威廉·古瑟瑞[2]牧师和他所辖教区的代表们会面。他是纽约圣马可教堂[3]的教长,计划在教堂附近第十街和第二大道的路口建一

---

[1] 帕卡德(Parkard),一种美国豪华轿车品牌,1899年开始生产,1958年停产。
[2] 威廉·古瑟瑞(William Guthrie, 1868—1944),生于苏格兰的美国著名牧师。1911—1937年间任圣马可教堂的教长。开明激进,以在教堂表演古埃及等异教舞蹈著称。
[3] 圣马可教堂(St. Mark's Church in-the-Bowery),纽约市历史最悠久的教堂之一,始建于1651年。

座高层公寓,将其收益用于对教堂的维护。

除了建设更加萧条之外,东部的城市和中部、西部的城市一样缺乏丰富的个性。新英格兰乡下的木匠们四处活跃,给每一座东部城市都披上了风格的外衣。眼前的景象告诉我,东部的年轻人已经纷纷离开家乡,一去不复返地向西而去。东部的城市和乡村都在倚门期待"年轻人"回归故里,帮助这里摆脱沾沾自喜的丑陋。然而,他们永远不会回来了。

我们驱车驶过刚刚建成的荷兰隧道[1],扑面而来的城市场景是一派难以描述的混乱和迷茫。昔日为村镇而建的街道被大兴土木的喧嚣所笼罩——新的地铁和更高的摩天楼,这一切都将在迅速传播的惶恐之中陷于麻痹。

小伊奥万娜早就听说帝国大厦是最高的大楼。可是第一眼望见它的时候,她的小脸上露出失望的表情:"爸爸,他们原本可以造得更高——不是吗?他们为什么没有那么做呢?"你瞧,这就是"高度"能够真正"达到"的高度。

Significant Insignificance
引人注目的无足轻重

充斥在东海岸与西海岸之间的无足轻重的建筑,同样占据着纽约。唯一的区别只是它们在纽约变得更加庞大也更加无足轻重。或许在别处,这样的无足轻重尚有情可原,然而在纽约,任何辩解都是虚弱的。这个美国最繁荣的大都市雄心勃勃地想要造就丰富多彩,其结果却是令人窒息的单调。吞噬人们灵魂的高楼大厦,只是在设法为钢铁的骨架虚假地披上封建时代的宏伟气势。结构与理念之间极端矛盾的表现在纽约比比皆是。

很久以前,芝加哥的建筑师们已经发现了利用钢铁作为承重体系,使砖石的外表面得以不断向上,层层堆垒。无疑,高层建筑的钢框架正是封建时代砖石堡垒的对立面。轻巧、通透以及与之结合的柔韧是前者的特性。迫于建筑规范的强求,这些特性不得不与它们完全陌生的沉重的石材或者混凝土合作,而它们真正的伙伴却是金属和玻璃构成的轻质

---

[1] 连通新泽西州和纽约市的隧道。

围护面层。高层建筑设计将要实现的整体效果,是强调结构自身的图案,体现一种崭新的美而不是遮掩建造的逻辑。美国人钟爱的这种虚假,是一个由来已久的故事。加在钢框架上厚重的砖石,不仅仅是遮掩结构的谎言,还堆起累赘的庞大重量,对结构安全造成切实的威胁。

正如丹科玛·埃德勒所言,安全是一个"关乎无知的因素",被压制在拥挤的体量和城墙垛口一样的石墙背后。起伏的天际线只是凌乱随机的结果。华丽的外表是一道布景,描绘着封建时代的砖石愚蠢地蹲在钢框架之上,遮掩住建筑真实的功用、性格和形象,使一座崭新的建筑沦落为这座旧式城市里无足轻重的一个分子。这简直是糟蹋了伟大的机遇。

工程师们忠于职守,而建筑师们却只是负责剩下的一层表皮。看一看这些虚假的砖石背后,里面究竟有些什么?一群迷失在城市主义中的城市人,仅此而已。他们正无助地被占有了统治权的机器推向墓地。

An Angry Prophecy and A Preachment: The City
愤怒的预言家和他的宣道:城市

伟大的城市,是人类群居的本能战胜人性理智之后自然而然的战果吗?抑或它不过是人类早期发展遗留下的暂时的惯性,必将被现代成熟的人性所克服?城市似乎是文明不可或缺并且加以彰显的成分,否则为什么它还会伴随我们直到今日呢?无疑,文明创造了城市,又通过城市来表达其最珍视的内容。我们不妨说,城市一直服务于文明。

然而历史记载着,曾经创造过最伟大辉煌的城市的文明,都随着它们的城市逐一消亡了。难道城市正是文明消亡的原因吗?在我看来,的确如此。

历史记录下的事实告诉我们,加速的城市发展总是导致衰败,如同今天正在我们的城市中发生的衰败。

在纽约的街道上,摩天楼作为加速的后果之一,正在进一步推动加速,造成异乎寻常的危险。城市里的每一个居民都身陷日益加剧的危险之中,然而出于自身的利益,他们漠视危险的存在,直到逐日恶化的现实粗暴地控制了局势。这种控制即将形成。

Rent

租　金

　　我相信，自由是人类的理想。因此，我也相信，今天我们眼前的美国城市不仅注定将要消亡，而且此刻它们正在死去。城市里的紧张和忙碌，被无知者误认为是一种成功，而这种加速发展只会导致城市最终的消解。城市里的"白领"大军整日奔忙不停，难道他们不是依赖各种形式的"租金"而生存的寄生虫吗？金钱只是各种形式的"租金"当中回报最为丰厚的一种。"租金"被奉为供人膜拜的圣物，作为一种人为的统治力量持有并且操控着伟大的城市。城市自身正在一刻不停地努力着，抹杀一切劳动的价值，创造一片平庸的环境，以便让金钱成为衡量一切劳动的"标准"。

　　然而，美国的文明不仅不会随着它的城市消亡，反倒会因为城市的消亡而受惠。因为，假如人类果真能够驾驭机器，城市的消亡将是机器为人类做出的最伟大的贡献。否则，机器对于人类还有什么益处可言？城市的发展已经超出了人类的掌控。一旦人类被机器所征服，城市将继续重复古代城市发展的历史。一个文明将伴随它的城市一道消亡，如同业已消失了的其他许多文明那样。和臣服于机器的其他文明要素一样，城市只是生长在人类的憧憬构想之中。失去了活力的源泉——人，城市将变成或者说已经是一部机器。

　　当人仍是具有知觉的人，他需要城市并且建起了城市，让它生长不息。古代的城市曾经是文明的必需品，是古代文明辉煌的见证。而今，城市被它自身无度的发展推向了深渊。人类必须找到一种方式超越城市，跨入前所未有的自由。这种方式已经找到，那就是机器。

　　必将消亡的城市最初建立的基石是什么呢？是生活的必需。昔日的生活必需，如今却只是惯性强大的传统，而任何建立在人类情绪基础上的大城市，都不可能长久地存在。"马车作为交通工具，木材和煤炭作为能源消耗，食物集散运输的距离限制，人际交往的形式仅限于面对面的交流"，这些正是曾经托起城市的基石。

　　今天，十英里的距离相当于昔日的一个街区，电子化的人际交流更是前人难以想象的。在城市的童年阶段，人与人之间的交往要求一定程度的聚集来促进和刺激生活。今天的生活不再受到这种限制。古代的城市自然地出现并且成长，是对人类相互沟通极大的帮助。借助于社会、工业与金融业发展所必需的人际交往，城市发展为财富和力量直接的源泉。集聚的程度越高，人类生活的果实越是丰硕。

在那些年代，城市生活的实质在于强调个人之间的纽带，强调无数鲜活的个体相遇和接触。在街道和公共场所里，好奇和惊喜的火花不断闪烁迸发。在各人家中，很少有机会能够拥有这样的体验。所有人都怀着激动越来越密集地聚拢，从而变得更加激动。

昔日的城市也有政府、时尚和潮流。然而，每个人的智慧、品位和性格才是城市这场生命盛宴里盐的滋味。昔日的城市是一场真正的狂欢。与之相比，今天过度运转的城市充满了乏味，甚至巴黎也不例外。但是，人类聚居的传统不会因为它最初存在的需求条件改变而迅速转变。人类生活习性的改变，如同滴水穿石一般缓慢，甚至更不易察觉，需要更久的时间。

如果我们的建筑是具有生命力的建筑，它必将反映今日人类的生活。在古代的城市里，机器尚未诞生。今天呢？机器已经成为整个人类社会的公分母。任何个人作为分子与它相遇，都会即刻变得渺小无比。它不仅无处不在，而且人类在它的禁锢下变得越来越无助。与现代机器相比，古老的工具显得陈旧甚至无能。面对现代机器突然爆发的力量，人们最初自然而然的反应是自私地固守旧有的习俗，而深层的动机在于畏惧。有什么比拥有一百万美元更让人胆怯懦弱呢？拥有几百万美元。

机器的预言不会因人的怯懦而改变。此时此地，我们将要应对机器最危险的形式。机器在人类社会的应用证明了，试图用文化上的多愁善感来对抗机器这个陌生的"魔鬼"，无异于螳臂当车。然而，建筑将应对这个陌生的"魔鬼"。否则，机器将不仅仅会以公分母的身份对付我们的子孙后代，而且会作为改名换姓的统治者控制他们。

假如人类没有失掉理性的话，那么他就不会荒唐到无视机器这个公分母——或许会是人类共同的解放者，否认它与生俱来的生长力和优势。这个公分母建造的未来城市，将完全不同于任何古代和今天的城市，以至于当它叩门时，我们将根本认不出它是城市。在我眼中，未来的城市将绝不会是抹杀个人价值、埋葬个体精神的墓地。任何未来的城市具备生命力的前提，是比旧日的城市赋予个人更多的价值。

为化解矛盾而给现存的城市套上新的外壳，将只会是徒劳的努力。城市的躯体已经太过衰老，误入歧途太深，它与我们能够预见的未来背道而驰。

无机的城市绝望无助地僵卧着，看着伟大的新生力量塑造现代的生活。新生的力量不仅使密集的聚居失去意义，甚至显露出致命的毒害——持续地向内施压必将导致爆炸。理性而有机的变化,将把城市引向别处。未来的城市将是无影无形而又无处不在。我把它称作"广亩城市"。

在现代社会的方程式里,人的参数尚未获得它应有的量值。然而,它已经在朝着几个不同方向盲目地飘移。

直到电力、电信、汽车和无所不在的媒体成为社会的公分母和实现分散生活的工具之前,极度的聚集并不算一种罪恶。在这些帮助人类分散的工具之外,还有舒展双翼的飞机。此外,还有许多新生的力量被资本家们强悍的大手捂住,严加看管。

如果我们接受这些塑造现代生活的力量,那么一切事物的形式必将随着时间的推移而改变——无论朝着更美好还是更可怕的方向。万物永恒不息的变化与人的意愿无关,而唯一不变的只有人的天性。虽说"人的天性无法遏抑"[1],但是我们的确也会改变,只不过何其缓慢啊!

无法逃避的改变产生了自然而然的结果,最初不为人所察觉,如今开始在我们身边显现。

过去的十年里,机器提供的服务极大地扩展了人类运动的自由,或者说人类行动的范围。在水平方向获得的巨大动力,将在不久的未来赋予人类无可限量的活动自由,并且让今日城市空间的尺度和约束变得难以忍受。

如果我们理性地正视充满惊奇的二十世纪,不难看出城市加在人类身上的痛苦是多么的荒谬。

面对机器力量的冲撞,我们依然忽视机器的重要性,漫无头绪地寻找出路,以向空中越堆越高为荣耀。人类怯懦的本性决定了,紧要关头要么转身逃开,要么原地呆立。这两类反应,都源于动物受惊吓时的本能和人类过度的多愁善感。通常的结果,我们会选择像叠罗汉那样挤在一起。

为了克服人类的弱点——归根结底是对自由的畏惧,同时也为了应对经济的压力,摩天楼应运而生。二十年来,这项发明借助工程师和电梯,从极度的密集之中攫取着利益。此刻,摩天楼暴露出它只不过是地产持有者为攫取收益而设下的诡计,只不过是商业发展的权宜之计,是放牧者将他的羊群利用到极致的手段。一如既往,政府的号令和文书使它

---

[1] 语出莎士比亚的《哈姆雷特》第四幕第七场。

得以实现并且维持。

人类更大的自由——在不牺牲生活便利的前提下向新的空间扩展，正是人类从未梦想过的陌生的仆从：电报、电话、汽车、飞机、广播和报纸，带来的最宝贵的礼物。而这样的自由被资本家的手腕扭曲了。每一座城市都背离了人的价值，变身为幸运的地产经纪人获利的某种形式。随着极度密集在地产经纪人的掌控下蓬勃发展，一九二九年的崩溃实属在劫难逃。

对于这种加速和极度聚集在无知者当中煽起的群情激动，我们不必过于苛责。目睹社会和经济的体温升高，没有人知晓人类的加速发展究竟是健康成长的兴奋表现，抑或是疾病的高热症状。有谁在意这种加速是否只是某种病态的商业剥削呢？有谁在意最瞬息万变的机器时代将是人类历史上最昙花一现的文明呢？有一种人在意，建筑师。这是他的使命。

Time
时　间

反反复复地讲述一个想法，恐怕已经令我的读者们感到厌倦，而关于这个想法的故事还没有真正开始。现实是如此严峻，我甘愿冒着让这部自传变成宣传鼓吹的风险，也要继续我的讲述。

各种力量都被时间所蒙蔽，我们的生活就是献给时间的祭礼。历史书的字缝里写着，人类尚未适应有机的思维，却已经身不由己地与有机的力量为伍。长久以来，他们无视时间的存在。然而，一种例外的情形正在发生。今天无所不在的媒体一个月造成的宣传效果，昔日可能需要数年。是的，今天我们生活与思想的一切形式都有时间限制。即便保守地看，人类曾经耗费一个世纪的发展，将在十年中完成。还有什么样的解放等在前方？

在我们的二十世纪，十年就是一个时代。三十年呢？一个"朝代"！

即使有机器对人的掌控，时间仍会影响人类的所有活动。在每个人短暂的一生中，都要选择是领悟时间的智慧，或者愚蠢地曲解时间的权利。人性的力量可以在错误变得无法弥补之前加以改正。既然我们容易被媒体宣传所驱动，那就应当让宣传产生有机的影响，帮助我们避免那些曾经毁灭了古代文明的有机的灾难。当然，假如宣传被用于有悖人性的目的，它也可能导致灾难。

Traffic
交　通

交通问题，迫使我们从经济的角度关注城市中像暴政一般的疯狂建设。

经济方面的考虑是人们最重要的关注点。然而，在这个时间就是金钱的社会里，与时间问题等价的交通问题，仍旧是一团毫无头绪的乱麻。解决的呼声和压力与日俱增，如何解开呢？无人知晓答案。大都市的渊源与今日的有机发展格格不入。方格网的道路体系，本是为了乡间的马车而设。当一座村庄原地发展为大都市，这样的道路体系从根本上造就了频发的痉挛、财力的浪费和持续的危险——我们称之为交通问题。城市里的每一个人，都越来越难以承受道路组成的血管里攀升的血压。

摩天楼貌似是缓解矛盾的措施，其实却在增加人类背负的重压，只会使问题变得更加严重。某些专家提出的"缓解"方案，最终将杀死他们的病人——城市。洛杉矶和芝加哥被分割成数个"中心"，每一个中心又被进一步地划分。大型百货商场和邮递零售商店已经向郊外搬迁，工厂开始搬离城市。虽然孤零零的金融中心以九牛二虎之力维护着城市的余威，大城市的人口仍在稳步地减少。

面对所有这些触目惊心的证据，我们仍然憧憬着"未来主义"预言的立体城市，例如"光明城市"[1]。摩天楼为它们的暴政寻到了一种高深的哲学作为支撑。这种哲学自我吹嘘为一种重建城市的"理想"模式——在旧的城市原址上建起新的城市！高高堆起的标准化盒子似乎是我们的救主。规划的蓝图上道路的宽度夸张惊人，其结果将人际交往变得完全不切实际。因为，现实决定了这样夸张的道路完全没有存在的必要。

通过某些从不离开绘图板的建筑师的描绘，下面这幅场景变得更加清晰：在属于未来的

---

[1] 法国建筑师柯布西耶（Le Corbusier，1887—1965）提出的城市规划构想。

机器所制造的城市里，机器制造的美学如何将人性加以"处理"，以便让电力、汽车、电话、飞机和广播这些工具，变成一种系统化的剥削手段，而不是赋予人类更多的自由。

In Our Nation Why Build Poverty in as an Institution?
为什么要使贫穷成为这个国家的制度？

现代主义的目光短浅，使得形象靓丽的摩天楼被奉为治疗城市疾病的良药。随之而生的是令人气恼的廉租公屋。这种"穷人的住房"是政府的仁慈之举。是的，穷人不但不会离开我们，反而会得到自己的名分并且日益壮大。在伟大而且自由的美利坚合众国，经政府扶植而日益壮大的穷人队伍，将被固定在城市的某些角落。是的，"穷人"的穷困程度将被控制在可接受的限度内，他们将拥有固定的身份，被当作城市里不可避免的因素供养起来。正如任何一项联邦政府颁布的国策，经济的崩溃都是其有机的一部分，穷人将被浇筑为城市永久的一部分！

今日的贫民窟，必将衍生出明天的贫民窟。

不错，一望可知穷人生活的卫生条件获得了显著的改善。他们的住所里不再有细菌藏身；更重要的是，他们的生活与个性也被浸泡在消毒剂里。

将一座摩天楼横放，再与另一座交叉，就组成了对人性施以极刑的十字架。

穷人的生活将变得像富人的办公室——第99街区，第17栋，K入口，第36722号房间。略施小计，就掩盖了矛盾的实质。"穷人"会得到一个浴缸、一个花盆和一块草坪，但他自己的心灵却无处安栖。

像华丽布景一样的建筑让穷人们变得无限渺小，却让它们的主人无限荣光。穷人们又何必抱怨呢？富人们给他们预备下什么？最好去问问穷人自己。

是啊，毕竟他们不用住在垃圾堆里了！

在美利坚合众国，经过政府妥善处理之后的穷人，是一个相对而言不失体面的机器零件。但是无论他走到哪里，他都只是某种形式的"租金"，永远是庞大的租赁机器中的一个小齿轮。他的社会角色仍然微乎其微。他已经被漂白了颜色，又进一步被磨平了个性，然后嵌进一台大机器里。有碍观瞻的"贫民窟"经过了清洗消毒，未来依然是贫民窟。

穷人无权选择任何具有美学生命力的东西来陪伴他的生活。至少，邻居们和摩天楼的主人们这样认为。然而，"社会"目标终归实现了……一件干净的罩袍暂时盖住了穷人的破衣烂衫。

在政府描绘的这幅冰冷的图画里，穷人是未来标准化的"光明城市"里第三十亿零一百二十八号齿轮。他似乎别无选择。是因为其他的选择无外乎多愁善感或者是荒唐无理吗？如你所见，穷人们都有了住房。举手之劳！

对于那些"一个生于许多"[1]的穷人而言，由政府为他们做好的安排必是"至高无上"[2]。在社会的进程中，权威们以机器作为驱使我们的工具，接管了建筑。

令人欣喜的是，关于未来城市的这些毫无实际意义的"理想"，对所有人都一视同仁。除了某些例行的经济行为和交付租金的神圣仪式，这些理想没有任何内容。参与例行的经济行为的人，是不计其数的芸芸众生（他们仍然是公分母）和这种制度的代表人物。官方将会宣布，这种制度依然完美！成果平分吗？一半给代表人物的核心——联邦储备银行，一半被芸芸众生瓜分。听起来非常公平，但是有谁知道在我们这个含混不清的制度下，公平的定义是什么？

在任何情况下，如何在经过标准化处理的人的范围内瓜分经济利益，必然完全取决于代表人物们的善心。永远如此。我们已经学会只是口头讲讲民主而已。除此之外，又能怎样呢？祥和有序的表面下，是引发一切战争的战争，贪婪的攫取和占有。这种情况下的公分母，像任何军队那样经过了标准化处理。他们无条件地服从指挥，不仅要来回奔袭，还要跑上跑下。就像机器离开了人脑无法运转一样，公分母（小民们）离开代表人物（资本家）同样无法生存。芸芸众生只是政府的走卒。无论是理论上还是实际生活中，他们都已经变成了机器。

"约克老公爵，率领一万人。"[3]一万人的大军爬上六层楼，又爬上更高的六层楼。没有人知道他们为什么反反复复地挤上挤下，为什么不舒舒服服地在风景如画的绿草地上散步？为什么不把这笔钱花在交通上呢？

---

[1] 原文为拉丁文"E Pluribus Unum"，是美国政府国玺和硬币上的铭文。
[2] 原文为拉丁文"Ne Plus Ultra"。
[3] 英国传统儿歌。

这种以谋划算计取代生活的现代制度的主角是摩天楼（即使把摩天楼放倒，里面使用者的生活也不会改善许多）。这种制度的目标在于将所有人都变得异常渺小，唯有住在顶楼操控这部大机器的人，和那些希望维护自己的特权、继续俯瞰穷人的人例外。他们自己难道不是精神上的穷人吗？

如我们的先辈所希望的那样，一个自由和民主的国度，意味着每个人都自由地站在他拥有的土地上，意味着无论贫富，所有人都享有自由和民主的机遇。否则，民主不过是扬基佬发明的另一种让机器奴役人，并且试图让人乐在其中的制度。为什么不让他的行动在水平方向伸展，让他享有与大地平行的生存空间，让所有社会结构在大地上铺开？一种真正的资本主义制度，拥有宽广的基础与高耸的顶端。人的内心世界，如同建筑的内部空间那样苏醒了。冲破阻挡，投入阳光、蓝天和空气。否则，我们只会有流水线劳工，而不是在充满机遇的国家里自由的个人。至于那些洞窟——眼下我们对于建筑的理解，它属于古代。只有当这种理解消亡，机器才能自然而然地淘汰人间的苦役和堕落，帮助人拓展精神世界。

The New Freedom
新的自由

自由？是的，自由意味着劳动能够带给每一个劳动者充裕的闲暇和文化的享受，让他在劳动当中感受快乐和自尊。成功地利用他所了解和掌控的机器，他将获得越来越多的闲暇，徜徉在田野里、溪水畔、公园里或是自家的花园里，或者被通达的道路带到荒野和山林。

尤松尼亚可以为所有人提供广阔的空间。在两个大洋之间广袤的国土上，高速公路画出象征新的自由的水平线，穿过森林、溪流、高山和平原，把人们从过度拥挤的城市引向更美好的生活。每一个得到扩展的生存空间，都将为这个国家壮丽的自然环境增添内在的美。只有这样，我们才有正当的理由把新的小生命带到这个世界上。在明日的美利坚（我们的尤松尼亚），每一个新生儿粉嫩的小脚，都将踩在属于他自己的一英亩土地上。否则，聪明的父母们有什么权利行使自己的职责呢？

假如机器巨大的力量能够被人性所驯化，城市里所有渴望自然界美丽的人将因此随时实现他们的梦想，获得更加自由的、无愧于民主这一称谓的生活。真正的文化只能在土壤里生长。我相信，当人拥有了自己的土地而不再是土地上的附庸，机器的发展将带给人更加丰裕的生活。唯有这时，土生土长的文化才可能在一个真正民主的国家里萌芽。

人类生活中某些美好的要素，已经从今天的城市撤离，把城市留给文明的残渣、投机的商铺和形形色色的货郎。这些美好因素的离去，让黑道的行规变得牢不可破，被罪恶侵蚀的城市犹如老鼠乱窜的码头。

当我们变得坦诚和实际，就能够接受新的现实，迎接美的秩序。当机器被理智而又称职的双手所操控，它将赋予我们简洁的美。

有机的变化将很快击败今日城市文明的"成就"。集聚让位于分散的过程已经开始。如果我们不能重新整合，必将沦为人类历史上最昙花一现的文明。

The Road is Always Better than the Inn
旅途总是胜过客栈

美国正在兴建日益发达的公路系统。先进的高速公路将属于我们每一个人。破坏公路沿线风景的电线杆早已成为历史，防止牲畜窜入公路的高大粗壮的栅栏，也随着现代畜牧业手段和防护电网的出现而消失。在建成初期将人们从乡间引向城市的高速公路，而今承载着反向的运动，把人们引向重要性日益凸显的乡村。

曾经不可一世的铁路，逐渐失去了长途货运以外的价值。任何人都可以随意使用那些混凝土筑就的大动脉，无数汽车不受阻碍地在分成上下几层的公路上呼啸而过。拖着笨重的车厢在铁轨上咆哮已经是明日黄花。对于现代的机动需求而言，如今的铁路网络无论怎样加以改进，仍旧过于笨拙和迟缓。它将随着城市的消亡而消亡。

年复一年，我们建起更多、更先进的公路。可以预见，公路也将成为建筑，一种伟大的建筑。

如今，尤松尼亚的公路不再引导人们投入城市，去追求压抑和迷茫的生活，而是担当起它应尽的职责，引导人们踏上正确的方向，离开麻木淤塞的城市和那里的你争我夺，奔向新的生活。当人把机器当作撬杠牢牢地掌控在自己手中，他将会握住这个国家赋予他的自由。

Land
土　地

感谢政府的慷慨，我们得以在遍布南北东西的国家公园里享受自然。

如今，通过仍在不断发展的先进的公路系统，我们可以便利地到达数百万块可供建设的土地。这些大大小小的地块闲置着。既然可以通过廉价的交通方式接触到数亿英亩闲置的土地，为什么当一个家庭需要栖身之地时，却要接受被地产经纪人划分成二十五英尺或者一百英尺宽的小块儿呢？为什么要把贫民窟搬到自己家门口呢？芸芸众生终结他们惯常的封建思维的时候到了。陈规陋习努力地维护古代城市的传统，希望强加在已经觉醒的农奴身上的社会和经济罪行能够长久延续。是的，如果我们的制度能够成功，那么属于个人的一英亩土地将成为这个国家民主的最小单元。

是什么阻塞了通往解放的道路？积习、贪婪和畏惧。

我们需要做的，只是把机器标准化生产的效率调试到一个新的方向，基于分散的模式而不是投机的利润来分配社会利益。如果机器不能造福人类，那么它必将成为人类吞下的苦果。更加苦涩的果实正挂在城市这株大树上静静地腐烂，并且将拖累枝头甘甜的果实与它们一道腐烂。

The Gas Station
加油站

另一种应对正在到来的城市分散化、重新组织城市的工具，就是高速公路旁的一座座服务站。

公路沿线的服务站是未来城市功能分散的雏形。通过精心设计，每一座服务站都可以发展成方便的邻里中心，包括公共客厅、餐厅、盥洗室等一切分散化所需的设施。如今，成千上万座服务站已经占据了城镇内部或者城镇以外的最佳位置。

最终，我们将拥有脱离目前大大小小城市的一千座新型的"城市替代者"。对它们的适当整合，将帮助人们克服正在压制人类自由的过度集聚。

这一系列规模较小的服务站将会成为乡间美丽的景致。此外，还会有一系列大型服务站出现在主要的道路交叉点。作为周边居民真正的中心，它们将提供在家里的壁炉旁无法享受到的更为专业的商业和娱乐服务。这些服务中心的数量将非常有限，因为在不远的未来，消除空间距离的工具，诸如广播、电视和无穷无尽的出版物，将会把一切带到任何人居住的地方。虽然旧式的商业广告像潮水一样淹没了它们，这些新生工具蕴含的文化力量仍在稳步地生长。

汽车营地或者汽车旅馆，已经是美国西部绝大多数公路服务站的特色。随着数量和规模的不断增长和扩大，这些公路旁的服务单元将变得越来越普及，越来越受人欢迎。

与无所不在的媒体一样，完美的分散也是机器基本的潜力之一，但是或许它永远无法得到彻底的实现。维持大城市向心聚集的长途运送，更是与完美的分散相去甚远。一旦这种分散开始实施，它掀起的革命将改变目前盲目而且浪费的运输模式。

经过分散并与乡间集市重新组合的连锁商店，将与公路服务站结合，建立起更直接和完美的零售体系，实现旧式长途运送难以企及的成效。

The Motor Car More and More
汽车，越来越多

美国民众能够随心所欲地享受汽车，是机器自然而然造就的一项财富，这一理想即将实现。一个驾车返回远方家乡的人，可以在公路旁得到他需要的一切补给，或者享受到娱乐消遣和舒适的住宿。遍及美国各州的高速公路织成了一条条动脉，编织着未来分散却又统一的大都市：广亩城市。

由汽车催生的服务和娱乐设施，将成为高速公路以及普通道路两旁的寻常风景。当自由的重要性在人胸中觉醒，对自由的渴望也将与日俱增。豪华舒适的汽车与发达的公路系统相结合，使旅行和访友不仅可以无处不达，并且成为妙趣横生的乐事。飞机将作为异常方便的空中交通，到达地球表面的任何地方。未来的飞机场将建在高速公路附近，无限地延展空间和现代生活的可能性。

今日，一天的汽车行程已经变成值得玩味的乐事。你可以在旅途之中享受到方便的服务和理想的食宿，无须走走停停、在中途城镇浪费时间。除了要欣赏一下"遗迹"，也无须穿越任何"伟大"城市的中心区。高速公路上的旅途，将成为现代生活令人愉悦的一部分，成为每个人都可以享有的永不雷同的历险。现实已经如塞万提斯所言："旅途总是胜过客栈。"

Distribution
分　散

我们今日的城市是一张张贪婪的大嘴，而纽约则是其中最狰狞也最贪得无厌的极致。供养这些大嘴，使国家耗费了规模惊人的运输力。当地出产的物品，理应通过短捷的输送就可以运达消费者身边。与之相比，长途跋涉把货品运进城市，再长途跋涉离开城市，是今日的城市向心集聚产生的一种浪费，同时也牺牲了货品的新鲜。

在一个人的住所附近，他可以方便到达的范围之内，将会出现生活所需的一切，包括原本由城市提供的食品、工业产品和文化产品，以及城市想象不到的其他许多内容。未来的城市将只是充当某种仓库，出现在港口附近或者原材料丰富的地点。无论出现在哪里，它的角色都将被定格为听命于机器的一个机械化仆从。只要脱离这里，人就能够在别处获得城市曾经提供给他的一切，还有城市从未给予过他的自由和私密。城市曾经不遗余力地教导他并不需要这两样东西。他将会找到人应有的自由。对他而言，这正是任何民主制度的意义所在。享有生活的美，是任何一个真正自由的人与生俱来的权利。

Appeasement
权宜之计

如何借助民主和自由的理想，缓解被我们称作"城市"的这部机器加在人们身上的痛苦呢？最易于见效的当务之急，是帮助每一个人摆脱让他逐步丧失独立的思维麻痹。受害的代表，就是那些在大学里由机器制造出的"受过教育"的傻子。

麻痹人的情感，是机器最终用以战胜人必不可少的武器。它将使人更迅速地被"资本"这部坚不可摧的机器最终驯服。有趣的是，当标准化无孔不入地掌控整个国家时，美国缺少像英国的考克尼[1]那样的异类与之对抗。

在我眼中，挺身而出对抗这种标准化正是建筑师的责任。遗憾的是，多年之前走出威斯康星大学的校门，走上一条宽阔大路的时候，我心中只有一些隐约的感受，却无法透彻地认识到这一点。

人的福祉意味着坚持不懈地拒绝教育的束缚，接触鲜活自由的个性，在新的土地上和尺度广阔的新空间里，沐浴阳光和空气，享受劳动的自由。我坚信，这些正是我们的民主制度能够给予人的福祉。即便需要为此关闭大学、博物馆和艺术学院也在所不惜。假如我拥有洛克菲勒、福特或者杜邦的财富，我会买下美国所有的一流大学，然后将它们悉数关闭，在校门前竖起告示："因弗兰克·劳埃德·赖特的善举而关闭。"

"Taste", the Travesty
"品位"：滑稽戏

我们今日的品位，仍然只是无知的表现。对于这种由"受过教育"的品位造成的独具特色的倒退，或者说风行一时的折中主义，我们暂且不必加以严肃的探讨。不妨让它保持现有的滑稽戏的状态，不要生出一场悲剧。以眼下最新的建筑潮流为例，天真的"平屋顶"小姐给这种潮流起了一个蹩脚的名字："现代派"。我们不妨就她的痴迷做一番思考。

在大兴土木的过程中被我们称为"品位"的东西，只不过是放纵的自轻自贱，但是对于我们的文化而言，它正在产生比"教育"更性命攸关的影响。形形色色的折中主义，都对这个国家在二十世纪的迅速发展视而不见。生长的正道是"向着光破土而出"，绝不是在做作的背景下摸索，或者跳着时髦的舞步踏进漆黑之中。我们已经把太多的背景错当成前景。现在，让我们清醒地把背景看作背景，这样方能前进。

---

[1] 考克尼（Cockney），伦敦东部的一片郊区，具有独特的方言和文化氛围。

谢尔顿·切尼[1]在他的著作《新大陆的建筑》一书中，精辟地写道："作为一个民族，我们正站在被人类称为建筑的文化坡地的最低处。"是啊，我们这个民族，已经不可能在文化的坡地上滑向更低了。由此可见，无论面前的坡地是陡还是缓，对于我们而言都意味着向上攀登，直到有一天，自然而然的真实与美好替代了今日自然而然的虚假和丑陋。

无可否认，伟大的艺术始终与一个国家各方面生活的繁荣息息相关。无论何时，艺术一旦衰败——沦为某人柜中的古董，来回转手于行家或者商人之间，整个国家也必然会停止生长，业已成熟的生活也将难逃腐烂的厄运。我不相信，我们这个民族果真如某些人所言："从野蛮坠入堕落，而没有尝到过文明的滋味。"我们仍是如此的无知和幼稚，任何深刻层面上的堕落都无从谈起。

不，我们的社会虽然迷失了伦理的方向，但是我们的个体依然拥有健全的道德和朴实的心灵。当伦理和真正的哲学占据了主导，这个民族会本能地创造出强壮和健康的艺术。此刻，我们不妨以"尚且不足以堕落"的想法来自我安慰。我们无法堕落，因为美国的文化还没有见识过历经数辈人造就艺术的历程。我们选择的所谓"品位"将会随风而变，随着时间的推移而遭到厌弃。感谢不知尊号为何的神明，这种品位还不具备堕落的资格。

The Old Order
旧的秩序

美利坚合众国年纪尚轻，却在可悲地迅速老去。更为可悲的是，我们已经过于老迈，无力把握涌现出的新生建筑机遇。因为，被我们的诸多伪古典建筑师们当作建筑加以模仿的范本，只不过是某种古代的雕塑而已。也就是说，我们的伪古典之风描摹的所有古代建筑，不过是对巨大体块的建筑材料加以"雕刻"，从外面装点出合乎品位或者必需的"特征"。它们蕴含的思想仅限于外表。外表始终只是"外表"，而"内部"仅仅是内部。外表与内部往往完全割裂、相互独立。

每隔一段距离会在体块上掏出一个洞口，略微透进一些光线和空气。洞口挖得越深——

---

[1] 谢尔顿·切尼（Sheldon Cheney，1886—1980），美国作家及艺术评论家。

也就是说洞壁越厚，效果越令人满意。还需要花费精力打造一个高傲自负的洞口，专供人们钻进钻出。伪古典的建筑总是或多或少地与砖石的堡垒有几分相似，而它们模仿的对象当中的确不乏真正的堡垒。修筑堡垒本是昔日文明必不可少的内容。

古代的住宅和公共建筑不得不具备堡垒的特征，因为最初的文明都需要封闭地加以护卫，也就是说，文明直白地建立在暴力的基础之上。于是乎，所谓的"古典"或者是"封建"的居住环境，都只是砖石砌成的狭小洞穴。其中最自命不凡者，也不过是气派一些的洞穴而已。

从利用轻巧的力量征服空间的角度看，我们必须承认这种古老的建筑只是一座中间掏空了的雕塑。难以想象，人居然能在其中生活。让人生活在掏空了的一团石块之中，这就是旧时建筑语法的所有内容。

是的，这就是所谓"古典"建筑一切美学的核心。

外表和内部都裹满装饰的一堆砖石，曾经是拥有悠久的历史、荣耀一时的理想建筑，而今却严重地阻碍着我们迎来可塑性的建筑。我们的文明，憧憬着能够自由驾驭全新的方式和全新的材料，树立一种健全的伦理。残存的一点儿"古典"理想改头换面，变身为"殖民地风格"或者其他见机行事的成果，阻碍着我们为自由民主的生活描绘一个丰富的图案。

A Symbol of Authority
权威的象征

穹顶，这种在遥远和仍然信奉异教的封建年代里，高高在上的完美建筑，送走了它最后的辉煌，迎来了它在长达五百年的欧洲文艺复兴之中的衰败[1]。

给予这摇摇欲坠的废墟最后一击的人，是伟大的雕塑家米开朗琪罗。在罗马，他终于把万神庙抛到了帕特农神庙的顶上[2]。这位意大利天才冲动的后果，被叫作圣彼得大教堂[3]。从

---

[1] 此指自15世纪初到20世纪初。欧洲文艺复兴时期通常指14—16世纪。对文艺复兴的负面评价认为，它在人文主义革新的同时，在诸多方面造成了对中世纪文化的破坏。
[2] 罗马万神庙（建成于2世纪初）代表古代罗马建筑风格，其中的半球形穹顶内直径约43米；雅典帕特农神庙（建于前5世纪中叶），代表古代希腊建筑风格。此指米开朗琪罗将二者生硬组合的设计方案。
[3] 罗马的圣彼得大教堂是世界最大的天主教堂。始建于1506年，至1626年完工，历经多位建筑师参与及修改。由米开朗琪罗设计的主穹顶内直径约42米，建成于1590年。

那时起，整个世界一直在以最为诚挚的恭维，欢庆着那个时刻。

作为内行，我们深知恭维的极致就是模仿。

雕塑家米开朗琪罗，以他那个年代最为恢宏的想象力，顺理成章地着手建造这座雕像——你尽可以称之为建筑。圣彼得大教堂的穹顶意味着空虚，它唯一的价值不过是教皇的另一顶圣冠而已。这座巍峨的穹顶违背了所有合理的结构法则[1]，但是作为一个耀眼的象征物，它似乎正是世俗的权威们苦苦寻觅的不二之选。他们找到了一个标签。

这个与时代错位的庞然大物，逐渐被大大小小的文明国家正式接纳。它做作地立在一圈儿桩子上，塑造和美化着那些无论神圣还是邪恶的权威。

在米开朗琪罗变身为建筑师之前，穹顶一直安稳地端坐着——它的侧推力（穹顶的实质是拱券）在建筑内部被流畅地消解掉了。圣索菲亚大教堂[2]是真正的穹顶的高贵典范，但是它建成于罗马帝国东迁之后[3]。是东方人首先发现了一座真正的穹顶之中的美与价值。

然而，伟大的雕塑家把他的穹顶从真实中剥离出来，这样就可以把它立在蓝天映衬下的桩子上面，使它高过其他所有的穹顶。他把那些"桩子"称作"柱子"，是啊，这样要好听一些，也堂皇得多。历史记载着，在穹顶完工之前基座就开始出现裂缝。砖块砌成的巨大拱券（穹顶其实就是拱券）开始朝各个方向松动，因为能使它聚拢在一起的只有半空拂过的清风。

宏伟的穹顶和支撑着它的桩子，威胁着下面众生的性命。

十万火急中，罗马的铁匠们被征召而来，在铁匠铺里赶制一条硕大的铁链——铁环足有你的腿一般粗——确保这个半空中的杰作有足够长久的生命，所向披靡地征服后世一代代聪明人的想象力。

瞧吧，铁匠们的锁链终于拴牢了基座。尽管被我们的英雄草率地举到了超越自然规律的高度，但是穹顶仍然获得了永生。作为建筑师，我能够想象得出，当急人所难的铁匠成功地完成了加固的任务，雕塑家如释重负地爬上床去，酣睡了一天一夜都没翻身。

---

[1] 依据力学原理，文艺复兴时期之前的建筑穹顶，其基座周边必须有厚实的墙体或小的半穹顶结构，以抵消主穹顶固有的巨大侧推力。这些结构是建筑形式的重要组成部分。文艺复兴时期的穹顶，为了突出完整的半球体形象，只以基座下边的环形柱廊支撑穹顶。由于缺乏水平方向的受力构件，基座位置需要环绕铁锁链以保障结构稳定。

[2] 伊斯坦布尔的圣索菲亚大教堂（Hagia Sophia），建成于537年，主穹顶内直径约31米。

[3] 罗马帝国于395年分裂为东西两部分，西罗马帝国仍都罗马，于476年灭亡。东罗马帝国亦称拜占庭帝国，建都于君士坦丁堡（今伊斯坦布尔），于1453年灭亡。

日后，这座庞然大物在欧洲大陆上繁衍出了一个个穹顶，最终轮到我们自己的国会大厦[1]。尔后又波及各个州的议会大厦——差不多有四十八个之多吧。接下来是更小规模的地方法院、市政厅头上更小版本的圆顶。铁匠们拯救的这个万众眼中权威的化身，屹立在这片献给自由的新世界的每个角落。它们昭示着一位伟大艺术家的鲁莽之举给予我们的恩惠。同时，它们也是使建筑重生的"文艺复兴"留下的最伟大的民主遗产。

我们土生土长的"宏大狂热症"选择了这种形式。当初被挑中的或许会是其他任何一种另外的形式，然而碰巧就是穹顶。仅此而已。

克里斯托弗·雷恩爵士[2]为英国引来了雕塑家的穹顶，为圣保罗教堂借来了佛罗伦萨铁匠的锁链。有趣的是，克里斯托弗爵士自称，他这座砖砌穹顶的稳固并不依赖于那些铁锁链！然而，无论如何他也不会就此做出尝试。他的这番论断表明他作为一名建筑师能力有限，而他的谨慎行事证明了他毕竟是一个理智的人。

满怀对虚假穹顶的敬仰之情，心灵手巧的尤松尼亚建筑师们甚至超越了克里斯托弗爵士。如今，我们宏伟的穹顶完全是铁匠手艺。模仿雕塑家的砖砌穹顶的铸铁壳体，被天衣无缝地焊接成一体！

铁匠们的工作是如此的精彩，至少就穹顶而言，建筑师们已经全无用武之地。可怜的建筑师们究竟是暂时退缩，抑或是永久退出，目前尚不得而知。或许我们可以坦率地承认，除非建筑师能够屈从这个时代躁动的激情，并且真正纯熟地驾驭铁匠手艺，不再视之为模仿而视其为受人尊敬的铁匠手艺，否则他即便重装上阵也不会有用武之地。如你所见，一个伟大的雕塑家在他外行的艺术领域里谱写了华丽的篇章。直至今日，它依然像一位暴君，令同样实施着暴政的摩天楼——美国人自己的圣彼得大教堂——在自己的基座上坐立不安，嫉妒得发狂。

模仿总是多么危险啊！放任权威篡夺理性的位置，又将是怎样的一场悲剧。蠢行一旦得势，自由还能在何处容身？美利坚，记住我的忠告吧。

我们向穹顶致敬——其实早已算不得什么穹顶，不过是烦琐的铁匠工艺在模仿做作的圣

---

[1] 华盛顿特区的美国国会大厦，始建于1793年。作为其标志的中央穹顶于1865年建成，外观延续了圣彼得大教堂穹顶的特征，但完全由铸铁焊接而成。美国绝大多数州的议会大厦建筑也采用类似的穹顶形式。
[2] 克里斯托弗·雷恩爵士（Sir Christopher Wren, 1632—1723），英国建筑师。

彼得大教堂——仅仅是在强调这样的事实：几乎所有恢宏的古代建筑，诸如大教堂、宫殿等，都只是雕塑、充满雕塑感或者类似于雕塑。一如既往，雕琢势必会被滥用而失控。过度的雕琢无一例外地将演变成平庸的宏大狂热。无论它出现在客厅、教室还是大型建筑里，不外乎是老态龙钟的表现或者纯粹是孩子的游戏。

虽然算不上危险或者毒害，然而这种老态龙钟的泛滥依然是何等的滑稽啊！为感怀逝者而抹杀生命！为已经消亡的旧时代而不是为鲜活的新时代竖立丰碑。

The Enemy
敌　人

如今，我们的国家正站在岔路口：一条路是美其名曰"学术"的老态龙钟之路，另一条路通向真正的进步。胡佛总统和他麾下一帮僵硬的官僚，站在以他的名字命名的大坝上，借政府的名义推广这种老态龙钟。毕生的经验告诉我，政治权威或者其他任何经人树立起的权威，从来都是一切理性的敌人。

总结而言，这种古老的、具有雕塑感的雕塑是古代唯一可能的秩序，它起码合乎当时的道德。然而后人的沿袭，却是对旧的秩序的无耻背叛。我们给这种过度的雕琢起名叫"文艺复兴"，或者说古代秩序的"重生"。这种重生最终衍生出毒汁，滋养了遍布于我们城市每个角落的折中主义。古代的秩序往往是一种经济方面的罪行甚至是公害。比一切流弊都更为可怕的，是它施加在美国文化身上的诅咒，造成了文化迟滞中的井底之蛙，执着于宏大的狂热。

Youth
青　年

希望，尚未死去。一如既往，少数者的报告仍然是任何真正民主的生命力所在。而建筑的角色正在变成这份少数者的报告。今天，当建筑致力于让机器的力量和数百万不懂得民主的美国人变得真正友善时，我们将要涉及一种新的思想：真实存在的内部空间，和另外四项取之不尽的资源。

第一项新资源，是真实存在的内部空间。

第二项新资源，是玻璃这种绝妙的材料——仿佛空无一物，却能够让室内外沟通或者隔离。

第三项新资源，是新兴的钢结构——像蜘蛛网一样纤巧，却能够创造为人所用的空间。

第四项新资源，是重新认识每一种材料，揭示和领会它们的天性。

第五项新资源，是自然的图案和整体合一的装饰。它是与前三项资源同等重要的精神要素。

这五项资源都具有鲜明的现代特征，都是创造有机建筑的利器。它们渴望体现新的价值，使建筑和建筑诞生的过程都契合二十世纪的生活方式。它们不仅仅是二十世纪现代建筑的基石，也是现代生活需要学习的一堂课。因为，基于对内部空间的认识，今天的建筑与生活具有相同的内容。

尽管身陷由教育促成的文化滞后和迷茫当中，借助于无限丰富的材料和无限饱满的力量，我们仍然能够深刻地理解生活，感受所有这些新资源的现代气息，从中获取为我们构建文化的原料。

接下来，你将听到另一段说教。这也是在无所事事的那几年里，我给美国各地数以千计听众宣讲过的内容。假如你认为这些都太像一场演讲，你尽可以跳过下面几页，因为它们的对象是刚刚踏入建筑之门的青年。别忘了，这毕竟是一部建筑师的自传。

In the Nature of Materials：A Philosophy
材料的天性：一门哲学

我们所拥有的资源将是崭新的。它们之所以新，仅仅是因为在长达五个世纪的衰落（美其名曰"文艺复兴"）之后，建筑正在上演它的最后一幕——对模仿的再次模仿。美国建筑里的"石膏线脚"夫人、"三角山墙"夫人和"平屋顶"小姐都是这一幕的主角。总体上讲，我们的建筑只不过是一群引人注目的无足轻重之物，这一点尤其适用于政府建筑。我们不再拥有建筑，至少不再拥有真实的建筑。我们所拥有的，仅仅是假建筑之名而行的经济犯罪。

不，亲爱的戴维斯夫人[1]，尽管你非常仰慕华盛顿的仿古建筑，我们最伟大的建筑也还不足以被称作艺术。

爱因斯坦曾经说，解释相对论需要三天时间，而我们的议题的紧迫性与现实性远远超过相对论。请你也不妨耐心一些，容我们把这五项资源像五个手指那样按顺序加以解释。如果我们希望明天的生活更加轻松美好，它们全都是可供利用的工具。

第一项资源，比希腊的"古典"建筑更具真切的现实感，比基督教统治的中世纪的一切建筑都更为人性。事实上，这种思想可以追溯到两千多年前。在耶稣指点有机的简洁之前大约五百年，中国古代哲学家老子提出了自然的哲学——"道"。新的建筑不仅仅是深刻的哲学，它是诗歌。

中国古代的哲人王夫之说："诗言志。"[2]

与诗歌相仿，建筑的本质是"内部空间"发出的声音。我们可以把"内部空间"称作内心。

建筑将表达一种既古老又新鲜的现实。房间自身必须被视为建筑，否则建筑根本就不存在。室外不再仅仅是室外，室内与室外不再是两个割裂的东西。如今，室外将融入室内，而室内将步入室外，二者互为彼此。如果材料的天性与建造方式、建筑功能融合在一起，那么形式与功能也将在设计和施工的过程中合二为一。

室内空间的概念，是第一项伟大的资源，也是形式具有意义的基础。有机建筑的天性决定了，土地自身始终是建筑的一个基本组成部分。借此，我们能够大略领会何为有机建筑。一座有尊严的建筑，如同自然界中的一棵树。

这种新的建筑思想，也是属于整个文化的新思想。任何试图割裂建筑与文化的努力都是徒劳的。使这二者脱离我们的欢乐和劳动，也同样是徒劳。

有机的整体将赋予你手段，结束这种被误认为是文明的拙劣堆砌。只有利用这种既古

---

[1] 戴维斯夫人，即玛荷丽·梅莉薇德·波斯特（Marjorie Merriweather Post，1887—1973），曾与其第三任丈夫约瑟夫·戴维斯居住在首都华盛顿，以拥有古典风格的奢华住宅著称。
[2] 出自王夫之的《唐诗评选》，其中，王夫之引《尚书·尧典》中"诗言志，歌永言"。

老又新鲜的资源，我们才会拥有文明。在由于困惑而陷于文化倒退的二十世纪，对于"自然"的信仰正是我们赖以成长的信仰。因此，"有机"建筑也可以称作"自然"的建筑，或者"整体"的建筑。

接下来，我们将谈到第二项资源：玻璃，一种异乎寻常的材料。它的神奇之处在于，它为现代生活中苏醒之后的敏感，提供了种种神奇的手段。假如玻璃出现在古代，我们所知道的一切古代建筑都将因此而消失。玻璃是一种奇迹。仿佛空无一物，却能够让室内外沟通或者隔离，以漫射、反射与折射来控制光线。

借助于玻璃，第一项资源实现了它的理想。室外广阔的大地将被引入室内，室内温馨的环境也将向外延展，和大地结成伙伴。自然与建筑相互映衬，各自的特征都显得更加鲜明。它们共同创造的不仅仅是一片优美的环境，也是建筑里一种美好生活的图案。第一项资源之深远的意义与影响，开始造福于人类生活：我们把它称作"室内空间概念"。我们这个时代的文明渴求丰富多彩的建筑，而其中的每一座建筑都渴求将室内空间的概念化为现实。

借助于玻璃，某种栖居在树上的祖先体会过的自由，重现于二十世纪的生活。

那种像动物一样钻进洞里寻求保护的生活，建立在封建强权或者"古典"建筑的基础之上，而"古典"建筑的基础是奴隶的劳动。在一个自由国家里，如果有机的思想赋予了我们自由，建筑就应当抛弃动物本能的畏惧，彻底摆脱深受我们溺爱的"古典"形式。否则，我们的自由从何谈起？

或许，玻璃最为重要的价值在于，它帮助洒满阳光的空间成为人类精神最理想的仆人。玻璃是一位急救员，为建筑的形式与思想注入纯净的生命。建筑与室外的台地、坡地和花园联姻，使景观得到延伸。正是基于将大地视为人类生活中善的象征，我们将建起更多新的住宅和公共建筑。

我相信，随着人们意识到我描述的可能性，他们会越来越渴望洒满阳光的宽敞空间。我们越是渴望阳光，也就越渴望自由。我们越是将真实视为至宝，也就越有把握找到并且留住有价值的文明，借以对抗蔚然成风的滥用与破坏。

城市里的淤塞，将使以"建房招租"为业的人失去财路。不用太久，他就会在自己胸前挂上"待租"或者"求职"的牌子。做成这笔生意，他恐怕需要十年时间。

我们将把对于空间的这些崭新的理解，称为"民主"的理想。

A New Reality：Glass
玻璃：一种崭新的现实

解放室内空间的利器，是一种被称作玻璃的新材料。这种超乎寻常的材料能够赋予我们新的力量，不仅使我们逃出目前居住着的漂亮洞穴，挣脱束缚我们的过去，还能够唤醒我们对于简洁的渴望。生活中这种影响深远的简洁，也清晰地显露在自然界中。好的建筑总是体现好的建造，而这种体现发展到更高的层面，就是体现自然界的图案。只有这种"体现"，才称得上富有灵性。

将内部空间视为真实的存在，当这种现实被视作自然界的一部分，玻璃将使花园变为建筑，建筑变成花园。天空将和大地一样，成为日常室内生活中宝贵的东西。

墙将会消失。最终，为人提供庇护的洞穴也将随之消失。

由于玻璃的存在，墙将变成一系列窗子，而窗子不再是我们习惯的墙上挖出的洞口。天花板也将变成窗子。织物将被用作美化人们头顶的空间，它将成为真正的建筑元素，而不再是吊挂的装饰或者用以遮羞的手段。现代的地板供暖技术、与建筑整体合一的照明以及标准化的卫生洁具，所有这些合理与经济的手段，将使建筑彻底告别狭窄幽暗的盒子。

荒谬的堆砌和虚假的体量，难道人们还要继续忍受自己的智力遭受这种侮辱和压制吗？在十九世纪美国的所有公共建筑和居住建筑里，"显而易见的浪费"是荒谬的堆砌和虚假的体量所推行的暴政！作为学者，美国建筑师无论出现在哪里，都会获得如此巨大的"成功"。

Another Reality：Continuity
另一种现实：连续性

第三种资源，也是现代建筑不可或缺的资源，是连续性的原则。它注定将撕毁对于建筑体量荒唐的浪费和欺骗。我把这种力量称为"纤巧"，钢是它的预言家和主宰者。接下来，你将忍受难以回避的脑力负担，跟随我在"工程"领域里小做徜徉。很不幸，我们面临两难的悖论：只有在"工程"之中游历，你才可能理解"现代"建筑；然而，一旦你接受了过多工程师或者建筑师的教育，你将无法理解"现代"建筑。这里需要的是你的直觉而不是博学。

开始有关钢材的讨论之前，我们必须澄清，古典建筑的竖向承重构件都必须是竖直挺立的柱子。水平方向的梁搭在竖直的柱子上，这就是古典建筑掌握的全部结构知识。无论采用何种材料，都是这两样东西，其中一样支撑着另一样。古代以及十九世纪的建筑，甚至也包括当前的"时尚"建筑，都只是把各种材料的受力反应简化为这两样东西：梁与柱子。事实上，昔日的结构技术往往只是竖起一块木头或者石头，然后在它顶上搁另一块木头或者石头（有时候是铁）。简单而绝妙的叠放，不是吗？所有"古典"建筑都曾经并且仍旧是某种形式的直接叠放。拱券的表现稍好一些，但是如果你请结构工程师来"描述"一个拱券，他免不了先扎进一大堆"计算"里。

作为真正的美学家，古希腊人把这种绝妙的叠放发挥到了典雅的程度。古罗马的建造者们同样具有美学天赋，他们摆脱希腊人的束缚，把一根梁弯曲成了一道拱，虽然称得上是某种革新，却依然没有跳出类似梁柱并置的窠臼。然而，冰冷的钢击碎了所有"古典"堆砌的精髓。无数古典建筑的遗体仍旧盘踞着美国大地，但现在到了埋葬它们的时候。

显然，这种原始的梁柱结构体系具有永恒的合理性。然而，现代的支撑与被支撑构件，可以通过焊接钢筋或钢筋网，或者浇筑混凝土结合成一体。天花板、墙体和地板融为一体，成为彼此的一部分，从而相互支撑。这种连续性得益于钢材的纤巧。

钢材或者说可塑性，登上了建筑结构的舞台。它们的语言是利用构件内部的钢埋件，把柱子与梁焊接为一体，把墙与天花板焊接为一体。换句话说，竖直与水平的构件结合成一体，一个形式的新世界将不可阻挡地开启。

梁在哪里结束、柱子在哪里开始，将变得不再重要，甚至二者不再需要可以分辨的差异，因为二者之间实质的差异已经不复存在。利用钢的抗拉性能，支撑与被支撑构件相互伸进对方，如同一棵树的枝条从树干上伸出。由此产生了一系列被我称作"连续性"的力学反应。"连续性"自然而然地产生了一种新的美学或者说形象："可塑性"（一个颇为现代的概念）。"可塑性"将不再只是一种形象，而是成为真实的建筑结构之中真正的美学。交织在一起的钢筋向各个方向延展，在节省材料和减轻建筑自重的同时，却实现了前所未有的结构安全。观察一下树干和树枝之间的关系，你就能够理解悬挑。在第三项资源的诸多产物当中，悬挑是最为简洁的一种建筑语言。虽然具备解放空间的巨大潜力，然而至今悬挑结构在建筑界引起的关注，仍是寥若晨星。

在至少三十五年前，"可塑性"的思想已经被我的作品悄无声息地带进了美国建筑界，尽管当时仍不具备焊接和钢筋网这些手段。它消除了梁与柱子之间的所有特征差异。钢的抗拉性能体现在钢筋网和焊接当中，实现了建筑师渴望的整体可塑性。可塑性作为物质现实的美学，出现在建筑的世界里，证实了有机建筑的哲学——形式与功能合二为一。

为了更形象地解释神奇的"可塑性"，让我们来看看自己的手。是什么让你的手具有丰富的表现力？是连续流畅的线条和曲面。它们把结构清晰、环环相扣的各个部分结合成一个整体。试着把手分离成不同部位的骨骼（类似于梁和柱），产生丰富表情的可塑性即刻消失。相互独立的骨骼和关节，仿佛把我们带回到古代或者说"古典"建筑的世界：一个个孤立的部件和孤立的特征。可塑性是与古代的堆砌方式截然相反的理想方式，直线与平面借助它产生崭新的效果。

三十五年来，可塑性作为一种美学理想得到实现。遵循它体现出的简洁，机器方能创造出有机的作品。我自己的创作验证了这一点。

如今，这种新的可塑性美学（形体的连续性），成了一种有效的方式。它利用特征清晰的轮廓和富有感染力的表面，为有机的或者说具备整体性的美国建筑构造完美的形体。

无疑，打着"简洁"的幌子招摇撞骗，与打着"古典"的幌子行骗一样容易。我不无遗憾地看到，"现代主义"的建筑布景师们又一次施展他们战无不胜的模仿才干，喜滋滋地抓住崭新的机会来打造新的"虚假效果"。或许，又一次"文艺复兴"即将露出曙光。

只有当可塑性真正地体现于实际施工，如同手部的线条和曲面让手部的结构连成整体，建筑才会是一个整体。连续性的原则，被我最早应用于钢筋混凝土楼板和洛杉矶的混凝土砌块建筑。

既经济又纤巧的悬挑，或者说水平方向的连续性，在一九二三年的大地震中挽救了帝国饭店。但是出于种种原因，它并没有出现在建筑的语法书里，主要原因是这座建筑似乎只属于遥远的东京。

后来，我在纽约圣马可高层公寓的设计中，更加成熟地使用悬挑原理来节省材料和人工，更大限度地解放建筑空间。它赋予结构卓越的稳定性，而不是虚假的体量。任何一棵树都可以让你感受到形式与原理的这种完美融合，然而建筑结构的抽象图案绝不是简单地模仿一棵树。

无一例外地，连续性将会节省人工和建筑材料，同时也令空间更加紧凑有效。不幸的是，想让它为你所用，手头却没有能填进计算表格里的数据。只有经过持续数年的试验积累，工程师们才能获得足够的数据，然后开始拨弄他们的计算尺。

古代的建筑原则极少考虑对材料的节省。建筑物越是体态庞大，对古代人而言它越是赏心悦目。然而，与一片柔韧的塑料或者钢筋网相比，旧的秩序就像米开朗琪罗的穹顶一样脆弱。因为，支撑与被支撑构件之间缺少使二者合为一体的联系，无法消解外力变化的影响。

借助于钢的抗拉性能而实现的纤巧，是一个巨大的新资源。约翰·罗布林[1]设计的布鲁克林大桥[2]为一个新时代奏响了序曲。所有的古代建筑里都没有承受拉力的构件，它们必须耐心等待，直到钢的出现。

普遍使用纤巧的钢筋或者钢板的时代仍未到来。今天，结构的连续性可以使构件的尺寸几乎减半。如果利用可塑性继续去除无用的特征，构件就可以被再次一分为二。

工厂化的批量生产与精良的机器，为现代建筑提供了显著降低造价的机会。假如标准化能够被人性所驯服，珍惜设计赋予它的灵活度，使住宅造价降低到普通人可以承受的程度，那将是现代生活方式所能享受的最大福祉。那时，真正的民主将随之到来。

我刚刚描述的这些新生事物，造成了种种混乱不清甚至是无意识的反应：建筑规范只承认眼前的事实，而工程师们接受的教育，决定了他们听到这些新思想时一脸茫然。然而，工程师们正在学习如何借助模型来计算某些实例，其中的佼佼者如普林斯顿大学的贝格斯教授[3]。

在我看来，建筑规范必将伴随制定它们的人一道消亡。

Materials for Their Own Sake
材料自身的意义

前面三种资源，产生于能够称其为建筑的房屋的天性。接下来，与建筑的天性相契合的第四种资源，是建筑材料的天性。

---

[1] 约翰·罗布林（John Roebling，1806—1869），德国桥梁设计师，移民美国后设计了包括布鲁克林大桥等多座巨型桥梁。
[2] 纽约市东河上的一座钢悬索大桥，长约一千八百米，是美国最早的悬索桥之一。建成于1883年，是当时世界上最长的悬索桥。
[3] 贝格斯（George Beggs，1883—1939），普林斯顿大学土木工程系教授，在预应力钢结构方面多有创见。

各种不同的材料具有各种神奇的特性,将它们应用于建筑,会逐步修正甚至彻底改变一切建筑形式。

一座石头房子不会看起来像钢结构房子。砖或者瓷砖的房子,不会也不应当看上去像石头的。木头的房子看上去就是它自己,它在赞美木材。钢和玻璃构成的房子看上去只会像它自己,它在歌颂钢与玻璃。这种美德也适用于长长的材料名单:石材、木材、混凝土、金属、玻璃、织物、纸浆和塑料。今天,我们拥有如此丰富多样的材料,任何与古代建筑之间的比较,只会阻碍现代建筑的发展。

这意味着建筑将返璞归真,以一切自然的东西作为它自然而然利用的资源。

为了创造有机的建筑,聪慧的建筑师们必须拒绝折中主义倾倒在美国大地上的古董垃圾。基于我本人对建筑的思考,这种拒绝首先应当是一种含义深刻的社会行为。或许你对此的第一反应是困惑与震惊,然而惧怕的唯一理由不过是它代表了积极的理性。

出于本能,一切伪装的形式都惧怕和痛恨现实。

伪君子必定痛恨激进者。

第四种新的潜在资源——材料的天性,是每一种材料与它将要承担的使命之间的关系。这意味着建筑师必须从真正的起点重新起步。他必须遵循自然界的规律,同时也遵循这个时代的方式与敏感,理性地把握任何一种他将要利用的材料。我所指的自然界,是建筑师眼中设计完整的内在结构,一种永远与自然界呼应的图案。这种图案是我将要论及的第五种资源,它将引导现代建筑师走向创造。如果他的想象力还没有被学院扼杀的话,这种图案将给他的想象力注入新的活力。

机器时代里新的资源,要求所有建筑都不去模仿它的同伴。新的思想并不要求所有建筑都必须由钢、混凝土和玻璃构成。这种误解往往造成愚蠢的浪费。

新的资源并不否认,真实地利用砖石材料仍旧会生成美的体量。在这个纷繁复杂的时代,我们拥有极其丰富多样的形式,前提是这些形式都真实地服务于建筑,同时建筑真实地服务于生活。

在我们这片拥有全世界最丰富的新材料与老材料的国土上,建筑师们应当借助训练有素的想象力,发现每一种天然或者人工合成的材料固有的风格。每一种材料都有可能是美丽的，它们的美取决于建筑师如何加以使用。

现代建筑的材料资源包括木材、石材、钢材、陶土、混凝土和玻璃。别忘了，还有纸浆和塑料。既然，"内部"空间的意识已经露出了地平线，这些丰富多样的材料将赋予每一座真实的建筑所需要的"母题"。每一座建筑所使用的材料，将决定它的体量和轮廓，尤其是比例。个性是衡量形式的准绳，这适用于任何一座房屋以及能够被我们称为建筑的工业产品。

The New Integrity
新的真实

令人费解！已经是二十世纪的今天，渴望生命力的现代建筑仍在学习如何理解生活。原因在于它仍不得不学习把砖看作砖，把钢看作钢，把玻璃看作玻璃。

现代的思想鼓励银行看上去像一座银行（很遗憾我们不能没有银行），而不再依赖虚假的柱廊显示它的实力。新建筑的思想鼓励办公大楼看上去像一座办公大楼，尽管它的繁忙和拥挤让人联想到蜂巢的内部。生活将捍卫它的真诚，让旅馆看上去和用上去都更像一座旅馆，而不是什么办公大楼。生活还将宣告，火车站看上去像一座火车站，而不再绞尽脑汁地模仿一座古代的神庙或者某位君主的宫殿。如果生活果真需要歌剧，为什么不让歌剧院像一个真正为欣赏歌剧而建的场所，不再模仿金碧辉煌的土耳其浴室？生活还将宣告，加油站应当恪守它作为一个加油站的职责，它的形象应当与职责相符。宁可只保留街边一个"加油的泵"，也胜过装扮成微缩版的"殖民地风格"宅院。

美好的生活要求学校是一个充满快乐的宽敞空间、为快乐的孩子们精心设计的场所。它应当是单层建筑，以便利用天窗采光。学校的建筑应当成为孩子们阳光照耀的花园。

生活的本质对"现代建筑"提出这样的要求：一个懂得家的意义的人，应当以他自己的方式拥有属于他自己的住宅。当然，前提是"联邦住房管理机构"竭尽全力之后，仍有漏网之鱼。我们的政府迫使任何人建起一座住宅仅仅是为了卖掉它，把任何一个想要拥有家的造屋者赶进房地产的生意场里。

这些思考，不过是三十年前产生于芝加哥的一些新颖的建筑常识。从那时起，它们在我的作品中日渐成熟，正如今天它们在世界各地的建筑作品中不断成长那样。或许这样讲是在侮辱他人或者吹嘘自己，然而事实上，尽管我们所能看到的表面现象有了迅猛的发展，这些思考在今天依然属于新奇的事物，仅仅是比三十年前略微显得不那么奇怪而已。

Integral Ornament at Last
整体合一的装饰

最后是第五项资源。它是如此古老却又渴望体现新的价值。整体合一的装饰，是在建筑中体现自然的图案。它是现代建筑领域里取决于个人好恶的要素，一个令人难以理解的要素，以至于现代建筑师似乎是最无法理解它的人，并且他们当中的绝大多数对它怒目相向，仿佛它生来就一无是处。

如果你不具备最为丰富的想象力、一定的艺术造诣以及对于分寸均衡的精准把握，那么这项与人的精神世界密切相关的资源，的确显得无关紧要。进入下面这个段落之前，我们必须将自己的想象力升华到更高的层次，因为我们将谈到诗。

如今，许多笔下流淌出优美散文的作家，却完全不能写诗。由于"功能主义"碰巧是目前的主流文风，使得字词断断续续的介绍性文章成为当下的时尚。虽然诗意的散文总是受人喜爱，但是谁能容忍平白如话的诗呢？所有人都对它白眼相看，甚至连昏头昏脑地写出这种诗的人自己也不例外。

于是，我把这种新的资源——与建筑合为一体的装饰——比作诗。在此，我不惜贸然使用"诗"这个危险的字眼。

截至这一刻，我一直在用"图案"（pattern）来代替"装饰"（ornament）这个词，以免发生混淆。此刻，装饰可以登场了。装饰的含义，绝不仅仅是**人依靠想象力来塑造表皮**，而是由想象力赋予结构以**自然的图案**。或许，这样的描述无须更进一步的解释。我们发现了新的价值。很久以前，象牙塔里的建筑师埋没了这种价值。作为一个品位不俗的人，他很快就满足于把玩各种符号与象征。

显然，将结构视为一种顺应材料天性的图案，我们从中收获的绝不仅限于身体的需求。"如果你有一块面包，切开一半来换几朵水仙花。须知，喂养你身躯的是面包，而滋养你灵魂的是鲜花。"[1]

与雕塑、绘画相关联的建筑世界里，蕴藏着更高层次的想象力。建筑可以完全通过现代方式加以实现，正如它一直以来由匠人们依据古老的方式加以实现。

借助于这最后一项富有诗意的资源，建筑将获得前所未有的统一感和人性的价值。这种论断会被左翼人士视为异端邪说。有人不禁发问："如何实现？什么时候？"我们还可以追问，由谁来实现？答案是，由真正的诗人来实现。如今，哪里能找到这位诗人呢？时间将做出回答。

让我们谨记中国哲人王夫之的箴言："诗言志。"整体合一的装饰，是对于"建筑整体"的深刻理解，或者说是抽象的结构图案。它体现在一棵树或者一朵百合花清晰的结构里，也在建筑结构清晰可见的图案里。它是形式的内在韵律的表达。我们是在谈论风格吗？非常接近。我们谈论的是某种特征，它使建筑回归本质，区别于其实只是一场表演的建筑。

整体合一的装饰的基石，是体现在贝多芬《第五交响曲》里的那种有机的简洁。第一乐章开篇恢宏不安的主题，是由儿童的一个手指即可弹出的四个音符组成的。超凡的想象力孕育了重复的音阶和简单的节奏，它们构成的伟大的交响诗篇，或许是人类思想世界里最高贵的殿堂。与音乐一样，建筑也具备以简洁去构筑宏伟殿堂的能力。

为了让建筑更加彻底地表达它的原则，我们不妨提出这样的警告：宁可死于左翼的"装饰恐惧症"，也胜过建造任何一味涂脂抹粉的建筑，或者说胜过死于卑劣的右翼"装饰狂热症"。所有专属某个朝代或者伪古典的建筑，以及绝大多数叛逆呐喊、自称为"国际主义"的建筑，全都充斥着令人厌恶的装饰（虽然后者的设计师们没有意识到这一点）。

以自身构图为目的而精心雕琢的一片墙面，无论它多么舒展和纯净，其装饰的意味并不亚于古典的卷草纹饰。这两类建筑的"装饰"同等拙劣，因为它们和古典建筑一样完全忽视

---

[1] 相传为伊斯兰教先知穆罕默德所言。一说出自柏拉图。

了第一种资源。此外,他们也忽视了另外四种资源,并且忽略了机器如何加工材料。看似偶然而实则必然,他们都错误地判断了建筑的时代、地点和现代生活的特征。

尚且稚嫩的左翼,不过是在争先恐后地堆砌"主义"的字眼。他们忽视了深层的秩序,目标只是在于看上去"像"机器,或者说某种"新式"的玩意儿。

绝大多数所谓"国际主义"或"现代主义"的建筑,都缺乏真正有机的探索。又一次,我们只是将建筑当作新奇而肤浅的美学交易,因为绝大多数建筑师所接受的教育,决定了他们能够驾驭的对象仅限于折中主义,可供选择的仅仅是折中主义属于昨天、今天或者明天的不同版本。

在拥有具备真正生命力的建筑之前,我们宁愿以对机器的模仿作为过渡。"居住的机器"固然贫瘠,但是毕竟比行将就木的古老遗风要健康一些。

Great Power
伟大的力量

一种令人惊愕的力量,比成千上万个奴隶更能移山倒海,比古希腊学院里那些智慧的奴隶更具有深远的影响,在背后支撑着这五条机器时代的价值观。它就是机器这根杠杆释放出的力量。机器将以它的力量,证实建筑领域这些新的原则。然而,如果这些原则的产物不符合新的简洁,机器会很快将它们摧毁。

只有我们意识到生活中更崇高的目标,使它们形成整体来服务人类,才能够恰当地利用这些新的资源。即使不能实现那些更崇高的目标,有机建筑至少描绘出了它们的蓝图。有理由相信,一根不断延伸着的水平线,将给这个国家的生活带来无尽的自由。这根水平线变成了我们这个时代伟大的建筑——高速公路。水平面变成了分散的区域土地。线与面勾勒出的图案仿佛是"尤松尼亚心跳的节奏"。这本书第四卷的题目是"自由",高速公路和分散的区域土地组成了它的插页图案。

我看到,这根不断延伸着的水平线是人类赖以生活的大地,它永远象征着自由。

宽广的水平面将无限扩展,它承载着这个星球上属于每一个人的自由。

Usonian Architecture
尤松尼亚的建筑

将建筑理解成一幅整体的图案,这种思想将带给美国未曾领略过的美。当具有人性与创造力的双手,睿智地驾驭着机器这根伟大的杠杆,尤松尼亚人的视野将被无限地扩展。

借助于以上这五种"建筑"的新资源,富有创造力的艺术家唤醒了机器这头巨兽,将它驯养得更加机敏,然后逐步投入崭新的用途。无论学术界的"船长们"如何包装和兜售他们的假货,无论由此产生了多少愚蠢的折中主义、貌似多样的单调和十足荒废的生命,这一切都无法扼杀真实的生活。美国人将重新尝到生活中盐的滋味。我们从来自不同国家的先辈那里继承来的文化滞后——尤其是冲刷着美国东海岸的文化怯懦——必将随着时间的推移被克服。

在执掌着象牙塔、店铺和账房的"船长们"眼中,一切机器都不过是让剥削变得更加高效的印钞机。据我观察,在赚到盆钵满满之后,"船长们"突然对文化产生了好奇。他们背叛了自己的剥削机器,转而把财富挥霍于极具破坏力的古董行当。去问问约瑟夫·杜威恩[1]吧!大英帝国可不会平白无故地授予他爵位。他那顶爵位,还不足以证明这个社会体系的贫瘠荒芜吗?如果还需要更多例证的话,请放眼看看那些连绵不绝的战争。它们唯一的成果只是为日后更多更残酷的战争种下祸根。帝国,不过是战争金字塔的塔顶。

He Who Looks and Sees
睁开双眼

我坚信,尽管报纸上仍充斥着浅薄的废话连篇,我们的大众已经开始厌倦这种浅薄的商业化"品位"。我坚信,他们看穿了象牙塔里制造的谎言。街道上的美国人睁开双眼,看到飞机冲破虚构的幻象,从他头顶掠过。他睁开双眼,看到蒸汽巨轮拉响胜利的汽笛,威武地

---

[1] 约瑟夫·杜威恩(Joseph Duveen,1869—1939),英国艺术商,将大批欧洲艺术品贩卖到美国。曾先后被英国皇室授予骑士及男爵。

横渡大洋。他看到汽车逐渐获得自由,越来越多地具有机器的本色,不再委屈地被当成马车。通过各种现代交通工具和建筑资源,他看到机器的时代将越来越自由地表达真实简洁的结构,越来越少对材料的误解和对工具的误用。

我坚信,前文历数的那些建筑领域里的新资源,将启发你如何清除未来城市衰败的病源。城市的衰败,将是机器在二十世纪为人类做出的卓越贡献。

截至十九世纪末,在人类向城市聚集的过程中,机器一直扮演着至关重要的角色。然而,二十世纪的机动化与各种形式的电子化,会帮助人类实现分散定居和新型的沟通凝聚。

不难看出,一旦机器这头巨兽被人类的想象力驯服,大城市必将成为奄奄一息的病人。然而今天,机器的成功却只是造成了人类的肆意妄为。在机器时代里,奢侈生活应当具有更加人性的内容,它将产生于或者是伴随着今天的现代建筑。终有一日,所有的美国大城市都将被埋葬。

与此同时,要提防那些乞丐、商人和船长。实现这些理想依赖真诚的生活,因此我们必须拒绝任何自我树立的象征物,以免旧病复发,模仿当前学院里传授的东西。这些堂皇的机构,是创造性思维和劳动的敌人。

任何既有的抽象思维——古代希腊、印度和中国神圣的哲学思想,都无法涵盖这种新的思想,即便它们拥有崇高的权威也无济于事。当今名目繁多的哲学只是标准化的肤浅思维而已,这种新思想必须直视冒名顶替者的双眼,揭穿它的骗局。

生活本身是一种崇高的建筑,建筑本身是一种生活。我坚信,要实现有机的生活,首先应当重读造物主所写的那部巨著,应当鄙视出于羞耻或者畏惧而不敢诚实生活的青年人。生活真实的面貌,值得我们骄傲地生活。

这五种资源将结合成一个整体,完整地体现未来的尤松尼亚建筑,未来民主光芒普照的生活。

美利坚,你无须惶恐!"虽然我们漠视法律,但是只要我们遵从自然……就不会是不法之徒。"

塔里埃森的窘境,使我不得不四处巡回演讲,奔走于美国的南北西东,化身为某种——

Journeyman Preacher
老练的布道者

通过我在四处的演讲，美国各地的青年男女听到了诸位刚刚读到的这些宣讲。正是他们鼓励我忍住厌恶之情，大张旗鼓地披上布道者的法衣。他们付给我数千美元，只为听我对他们侃侃而谈。他们还热情地协助我筹备在美国各地的作品展览。

我在自己身上找到了某种布道者的感觉，看到了这个国家新生的一代满怀真诚和纯洁，发出清新洪亮的声音，而正在老去的一代已经被维多利亚时代的多愁善感所窒息。我相信在不远的将来，年轻的一代至少将努力学着辨别敏感多情与多愁善感。当然，这绝非易事，尤其在守旧的势力炮火强劲，广播、电影和图文并茂的报刊都在马力十足地推销广告的时代。

凭借自己的耳闻目睹，我可以自信地告诉你，我们的下一代将推翻虚伪。他们的双脚将踏在通往自由的大道上，他们将比自己加以评判的上一代人怀有更加真诚的敏感。未来的一代人将得到他们不可剥夺的回报。

Another Modern Instance
一则实例

某一天夜晚，在纽约市政厅里举行了一次会议，旨在抗议芝加哥世界博览会[1]的组织者没有将我纳入筹备博览会的建筑师之列。

多么令人尴尬的失落啊！

我有充分的理由来解释自己为何不被征召，并且乐意在此给予进一步的说明。在这种事关重大的时刻，是回避某一位建筑师还是得罪十几位已受征召的建筑师，结论显而易见。假如我被请进门来，他们自然会拂袖告辞。

一旦我走进门来，势必会有另一群人追随我进来。"他们"对此一清二楚。

---

[1] 1932年，为庆祝芝加哥建市一百周年的世界博览会，确定了当代世界博览会的模式。

当晚，我先是应本届博览会的倡导者之一雷蒙德·胡德[1]之邀，出席了在客丽容酒店举办的一场宴会。雷蒙德·胡德和气地走过来和我握手。对于在市政厅举行的会议上将会发生些什么，我们两人都一无所知。

或者说，我确实不知道接下来的会议将是什么局面，而雷蒙德看上去对于无论发生什么都毫不在意。

市政厅里的会场座无虚席。亚历山大·伍尔考特是会议的主持人。在阿尔岗昆酒店的午餐会[2]上，我曾经领略过他妙趣横生的滔滔不绝。但是这天晚上，他整个人都沸腾了。假如他算是一个例证的话，至少说明生活在纽约能让人保持锋芒。

起初，会场上一派欢声笑语。然而，当刘易斯·芒福德[3]起身发言，气氛为之一变。带着他本人和他的作品里蕴含的阳刚和气魄，芒福德表示他不会为自己的观点做任何道歉和妥协。关于这次博览会对于现代建筑发展的影响，他热诚和精准的论述胜过了我前一天晚上的论述。

虽然仍不免有些尴尬，但是我也站起身来。我仓促地决定利用建筑的构想向这次博览会致敬。当时，我的脑海中突然闪过这个念头，何不借此机会提出一些具有建设性的意见，至少聊以自娱，或许也能带给听众们乐趣。对于其他人，这些意见自然是毫无价值可言。

自从听说这次博览会的那一刻起，无论是支持还是反对，我对此唯一的兴趣或者说期望，就是阻止它变成像一八九三年那样的文化劫难。

我痛恨多年以来为一个伟大的目标而呕心沥血的成果，再次被一帮聪明的化妆师和推销员尽情玩弄。他们将堵住通向伟大目标的前路，以便将纽约和芝加哥的一小撮设计加工厂美化成"建筑事务所"。虽然，我对于这些加工厂的成员抱有好感，并且受到他们的恭维，但是他们能做的一切都跳不出这种破坏。

这次会议将我推到了一个难堪的境地，似乎我今天到场发言，仅仅是为自己被博览会拒之门外而一吐怨气。事实是，唯一令我不平的是被人利用的感觉。我的作品被他们迅速地转卖，而他们将要搭建的布景玷污了我呈现给他们的现代建筑。

---

[1] 雷蒙德·胡德（Raymond Hood，1881—1934），美国建筑师。毕业于巴黎美术学院，主要作品为芝加哥论坛报大厦等新古典风格建筑。
[2] 由纽约的一批专栏作家和剧作家组成的清谈俱乐部，每天在阿尔岗昆酒店共进午餐。
[3] 刘易斯·芒福德（Lewis Mumford，1895—1990），美国历史学家及城市理论家。

站在会场里,我眼前浮现出一系列有关博览会的构想。它们各具鲜明的特征,利用新颖的结构形式,称得上真正的现代建筑。我没有经过任何预先的考虑,一边把自己平日所想在心中稍加整理,一边口头描述着这些各具特征的畅想。

以下这些方案,完全是未经推敲的即兴之作。

Three Progress Fairs in One
进步博览会的三种构想[1]

方案一

一组权威人士掌控着"博览会",而对摩天楼的崇拜掌控着这些权威人士的思想。他们为博览会勾画的蓝图,充斥着"从纽约的一幢大厦里看到的纽约"之类的描述。

那么,何不让"博览会"成为摩天楼的登峰造极之作?

充分利用现代化的电梯,建起一座雄伟的摩天楼。纽约的帝国大厦可以被轻松地塞进它的室内中庭里。

与其像以往的博览会那样,用廉价的材料搭起绵延数英里长的布景建筑,在这些所谓建筑围绕着的水面中央搭起喷泉或者舞台布景一样的瀑布,何不撕碎所有这些老一套的把戏,为一个古罗马式的节日竖立起一座真正的现代建筑?

如果电梯可以运送纽约城的人口,那么它同样有能力运送"博览会"的人流。分作几层的机械化停车场不仅是这座摩天楼的基座,也是运送人流的起点。大厦各层的混凝土楼板,像阳台一样从全钢质的框架里挑出,其间的某些楼层可以用作花园式的餐厅。

外立面不是玻璃,而是某种轻质透明的替代材料。楼内不同的区域将用于不同的展览。楼顶的几层将用作观光瞭望。大厦底层设有一座宏伟的大会堂,可以容纳数目惊人的观众。映出大厦倒影的水面上,有喷涌的水柱与投向大厦或是从大厦射出的灯光交织在一起。湖面本身变成一系列在灯光下闪亮的喷泉。

湖滨公园本身成为衬托这座现代巨构的景观。大厦将从容自如地达到两百五十五层,高

---

[1] 芝加哥世界博览会的主题为"一个世纪的进步"。

度为两千五百英尺或者说半英里。白云或者人造的雾气在楼顶缭绕，飞机牵着彩带或者烟雾，绕着大厦制造出特殊的效果。

这座巨构足以让纽约虚假的建筑为之汗颜。无论经济方面还是结构方面，这样的构想今天都具备充分的可行性，并且满足安全与实用的需求。

这位巨人带给芝加哥湖岸的魅力，将比埃菲尔铁塔带给巴黎的更多，而埃菲尔铁塔的高度尚不及它的腰间。

每一个楼层将被分配各种实用的功能，芝加哥城内的办公业务都可以搬进这座大楼，余下的空间仍然足够举办一场永不落幕的工业展览。

这样的成就是否配得上芝加哥一百年来的发展？楼顶灯塔的光柱将远及临近各州，天线发出的电波将传遍整个世界。

假如，你不乐意站在高耸的摩天楼上，而宁可四处游逛，那么何不试试——

方案二

富有时代特征的钢悬索编织成的结构，借鉴了约翰·罗布林划时代的杰作——布鲁克林大桥。

在密歇根湖畔，按照间距五百英尺的网格，树立起一系列高耸的钢塔——"博览会"的组织者们似乎很青睐"塔"（pylon）这个叫法——直到覆盖足够的公园和水面，容纳在公园地面上和周边露台上的所有参观者。一座巨大的帐篷被钢索固定在它周边的钢塔上。主索和副索交织而成的网状结构，支撑着由替代玻璃的透明材料构成的帐篷表面。由此而生的这座最大且最美的帐篷，也是一种前所未有的建筑。在与钢塔连接处，帐篷距离地面大约五百英尺；在钢塔之间的公园上空，帐篷垂落到距离地面一百五十英尺处。透明材料在帐篷周边延伸到地面，充当遮风的屏障。雨水可以清洗帐篷的顶部，或者从钢塔的顶部跌落，再穿过帐篷低处留的洞口，落进地面上的喷泉水池。帐篷下面的一系列水池，蜿蜒地串起公园里的各处绿地。

所有的树木、灌木和水道结合在一起，参观者通过穿梭其间的精巧步道，到达为不同展览划分出的各个地块。每一个布展者都可以随心所欲地搭建自己的展示内容。

巨大跨度的结构将唤起古老集市的精神，自由地展示现代社会里丰富的自我。

借助标准化的生产，这组结构以及适当的照明和水景装置，将比那些各自为营的布景建筑更节约造价，并产生更动人的效果。创造那些布景的建筑师们，只会用空洞的语言干扰展览，他们重复着的陈词滥调，却被公众舆论贴上了"新颖"的标签。至少，这些巨大的钢塔可以保留下来，成为湖岸公园永久的照明设施。而那些涂脂抹粉的建筑终有一天会遭到厌弃。

假如，想要再多一些浪漫？不妨——

方案三

湖岸的港口，拱卫着芝加哥免受密歇根湖上巨浪的冲击。

何不把港口用于这一次独特的节日，举办一场视觉的盛宴？一次漂浮在湖上的博览会？

把一批抽成真空的密封金属圆筒（类似双体船的浮筒），用作漂浮的"基础"。再预制一批尺寸各异的轻质塑料圆杆，其中一些经过在防水涂膜中浸泡而硬化，另一些直接由透明的合成材料制成。这些像"芦苇"一样具有韵律感的竖线条，分组插在浮筒基础上，支撑网状的轻质屋顶。一个个浮筒承托起一座座建筑，网状的屋顶与金属浮筒上的钢索固定。建筑的体量和形状，与它下面浮筒的尺寸和形状相呼应。别致的浮桥，将所有漂浮的建筑和建筑旁漂浮的花园联系起来。连成一体的漂浮物随着波浪轻微地起伏，却不会对任何一个单元体造成损害。

接下来，把彩色的透明玻璃圆杆混杂在彩色的塑料细杆之间。被灯光照亮的玻璃圆杆，用轻盈的竖线条织成一幅现代的图案，塑造出某些人渴望的"纽约的魅力"。在真正的纽约，也只有雨夜里才能欣赏到这样的景色。

水中摇曳的倒影，会让每一根透明或者不透明的竖线条长度加倍。

水泵将无数条水柱射向高空，产生壮观的效果，而消耗的成本仅仅是有限的一点儿电力。在直射、反射或者折射的灯光下，一丛丛晶莹剔透的"芦苇"将博览会幻化成五彩斑斓的世界。

整个博览会的环境将是一幅引人入胜的"漂浮"的画卷。

一场现代的狂欢，不是吗？

利用这些浮筒，可以方便地为特殊功能提供适用的空间，并且适应各种商业用途。形态各异的单元体将组成一连串绵延不断、变化多姿的现代场景。

"博览会"结束之后，某些单元体可以从主体上分离，漂浮在湖滨公园的水面上，用作餐厅或者休闲场所，由市政府负责向经营者出租。

举出三个能够称其为"现代建筑"的独特而又实用的例子，意味着我可以轻松地举出三百个可供选择的构想。

我竭尽全力，摆脱了这个难堪的局面。当然，折中主义旗下的权威人士会说，他们早就有过类似的想法，只是因为不切实际而弃之一旁。抛弃这些构想是他们的选择，无疑也是他们目光所限的必然结果。而我，却不以为然。

Milwaukee：Still Another Instance
密尔沃基：另一则例子

我的作品巡回展览结束后，展览材料妥善地运回了塔里埃森。密尔沃基市雷顿美术馆的馆长夏洛特·帕翠奇邀请我在她的美术馆——也就是全城的艺术中心——举办展览，并做一场报告。如果我接受邀请，她愿意为此筹集必要的资金。

在我心目中，最不可能对任何现代的（或者是合乎伦理的）观念产生兴趣的地方，就是威斯康星州的密尔沃基。

我接受了邀请。为了筹集必要的资金，帕翠奇小姐似乎遇到了一些困难。但是展览的组织仍然在向前推进。

正当我忙碌着指导小伙子们布置展览时，帕翠奇小姐向我介绍了一位高个子的年轻淑女。她负责为《密尔沃基导报》承担"表演"。在我看来，她太漂亮了，不大可能了解建筑。

记者小姐执着地跟在我身后提出各种问题。我利用指导布展的间隙逐一作答。其中一个问题是："赖特先生，能否谈一下你如何看我们新建成的造价九百万美元的法院？"[1]

这座钢结构的新法院大楼，被三层高的石墙包裹着，全凭建筑师的喜好在墙上零星地挖出一些窄小的窗子。不止于此，一圈高大的古典石头柱廊环绕着大楼，厚重的石材线脚捆绑着"古典"的体量。一个钢铁建筑在内，一座石头建筑在外。当时，我尚不知设计者是谁。

"从任何文化的视点看，这座新法院都将使密尔沃基倒退五十年。"说完，我继续手头的工作，没有意识到我刚才是在对"出版者"讲话。

---

[1] 1931年建成的密尔沃基法院大楼，是巴黎美术学院体新古典建筑的代表作。

"啊！很高兴听到你的评价。"记者小姐高兴地转了两个圈，然后试探地问道，"你是否介意我把你的观点发表出来？"这个征询是如此体贴入微，我在感动之余停下脚步，思忖了片刻。发表又有何妨？它起码是真相。"没问题，敬请自便。"采访仍然继续，我并未刻意留心刚才这个问题。

当晚我回到塔里埃森。次日清早，我接到密尔沃基《新闻报》打来的长途电话。"《密尔沃基导报》当天的头条引述了你所说的'从任何文化的视点看，新法院大楼都将使密尔沃基倒退五十年'。你对此做何感想？"

"请改成一百年，我考虑这样改才更准确些。"

一时间烽烟四起，舆论如同汤锅一般开始沸腾。别家报纸纷纷打来电话核实报道的准确性，他们得到了答复。然后是例行的后续报道，采访密尔沃基的"著名"建筑师们。

"所有受访者都害怕表达自己的观点，不愿招惹激进者的讥讽。"报纸上这样的结论让我感到高兴。受访的一位当地建筑师说："赖特总是超前时代二十年，"因此推断，"何必为他的这一观点而焦虑？"

很快，我了解到赢得新法院大楼设计竞赛的是建筑师阿尔伯特·罗斯。在随后《密尔沃基导报》对他的采访中，他解释了选择"古典"而拒绝现代风格的理由。

以下引自阿尔伯特·罗斯：

"不久前，胡佛先生在华盛顿谈到公共建筑适宜的形式。他认为应当将在华盛顿树立起来的新古典传统发扬光大。当我参加这个设计竞赛时，我曾经考虑过，是否要把这座宏伟的法院设计成符合现代潮流的试验品。我画过一些现代风格的方案草图，但是觉得对于这样一个项目而言，它们都过于单薄呆板。现代风格缺乏用于公共建筑的代表性和表现力。于是，我选择了经过我们的先辈深厚积淀的风格。"

罗斯先生这样为自己辩护："全美国最杰出的三位建筑师一致认为，我的中选方案完全符合使用功能和美的需求。

"我与现代建筑之间没有过节。我自己也尝试过现代风格，甚至考虑过将其用于这座法院。但是对于公共建筑而言，它实在是难堪重任。它破坏了我们一百五十年来的历史树立起的一种成熟风格。

"现代主义的产物不适合一座法院。对于狂野的新事物，我们必须小心翼翼。不能把公众的资金强行投入试验。

"美学的因素仅仅占这座新法院建筑的百分之十而已。一座建筑所需要的全部，就是产生令人愉悦的感受。而这一点已经实现了。法庭、办公室和走廊的布局，还有大楼的使用运转，这些才是至关重要的因素。"

美国式的折中主义在这里表现得淋漓尽致。如果说美学的因素独立于法院的设计，并且按照罗斯的估算仅占百分之十而已，那么何苦要花百分之五十的造价来炫耀一层张扬无用的石材外皮呢？

我以此来答复罗斯：

密尔沃基应该看一看芝加哥法院大楼的前车之鉴，二十年前，伪古典最后的余音以同样的形式在那里响起。如今，在所有人听来那不过是与时代脱节的笨重的脚步声。它是一种文化的罪行、一个谎言。

我认为密尔沃基法院也是同样的罪行，仅仅是被罗斯不凡的品位加以改善而已。在未来短短的几年里，这个罪行将大白于民众，因为世界正在逐步向着理性的方向迈进。

建筑师罗斯说，他不愿把密尔沃基数十万勤勤恳恳民众的钱用作任何试验。这听起来足以令密尔沃基感动。若果真如此，这座建筑将成为密尔沃基的病患之一，最终让密尔沃基永远陷在文化的死水潭中。

建筑师罗斯不愿意做"试验"。但是作为一个建筑师，他宁愿以微小的胜算，把公众的九百万美元"赌"在属于一个过渡时期的一种含混的品位、一种他认为没有风险的品位之上。

比起芝加哥的谎言，未来有什么理由给予密尔沃基的版本更多尊重呢？芝加哥的谎言尚且情有可原，那时候，时代尚未被具备结构理性的建筑唤醒。密尔沃基的谎言将失去这样的借口，因为世界已经醒来。

假如建筑师罗斯全然无视他所处的行业过去十年来的发展进步，那么他有理由坚持把一座结构诚实的建筑视为"试验"。

尽管得到密尔沃基所有保守头脑的支持，这座法院大楼仍将是一次暮气沉沉的"试验"。散发着虚假的思古幽情，它注定是一次失败的试验。

既然这座法院大楼难免是一次试验，那么罗斯先生，为什么不让试验的对象是清醒的真理呢？

在钢材、玻璃和钢筋混凝土成为主角的机器时代，即便有"我们的先辈"作为依靠，庄严的石块也将被真理所抛弃。建筑师罗斯，即便打着"先辈们"的旗号，要把石头和钢堆砌在一处仍然是危险的举动。美国大地上的年轻一代建筑师看清了这一事实，这意味着不久的将来，每一个能够思考的人都将看清。

如此说来，我想请教建筑师罗斯，为什么要依据你自己的品位，把纯粹多愁善感的"试验"当成赌博呢？

为什么不去发现真理？

舆论纷纭，激怒了城市的主导者们。他们齐聚一堂，争辩是否应当传唤我来解释这些贬损之词。投票表决的结果，十比十。投反对票的官员们认为我原本就是沽名钓誉之徒，公开传唤只会助长我的气焰。因此，我始终没有接到传唤。

报社们乐不可支地跟进后续的报道。

Another Little Story
又一段插曲

青年人和学生们纷纷涌向我的展览。帕翠奇小姐说，她从未见过有什么让她的美术馆如此吸引密尔沃基的青年们。除了个别的例外，密尔沃基的建筑师们一概避之不及。对于他们而言，在这个展览上被人看到会惹来不小的麻烦，何苦冒险。为满足好奇去看一眼？没什么值得好奇的。

然而，还有一场演讲等着我。由于某种原因，我不得不把演讲推迟两天。展览于星期三开幕，随后的星期五下午四点钟，我们为当晚的演讲如期来到密尔沃基。

建筑师查理·摩根和我在旅馆里沐浴更衣，准备参加帕翠奇小姐备下的小型晚宴。这时，响起急促的敲门声。

查理打开门，一个真人尺寸的密尔沃基警官走进来，亮出对我的逮捕证。罪名何在？

法庭判决我向已故的米瑞姆·诺艾尔支付七千美元，以维护她遗产的完整！

当我们离婚之际，我在麦迪逊市某家银行为她设立了一笔基金。她去世之时，基金里剩余的一万一千美元转入了我的名下。也就是说,我唯一的罪过就是没有向自己支付七千美元,使基金重新达到它最初的数额。

荒唐之极?是的,然而确有效力。这样有利于维护他们要求的一切"合法"。负责看管那笔"遗产"的律师提供了证词。我被带到县立监狱做记录——这一次没有按手印,然后乘车前去拜见将要过问此案的法官。自然,我所到之处快门声响个不停。摄影记者们把守着预先安排好的位置,完成他们最拙劣的精彩表演。

面对这出愚蠢的闹剧,我强压着怒火,始终仰着头露出尽可能轻松的表情。

"正义"的代言人向我发问,并且听到了回答。报社记者们的好奇心得到了满足,但律师们竭力要求"法庭"将我拘押过夜——估计是考虑到了我当晚的演讲。

或许因为这样实在是小题大做吧,"法庭"否决了此项动议。法官的勇气在最后关头有所收敛,他宣布将我当庭释放。如此说来,"计划"只成功了一半。查理和我走回旅馆,路上看到新鲜出炉的晚报头版新闻又在揭开陈年的伤疤。

由于使这个城市蒙羞,密尔沃基的建筑师们对帕翠奇小姐群起而攻之,正是她促成我此次前来,然而她对此并不在意。她具有船长一般的气魄。

六点三十分,我们如约赴宴。查理比我更加愤怒和激动。愉快的晚宴之后,我们到达报告厅仅仅迟到了几分钟。我们都难以预料接下来会发生什么。我还记得,奥格瓦娜认为我根本不应当去密尔沃基。她请求我取消演讲,避开是非。

报告厅里座无虚席,法院大楼的筹委会成员之一也在座。据说,我将在演讲中修正自己对造价九百万美元的法院大楼的评价。

"逮捕"不但没有浇灭我的激情,相反地,当天的晚宴和所有善意的支持,甚至那位与他的上司相比对我不乏敬意的警官,使得我精神饱满地登上讲台。

面对和我在别处演讲的对象同样热情的听众,我用半个小时满足了他们的期待。然后是接连不断的提问,我逐一作答。

筹委会委员起身发问:"赖特先生,我们希望你能修正对我们新法院大楼的看法,或者至少能做出解释。你能否赐教?"

"愿意效劳,"我说道,"密尔沃基耗资九百万美元的新法院,属于十九世纪而不是二十世纪。作为纪念碑,如此宏伟的一块巨石象征着密尔沃基深陷在文明的死水潭中。这座法院将向后人昭示:密尔沃基既非学者亦非绅士。绝非学者,因为它无视当代世界的思潮；亦非绅士，因为它漠视自己的责任。一座钢铁骨肉、石头表皮的建筑是与时代相悖的混乱，它只待拆毁。"说罢，我转身准备离开。出乎我意料，委员似乎很满意我的回答，听众也表露出同样的反应。

委员先生没有落座，继续问道："那么你何不谈一谈，假设我们变成了学者与绅士，我们需要怎样一座法院呢？"

我转身回来，描绘了一座我脑海中的现代建筑。

"不再有石材或者混凝土的堆砌，而是用钢和玻璃的构成来解开'风格'的枷锁。整个建筑将轻巧而牢固，具有自由的内部空间，材料经济实用。自由的思想将宣告在我们自己的时代里我们自己的机遇。"我补充了一些细节，证明实现这样的构想五百万美元已是绰绰有余。

听众们，包括委员和他的同仁，被我生动的描述所折服，报以热烈的掌声。自此，对所有人而言，密尔沃基这段插曲画上了句号——除了罗斯。

于是，我给罗斯写了一张字条，我由衷地希望并且相信整个事件没有对他造成伤害。我并无恶意，仅仅是听到召唤后公开地捍卫我为之付出一切的伟大目标。

我不无遗憾地看到，在每一扇伪古典的窗户背后，无论窗子多么狭小，总有一位抱着良好意愿的设计者被投向窗户的石块击中。一如既往，我针对道路的分歧而不是个人。并且，我认为罗斯会睿智地理解我这一态度。在此之前，我从未直接地向任何古典目标投去石块。现在，似乎是时候让这样的对抗引起公众的关注了。现代的力量已经向伪古典投下了战书。

我的字条收到了他大度的回应——"不妨事"。并且，他审慎地表达出对自由的前景不无羡慕。

监护"遗产"的律师撤销了他伪造的起诉，向我致以歉意并提出补偿一切相关的花费。当着我的律师詹姆斯·希尔的面，他主动透露了一段隐情：他原本不愿意捅出这些乱子，无奈有至少五位密尔沃基的名流再三强求，他才不得已而为之。

予以反击吗？我知道可以利用哪些手段。然而，和所有公众舆论导致的迫害一样，继续纠缠有何益处？只会为公众制造更多谈资。

在不需要它的时候，公众的舆论总是最后一项可供利用的武器。在需要它的时候，他们自然会决定是否值得兜售。

足够公平吗？

Honorable Interval
荣誉的间奏

我从一封来自荷兰的信中获悉，阿姆斯特丹国立博物馆举办了我的作品展，并且由美国驻荷兰大使斯文森揭幕。大使先生试图就展览发表一些见解，然而他只能谈谈美利坚和星条旗。假设他对这个展览有一知半解，或是对举办展览的背景缘由略知一二，他也许就能如愿。现实是只能由荷兰建筑师协会主席替他完成了这篇"假设"的演说。

在发给我的一封电报里，荷兰的同行们以热忱的话语庆祝我"向着伟大的目标，始终如一"。

"始终如一"！这个词素来与充满想象力的实践者无缘，不是吗？我有心否认这项指控。

我由衷地认为自己并没有做到"始终如一"，而是过于频繁地外出度假。但是，我从未改变过方向，从未停止过前进。在每一个"别处"得到比"道路"本身给予我的更多收获之后，我总是精神抖擞地回来继续手中的事业。

这也能称得上"始终如一"吗？如果答案是肯定的，那么我应当接受这一项温和的指控。

展览从荷兰移师柏林的"德国艺术学会"，它的前身是"皇家学会"。据我所知，这是"德意志帝国"第一次给予现代建筑隆重的认可。下一站是法兰克福，然后是斯图加特，最后一站是比利时。展品于十月间运回塔里埃森，以便在最需要它们但是并不受欢迎的祖国展出。一个曾经狂热于折中的国家，是否将永久地折中下去呢？

应"社会学院"的再三邀请，我像一位老到的牧师那样，前往纽约做一个星期的布道，由此所得的报酬是那一段艰难岁月里我唯一的收入。在自己的国家得到承认，已经稍露端倪。是否我只能依靠今日的成就获利，已经无力把握未来？

More Instances
更多的例证

我收到一封手写的信，寄自尤金市的俄勒冈州立大学，由建筑系的所有学生和他们的导师沃尔特·威尔考克斯集体签名。威尔考克斯是一位非常了不起的导师。在当时的情况下，居然收到这样一封信,令我非常感动。他们希望在那里举办我的作品展。虽然远隔千里,但是在他们的帮助下我组织了一次成功的展览。

随后,我前往西雅图发表演讲,非常成功。接下来,我在普林斯顿大学做了六次演讲。其后在丹佛的两次演讲却不甚理想。我在普林斯顿大学所做的六次演讲,被普林斯顿大学出版社以《现代建筑》为题整理成书。此外还有在纽约市的五次演讲和在费城"当代俱乐部"做的一次演讲(伴以儒雅的保罗·克里[1]主持的小型宴会)。

我在麦迪逊市和芝加哥艺术学院分别做了两次演讲,并且组织了一次展览。在明尼阿波利斯的艺术博物馆做了两次演讲——我多么希望布朗长官能够到场啊,看到汽车停满博物馆前后的空场,我艰难地挤过夹道欢迎的人群,他一定会找到做主人的感觉。

挤满报告厅的年轻人令我莫名地感动。尤其是在威斯康星和芝加哥——这两处我长久生活过的"家乡"。热情唤醒了我心中沉睡已久的丰富情感,所幸还不至于让我改变对于多愁善感的鄙薄。这些仿佛大梦初醒一般的赞誉意味着什么呢?

有时候,我会听到流露着激愤的窃窃私语:"这家伙还是要惊世骇俗!"还有诸如"他一定很孤独"之类针对我的种种猜测。我宁可他们给我贴上"激进"的标签,放我回家去。"激进"?我很欣赏这个诚实的字眼。它意味着"根"[2]。除了抓住"根",你又如何能够了解生活呢?然而,"激进"往往在学术语言里被拼写作"赤色",因为如我所言,美国的伪君子们本能地痛恨激进者。

果真如此,是我不再激进,还是已经被他们超过了呢?

我所到之处,人头攒动中总有热情的青年渴望向我提问。现代的力量似乎自然而然地征服了尤松尼亚的青年们。我希望他们的头脑被新的思想征服,在自由的环境中抛弃学校灌输的替代品,创造出土生土长的文化。为此,首先要从更深刻的层面理解有机的自然法则。面对火力猛烈而又不失机智的提问,我开始感到自己内心的"青春",感到多了一分自由和舒畅的呼吸,少了一分事业上的孤独。

我不知道这些将对我和我的事业产生什么样的影响。

---

[1] 保罗·克里(Paul Cret,1876—1945),宾夕法尼亚大学建筑系教授。
[2] 英文"Radical"的词源为拉丁文"Radix",原意为"根"。

Catherine
凯瑟琳

我记得，在芝加哥听到我青春时代的一声回音。某一天下午，芝加哥艺术学院的展厅里正在举办我的作品展。一位身材高挑的美丽女士微笑着向我走过来。瞬间的迟疑之后，我认出了头发花白但依然清秀端庄的凯瑟琳。我们已经有十五年没有见面了。岁月似乎待她不薄。坦率地讲，她看上去很年轻也很幸福——正如她自己所言。

再婚之后，她现在是本·培吉夫人。我陪她观看了展览，注意到其中许多作品诞生于橡树园那间工作室里。在那里，孩子们追跑打闹——鞋底还带着我用的图钉。

无论她曾经如何轻率冲动地对待我，凯瑟琳的心永远不会背弃任何一位她爱过的人。

This Autobiography
自　传

我写下这些文字，试图诚实地回顾自己的过往，记录下真实的情形。我渐渐理解了，为什么所有的自传都只能把真意隐藏在文字的背后。无论作者的笔法如何精湛，他付诸笔端的文字总是难以表露他的本意，甚至有时候会造成曲解。当他落笔之时，变化的法则就开始发挥效力。被他的笔尖所固化的内容，已经变身为其他无穷无尽的形式和意义。作者只能在文字的背后写下他的真相，读者也只能依赖自己的聪慧把握其中的某一个侧面。

所有自传都注定只能是隐隐约约的暗示。就我的生命而言，我无法理解为什么我避开了许多自己津津乐道的幸福回忆，却历述如此多的龌龊和坎坷。我不知道为什么我没有写下我生命中那些真切的插曲和故事，为什么没有写下更多关于建筑有价值的思考。它们一定会让这本书更加生动如画。它们零零星星地涌上我的脑海，期盼发出声音的机会。然而已经太迟了，它们只得黯然散去。

即便是我在此发出的声音，也怀着不满悻悻地散去了。

生活湍流的本性，是否决定了任何事都无法被彻底地掌控？没有一丝一毫的人生体验可以被挽留？作者是否像解剖台前的医生一样绝望和无助，无法对面前的尸体曾经鲜活的生命有哪怕一分一秒的触摸？

在我看来，的确如此。

生长的痛苦和多愁善感的煎熬，只是源于想要借助某种"框架"或者"成果"徒劳地把持生命，挽留飞逝的时刻，直到朴素的真理不可避免地酿成灵魂的悲剧。这些痛苦不正是我们违背自由的法则而招致的惩罚吗？除了顺应一切关于变化的有机的法则，难道还存在其他法则吗？变化，难道不是一切生命的意义吗？

如我记得的那样，生命中最美妙的篇章是未来的变化。于是，我写下这些干涩的文字，让余下的部分追随生命的流淌。

Belated Memories
迟来的回忆

我记得，离开橡树园的家三个星期后的一天。沉浸在忧伤之中的我，坐在巴黎圣米歇尔大街一家小咖啡馆里。我听着屋里乐队的演奏，无心饮食。悠长阴郁的雨季结束前，又一个细雨沥沥的深夜，塞纳河水不时地泛过河岸。已是深夜。

大提琴手的弓弦开始吟唱西蒙内蒂的《牧歌》[1]。我的儿子劳埃德常常拉起这首古老质朴的意大利曲子，而我会弹起钢琴来合奏。此刻，这熟悉的旋律让我心绪澎湃。那一瞬间，我愿意抛弃过去所有的生活，重头来过。记忆中的旋律送我走出咖啡馆，来到巴黎朦胧的街道上。压在我心头的不是懊悔，而是绝望，无法实现自己梦想的绝望。

我不知前方是何处，也不知走了多久。直到晨光熹微中，我辨认出一块路牌：圣米歇尔大街。我又回到了原地。

我记得，塔里埃森的新生活刚刚开始的最初两年里，一切都是那么称心如意。每一次因为处理设计的事务来到芝加哥，我都会抽空回到橡树园，隐蔽在夜色中，看一看孩子们

---

[1] 西蒙内蒂（Achille Simonetti，1857—1928），意大利小提琴家及作曲家。《牧歌》（Madrigale）是他作于1901年的一首小提琴奏鸣曲。

是否一切都好。

我望着半启的窗子里透出的灯光,听里面传出的钢琴声,还有小提琴、大提琴。有时候是歌声。有时候,孩子们叫着对方的名字。

然后,我会心中释然地转身离去。

我记得,我在芝加哥逗留的时候,小儿子莱维林有时候会陪我在国会饭店住一夜,为我弹起他带来的曼陀铃。我欣慰地看着他睡前把每一件衣服都整齐地叠好,认真地摆在椅子上。这个被我"遗弃"的孩子啊。

他现在是一位律师了。命运自会……

我记得,我和小凯瑟琳、弗兰茜在老普曼大楼顶层的餐厅吃过的晚餐。这两个被我"遗弃"的女儿,如今已经出落成亭亭玉立的"年轻女士",以至于某些与我交往不深的人,把我和她们会面误认为我偏离了笔直而又狭窄的正道。其实我这些貌似有悖常理的行为,只是对青春美好的事物合乎常理的热情而已。

我还记得……然而,这一卷必须合乎时宜却又略显突兀地就此收尾了。

"我记得"如何去忘掉本来应当记录下的回忆,它们原本会让我想要讲述的故事更加完整生动。

至于在建筑领域的历险,我漏掉了那些理应是我最乐于讲述的段落,以至于这本自传缺乏具体的面孔、名字、地点、时间和最能够展示真相的条件细节,它们比我写在这里的片段要有意义得多。然而,这种飘忽随性不也正是生命的魅力所在吗?

带着勇气、敏感、良知,甚至还有一份哲思面对生活,转瞬即逝和永恒的变化消融了一切固化的生命。

有谁能将他的生活掌握在自己的手中吗?又有谁能将他的生活吐露于自己的双唇?那么,又如何能用笔墨将生活还原在一片纸上呢?

或许某个不幸的人做到了这一点,那对于我们倒不失为一件幸事。

Taliesin Ⅲ
塔里埃森Ⅲ

又一个塔里埃森！三次建起、两次被毁的塔里埃森，依旧是一片安宁的家园。每当远离它，我就像一根被拉长的橡皮筋，随时准备在张力消失之后弹回去，满怀喜悦地回到那里。

九月末的一个日出时分，我赤足站在塔里埃森山顶的草地上。向南望去，一大片，郁郁葱葱，那是詹姆斯舅舅种下的杉树林。五十年来，家族小教堂的这个伙伴每每为劳埃德－琼斯家的星期日野餐投下阴凉。

东面，比从前詹姆斯舅舅的农场更远的地方是一片起伏的山丘，曾经有一个少年在夜色下赤脚走过那里，寻找宁静、美丽、欣慰和安歇；西面，我曾经朝那个方向翻过山脊，寻找走失的牛群，那里也是从小教堂传出的圣歌飘远的方向。山下色彩斑斓的田野里，仿佛还萦绕着詹姆斯舅舅的呼唤："回来，弗兰克，回来！"

山脊的那一边，是我心中的一份内疚和痛楚——那是奈尔姨妈和简姨妈的家庭学校在日渐凋残。

"罗密欧与朱丽叶"依旧坚强地屹立在西面的山坡顶上。如今，它需要再一次更换新的风车轮，这将是它用来与西北风顽强较量的第三个风车轮。但是，那座风车塔依然健在。舅舅们，姨妈们，他们的丈夫、妻子和后代，全都搬去了别处——他们当中有些人已经永远地去了另一个世界。

和少年时代相仿，有时候，我仍然会陷入遥远的遐想。但是如今，我再也听不到有人喊："回来，弗兰克，回来！"

痛苦的时刻？是的，许许多多。然而，从未有过悔恨的时刻。终于，我意识到永恒就是此刻。永恒只不过分开了昨天和明天。

思绪如同一卷没有尽头的电影胶片，永不停息地投射出栩栩如生的画面。随着时间的推移，画面几乎从不重复。从不同的视角看去，同一幅场景也仿佛是无数不同的画面。

在它为了事业和理想而诞生的最初几年里，塔里埃森是自由的。当然，它并非无忧无虑。尽管夹杂着悲伤的回忆，那仍然是一段幸福的时光。希望绝不会真正消散。虽然被所谓的"艰难时世"包围着，那些困苦的日子却让我的生活变得更加丰满。

Again Home
又回家了

  九月末的一个早晨，奥格瓦娜、斯维特兰娜、伊奥万娜和我，在日出时分起床，赤足走在茂密的绿草丛中。草叶上晨露结成的白霜寒气逼人，我们不得不每走几步就停下来，把脚贴在膝盖后窝上暖和一下。

  山坡上深深的草丛里，挂在草叶间大得吓人的蜘蛛网在清晨低斜的阳光下晶莹剔透。攀附在蛛丝上的露珠排布成精美的图案，把每一面蛛网都变成一串串神奇地闪着光的亮点，仿佛是对这个时代的建筑师的某种启发。如果愿意的话，我们完全能够让类似的神奇在钢和玻璃的建筑中实现。

  德国牧羊犬凯夫一路欢跳着跟在后面。它一会儿用鼻子拱、一会儿又用舌头舔我们的脚跟。来到水库下面山坡上的瓜田，我们立刻动手采摘熟了的西瓜。把被寒霜冰镇过的西瓜，夹在膝盖中间敲碎，用手捧起粉红色甘甜多汁的瓜瓤尽情享用。看着瓜田里丰收的景象，我们只吃掉中间的瓜瓤，把其余的部分丢下留给鸟儿们。

  凯夫总是忠诚地守护着我们。晚上它就睡在我或者女主人身边。假如被关在外面，它会不住地号叫抗议，让人于心不忍。放它进屋来，它就温顺地卧在地板上。早晨，凯夫会用冰凉的鼻子蹭我们的脸，或者用暖暖的舌头舔我们面颊，把我们叫醒。每次都恰好比山丘上传来早餐的钟声提前几分钟。

  我们起床来到宽敞的客厅，播放起心爱的舞曲，开始在打过蜡的柏木地板上做"早操"。我们的早操其实更像是某种舞蹈。奥格瓦娜教给我们她在枫丹白露的葛吉夫学院学到的舞蹈。

  冬日的夜晚，窗外的大地被白霜笼罩。我们喜欢在大卧室的石头壁炉里燃起柴火，关上室内的百叶窗，躺在床上讲故事或者争论、朗读，直到慢慢睡着。有时候我们轮流大声朗读，而伊奥万娜的童话书总是排在第一个。卡尔·桑德堡的《白马姑娘和蓝色风之子》是那时候我们都很喜欢的书。在第一次乘火车同去纽约的卧铺车厢里，我就给奥格瓦娜读过这篇童话。

  你瞧，家的温暖拥抱着塔里埃森。刚刚过去的几年里，塔里埃森一连串不断变化着的时时刻刻组成了无数宝贵的画面。伊奥万娜快六岁了，也在用她漂亮的鬈发、可爱的黑眼睛和对生活天真的向往描绘一幅美丽的图画。

冬日里的塔里埃森

塔里埃森是一个家,但是这里的生活丝毫没有单调和乏味。窗外的景致如同大海一般时刻变幻,唯一的区别是山谷里的变幻更加永恒不息。

我们没有固定的习惯,甚至连良好的习惯也不例外。唯一不变的只有早餐的铃声。我们有意回避习惯。从年轻时代起,我就下决心拒绝任何程式化的习惯。它们是创造力的敌人,扼杀人的想象力。

朋友们很少光临这里,但是有些时候也会不顾路途辗转,前来探访。虽然身居偏僻,然而我们并不为此感到遗憾。

我们享受着眼下的自由。冬日里我们安静地隐居,把家与工作室的每一个角落变成工作与游戏的场所,因为我们看不出工作与游戏有什么区别。若是寒潮袭来,塔里埃森的七八个壁炉会让附近山林里冒出一片只剩下树桩的空地。壁炉里橡木燃烧的火光通宵不熄。我们的壁炉已经为周边的木材商提供了一个稳固的市场。其实壁炉温暖的火光只是为了增添生活的色彩,因为整个塔里埃森是由蒸汽供暖,而我们有自己的小水电站提供照明电力。我的卧室床边有拉线控制房屋周边庭院里的电灯。对于这样的防卫措施,我略有愧意。

我们爱塔里埃森的雪,还有那几英尺长的冰挂,一串串从屋檐垂下。

夏天里，我们的活动范围扩展到了农场、花园、山丘上的树林、起伏的田野和乡间的道路。我仍然像少年时代一样，采摘路旁正在开花或者结果的树枝，"装扮"我们的房间或者工作室。我们在山坡下威斯康星河畔的沙地上散步，在河里变幻的水流中游泳。身边的各种资源被我们充分地加以利用。"在乡下总会有故事"，我的一个绘图员威廉·本哈德常常这么讲。

我们设法在生活中实现美好的梦想。塔里埃森的生活离不开优美的音乐。一架三角钢琴立在客厅的壁炉旁，一把大提琴靠着它，一把小提琴摆在旁边的台子上。客厅里还有几部录音机，很快就会再添一架竖琴。奥格瓦娜喜欢弹奏巴赫、贝多芬和俄罗斯的传统乐曲。我喜欢信手让音符从琴键中自由流淌。有时候即兴拨弄出一些美妙的段落，下一次却再也无法弹出。奥格瓦娜说她喜欢听我弹琴，她用温存的鼓励来迎合我狂放无度的自尊。

斯维特兰娜和伊奥万娜也弹钢琴。伊奥万娜的小手异常灵巧地落在琴键上。虽然她奏出的音符常常互不搭调，但是我们任由她发挥自己的风格。

我和小女儿伊奥万娜在生活中共同发明了许多东西，其中之一是下面这种游戏。身为一个建筑师的女儿，她从小就有各种大小和形状的积木当作玩具。其中有一套边长大约一英寸的方块，各面涂着红、黄、蓝、绿、黑和白这些鲜艳的颜色。某些方块沿着对角线分成不同颜色的两块三角。游戏双方轮流"出子"，直到用完各自的七个方块和两个三角。

轮到伊奥万娜出了。第一步就出三角不太公平，所以她选了一个方块放在打了蜡的木地板上。我摆下一个方块和她摆的角部相抵。又轮到她了。她歪着头考虑了一会儿，摆好选中的方块，形成一幅别致的几何图案。于是，在接下来的游戏中，想象力开始主导判断力。

她不打算在地板上扩展我们的图案，而是把一个方块放在我新出的方块上面。随着"三维"的介入，这一组向空中攀爬的方块变成了一座结构，图案也变得越来越有趣。我会配合她的布局，在竖直或者水平方向添加我手中的积木。我和她的任何一次落子，都会彻底改变现有的图案。

有时候，她意识到自己刚走的一步破坏了图案的效果，要求重走。她总是能获得重走的机会。

我们把热情与思考投入这十四个方块里。

有时候，这些形状与色彩的小游戏，写出了一篇出色的"现代艺术"论文。事实上，那是我有意为之。

是的，那时的塔里埃森就像一轮又一轮永不停歇的运动，常常跳着快乐的节奏，以甜美的睡梦作为收尾……然后是又一轮伴着日出的游戏和笑声，早餐之后的劳动本身也是一种游戏。我们热爱自己手中的劳动，即便每个人都已经筋疲力尽，仍会期待汗水，更多的汗水。

无论何时何地，无论工作还是玩耍，平日里我们总是待在一起。只要她力所能及，伊奥万娜会跟着我们一起做几乎所有的事。她的金色与栗色相间的头发堆成一个个小卷儿，好像许多眼睛在望着你。

她的名字结合了她外祖父的名字——伊万（斯拉夫语的"约翰"）和她祖母的名字安娜。字面上就是"约翰—安娜"，连缀成"约翰娜"或者"伊奥万娜"，与奥格瓦娜（奥尔迦·伊万诺夫娜）和斯维特兰娜相称。"斯维特兰娜"的俄语意思是"光"。

伊奥万娜自己的小故事经常令我们惊讶。

佛祖的各种化身牵动着她的想象力。她幻想着与佛祖之间发生浪漫的故事。最近，她对另一个伟大的人物产生了兴趣。下面这篇文字就是有关她的这个新发现。奥格瓦娜把她们的对话逐字记录下来，没有一丁点儿改动。

我给它起名叫"万福玛丽亚"。可以保证的是，在此我没有丝毫的多愁善感。

Ave Maria
万福玛利亚

"上床去吧，你已经玩得挺久了。快来，该睡觉了。"我对小女儿伊奥万娜说。

"等一下，母亲。我得去和上帝说'晚安'呢。"

我非常惊讶，第一次听到她这么说。我跟着她走进客厅，看她站在屋子中间，朝着空中清脆地说道："晚安，上帝。"

回到卧室，我在床上搂住她。

"母亲，先别走。你坐下，母亲。我好想看看上帝。你能在大百货商场给我买一副翅膀，好让我飞上天去找他吗？"

"但是上帝不光是待在天上呀。记得父亲在纽约的教堂里告诉你的吗，上帝在你的心里。"

"我记得，母亲。我也知道，可是，我觉得我的心太小了，装不下上帝。你看，它太小了。我的心冷的时候，上帝也跟着觉得冷了，他得飞上天去，点起一堆高高的火来取暖。"

"你的心就是一团火啊。你的心就是爱，能像一团火那样让上帝暖和。"

"哦，不，母亲。我的心对上帝来说太小了。他那么大，可是我的心小小的，你看，它就像一粒种子。"

"可是你想一想世界上所有大家的心，小孩子的心和大人们的心，都加在一起就能聚成一堆高高的火，让上帝暖和。"

"哦，那他还需要吃的吧，要不他会很饿的。我们得给他带点儿吃的。他那么善良，我们要好好照顾他。"

"他不用吃东西。他靠爱来生活。假如有足够的爱，他就永远不会觉得饿。"

"可是，母亲，我们还是应该送给他一些东西。我们给他做一个大花篮吧。他爱花儿，他也喜欢贝壳。你瞧，大海里所有的贝壳都属于他，带给他吃的、鲜花和别的东西。我想送给他一些东西。"

"做一个好孩子，关心你的父亲母亲，这样就能把你的爱送给他。如果你劳动的话，上帝会很高兴的。"

"我是在劳动呢。我打扫了休息室，我替斯维特兰娜刷了她的裙子。麦琪奈尔姑妈的脖子酸疼了，我给她按摩。我在努力地劳动。你一定也在意上帝吧？"

"当然啊。"

"那父亲也一样吗？"

"是啊。"

"要是你和父亲做了错事，上帝会惩罚你们吗？"

"上帝从不惩罚，我们惩罚自己。"

"要是我做了错事，上帝会惩罚我吗？"

"不会的，但是我必须惩罚你。我可不愿意这样做，可是，只有这样上帝才会在你心里感到暖和。看到你做错事，他会又冷又伤心。"

"那么他现在暖和吗？"

"很暖和呀。"

"母亲，要是我能看到他就好了。"

再一刻，屋子里变得悄无声息。她已经睡着了。

这本三卷合一的书，它的第四卷即将完成。

这本书中的每一个字都献给安娜——我的母亲。

献给伊万-奥格瓦娜（也就是奥尔迦·伊万诺夫娜）的父亲。

献给奥格瓦娜-伊奥万娜（也就是约翰-安娜，包括斯维特兰娜在内称呼我"父亲"的后辈中最小的一个）的母亲。

没有奥格瓦娜，永远不会有你正在读的这本书。

Postlude
尾　声[1]

在这片舒缓的山谷里，有一种自由让生活与劳动成为真正的同义词。回首往昔就像展开一幅生活的长卷，人生的体验仿佛是色彩斑斓的织锦。在金色丝线闪耀的地方，有被人的双手触摸的真理，有值得付出高贵的自我的爱，有因为死亡而变得愈发神圣的生命，也有赋予失败价值的鲜活的信仰。

真诚地热爱和探寻"原则"，正是生活根本的要义，正是在这本书开篇的雪地里，约翰舅舅用脚印给予小男孩儿的教导里缺失的部分，也正是他朦朦胧胧地感觉到的东西。

变化的秩序深邃无尽。我一直在探求这个自然秩序本身的秩序。我试图将它理解为一种原则，最终我接受了它是一种现实。或许如赫拉克利特[2]所言，变化是唯一能够被我们感知的现实。

对于一切自然的生长导致的变化，我们都无须畏惧。虽然无法认清这一事实，然而变化终将令我们受益，因此我们无须戒备。

作为我们无法回避的朋友，有机的变化带来的不仅仅是机会。对于建立在现实之上的文化而言，变化总是友善的。变老将成为一种人们渴求的资历。否则，我们的文明还有什么意义呢？

一切自然生长产生的变化，应当赐福而不是袭扰地球上的生命。死亡本身只是变化的一环，生长过程中的一次危机而已。

正如第三卷前奏里丰收的田野的故事所讲述的，在我劳动的田野里发生了许多粗暴的袭扰。

我一直在探寻理想的生活，如同我不懈地探寻理想的建筑，如同我在这本《自传》开篇的故事里，在阳光下寻找洁白无垠的雪野里露出的干草。

---

[1]《自传》的前四卷最初于1932年出版。本章为全书结尾。
[2]　赫拉克利特（Heraclitus，前540—前480），古希腊哲学家，强调万物永恒的变化。

依照它唯一可能的选择，我的生命充满了对永恒的"原则"不断变化着的试验。

生命的历险是时间、空间与人协奏的热忱的浪漫曲。它从我手中流淌出来，塑造一个时刻变化着的世界。在这个能够从容地承载变化的世界里，我们应当抛弃内心对变化的畏惧和对一切致命灾难的恐慌。

"自由"是第四卷的标题，也是线索。然而，我必须承认自由并不存在。包括宣告发现了自由的释迦牟尼，还不曾有任何一个世间的凡人拥有过自由。

逃避不是自由。

我们有权索取的唯一的自由，是能够自由地探寻，自由地存在和自由地相信，自由地爱我们的心灵感受到的美。

这是人能够得到的唯一的自由。这也是人所需要的唯一的自由。这就是我们的国家。

BOOK FIVE . FORM

第五巻　形式

BOOK FIVE. FORM

工作之歌 409

形式的天性 410

后事 416

前途 416

一个诺言 417

公元一九二九年 418

漂泊心灵的驿站 419

塔里埃森建筑事业的拓展——招募寄宿学徒 420

致敌人 424

致"巴黎美术学院派"的学生们 425

人的天性出了什么问题? 428

材料与现金：木料 432

一段法律插曲 434

灾难 435

石灰 436

为学徒会而采购 438

叛逆者的旗帜 442

埃塔 444

轻松的一面 446

独具匠心 447

贝多芬 450

一段回忆 451

喂养肉身 452

相互服务 453

排练 455

漫不经意的经典案例 456

无人领情的撒玛利亚人 458

救济	459
暴力事件	460
防卫	461
学徒间的联姻	463
一篇无法令作者自己信服的寓言	465
道德	469
献给四季的四段诗句	469
娱乐室里的好时光	471
反败为胜	472
恶人的平安	474
征服沙漠	479
学徒会的障碍或者民主的羁绊	483
富于创造力的良知	490
学徒会的财富	492
第一人称单数	492
追随者	493
造福家乡的希巴德——约翰逊制蜡公司大楼的故事	495
异端邪说	505
未来的教堂	509
塔里埃森的早餐	513
尤松尼亚住宅一号	517
尤松尼亚住宅二号	522
重力传热	523
冷漠的壁炉	525
蜂拥奔逃	528
致美国之鹰	529
颠倒因果	530
我的朋友费迪南德博士	532

塔里埃森乐悠悠的夫人们 534
露露·贝特小姐 536
美国公民 537
致诗人卡尔·桑德堡 543
受邀的客人 545
塔里埃森的气味 550
咄咄逼人的外交策略——寓言一则 551
日本——东京 551
英格兰——伦敦 565
俄罗斯——莫斯科 572
致俄罗斯 575
致苏联建筑师协会 575
苏联的建筑与生活 579
致弗兰克·劳埃德·赖特的公开信 587
致威斯康星大学共产党员教师们的回信 588
致美国的共产党员们 589
灵魂的安宁依赖它的勇气 590

形　式　　　　　　　　FORM

Work-Song
工作之歌

　　我们有战场上的战歌，也有军歌和宗教赞美诗，我们听过黑奴劳动时的号子，但是我们从未有过属于自己的、斗志昂扬的工作之歌。

　　这些歌唱丁字尺与三角板的诗句[1]，像一支喧闹的军乐队排成方阵从街上走过。这首我早年的即兴之作，本应收入前面的第三卷"事业"。它之所以被略去，是因为无论当时还是现在，它听起来都像是在叫喊着："见鬼！"

　　为什么不呢？你需要多么强大的自我来喊出"见鬼"，才能忍受被人云亦云的博学所阉割。而对任何真实的自我和勇气的"教化"，必然都出自我们的最杰出人士之手。在此我献给你这支充满斗志的工作之歌。它也许精彩，也许蹩脚，但是千万别把它称为文学。

　　这几行诗被奥格瓦娜谱成了歌，有时会在塔里埃森的学徒们中唱起。

　　多年以前，这些奇怪的诗句曾经有过一次走出角落的尝试。在一些朋友善意的鼓励下，我把它们以《鼓声》为题寄给了时任《世纪画刊》主编的理查德·吉尔德[2]。这首工作之歌被很礼貌地退了回来："赖特先生，鼓声的节奏实在难以翻译成诗歌。"

　　生活似乎在蔑视我们最高的文学评价标准，尤其是那些学究给出的鉴定，甚至广为大众认可的标准也不过如此。

---

[1] 指卷首的五线谱和对应的歌词。
[2] 理查德·吉尔德（Richard Watson Gilder, 1844—1909），美国诗人，自1881年起任《世纪画刊》杂志主编直至去世。

这件往事成了一份被冻结的资产，或者说渴望着文化更新的郁郁不平。在当下对文学陈腐的定义之外，还有谁懂得诗歌吗？

我记忆深处的那个小男孩，在这可爱的山谷里就开始了探寻。温暖的羊毛靴裹着他的小脚，踩在新落的积雪上，累得酸疼的胳膊抱着满满一捧"没用"的干草。生活编织的多姿多彩的图案已经展开，对形式的探寻仍在此继续着。是的，一种自我探寻，寻找我能够赢得或者接受的自由。

在完成前面四卷"家族""结缘""事业"和"自由"之后，我像参加完"一年级的舞会"之后那样，回顾自己的经历。十年了[1]，我不无惆怅地想象，我的那些话语或许可以传递更深的含义，打动更多的心灵。或许我能够献给你一本更好的书。我很懊悔自己写下的根本不是一本自传，而更像一部反抗百老汇的教义。尽管如此，我对"反抗"和"教义"并不感到遗憾。我们迫切需要这样的"反抗"，而这部自传正是一篇发自我内心的信仰告白。

至少，我写下的每一个字都是事实。然而，正如单凭木板、砖块和灰浆并不能筑起建筑那样，仅仅依赖事实无法构建起真理。只有当想象力像利用建筑材料那样忠实地驾驭事实，才能在事实中融入精神，在清新闪亮的形式、艺术的杰作中造就另一种生活——人的生活。

这本书的第五卷是对形式的继续探索。

The Character of Form
形式的天性

在被诸多令人沮丧的真相包围的同时，我们也看到了鼓舞人心的真理（起码是与真理相关）：形式的天性始终是有机的。它是自然界真正的图案。对自然界抽象的过程，向真诚探寻完美形式的人提出了挑战，同时也为他画出了简单可循的基准线。既然所有形式的实质都是一种结构，那么它的实质也必然关乎政府、关乎建筑、关乎组成文明的社会构架。

我的亲身经历验证了"每一个问题自身都蕴含着解决它的出路"，一条唯有全身心地投入真

---

[1] 本书前四卷于1932年出版，第五卷的写作完成于1943年。

理方能找到的出路。一步步走来的人生告诉我,正是这种找寻赋予了一切生活真正的憧憬、线索和色彩。否则,就建筑的世界而言,生活将不过是一堆如尘埃般互不相干的事实罢了。

任何好的建筑师都理应是一个天生的物理学家。然而现实生活中,他却必须是一位哲学家和医生。因而,从古代哲学里新生的精神相面术,依然适用于这个历经磨难而迟到的第五卷。它为你勾勒出一种被现实主义遮蔽的真实的社会肌理。现实主义,它既能让现实丰富多彩,也能让生活的面目晦暗不清。

我们共同的目标隐藏在一行行字句的背后。

我有一位表弟在俄克拉荷马州做报社编辑[1](其实只是成功的出版商而算不上编辑)。他曾满怀厌恶地怒斥我:"弗兰克,你这混蛋。如果你不喜欢这个国家的制度,何不干脆滚到别的什么地方去呢?真见鬼!"

"理查德,如果我看到自己的国家误入歧途,我会一直待在这里,"我回答他,"不是要取悦你或者我的哪一位亲戚,而是为了最'见鬼'地尽我所能,把颠倒的是非扳正。"

为了坚持自己的良知或者挽救对方的良知,你我理所当然地难免令彼此的亲戚感到困扰,还会得罪一大群善良的人。这是他们的选择,也是我们的选择。然而,假如民主对于你我来说还意味着一点点什么的话,那恰恰就是我们的兄弟姐妹、叔父姨母,尤其是我们的父辈和最亲密的朋友们面临着的困境。更不必说还有那些警察的纠缠。这就是现实。无数像你我一样不安分的良知,在抗争着低级的愚蠢和十足的卑劣,这是任何一个公正的国家不可或缺的。毕竟,民主是这里唯一符合黑格尔所言"苦恼的清醒意识"[2]的状态。

理查德,难道就因为你碰巧拥有一份报纸之类的东西,就能待在俄克拉荷马聒噪你的称心如意吗?不,我比你更有权利待在这里,更大声地喊出我的不满。

这个国家,无论是在我们鲜血的洗礼中依靠胜利获得的——还是继承来的、偷来的或

---

[1] 理查德·劳埃德-琼斯(Richard Lloyd-Jones,1873—1963),即第二卷提到的詹金舅舅的儿子。拥有俄克拉荷马州的当地报纸《塔尔萨论坛报》并长期担任其编辑。曾资助赖特并请他为自己设计住宅。政治上极其保守,在50年代支持反共排外的麦卡锡主义。
[2] 威廉·弗里德里希·黑格尔(Wilhelm Friedrich Hegel,1770—1831),德国哲学家。"苦恼的清醒意识"这一概念出自他的著作《精神现象学》,指为超越物质环境的自我思想斗争。

是买来的,难道它不是上帝众多美丽土地中的一方吗?假如它的孱弱、犹疑和盲目已经是病入膏肓的表现,那么美利坚的这些理查德表兄弟们或许是对的:批评将只会意味着冷酷。但是在我眼中,这片土地和这里的人并非如此的不可救药。我属于这里,我热爱这一份归属:爱这个国家,不是因为它现在的模样,更多是因为它理应成为的、众人期盼着它将要变成的模样。我有充分的理由相信,我身边有无数怀着同样方式热爱它的人。这种爱意味着,不仅我们的建筑和其中承载的美好生活,还有对我们脚下这片土地的耕耘,都将迎来真正民主的形式。也许遥远,但终将到来。

各位高贵——或者卑微的读者,今后,对于任何健全的(也是诚实的)民主、和平与战争而言,自由的意志都存在于讲出真相并有所作为的勇气之中。当我们理解了真相,直面这样言行的后果,真相便会照亮我们每个人的生活。假如我们的智慧和真诚不再受到压制,就会有足够多睿智的头脑,为我们信仰的自由找到相称的社会和经济的(意味着真正建筑化的)理想形式。今天,这种自由超越了国界,成为整个世界新的美德。自此,我们称它为新的现实。

可怕的是,曾经在我们胸中激荡的、淳朴而闪光的自由思想即将耗尽。那些逃离了"旧世界"前来寻求庇护的人,被这片土地上萌生的智慧所惊吓,如今又为了安宁而逃回从前的祖国,手中挥舞着的不再是我们的旗帜,而是某种什么主义。

劳埃德-琼斯家的儿女个个都相貌出众。而我认为在十个兄弟姐妹中,我母亲和我的奈尔姨妈、简姨妈更是其中的佼佼者。她们的五个兄弟都须发浓密,气度不凡,令人联想到耶稣的门徒。某一天,詹姆斯、伊诺斯、约翰和詹金四兄弟,恰好坐在一辆敞篷的卡车上,驶过麦迪逊市的大学路(他们中有两个是威斯康星大学的校董),这时,人行道上有人喊道:"另外八个门徒去哪里了?"

住在山谷里的舅舅们把他们的姐妹称作"姑娘们",家里的孩子们称她们奈尔姨妈、简姨妈。两姐妹曾经在弗兰西斯·帕克[1]的学校里任教,并在那里接受了约翰·杜威[2]的

---

[1] 弗兰西斯·帕克(Francis Parker,1837—1902),美国著名教育家。"渐进"教育的先驱,创建学校,反对注重严格训练和记忆的被动学习。
[2] 约翰·杜威(John Dewey,1859—1952),美国哲学家、教育家,强调教育的延续性和在实践中学习,教育以学习者为中心。

学说。在她们年近七旬时,她们开办的家庭学校日益难以维系。学校本身决定了它非营利的特征,而她们的弟弟詹姆斯(我最喜欢的舅舅)不幸去世,进一步使她们陷入了严重的财政危机。她们的学校面临破产。

二十七年来,两位姨妈带领着十三个住校的教师,先后迎来了五十多个六七岁的男孩和女孩,送走了五十多个即将进入大学的十七岁少男少女。她们是家庭式学校与男女同校制教育方面的先锋。她们的"山坡家庭学校"[1]无疑是美国最早实践男女同校制的家庭式学校之一,或许是美国最早的一个吧,在世界范围内或许也属于最早的一批。玛丽·爱伦·奇斯在《美好的集体》[2]一书中描绘了这两位教育先驱的肖像。

两位姨妈尝试过让多位管理者来经营她们的学校,其中有些是她们的外甥或者外甥女,也有一些是从城市里的教育机构请来的,但是,诸多原因造成他们都没有给家庭学校带来显著的起色。两位姨妈自己就是这些原因。她们丝毫没有意识到,她们创办的学校已经随着她们一道变老了。事实上,她们还和从前一样的警觉和强势,根本无法容忍他人的指导,或者把她们的权威移交到其他缺乏经验的继任者手中。我自己也从未想过她们已经老了。你感受不到她们的年龄。在自己的兄弟姐妹的四十个孩子面前,她们是姨妈或者姑妈。对于上百个其他人的孩子,终身未婚的这两姐妹是母亲。然而,她们的强势现在恰恰成了她们的弱点。

她们声望卓著的弟弟詹金,曾经给予家庭学校鼎力支持,如今再一次试图帮助她们渡过难关。但是这两姐妹无法接纳任何人的管辖甚至建议,连弟弟詹金也不例外。而参与学校的管理恰恰是詹金能够替她们筹措到资金的前提。因此,在这个生死攸关的时刻,她们没有得到任何资助。有些人将这归咎于我。

至于她们昔日的学生们,情形与詹金相仿。我至今仍难以理解,为什么没有学生回来救助这两位如同他们母亲一般的老师。没有一个学生回来过。只有从不同地方寄来的几百美元,无异于杯水车薪,她们需要的资助是大约四万六千美元。学校的局面一塌糊涂。焦

---

[1] "山坡家庭学校"由简和奈尔姐妹二人于1886年创办,1915年关闭。
[2] 玛丽·爱伦·奇斯(Mary Ellen Chase,1887—1973),美国教育家及作家。此指她的著作 The Goodly Fellowship。

虑让奈尔姨妈失去了理智,她会在碰巧待着的任何一间屋子里来回踱步,时而自言自语,时而一边绝望地扭着双手,一边啜泣。依旧保持着敏锐干练的简姨妈会在一旁安慰她。在这个时刻,姐姐安娜(我母亲)给予了她们迫切需要的帮助。我竭尽全力,试图让她们能够享受片刻的安歇。然而,包括我在内的所有人都很明白,她们永远都不会安歇。她们似乎看不到任何出路,于是希望把手里的一切都交给我,希望我答应继续她们的事业。我答应了。

我的承诺让她们感到宽慰。

在一九〇二年建造家庭学校之际,我曾经为她们筹集到一些钱。我的一位业主,苏珊·戴纳夫人一手出资建起了学校旁的艺术和科学楼。她还借给姨妈们两万七千美元,帮助盖起了学校的主体建筑。另一位我先前的业主查尔斯·罗伯特,捐赠了九千美元帮助她们挺过了日后的一次难关。她们还收到过一些我不清楚来源的资助。

随着其他的机会日益渺茫,她们把我当成最后的希望。这些昔日的资助想必是其中一部分原因。

一九〇二年兴建这所学校之际,家族内部就有反对的情绪和声音,认为这会毁了姐妹两人。自始至终,两位姨妈的投入只有实际物质成本的一半,再就是家族成员们相当可观的自发劳动。她们为建成后的学校感到骄傲和欣喜。

我曾经切实地考虑过找一位校长来延续她们的事业,然而我想象不出谁能够替代她们。我相信,没有人能够胜任。

离开充实的学校生活之后不久,她们两人的生命相继枯竭了。

简姨妈像一团炽热的火焰,她的性格正与奈尔姨妈的沉稳干练形成对比。"失去"学校对于她无疑是一个沉重的打击,而一个诺言毕竟无法弥补她们"失去"的深爱的事业。天气允许的时候,她喜欢回到家庭学校,睡在她从前的房间里。有一天早晨,人们万分意外地发现她死在那里。

奈尔姨妈年轻时得过天花。二十六岁那一年,她的头发就全都变得雪白,但是常年的户外劳作让她日后一直保持着健康的体格。失去了毕生的伙伴之后,她又坚持了一两年。到后来她丧失了一贯清晰的思维,而她执拗的秉性造成她频频地情绪失控。最后,大家发现她安息在男孩子们从前的宿舍里。那里是她们培育了七个男孩子——从七岁长到十二岁——的地方，也是她为自己选好的归宿所在。

奈尔姨妈和简姨妈去世后，山坡家庭学校被视为她们留下的"财产"。然而蹊跷的是，我在一九〇二年为她们设计的几栋建筑，却被排除在这些闪烁着她们人格魅力的财产之外。在凝聚着我的理想的那几栋建筑之中，两位姨妈也倾注了她们的热情和信念。学校里的其他建筑全都丑陋不堪。劳埃德-琼斯家两姐妹创造的奇迹，随着她们本人的逝去，只剩下一个金属床架和上面洁净的床单、墙上的一幅画、一块碎布拼花的地毯、一个洗手盆和一个水罐、一个花瓶和一个装水果的大碗，以及曾经亮闪闪的木地板还有窗外美丽的景色，而这一切都能够唤起对她们的追思。

随着两位姨妈相继去世，她们的"财产"也四散流入周边的亲戚手中，剩下的只有外祖父留给她们的土地和她们倾注了自己思想的几座建筑。这些专为她们的学校建造的房屋，如今已经失去作用，甚至连改作农场用房也不适合。八角形的谷仓、学生宿舍和用人们的住处都只是布局不当、毫无设计可言的木匠手艺。就连这些也都年久失修，只待彻底拆掉，以免它们败坏了体现姨妈们精神的整个建筑群。除了属于学校的一百四十英亩土地（不计建筑物，每亩地价值大约八十美元），山坡家庭学校残留的设施几乎毫无价值。劳埃德-琼斯家两姐妹留下的所谓"财产"少得可怜。如果硬拢在一起的话，也凑不齐一千美元。

她们充满活力、意在发掘人的个性的学校，留给世人怎样的教训啊！世间万物总是像这样老去，继而消散。然而，人格是永恒的，它将超越岁月的侵蚀。更准确地说，是随着年华老去愈发成熟和坚强，直到年迈成为最受人羡慕的优势。

这两位伟大的女性如此执着地追随自己非凡的个性。无论身在何处，她们都能够在微不足道的琐屑当中发现价值，在看似无物当中点燃温暖的火光。

她们把世间罕有的热忱投入一个崇高的理想。在关闭前的最后几年里，这所学校变成了某种慈善救济机构。丧偶或者离异的为人父母者会把孩子送到这里由两位姨妈悉心呵护，只需零星地交纳些许费用。一旦有天灾人祸降临孩子的父母，就再也不会有钱寄来，而姨妈们会继续收留这些孩子。最后，有太多的教师拿不到报酬，忠诚的老员工们甚至接连几年都没有提出过发薪的要求。姐妹两人去世后，堆积如山的账簿上记着有待偿还的债务大约四万美元，而她们没有留下一分钱。

Post-Mortem
后　事

我的姨妈们去世之后的许多年里，不时会有某个农夫在路上遇到我说："弗兰克，我给过'姑娘们'四十捆木料，一直还没有要过钱呢，那可是一九一五年二月的事了。"

"当时你为什么没让她们付钱呢？为什么一直也没有问过她们或者我，直到今天才提起这件事呢？"我通常这样反问。

"那时候，我清楚她们手头紧张，我也不很缺钱。可是这会儿不同了。先生，世道可不同了。"

"可是，现在欠你的账已经失效了。"我会试探他是否诚实。

"是啊，失效了。但你是她们的外甥啊，弗兰克。你总会付给我一点儿来抵老账的，对吧？"

"那当然。你说说看，应当还你多少钱呢？"

"嗨，给我一半吧——六十块钱就算清账了。"

"我这会儿没带着那么多。"

"是吗？没事儿，我哪天顺路的时候再来取也可以。我知道，你不会让你的姨妈们失望的，弗兰克。"

当我手头宽裕的时候，他会拿到他索要的欠款。显然，这样的欠账早已失去了法律效力，而且其中某些无疑是编造的。我只能依赖自己的判断力来逐一应对，并且变得越来越强硬。偿还其中某一些，对另一些不予理会。除此之外，又能怎样呢？

Perspective
前　途

回顾两位姨妈的人生和她们的事业，你将看到她们的事业对我们仍然有深远的影响。狭隘浅薄的环境曾经残酷地包围着她们，恶毒地袭扰她们的事业，而如今的塔里埃森也身处同样的环境。

年迈成为一项缺陷，使她们无法继续倾注了毕生心血的伟大事业。

她们被看得贱如集市上待售的牲畜，她们的智慧和丰富的经验变得不值一文。如同在鄙陋的乡间，一匹马或者一头牛的价值取决于它的岁口，而一只鸡的售价由它下蛋的多少和肉味来决定，鼠目寸光的美国意识把这些规律应用于人的生命。在某些古代东方的文明社会里，风度优雅的老者象征着卓越的见地和荣耀。而我们举目所见呢？独具特色的美国意识以对待牲畜的方式来看待老者，将生活中那些尊贵的品格弃若粪土。老者独有的气度，迫不得已被整容师的作品所掩盖。老者凄惨地竭力使自己"看上去"年轻一些，因为那样就会显得更加强壮。然而，当经历风雨的痕迹仅仅被看成是岁月的侵蚀，它们就果真变得很丑陋。

在闭塞的乡间，一张写满生活阅历的面孔不应当被视为丧失了某种资格，在城市里坚硬的人行道上更不应如此。但是青年们视老年人如同成堆的废物，只顾趁着年轻痛快行乐。他们坚持认为最好的生活还在后面，不去为树木培育果实，而是在无聊中荒废时光。我们把这种有害于整个西方文明的恶行，施加在自己身上。

假如年迈无法带给老者本人以及他人可贵的奖赏，那么个人或者整个社会势必已经陷入可怕的泥潭。我清楚地记得，我母亲的朋友莉迪亚·库恩利夫人，一位非凡的女性，验证了她自己的一句话："一个二十岁的女人没有魅力并非她的过错，然而到五十岁时依然如此，那必定是她的过错。"

A Promise
一个诺言

我的一生中曾经做出许多承诺，并且总是尽我所能地兑现这些诺言。我从未许下任何我根本无意信守的诺言。然而，地狱里属于我的角落，必将由那些永远无法兑现了的愿望铺成。[1]

时间和现实使一个人的诺言风化，如同远去的背影渐渐模糊。但是有一个承诺，始终不肯离我而去。我崇敬母亲和两位姨妈花白的鬓发间流露出的尊严。这份崇敬以及我对她们的爱，让我感到她们仿佛仍然活在这个承诺之中。我曾经承诺，两位姨妈在外祖父开垦的土地上建立起的学校将会延续下去。这个向亲人许下的承诺，一步不离地跟随着我。渐渐地，这

---

[1] 此处套用西方谚语："通向地狱之路是由善良的意愿铺成。"

个前方的目标演变成我内心的愿望。无论我的意愿如何，只要一息尚存，我就会努力实现这一承诺。我变成了命运的工具。

无论出于什么样的原因，我都要尽快实现这个诺言。既然我宁做我，我将以自己的方式来兑现这一诺言，尽管我并不知道那是怎样的方式。这个诺言像它的许多同伴一样被拖延了许多年，但是我仍对自己抱有信心。

如今我发自内心地相信，无论是怎样的目标，只要我的渴望足够热切，我就能够获得它。因为它首先获得了我。

无须我煞费苦心地朝那个方向靠近，现实将我推向了那条道路。假以时日，期望将化为现实。

Anno Domini 1929
公元一九二九年

试图由"生产"来控制"消费"，酿成了这一历史性的灾难——这场被无知者冠以"萧条"之名的经济崩溃。

经济的停滞是如此的彻底，以至于整个威斯康星州从南到北，都听不到一下工人劳动的锤声。我自己所在的艾奥瓦县的劳力、木工和石匠们，和他们在附近戴恩县和索克县的同行一样，在饥饿中无所事事。与此同时，我只能眼睁睁看着山坡家庭学校经历了将近三十年风雨的木瓦屋顶，因为找不到工匠维修而一片片脱落。雨水顺着屋顶泡湿了室内几乎所有的角落。屋内涂蜡的砂浆墙面，被名叫"好奇"的路过者涂满了与乡间茅厕里一样的污言秽语。只需要一个严酷的寒冬，我为两位姨妈所设计的建筑中残存的部分，将只剩下孤零零几片石墙，不再有维修的必要了。那些无与伦比的砂岩石墙，是目光炯炯的威尔士老石匠蒂姆在我的指导下精心砌筑的杰作。而我不仅没有资金用以偿还惊人的债务，甚至凑不出足够的车费去城市里寻找设计项目——假如还有什么设计项目可做的话。

从哪里还能找到设计项目呢？无人知晓。除非我们能在饿着肚子的前提下，自己筹划建筑项目。我的朋友们都举步维艰或者已经濒临破产。我如何知道的呢？他们知道如何知道我知道！

假如没有一块属于自己的土地，也不能在农场找到活计，那么任何一个美利坚合众国的建筑师都只能在混沌中度日，除非他和某一位安然稳坐着的人物恰好有些"关系"（因为越小心翼翼的人，受的打击越严重）。而安然稳坐需要的是纯粹的运气。在我们这个不遗余力地以"生产"来控制"消费"的伟大国度里，仍旧梦想"追求幸福"的建筑师们只能勉强度日。他们赖以度日的"积蓄"或者钱财，多半来自保险的收益、与富人联姻或者继承一笔遗产。更多的时候则是从某处向某人借贷，而与此同时，"生产"的成果正虎视眈眈地等待着消费或者被强迫的消费。我不仅失去了"收入"（仅仅是"他们"的叫法而已），并且丧失了任何赖以借贷的信用。如今，可供我们分享的命运是抵押借款、法庭判决、来自私人以及公众的羞辱、整个国家承受的耻辱。勒索和诋毁依旧是这幅阴暗的国家图画的前景。

一大群杂七杂八的游荡者伸着手，频繁地出现在塔里埃森门前！他们披着各种我熟悉的伪装前来敲门：依法索回售出的物品、报纸采访、敲诈、无良的律师、亲朋好友索债、曾受雇用的劳力索债，一个个穷凶极恶。拿不到钱，便是破坏和威胁、愈发恶毒的危险，甚至刺杀。凡此种种徘徊在门外，与门内无耻的背叛交相辉映。

最为糟糕的是，我发现自己与费斯特斯·琼斯相仿，心中残存的一点儿良知使我每每陷于内疚的困境。

我的困境还在于，我仍然渴求善待自己，并且没能成功地抛弃根深蒂固、不乏悲剧色彩的家族传统——渴望与自己的同类融洽相处，赢得他人的友善和尊重。无论过去还是现在，我始终愿意为了获得"奢侈品"而牺牲生活"必需品"。只要万物的衡量标准——金钱——仍在秘密地操控，这似乎是获得"更好的东西"的唯一方法。

A Station for the Flight of the Soul
漂泊心灵的驿站

过去的许多次危急时刻，我都曾经突发奇想（或许正是危机的刺激所致）。某些时候是糟糕的主意，但这一次却是不错的主意。何不将那个已经成为我内心意愿的诺言作为目标？在这个没有房屋可以建造的惨淡时刻，何不利用我三十五年来积累下的经验"建造"建造者，静候建造者重有用武之地的那一天到来？

从事教育的天性、蛰伏已久的家族影响终于苏醒了。实现我的诺言？

曾经有许多年轻人，从世界各地来到塔里埃森协助我的事业。其中某些人仍然没有离开这里。经过对这个"想法"反复讨论，权衡支持与反对的意见，我们——一个威斯康星州的威尔士后裔的儿子和一个黑山人的女儿，决定作为教育者创办一所学校。一九三二年夏天，我的为数不多的几位朋友收到了这样一封公告：

An Extension of the Work in Architecture at Taliesin to Include Appenticesin Residence
塔里埃森建筑事业的拓展——招募寄宿学徒

弗兰克·劳埃德·赖特和一批才华出众的助手，将在他们生活的塔里埃森创办一种新式的学徒会。

依照筹备计划，将有一批经过遴选的助手辅助对学徒的指导，包括一位雕塑家、一位画家和一位音乐家，以及七个资深的学徒和三个具备生产经验的工厂技师。

来自世界各地的思想界精英，将不定时地前来分享我们的热情或者在此小住。

我们相信，以理性为纽带结合在一起的艺术与工业，将与美国平凡的日常生活协调相融。任何这样的理性尝试，其形式必然是回归本质的建筑，在顺应我们的生活方式的社会、工业和经济进程中成长起来的建筑。

未来民主制度的这种框架和背景，必将成长为一种有机建筑。并且哲学、雕塑、绘画、音乐和机械工艺最基本也最有价值的要素，都可以在本质上归于建筑。相同的原则刻画着生活与艺术。因此，如果这个世界将实现科学的安宁与和谐，那么生活自身的"建筑"必然是任何真正的文化首要的、基本的考虑。

"艺术"与工业生产之间的结盟，永远多多益善。因为，任何单纯的"结盟"虽然具有实际效力，却都无法激发创造力。适宜的形式只能从内部生发，并且与我们的工业实践紧密联系。只有当工人们不再只是自发地依赖现代化车间和生产环境，而是与某些具有创造力的建筑师结合并从中受到启发，才会出现创造力最美的结晶。在实践中不断接触结构、材料、土地以及自然变化的天性，是传授这种结合的唯一可靠的教科书。只有当这些因素成为与日常生活、实践直接相关的具体形式，它们才能成为我们再次从起点出发所用的教科书。

在这个充满困惑的机器时代，我们当中硕果仅存的创造的冲动，仍有希望不被周围垂死或者早已冰冷的古老形式所玷污。大城市的生活已经等同于肤浅地应用某些僵化的成规。因此，塔里埃森学徒会选择乡村作为它生活和劳动的场所。学徒会坐落在麦迪逊以西四十英里一处美丽的农场上，临近威斯康星河。与它距离最近的村庄，位于四英里以外的州内二十三号高速公路旁。

从芝加哥到橡树园再到塔里埃森的建筑事业，在过去的三十年里证明了它自己的价值。它在当今世界潮流变换中的远航，证明了与真诚地渴望改进自己产品的工业制造者通力协作，建筑师将有机会创造出优秀的作品。假如我们的国家能够学会像塔里埃森一样利用自己的资源，现在和未来的美国制造业都将不再依赖精湛的模仿和抄袭。

因此，塔里埃森计划将学徒的规模从目前为数不多的几个扩充到七十个*。

每一个学徒将在导师的直接指导下，学习在机器的时代里以机器为工具创造艺术。为了实现一个值得我们拥有的独特文化，所有成员将通过日积月累的努力合作，创造机器和现代工艺所需的新形式。

在此之前，塔里埃森曾经接纳过一百多个来自世界各地、有志于建筑的年轻人。如今，更多年轻人将加入正在成长的学徒会，投入它丰富多样的活动中。我们希望，借助于我们能够提供的现代机器设备，学徒们的实践活动将逐渐延伸到与建筑相关的其他艺术领域。置身于迫切需要新的表现形式的现代思潮与概念之中，我们相信年轻的建筑师、艺术家和手工艺师们，能够在这里学到构建精神世界的方法，也学到用一生来探索建筑这一所有艺术中最精华者的方法。他们还将有机会以我们的时代与国家所独有的方式，把这些方法用于实践训练。

因此，我们创办这一日常生活与劳动密不可分的学徒会。学徒们可以根据个人的情况，参与建筑或者其他工艺制作。这些直接的实践经验，益于身心健康而且成果显著。年轻人将见证自己的双手把思想付诸劳动，在劳动中发现思想。

---

*　后来改为二十三。——原书注。以下星号标注皆为原书注，下同

我们的居住生活将是简朴的。共同就餐，固定的劳动、娱乐和就寝时间。每一位学徒拥有自己的工作间和寝室，所有寝室都设有方便的盥洗设施。娱乐将成为我们生活中的亮点。晚间的活动包括戏剧或者音乐演出、电影放映，以及有受邀的音乐家、文学人士、艺术家和科学家参加的讨论。周边优美的环境，将赋予我们的创作和休闲无尽的灵感。日常生活的内容将充分地从优美的环境中受益。

学徒会各个方面的劳动实践将直接体现有机的哲学：为有机的生活创造有机的建筑。塔里埃森的生活将体现未来属于今日的意识。

基于这样视野宽广的意识，以实践作为形式的建筑学习将着重于建筑设计和结构原理的细致研究。预计开设的课程将扩展到生物学、印刷、制陶、木工和编织。这些实践中的学习，将密切地结合富于特色的模型制作。建成之后的机械工房，将为学徒们提供各种工艺的试验机会。

学徒不同于奖学金获得者，这是学徒会创立的条件，也是每一个成员应有的心态。日常劳动的各项内容，将公平地分配给每一个成员。学徒会尊重个人喜好和志趣，但是不会对此给予格外的鼓励。学徒的年龄不受限制，但是每一个成员的录取资格，都将由赖特先生本人在该学徒从事一个月的试用劳动之后确定。无论是录取之前还是进入学徒会之后，学徒会有权在任何时候拒绝任何一位学徒。

塔里埃森的目标是培养机体充分协调的人才，使他们建立双手与头脑之间的协调，这正是现代教育最显著的缺环。

作为一项基本的要求，学徒会的每一个成员都需要参与维持学徒会运转的日常劳动。他们将尽可能地远离薪水奴隶的意识。

试验室和机械工房仍有待建设。它们在绘图室旁边建成之后的最终效果，如附图所示。

工作室和展厅已经建成或者在建。第一批试验性的课程将包括建筑结构与建筑设计、建筑的哲学、印刷制版设计、学徒会会刊的印刷工艺、与现代施工体系匹配的玻璃吹制、混凝土浇筑、金属锻造和使用现代机械的木工工艺。与以上内容并行的学习包括哲学、雕塑、绘画、戏剧和格律。此外，学徒会将在其能力所及的范围内，组织制陶、编织等任何一种现代化生产工艺的学习。我们有信心说服工厂的经营者与我们合作，在学徒会示范这些工艺。

每一位学徒结束学习离开之际（并且仅在此时），将会得到一封推荐信。在与劳动日程不冲突的前提下，学徒可以享受每年六个星期的假期。

学徒会的目标是成为一个"基金会"，然而目前仍只是一个独立的文化团体，距离这一目标尚远。未来几年，它赖以发展的主要资金来源将是学徒们的学费。其他资金来源包括建筑项目的设计费、出售完成的艺术品和以学徒会名义发行的出版物。我们将建立一个名叫"学徒会的朋友们"的组织，其成员包括对我们的事业抱有信心、有能力并且愿意给予我们帮助的人士。学徒会有可能收到这个组织捐赠的资金或者设备。*

毋庸置疑，学徒会的兴盛取决于其成员的素质，然而也更多地依赖成员们在劳动中体会到的合作精神。唯有学徒本人能够让导师或者他自己从他的学徒生涯中受益。因此，在被接纳进入学徒会之前，每一个学徒都要经历一段试用期。学徒会有权随时终止某个学徒的资格。

如后附的申请表所示，每一个学徒需要交纳固定数额的学费。**

作为学习内容必要的一部分，每个学徒都需要在农场或者自建房屋的工地参与劳动，或者幸运地参与工作室里试验性的设计和创作。这些设计和创作的成果将有望用于展出和销售。学徒会将设立一个账户来管理类似销售所得的收入，在每年年终公平地分配给每一个成员，冲抵部分乃至全部学费。

一个类似公司经营的组织将管理学徒会的事务。***

学徒们将参与农场和菜园的劳动，他们日常生活中相当可观的一部分必需品，将出自他们在土地上的劳动，从而使他们的学费保持在尽可能低的水平。

这份雄心勃勃的策划刚刚出炉，并且以公告的形式散发出去，我们就主动放弃了它，转而决定尽量利用手边的资源，而不去追求过度的"学院化"或者"教育腔"。我具备某些方面的经验，而奥格瓦娜在另外一些方面卓有特长。我们两人的头脑和热情结

---

*　这个组织始终没有建立。
**　创办第一年的学费数额为六百五十美元，第二年因故改为一千一百美元。
***　这一点未付诸实施，因为事实证明没有必要。

合在一起，依据我们现有的能力对学徒会的内容加以简化，并且很明智地把招收规模缩减为二十三人。然而，那份内容详尽的公告已经在流传过程中产生了我们预期的效力。二十三个小伙子和姑娘，携带着各自一年的六百五十美元学费，汇集在塔里埃森。时间是一九三二年十月一日。这些背景各异的年轻人，呈现了美国青年一代的横断面。虽然还没有做好准备，但是他们渴望开始某种工作，学术研究除外，而那也恰恰是塔里埃森最不可能给予他们的东西。

To The Enemy
致敌人

既然我们开始介绍学徒会，那么作为对前面那封公告的补充，不妨再来看另一封公开信。美国的"巴黎美术学院派"[1]曾经向学生们发出了一纸宣言，它也被寄到我的手中。针对这一"宣言"，我写了如下这封公开信，寄往各个学校，希望在校方许可的情况下，张贴在学生们可以看到的地方。这一目的在某些学校里得以实现。

想必读者已经充分理解了，美利坚大地上这些奴颜婢膝的"巴黎美术学院派"，是对任何尤松尼亚文化理想的诅咒。

假如我们并不把缺少土生土长的文化"图案"视为一种缺陷，那么何不索性满足于我们的文化里没有任何图案呢？一片不毛之地，岂不更好？自然，没有人会这样提议。现实不容我们错过哪怕是一粒我们自己土壤里的收获，也不容陈旧的图案和偏见毁掉任何一次崭新的机会。文化的迟滞使我们没有把灵感注入所谓的"标准化"，而是让它沦为单纯的巧技，彻底丧失了造福于人的能力。如果我们允许这种文化倒退再多一天盘踞"艺术"的席位，那么我们的社会肌理中将剩不下任何精神层面的生命力，因为文明意味着社会肌理中富于灵感的文化图案。

文明正是这样一种"图案"。

---

[1] 此指沿袭巴黎美术学院教学体系的多所美国建筑院校。

一位机智诙谐的法国人曾这样评价我们:"美利坚合众国是唯一从野蛮直接坠入堕落,不经过任何中间文化的国家。"

以下就是我对美国的"巴黎美术学院派"的答复:

To the Students of the Beaux-Arts Institute
致"巴黎美术学院派"的学生们

你们收到的那一纸宣言,也同样被寄到了我的手中。它提到了我和两位我敬重的现代建筑师格罗匹乌斯和柯布西耶,并且对毫不知情的我们多有不敬。*

如果这个宣言证明年轻的建筑师们面临着启蒙的机遇,那么或许现在是他们帮助自己的时候了。这个宣言铿锵有力的措辞,背后流露着一种威胁。我可以从中读出,美国的"巴黎美术学院派"终于意识到除了通过强行兜售,他们古老的实践和陈腐的戒律已经穷途末路。

正如这封公开信证明的那样,"巴黎美术学院派"准备用新的建筑语言讲话。接下来,"巴黎美术学院派"的首领们准备风度优雅地向现代建筑"靠拢"吗?还是如宣言所称,它将不会向现代建筑靠拢,而是把"所有学生推回到古典主义的怀抱"?

可曾有人向你们这些学生讲述现代建筑的真正内涵?有人郑重其事地告诫你们:"赖特、格罗匹乌斯和柯布西耶建立的风格,将不会长久。"

如今呢?必须承认,现代建筑走过的很长一段路,不是有机建筑之路,因为它已经沾染了美国的"巴黎美术学院派"崇尚模仿的习气。对于那些不幸沾染了这种习气的年轻人而言,我是他们善意的敌人。然而,无论这些现代建筑师犯过怎样的错误,"现代"建筑恰恰是因为他们和他们的行动才拥有未来。

也正是因为他们的作品,"巴黎美术学院派"准备修正它的教程,或者"把你们全都推回到古典主义的怀抱"。

---

* 参见《致1931—1932年学年建筑系学生与记者们的宣言》,1932年4月20日。

我承认，在你们被告知需要提防的现代主义建筑师当中，的确有一些人对有机建筑的原则和实践依然生疏。"巴黎美术学院派"将凭借一种它谎称拥有的美德蒙骗你们。假如你们不想以类似的手法蒙骗你们的国家，那么你们将被有机建筑的原则所感化，并且有朝一日驾驭它。遗憾的是，在成长发育中的美国，"巴黎美术学院派"是建筑教育的唯一选择。

今天，没有一个独立思考的人会相信这样的"伪教育"。任何一个接受这种教育的年轻人，都不可能成长为具有创造力的建筑师。学院派一面警觉地审视着有机建筑（现代建筑），一面从中汲取它感到陌生的语言，试图用于它自己的教程，比如"材料的意义"，等等。假如他们或者他们的学生领会到这些语言的实质，学院派的教义必将随之土崩瓦解。

古往今来，在那些"将不会主导现代建筑"的名字出现之前，学术的圈子里可曾闪烁过"材料的意义"，或者任何比精美的构图更深刻的语言？"材料的意义"，这一简单常识之中的最简单者，是我尤为关注的主题。它将彻底摧毁"巴黎美术学院派"在美国的阵地。对于材料的天性和现代建造方式的无知、对于现代建筑极具美国"巴黎美术学院派"特色的误解，造成学院派的阵地已经频频失守。

"构图"？那不过是一切学院派建筑教育的圣坛而已。

我要告诉你们，"构图"已经死亡。

堆砌在钢结构之上的砖石体量和构图，只是封建时代的余音和虚假的姿势。有机建筑所体现的创造力才是赋予你们自由的《大宪章》[1]。然而，你们却被告诫切勿效仿。

自然而然同时也是不可避免地，当鹦鹉学舌的折中主义枝繁叶茂，并且被自称美国"巴黎美术学院派"的机构隆重推介的时候，虚伪之花必然满园盛开！其结果必然是——没有收获。

鸵鸟顽固地把头扎在沙子里，难道这是它的过错吗？鸵鸟，毕竟不是狮子。年

---

[1] 英国国王约翰于1215年签署的法令，被视为英国宪政的起点。主旨是限制王权，保障教会和领主的特权以及骑士和市民的某些利益。

轻的学生们,你们将在哪里学到建筑的真谛,学到"精巧的体量"和"三维的建筑体块"并非建筑的"根基"?它们并非原理而只是成果,只是优秀设计的副产品罢了。请相信我,它们将不再是建筑的"根基"。

这些"优秀设计的根基",是古老的"巴黎美术学院派"掌握已久却拒绝在今天丢弃的至宝。假如你们将被"推回到古典主义的怀抱"(那份宣言暗含这种威胁),并且被这些"根基"所束缚,那么对于深爱着建筑的你们而言,现在正是把握机会的时刻。你们将有机会学到,是什么样的原则令"巴黎美术学院派"对现代建筑如此深恶痛绝,现代建筑如何威胁着他们的自我保全。

与这封公开信相伴的计划书,将解释这种机会的具体含义。塔里埃森已经树立起一个充满活力的传统。我有充足的理由相信,来自各方的青年渴望崭新的现实。摇摇晃晃地载着青年们的学院派小船,无法抵御海上的风浪。即便拖回船坞里维修,老朽的美国学院派"经典"仍旧难以安全地承载年轻的一代。这艘旧船的桅杆上挂着鹦鹉学舌的折中主义,任何一个学生都无法借助它靠近现代建筑的海岸线。

无论如何加以改革,"巴黎美术学院派"必须谨记它永远无法学到建筑的真谛。

塔里埃森,一九三二年一月

塔里埃森已经毫不含糊地向对手投下了战书。

二十三个小伙子和姑娘,响应了我们的号召。虽然塔里埃森拥有数十英亩的坡地,但是为这二十三个人安置即便是临时的住宿,也颇费周折。我们可以设法解决学徒们的伙食而不必另雇帮工。但是我们不得不雇来四十个工匠,他们和学徒们一起,建造舒适的宿舍和公告中承诺的设计室。我感到自己有义务将学徒们交纳的学费(其中不乏分期付款)全部投入这些用途。尽管债务缠身,不断受到律师讨债的滋扰,并且我依旧无法漠视我内心良知微弱的声音,但是我坚持这笔钱不被用作其他用途。我猜想,学徒们当中有不少人是借钱来到塔里埃森的。

埃德勒曾告诉我,他依靠从适当的人那里借钱迈出了他事业的第一步。他借钱完成了建筑学业之后,却无力偿还。据他讲,借钱给他的人意识到,让他有能力还债的唯一希望在于给他一份工作——一个建筑项目。他就是这样得到了第一份工作。我秘密地把这一宝贵经验灌输给了年轻的后辈们。

随着学徒会的构想渐渐付诸实施,我希望这些如同我的手指一样的学徒,不仅能够提振我作为一名建筑师的创作热情,并且让我在建筑领域的才能有更加多样的施展空间。

第一项目标实现了,而第二项却暂时受挫。某种程度上,我们把目标定得过高了。但是我们没有放弃希望,而是在不断成长。

在《麦迪逊时报》和《威斯康星州刊》上,我们分别开辟了一个专栏,并且为这两个专栏设计了标志。分别是塔里埃森和山坡家庭学校被白雪覆盖的屋顶。我认为,建筑师尤其需要流畅的语言表达。自一九三二年起,这两个专栏持续了好几年,主要由学徒们供稿并且署名,偶尔奥格瓦娜和我也会动笔。在此我难以对这几百篇专栏文章做详尽的介绍,而是只选择了我本人写的一篇:

What Is the Matter with Human Nature?
人的天性出了什么问题?

阿尔顿·道[1]曾作为学徒在塔里埃森生活了一年,如今他已经成为一名建筑师,并且和我保持着忘年之交。在给我的信中,他这样评价塔里埃森学徒会:"你的理想固然美好,理应取得成功。然而,你对人的天性有过高的要求。我多么希望,你在拥有更多成功机会的领域内尝试。"

我以这样一篇文章回应这位朋友的关怀:

---

[1] 阿尔顿·道(Alden Dow,1904—1983),美国建筑师。自哥伦比亚大学建筑系毕业后,曾在塔里埃森短暂学习。

我承认，塔里埃森是在宣讲一篇不受欢迎的福音。以实践作为布道的方式，宣讲劳动的福音。过度膨胀的"教育"，已经让美国的年轻人将"工作"弃若敝屣。只有让快乐重回劳动之中，劳动才会充满创造力而不再是苦力的同义词。我可以想象，实现这一点将困难重重。

来到塔里埃森的青年当中，许多人接受过四至六年的大学教育，并且获得了通常的"学位"，以优异的成绩毕业而获得嘉奖者不乏其人。他们在象牙塔里游刃有余。然而，他们和我都知道，学业给予他们的只是少得可怜的东西。

"少得可怜"，意味着几乎所有当今的大学毕业生，距离一个成熟完整的人还相去甚远。他们怀有某些有趣的想法，通常博闻强识、能言善辩，但是往往自私并且小气，缺乏实际的能力。他们无力完成任何一项需要调动身体机能的技术劳动，却总是以为自己做起这些事来轻而易举。殊不知，与挥杆击中高尔夫球或者足球比赛铲球相比，使用铁锹、锄头或者斧子需要同样多的科学和更多的男子气概。

田野里的耕作或者工地上的建设，需要比踢球更多的毅力。因为，踢球是一种现场的炫技，而耕作和建设却是一种技能的奉献，没有即时的回报，而是寄希望于未来。栽下一棵树的人深知这其中的奥妙，对他的投入深感欣慰。假如塔里埃森学徒会的试验以失败告终，那么它的失败是因为这一代青年人在高处呆坐得太久，丧失了投入丰富多彩的劳动的能力。也是因为经过了教育烘焙的年轻人，无法把他的身体机能和头脑协调在一起，无法成为一个合格的劳动者。

我怀着愈来愈强烈的厌恶和警觉，注视着那些被父母送进大学，又被大学推上社会的教育产品。为了寻找尊严、价值和财富，成千上万青涩的年轻人蜂拥挤进大学校门，却浑然不知唯一能够生长出这些果实的地方恰恰在校门以外。

想象一个久坐不动的音乐家，片面的练习造成他肌肉异常发达的右臂吊在营养不良的瘦弱躯体上。这幅画面同样令我厌恶。在我眼中，这样的右臂是一种扭曲的精神、畸形的肉体。"专长"的代价往往是丧失一个人整体的身心健康。这样的"专长"比以往任何时候都令我反感。在我的带领下，年轻人握起斧子、锯子、刨子、锤子，还有镰刀、铁铲和锄头、石凿、刷子。他们也要做饭、洗涮。然后才是拿起绘图板上的丁字尺与三角板。

在我力所能及之处，不再会有跳不出绘图板的建筑师！不再会有狭隘的专家。那些所谓的专家往往拒绝劳动，没有能力投入劳动，似乎无须付出技能与汗水就可以平白得来他们每天吃的面包。在资本主义的暖房里，久坐不动的专家享受着足够长久的惬意。过去的至少五十年以来，无数青年的生命被填进象牙塔里，他们在拜金主义的牵引之下进进出出，直到这个国家的所有人都成为受雇于另一个小职员的小职员，却没有人知道幕后操纵的大雇主是谁。越来越多的人丧失了质询答案的头脑和勇气。知道答案又有什么意义呢？

难道受过"教育"的年轻人要凭借自己一片空白的能力找到工作的机会吗？缺乏合作与耐久的能力是其病症的根源。在塔里埃森，我们希望向年轻人注入享受劳动的乐趣与耐力。凭借这些，他无论身在何处都能开始崭新的生活。假若世界遭遇浩劫而毁灭，他能够用双手重建起一个更加光明完美的世界。

假若美国大学里的孱弱和懒惰已经无可救药，那么塔里埃森成功的希望将会十分渺茫。然而，我们面前这些学会了享受劳动的青年，足以证明至少在这些校园叛军的身上还埋藏着男子气概。当然，我们经历了顺利与挫折，并且期待着坦途与坎坷。

想必你能够借助以上这些背景描述，了解塔里埃森学徒会的理想和态度。

我花了几个星期，在风景秀丽的山谷里驾车寻找我们迫切需要的木料、石材、石灰和各种工匠。如你所见（加上猜测），我们手头的现金所剩无几，无法一次性支付这些材料和人工的报酬。几个月辛苦搜寻的结果，依然欠缺必备的建筑材料，但是我从周边的村镇雇到了四十个工匠。我把自己的筹划摆在他们面前，提出我的建议。如果我成功地说服了这些工匠，接下来我去哪里找来建筑材料呢？对此我心中仍毫无把握。我把学徒们交纳的学费用于支付工匠们每个星期的报酬，以及给他们提供舒适的住宿和丰盛的伙食。他们很乐意在如下这样一份合同上签字——在当时的情形下，我怀疑这些饥肠辘辘的人会毫不犹豫地签任何东西。

公告[*]

弗兰克·劳埃德·赖特代表塔里埃森学徒会，作为甲方；所有工匠作为乙方。

双方同意按照以下方式合作：学徒会将向工匠们提供相应的食宿，此外依据个人合同里的约定，报酬的三分之一将以现金的形式每星期发放。余下的报酬将在建筑竣工并且满足使用要求，同时有更多学徒交纳学费的时候支付。

签名：弗兰克·劳埃德·赖特

每一个工匠都需要签署以下的合同：

个人合同[**]

弗兰克·劳埃德·赖特代表塔里埃森学徒会，作为甲方；查尔斯·柯蒂斯作为乙方。

兹同意依照以下条款合作：

自签约之日起至一九三二年十月十五日，石匠查尔斯·柯蒂斯将在弗兰克·劳埃德·赖特的指导下，建造学徒会使用的房屋。每个工作日的报酬为四美元，付款方式如下：施工过程中每月支付二十五美元。弗兰克·劳埃德·赖特将于一九三二年十月十五日支付查尔斯·柯蒂斯应得报酬的其余部分。

此外，在查尔斯·柯蒂斯受雇于学徒会期间，学徒会将为他提供适宜的食宿。

签名：弗兰克·劳埃德·赖特　　　　　　　　签名：查尔斯·柯蒂斯

由于我的秘书卡尔·詹森的疏漏，少数几个工匠没有签合同。但是在他们投入劳动之后，他们被清楚地告知这些条件。上面那篇公告用黑色和红色的笔迹写在一块白色标语牌上，就贴在餐厅和施工中建筑的墙上。

---

[*] 1932年10月1日，贴在餐厅的墙上。
[**] 样本。

我相信这些工匠都心怀感激。很快，他们全部投入挽救山坡学校的建筑工作。还有一些流浪经过的工匠，听说了这里的差事，请求接纳他们。其中有一些来自旧金山和纽约。这些背景混杂的工匠齐聚在我们的工地上：来自城市的、来自乡村的、已婚的、未婚的、年轻的、年老的、能干的、笨拙的，还有平庸的。"系统"里的糟粕沉淀在底部，乡间的能工巧匠活跃在顶端。

我们修复了山坡学校的洗衣房，为它安装了冷热自来水，添置了漆成白色的长条木桌和长凳，以便工匠们在此舒适地就餐。工匠们通常都会对伙食比较挑剔。但是信不信由你，他们承认对我这里的伙食非常满意。塔里埃森附近买不到酒，每逢有三两个工匠去镇上买酒并且带一些回来，就会在同伴中引起争端。

工匠们餐厅隔壁的一间小屋是学徒会成员的餐厅。每天我们所有人一起在这里吃午餐（农场自己的出产），商议工程的进展，争论细部的设计，为解决一个迫切的问题在白墙上勾画草图。问题层出不穷，每一个都需要当机立断。在长时间的无事可做之后，工匠们很高兴找到了这份新的工作。

为了保证施工能够顺利地进展，我每天凌晨四点钟起床，确定解决问题的方案。这些方案将在白天的绘图板上细化成指导施工的图纸。自那时起，我养成了四点钟起床的习惯。这时候仍是万籁俱寂，而经过充分休息的我恢复了旺盛的创造力。此时，有待解决的问题仿佛不用借助我的努力，纷纷迎刃而解。

我们有了人手，大约四十个。

Materials Versus Cash：Lumber
材料与现金：木料

如果不能补充木料，我们将不得不彻底停工。塔里埃森所在的艾奥瓦县，有大量锯好了的橡木堆在山林里。这些木料和石子、沙子、水泥一样令我垂涎。周围的农民砍伐了一些自家林地里的树，预备用这些木料来盖谷仓。我试图用部分现钱、部分赊账的方式买下他们的一些木料，然而却四处碰壁。严酷的现实让每个人都谨小慎微，尤其对我这样一个开销巨大却没有什么可靠收入的人更是如此。我一次次耐心地劝说和解释，都得到相同的回答："这可不行，我们得要现钱。""我们最缺的就是现钱，要么付现钱，要么免谈。"他们的确急切地需要"现钱"。现金为王，从来如此，如今更是达到了无以复加的程度。

终于，我打听到了邻近的一位农民（他有十个孩子）。就在塔里埃森山脊的另一侧，他拥有四百英亩从未砍伐过的橡树林。我开车找到他，说服他接受了我开出的公道价格（日后我付清了他应得的钱）。然后，我在河对岸寻到了一个锯木工，他答应以平日的工钱切割原木，条件是我们自己砍伐并且运到他那里。我还找到一个因为偷邻居的鸡而被关押、当下正在保释中的农民，他愿意叫上他父亲和他的儿子（两个棒小伙儿），替我们伐树再运到锯木场，条件是我的学徒们开拖拉机帮着伐树。

我们仓促地开始伐木，把那片树林变成了一个伐木营地。克服了难以尽数的困难，这些尚未经过烘干、仍有树液渗出的橡木[1]，将要化为我们规划的建筑墙板和屋架。当我们根据亨利[2]的用料清单，用锯子把原木切割成木板、木方和木梁，树干上还留着青绿的枝杈。锯出的木料尺寸不一，然而这些都不重要。

重要的是我们有了木料，大约六千立方英尺。

属于我们的木料。

小伙子们——是的，还有姑娘们，很享受这种让人叫苦不迭却又不乏诗情画意的体验。这种体验将以意料之外而又自然而然的方式，对他们产生深刻的影响。

不计我们自己的人工，我们还欠下数千美元的债务。但是，我们换来了可以建造自己家园的材料。你可真应当看看，那些毛手毛脚的小伙子怎样应对伐木这样繁重的体力活儿！任何一个老于世故、只走过城市里人行道的家长都无法想象，他们的儿子居然能够经受住如此强度的体罚，而且他们全都乐在其中——我指的是小伙子们。

锯木场里品质优良的木料，对我们而言仍是遥不可及。成品木料的价格大约是我们购买现伐原木的两倍。木料和电话、电报等"系统"内的诸多项目一样，在"大萧条"期间并未有一分钱降价，也不曾做出任何回旋和让步。它们全都坚守着自己的阵地——价格。与此同时，塔里埃森的建造向前推进。工匠们不再饥肠辘辘，也不再牢骚满腹，他们对我付的工钱

---

[1] 未经人工烘干的木材，在自然干燥过程中容易翘曲或者滋生霉菌。
[2] 亨利（Henry Klumb，1905—1984），德裔美国建筑师，赖特的设计助手之一。

非常满意。房屋的构架已经初具规模。

A Legal Episode
一段法律插曲

几个月后，我们的木料再一次用光了。我只得再一次在乡间上下寻觅，寻找哪怕是一小段木料。最后，我发现了一些原木。几英里以外一个叫理查森的农民，有大约两万英尺长伐倒的红橡树原木，散落在山坡上只待搬运。我们买下这批木料，并且付清了钱！我从一个叫阿尔顿·道的学徒那里借了这笔钱。

不巧的是，我们来不及搬运木料就启程赶赴亚利桑那了。学徒会的主要活动空间在户外，我们需要尽可能地待在建筑现场。此外，塔里埃森和山坡学校每个冬季的取暖需要花费三千五百美元。于是，冬季时我们向凤凰城迁徙，在沙漠里建起一座名叫"西塔里埃森"的营地。

与此同时，本地的一位律师兼银行家汤姆·金接手了一起针对我的诉讼。我和一家位于东部的出版社之间存在几百美元的纠纷。从这家出版社那里，我购回了《消失的城市》[1]的版权以及这本书所有"剩余"的存货。纠纷的缘由是我发现已经印刷好的书都没有装订，因而退回了这些"剩余"的书。法律的长臂获悉我得到那批木料（长臂也持有当地一些木材厂），律师兼银行家对它们产生了兴趣。

第二年春天，当我们从亚利桑那回来准备拖走木料时才知道此事。事关钱财之时，法律和税务从不会打瞌睡，并且总是悄无声息地行动。汤姆这位律师的银行家（同时也是银行家的律师），在我的家族教堂旁的栅栏上贴了一张纸，告知我的法律责任。我们从未见过也不可能看到这张告示，因为我们正身在两千英里以外。

这不啻为在毫无防备的情况下，被人用靴子的硬跟儿狠狠地踢中。我们在现场发现，由于法律的疏忽，居然遗留下了几千英尺原木。这可不是法律应有的表现。

我们后悔不迭地把余下的这些木料拖了回去。悔有何用？

---

[1] 赖特1932年出版的著作，阐述"广亩城市"的理念。

Catastrophe

灾　难

我们还没来得及把这批木料锯成木板,一场全国性的灾难降临了!

美国的劳工获得了"救济"[1]。"救济"带给塔里埃森学徒会的后果是,我们在未来几年里都不再需要建筑材料,因为我们雇的工匠们都被政府"买下"了,他们可以一面休息,一面享受救济。

塔里埃森的施工几乎陷于停滞,我的学徒们纷纷请求把施工继续下去。然而,工匠们不再满足于先前的条件。

除了威尔·施万克,所有的工匠都开始体态发福。

威尔是木工的领班。"救济"降临之后,他的身材依然瘦削,这或许正是受累于他的忠诚。对于那一帮刁蛮的工匠而言,威尔的脾气远远不够强悍。以至于我不得不经常介入。威尔的妻子总是不停地叮咛他的一言一行,并且对我们颇有微词。她的阻挠时常令威尔恼火,但威尔一直忠诚地留在塔里埃森统领着木工。与之呼应的是七十九岁的康沃尔[2]老石匠查理·柯蒂斯,他一直统领着石工。

"救济"期间,他们两人都没有离开塔里埃森。

无论是他们正直的人品还是精湛的手艺,都让小伙子们收获颇多。查理砌筑的石墙骄傲地立在那里。他精湛的砌工几乎与老蒂姆的手艺不相上下,毕竟老蒂姆的手艺举世无双。

"我不需要你付我很多钱,赖特先生,"查理说,"我愿意为学徒会出一份力,因为它是个绝妙的主意。"

我喜欢查理。小伙子们从这个老石匠身上学到了许多,他把好几个小伙子培养成了优秀的石匠。

有一次,威斯康星大学的著名学者约翰·康芒斯[3]来我这里做客。这位七十二岁的"老

---

[1] 1933年罗斯福政府应对大萧条颁布的《联邦紧急救济法》,以拨款或贷款方式补贴各州政府,为1700万贫民提供直接的救济,解决其温饱问题。
[2] 英格兰西南部的一个地区。
[3] 约翰·康芒斯(John Commons,1862—1945),美国经济学家。

人",沮丧地宣称自己毕生的事业已经付之东流。他看上去的确像来日无多。我们聚在他身旁,对他悉心照看。我领着他来到我的卧室,查理正在那里砌一个新的壁炉。

"约翰,这是查理·柯蒂斯。他八十一岁了,如今他的石匠手艺比以往更加炉火纯青。"

约翰像看到精灵一般,半晌目瞪口呆。

在我这里住了一个多星期后,他回麦迪逊去了。他踌躇满志的"归来",令他的朋友们都大惑不解,以为我这里有什么灵丹妙药。

"什么也没有。只不过是让他善待自己,就这么简单。"

而那已经是六年前的事了。直到今天,约翰仍在孜孜不倦地向前。

查理·柯蒂斯对每一个手艺生涩的年轻人都耐心宽容。唯一例外的是一个从东部搭便车来到这里的游方哲学家。此人热情饱满,然而每到需要与别人协作的时候,他全身的每一个螺丝就都开始松动。他有灵光的头脑和不俗的见解,总是按捺不住地滔滔不绝。我安排他给查理做帮手,负责砍石块和运砂浆。见识过一个星期太多的理论和太少的动作之后,查理贴着我的耳朵悄声说:"赖特先生,看在上帝的份儿上,我受不了他了。把他弄走吧,省得我把他的脑壳敲烂。"我只得把他调开,在他逗留期间只安排一些简单的跑腿工作。

查理反复地叮嘱年轻人:"孩子们,你们得在手里把石头摸出感觉来。要不然,你做出的活儿就什么也不是,什么也不是。"

我们对从前修建家庭学校时取料的采石场重新加以利用。对于我们这些外行而言,采石可不是件轻松的活儿。幸亏有老查理在,我们干得像模像样。小伙子们容光焕发、干劲儿十足。他们把漂亮的米黄色砂岩凿下来,再用绳索捆扎好,拖回两英里外的施工现场。

随着立起一片片石墙,塔里埃森的新屋一天天生长。如今有四个本地的石匠协助查理。

Lime
石 灰

没有石灰,我们面临又一次停工。我那辆神态骄傲的考德轿车虽然已经疲惫不堪,却不得不再次出征。远在威斯康星州最北部,我找到了一些新鲜烧制的石灰。卖家同意用部分赊账的形式,以很低的价格为我们运过来。然而,诡异的流言开始在"系统"内部乱窜。其结果是,为我们运石灰的卖家经过春绿镇的木料场歇脚时,被本地的建材商告知,他胆敢卖给我们一块石灰,就会有人向"管理委员会"投诉他违规交易。这个管委会和电信公司、木材公司一样,即使在大萧条的谷底也没有丝毫懈怠。如果遭到投诉的话,整个威斯康星州的木材场都不会再买他的石灰了。

石灰场主送到我面前的,不是石灰而是以上这个故事。他对此深表歉意,虽然他很信任我也乐于帮助我,但是爱莫能助。

"你买我的石灰只有这一次,可那些木材商都是我的老主顾。"他不能因为和我打交道而得罪了那些人。

怎么办?是阴谋吗?毫无疑问。我们又一次陷入困境。

我的工匠们很快就没有石灰可用了,而水泥又太贵。木料场里堆满了水泥,但是只预备给现钱交易者。水泥商人和木料商一样结成联盟,携手抬高价格。

现在你明白了吧,事情都是密不透风地勾连在一起。在这个一切都环环相扣的国家里,"独立"是多么的稀罕。独行者很快会被收买,成为圈子里的一员。保持独立?代价将过于高昂。

主要的建筑材料,都被置于"生产者的控制"之下。

重压之下,我突然想起,早在一九〇二年,老石匠蒂姆用来建山坡家庭学校的石灰,都是在几英里外的山林里烧制的。那个老石灰窑或许还在!那片地现在归种高粱的奥古斯特·卡普所有。我们翻过几座山坡找到了奥古斯特。

"没问题,"他说,"你们只管修好那老石灰窑来用。只要从我这里买烧石灰用的木料就行,四十块钱一捆,由我来砍树。"

老石灰窑附近的山坡上不但有成片的树林,还剩下充足的石灰石。我的小伙子们修好了荒废的石灰窑,还在我从黑土镇请来的一位老窑工的指导下,学会了自己烧石灰。我们用家庭学校老房子里拆下来的铁篦子更换了窑炉的铁栅栏,又从旧的采石场里运来一些石灰石块,砌好了坍塌的窑壁,然后把成捆的木料排成长龙堆在窑炉门前。小伙子们吃住都在窑炉旁,夜里就盖着毯子睡在窑炉旁的地上,每隔两小时有人起来照看窑炉。

我们总共生产了几百蒲式耳[1]的石灰,足够自己也来做石灰生意的了。作为这种不可或

---

[1] 容量单位,一蒲式耳约合 35 公升。

缺的建筑材料一流的制造者，我们甚至认真地考虑过此事。

我们从这次经验中汲取了新的力量。山坡上树林中的石灰窑，成了夜间的一道风景，方圆数英里之内都可以看到它的火光。

我们在塔里埃森眺望着夜空下的那点火光。小伙子们穿着防护围裙，好像军舰上的司炉那样把大捆的木材送进窑炉敞开的铁门。那座旧窑炉的确就是一艘战舰。我们又一次回归原始的状态，撞开挡在前方的"瓶颈"。

我们有了品质上乘的石灰。

属于我们自己的。

Shopping for the Fellowship
为学徒会而采购

那辆自重四千两百磅的"奥本—考德"[1]轿车，变成了一头背负重荷的野兽。它向来气宇轩昂，当然前提是当它没有被运送的食物埋住，没有因为我们每星期去艾奥瓦县的其他村镇或者稍远一些的戴恩县和更远的索克县采购杂货，而累得发动不起来。这个品牌曾经在国外获得多项车身设计大奖。它是我在欧洲以外见过的、最体现精美设计的一款车。行文至此，我不禁想到我们的英雄考德应当在这本自传中占有一席之地。

大萧条爆发的前夕，好几项重大的设计委托都前景黯淡。我不得不卖掉那辆派克车，以分期付款的方式买了这辆考德。然而，考德似乎很懂得把握正确的原则。它采用前轮驱动，且和我设计的住宅体态相称——从我的"流线型"视角来看，它拥有迄今投产的轿车当中最出色的车身设计。我自己手握方向盘驾驶过五种顶级的车型（从一九一〇年买的"斯多达德—戴顿"算起），行驶过的里程加起来总有环绕地球七次之多。信不信由你，我从未遇到过一次事故，甚至没有被撞瘪过挡泥板。然而，需要强调的是，我没有在日本开过车。在日本生活期间，我曾经先后有过四五个司机。他们俨然是一个特殊的阶层，一律穿女式长筒丝袜、闪亮的皮鞋和肥大的灯笼裤，头戴军帽。在路上会车时，两辆车的司机

---

〔1〕 奥本—考德（Auburn-Cord），一种在印第安纳州生产的豪华轿车。

相互敬礼致意。鉴于东京郊外狭窄崎岖的道路,他们的表现毫不逊色于马戏团里走钢丝的演员。

还是在橡树园的时候,有一次我用曲柄发动那辆诺克斯轿车("斯多达德—戴顿"的继任者)时手腕骨折了。那一段时间我雇了一名司机。他对我的伤臂细心照料——然而,最终偷车跑掉了。原来他是一个盗车团伙的成员。当警察在三百英里外圣路易斯市的一间谷仓里找到车的时候,窃贼们正在给亮铜色的车身刷绿漆。

总之,诺克斯失而复得却风范不再。在高速行驶的时候,它会极度狂躁地浑身战栗,简直像要散架一般。修车的师傅称之为"西米舞"[1],并且没有办法将它治好。

与考德相比,那辆定制的黑色凯迪拉克在一九二二年到一九二四年期间,带给我同样多的乐趣。从日本回来后,我在洛杉矶时开的就是这辆车。它紧凑流畅的曲线形车体,和日后那辆考德非常相似。后排有皮质的顶篷、前后排座位之间加装有挡风玻璃。无论我们在哪里停车,都会引来一群人围观,乱猜一通它是哪种"外国"牌子。

然而,考德是一辆高傲的车,它的创新让整个车身设计领域迈上了一个台阶。

一个晴朗的早晨,我驱车前往芝加哥。在麦迪逊和伊文思维尔之间的路上,我前面出现一辆花店的卡车。我偏到一边,用力按着喇叭,试图超车。卡车毫无预兆地突然左转,挤在我的车子前方。我猛踩刹车,考德还是撞上了已经失控的卡车,它像猪拱着土里的松露那样,一下又一下地撞上去。第三次撞击后,花店的卡车终于翻倒了。花店老板的头从一片狼藉中冒出来,发出大声的咒骂。

我从未听过比这更美妙的咒骂——那家伙居然毫发无损。

这时,他认出了我。"该——死——!赖特先生!该——老天爷,你怎么不看前面的路啊!!!"他从塌落的一堆花里钻出来,有些摇摇晃晃地跑到附近的加油站去打电话——猜猜他打给谁?报社!他请报社派一个摄影记者来车祸现场。在公路上左转,通常不会造成严重损坏,尤其有我们三方的在场证明,花店老板转向时没有给任何信号。我们的行程被打断了,所幸那辆考德并无大碍。

他们把曾经是花店老板卡车的那一堆东西,当作垃圾扔掉了。

---

[1] 西米舞,一种身体保持不动,双肩前后摆动的舞蹈。

说到哪儿了？……对了，采购。我们经常开着考德，去三十英里外的瑞奇兰（我的出生地）亲自采购。那里有一家德国人开的批发仓库。凭借我在日本生活练就的砍价的直觉和本领，我们总是能以理想的价格买到理想的货物。挑选之后，开始装货——面粉袋堆在挡泥板上，水果箱挂在保险杠上。后备厢和后座上堆得像整个搬来了一家杂货铺和蔬菜水果店。等到我们把这些货都在考德身上捆好，车身的弹簧已经贴在了保险杠上。假如我们载着这些货撞上什么东西的话，所有人都会认为我们是开杂货铺的。

到家了，开始卸货。塔里埃森的储藏室能容纳大约够一星期用的东西。等储藏室被掏空，我们再一次出动，向东、向西、向南、向北。在和周边的批发商成年累月打交道的过程中，我在日本收购浮世绘的经验派上了用场。到后来，我敢和你打赌，你会把自己早已暗下决心的价格底线打上七折，交给我任何你需要卖出的货。

有时候我们会碰上尾货打折，那是我们大显身手的时刻。学徒会能够尽情享用这些特殊的"战利品"：干杏仁、鲑鱼、瓜果以及你能想得到的任何美味。

我们这种犹如机关枪火力一般猛烈的采购，让店主们笑逐颜开。我会用手杖毫不犹疑地指着选定的货，然后就开始从货架上往下搬（转眼间已到门外）。与此同时，别的顾客还没有买完他的一两件东西。还是在橡树园的时候，我常常被人称为一个"好的供应者"，如今我已经称得上是"伟大的供应者"。

我总是喜欢"供应"——尤其是买来各种奢侈品，看它们琳琅满目地在桌子上摆开。大碗盛着的烤花生，玻璃盘里大串的葡萄，五花八门的坚果，稀罕的水果如柿子、无花果、葡萄柚和来自南方的草莓，还有石榴和鳄梨。我们尤其喜欢小水果。

我总是习惯以这样两点来评判旅馆：是否提供新鲜水果，卫生间是否干净。有许多次在欧洲和美国旅行，在例行的前期考察之后，我们会失望地走出某一家旅馆的大门。

希勒·雅各布斯（第一座尤松尼亚住宅的主人）告诉我，在芝加哥的海尔斯塔德街上有一座红砖的老房子，那里专门出售以传统方式磨制的最上乘的谷类，包括玉米、小麦和燕麦。新鲜玉米、小麦和燕麦诱人的味道啊！那家磨坊的工艺保留了谷物里所有的营养（维生素）。这些好东西能让你精力旺盛、肤色健美、思维活跃。除了根西牛[1]产的优质牛奶，我们还有自家鸡下的蛋、不同季节的新鲜水果，偶尔来上一杯的葡萄酒，还有外地人无法仿效

---

〔1〕 根西岛（Guernsey），英吉利海峡里的一个小岛，以出产良种奶牛著称。

的威斯康星乳酪——这些基本上就是我们所拥有的全部，你都有些什么呢？

现在，我们绝大多数的食物都产自塔里埃森的农场和果园。

那辆考德已经不在我们身边了。

小伙子们把收获的瓜果蔬菜拖进塔里埃森的地窖里。今年，一九四二年，我们总共"拖进去"了一千夸特[1]番茄，还有青豆、豌豆和其他蔬菜，每一样都有好几百夸特。这还算不得什么。

那间地下储藏室的容量足够小轿车拉上好几趟，仍然绰绰有余。

通过一条地道走进地窖，按下拱门边石墙上的开关，灯光亮处——呈现在你眼前的简直就是阿拉丁发现的藏宝洞。你的左手边是奥格瓦娜酿造用的木桶，有野葡萄酒、花楸果酒、蒲公英酒、土豆酒、甜菜酒、李子酒、苹果酒和苹果醋。木桶旁的一排排罐子里装满果酱、酸果酱、酱汁、腌菜和泡菜。右手边是成堆的土豆、南瓜、甜菜、洋葱、胡萝卜、卷心菜、防风草和甘蓝。还有各种时令瓜果。顶棚上吊着从菜园里采来晾干了的各种香草。

即使整个冬天塔里埃森都被铁丝网团团围住，第二年春天我们钻出去的时候，也会每个人都带着双下巴。

这本自传的第五卷，注定不是什么艺术作品，而是一则令人叹惋的故事，讲述冲动的天性如何仓促地决定在创造建筑的同时培育建筑师，讲述随之而来的"汗水、鲜血与泪水"，还有笑声。它让人联想到这个国家诞生的过程。当年的那伙匪帮没有被简单地处以极刑，而是被残酷地施以最严厉的社会和经济惩罚。这个如今面目可怕的国家，一边跌跌撞撞地背负着臃肿的政府，一边以无知、疏忽和法律为工具制造着这些惩罚的枷锁。

托马斯·杰斐逊，而今你身在哪里？你高贵的面庞是否已被涂满某某"主义"的泥浆？

然而，我坦然地接受惩罚。难道这样的冒险不应当受到惩罚吗？

任何一种根深蒂固的社会秩序，当它退缩时必然寸土必争。只有自身过度膨胀或者被形势所迫而走向衰落，它才会退缩。并且，如果你的运气欠佳，它就会一次次地反扑。在过去

---

[1] 体积单位，用于固体时合 1.1 公升。

的十年里，塔里埃森的生活和事业历经种种困难，终究还是沿着我毕生执着的方向，继续实践一个伟大的理想。

为了创造属于美国自己的建筑，我们不得不像革命者那样投入一场极不寻常的战争（假如除战争之外别无选择，这不失为一场正义的战争）。继我多年以来"挣到"数百万美元之后，设法再挣来几十万美元。事实上，我从未真正有过什么钱。过去四十五年来，我这个不折不扣的文化走私者，被迫举着匪徒的，也就是说激进者的旗帜工作与生活。

我从未摆脱过银行的纠缠。自始至终，诚实的反革命者关注着我们所处的社会体系如何运转，关注着社会体系自身的安全！我是说"安全"吗？这个社会体系同样也"孤立无援"。上帝啊！所谓"安全"，或许会被视为终极的毁灭。除非我们和敌人们一样，也丧失了自己愚蠢地想要赢得的东西……任何世界革命都不可能以某个国家的战争的形式获得成功，除非是一场人民的战争。即便是人民的战争又怎样？我们不会喜欢。

沃尔特·惠特曼！亲爱的老沃尔特，我们比以往任何时候都更需要你，需要你给我们在耻辱和失败中咽下的这一餐里加入盐的滋味。此刻，你坚毅的精神依然能够拯救我们。

我们已经误入歧途，不得不在无路可走的地方等待你。

你能够从字里行间体会到，塔里埃森学徒会的诞生和它日后的实践，必然是一种威胁，威胁着现行"风纪"的代理人力图维护的安全。在我看来，塔里埃森学徒会只能通过某种特殊的走私来造福社会。是的，不幸身处"常规"的队列之外，我们的学徒会不得不扮演某种窃贼的角色。与塔里埃森学徒会一样，任何土生土长的建筑或者建筑师，都不可能以合法的身份出现在当今屈从于金钱暴政的尤松尼亚。

Stars and Bars
叛逆者的旗帜[1]

我们这个新生的自由国度，充斥着一帮讲着过于流利却又极其晦涩的英语的人，他们身

---

[1] 指南北战争期间南方同盟的"国旗"。

怀绝技却又总是缺钱。在这里，任何高过人的腰带或者低过银行柜台的理想，都没有合法的名分！最终的结果是，除了金钱，任何东西都不能衡量劳动，不能作为劳动的报酬或者发出自己的声音——更不必说大声讲话了。与被我们称作"文化理想"的塔里埃森学徒会直接相关的一切，让我深陷无法偿还的金钱债务之中。

我甚至失去了威斯康星河畔温馨的农场生活。我亲爱的"山谷"，从孩提时起直到今天，一直温暖着我的心灵，最终它也离我而去。作为山谷的子孙，我的四十多个表亲丢弃了它，各自奔赴遥远的城市，去追求白领人士那种听命于"现钱取货"的生活。我的亲人们，威尔士的拓荒者们，在他们的山谷里为了它而生存，也为了它而死去。他们曾投入热情和智慧，悉心呵护山丘上的树林和田野里的泥土。如今，这片曾经闪耀着高贵的人性光芒的土地，绝大部分已经被原先的雇工们"占有"（或者说是滥用）。如今，甚至连我真诚探索和实践的建筑语言也被视为革命。

没错儿，它何尝不是一种绿林行为？每当我们发现一种更合理的建筑形式，并且付诸实施，我们都干涉了甚至可能是在一夜之间破坏了既有的价值观念。不妨说，塔里埃森的学徒会是现代版本的罗宾汉领着他的一帮山贼弟兄。

我们没有割破邻居的喉咙，没有强暴他们的女人。我们也从未像调皮的小男孩儿那样搅扰母鸡的生活。然而，为了忠实于自己，我必须破坏人们最"圣洁的感情"。我们一次次地羞辱神圣的"品位"，颠覆既有的财富秩序和社会上最德高望重者的"信仰"。每当我们建起一座房子，就会引来一片哗然！我们国家的教育体系（随便提一句，它是仅次于汽车、机械部件和军火的最庞大的工业化生产），也受到我们这些暴徒的威胁。只是因为我们追求自己激进的理想吗？我们对民主形式的探寻，势必是一场革命——我们的国家迫切需要的革命。

假如这个共和国希望自主地成长为自立的民主社会，不再依赖舶来品，不再受金钱的束缚，那么我们这些革命者就是不可或缺的。

自学徒会成立至今——一九四二年十月，在塔里埃森的客厅里，我们已经迎来了第五百二十个星期天晚会。学徒会实际上已经成长为一个具有十年历史的文化单元。除非我们的成就算是某种奇迹，否则它始终难以获得合法的名分。在我心目中，唯有造化最平淡无奇的举动才配冠以"奇迹"，而我对其他的奇迹素来半信半疑，因此我只得宣布自己的地位仍是私生子，尤松尼亚自然而然却又不为法律所容的儿子。放浪形骸？是的，但我并不懊悔——至少今天尚无悔意。任何一个革命的进化论者，都不曾有悔过的念头。

然而，回顾过去仍是令人难以承受的痛苦。那些失败和无法实现的渴望、那些在孤立和绝望中沉寂的理想全都化作巨大的遗憾。

年轻的学徒们开始从一个崭新的角度看待世界，而我重又回到了少年时代。摆脱了与现实世界隔绝的大学教育，他们不再是现实世界里的陌生人。今日的塔里埃森是一座窑炉——炉膛里燃烧着的不是木料，而是汗水、砖石和食物。我们建设的房屋，伴着寒来暑往成长。屋顶也渐渐成形。那些铺着瓦的屋顶，本身就是一段故事……

Etta
埃　塔

下面这个令你困惑的故事的主人公，是一个花白头发、灰眼珠闪着笑意的小个子妇人。她是帕森斯先生的女儿埃塔。他们家是塔里埃森十七英里以外道奇维尔镇上的老住户。

每当奥格瓦娜、伊奥万娜和我都吃腻了硬邦邦的牛排，也听厌了各种坏消息，我们就开车来到帕森斯家开的肉铺。帕森斯先生会从他的箱子里摸索出最好的一块肉，切下一块肋排给我们。那将是我们吃过最美味的肉。

埃塔在旁边给父亲帮忙。她会把肉包好，一边开着粗俗的玩笑，一边露出只有她知道其中奥妙的友好微笑把肉递给我们。邻居们都被埃塔的睿智折服，甚至心生敬畏。她既善良又不失精明。她摸透了邻居们的心思，邻居们对此也心知肚明。埃塔还是一个坚定的拉弗莱特支持者。她对事情很有自己的主见，周围发生的一切都逃不过她的眼睛。

"我瞧见菲尔在到处活动，和农民们攀谈。他昨天到旁边的镇子来了，"埃塔说，"天好热，他把外套甩掉，连衣服的硬领都解下来了。然后头发乱蓬蓬地和农民们一道走了。"[1]

从埃塔爽朗的笑声里，你能听出她对菲尔夸张的举动做何评价。他们一家就住在肉铺的后院。有时候，她母亲会透过肉铺和起居室之间的门洞，看看这边发生了什么热闹，然后带着和

---

[1] 此指菲尔·拉弗莱特为竞选威斯康星州州长的拉票活动。

埃塔一样迷人的微笑向我们问好。而我们总是毫无例外地说"很好"。有时候，我们会走进后院，坐在她母亲栽满花草的窗台下，来一片博洛尼风味的火腿，再就着茶或者咖啡，吃上点儿饼干和糕点。

后来，帕森斯先生去世了，埃塔和丈夫霍金继承了这间铺子。他们卖肉和杂货，也卖少量时令蔬菜和种子，日子过得颇为舒心。但是不久，埃塔失去了霍金。我们都去教堂参加葬礼。全镇的人都去了，大家都替埃塔难过。和她母亲一样，她成了一个身着黑衣的寡妇。

铺子的生意照旧。埃塔穿着白围裙站在柜台后面，时不时用她那戴着金灿灿结婚戒指的小手，熟练地剔骨切肉。她母亲依旧坐在门旁，偶尔望望这边的风景。她们不再自己宰杀牲畜了，肉都是由"系统"派卡车运来的。

我们对日用杂货和肉的需求渐涨，我们觉得能够通过这种方式帮助埃塔，然而结果却是我们成了她帮助的对象。年复一年，我们开车到十七英里以外的道奇维尔送生意给埃塔，食物杂货几乎全从她那里采购。我们隔三差五地付给她几百块钱，她从来没有给我们寄来过账单，只是在想起来的时候，说上一声："你们现在欠三百块。"尔后，我们会付清欠账。她基本上按照批发的价格卖货给我们。

"你们在那里搞的事情是个好主意。我真想什么时候去看看清楚。等到你们把我家里吃个底儿朝天，没准儿我能给你们指派点儿活计。"然后，她咯咯地一笑了之。

"我们随时恭候，埃塔。过来看看，我们听凭你调遣。"在"救济"降临之前，我们和埃塔之间的生意一直皆大欢喜。

有一些我们在道奇维尔雇的工匠，把他们的工钱花在了埃塔的铺子里。自始至终，学徒会的一大笔钱流向了她那里——仍然没有账单。我们没有向她要过。

"你们那里现在有多少个姑娘和小伙子？"看着我们买的各种杂货越堆越高，快要把车埋起来了（我把这些"粮草"从店里扛出来，码在车上），她问道。

"喔，二十五个——差不多吧。"

"老天，"埃塔说，"他们一定个个都食量不得了，是吧？"

"看来是的——怎么？对二十五个人来说，我们买的货太多了吗？"

"现在有多少个工匠？"

"喔，大概三十个吧。"

"谁吃得更多些呢?"

"怎么呢——我不知道。我猜是那些年轻学徒吧。"我答道。

"我看也是。我要把母亲叫来看看。"她母亲的确来看过几次,饶有兴致地带着一丝微笑看我们忙碌,仿佛她自己享用了这一大堆食物似的。埃塔给过我们一些好的建议,有时候她会提醒我们:"你们在那里搞得真不赖——不过你们赊账的数目可不小了。"

"有多少?"

"大概一千五百块。"埃塔说。我们顿时惊慌失措,立刻去凑来一些钱,然后向她倾囊而出。

当"救济"降临的时候,我们落后了。我们开始体会到那些"好主意"的事情意味着一大笔钱。然而,埃塔似乎对此并不在意。那些工匠依旧光顾她的铺子,但他们花掉的钱不再是我们给的工钱,而是直接从政府领到的。埃塔很清楚我们面临的窘境。我们对最糟糕的情况有所准备,那就是埃塔不得不断绝和我们的生意,正如她的朋友们劝诫她的那样。"那可不成,"她总是说,"我知道他们眼下没有这么多钱,但是迟早会有的——我敢说,总会有法子的。他们搞的那些事情挺不赖。他们是一帮聪明人,但又不那么狡猾。"然后,她会咯咯地一笑了之。

后来,她不再告诉我们欠账的具体数目,我们只得忍痛自己猜测,最多的时候大概有三千美元。这就是埃塔给予塔里埃森的信任,因为那里有她喜欢的好主意。

埃塔是一个很好的生意人,她自己也有许多好主意。她多年以来的生意证明了这一点。

她喜欢和好主意结伴。我们会还清欠埃塔的钱吗?我打赌会的,你觉得呢?

The Lighter Side
轻松的一面

从一九三二年十月起的每个星期六和星期天晚上,学徒会都要在塔里埃森和日后西塔里埃森的客厅里聚餐,然后举办音乐会,进行朗诵或讨论。对我而言,十年来的每一次晚会都充满乐趣。不仅仅是动听的音乐、美味的食物、热情的青年与有趣的客人,还有洋溢在客厅里的某种稀罕而又轻松的氛围,带给这些家庭晚会层出不穷的乐趣和新意。每个人都不会感到乏味,同时也不会显得乏味。视觉和听觉的体验形成快乐的结盟,携手献上愉悦头脑、陶冶心灵的盛宴。这种快乐的结盟如同独立思考的头脑一样难得,而我们就生活于其间。

这个传统是源自奥格瓦娜的倡议。她认为,如果每星期前六天的劳动仿佛是上帝愤怒的惩罚,那么学徒们应当在星期天的晚上洗净耳后的泥垢,举办盛装晚会,发掘自己的举止分寸与气度。绝大多数学徒都能够在适当的场合,找到自己的分寸与气度。姑娘们全部换上迷人的晚礼服,变得窈窕动人。服装能够改变一个人,这正是我们作为设计师价值的一种体现。星期天的晚会上,我几乎认不出工作日里挥汗如雨的某些学徒了。在这个愉快的场合,他们身上散发着活力和快乐,每个人都把其他所有人当作特殊的人物尽心侍候,每个人都愿意用自己排练的节目供大家消遣。实现这种氛围的一部分原因在于,筹备晚会完全出于自愿,因为这正是他们最乐于做的事,他们把这里看作自己的家。我敢说,没有人会忘记他们在学徒会分享的这些既盛大又简朴的晚会。虽然学徒会随着时间和条件而变化,但我们的周末晚会始终保持着个性与魅力。

塔里埃森的青年当中,有许多人是因为读了我写的文字或者看过我的建筑,从而梦想能够在我身边学习建筑。他们通过这样或者那样的途径来到这里,带着恳求来的、借来的或者作为礼物收到的钱,从美国各地和几个不同国家会聚于此,心怀感激地为塔里埃森尽其所能。他们当中的绝大多数具有审美的天赋,厌弃平庸的优雅。塔里埃森自身对平庸的厌弃,自然而然地吸引了他们。塔里埃森和这些青年一样,本能地与做作的"艺术"潮流绝缘。小伙子全都自然而然地反感社会和美学方面乏味的成规,姑娘们也同样。亚历山大·米克尔约翰[1]当时正在威斯康星大学组建试验性的教育学院,他曾多次来塔里埃森做客。在一次晚会上,他对我说:"我执教多年,你这里的小伙子和姑娘是我所见过的年轻人中最生气勃勃的一群。"

Especially Designed
独具匠心

星期天晚会的举办地点通常是塔里埃森的第三号客厅。现代社会最吸引人的艺术品就是

---

[1] 亚历山大·米克尔约翰(Alexander Meiklejohn,1872—1964),出生于英国的美国哲学家和教育家。

一间漂亮的客厅，或者说一间供人生活的美丽房间。假如永无休止的设计就是永动机，那么世界苦苦寻觅的千禧幻景已经在塔里埃森实现了。在我们的晚会上，设计的巧思无时不在，无处不在。每个星期六和星期天晚上的排练和聚会，都是学徒会欢庆的时刻。塔里埃森的纪律，是无论做任何一件事都务求独具匠心。这里的每一样东西都独具匠心，却又像门外的羊群、鸟儿和蝴蝶那样自然。我要坚持的观点是，从来没有一个外部强加的纪律能像发诸内心的自律那样有效。

小伙子和姑娘们自律的表现之一，是每当轮到其负责装饰客厅时，总能够努力达到独具匠心的效果。他们以花草树木等野生的材料装点客厅，装饰的效果随四季而变，因不同设计者的手法和灵感而异，但是无一例外地散发着独创的魅力。奇思妙想的种子散落在客厅的各个角落，自然而然，如同苹果从枝头落下。独具匠心的"设计"融在欢庆的氛围里，就像随风吹散的蓟草花絮包围了我们，撩拨着我们的灵感。朝任何一个方向的任何一点尝试，都是一次机会。只要加入塔里埃森学徒会，你就会自然地成为一个成熟的或者青涩的设计师。学徒会的每一个成员都在积极地尝试有机的设计。

我们自认为还没有收拾停当，因此很少邀请客人前来。然而，源源不断的不请自来者同样受到热情款待。从学徒会创办伊始，就时常有令人欣喜的贵客出现在周末晚会上。夏天，不同乐团的职业演奏家纷纷前来一展才华。但是，我们很快就厌倦了充当观众。我们发现，出于种种原因，专业演奏家在场反而会让学徒会的音乐氛围变得拘谨。在最初一两年欣赏职业演奏家们的精彩表演之后，我们组建了自己的四重奏乐队和三重奏乐队。独奏者更是从第一批学徒起就人才济济。现在，正如创办学徒会第一天我所期望的那样，我们有了自己的男声合唱组，曲目包括帕莱斯特里那[1]、巴赫音乐、黑人灵歌、民谣和其他一些优美的歌曲，有七十五首之多。一台老式的录音机也被斯维特兰娜调教好了。我们在合唱中加进竖琴、钢琴、弦乐和独唱。一架音乐会演奏用的贝希斯坦[2]三角钢琴占据了客厅的一角，同样的另一架摆在娱乐室里。蓝色的柱廊下摆着一架羽键琴，伊奥万娜的竖琴立在它旁边。上一个星期

---

[1] 帕莱斯特里那（Giovanni Pierluigi da Palestrina，1525—1594），意大利文艺复兴时期最杰出的作曲家之一，以大量《圣经》题材的歌曲著称。
[2] 1853年创立于德国柏林的钢琴品牌，世界顶级钢琴品牌之一。

赖特晚年在塔里埃森弹钢琴

天晚会演奏塞萨尔·弗朗克[1]的康塔塔[2],用尽了我们现有的音乐资源。近来,年轻人常常在星期五晚上跑出去体验乡村舞蹈。

你真应该来欣赏一下我们收集的三角钢琴。一共七架,摆在不同的房间里,既实用又与室内陈设相配,而这还不包括那一架羽键琴。

大约二十五年前的某一天,我正在信手弹奏着钢琴(没有谱子也没有规律),让琴键自己找寻它们的惊喜。卡尔·桑德堡坐在一旁倾听。突然,我脑子里灵光一闪,冒出平日里那样与朋友们开玩笑的念头。明知这些玩笑时常会让我自己狼狈不堪,我还是停下弹奏,转过身来对他说:"卡尔,假如我母亲没有下决心要让我成为一个建筑师,我应当会是一个杰出的音乐家。那是我的第二选择。既然在这两个领域里有所建树,需要的是相同的思维,由此我确信,如果成为音乐家的话,我应当能够和贝多芬相提并论。"然后,我又转回身接着弹琴。

---

[1] 塞萨尔·弗朗克(Cesar Franck,1822—1890),生于比利时的法国作曲家。
[2] 康塔塔(Cantata),一种包括独唱、重唱、合唱的声乐套曲,一般包含多个乐章,大都有管弦乐伴奏。

卡尔没有放过这段小插曲。时至今日，他仍在四处绘声绘色地宣讲我那不可一世的自我。我怀疑他在讲这个故事时用的词是"自我主义"，至少我从别人那里听到的是这样。自我？是的。自我主义？不。

Beethoven
贝多芬

在贝多芬的音乐里，我感受到大师的思维，体会到他身上如同神明附体一般思飞天外的想象力。为了实现个性的抗争，蕴含于丰富之中的统一，设计的深刻以及最终表达的从容，所有这些都是建筑师与音乐家共享的肌理。每一次聆听贝多芬的作品，我都像走进一所充满了乐趣和启迪的学校。音乐，这一人类心灵的语言，无法以"古典"之类的标签来划分。无论是触及灵魂的深度还是情感的广度，贝多芬的音乐都是人类精神和谐最伟大的例证。如同阳光穿过云层照耀着花草树木，贝多芬的音乐普照着心灵的宇宙。

童年的我时常会躺在床上聆听《悲怆奏鸣曲》——父亲在楼下弹奏斯坦威钢琴的乐声，回响在韦茅斯牧师家的小屋里。日后每当再一次听到它，我都会被带回童年时光。那时候，我对贝多芬的所有钢琴奏鸣曲都耳熟能详，就像日后我熟悉他的交响曲和四重奏那样。当我构思建筑的时候，时常会有他的音乐在我脑海中回响。我相信，当贝多芬创作的某些时候，会有建筑浮现在他眼前。无论那些建筑是怎样的形式，它们具有和我的作品相似的特征。

我坚信音乐与建筑之间存在着亲缘关系。然而，我的载体甚至比音乐更为抽象。正因如此，能够理解建筑的知音比理解音乐者更加凤毛麟角。音乐和建筑的创作具有相似的视野。不同的只是载体材料的天性与构建方式，音乐家拥有建筑师难以企及的载体。对于伟大的作曲家而言，不存在所谓业主的喜好。实际的功用，仅仅是作曲家关注的很小一部分。由物理定律施加在建筑师身上的规则与限定，从未显著地影响任何音乐家。但是二者都必须克服同样的成见和同样的文化迟滞，人类的愚昧同样地限制了对于二者的领悟与理解。

我始终认为，艺术家受到的限制是他最好的朋友。

或许艺术受到的限制越是严苛，它所成就的胜利也就越发伟大和永恒。一种艺术是人类的居所，而另一种是人类的歌唱。当歌声在居所里栖息，而居所放声歌唱，意味着二者都达到各自的最高境界，创造的力量与热情激发了它们内在的光芒。

大师的才华并非神秘莫测。自然界质朴的规律也适用于贝多芬的一切作品，只不过表现出更强的力度。他始终顺应每一种材料（乐器）的天性，揭示每一种材料拥有的音色和质感。贝多芬对于弦乐、打击乐、铜管乐和木管乐都了如指掌。他既不会摒弃任何一种材料，也从不苛求某种材料拥有其他材料的个性。他所做的是在整体的和谐中显现每一种乐器的特征，同时让它们各自的特征充实整体的和谐。然而，是什么造就了大师的才华，这依然是不解之谜。答案应当是灵感。

有条不紊的进程、主题的演变、变化无穷的肌理以及整体合一的装饰，造化正是凭借这些最质朴的规律创造了它神圣的结构。贝多芬创造的节奏，也正如这些自然界的规律一样地有机！

一旦艺术作品实现了这样有机的特质，它就会成为永恒的杰作。就像日月星辰和花草树木那样出现在人类现身的任何地方。

这样的音乐才华并非只属于贝多芬一人，但是其他任何音乐家的作品都无法让我理解得如此透彻，也缺乏对自然界如此博大精深的抽象。梅瑞狄斯[1]以这样的词句刻画贝多芬的肖像："风的手指拂过他的头发，他似乎是用双眼来聆听。"

每当听到贝多芬的音乐，我心中都会涌起谦卑与感激之情。正如他本人所言："任何理解了我的音乐的人，都将远离世间的伤痛。"

An "I Remember"
一段回忆

我记得，在麦迪逊的湖畔小屋里，伟大的历史学家约翰·费思科[2]和我父亲共进晚餐的场景。母亲告诉我此人食量惊人（与他的历史研究同样出名）。我还记得，藏在他浓密的栗

---

[1] 梅瑞狄斯（George Meredith，1828—1909），美国诗人和小说家。
[2] 约翰·费思科（John Fiske，1842—1901），美国哲学家及历史学家。

色胡须里的厚嘴唇和躲在硕大的眼镜片后面的眼睛。饭后,伟大的历史学家引吭高歌,就连我都能感觉到他是如此地热爱歌唱。事实上,父亲(当然总是为他伴奏)说,费思科对于别人如何赞誉或者质疑他研究历史的天分,全都不屑一顾。然而,假如某人草率地对他的歌喉加以哪怕只言片语的恭维,从此以后他就会激动地在此人的手掌上放歌。

我喜欢坐下来,听学徒会的音乐天才们排练室内乐。虽然我的作曲知识和约翰·费思科了解歌唱艺术的程度相仿,这并不妨碍我自得其乐地评头论足,对作曲家留下的标识置之不理,甚至违背他们的初衷。

这就是外行的乐趣,并且往往贻害不浅。我确信富兰克林·罗斯福在指挥军队[1]时,也享受着同样的乐趣。

The Upkeep of the Carcass
喂养肉身

学徒们做的饭菜让他们自己和客人们赞不绝口。这归功于奥格瓦娜的指导和她最初的建议。学徒会成立的第二年夏天,她对我说:"弗兰克,我们不要再雇人打理家务了。这种雇佣关系和学徒会的氛围格格不入,只会把这里的一切染上俗气。这些小伙子和姑娘完全能够学会自己做饭,不必依靠雇来的人。他们原本就自己整理房间,还有一些人自己洗衣服。让我来试一试,看看结果如何。你会看到,如果大家分担日常的家务劳动,相互服务,他们会觉得更像在自己家里。"

起初我对此抱有怀疑,这样的安排是否会耗费大量时间,干扰应该完成的其他工作。况且,我也不大放心把自己的健康如此彻底地托付给业余人士。很快,事实证明她是对的,我们的饭菜比以前更为可口。自始至终,奥格瓦娜都付出了大量精力,然而她的筹划毕竟奏效了。虽然出现过种种挫折和失败,她终于成功地引导学徒会克服困难,不但学会自己操持饭菜,还要没完没了地收拾垃圾和清洗餐具。

其间也屡屡有意料之外的反应。一个小伙子或者姑娘的家庭出身越接近工薪阶层,他

---

[1] 依据美国宪法,总统兼任三军总司令。

（她）越会对这种似乎很"低下"的劳动表现出逆反。正如某些没有交纳学费而进入学徒会的成员往往最难与人合作，并且本能地"讨价还价"。他们发现"得到"的仅仅是他们能够获得的一份，因此也就只付出尽量少的努力，并且选择尽早地离开。

塔里埃森在茁壮地成长。我们自建的房子盖上了屋顶，年轻人不但学会了"在手里摸出石头的感觉"，而且跳出绘图板，学到了如何真实地利用一块木板或者一根木棍。

我们设计了一种田间耕作和修建房屋轮换交替的方案。由我指定一个学徒来做两星期的主管，他可以自由地挑选助手，他的助手将接替他成为下一任主管。和我商议之后，主管将给每个人分派由他在前一天晚上安排的劳动内容。类似的制度也用于分派家务劳动。

Mutual Service
相互服务

奥格瓦娜发现，塔里埃森的这些年轻人需要花几年时间才能抛掉学院式教育的陈腐理念。刚开始，他们对于不能全身心地扑在设计室里感到不满，不免怀念学校的课堂和正规的讨论。他们突然间掉进一个全凭自律的圈子，看不到一条白纸黑字写就的规章。无形的纪律要求他们用能力衡量自己的作为，用良知约束自己的行动。他们面对一个新鲜的概念：一切劳动都是重要的，不存在卑贱的劳动。塔里埃森没有寒碜的后院，每一处都是风光的前院。田里的农活，花园里、厨房里、餐厅里的劳动和绘图室里的工作，有着同等重要的责任。这一点似乎很难被年轻的美利坚所接受。

有这样一个小伙子，在他看来，厨房里卑贱的劳动只应当属于仆人。然而，当他得知其他人都将下厨房劳动而他却不必参加，他感到良心不安。同伴们嘲笑他，而他也体会到逃避所有人共享的劳动是多么愚蠢。后来，每当轮到布置餐厅的时候，他布置的装饰最为漂亮。他把餐具摆放成一种别致的样式，并且成了一个很不错的厨师。他会思考目前的安排有哪些不足，如何能够提高效率。在结束厨房里的劳动之后，他会坐在绘图桌前为他的建议绘制具体的方案。他对厨房里的劳动产生了和其他劳动同样的兴趣。通过实际的体验而不是纸上谈兵的设计理论，他掌握了在厨房和餐厅里劳动的知识。

共同参与日常的家务劳动，显现出让学徒会更加团结的凝聚力。塔里埃森已经变成真正的大家庭。春天里，几个学徒在一个有经验的同伴的率领下，在花园里栽种植物。每天早晨，所有学徒一起在花园里劳动一至两个小时。随后，经验丰富者返回绘图室，其他人有的去种树（围绕着塔里埃森，总共种下了几百棵树），有的去检查和修理圈养牲畜的电网，或者去运石子，或者用石块铺路。他们学会了如何利用石材砌墙、铺地面和垒柱子。他们还学会了利用木材、金属和织物。由导师认可他们的室内改造方案之后，他们亲自动手布置自己的房间。

宽敞的绘图室宛如一片森林，屋顶交错的橡木桁架之间泻下柔和的天光。绘图室里的氛围总是安静而又专注。有时候，学徒们自愿地赶绘图纸直到深夜。下午四点钟是气氛轻松活泼的茶歇时间。所有人都聚拢在大壁炉前或者围坐在小山丘上，讨论学徒会存在的问题，也为社会和政治话题而激烈争辩。下午茶由姑娘们轮流准备，每人负责一个星期。我们尝试将各种有趣的配料加在茶里，获得众人青睐的配方将记入塔里埃森业已丰富多样的食谱。

和年轻人一起商议食谱是一件饶有乐趣的事。比如，这个星期我们该吃点儿什么——是宰那头小牛还是那只小猪呢？要么是小山羊，或者来几只鹅和鸡？我们会一起翻看书页泛黄的菜谱（有几本已是五十岁高龄）：美国的、俄罗斯的、南斯拉夫的、波兰的，从来自世界各地的菜谱中发现新奇的美味，学习新的烹调方法。每一次研究菜谱，都能成功地为餐桌增添有趣的饭菜。

酿酒的季节到了。我们带上野餐的午饭，开着汽车和卡车全体出动，去采摘野葡萄、花楸果、黑莓还有接骨木果，然后沐浴着秋日的暖阳满载而归。接下来的几个星期，我们踩榨野葡萄和浆果准备酿酒。我们收获自己果园里的苹果榨苹果汁。灌满苹果酒的大木桶摆在庭院里，小伙子们拿起挂在桶边的锡杯痛快畅饮。从榨汁机里源源不断流出的苹果汁，用作酿造苹果醋和第二年春天喝的苹果酒。

接下来，开始筹备每年一度的万圣节化装舞会。确定筹备小组之后，若干个小团体开始秘密商议他们的计划，整个塔里埃森都被神秘的气氛笼罩。每个年轻人都把自己的才华和机敏的想象力付诸设计，带给舞会层出不穷的惊喜和兴奋。

如我所言，塔里埃森的年轻人中不乏出色的音乐家。他们为每个星期六和星期日晚上的音乐会编排了节目单。我们的室内乐乐队已经有五年的历史，擅长演奏巴赫、贝多芬、勃拉姆斯和海顿的三重奏、四重奏和五重奏。由十八个人组成的合唱队，演唱帕莱斯特里那的作品以及优美的英格兰和美国老歌。

星期六晚上，我们在娱乐室里一边享用自助餐，一边欣赏室内乐和独奏表演。有时候观看自己排演的小话剧。演出结束后，放映来自世界各地的电影。每个星期日中午，我们外出野餐，有时候探索新的野餐营地，有时候重游心仪的老地方。

星期六和星期天的社交活动是每一周的收尾，也是下一周的开篇。周末活动的高潮是星期天的晚会，所有人都穿起最亮丽的服装，接待来访的客人，其中不乏著名的艺术家。他们轮流登台，或者放歌或者演奏，或者讲演或者朗诵。晚会结束的方式总是众人分成几个小组，各自低声讨论，然后渐渐地逐个散去。塔里埃森夜阑人静，只有安然伫立的佛像回味着方才客厅里的热闹。

Rehearsals
排　练

与此同时，学徒会生活的另一面是工作室里的设计和绘图，为修复山坡家庭学校不厌其烦地推敲建筑细部。"救济"和来自各方的阻挠，没有挡住我们的进程。小伙子们在学习如何修建他们自己的房子。学徒们房间里的陈设和装饰，全都由他们自己设计并且实施。如果一个学徒调换了房间，他会彻底清除前任屋主的布置，依照自己的想法"崭新"地开始。他们学习画透视渲染图，设计抽象的植物图案，从自然界获取灵感，尤其重要的是研究各种原生材料。我们的双手常常糊满打砖胚的泥浆。我们用自己的双手驾驭真实的材料，见证了自己的设计一天天化为真实。更重要的是，小伙子们必须学会在刻有他们的失误或者成功的房间里生活，并且更正自己的错误。我们从成功当中受益有限，最大的收获往往来自己或者他人的失败教训，特别是可以看到失误如何被改正。

让失败转变为成功——这就是我为"教育"下的定义。

我们也尝试过摄影训练。虽然有几个学徒在这方面表现出不俗的天资，但是我们很快就因为缺少必要的资金而放弃了。至于音乐，我们最初尝试过请几位专业演奏家和作曲家来指导音乐教育。事实证明这样的安排为时过早——我们全神贯注于修建房屋。或许正因如此，我们没有过于迅速地发展音乐教育。然而，星期六晚上在娱乐室里的排练和聚餐，以及星期天晚上在客厅里的音乐会和晚餐，始终是我们生活当中轻松的一面。

每逢客人造访，我们不再正式地相互介绍，而是改由奥格瓦娜、我或者某一个学徒把客人介绍给整个学徒会，然后学徒们逐个向前迈出一步，以如下方式作自我介绍："我叫约翰"——如果客人是青少年；"我姓劳特纳"[1]——如果客人是成年人。姑娘们也类似地自我介绍。你不能奢望客人同时记住三十几个学徒的名和姓。

Capital Instances of the Casual
漫不经意的经典案例

索菲·布里斯劳[2]带着她的伴奏依玛从麦迪逊来到塔里埃森。她欢快华美的歌声在我们的客厅里回响，直到凌晨三点钟。她开玩笑说："这可是值一千美元的演唱会啊。"类似这样的例子还有很多。

我们全都是音乐爱好者，其中一些人堪称对音乐狂热。二者的意味不尽相同。我们从正统的制度内部，偷来许多像这样轻松随意的机会。你瞧，这是贩运私货的另一种形式。

漫不经意的翻译会造成原意莫名其妙地蒸发。据我所知，这方面最匪夷所思的例子，是密斯·凡·德罗就任芝加哥艾莫尔学院建筑系主任时的致辞。

我和密斯一向彼此欣赏。在整个事业生涯中，他始终关注着我的作品。他是一个真诚的人，也是一位真诚的建筑师。他请我出席为他举行的盛大晚宴并且致辞。在帕尔默饭店的宴

---

[1] 约翰·劳特纳（John Lautner，1911—1994），美国著名建筑师，曾于三十年代在塔里埃森学习了六年。
[2] 索菲·布里斯劳（Sophie Braslau，1892—1935），美国著名女低音歌唱家。

会厅里，我被建筑师和名流们夹着坐在靠近主席台中央的位置。先是艾默森和其他几位职业演讲者宣读讲稿，接着另有几位发言者对将要执掌艾莫尔学院的"天才的德国人"极尽赞美之词，然而却什么也没有讲。

在这些最空洞无物的嘴唇运动之后，轮到我来发言。我站起身，双手扶在密斯肩上（他就坐在发言席的旁边），说道："女士们，先生们，我把密斯·凡·德罗交给你们。对我来说，他不仅仅是密斯，特别是在今晚——他是我崇敬的建筑师，也是一个我敬重和喜爱的人。艾莫尔学院的诸位，我交给你们我的密斯·凡·德罗。请像我一样地爱他、珍视他。"说完，我径直走下台去，离开了会场。

接下来，由当时还几乎不懂英语的密斯用德语发言。他用了大约五分钟，讲述他从我的作品中获得的启发以及他对我的敬意。他坦率中肯地表达了对我深厚的感激之情，对于有机会在此向我致敬而深感自豪。德国建筑师对一位美国建筑师致以真诚的敬意，在世界历史上实属罕见，至少在建筑史上是这样。

担任翻译的是美国建筑师协会的沃尔特道夫。他为密斯刚才的一席话给出了如下的简短翻译："凡·德罗先生深感遗憾，赖特先生这么早就告辞了。"除非你懂德语，否则这就是密斯·凡·德罗在为他而举办的宴会上关于我所做的发言。

从学徒会创办至今的十年里，前前后后的数百个成员都懂得自尊的含义。这是我和奥格瓦娜细心观察的结果（当然，我们的目力范围是有限的）。最初几年里，出现过少数例外，诸如举止傲慢、拒绝分配的义务或者逃避劳动。自觉的合作无疑是一门艰深的课程，但是就我所能回忆起的，十年来大概只有过十几个懒散的特例。其中有些是生来的性格缺陷，有些是一时惶惑，不理解身边发生的这些有何意义，只有极少数人的确缺乏足够的能力。自然而然地，这样的特例在我们生活和劳动的氛围里不会久留。回首那一段食宿和设施都捉襟见肘的岁月，学徒们异乎寻常的忠诚让我感到的只是惊讶，却不敢沾沾自喜。

在最初的两三年里，我们大刀阔斧地修缮和改建老房子，并且投入全力修建一座新房子——宽敞的大绘图室，两侧各有八间学徒们用的小绘图室。老房子全都铺上了新的瓦屋顶，焕发新生。那些瓦屋顶是另一个我难以忘却的故事。

学徒会的最初两三年飞逝而过。青年们从美国各地搭便车穿越辽阔的大陆，来到塔里埃森。由于接纳的空间有限，我们迫不得已拒绝了四百多个报名者。假如有充足的资金，我们就能够在山谷里接纳所有这些年轻人，组织他们在此亲手实现"广亩城市"。正如我们从未因业主而改变自己的信仰，我们也从未因学徒而改变自己的信仰。但是，青年们依旧源源不断地从四方涌来。遗憾的是，我们被迫回绝的报名者常常是我们最渴求的人才，其中不乏能工巧匠。

The Officious Samaritan
无人领情的撒玛利亚人[1]

正当我们对塔里埃森的新建设满怀憧憬时，新的打击从天而降——不是某种禁令，而是"救济"。拜我们的政府决策所赐，四十多个工匠一夜之间觉悟到，即便无所事事也能从政府领到比我给的报酬还要多的那么几块钱。我这里的工作，维持着艾奥瓦县七户人家和临近戴恩县几户人的生计。所有工匠都在我这里享受到舒适的住宿条件，以及当时能得到的最好伙食。他们对此都很满意，如今这些人却决意要辞工，甚至是几个人一起提出。越来越多的工匠找到我说："我们要享受救济政策的好处。"我无力争辩。此刻唯一有价值的诱惑就是出价超过政府的救济款，而我恰恰做不到这一点。或许，有些人就喜欢无所事事却能拿到钱吧。归根到底，我们面对的敌人依旧是"金钱"。

雪上加霜的是，有几个来自纽约的工匠是"国际工会"的成员。他们当中有两个人与本地几个最无耻的工匠结成同盟，违背与我签下的合同，要求我"即刻"付清他们所有的报酬。一个叫迈克的车工，从麦迪逊打听到一条故纸堆里的法令：威斯康星州的任何劳工都无权与其雇主签订劳务合同。在法律的层面，工人的身份就是至少每两周须结清报酬的奴隶。工人自己毫无权利可言，签订劳务合同则意味着他和他的雇主都会有牢狱之灾。我雇的工匠们结成一伙，厚颜无耻地咬住这一条法令。他们在我的书房门外排起长队，甚至三五结伙一起闯进来索要"报酬"。他们一面终日悠闲地享受着美利坚政府的恩赐，一面无视合同里建筑完工方能付清工钱的前提，只顾索要约定的食宿和每周暂付数额之外的所有工钱。这不啻为意料之外的打击。

---

〔1〕此处借用《圣经·新约·路加福音》中的"好撒玛利亚人"典故，指主动救人于危难者。

我已经付给了他们我所有的积蓄。我没有任何新的收入来源，因为我和我的同伴不在"救济"对象之列。我和这些工匠签立的合同写明，只有在建筑完工待用之时，才付清他们所有的工钱。除非为学徒会修建的这些建筑发挥作用，我无法获得任何收入来付清他们的工钱。我已经为人工和材料花掉了大约四万五千美元，换来的只是施工刚刚过半、对于我和他们都毫无用处的建筑。

塔里埃森的建设停滞了。原本可以用三年建成的新绘图室，实际上耗费了七年，因为我们必须学会自己动手，为自己盖房子。

Relief
救　济

在被我工作室里壁炉的火光映红的那一段艰难时日里，我的秘书卡尔·詹森和我最得力的助手亨利一直守在我身边。

那些工匠已经俨然一副黑帮的模样。他们养成习惯，在我的工作室门前日复一日、月复一月地排成长队，索要他们的工钱，却全然不记得没有兑现自己的承诺，没有履行他们签过的合同。

那条愚蠢的法令，无疑是"定三条法令来堵一个漏洞"的典范。我曾经考虑过以自己的处境为这条法令设立通融的先例。然而，向威斯康星州工业委员会申诉的结果（我怀疑他们怀疑我剥削劳工），正与工人们打听到的说法吻合：依照该法令，工人们理应是奴隶。任何要和工人订立协议的企图，只会给雇佣双方都引来牢狱之灾。我这里绝大多数的工匠都跑去领到了政府救济，但是这并不妨碍他们撕毁和我签立的合同，一再找我要钱。这种薪水拖欠待发却领取救济的行为并不"合法"，我本可以向权威部门揭发他们的行径，但是一想到剥夺他们手中可怜的几块钱，我心中不免惭愧。况且，我总是力求避免与"权威"部门打交道。经验告诉我，任何事一旦有警察牵扯进来，都不会有合理的结果。因此，我自作聪明地向这些无赖做出承诺，并且尽我所能地兑现承诺，期待奇迹发生。

奇迹只能是"工作"——找到设计项目。

没有任何建筑项目。我搜罗到的一丁点儿钱立即被许多只手瓜分了。如果得不到钱，有些人就会露出丑恶的嘴脸,直到讨得几块钱然后走开。某一天下午,一个好惹事的小头目琼斯冲进我的工作室。他扑向我,双手抓我的喉咙。这时,亨利大吼一声,向他扑过去。他被吓得连忙"放开赖特先生"。我对于人性的野蛮并不感到陌生,但是至今我仍未学会"永远不要对任何人做出承诺"。

卡尔开始变得像个秘密警察,凡事疑神疑鬼,对人满口敷衍搪塞。有一天,吉米开车载我去麦迪逊为学徒会购置一些工具。在城里一条昏暗的街道上发生的事,验证了卡尔的担心。有那么一位"性情中人",是学徒会成立之前塔里埃森雇用的工匠。他发现塔里埃森的建设在学徒会的旗帜下并未中断,而自己却没有收到应得的全部报酬。于是,这个有印第安血统的农夫屡次写来勒索信,并且认为他有权不择手段,甚至对我施以袭击。

A Coarse Incident
暴力事件

买完了工具,我正准备走回那辆考德。这时,有人从背后扑上来,在我后脑猛击了几下。我强忍住晕眩回头看见袭击者,是那个印第安农夫。不远处的人行道上,吉米的双膊被农夫的儿子从后背扭住,他正在奋力挣脱。显然这是一次早有预谋、算计好时机的袭击。我面朝着刺客,脸上又挨了几拳,但是本能告诉我不要直接还击。我抱住他,两个人一起摔倒在地。他被我按着躺倒在排水沟里,连声向我求饶。但是我刚起身退后几步,他就跳起来用重重的靴子朝我乱踢,靴子跟儿踢中了我的鼻梁。他被我再次按倒在地,浑身上下溅满我的血。我用两个膝盖死死抵住他的胸口,把他的头按在排水沟的烂泥里,有意让我鼻子里淌出的血滴在他脸上。他的鼻子和嘴里堵满了我的血块,呼吸困难,快要窒息了。而发疯了似的吉米,仍然不能挣脱过来帮我。

这个"性情中人"一边咒骂,一边向街边的几个旁观者求助。"见鬼,伙计们,快把他拉开呀,"他尖叫着,"把这家伙拉开,老天呀!他要弄死我!"事实上我并没有击打过他一下。我很仔细地避免直接还击。我所有的动作,只不过是让他保持着头扎在臭水沟里的姿势,用我自己的血把他染成恐怖的血红一团。

我放他起来,他逃掉了。身后惊异的看客们以为目击了一起杀人案。

当时,我还以为后半辈子要就此毁容了。吉米把车开过来,我跳上车:"吉米,我的鼻子破了,咱们去诊所。"

据医生讲,我流出的是像年轻人一样的血。想必他没有夸张,因为伤口的愈合快得出奇。鼻子上没有留下一星半点儿痕迹。那只靴子是一个象征。

我的鼻子也是一个象征。

我最亲爱的,别担心,我很清楚道义扮演怎样的角色。

"理想加劳动"对抗"金钱加权威"的历险才刚刚拉开序幕。我包扎好伤口回到家里。四个学徒小伙子背着我,找到那个主谋人的家,冲了进去。这个丑恶的家伙闪到餐桌另一头,抄起一把刀,把自己的妻子挡在身前当作人质。他妻子和女儿尖叫着报警。警察赶来,逮捕了那个刺客和小伙子们。知道他们这次动机良好的"袭击"之后,我赶到县立监狱探望关在铁栅栏后面的小伙子们。这些相貌堂堂的小伙子,为地区检察官提供了一个他得心应手的案子。在我设法把他们保释出来之前,他们在监狱里待了几个晚上。那个"性情中人"自己留在狱里等候开庭。审理的结果是,他被从威斯康星州驱逐出去,而小伙子们被罚了几百美元——当然,是通过"分期付款"。

如你所见,塔里埃森学徒会的开头的确不怎么顺利。

Defence
防　卫

此后还发生过几次类似的事件,大家纷纷建议我雇一个保镖,或者至少随身带上武器。我对这些忠告一概未予采纳。因为我相信,在任何紧要关头,一个没有防范并且赤手空拳的人才是最安全的。

假如这帮背信弃义的无赖把在我门前游荡、企图勒索的时间用于工作,他们足以获得十倍于向我索要的报酬。然而,即使他们希望工作,也无法在除我这里之外的任何地方找到工作的机会。莫非他们很享受闲坐着领到救济,同时兼顾对我的勒索?

收取的零星设计费、从某处借到的钱(我很惊讶我的朋友们是如此轻信),还有变卖东西所得——我诚恳地把我尽力搜罗到的一点儿钱，分发给这些无赖，但是他们的滋扰依旧。我的衣袋里常常连一个硬币都没有，所幸我早就习惯于此。昔日的成长历程教会了我，如果花掉最后一分钱，必然会有一点新的收获。事实上，总是会有一点点新的收获。约莫一年多的时间，我的信箱里不时出现匿名的勒索信件。终于，我逐个打发了这帮无赖。

多年以后，仍然有人出现在我的门前，索要被拖欠的工钱。我必须承认，其中的六七个人相当通情达理。"理想加劳动"对抗"金钱加权威"的不幸后果之一，是越通情达理的讨薪者越需要等待更长的时间才能拿到钱。事实上，论道理这些工匠没有资格向我索债；从道义上讲，他们有这样的资格。或许是吧，然而我可以肯定的是，接下来必须靠我们自己动手建设塔里埃森。

小伙子们已经能够驾驭木匠的工具，砌砖砌石、抹灰的手艺也日渐长进，刷油漆更是不在话下。他们也学会了焊接、木工手艺和修路，以及操作农具机械。

就在我们深陷尘俗琐事之际，"雇主保险"机构找上门来，声称我应当缴纳那些工匠并不需要的保险费用。我想这些已经足够了，不必再费力地描摹细节。从"救济"新政发布伊始，它的种种效力持续发作。其后果是将近五年时间里，除了学徒们自己动手的部分，塔里埃森的建筑施工处于停滞状态。此后，我的建筑创作终于重归正轨。我能够以设计费加上学徒们缴纳的费用，购买我们需要的建筑材料，留住一些能工巧匠，挽救先前努力的成果。但是每年三万五千美元的入账，仍不足以支付建筑材料和学徒会的日常花销。我意识到自己涉足了只有百万富翁才敢于尝试的事业。当然，没有一个百万富翁会涉足于此。我居然能挺过屡遭"羞辱"的困境且没有被人谋杀，这连我自己都没想到。

"真搞不懂，你到底是圣人还是傻瓜？"我的律师说。"这二者有什么区别吗？"我回答。我从来看不出，至少这区别并不明显。

我曾经许下一个值得信守的诺言，一个对自己许下的诺言。每当想起我对奈尔姨妈、简姨妈和母亲的诺言，我多么希望，她们和劳埃德-琼斯家的其他人都能看到过去十年里我们的成就，然后听他们问我：你究竟是圣人还是个傻瓜？难道有必要在意自家亲人把你看作这二者中的哪一个吗？

我知道一些更有趣的故事，有人愿意听吗？

Fellowship Marriages
学徒间的联姻

学徒会生活的溪水向前流淌着。

戴维和凯茜决定结婚。除了筹备庆祝，我们还能做什么呢？自从学徒会成立以来，这是第六对学徒之间的联姻。最先是鲁道夫和贝蒂，接着有维农和玛格丽特。然后停顿了很久，是韦斯利和我们的斯维特兰娜。后来又有胡尔达和布莱妮，彼得和考尼莉娅。加上戴维和凯茜，我们认可举办了六次婚礼，也祝福过六次或许甜美的蜜月。

今后，学徒会还将迎来更多婚礼——是这种男女混合教育的必然结果吗？另有一段姻缘已经初露端倪。上帝啊，难道说朝夕相处果真具有如此致命的魔力？或者是奥格瓦娜和我为这些单身的年轻男女树立了一个典范？

接下来，需要考虑天气问题。我们这些乡下人虽不敢说能预知天气，但是思维总要跟着天气走。我们已经学会与天气周旋，希望能躲过"坏"天气（当然，仅仅是对我们而言的"坏"）。并且，我也已经学会接受，无论走到世界上任何地方，总是被反常的天气尾随。除非你能够小心地"一只脚落地"，否则任何事都不会按计划发生。于是，我们一边观察天气，一边筹备婚礼。天公果然作美，而婚礼过程中"婚礼"的那一部分同样令人满意。

戴维和凯茜都是我钟爱的学徒。戴维富有才华，性格硬朗。凯茜天生娇俏迷人（这样的介绍已经足够了）。奥格瓦娜负责安排婚礼。如果是晴天，她计划在家族小教堂里举行塔里埃森的又一次婚礼。时值春日，我们把教堂的门窗大开，让鸟儿穿梭一般飞进飞出。小伙子们开着他们心爱的卡车，去路边采来天然的装饰物，像少年时代的我那样，给教堂木屋顶下高大的墙面挂满翠绿的树枝，再将布道坛用鲜花围绕——新人将站在这里举行简短的仪式。布道坛后面的墙上是一幅壁画，画上古罗马奴隶市场上被拍卖的处女注视着这一切。布道坛旁边是那件传家宝斯坦威钢琴。每次看到它，我眼前就浮现出父亲敲打我的手指摆成正确姿势的画面。《圣经》端正地摆在布道坛桌上。奥格瓦娜在暗处摆起一组组雪白细长的蜡烛（东正教传统的童年，让她对蜡烛情有独钟）。蜡烛既能烘托出圣洁的宗教氛围，也是最好的装饰。（在宗教典籍里，蜡烛不也是主要的母题吗？）伊奥万娜金色的竖琴被从家里搬来，摆在布道坛后面，用来渲染背景音乐。仪式开始时，伊奥万娜轻柔地弹奏起德彪西。

教堂主厅后面的房间里，本星期轮值的业余厨师们头戴白色高帽，身着白围裙，已经为宴会做好了准备，包括传统样式的婚礼蛋糕。为了婚礼，奥格瓦娜特意从自家酒窖的大木桶将最好的自酿葡萄酒装瓶拿来。菜单和欢庆的气氛都如此美妙，我敢说，即使和俄罗斯皇室贴身宫女的婚礼相比也毫不逊色。

我们和一对新人全都打扮停当（凯茜的妹妹在她身旁捧花束），坐上一架老马车，翻过山丘，向小教堂进发。新娘的头饰一路上摇晃得险些散掉，而马车顶盖上用作装饰的野葡萄藤不断地落下枝叶，给我们身上增添新的装饰。终于，没有发生其他事故，我们一行人来到了刻有"与世界对立的真理"的教堂门前，欢庆的钟声从半个小时前就一直响着。这一次婚礼与此前的那些同样喜庆，而我总认为每一次都比上一次更加完美。

婚礼仪式洋溢着众人的微笑，其间点缀着亲属们的少许泪水。然后是丰盛的宴会，琳琅满目的菜点本身就是最美的装饰。接下来，小伙子们（和往常一样由埃德加领头）冒冒失失地把教堂里的风琴推到院子里，摆在大路和家族墓地之间的草地上。在教堂门前挺拔的白杨投下的树荫里，学徒们和新郎、新娘一道跳起老式的方块舞，学徒们轮流上阵，用风琴弹奏伴舞的曲子。有些前来参加婚礼的附近住户，站在杉树丛下看着这一派欢歌笑语，还有几位家族的老者面色凝重地观望着。很快，我明白了他们是在抗议这种欢快的吵闹打扰了圣洁的家族教堂和墓地。我注意到他们的表情，预感风暴将至。

跳了一会儿舞，新郎和新娘不见了。不多时，一架载着新郎、新娘的小飞机从我们头顶飞过，以现代的方式结束了婚礼。金尼接住了新娘从天上扔下的花束。大家挥着手，目送这一对新人渐渐飞远了。

又一对儿塔里埃森的丈夫和妻子。

此时，风暴在教堂的院子里降临。作为违背神圣的家族传统的罪魁祸首，奥格瓦娜和我被严厉的指责所包围。虽然我自认为熟谙这一传统并且身为它的一部分，然而，在他们眼中，我冷漠地败坏了家族的尊严！况且，这座教堂并非归我所有，它属于整个劳埃德-琼斯家族。事实如此。

某种宝贵的东西被居高临下的道德无情地破坏了。风琴被慌忙搬回教堂，毫发无损地摆在它固定的位置。我们把竖琴和其他乐器与宴会残余的罪证收拾在一起，吹灭细长的蜡烛（已经变短了一些），逃离了还没有脱下美丽装扮却已经黯然无神的小教堂。

刚才还兴致盎然的学徒会，一下子被失望所笼罩。

怨恨冲散了快乐，大家匆匆地扫兴而归。

黄昏的树影已经不再泛着幽蓝，而是拖得更长，快要铺过山谷爬上对面的山丘。教堂旁边常青的杉树丛，衬托着修长的大理石方尖碑。"Ein Mam"（妈妈）和"Ein Tad"（爸爸）质朴的字样分别刻在碑体两侧。这里安息着来自威尔士的劳埃德-琼斯家的先人。围绕着这块方尖碑，是刻着他们的五个儿子和五个女儿名字的一个个墓碑石。更远一些是他们孙辈的墓群。几乎所有在这片山谷里生活过的劳埃德-琼斯家的拓荒者，都安详地长眠于此。他们依照威尔士人的宗族传统，簇拥着家族的圣地：那座白色的大理石方尖碑。

有时候，我会坐在墓地旁的树下沉思和追忆。除了这里有家族的亲人，还因为塔里埃森曾经的惨剧在这里留下了一座坟茔。

婚礼结束后，我独自去了墓地。日已落山，我望着天际的余晖，又一次坐在墓园的草地上沉思和追忆。我回想起，年迈的母亲跪在方尖碑前，神情肃穆地用嘴唇轻吻冰冷的大理石，仿佛在亲吻"Ein Mam"和"Ein Tad"。我搀着她站起，不远处一个新挖好的墓穴正在等待她的弟弟詹金。不久，母亲自己也投入了亲人们的怀抱。

我回想起，也是这样一个暮霭沉沉的时刻，在郁郁葱葱的杉树丛下，我独自站在另一个敞开的墓穴旁边，亲手把铺满鲜花的墓穴用泥土填埋，再用杉树的枝叶将隆起的坟茔覆盖。如今，这两座坟茔都已长满青草，都依然没有墓碑石。

The Allegory that Failed to Convince Even the Author
一篇无法令作者自己信服的寓言

我在客厅里大声朗读以下这篇寓言，听众是奥格瓦娜和伊奥万娜。它的标题是"与世界对立的真理"。

> 我独自坐在墓园里青草覆盖的坟茔旁沉思追忆。暮霭渐沉，守护着墓园的杉树丛在微风中摇摆，轻声叹息。不经意间，我仿佛听见……怎么会呢？有人在叹息，并且低声呼唤我的名字。我侧耳细听，却只有一片静寂。思忖间我再次倾听，片刻的寂静之后，分明是清晰可辨的人声在我四周飘摇。我凝神观望，一个个幽灵像蓝色的薄雾缓缓地从家族墓地里升起，在我四周聚成我熟悉的亲人的身影。又是一阵

叹息，然后是窃窃私语。幽灵们似乎是坐在各自的墓碑石上，发出随着微风摆动的蓝光。

奥格瓦娜叫道："哦，弗兰克，亲爱的。这太过分了！这是索顿·怀尔德[1]的墓地题材，他靠这些侥幸成功，可是你却没法儿做到。"

离我不远处，一个闪着银光的幽灵低着头站起来，双手合拢在膝盖上，轻声呼唤一个名字——我的名字！这时，整个家族的幽灵全都站起来，在暮色中轻柔地摇摆，轻柔地点头低语。我一面注视着他们，一面倾听逝者的秘密。

奥格瓦娜说："弗兰克，你可千万别把这种多愁善感的东西拿去发表。他们会像对晚年的屠格涅夫那样来评价你，'这个人让年龄给压垮了'。"

又一次听到我的名字。夜色已深，幽灵的影子更加闪亮，他们的低吟也愈发清晰可辨。我疑惑地轻声叫道："母亲……你为何身在这里？我的母亲，你应当已经是天国里的一个精灵了啊！"

奥格瓦娜叫道："糟透了！糟透了！哦，弗兰克，你可真傻呀！这种老套的文章不会让任何人信服，我看连你自己都不行。"

片刻的停顿……"是的，我的孩子，天国里的一个精灵。但是，天国里的精灵会在大地的绿野投下身影，如同金色的朝日照遍苍翠的树林。我们会在微风拂过的任何地方醒来。"整个家族的幽灵随微风摇摆，全都点头赞同，然后又是一阵低语。

奥格瓦娜："唔，弗兰克，你迷路了，无可救药了。千万别把这个发表出去，咱们到此为止吧。"

---

[1] 索顿·怀尔德（Thornton Wilder，1897—1975），美国剧作家和小说家。

这一刻，风更紧了，我听到家族的魅影在齐声低唱："假若他们依旧爱我们，我们将会醒来。当微风轻轻拂过，我们将会醒来，向那些爱我们的人现身。"我迷茫地环顾四周，满怀惊诧和好奇倾听着。家族幽灵的影子在各自的墓前闪烁着蓝光，随微风摇摆着点头赞同。片刻的沉寂之后，又随风轻轻摇摆。

　　离我最近的一个影子闪着银光，开始低语："我的孩子，当微风拂过你的脸颊，扬起你的头发，那就是你在凡间失去的亲人对你轻柔的爱抚。在天国里他们依旧爱你，把他们的爱抚送到你的面庞。"

奥格瓦娜："哦！哦！这种灵异的主题，弗兰克，你怎么写得出这样的东西？"

　　暮色已成黑夜。风渐渐静了，又是片刻的沉寂。

十六岁的伊奥万娜也叫道："爸爸，这些可不像你写的东西，倒像是我写的。这一点儿都不像是你。求求你别这样。"然而，作者自有他的执着和坚定。

　　此时杉树丛已经轮廓难辨，叹息和低语依旧，却变得愈发模糊含混。"当你饱尝了生活的甘苦，我们将会现身。"一个个影子依旧低垂着头，用随风摇摆表达赞同。

"哦！爸爸！什么摇摆，真是太可怕了，可怕！"

　　风声已息。闪着银光的影子抬起头，双眼深藏在暗影里，却分明是我逝去的亲人的面容。我听见细若游丝的低语："我的孩子，如果你回头去看教堂门前刻下的箴言，你就会悟出亲人们希望你明白些什么。"

"看在上帝的份儿上，弗兰克！快醒醒吧！就到这里，我一句也听不下去了。太可怕了。"

"将近结尾了。"

杉树的树梢不再晃动。幽灵的影子渐渐沉入到各自墓中，像方才聚成亲人们的身影一样轻柔地摇摆着，缓缓地沉下去，消失不见，如同草叶上的露水消失在晨雾之中。一切复归平静。

斯维特兰娜的儿子小布兰道克，一直在地板上安静地玩耍，这时忽然尖叫了一声。他母亲跑过来抱起他，说道："哦，弗兰克爸爸，你这是怎么了？要是通篇都像我刚听到的这一段，我真奇怪母亲和伊奥万娜居然能忍受着听下来。"

"你们还是听完吧，至少它的立意还不错。"

漆黑的夜色中，随着月亮慢慢升起，因幽灵而屏息的微风重又开始吹拂。我起身顺着走进来的原路离开，心绪夹杂着思索与回忆。我回望墓园的大门，看到老石匠蒂姆为劳埃德-琼斯家在门柱石上刻下的古老的德鲁伊箴言——"与世界对立的真理"。莫非这些化作幽灵现身然后又消失的亲人，是前来宣告他们的论断吗？

奇怪……我似乎从这句箴言里悟出一种新的含义。为什么我从前一直没有领悟到呢？洒向万物的阳光是欢乐！它将驱散导致世间一切悲伤的仇恨。

这是德鲁伊先哲们的本意吗？闪烁着蓝光的亲人们从他们的墓穴里醒来，是要轻声告诉我这些吗？

"与世界的痛苦相对立的真理，是欢乐！"

让生命升华的欢乐。

奥格瓦娜绝望地叫道，"唔，你以为有了什么新发现吗？所有人都知道这些，你不过是重复几千年前的希腊人罢了。弗兰克，亲爱的，彻底丢开这些吧。你最好还是专注于建筑，那样不会有什么风险。"

是啊，像往常一样，我的姑娘们总是对的。于是我们开怀大笑，我把这片纸丢在一旁。我涉足"写作"的天真冒险，随之烟消云散。

The Moral
道　德

我承认，与一切真理相仿，被劳埃德-琼斯家族奉为真理的德鲁伊箴言同样是危险的。因为，极少有凡人能够分辨"欢乐"（joy）和"愉悦"（pleasure）之间的差别。已经死去的人能够理解二者的差别，生者何时能够做到这一点呢？

多愁善感绝不等同于情感丰富，即便我有足够的才思让那篇寓言深入人心，你们当中仍会有越来越多的人被多愁善感所慑服。同样地，自我并非自私。除了劳埃德-琼斯家族成员，很少有人能够察觉自我或者自私会在某些时候吞噬对方。

不，欢乐绝不等同于愉悦。对于善的滥用往往被归咎于善本身。

这就是真理。

被薪水所奴役的美国人只顾加班加点地拼命劳作，只为换来生存的愉悦。他们又怎么能品尝到欢乐呢？

The Four Seasons in Four Verses
献给四季的四段诗句

下面这首诗和那篇失败的寓言具有某种亲缘关系。它是我早年的"习作"，某种针对吸气音的试验。读了这篇习作，母亲神情凝重地对我说："孩子，当一个年轻人开始吟诗弄赋，这是一个信号。"她没有直言这是颓废的信号，但是我心中明白。

这首诗的主题是"微风"，以诗句本身的节奏抽象地模拟微风慢起、跃动，最后减弱收尾。它和第五卷开篇的《工作之歌》写于同一个时期，两首诗都尝试直线的感觉或者说紧凑的语感，试图表现线条和色彩在绘图板上描绘的抽象图案。虽然埃德加·爱伦·坡的许多诗作似乎很接近这种感觉，我的尝试仍然只能算是冷僻的冒险行为。

朗读时需要略微强化吸气音。

　　　　新绿纺织着柔弱的丝网
　　　　阳光逗弄着闪亮的嫩叶

轻轻颤动，像蝴蝶张开的翅膀
弦歌响起，春天的衣裙……
　　　　　　　　涌动又重归平静

迷离的薄雾裹着深蓝的天际
慵懒的小虫在花瓣和叶片间哼鸣
细声感慨，
浓浓欲滴的葱绿溽热退潮，
夏日的艳阳……
　　　　　　　　涌动又重归平静

水晶露珠闪烁在秋叶的海浪
火红的攀藤随着橡树摇摆
瑟瑟作响，是彩虹挂在枝头的风铃余晖淡去，
秋风呼吸的节奏……
　　　　　　　　涌动又重归平静

冰封的大地在等待星光
月光斜睨着她洒下的纱衣
银霜吐雾，编成圣洁的花环
微风渐息，冬夜松林里的梦……
　　　　　　　　涌动又重归平静

　　与此同时，塔里埃森的建筑在一天天成长，它值得我们自始至终付出的努力。虽然过程艰苦，但我们看到了日渐丰满的成果和逐步的回报。我们希望塔里埃森建筑的外观和内部都符合一个富有个性的工作和游戏场所的要求，体现出水乳交融的美与实用。它在"山坡家庭学校"的山坡上生长着，仿佛就扎根在那里一样。它的确属于那里。我们见证了纸面上的理想变成既美又实用的生活内容，并将长久地留在大地上。

　　我们劳动，我们歌唱，我们在永不褪色的青春热情中游戏。我们热爱富于创造力的劳动。

Our Goodtime Playhouse
娱乐室里的好时光

我们有一间供消遣活动的房间，由于想不出更好的名字，索性就称它为娱乐室。

娱乐室的一层摆着一架演出用的贝希斯坦三角钢琴；二层的挑台上摆着一套三十五毫米胶片的电影放映设备。改造和布置娱乐室，开始于"救济"政策把我们推倒在水沟里之后不久。带给我们无穷乐趣的娱乐室，也是分期付款的结果。钢琴是三年分期付款，放映设备是七年分期付款，还有其他等等，等等。

起初，我们把山坡家庭学校留下的健身室内部重新加以分隔，改造成学徒会夜晚生活的一个亮点。尔后，取消更多的内部分隔，让空间更加开敞。接下来，通过改建加大空间的进深。为了这些隔三差五、延续至今的改造和加建，我们倾注了所有的设计才思。橡木铺成的天花板和墙面实现了我们预期的效果：像一把小提琴的内腔。

为了充实周末的聚会，我们费尽心机地四处搜寻美国和世界各地最优秀的电影。仅仅是我本人从这些电影中获得的教育，就足以证明这间娱乐室的价值。

在此我不妨坦白，我自己从学徒会获得的教育远远多于我给予学徒会的。

这些电影把我这样一个曾经游历四海的人，带进了更为广阔和多彩的天地。杰出的编剧和导演们发掘各个国家灿烂的历史资源，描绘出世界各地丰富而又深刻的生活，那是任何人都不可能靠周游世界来亲身体验的。

我们收藏的影片，包括来自奥地利和德国的三十三部、中国三部、捷克斯洛伐克一部、英国四十三部、法国五十九部、爱尔兰两部、日本三部、墨西哥三部、挪威一部、俄罗斯七十二部、瑞典两部、西班牙两部，还有美国的四十四部。目前一共有世界各地的影片二百六十八部。

娱乐室舞台的大幕是学徒会完成的第一件手工艺作品，图案是灰色底子的粗棉布上直线条纹的抽象色块（我的设计）。舞台上闪亮的白色银幕长约十英尺，高约八英尺。

银幕左侧有一条约一英尺宽的竖向红色毡布，电影的伴音从它后面播放出来。上面精致的直线条图案，是为了让我们独特的设计与电影画面协调。

我们进行了一些有趣的声学试验，使扩音器发出的声音经过舞台背板反射之后，变成与空间合为一体的声浪涌向观众，而不是生硬地直接投向观众。许多客人在这里观看了在别处已经看过的电影，却像是第一次观看，从中发现了之前没有注意到的亮点。

娱乐室的布置遵循以下原则：

1. 放松随意地散坐，不必拘泥于常规那样面朝舞台端坐。
2. 舞台是观众厅的一部分。
3. 染成白色的银幕用作电影放映。
4. 电影伴音的扬声器是银幕边的一条红色带，它的直线形装饰，使银幕上的画面与整个室内设计协调。
5. 电灯表面不加玻璃罩。
6. 扩音器安装在舞台地板下，指向舞台的木质后壁，使声音通过反射成为室内空间的一部分，而不是直接投向听众。
7. 弦乐四重奏和钢琴的演奏台以及合唱团的座席设在舞台一侧，而不是挡在舞台前面。
8. 娱乐室里的壁炉是一个真正的"休息角"。利用建筑化的隔断划分出就餐、存衣和盥洗的空间。
9. 观众座席最后面有一张宽大的台面。我们可以一边享受视觉和听觉的盛宴，一边享用台面上琳琅满目的美味。

整个娱乐室的结构采用本地的橡木，承重墙之外的其他部位都涂成深色，作为背景衬托各种鲜亮的色彩。

Snatching Victory from the Jaws of Defeat
反败为胜

我们自创的保留剧目是"反败为胜"。

为了能在自己的娱乐室里舒适地坐下，我们颇费了一番周折。经过多方寻找并且频繁遭拒之后，我们最终选定伊利诺伊州一家工厂生产的活动金属椅子。大约一百把椅子，价格总计约八百美元。厂家与我们商定妥当,同意发货,然而却毫无动作,原来是中途变卦,要求立即付"现钱"——从来不会被遗忘的"现钱"。起初我们还欢天喜地根据约好的发货日期,定下娱乐室的揭幕演出日期,没有察觉工厂的动向而空等了几个星期。然后,突然遭到沉重一击。怎么办?八百美元并不是大数目,但当时我们连八十美元也难以凑齐。它随心所欲地阻挡住我们——令人作呕。[1]奇怪的是,塔里埃森的胸膛里永远喷涌着希望——我们依然对圣诞老人抱有信心。在"系统"中艰难跋涉,我们却从未学会如何放弃希望。

为了让娱乐室如期揭幕,而又不必被迫交出那笔举足轻重的小钱,我们又一次在绘图桌前坐下,考虑如何利用截面一英寸厚、九英寸宽的橡木板,一小袋钉子和几个螺丝做点儿什么。我们设计出一种长凳,比那家工厂生产的令人心仪的金属椅子更适合这个空间,更具趣味与个性。需要的材料只是粗糙的木板,但是我们采用了一种新颖的设计,成果正是你今天在娱乐室看到的那种有靠背的座椅。姑娘们给长凳和靠背铺上三层棉垫,我们又买来一些便宜(每码售价十美分)的红色帆布包住棉垫。我们有了座椅。

座椅非常坚硬,但是演出的确精彩的话,并非难以忍受。通常我们的演出都很精彩。

娱乐室本身变成一个娱乐项目,总是带给我们乐趣。某种新鲜有趣的灵感产生了魔力,再一次让我们"反败为胜"。

拥有一个自己的剧场,是我从孩提时就一直怀有的梦想。在《威廉·迈斯特》一书中,歌德为主人公住的小阁楼设计了一个木偶戏院。现在,我有了一个威廉·迈斯特甚至歌德本人都会羡慕不已的剧场。

每一次被"现钱取货"出乎意料地阻断道路,我们总是微笑以对。遭到回绝反而会激发我们源源不断的灵感,推动我们向前迈进。当然,经销商们常常会眉头紧锁地盯着我们,因为他们的主子们从不愿承担任何风险。

然而,我们毕竟找到了足够多大度的合作者。因此,我们并不认同所有人都不愿意和我们打交道的结论。在这个充斥着行尸走肉的环境里,我们是一团鲜活的生命。如今,我们比以前更坚信自己身处行尸走肉的团团包围之中,只有战斗才能冲破经济的封锁。

---

[1] 原文为拉丁文 ad nauseam。

塔里埃森小剧场

Rest for the Wicked
恶人的平安[1]

我们不放过任何一个机会,不断努力地吸引或者给予合作。但是,对于某些完全有力量帮助我们的人而言,似乎总是有太大的风险。我们的目标从来不在他们的视野之内。因为,他们无法获得"回报"。归根到底,"系统"有什么理由为帮助我们而做出妥协呢?如果"交易"不能产生现金收益,我们对于经销商们又有何价值可言?他们毕竟要生存——诚如他们所言。因此,他们的折扣优惠不仅异常稀罕,而且让人怀疑别有用心。

---

[1]《圣经·旧约·以赛亚书》48:22,原文为"耶和华说,恶人必不得平安"。此处取其反义。

在那些困窘的日子里,我们获得的帮助只是星星点点。甚至可以说,学徒会初期只得到过些许无形的帮助。

在此我必须承认,我相信如果我们能够真正有所成就,借此充分展示我们追求的文化实质,到那时就能吸引某些经济上的资助。然而,我们从未达到足够的自信向世人展示我们的成果,直到今天仍是如此。所以,善意的资助都是零星而又微薄,但是我们对于这些帮助仍心怀感激,视之为雪中送炭。我很想讲一讲其中的某些故事,日后我会把它们写下来。

我对于切实的帮助已经不做奢求。我们的特立独行无法吸引它的目光。帮助我们的人既得不到刻有他们名字的铜牌,也没有其他什么荣耀。看起来我们必须自力更生,否则就只能坐等垮掉。只有"机构"可以争取到资助,而我们不愿变成一所机构,也并非"穿戴整齐却无处可去"[1]。

我们根本就算不上穿戴整齐。

我们希望在某些方面穿戴起来。我们用自尊与自立应对贫困,期待我们的土壤里自然而然地长出某种属于我们的地域和时代的东西。

它就像树皮一样粗糙。

它正在那里生长。树皮包裹着的枝干总会发芽,绿叶将向着阳光伸展,内在的自然法则注定了这是一个痛苦却又伴随着欢乐的缓慢历程。

我们相信自己种下了一株果树,我们会培育它结出果实。

没有什么灵感是西方人模仿不来的。在这种替代常规的学校中,我们实行自己称之为"导师学徒制"的榜样引领模式,从中,我们见识了某些奇特人格的奇特表现,遇到了某些障碍,同时也收获了某些财富。

下面谈到的是我们遇到的一些主要障碍,也是一种真正的民主制度遇到的障碍。

在每一个建筑的施工过程中,我会依照与业主的约定派一名学徒常驻现场。我派去一个叫鲍勃的学徒,负责埃德加·考夫曼在熊奔溪上"流水别墅"的施工现场。这个热情可靠的小伙子,绰号叫"小太阳"。

---

[1]《穿戴整齐却无处可去》(*All Dressed Up And No Plale To Go*),美国20世纪30年代的流行歌曲。

"别让他来了，"施工开始不久，考夫曼绝望地对我说道，"他搞出的乱子会让我花冤枉钱。叫他回去吧。"

"且慢，你不妨耐心一点儿。或许他的确让你我都有所破费，但是损失毕竟有限。你曾经出一千美元，资助我制作'广亩城市'的模型。现在，你为培养这些年轻人尽一份力，自然也合乎情理。这些美国未来的建筑师，能够给予你我一些钱买不到的东西：忘我工作的活力和渴望合作的热情。况且他们都不是傻子。我知道我讲的是一种无形的资产，但是你的房子最终会实现理想的效果，并且建造的过程会让你收获某种体验，它就像好的建筑那样无法用金钱衡量。我保证，这座建筑不会比一座'常规'的房子花费你更多的钱。"

"好吧。"然而，他并没有完全信服。他是一个不错的商人，也是个好人。"我们边干边看吧。"考夫曼先生，以及我的每一个为了建筑非凡的个性而煞费苦心的业主，都应当了解这样的事实：为了实现我的设计思路，有经验的职业建筑师同样会在施工现场频频出错，甚至犯更多错误。面对尝试新事物犯下的错误，他们会比我的学徒们更难以沟通和说服。他们会顾及脸面而拒不认错，而我的学徒们会爽快地说："真是的，我太蠢了！这下子我明白了。"这些小伙子给我们建起的每一座建筑增添了人性的活力和乐趣。有些让建筑的效果更好，有些更糟。有时候，亲临施工现场的屋主会对领着他四处查看的学徒赞赏有加，以至于要把日后的建筑交给他来设计。

塔里埃森尝试过一种新的模式：允许学徒以自己的名义设计项目（包括平面布局和所有细部），但是所有图纸交由我来审定。我收取的设计费仍然是建筑总造价的百分之十。其中三分之一归这学徒，三分之一充作学徒会为此项设计花费的成本，余下三分之一留作整个学徒会的发展基金。事实证明，这种模式在各个方面都是一个错误。既然有创造力真正的源泉，何必要把学徒会的资源用于生手的作品呢？尤其当这些作品似乎是毁掉学徒会而不是为它添砖加瓦。

学徒会协助我设计并建成了将近四十个建筑。尽管学徒们的种种疏漏令人头痛不已，然而从最初的一刻起，我就从他们身上感受到迅速的领悟、聪颖和忠诚的协作，这些足以令我接触过的任何"老到"的职业工程师汗颜。假如我们像常规建筑师们那样循规蹈矩（即使我们希望如此也无门可入），上述这条结论自然难以适用。一旦我们偏离众人恪守的成规，为了更美好的目标而追求自然而然的与众不同，抛开耗费的时间不论，坦诚的初学者比起固步自封的"专家"来，让我和我的业主们受益更多。专家通常是一个已经停止思考的人。他做出论断的出发点并非客观规律而是他既往的经验。在我们看来，他极有可能依赖陈旧的经验，谬误百出地度过余生。

事实上，在我探索理性的过去四十五年里，我摸索出一套自己的技巧。它仍然保持着可塑性，仍然随着我们接手的每一个新建筑项目而发展。富有经验的"专业人士"不大可能领会和掌握这套技巧。更进一步讲，他即使能力有余也不愿做这件事。坦率地说，在他驾驭这套技巧之前，他无法回避令他头晕眼花的研究和探索。而这种种探索意味着一次次失败。比起学徒们的知错即改，他的刚愎自用只会导致这些失败更加频繁，更难以弥补，给业主造成更大的损失。另一方面，我也意识到自己亲临现场变得愈发不可替代。除非我能及时培养出一批优秀的建造者，这一现实很难迅速发生改观。学徒会需要像哈罗德·特纳和本杰明·威茨查克那样优秀的建造者。在资金投入充足的条件下，我们的二十几个小伙子已经有能力出色地建造起我所设计的住宅。

然而，谈到我们自主施工自己设计的建筑，并且加工我们需要的材料，目前时机还不成熟。

我们正翘首以待。

在我力所能及的范围内，不再有跳不出绘图桌的建筑师，也不再有试图建造他们毫不了解的房子的承包商。

为了支持我的事业，我的绝大多数业主都宣称，相信自己的住宅是我设计过的最出色的一个。事实上，那的确是最适合于他的住宅。他们真诚地尝试有机的生活与建筑。那些为了他们的福祉而进行的试验，通常会在他们眼前打开一个新世界。如果不是有误导和吹嘘之嫌，我非常乐于向诸位展示许多业主写来的信件。我的业主们组成了美国——尤松尼亚——各类有识之士的横断面。他们中绝大多数人拥有自主的审美情趣，旅行见识广博，并且不乏有艺术天分者。有一些人甚至是在国外听说我的名字的。

我们极少与真正的坐井观天者打交道。在文化的根源和结果方面，他没有勇气信任自己的判断力。假如他在国外接受过教育，那只会让他本能的折中主义更加坚定。他是这个国家特产的文化懦夫。

对我们的建筑大加赞赏的人，往往是在金钱领域之外的富有者。某人的经济实力与他对我们劳动成果的赏识成反比的关系，这似乎是一条规律。

有时候，我所设计的尤松尼亚住宅远在千里之外。当"实际竣工"之后，我们仍不得不多次前去改正一些错误，同时也利用这种机会改进原先的设计，更正工匠操作和用料的失误，补救或者恢复由于屋主的干预而在施工过程中被抹去的设计内容。学徒会将设立一个后续服务组织，协助屋主布置室内，指导屋主更好地使用建筑而不偏离原先设计的风格，保持新的建筑形式产生的从容优雅和别具一格。以上这些已经成为我们建筑实践的一部分。

伴随着我们的实践，学徒会的模式在稳步地发展成熟。在把自己新建的住宅与邻家进行造价比较之后，我的业主通常会向我宣布，我们的某些设计手法使他的住宅比"常规"住宅具备更加实用的空间效果，建筑材料的优势也得到更充分的发挥。因此，我们设计的住宅所具有的风格和特征可以算是免费的"附赠"。然而客观地讲，与"常规"住宅相比，建造我们设计的住宅的确需要克服更多困难。

我们的建筑具有鲜明的特征，这是必然的结果（"原则的神情"在任何地方都会显得鹤立鸡群）。这些特征造就了这些建筑，使它们在任何地方都鹤立鸡群，但是如果任何一个环节出了纰漏，比如暂时漏水或者出现某种缺陷，尤其是一旦超出预算，就会立刻引来众多嫉妒者怀疑的目光。绝大多数怀疑者是建筑师，或者那些时尚住宅的主人的朋友和邻居们。

感谢我们头顶上的吉星，我们仍旧不够时尚。

我们的失误不是一个系统内部的痼疾，而是独立生长的矛盾，是对时尚的挑战。与那些像店内存货一样的错误相比，改正我们的失误要容易得多。因为我们的每一处失误都蕴藏着它自身的解决之道。我们了解自己设计的建筑，所以我们完全有能力纠正不断出现的错误。我们积累的经验里蕴藏着化解这些错误的秘诀。

我们所做的每一项试验，都不是出于对新奇的追求，而是真诚地考虑业主的利益。我们以改正错误为豪。我们的每一件作品都不仅仅属于委托它的业主，也属于我们自己。我们必须努力实现设计中的建筑效果，否则在建筑落成之际我们就会惭愧地无颜面对自己。既然建筑往往是公共环境的一部分，我们有责任帮助维护建筑应有的效果。有时候，建筑的维护依赖我们自己去筹集足够的钱。最终，我们总是想方设法找到钱。

从来没有一位信任我们的业主流露过失望。公允地讲，几乎没有业主对我们失望。他们中有许多人在似乎与主题无关的方面纠缠苛求，却和我们一样坚定地忠实于我们实践着的原则，对将要实现的建筑理想充满信心。

赖特晚年在西塔里埃森

他们投入的建筑成本通常超前一段时间（比如十年左右），但是这些建筑的价值会随着时间的推移而增长。因为，我们的作品从来不曾并且未来也绝不会过时。

The Conquest of the Desert
征服沙漠

在西塔里埃森，你能看到世界的边缘。

我们给这个遥远西部的沙漠营地试过许多浪漫的名字，但又逐一否定了。这里如此壮美的景色，会让为它取名的灵感自由喷涌，无休无止——于是我们很明智地沿用了已有的名字。

被北方的寒冬困在室内，令学徒会难以忍受。我们是一群习惯户外生活的动物。况且，每年为整个塔里埃森供暖需要花费三千五百美元，向西南迁徙不失为一项节省之举。我们的冬季迁徙始于一九三三年十一月。每一次长途跋涉都是艰苦卓绝的挑战。足够三十五人的睡袋等野营装备、小轿车、拖车和帆布顶棚的大卡车，组成了学徒会每年一度"出逃"的队伍。在征服沙漠之前，需要先征服两千英里旅途中的寒冷天气。最初几个冬天，我们在亚利桑那的钱德勒镇上露营。虽然露营乐趣无穷，但是我们时时渴望着为自己新建一个稳固的家园。

学徒会的能力在渐渐成长。

学徒会的重要宗旨之一是"利用闲暇做些事情"。因此，我们打算在度假的同时盖起点儿什么。当时，我有了一些作为建筑师的收入，可以用来购买建筑材料。但是首先需要选址。如今，我们对这片静谧广袤的沙漠已经像对威斯康星的山谷一样熟悉。连续数月的每个星期天，我们带着睡袋在四处野餐露营，像着了魔一样遍访周围的著名景点。后来，我听说凤凰城二十六英里外有一处地方值得一看。我们越过天堂谷沙漠，来到麦克道威尔峰下，登上山间这片巨大的平顶台地。环顾四周，这里就是世界之巅！

眼前是无法用言辞描述的宏伟景象！还有各种神奇的沙漠植物，可惜道路状况实在糟糕。每年的冬季（也是亚利桑那的雨季），通向这里的唯一道路是穿过天堂谷的一条小路，路况足以用"真见鬼"来形容。这里的雨季每天都倾盆如注。

路况可以改善，这块选址却是无与伦比。政府土地管理局负责出售土地的斯蒂芬·普尔说，他一直留着这块地，等待一个会爱上它并且"拿它做点事情"的家伙（他的原话是"傻瓜"）。我们总共获得了八百英亩土地，一部分是购买，另一部分是租赁。第二年，我们开始"拿它做点事情"。我们有了完整的设计方案，为建造做好了准备。

我们很清楚大约三十个学徒加上我的小家庭需要些什么，其中之一就是生活的空间。

这里的空间是如此开阔，不必请任何人或者任何东西为我们腾出空地。设计方案的灵感来源于这块用地壮美的个性。想象一下，站立在世界之巅迎接朝霞、目送夕阳，或者仰望晨昏之间清澈的蓝天。世界浸染在光与空气之中，幻化出造物主创造过的每一种色彩和形状。这样的景象既不会放纵也不会束缚人的想象力，因为你无从想象，一切都超乎人有限的思维。这里就是我们的台地，我们的居所将与它融为一体。这片崭新的天地，涤荡了威斯康星州南部的田园牧歌。取而代之的是一种具有苦行者美感的空间，展示着它惊人的宽度与高度以及坚毅而陌生的形式。它仿佛是一剂精神的良药，用来治疗时间造成的病痛。然而，时间或许已经不复存在。

沉浸于想象力,就像是步入一个令人敬畏的世界。不同的景象在人的脑海里浮现又消逝,不经意间的灵光乍现如同闪电照亮天幕下的大地。

沙漠似乎无边无际,而这种"似乎"与其现实相比,实在不值一提。

周围的环境为我们将要采用的建筑形式提供了特定的资源。简洁而又独特的地貌轮廓给予我们灵感,烈日下随处可见的岩石是方便取用的建筑材料。我们把这些全都融入沙漠景观,在上帝就是一切而人无比渺小的地方,建起了继承"沙漠刺"的精神却比它更为永久的建筑。"沙漠刺"是建筑的世界里第一次将帆布用作屋顶的尝试。这座凝聚着我们的热情的沙漠营地,虽然生命短促,却值得后人深思。

追求最独特的完美往往令人筋疲力尽,心生厌倦。然而,我们经年累月地在最独特的完美中生活和前行,从未感到厌倦。

整个建造过程,我们用掉了数百捆石料、无数车水泥和木材以及数百匹厚实的白色帆布。我们设计了双层帆布,固定在四英尺宽、八英尺长的木框架上,用作阳台和露台的顶棚。与周边山体协调的石墙支撑着木框架。天气晴朗的时候,白色的帆布顶棚和侧面的垂帘卷起来,鸟儿随着沙漠里清新的空气在木框架之间飞过。我们还竖起一座钟塔,挂上一口大钟。建筑周边有几处情趣各异的花园。其中一个带三角形水池的大花园,像船头那样探出台地的边缘。另有一处安静的花园独处一隅,跌水沿着立在水池一角的墙面款款流下。

小伙子们有宽敞的房间和几块供他们运动的游戏场地。客人的房间外面,有一处宽阔宜人的平台俯瞰花园和整个台地。

本地的聪明人奉劝我们:"山谷的那一边找不到水——别浪费钱去尝试了。"

我们试了,在四百八十六英尺深打出温度八十五度[1]的水。我们的建设像往常那样逐步推进。唯一的区别在于,我们比以往更加随心所欲,而且身处世界上最不可思议的地方。

我们的亚利桑那营地,是某种你难以表述同时也不愿刻意谈论的东西。从这个意义上讲,它好像是上帝。

瞧瞧我们的小伙子们在怎样劳动!都说像士兵一样坚强,士兵和这些小伙子比起来更像

---

[1] 合 30 摄氏度。

是一根木棍。除了随天气渐暖偶尔发现的一条响尾蛇、一只毒蜘蛛或者蝎子，小伙子们没有杀死任何活物。

这几个只穿着短裤赤膊上阵的小伙子，非但没有消灭生命，反而创造出新的生命。如果我的观察可靠的话，他们看着自己创造的新生，甚至比挥着胜利手势凯旋的士兵还要激动。

奥格瓦娜评价道，整个西塔里埃森不像是建造起来的，更像是从自然界里挖掘而成的。

这不啻为一种褒奖。

我们的营地属于沙漠，它仿佛几个世纪以来一直钉在那里。连续七个冬天，三十多个青年男女把他们最饱满的活力与石块一起浇注进西塔里埃森。本地的工匠也加入进来，但只是零零星星。我作为自始至终在现场监督的建筑师，也经历了一段过于充实的生活。奥格瓦娜和我一样辛苦地劳动，不断启发我们的灵感。

困难在于我们不得不一面施工，一面住在尚未完工的建筑里。

有时候，我们会连续五天被恶劣的天气围困。旱季的沙暴铺天盖地。雷电交加在头顶滚过，狂风裹挟着乌云呼啸而来。我们赶忙躲进露营地，仿佛海上的一叶孤舟听天由命。

在往返凤凰城采购的途中，我和奥格瓦娜不止一次被困在车里。我用脚踩住刹车板，看着水慢慢地没到膝盖。

梅斯林克夫妇前来探望他们做学徒的儿子，在路上被沙漠里的洪水困了一夜。齐膝深的洪水，到第二天下午才退去。儿子试图救出他们，却差一点儿被水卷走。

有许多次，造访我们的客人险些在沙漠里淹死。

这项试验壮举收尾之时，艰苦已经要超过肉体所能承受的极限。延续了七个冬天的繁忙施工，让我和奥格瓦娜都显现出疲惫。

除此以外，学徒会在塔里埃森或是西塔里埃森的生活平稳如常，只不过时间和金钱对我们的合谋阻击比从前稍有收敛。

如果有一天，对沙漠的憧憬在你的血管里激荡，请拿出亚利桑那的公路地图，找到西塔里埃森。

忘了介绍我们的沙漠娱乐室。它类似于当地印第安人用的一种半地下密室，内外墙体和室内一个下沉式的壁炉都是由厚重的石块砌成。后墙上有一个小孔供放映电影的光束透过。在这个仿佛是被挖空了的巨石内部，我们聚餐和欣赏音乐，以简洁的建筑和有限的空间为形式，庆祝想象力的胜利。

和学徒们在塔里埃森（1937 年，70 岁）

Fellowship Liabilities or Democratic Back Drag
学徒会的障碍或者民主的羁绊

我曾经说过，这些障碍并非我们独有的经历，而是对于民主社会普遍存在的威胁。

1. 奴仆意识

奴仆意识威胁着我们，也威胁着民主社会。它是社会大熔炉里必然的产物。它产生于社会底层，向上蔓延，侵蚀并且毁掉社会的上层。对于谋求独立的抗争而言，它是难以逾越的障碍；对于真正的贵族精神——民主——而言，它是无法摆脱的诅咒。奴仆意识是与生俱来的，不大可能被彻底清除，除非它根本没有发芽。

有这样一个例子。某人来到他富有的乡绅朋友家做客。负责接待的管家引他到下榻的客房去，一路上用各种龌龊的言辞，喋喋不休地抱怨自己的主人。客人终于按捺不住一个朋友此刻应有的愤怒，他问道："够了！米歇尔，假如你受不了主人如此对待你，为何不一走了之？"

"不，我不会离开。"管家答道，"我和他扯平了。每天早晨我都往他的咖啡里吐唾沫。"

如今，这样一杯咖啡各式各样的化身和衍生，出现在不同的人群和环境当中。这个例子最好地代表了我所指的"奴仆意识"。

既然学徒会里的自由完全基于自尊和平等，那么由奴仆意识生发的某种形式的报复或者背叛也就在所难免。虽然它出现在我们中间，但是它萌发的机会变得越来越少。

2. 自卑情结

自卑情结与奴仆意识相去不远，也许是它的某种衍生物。对于学徒会而言，它甚至比奴仆意识更难以诊断，更难以治愈，因此也更加危险。

它会让一个年轻人耻于替一位老者或者同辈捡起掉落的手杖，因为他生怕表现出奴性。恰恰是他对自己内心深处奴性的畏惧，造成了他的尴尬与无礼。这种畏惧使他看上去很卑贱。同样的情结将阻挡他成为一名真正的绅士和一个有气魄的男子。

在学徒会里，我们发现某些略带女性化的小伙子怀有自卑情结。然而，姑娘们也并非彻底免疫。她们当中相对应的表现，是试图摆脱被男性压制。

显然，只有自信的人才会忠实地追随某个理想、某位导师或者驾驭了理想的大师。真正的师徒关系的基础，是双方的沟通和相互的信任。

所以说自卑情结是对我们的一种威胁。

自卑情结意味着缺乏自信，因此它无法成为平等的伙伴之谊的基础。自卑者对导师的忠诚也难以赢得信任。

自卑者胸中始终充满疑虑。

犹大或许是疑虑者的另一种典型。他试图让导师耶稣免受他的伤害，因为他（犹大）眼中的耶稣犹如他眼中的自己。暗藏着自卑情结的师徒关系，往往产生危险的后果。

自卑情结最突出的表现，是毫无必要地极力表白，努力让它的主人相信他希望别人相信的东西：他并不比别人差。这恰恰是谦逊的反面。它过度地抗议，总是希求过多而担心得到太少。对学徒会而言，没有什么是比这更危险、更难以根除的了。一方面，它是青年们身上残留的脐带；另一方面，它是虚伪做作的贵族习气的必然后果。

斯派维博士（南佛罗里达学院的缔造者）曾经对我讲，那些靠勤工俭学完成学业的年轻人往往会心怀不满，最终不免惹出事端。他们非但不感激自己能够幸运地享有大学教育，反而怀疑与付正常学费的学生相比，他们被人另眼看待。于是，臆想之中遭受的歧视迟早会发酵成不满的情绪。

学徒会的实践验证了，一个小伙子或者姑娘加入这里之前的生活越是单纯，他或者她越是容易极度敏感，猜度自己是否受到歧视或者奴役。

自卑情结蕴含的某种东西，在更深层面侵蚀着学徒会。它试图设置人为的障碍，造成"均等"，而这种均等连提议者自身都难以服膺。类似的情形或许也适用于一件贴有"降价处理"标签的商品。对于廉价得来的东西，我们通常只会把它看得很轻贱。

3. 脐带

很少有孩子能够在长大成人后彻底割断他们的脐带，尤其是那些执迷不悟的人。它通常是上一代人的偏见形成的情感纽带。父母希望看到孩子长大，却又对孩子心智开悟的后果忐忑不安，于是有了这条"风筝线"。

自身保守的父亲，担心儿子成长为激进者。母亲像母鸡那样，本能地审视着她的幼仔。这条脐带拖在孩子身后或者缠在他脖子上，尽可能地阻挠孩子自由的精神和行动。对于母亲而言（有时候也包括父亲），孩子的柔情与恭顺意味着多愁善感。如果孩子向前走得太远或者太快，父母就会被这条脐带弄疼，连忙把孩子拉回来。

因此，这条"脐带"是学徒会的负担。然而想要割断它，总是带来悲剧性的后果。当一个学徒精神上的父母和他的骨肉父母观点对峙时，骨肉父母往往会感到紧张，担心他们的权威遭到威胁或者背弃，担心他们的孩子失去个性，正被引入歧途。显然，只要这条脐带仍旧缠绕着脖颈，一个年轻的头脑无论被引向何处，都会被视作"误入歧途"。

4. 自以为是

在学徒们当中，与为了逃离大学"教育"而中途辍学者相比，那些完成了四五年风光的大学教育的年轻人带给学徒会更多毫无价值的负担。这些"有学位"的年轻人，带着一种习惯性的思维和一套紧绷的神经来到塔里埃森。他们总是草率地发表评论，随时准备显露武断的智慧。他们熟谙前提和结论的游戏，提出的却始终是存货式的观点。对任何一个分门别类的课题，都只了解只言片语。课堂里的权威对青年们的危害实在是难以估量。这种危害造就了一批"专家"的雏形。

他们依赖一堆信息和资料生活,却永远没有真正学到任何东西。

这些年轻人依靠他人嚼饭而食,他们企图逃离羊群,却仍旧是放牧的对象。

所谓臆断,就是紧紧抱住想法而不顾事实。它能够轻松地让绝大多数人相信自己希望相信的东西。对于所接受的教育超出其领会能力的年轻人而言,假如具备足够的经验钻进去的话,他完全可以竖起一座"象牙塔",并且住在里面。在某些城市环境中,这种象牙塔的确长势不错。我曾经看到它们翘然而立,如同土豆在阴暗的地窖里发芽。依靠他人嚼饭而食只会导致畸形的早熟,最终让刚强的自我遭到阉割。"教育"所结的果实,同时也是"精心营造的误导"的牺牲品,注定会在藤蔓上枯萎。然而,这种缺陷偶尔也会成为学徒会的绊脚石。需要数月甚至数年,才能让被贻误的受害者变得虚心,承认他已经在下意识地模仿导师。任何东西都无法塞进你有意识握紧了的双拳。只有你主动将双手并拢张开,掌心向上,以真诚的谦逊显示自尊,给予者才不必担心自己的付出是一种浪费。

5. 永恒的女性化

女性永远是胜利者。

只要我们坚持男女学徒共同生活的原则,就难以解决或许也永远无法解决学徒会里女性化的问题。

女性永远是胜利者。这是她的文明和她的时代。如果任其选择,美国的女性会模仿雄健的男子来打扮自己,而她的儿子却表现出越来越多女性特征。母亲们的儿子和父亲们的女儿,长大之后越来越相像,并且在个性方面频繁地相互影响,这令人不免忧心。

学徒会正在逐步陷入女性化的漩涡。

女性能够轻而易举地把学徒会变成一间托儿所。

对于男女学徒共同生活的教育模式是否会产生理想的结果,我们并没有清晰的认识。然而可以明确的是,我们的学徒会不适合平庸的女性。假如平庸女性的身上能够少一些占有欲,那么已婚的伴侣应当不会妨碍学徒会的发展。然而,平庸的女性是一个天然需要填满的空杯。她对于丈夫的要求不仅是付出他自己,还要保证他们孩子的前程未来。平庸的女性,极少有足够的教养真诚地献身于理想。她的生理特征决定了她务实的态度。她所关心的是怎样得到一铲煤,好让她自己的小天地尽早暖和起来。只有在得到她的男性之后,她才愿意与人合作。即便如此,她也只是在伺机凭借男性的付出树立自己的地位。

平庸的女性,是造化给予人类的一份巧妙的馈赠。学徒会不能也不应当与她争辩,而是应当暂且避其锋芒。平庸的男子仍可以献身于理想,然而,他的灵感频繁地来源于他对女性的爱。只要她看到他听命于自己,一切就能保持安宁。她必须有自己的位置,而这个位置不在学徒会里。他必须专门为她创造一个位置。因此,我们面临两种选择:要么为了培养孩子起见,在学徒会添加独立的家庭生活(我们正在考虑此事),要么我们只接受具有相当的艺术和哲学素养的女性。她们是理想主义者,并不做出牺牲,而是让自己的女性气质更加浓烈。这种女性少之又少。我们希望学徒会中有这种成员,但是在错过之前如何能识别出她们呢?

6. 现钱取货

民主制度迫切地需要一种新的"成功"准绳。当前我们衡量成功的方法,是一种该受诅咒的恶行。民主制度不仅需要新的成功理想,并且刻不容缓,否则民主制度就会消亡。现钱取货的"成功"价值观,既不关心品质,也容不得任何卓越的才干。作为我们这个"系统"里成功的凭证,金钱想必是事物本性的一部分。这种唯利是图的成功,是绝大多数美国大学里宣讲的内容,也是它们存在的目的。不可避免地,美国的大学都接近于规模扩充了的职业学校,将青年们打造成齿轮,嵌入商业社会的大机器。我们这些没有受到此类操纵的人,发现许多年轻人必须加入现钱取货的体制,挣得薪水偿还为接受教育而欠下的债务,而他们却无法摆脱迷茫。不幸的是,经商和算计的本能埋伏在每一个角落。和其他所有商品一样,人性也被贴上了价格的标签。

我们的学徒会,不敢奢望彻底摆脱美国教育机构的涨价和打折。这种体制化的蠢行被我称作"现钱取货"。这种已经成为日常惯例的商业意识排挤了正常的思维,以至于只需比眼下的报酬多一星半点儿的诱惑,就能让任何人听凭你的调遣。

为青年们开辟出另一条道路何其艰难,而保持道路的畅通更是近于不可能。

我们的学徒会正是另一条道路。它不仅与人流如织的大路形成鲜明的对比,并且与周围的商业意识展开力量悬殊的竞争。无可回避的现实是我们必须单枪匹马地冲进人潮涌动的阵营。

最令我们感到困扰的，正是我们周围敌对的哲学。同样的道理，民主总是战争中最大的受害者。

如同战争需要征召每个人从军，一个"现钱取货"体制下的国家，需要每个人都甘做薪水的奴隶。以生产挟持消费的虚假经济繁荣决定了这一点。如你所见，"现钱取货"的三军统帅必然是银行家。专业化的商业宣传被赋予各种诱人的名头，在任何商业环境中，只要幌子屹立不倒，就足以将成败是非任意颠倒。对于生产的迷信以及不容你喘息的漫天鼓吹，是和平年代里令普通人心动的信仰。战争期间亦是如此。

从基于任何文化的视角来看，这种"系统"最危险的特征是仓促埋葬了"系统"所固有的自卑情结。

金钱能够实现这一点。

毫不奇怪，现钱取货的信徒们对学徒会投以怀疑的目光，对于我们的身份有五花八门的看法。"啊哈，你这里是某种艺术小团体呀！""你们搞的是一种艺术学生的乡村俱乐部吧。"在他们听来，"学徒会"类似于某种帮派。总而言之，"偏离众人之选的大路"不会有什么好的结果。"连机器都运不到那里。""还是尽可能走正道吧，小伙子。""想想看，众人走的路总是最好的。""我可没有耐心试新鲜玩意儿。""这是在侮辱我们的智力。""这一帮人究竟是些什么货色呀？""有什么前提条件吗？""难道我们还够不上他们的标准吗？算了吧，谁会在乎他们这帮人？"等等，等等。

假如现钱取货的思维模式（也就是被薪水奴役）渗透进学徒会，它很快就会与学徒会内部或者外部某种秘密的榨取意识搅在一起。它让人时刻忧心忡忡："我能从这里得到些什么呢？""能够得到回报吗？"

我对此的回应是："不必在乎我给予了什么，且看他们能从我这里靠努力争取到什么。"

利润机制的基本法则就在于此。一旦我们接纳了它就成了它的信徒，就会被它伤害。如果在出现伊始就被我们认清面目，它必然会被我们拒之门外。然而，它经常会混进门来，只有在压力之下方才现出原形。

我为"现钱取货"选择的箴言是："让我们不再纠缠，动手实干。"[1]

与金钱这种让世人相互隔绝的发明并行的，是另一项发明：时间。它是一名警察，但是

---

[1] 语出美国诗人朗费罗。

已经被金钱的黑帮笼络了。

7. 百老汇的教义

肆意贬损是它经营的生意，混淆杰作与糟粕是它的嗜好。

学徒会里总是有擅讲俏皮话儿的人。我们被他的笑话逗乐，反过来也把他当成笑话。他通常来自东部的大城市地区，但是也会来自堪萨斯、南达科他、加利福尼亚或者明尼苏达。

百老汇的教义基本上征服了整个国家，直到好莱坞出现在大陆的另一端，使得二者之间的国土完全被无聊乏味所填满。尤其事关肚皮问题的票房，更是庸俗不堪。我们这个时代特产的玩世不恭是一种聪明的污渍，它被百老汇教义的继承者本能地加以利用，玷污了每一个普通人的普通信仰。

任何信仰，尤其是人类天性当中硕果仅存的信仰，都是百老汇教义的行家们攻击的目标。这些行家喝着饱含自私意识的泉水长大，群居在城市里拥挤坚硬的人行道上，他们贪图享乐的心中自然而然地生出与"现钱取货"相匹配的自卑。

更为重要的是，百老汇的教义是自卑情结的安慰剂和防卫的前线。它的表演是出于本能的自卑者挥舞的旗帜和排遣的方式。

即便有移民法规的门槛，美国的文化熔炉里仍自然而然地滋生出这种副产品。卡莱尔对于民主的评价，也适用于百老汇的教义："这是一种疾病。让我们先沾染它，这样就可以彻底免疫，从此被最勇敢和最杰出的人物治理。"虽然人们逐渐成熟的行为最终会略微超越百老汇的卑俗，但是自我标榜为风趣幽默而实际只是插科打诨，已经过度排挤了我们生活中应有的滋味。百老汇以沃尔特·温切尔[1]取代了阳刚的威尔·罗杰斯[2]。

我们身边有太多的虚张声势和伪善。整个国家都在唯利是图的洪流中，痴人说梦一般吹嘘自己廉价的存货，希望借此换来良好的生意。

百老汇教义的继承者具有老鼠一样的机敏，这一点对于完成上述事业颇具价值。价值几何呢？

还有米老鼠，它很会逗乐。

---

[1] 沃尔特·温切尔（Walter Winchell，1897—1972），纽约著名的滑稽专栏作家和广播脱口秀主持人。
[2] 威尔·罗杰斯（William Rogers，1879—1935），美国著名牛仔及喜剧演员。

逗乐是必不可少的。虽然插科打诨激起的笑，不同于浸透生活滋味的幽默引发的笑，然而即便是廉价的笑，也值得我们为之经历苦难。百老汇的教义实现了这种功能，也的确让票房获益。它的票房是一种社会毒药，它的笑是一种廉价的笑，但笑毕竟是我们最好的药品和治疗。

或许，二者都有悖本意地发挥了很大的作用。

但是，对"形式"的探寻必须完全拒绝百老汇的教义。因为它不仅制造出廉价的笑，而且冰冷僵硬。它是无机的，因而不能繁衍生息。我们的未来将随着它，或者因为它而消失。

The Creative Conscience
富于创造力的良知

第二自我是一面扭曲的镜子（是凸面镜或者凹面镜，因人而异）。通过它，导师可以看到自己的倒影。有时候，自我是一种奉承的形式。但是更多的时候，它是一幅令人不快的漫画肖像，导师不得不为了某种或许存在的良好意愿而容忍它。

假如这个年轻人非常单纯，他几乎不会意识到陷入了第二自我的误区。而那些头脑比较成熟并且意识到自己状态的年轻人，会变得憎恶他崇拜的对象和他自己勾画出的偶像。不久，第二自我将本能地对他模仿的对象干扰掣肘。他的困境在于，当他自由发挥的时候，他崇拜的对象总是立在橱柜门后威胁他的自我意识。他想要逃走，并且尽快破坏他崇拜的对象。

门徒是第二自我的一种正统形式。耶稣有十二个门徒，他们与通常的门徒一样。然而，耶稣偶尔也会登上高山，暂时避开他的门徒。虽然我认为第二自我是具有存在意义的必需，但是只有当他对导师的模仿是一扇敞开的门或者窗，能够向外看到一个对他而言原本黑暗的自然的世界时，第二自我才能成为学徒会的财富。他对导师的忠诚，变成一扇门或者窗，让他从中看到导师所看到的东西，指点他前进的方向。随着时间的推移，导师发出的光亮将使他免于在黑暗中长达数年徒劳的摸索。在某些情况下，导师本人就是那扇门或者窗。

他的学徒经历是他迈向独立的阶梯。将第二自我的举动视为剽窃是不公平的，他没有偷任何东西。第二自我毫无保留地对导师付出自己。我发现，学徒会里最没有个性的成员恰恰最关注自己的个性，而个性最为突出者从不为自己的个性思虑。个性会自然而然地成长，既不会侵犯他人，也无须心存戒备。当然，几乎没有哪种个性能够穿透"现钱取货"的滤网而幸存。

在参与了导师灵感的具体表达之后，第二自我通常的行为只是强化导师的作品对他的影响，而从不会有意识地"复制"这一灵感最初的源泉。假如他是一名好的门徒，他身上将映射出导师的影子，这或许将伴随他一生。但是，绝大多数门徒都将未来以及师徒之谊视作一种负担。很快，导师就发现自己并没有成为门徒的启迪，而只是被他们所利用，为他们的反复无常充当盾牌。

我始终认为，进入导师的精神世界并忠诚地协助他的创作——正如我曾经历的那样，是任何初学者最大的荣幸。

教育无法给予青年人这样宝贵的财富。

尤松尼亚需要数千个，而不只是一个塔里埃森。

披露师徒之间任何有关导师作品影响的信件，都是对导师和学徒的羞辱，是令人不快的取笑。

在艺术和科学领域有所建树的人，应当用他们的经验不断推动生活中新的浪潮。那么，第二自我的学徒生涯应当持续多久呢？答案完全取决于富于创造力的良知。具备这种良知，学徒和导师就可以融洽相处。时间并非关键因素，使双方受益的学徒生涯可以持续五年、十年，或许毕生，一切因人而异。对于形式真诚的探寻可以借助于诚恳的第二自我。当形式化为现实，他将在那里守候。

富于创造力的良知蕴藏在艺术家的素养和男子气概之中。作为形式的创造者，它要求得到完整的真理，否则将一事无成。

能够像炖菜一样浸在自身的汤汁中煨煮一段时间，是何等了不起的机会。

Fellowship Assets
学徒会的财富

1. 健康的体魄与诚实的自我——二者和谐共生
2. 热爱真理与自然
3. 真诚与勇气
4. 实干的能力
5. 美感
6. 视劳动为理想；视理想为劳动
7. 丰富的想象力
8. 拥有信仰，勇于叛逆
9. 蔑视平庸（做作）的典雅
10. 合作的本能

在爱的启发下，学徒会的这些特征终将激发"创造力的良知"。

The First-Person Singular
第一人称单数

　　一个人身上唯一无法被他人剥夺的，就是他自己。一个人无法承受自私的代价，他给予别人越多他的自我，他能够给予的东西就越多；他给予别人越少，他能够给予的东西就越少。

　　正如我前面所言：我发现在这些年轻人当中，个性最为鲜明者正是最不会为个性而敏感计较者。过分关注自己的个性，无疑是缺乏值得关注的个性的明证。一个身心健康的人，不会整日考虑或者谈论他的身体状况，也不会动辄大谈他内心深处的思想。直到他能够分辨个性与特征二者之间的差别，他才有可能自如地应对这二者。令他忧心忡忡的只是他的特征而已。个性是一个人内在的品行，特征不过是他的习惯、外貌体态、走路的姿势以及讲话的腔调。嗜好仅仅是特征的体现。以上这些都与个性无关。深层的个性是一个人的灵魂。它或许是从一个人的头脑中无意识地涌现出来,通过与你对视的双眼传达出的东西。

在学徒会里,我们很少使用第一人称单数的语态,基本上会将它搁置一旁。但是每一个成员刚刚加入学徒会的时候,使用第一人称单数的积习都不可小觑。把以自我为中心的好奇心,错当成求知的渴望,却很少在奇特和美好之间划出界限,这是我们厌弃的恶习。第一人称单数总是与生俱来的。只有它丝毫没有意识到自己的存在,也没有被不时地连根拔起查看长势如何,它才能最健康地成长,生出最强壮的枝干,结出最丰硕的果实。

惠特曼说过,他最爱与动物为伴——你无须为它们的心灵担忧,它们也从不为自己的心灵而烦恼。

我喜欢在榆树下散步的爱默生,"大树低头看着他说:'为何这么燥热,我的人儿,为何?'"

是啊,为何?

Aldebaran
追随者[1]

最早来到塔里埃森的学徒当中,有一个身材高大的黑眼睛小伙子[2]。他父亲是埃文斯维尔当地一家报纸的主编。我从《名人录》知道他父亲凭一己之力把三K党赶出了印第安纳州。这个小伙子曾在麻省理工学院学习土木工程。他机敏出众,大度洒脱,满腔热忱地追随塔里埃森坚持的理想。很快,无论参与什么样的劳动,他都能担负起领头者的角色。

加入学徒会那一年他十九岁,当时我可爱的继女斯维特兰娜十六岁。没过多久,斯维特兰娜就喜欢坐着韦斯利开的卡车出去兜风。身边袒护他们的人有意不作声张,于是所有人都

---

[1] 原文为Aldebaran,即音译的阿拉伯语"追随者",本义指金牛座最亮的一颗星,因为它紧随昴星团之后升起而得名,中国古代称为"毕宿五"。
[2] 此指韦斯利·彼得斯(William Wesley Peters, 1912—1991),塔里埃森学徒的中坚之一,参与包括流水别墅、约翰逊制蜡公司、纽约古根海姆博物馆等项目。晚年充当塔里埃森的管理者直至去世。

察觉到了这株浪漫的萌芽,只有我和奥格瓦娜还蒙在鼓里。当我们觉醒过来,已经挡不住流言蜚语。太快了!他们两个都太年轻了!这株浪漫的萌芽仿佛是某种暗地里的背叛。袒护这一对儿的人们一起替他们抗争,但是没有效力。我们无法容忍这种背叛。过了一段时间,事件的主角和他们的支持者离开了塔里埃森,不知去向。我们曾经给予如此多关爱的两个孩子,居然如此忘恩负义和任性胡为。

在和他们失去联系的一两年里,我们异常思念他们。那段时间,斯维特兰娜在芝加哥学习音乐,韦斯利在埃文斯维尔做建筑师。他们正式结婚之后,两代人自然而然地和解了。我们非常高兴他们回来。或许那段分离对大家都是一件好事。他们两人无疑都因为暂时的离开而变得成熟,我猜我和奥格瓦娜也有所收获,变得更加理智。

不久,韦斯利的父亲去世了,留给他微薄的财产和他的母亲。塔里埃森有了一个女婿和一个坚定的追随者。

塔里埃森西面的河边,有一片风景如画的山丘。韦斯利看中了山丘上那个大约三百五十英亩的农场,我鼓励他买下那里。他似乎是一个懂得利用土地的年轻人,而我希望看到塔里埃森扩展成长,期待有朝一日它的支系能够拥有尽量多的土地,供我们一道尽情发挥。

韦斯利买下了那个农场,给它起名叫"阿德巴阳",意思是"追随者"。加上这块地,塔里埃森总共拥有将近一千英亩土地和三英里长的河岸。他取的这个名字表露了他的理想。他具有高远的志向和出众的个性,从不会为志向和个性而忧心。他幸福和自豪地守卫着塔里埃森,为它贡献自己的力量。塔里埃森珍视他也信赖他,正如他信赖塔里埃森那样。韦斯利在附近的山坡上建起一座房子献给他的妻子。他们有了一个儿子,取名布兰多克,一个让男孩子成长为英雄的名字。

塔里埃森有了一双儿女和一个小外孙。塔里埃森还有许多忠诚干练的儿子,他们都是学徒会的财富。然而,韦斯利的激情和忠诚令他们难以企及。我和奥格瓦娜曾将他逐出门外,粗暴地认为他偷走了我们的女儿。斯维特兰娜如今也在发挥所长。威斯康星土地上的"阿德巴阳",是塔里埃森第一次真正的扩大。韦斯利成了学徒们的领袖,活泼可爱的斯维特兰娜为培养塔里埃森的音乐环境起着重要的作用。她天生具有音乐的灵性。韦斯利对农活儿有浓厚的兴趣,我甚至难以在建筑方面再给他灌输些什么。我认为,他们堪称塔里埃森的典范。

已经在塔里埃森度过十个年头的韦斯利,如今是我的左膀右臂。他最好地证明了,塔里埃森能为一个年轻学徒做些什么（妻子算是他的额外收获），一个年轻学徒能为塔里埃森做些什么。

The Story of Hibbard the Johnson Who Did Much for the Old Home Town-Wax Officiating
造福家乡的希巴德——约翰逊制蜡公司大楼的故事

希巴德（大家都叫他"希勃"）是一个很有魅力的年轻人，他继承了自祖父起家传三代的制蜡生意。希勃的父亲具有异乎寻常的"直觉"，这一点在拉辛当地远近闻名。希勃不仅继承了祖上的产业，也继承了祖传的"直觉"。今天闻名于世的制蜡公司办公大楼，就是拜赐于希勃本能的"直觉"。草原上他那座体态舒展的住宅，我会在下文详说。

希勃的本能，使他成为唯一给这座工业重镇带来真正文化的人。威斯康星州的密歇根湖畔，这个庞大笨拙的工业中心不断涌现出富翁，但是他们只能到外乡寻求乐趣与文化的熏陶。除了祖传的财富，希勃还拥有一位名叫杰克·拉姆塞的助手，一个天生的管理者。在我看来，从未有过一个工厂主幸运地遇到比杰克更称职的管理者。杰克和希勃都厌倦了威斯康星大学批量生产的教育产品，不愿再吞咽标准化的博学多才。希勃的妻弟杰克·路易斯，在芝加哥经营一家颇为红火的广告公司，负责约翰逊制蜡公司的广播广告宣传。"约翰逊制蜡公司"的广告陪伴了《菲波·麦克基与莫莉》[1]剧集很长一段时间，并且最终让公司和节目双双收益。

直觉让事业兴旺的希勃意识到，他应当为众多或老或少的职员的生活中，注入某种有价值的东西。于是，寻常智慧能够为这一目标提供的功能和美的极致，以及约翰逊家的金钱可以买来的最优良的品质，都不足以令希勃满意。

当塔里埃森的前途黯淡之时，希勃和杰克·拉姆塞来到这里，商讨他们的新办公大楼。他们两人如同骑着白马的信使，吹响了欢快的号声。杰克·路易斯对此并未反对，但是心存疑虑：建筑毕竟不是广播节目。在他们来访之前不久，几位芝加哥的艺术家曾经造访塔里埃森——我猜是在比尔·基特里奇的鼓动之下。来访者中有一个叫威利斯·琼斯的广告设计

---

〔1〕《菲波·麦克基与莫莉》（*Fibber McGee and Molly*），美国著名的广播系列喜剧，1935—1959 年播出。

师，当时正受雇于杰克·路易斯的广告公司。那次造访之后，琼斯主动向约翰逊推荐我。另一位才华横溢的年轻建筑师霍华德·拉夫泰瑞，也为塔里埃森有机会获得这个项目竭尽全力。他们努力的结果，是一九三六年七月的某日，希勃和杰克·拉姆塞正式到访。我们相见甚欢。第二天，我收到希勃附有一千美元设计费定金的信，表达他对这次会面的满意之情。

塔里埃森屋檐下筑巢的鸟儿开始歌唱，山丘上的枯草开始返青，园中的蜀葵花又一次盛放。果园里枝头的苹果预示着一次丰收，四周山野的景色似乎全都添了色彩。伊奥万娜欢快地纵马驰过山谷。奥格瓦娜和我肩上都添了担子，但是我们露出由衷的微笑。接下来将是容不得喘息的繁重工作，塔里埃森为了新的机遇而摩拳擦掌。

为了这座大楼，我完成了自己力所能及的最精彩的设计草图。在那次决定性会面的归途中，某位本地建筑师所做的像一座时髦火葬场的设计方案，已经被希勃抛弃，他把这项众人觊觎的项目，委托给了琼斯和拉夫泰瑞极力推荐的建筑师，一个已经被排斥于建筑潮流之外七年的建筑师。在上文描述过的漫长的艰难困窘之后，这个几乎已经"出局"的建筑师重又踏上了事业之路。今天，我满怀欣慰地回顾一九三六年七月二十日发生在塔里埃森的那次谈话，仍旧为与那两位登门造访者结为朋友而感到高兴。

创造的能力郁积已久，此刻得以在设计中痛快淋漓地宣泄。一个个构思跃然纸上，又被丢在一旁越积越高以备仔细地比选。我立刻就决定了我想要的方案。它的概念雏形是我几年前为俄勒冈州塞勒姆一家报社大楼所做的设计。这个没有机会实施的方案，异乎寻常地简洁。

理想中的简洁，意味着这座建筑的诞生必然是一个艰难的过程。相当长一段时间里，我感觉自己像一个将为人母的孕妇。

让人头疼的阻力来自四面八方。拉辛当地的"工会"势力很强大，威斯康星州的建筑规范尤为刻板。除了克服重力的法则，还要克服人们接受创新事物的滞后。但是，丝毫没有文化的迟滞！希勃和杰克自始至终都冲在前列。"他们"说我是一个难以相处的人——也就是说非常难以相处的人。但是，我对这两个年轻人从未有过分之举，尽管随着这座充满了创新的建筑日渐成形，不可避免的事开始发生，他们终于有一点儿火气上升。

建筑的内容在最初筹划的基础上逐步扩充。新增加了一个巨大的架空停车场、一个供职员们娱乐的半圆形小剧场，还有壁球场和停车库……不断涌现，希望获得批准。最初的造价估算不过区区二十五万美元。在开工之前，造价跃升到三十五万美元。随着工程推进，这个数字节节攀升到了将近八十五万美元。然而，与任何已建成的一流办公大楼相比，我们仍有更多宝物要展示。整座建筑将完全符合防火要求，配备空调和地板采暖，包括由建筑师本人设计的内饰和家具，每立方英尺的平均造价为八十七美分。注意，虽然建筑不是广播节目，但是我们目前所做的努力是为了一个轰动世界的时刻。希勃凭着"直觉"意识到了这些，他耐心等待，只有一两次向他的建筑师亮出刀子碰碰运气而已。

但是绝不会从背后挥刀。

杰克偶尔以管理者的身份指手画脚。为什么不呢？这座建筑异乎寻常的简洁免不了招致一些指手画脚。

为了贯彻异乎寻常的简洁，让它按照已经在我脑海中建成的模样建成，两年多时间里，无论天气如何，我乘小汽车一百三十多次往返于塔里埃森和一百六十五英里之外的拉辛之间，自始至终监督施工的过程，除了其间由于肺炎而中断。实现这种简洁所需要的，是比无限的耐心还要多的耐心与细致。或许只有我们的建造商本·威茨查克充分领会这意味着什么。本绝不是受生意驱使的普通承包商。他在宾夕法尼亚大学接受过建筑师的教育。当他发现自己的设计能力与梦想之间存在差距，他决定转而帮助别人实现梦想。他是一个真正的"行家"，在拉辛承接过许多项目，都保持着与业主平等的地位而不是唯唯诺诺。更关键的是，作为一个谨慎的建造者，他很清楚让建筑师监督施工全程的重要性。在依据设计方案完成的细部设计再进一步深化之前，本从不轻举妄动。据我所知，建造者总要毁掉建筑师，而这次也许是唯一的例外。每个时刻、每个角落，你都能看到真正的合作与相互信任。离开这种条件，任何像这样完整纯净地体现一个构思的现代建筑都不可能实现。这样一种简洁，绝不会出现在任何一家商店的存货里。

整个外面的世界都翘首企盼，渴望一睹它内部的天地。当它落成之际，报纸的报道铺天盖地而来。

领略了这座建筑的每一个人都争相描述自己的感受。《生活》画刊一九三八年五月号的核心文章写到："就像一位在溪流中裸泳的女子，光彩照人，一举一动都洋溢着流畅的音乐感。一座办公楼的室内空间好像裸泳的女子？千真万确。"

比尔·康诺利是负责约翰逊制蜡公司广告宣传的干将。他做了一项估算，即便花费两百万美元，也未必能换来如此众多的报纸头版以及权威杂志的垂青，而这座建筑凭一己之力做到了这些。

在这里拍摄了电影短片，广播报道也随之而来。来自世界各国的参观者源源不绝，直到今天。

原因何在？因为空气中人人共同呼吸的某种东西。现在正是时候给嗷嗷待哺的美国大众呈献某种真正的"流线型"作品，自信且纯净的作品。它像猎犬的獠牙一般闪亮，任何人都能从中感受到"现代"的魅力。许多人喜欢这座建筑，因为它不是"现代主义"，而像是他们先前见过的所有"流线型"东西的鼻祖。事实上，"流线型"这种说法是第一次被应用于建筑。

弹无虚发地击中靶心的确略显困难，因此我们预计会出现某些无碍大局的麻烦。实际出现的麻烦绝大多数都在我们意料之中，虽然仍令人困扰，但是最终都依照我们的设计逐一得到补救。没有出现任何麻烦严重到减损整座建筑的完整性。自始至终，无论广度还是深度，无论设计还是施工，它都是一次"试验"，为了约翰逊制蜡公司的利益所做的一次试验。仅仅是"试验性"和一次名副其实的试验，二者截然不同。前者不过是一种新奇的感受，后者是建立在经验的基础上，理性地寻求更好的解决之道。

威斯康星州工业委员会曾经令我们颇为恼火。他们对设计方案既不认可也不否定。基于我和其他州工业委员打交道的经验（比如密苏里州），瑞伯茨先生治下的这个委员会已经算是相当通情达理、体贴周到。我相信，部分原因在于希勃和我在会议室里并肩战斗。他直截了当地告诉委员会，这就是他想要的建筑，他做好了充分的准备，对这个方案支持到底。最终的结果是，假如我们同意在建设过程中遵从委员会的要求进行试验，那么就可以获得建造准许。我们的确完成了数次重要的试验，以令人惊诧同时也令人信服的试验结果，为钢筋混凝土结构设计树立了全新的案例。此后，工业委员会没有提出新的反对。

一九一四年，当我向东京建筑委员会申请批准帝国饭店的抗震结构方案，日本官员们的表现与此相仿，既不认可也不否定，因为他们从未见过这样的设计。但是他们做出了决定："你大胆干吧，我们会随时留意，希望你这位世界级的建筑师会不同凡响（双方互相鞠躬致意）。我们会密切关注。请吧。"我们继续推进，他们非常仔细地保持关注。

从未有过任何批准，在帝国饭店实施抗震结构。所有的一切都是一次庞大的试验，由我这位皇室聘请的建筑师为了日本的利益所做的试验。我的同胞们既不理解也不甚认可它的成功，或许是出于嫉妒吧。然而，日本人对试验的结果非常满意。

毕竟，那是他们的事。

除了附带条件的许可，从未有过额外的批准以建造独一无二的约翰逊制蜡公司大楼；从未有过任何批准，在加利福尼亚建造我首创的混凝土砌块住宅；从未有过任何批准，用木板和砖的混合墙体建造日后遍及十七个州的尤松尼亚住宅。让我们回到借助于希勃的"直觉"，为他的家乡拉辛带来启迪和惊喜的建筑。

这座蕴含着有机建筑精神的杰作，将激发人们在其中工作的灵感，正如大教堂激起人们宗教崇拜的热情。它的意图在于以社会和建筑的语言阐释最先进的现代办公理念。

整座建筑的平面布局，依照纵横两个方向模数皆为二十英尺的方格网。竖向的模数三英寸半，是一种大于常规尺寸的特制红砖的高度。玻璃没有被当成砖那样一块块地使用。砖就是砖。为了体现浑然一体，在合理的条件下，尽可能地将外立面使用的材料用于室内。

结构的主要特征是呈矩阵排布的修长的蘑菇状柱子。这些中空的混凝土柱由上至下逐渐收细，落脚处是楼板上小巧的黄铜基座。

轻巧和灵动充溢着整个结构。在外墙与屋顶的交角处，嵌有沿墙体通长的玻璃管。混凝土中敷设的钢材，绝大多数都是焊接在一起的冷拉钢筋网。

这座钢筋混凝土建筑屹立于此，足以抵御地震和火灾，隔绝噪音和虫害，险些可以隔绝愚人的滋扰。真遗憾啊，简洁的美永远无法隔绝愚人的鄙陋，也从不是为愚人们而建。

通过自然地利用钢材柔韧抗拉的特性，这座建筑似乎被托举到明亮的半空。在具有可塑性的结构整体当中，轻巧得"不可思议"的蘑菇柱是一个个具可塑性的单元，强调空间而不是兀立于空间中的承重构件。

主要的职员办公空间，是二百二十八英尺见方的开敞大厅。大厅配备中央空调，自然光的来源除了玻璃天顶、外墙与屋顶交角处的玻璃管，还有砖墙上的缝隙。主要楼层完全采用地板供暖。

建筑周边的环境乏味无趣，地块的三面都是普普通通的街道。于是，我们为现代社会不

约翰逊制蜡公司的室内空间

可或缺的汽车设计了一种新鲜的待客之道。驾车来访者将穿过有顶盖遮蔽的舒适的停车场，到达设在建筑核心位置的主要入口。

建筑主体退后，与三面的街道都保持一定距离。沿墙角周边的带状绿植，把砖墙和人行道分开，让乏味的周边环境变得活跃。汽车库的屋顶铺砌地砖，用作员工的活动场地。

有二百五十个座位的半圆形剧场设在夹层内的，安装了完备的电声系统，供日间演讲报告或者演出娱乐之用。一条封闭的玻璃顶天桥，联系起顶楼的高级职员办公室和车库顶上铺有木地板的壁球场。希勃·约翰逊的总裁办公室、他的速记员办公室以及一间专用的化学试验室，设在顶楼最高处。由杰克·拉姆塞统领的管理人员办公室也同在顶层。

开敞的办公大厅里，几百名职员沐浴着玻璃屋顶投下的天光。为他们专门设计的座椅和办公桌连为一体。坐在夹层环廊上的各个部门管理者，与下面大厅里的员工之间有直接的视线联系。在大厅里方便的位置设有铁质的螺旋楼梯通往夹层。

开敞办公大厅里为数很少的分隔，是低矮的玻璃隔断。整个空间里令人振奋的流动感，体现在各个方面，包括最细枝末节处。

主要的卫生间方便地设在职员办公楼层的下方，每隔一段距离有铁质的小螺旋楼梯作为便捷的联系。

整个施工由我本人以成本附加利润的模式承揽，由本·威茨查克具体管理，学徒会方面的现场监督主要由韦斯利·彼得斯和埃德加·塔法尔担任。

详细描述这座建筑的各种创新之处，甚至只是列出清单，也需要诸位和我本人都难以承受的时间和耐心。不妨这样总结，在整个建筑艺术的科学领域，它堪称举世最为成功的作品之一。我喜欢它，他们也喜欢它。

作为一九〇六年落成的拉金公司办公大楼的女儿，约翰逊制蜡公司大楼于一九三八年诞生在美国闭塞小城的土地上。这座伟大的现代建筑的内部空间、陈设和附带的植被绿化，都完整而严格地依照最初的设计实施。整个建筑散发着女性妩媚的气质，它的父亲是阳刚的拉金公司办公大楼。

这个血统纯正的女儿风姿绰约地立在那里。然而，能够多大程度地领略和谐的整体却取决于你内在的禀赋。

无论你对于建筑固有的规律掌握得如何齐备，只有心智成熟的人才能从各个方面领略这座建筑，也就是说，完整地理解它。绝大多数人足够仔细地看过之后，都会感到欣喜有加或者羡慕不已，但是也不乏有人会气急败坏。

除此以外，不会再有其他反应。

希勃的直觉不仅在广告效应方面得到验证，而且开始提升工作的效率和士气。投入使用的第一年里，效率和士气增长了十分之一至三分之一。包括杰克·拉姆塞（他有一个温馨的新家）在内的高级职员，和普通职员一样喜爱这个工作场所，甚至于不愿回家。希勃想必也抱有同感。我的肺炎刚刚痊愈，一座与新办公大楼相匹配的新住宅的构想已经在他胸中酝酿。有一天，他带我去看密歇根湖畔草原上的一块地。用地范围内有一片池塘，多年来一直作为野禽栖息的保留地。几天后，在散步的时候我们谈起在那里为他新建一座住宅。我向他解释了住宅空间分区的想法，希勃给了我一张他自己画的铅笔草图，与你今天在草原上看到的这座住宅的格局大致相仿。

在我一次严重的发烧之前不久,希勃在塔里埃森与我们共进晚餐。饭后,我手忙脚乱地更换唱片,给他演示一套维克托利亚牌的唱机。"伙计,你这不是白白耗费原本可以休息的宝贵时间吗?"希勃说。

没过几天,凯普哈特牌电唱机的经销商主动登门,丈量房间尺寸,依照希勃的安排为我安装一套自动更换唱片的设备。这是一套我所见过的最完备的音响设备,连希勃自己家里的都相形逊色。看到了吗?某些时候,他的"直觉"就是这样。

我尊重他人的直觉,前提是它们能够和我的直觉呼应。希勃亲自用三角板和丁字尺绘制的草图,符合这样的要求。不久,为希勃年轻的新娘建造的新家完成了设计,开始施工。他曾在我耳边含混地嘟囔过几句类似"成本"之类的话,但是我很清楚他并非要我对此过于关注,那总归是应当由他来打理的事。于是,我依据适合约翰逊家产业继承人的规模来设计这座住宅。在此之前的生活给予了他想要的几乎一切。如今,我认为他应当得到某些比他见过的一切都更精美的东西。

除了这样一座住宅,还有什么他能够用金钱和时间换来的东西,会带来如此多的回报?它将不仅成为他有生之年稳固的"资本",还将作为真正的资本伴随他的孩子们和孙辈,带给他们快乐与独特的生活,成为卓越品质的见证。还有什么利用"资本"的方式比这更好呢?关于这一点,日后存在某些争议和情绪,但是都无足轻重。因为,毕竟希勃做出了正确的选择。

他的上一次婚姻留下一双可爱的儿女,刚刚与他订婚的新娘也有两个儿子。因此,属于四个孩子的空间构成了住宅布局的一翼。从野葡萄藤蔓覆盖着的高大的中央客厅,伸出四只彼此独立的翼。其中一翼挑在空中的夹层是希勃夫妇的卧室,带有通长的阳台朝向密歇根湖。坐落在地面上的一翼是四个孩子的卧室。地面上另有一翼是家务和仆人用房,一翼是客人卧室和汽车库。

依照它伸展翅膀的模样,我们给这座住宅起名叫"展翅"。一块铸有抽象的浮雕翅膀图案的铜牌嵌在门口的石板上,作为这一名字的标示。

"展翅"住宅

这座住宅具有"草原住宅"通常的建筑特征,这些特征已经被证实适宜大湖沿岸气候下的住宅。广为人知的特征之一是砖砌的外墙。其他特征包括宽大的柏木板上铺瓦的屋顶、混凝土楼板,以及四英尺见方的混凝土块作为地板采暖的面材(与制蜡公司办公大楼一样)。

"展翅"——希巴德·约翰逊在拉辛近郊独特的草原住宅,成为继一九〇九年建成的库恩利住宅之后又一次对空间分区的试验。起居室、餐厅、厨房、主人卧室与客人卧室,划分为由走廊联系在一起的独立单元区域。

它的朝向保证阳光可以照进每一个房间。建筑平面充分地表现出"分区住宅"的逻辑理念。(这种住宅的最初设计,于一九三四年十二月发表在《塔里埃森专辑》中。)

四个分区形成的十字交叉点是高大宽敞的客厅。一个四面嵌有五个壁炉的砖砌烟囱在客厅中央高高耸起,把客厅划分出四个不同的功能空间:入口、客厅、图书室和餐厅。从这个气度不凡的核心,舒展地伸出四个翅膀,安详地与周边的草原景观融为一体,并且使得草原因建筑而变得愈发美丽。

绿色植物在此也有一席之地。野葡萄藤从舒展的廊架上垂下,窗外的花园里鲜花盛放。

苍翠的常绿乔木簇拥着建筑两侧。入口庭院正中低缓的土坡上，有一株高高的大树和平行于草原展开的建筑相互映衬。野禽栖息的池塘，从住宅露台下蜿蜒地伸向不远处的密歇根湖，形成迷人的前景。

虽然与库恩利住宅有相似之处，但这座住宅更加硬朗和阳刚，形式和构造方面的处理更加直接，材料更为耐久，施工也更为精细。建筑基础是由深埋的石床地基承托着的卡索塔砂岩。这座住宅具有我所见过最好的砌砖手艺，每一处用材和施工都坚实可靠，木工和家具的做工尤其精湛。

希勃擦了一下他的"神灯"，并且拿出一点点"资本"，促成了又一座草原住宅在一九三八年诞生，加入它在二十世纪第一个十年里的前辈们。

年轻的新娘从未踏入她完工之后的家。我和一位老工匠都注意到，有一只白鸽时常飞来落在仍在施工的住宅瞭望台上。忽然有一天，老工匠告诉我，白鸽不再出现了。他摇着头说："这可不是好兆头，女主人看不到这房子建成了。"此时，施工已经完成大约四分之三。不久，果然传来她去世的噩耗。

希勃对这座房子的热情一落千丈。虽然施工已过大半，然而劝说他重新打起精神建成这座住宅，仍然费了一番努力。此刻，我已经不仅仅是他的建筑师，也是朋友。我竭尽全力让他理解如果妻子健在的话，一定会很喜欢住在这里。我坚信，他早逝的妻子会希望建成这座他们一道欣喜地看着它动工的新家。希勃比以往任何时刻都更需要一处庇护，让正在成长中的孩子们有一个这样的家。即便不为他自己，也不为他的妻子，他也有责任为了家乡拉辛，不让这个原本可以成为对逝去爱人承诺的高贵建筑，沦为一座绝望的空壳。经过一段时日，我猜测他终于认同了我的劝说，因为我们中断了的施工又开始继续。最终完成的每一处细节都是按照为他们夫妇和四个孩子所做的设计。看到它建成，希勃似乎如释重负。他们夫妇曾经和我一同筹划而他自己也曾经对它满怀憧憬。这座仍算不上家的住宅，证实了我们从最初一刻就融入其中的希望。它不愧为精神的结晶。

不知为何，我想它必将是我的"最后一座草原住宅"。

假如你有机会看到它，请注意这样一个事实：这座住宅给它所在的环境注入了非凡的活力。在它建成之前，这片土地并无动人之处。但是，当你在室内通过建筑的景框欣赏周围的环境，仿佛魔术一般，你目光所及的每一处都变成了优美的景色。这片土地获得了生命。

希勃意识到了这一点。他感到，与他所能做的其他一切相比，这座新家的确更加深切地表达了他对亡妻的感情。很快，他逐渐从消沉中醒来，开始真正地生活在这座房子里。我相信，它比其他任何东西都更能让希勃走出低迷，虽然他或许不愿这样承认。

Heresy
异端邪说

一项试验，通常被认作一种异端邪说。

从我记得自己尝试建筑创作的第一天起，由我监督的试验就从未间断过。总是有某种试验正在进行，或者即将进行，或者刚刚结束但其结果又催生另一项试验。我想，最重要的一项试验就是地震对帝国饭店的考验。为了迎接最后的考验，我们进行了一系列试验：生铁桩钻孔的基础试验、楼板试验、悬挑试验、混凝土梁试验，还有像伸出的胳膊一样从楼板挑出的楼梯梯段的试验，更不用说上下水管道的试验和照明线路试验。一个接一个的试验让我们实现了最终目标：帝国饭店结构的柔韧性和稳定性。

无论建筑规模大小，几乎每一个我的建成作品都经历了某一项或者一系列试验。地板采暖试验、独特的墙体构造试验、新颖的窗子细部试验。壁炉的构造需要试验，用到新材料的屋顶也需要试验。试验复试验，经常是进行某一项试验之前需要先做另一项试验，或者这一个试验导致下一个试验。四十五年来的建筑实践，就像不断出现在这个建筑师生活中的试验。

当自然界把一种形式付之于实践，或者创造一种新的物种，总是会在这件作品旁边安插它天生的敌人，从无例外。自然界需要维护平衡，她无时无刻不在万物之间调配平衡。因此，我们进行的每一项试验，都是在努力发现自然界或者她的作品当中固有的平衡。这种凡人无从定量测准的平衡就像上帝一样，而你无法依靠梯子接近上帝。建筑"规范"就是这样的梯子，一种很短且快要散架的梯子。但是通过轻巧坚韧的结构，让体量和重量贴近大地，并且遵循某些限定的规律，我们毕竟可以看清天机所蕴含的些许道理。所以，有了试验。

如果一个建筑师能够比艺术家和科学家更有力地把握有机的"形式",他的实践将会更贴近自然界的某种秘密。虽然归根到底,最终我们所有人都处于同样的位置——对于计算或者比计算更可靠的灵感进行试验。试验一个灵感?建筑方面的专家一定会大呼荒唐。

然而,"荒唐"正是我人生独特的色彩。

一个建筑师,要么站在胜利一边把握住自然的法则,要么站在失败一边,听凭僵化的数据、成见和"规范"的统治。

绝大多数书本上的数据资料,都是限于具体时间、具体条件的试验结果。无论数据具有怎样的价值,都只在某一段时间内有效。而这一时间段的长短取决于人的头脑灵活的程度,也取决于定律如何在既定数据的基础上发挥灵活性。

灵活,是一个头脑或者一项数据得以生存的唯一机会。

相信赫拉克利特吧。

规范条文是一个矮子思维的边界。他矮得看不到经验,矮得丧失想象力,丧失勇气,也丧失常识。

应当制定一部联邦法规,强迫那些"受权威垂青"的官僚每隔五年就把规范扔出窗外,制定新的规范。与此同时,鉴于上诉法庭是一种优于规范管理机构的智力手段,应当举行投票公决(正如已经在英国实施的那样)。公决有资格听取新的建议,批准可行的结构试验,以便将适用于未来五年的资料记录在案。

无论有多么顾长的双腿,每一个官僚都注定是个矮子。他的头脑是为他的部门而定制的。他的角色不过是某位"权威"的触角。权威的认可是他能够拥有的一切,所以他对权威顶礼膜拜,倾尽全力守护他仅有的那么一丁点儿财产。

正义、真理和进步——这些与他何干。

不,这些是他的敌人。这些人性的要义一丝一缕的闪光,都令他感到不安。

传统与成规,这些才是他力量的源泉。一切有悖惯例的波动都令他厌烦。他就是射向理想之舟的霰弹中的一粒铁砂,而他对此已经诚惶诚恐。"在下面安分守己"是他的最高目标。所以,永远不要向一个部门或者一个官僚申请进行试验。他们不过是在别的乌鸦费尽口舌劝说之后,才相信自己果然能唱歌的那只乌鸦。

"不，不，这行不通。我不喜欢这样。算了吧，你是在浪费时间，总之我不会赞成的，即便它真的很成功。"

民主的致命缺陷既不是党派纷争、政治诡诈，也不是民众抗命，而恰恰是官僚。他像麻木的羊群一般对于权威言听计从，喝下官场的虚荣酿成的陈酒。当官僚在权威的羽翼下得到荫护时，正是民主制度最虚弱的时刻。这正是为什么民主意味着加在某一重权威之上的权威，头顶上还有一重重的权威。但是，上帝啊，我们还要忍受多久？

威斯康星州的建筑委员会是一个至高无上的机构。它执行的是一部文物式的规范。偶尔，它也会应那些遵守规范、从不搞试验添乱的建筑师的呼声，对这部规范做一些修订，并且以此保护机构自身。

在约翰逊制蜡公司大楼的故事里，我提到了一次董事会议，席间希勃和我请委员会允许我们在试验的基础上将工程推进。接下来我将讲述其中一项试验，并非因为它比别的十几项试验更重要，而只是因为它刚刚发生不久。

规范允许直径九英寸的混凝土圆柱的最大高度是六英尺。任你如何设计和施工都不能突破这个极限，混凝土就是混凝土，难道不是吗？[1]

依照规范的荷载限值两千五百磅计算，高度二十四英尺的蘑菇状柱子根部直径将是三英尺。对于间距同样是二十四英尺的柱子而言，这样粗笨的尺寸简直荒唐之极。即便柱子之间还能够容员工坐下，视线通透也将无从谈起。于是，有了那一次董事会议上希勃和我的据理力争。

我所设计的蘑菇状柱子，采用混凝土内埋设冷拉钢筋网。钢筋网像一层均匀的圆筒，承重能力远远胜过常规形式绑扎的钢筋，而后者正是赖以制定规范的依据。加之在浇筑混凝土时充分振捣，很容易把规范的荷载限值两千五百磅[2]提高到至少一万两千磅。

我们宣布进行现场试验，并且是公开试验，委员会对此没有异议。造价不菲的钢模板在宣布试验之前已经就绪（我们早就胸有成竹）。在一块开阔地上立起一根蘑菇状柱子的样本，用木质的斜撑保持稳定，然后开始把填满石子和水泥的袋子堆在柱顶的圆盘上。到场监督的

---

[1] 原文为法语 "n'est-ce pas？"。
[2] 美制重量单位 1000 磅为一吨，略小于公制半吨。

赖特在蘑菇柱的结构试验现场

不仅有建筑委员会的成员,还有本城和远近各处的报社记者。天气渐凉,我肩头搭着羊毛披肩,在几个学徒的陪同下坐着观看。其间,我和希勃一起绕着柱体,查看会在哪里最先出现裂痕。吊车忙个不停,吊臂摆过来抛下沙袋,再摆回去。直到日已偏西,我们仍在等待柱体垮掉。荷载早已超出委员会的要求而近于翻倍,但是柱顶仍然在不断地增加荷载。

当时的场面甚为壮观。警察在试验场地周边和围观的人群之间拉起了绳索。人们从四处赶来,争相目睹这个身材苗条、笔直挺立着的英雄。这根才浇筑好八天的混凝土柱,优雅地垫着脚尖,"脚尖"落地处的直径只有九英寸。

荷载已经达到六十吨,远远超过监督委员要求的十二吨。在柱子顶部与扩大的柱帽衔接的位置,开始出现细微的裂缝。看到再加上去的沙袋只会滑落下来,我指示折断柱子。虽然

508

不难预料，但是我希望验证一下什么位置最脆弱。水平的推力让柱子向侧面倾倒，巨大的荷载瘫落在地，在周围的街道上都能感觉到地面颤动。倒在地上的柱身依然没有断裂，只是蘑菇柱的平顶碎掉了。委员一声不吭地消失了。

沉默意味着放行。

我们采用了这个在一万两千磅荷载下屈服的方案。一万两千这个数字让规范满意了。是的，沉默意味着放行。我们继续推进。

此外还有几项试验。值得一提的是，金属网围成的圆形电梯轿厢又受到质疑。会不会有人从外面摸到轿厢里的按键呢？我们全都没法完成这个动作。但是从管理部门来了一个聪明人，在对电梯锁进行了大量钻研之后，终于用了一种所有外行人都想不到的诀窍，成功地从轿厢外面启动了电梯。我们只得采用一种类似玻璃的透明材料将轿厢围住。

这就是专家和他的《圣经》——那本古老的规范。

毋庸置疑，规范作为对偷工减料者的约束，的确挽救了许多生命。然而，它没能挽救麦迪逊的州议会大厦。尽管设计合乎规范，但施工监管的严重疏漏依然造成了恶果，让我第一次知道了什么叫作坍塌。在第一卷里，你们曾看到我扶着铁栅栏目睹了那一场灾难。

The Church of the Future
未来的教堂

下面这个发生在密苏里州堪萨斯城的故事，献给老牧师布瑞斯·詹金斯博士和他年轻的左膀右臂乔·克利夫兰。他们热诚地希望给未来添砖加瓦……却被两位能干的本地律师和两位专家齐心协力缚住了手脚。那两位恪守昨天的专家组成了一个狂热的（至少是心存嫉妒）的建筑委员会，其中一人是"基础方面的专家"，而另一位"前建筑师"是他的下属。

建筑委员会的律师们，对未来这种事从来没有任何兴趣。虽然实施建筑的每个步骤都必须像在天堂里一样严格地合乎法律，这座未来的教堂仍然如詹金斯博士所期望的不失其价值。

教堂的设计在仓促之中完成，因为所有人都迫不及待地想看到它启动。需要的资金还没有到位，但是包括律师们在内的所有人都认为，工程开始后会更容易筹到资金。因此，我们仓促启动，试图吸引到必要的资金。教堂包括至少一千个座位的布道大厅、主日学校用房、一个独立的小礼拜堂、教堂职员的办公室、厨房和一两个俱乐部用的房间。建筑方案必须异乎寻常地简单。依照常见的设计和建造模式，这些内容将花费大约五十万美元。我们只有十五万美元，却要为上千位信众提供舒适的室内环境。所以，设计方案必须不可思议地简单并且节省。容我自夸一句，这是一个蛮不错的设计方案。构思的核心是轻巧柔韧的钢框架，平面呈六边形。承托钢框架的石块基础，是和我所设计的所有建筑（包括约翰逊制蜡公司大楼）同样的基础形式。

轻质钢框架的室内外两侧铺着厚实的纸质保温层，以钢丝网固定在钢框架上，然后用喷枪在纸的表面喷射一层薄薄的水泥浆，形成防水外壳。在西海岸和堪萨斯城当地，都采用喷射水泥对年久的砖房子做防水处理，成效显著。建筑的室内外表面采用相同的喷射处理。室内外两层壳的间距为二又四分之一英寸，水泥像墙面抹灰一样喷射在纸质保温层表面。如果施工可靠的话，我认为这或许是能够适合于所有气候条件的、最先进同时也是最廉价的构造形式。无论当时还是如今，我都这样认为。除了两条通道顶上缓坡屋顶的框架之外，整座建筑的设计有意回避细节变化。建筑的各个部位表面都很平滑，没有线脚之类的凹凸。所有角部都处理成圆角，以便于喷射砂浆的施工。

然而，在堪萨斯城找不到一个愿意提出报价的承包商。没有人对这座教堂和它的建筑师有足够的信心，或者说信任这项奇特的施工技术。

这座将由律师们和建筑委员会依照古板的规范建造起的建筑，陷入了各方利益和想法相互矛盾造成的混乱中。危急时刻，我求助于本·威茨查克。他对主体结构的报价是十三万五千美元。小礼拜堂、停车平台和主日学校需要额外的两万五千美元。我们一致认为一旦我们的努力得到认可，这两万五千美元和我们目前短缺的另外四万美元都将不成问题。

我们去寻求或者说是夺取建造许可。新就任的委员自称以前是建筑基础方面的专家。他对我提出的基础结构方案不予批准。

"从没听说过用石块做基础。"

"你看我们的铁路，石块路基已经支撑了巨大的荷载（而且是移动的荷载）一百多年。"

"那和堪萨斯城不相干，这里的土质情况特殊。干燥的天气会造成开裂，导致墙体沉降。"

"厚重的石块基础恰好能够充当均衡内力的装置，所以不会造成开裂，墙体也不会产生有害的沉降。"

"不行！不行！在堪萨斯城行不通。这里只能用混凝土基础，必须是混凝土。堪萨斯城的地下只允许用混凝土基础。"这个不容变通的结论无异于一记重拳。六角形的轻质钢框架支在粗糙的石块基础上，可能产生一定程度的水平方向位移；当钢框架被固定在密实的混凝土基础上，也就丧失了这种必要的灵活度。密实的混凝土基础将产生膨胀或者收缩，而石块基础没有此类问题。我一次次竭尽全力地试图反抗，但是怀疑论者委员会坚持："所有步骤必须绝对严格地合法。"

好吧，是时候让业主站出来表达对自己建筑的权利了。理想的局面是设计方案被全票通过或者全票否决，然后解雇建筑委员会，一切重新开始。

詹金斯博士、乔和我都想挽救这个方案，并且有信心"反败为胜"。于是我提议："请允许我们推进。我们可以进行任何你们要求的试验。"律师们有些犹豫，先是咳嗽，然后支支吾吾。反复思量之后，他们面露智慧之光地去找委员寻求妥协。妥协的方案就是雇一位当地工程师（由委员亲自推荐）来设计混凝土基础。我并不住在堪萨斯城，所以只是从某个挖掘新闻的记者那里知道了这些。

建造成本增加了约一万一千美元。

又一次，我应当立即停下来，从这场纠葛中抽身而退，因为它已经落入敌人手中。这项合理的试验，失去了成功的基本条件。柔韧的六边形钢框架无法自由地伸缩变形，必然会造成外墙的开裂。可惜我是一个过度乐观主义者。我厌恶"抛弃自己的孩子"，仍然寄希望于在开裂出现后，能够设法补救——比如在建筑落成第一次越冬之后，再喷射一层砂浆。它的外墙厚度，总是可以无限地扩张。

然而，不——最残酷的战斗尚未打响。很快，除了形状之外，这座建筑已经全然不是我的作品，就连形状也失去了它的意义。新雇的"基础行家"和委员里应外合，开始修改我设计的主体框架，给理应保持柔韧的钢框架加强刚度。

建造成本又增加了一万五千美元。

本·威茨查克已经签了合同，不得不开始施工。他和我同样认为，在做出这些让步之后，即便有种种法律的干涉，他最终能够设法挽救这座建筑。然而，律师们决心要赢得这场战斗。

我们进行了几项试验，但是被告之不许公开进行。委员和他挑选的工程师都质疑信众席挑台的承载力。按照他提出的"不公开"的要求，我们进行了满足要求的荷载试验。没有发现任何可见的变形。

接下来，轮到对于新的楼板施工方案的质疑。委员再次强调试验"不得公开"，并且亲自监督试验：在两倍于要求荷载的条件下，没有发现丝毫变形。

这些证据似乎令"权威"大为光火。

很显然，你无法对建筑的基础进行试验。唯一可用的证据，就是一座座已经伫立了上百年的建筑。

这时，留给本·威茨查克的已经不再是那座教堂，也不再是那位建筑师。只剩下基础方面的老专家和作为他下属的当地工程师，就好像盲人领着另一个盲人。还有一对儿熟谙法令的律师，只要时机成熟就能将一切置于股掌之间。两位律师对此胸有成竹。作为合同方面的行家，他们尤其信任自己拟定的合同。

就交通条件而言，堪萨斯城与塔里埃森的距离与纽约到塔里埃森相仿。假如我能够在堪萨斯城常驻，指导施工现场，假如建筑委员会不那么唯法律是听，而是有足够的理性信任我们最初的思路，这艘风雨飘摇中的船或许能免于沉没。我提出，如果做出相应的安排，我愿意赴现场指导。詹金斯博士已经病倒了，由乔继任他的职位。乔尽其所能之后失望地辞职而去，或许是被解雇了。

病情有所好转之后，詹金斯博士被告之"回避"，此事交由律师们处理。他退出了，我猜测他已经心力交瘁。此后上演的是老一套把戏，本·威茨查克陷入了和我同样的窘境。

如今，未来的教堂变成了一场吵闹。一方是律师、建筑委员会、本地的专家还有律师们召唤来的各界人士，另一方是本·威茨查克。自从堪萨斯城的工程师出于"安全"考虑，否决了我的基础方案，"加固"了框架之后，再也没有人向我征询过任何意见。我实在难以想象，除了有权在堪萨斯城获得一份工作，这位在密苏里州没有执业资格的工程师还有哪些特权，使他竟然凌驾于协助我的两个威斯康星州最优秀的注册工程师之上。

我始终认为，正是律师们培植了全世界最拙劣的建造者。这些意识狭隘的"代理人"倚仗法律的条条框框谋生。这帮可怜的家伙除了刚愎自用之外一无所能。

假如能有几位像约翰逊制蜡公司里那样正直务实的生意人，支持大胆的试验，这座比通常造价节省一多半的教堂就能获得成功，实现它卓尔不群的舒适和美。

现实情况是乔·克利夫兰需要四处求职。我再也不可能有机会在堪萨斯城设计建筑，这自然无足挂齿，但是本·威茨查克却落下了两万美元的亏空，唯一的原因只是他不甘于唯唯诺诺。我的身份变成了"前建筑师"。密苏里州的堪萨斯城，错失了属于它的一件珍宝，如同一颗珍珠被投进了猪嘴中。所有的混乱结束之后，我们最终还是来到堪萨斯城，接手这座已经沦为白色坟墓的建筑，在它变得完全"合法"之前依照原先的设计尽力补救。

与此同时，律师们仍然忙于能够证明律师价值所在的那些事。某些我认识的律师人品不错，但那是他们在法庭以外的时候。

"密苏里这地方"，一定有些什么蹊跷，造成了堪萨斯城今天——不，昨天的模样。这里容不下未来的教堂。

Breakfast at Taliesin
塔里埃森的早餐

解除一整夜禁食的方式有许多种，但是据我所知，没有一种比得上塔里埃森的早餐。你可以在塔里埃森的七处露台之间选择早餐的地点：享受最优美的景色，或是最惬意的阳光，或是最凉爽的清风，要不就是以上种种兼备。前一天早些吃晚餐并且控制食量，加上早些就寝，足以保证一次胃口大开的愉快早餐。走过你身旁的凯普哈特牌电唱机，请按下开关键。从嵌置于山上花园景观中的扬声器里，飘出清晨的海顿。与露水一样清新的微风，送来山坡上苜蓿田野的香气，窗外的树梢上鸟儿在唱歌。我们舒舒服服地在宽大的矮桌前坐下，颜色鲜艳的中国亚麻桌布上别致地摆放着餐具。肥大的餐巾披进颈窝里，几乎可以把你吃早餐时穿着的衣服完全盖住。今天早上，我们的客人亚历山大·伍尔考特穿着深蓝色的丝绸睡衣，配着束起腰带的外套，全身上下都是硬币大小的圆形白点。

谁负责装饰今天早晨的餐桌？学徒会的赫伯特，他的成果异常精彩。大大的玻璃浅盘里盛满清水，水底一块生满绿苔的奇石，压着水中一大团包裹着几朵银莲花的羊齿蕨。

树影仍然斜长，晨露被朝阳消解成丝丝缕缕的白雾，升腾起来化作蓝天上的白云。

亚历山大只是望着，没有说话。

牛铃叮当，悠扬地响在山谷里溪流边的草地上。白孔雀在屋顶上咕咕地啼唱。

主持早餐的奥格瓦娜，戴着一顶宽檐的大帽子遮挡刺眼的阳光，带子系在两颊和下颌，看上去像画中人一般。伊奥万娜穿好了上学的衣服，坐在餐桌对面。斯维特兰娜穿着鲜艳宽松的裤子，乌黑的头发上系着鲜艳的丝带。韦斯利今天也特意加入，他们两人都很喜欢亚历山大。

西塔里埃森外观

我自己?穿着宽松的粗亚麻大袖外套,腰间系扣,肥大的裤子在脚踝处扎紧。几年前,当时正在写作《林肯传》的卡尔·桑德堡某次来访,我把他也如此打扮起来,劳埃德·刘易斯给我们两人拍了一张精彩的照片。卡尔一直念念不忘要从劳埃德那里买回这张照片,生怕别人看见它。随它去吧,我只管穿成这样。

当我们终于在桌旁坐下,每个人都与其他所有人亲切地互致"早上好"。

我们首先环顾四周,再侧耳倾听,然后再看一看桌上。

古旧的中国青瓷大碗里,几片新鲜的草莓叶子盖在塔里埃森久负盛名的草莓上。草莓是从下面的花园里刚刚采摘的,还沾着露水。不就着点儿德文郡奶油吗?

还有地道的苏格兰燕麦,在双层锅里煮了四个小时,加一点根西牛产的奶油吗?新鲜的鸡蛋和烤培根也是我们自产的,鸡蛋还带着鸡窝的余温。

比利捧来的中国青瓷大盘里,盛着他刚刚剪下的芦笋。嫩绿的芦笋和青瓷的色泽相互映衬,必定会让你眼前一亮。每个人面前都摆着一只高高的玻璃杯,我们一边喝着自家的根西牛产的新鲜牛奶,一边听着草地上的牛铃。牛奶太凉?那么来点儿热的吧。蜂蜜?也是我们自产的。汉斯是个很好的养蜂人。大家一边传着蜂蜜罐，一边讲起王尔德的故事，讲的是城里某位贵妇人想再要点儿"那种极其美味的蜂蜜"。餐桌上有人无知地嚷道："我向你保证，要是我住在乡下的话，也得养一只蜜蜂！"

亚历山大看了我一眼，他眼神里只有遗憾而不是怒气，令我羞愧难当。

各种新奇罐子里的各种新奇果酱，都是奥格瓦娜亲手做的，此时也由她分给大家。多么动人的色泽！诱人的香味！我们自己服侍自己，今天早上的"自己"指的是学徒会的肯、比利和凯瑟琳。

桌上自然少不了热气腾腾的咖啡，松脆的格雷姆烤面包片（请只烤一面），出自奥格瓦娜负责操作的烤面包机。

忘掉了那段关于蜜蜂的不愉快的插曲，我们靠在椅子背上，一边享受着相互原谅对方所做的一切，一边大快朵颐。

我们的禁食彻底解除了。

今天早上，没有"咱们就吃到这里，开始干活儿吧"之类的结语。

亚历山大打开了话匣子，他的手一直握着专门放在他手边的咖啡壶的把手（不是中国青瓷的，也没有什么特别的设计），不时给自己斟上一杯咖啡。我可能会接连三四天都插不上一句话，但是我仍乐于听他滔滔不绝。他以机智和幽默令我们所有人倾倒，间或挥手赶走一只苍蝇，就像挥舞一面旗子。

我向你保证，早餐桌上的亚历山大不大像"来吃晚餐的客人"[1]。与他的成熟相称的年纪，写在他的方脸膛和硬朗的双颊上。他内心深处的善良让他的面容产生某种魅力，让他拥有我认识的人当中罕见的真诚和宽宏大度。我仿佛看到咖啡杯里热气腾腾的内容周游于他的五脏六腑之间。我们喜欢和这位朋友中的朋友聊天。亚历山大总是能化平淡的琐事为妙趣横生，而精彩的趣事在某些天资欠缺者嘴里却变得乏味干瘪。我们听着亚历山大谈笑风生，不知不觉已到午餐时分。

我素来对与咖啡"打交道"有所顾忌。虽然自认为身体健壮，但也许是因为我五十五岁

---

[1] 百老汇经典喜剧《来吃晚餐的客人》（*The Man Who Came to Dinner*），1939 年首演，1942 年改编成同名电影。其主人公以亚历山大·伍尔考特为原型。

时方才喝下第一杯咖啡,后来每次喝咖啡都会有轻微的眩晕或者出现黄褐斑等反应。我曾经劝诫亚历山大,但是没有收效。

我亲爱的大师沙利文,有时候也在这里享用早餐。他总是用颤抖的手拍着桌子要咖啡,直到咖啡斟好了,他阴沉的脸色才渐渐舒展,仿佛一簇玫瑰花蕾慢慢绽开。咖啡无疑让他整个人都有所改变。

我从未见过能与亚历山大相提并论的人物。听他聊天的感觉,如同坐在装满木料的马车上,刚从老远的乡下赶来。这个鬼家伙,你能想象吗?

"来吃晚餐的客人"无法与来吃早餐的客人媲美。吃早餐的这个客人依然深谙世故并且流露着睿智的愤世嫉俗,但他是一位真正的朋友。他对美充满热爱,并且知道自己为什么喜爱这些美好的事物,是一个具有异乎寻常的辨别力和永不枯竭的机智的人。在我所见到的许多善良和宽厚的人当中,亚历山大是最善良也最宽厚的一个。暂且把你所知道的"来吃晚餐的客人"搁在一旁。希望你能理解我的意思。

西塔里埃森起居室

假如你了解亚历山大的话,他可以既是"来吃晚餐的客人",同时也是来吃早餐的客人,或者是介于二者之间的许多种人。他并非变色龙,而是随机应变,如同钻石在各种不同角度的光线下都闪烁着光芒,仅此而已。

我喜欢这位来吃早餐的客人,他是那么善良。我代表学徒会这样讲,我们所有人都喜欢他。

亚历山大告辞的时候,奥格瓦娜把一个他非常喜欢的圣母玛利亚像放在他手里。这个朴素的圣母像是玻璃做的,比外衣口袋的深度要稍长一点。我猜不透为什么亚历山大需要一尊圣母像,他拿来做什么。我试图劝他不要接受,但是没有成功。

The Usonian House I
尤松尼亚住宅一号[1]

造价适中不仅是美国住宅需要解决的主要问题,也是困扰美国建筑师的最大难题。对于目前的我而言,为这个难题找到令我和尤松尼亚都满意的答案,比设计其他任何建筑的机会都更加宝贵。只有一类建筑例外,那就是上演正规戏剧的现代剧场——前提是它的舞台还没有完全被电影霸占。在这个国家里,解决住宅造价适中的问题,首要的障碍是这样一个事实:我们的大众不懂得如何生活。他们把自己的陋习想象成"品位",把偏见视为喜好,把无知视为美德——从任何一种美好生活的视角衡量,这样评价都恰如其分。

说得具体一点,如果不去模仿大道旁的某座豪宅,窄巷里的一座小房子也自会有它的魅力;正如尤松尼亚的村庄如果不去模仿都市,自会有它的风韵。同样的道理,老农场上的玛丽姑娘漂亮的鼻子尖挂着一滴水晶似的"饰物",穿着与她的身份和手里的农活儿相配的衣服,自有她的魅力。当她套上西尔斯百货商店里买来的华丽服饰,模仿她那些正在模仿好莱坞明星的姐妹,唇膏、胭脂、高跟鞋、长筒丝袜、钟形裙和歪向一边的帽子等装备齐全,那她看上去只会很滑稽。正是这种"鹦鹉学舌"阻挠了美国建筑的发展。这种把目光聚焦在腿上的"文化迟滞",让一切事物和思想失去自然和简洁的本性。它是尤松尼亚文化真正的障碍。

---

〔1〕1937年建成。2003年注册为美国国家历史保护建筑名录。日后赖特为雅各布斯一家设计了另一座更大的住宅。

我相信，任何对新式住宅的尝试，都与这种无知的模仿有天壤之别。土生土长的文化需要新式的住宅，不必理会坐井观天者无知的"品位"。新式的住宅必须为更简洁同时也更优雅的生活树立典范，并且适应这个国家当今的生活状况。

造价适中的住宅需要面对的不仅是一时之需，还有现实，那么为什么不当下就面对现实呢？政府建造了数以百万计的住宅，通过报刊大肆宣传，却只是在回避现实。

在我眼中，这些住宅是愚蠢的应急之策，穿戴起这种或者那种风格，却毫无真实可言。具有风格非常重要，某一种风格并不重要。设计具有风格与为了某一种风格而设计，截然不同。

这一观点陪伴了我过去的四十五年。

尽管做出了各种努力，美国的"小住宅"依然是一个令人困惑、亟待解决的矛盾。在陈腐的蠢行因权威人士的呵护而天长地久的地方，进步又从何谈起呢？我相信，无论是当今的教育制度、大规模开发，还是精明的广告专家或者职业的现代化产品，都无法造就美国需要的住宅。唯有最基本的常识，能够引导我们走上美好住宅的道路。

怎样才能真正合理地为我们这个时代和这片土地创造朴实的住宅呢？不妨看看麦迪逊市的赫伯特·雅各布斯住宅理智的表现。它的主人是一位年轻的新闻记者、他的妻子和一个小女儿。这座住宅业已完工，成本总计五千五百美元，包括建筑师的设计费四百五十美元。施工承包商是 P. B. 格鲁夫。

为了让雅各布斯一家享受这个时代的先进之处，必须采取种种简化，而雅各布斯夫妇也必须以简单的视角来理解生活。哪些是这座具有代表性的住宅所必需的呢？不仅有必要剔除所有复杂冗余的施工内容，还需要充分利用工厂的预制加工，尽可能地减少使成本激增的现场人工，合并和简化供暖、照明和上下水这三种附属系统。为了让居住其中的人自由地享受宽敞的空间和视野，至少要实现以上这些精简。理想的结果是建筑的室内与室外能够一次施工完成。当外观完工的时候，室内也随之完成。

这座住宅不会有繁复的屋顶。每一次飘窗或者老虎窗对屋顶的搅乱，都会使得建筑的生命力受到威胁。

窗子是实现具有新个性的空间最有力的形式。所有窗子都在工厂里加工完成，像墙板一样在现场安装。门和窗不再有区别。作为建筑方案的要素之一，窗子的布局与整个设计的关系，正如眼睛与人脸的关系那样。

雅各布斯住宅（尤松尼亚住宅一号）外观

可以剔除哪些元素呢？

1．取悦视觉的屋顶既昂贵又多余。

2．汽车的制造工艺使车库失去了必要性，一片有顶盖和两边围墙的停车位即可。底特律依旧保持着马厩的传统，把汽车当成马匹一样在马厩里养起来。

3．除了用于放置燃油和供暖锅炉，旧式的地下室完全是藏污纳垢之所。理想的解决方式是把蒸汽盘管加热的四英寸厚混凝土地板直接置于卵石填充的隔离层上，最下面是地基土层。墙体落在混凝土地板上。

4．室内的"线脚"毫无必要。

5．不再需要散热器或者灯具。这座住宅将采用"火炕"式的地板采暖方式。电灯直接固定在天花板上铺设的电线上。除了几盏落地灯，所有灯光都是间接的反射照明。

6．家具、挂画和小摆饰也不再是必要的。墙面设计已经包括这些内容，或者墙面本身就充当了它们的角色。

7．无须任何油漆。木材知道如何最好地自我保护，面层做清漆足矣。只有地板的混凝土块材需要打蜡。

8. 整座建筑不用抹灰饰面。

9. 不需要檐口排水沟和雨水管。

为了实现整体的设计效果，我们必须用到或者可能用到哪些材料呢？这座住宅用到了五种材料：木材、砖、水泥、纸和玻璃。水平方向的尺寸依据一定的模数，方便落地窗的组装。木板与砖墙交错镶嵌，竖向的模数单元是墙面上木板的宽度。虽然木材正逐渐变成一种奢侈的材料，但是这座住宅的内墙与外墙，都是三层木板中间夹纸，再由螺丝固定的复合木板。大面积使用的这种复合木板具备良好的阻热、防虫以及耐火性能。墙体可以像窗子一样平放在现场的地板上预制，在造价允许的条件下添加尽可能厚的保温层，然后再立起来安装。或者分成一个个单元体在工厂里预制，再运到现场。屋顶可以先由支架撑起完成施工，等待预制的墙体就位。

为了避免复杂的现场切割，设备管道系统必须是施工中有机的一部分，但是又独立于墙体。是的，我们将使用抛光平板玻璃。它是我们手头既能令现代住宅的设计师满意，又能造福住宅使用者的材料之一。

屋顶内的龙骨，是三块截面两英寸厚、四英寸高的木板叠合成的木梁。在屋檐处充分利用十二英寸高的木梁向外出挑，无须劳民伤财的坡屋顶，而是以深远的出檐传递一种遮蔽荫护的感觉。屋檐内的中间一层龙骨可以被扇叶代替，利于夏季屋顶内的通风。用于龙骨的木板都经过防水和保温处理，屋顶上面铺有一层沥青。当我们设计房间布局的时候，以上这些想法都握在手中——不，是在头脑里。

接下来，有哪些因素必不可少呢？假设我们有一块一英亩多的用地，在南面和西面有对外的出入口。我们要有一片花园，建筑的格局将围合花园的相邻两条边。

1. 在成本允许的条件下，我们要有一间尽可能充分地欣赏花园景色的大客厅。客厅里有壁炉和开敞的书架，墙角是餐桌和长凳。客厅的大桌子如同建筑的一部分固定在地面上。地板上铺着典雅的地毯。

2. 使用方便的厨房和餐厅，紧邻客厅甚至成为客厅的一部分。让厨房远离外墙而贴近日常起居的空间以便于操作，同时把外墙尽可能地留给更重要的房间，这是设计厨房的一种新理念。厨房位于烟囱的正下方，自然形成的气流指向厨房以及烟囱，因此烹调的气味不会流散到屋内各处。从厨房下几步台阶，有一个地下小储藏室，用作存放加热器和燃料，兼作

雅各布斯住宅室内

洗衣房。浴室通常与厨房一墙之隔,二者的热水管道能够最经济地结合使用。

3. 这座住宅有两间卧室和一间工作室(日后可以改造成另一间卧室),却只有一个卫生间。出于私密的考虑,卫生间和两间卧室都不紧邻。卫生间直接通向有不止一个人使用的卧室,或者两间卧室直接通向同一个卫生间的方式,已经被滥用并且效果很糟糕。有试验结果支撑的技术手段使我们的施工大为简化,从而带来造价允许范围内尽可能多的花园和室内空间。

一座朴素的尤松尼亚住宅,一个家的空间。它像是地平线的伙伴,舒展地与大地平行,不会令你产生丝毫"气派"的感觉。如果有足够的维护费用,这座住宅可以借助地板供暖,尽情地延展而不牺牲形体的比例和舒适度。

显然,这样一座住宅是建筑师的创造,绝非施工承包商或者外行人的成果。它面临被抄袭和模仿的极大风险。

只有在建筑师监督整个过程的前提下，这样的住宅才能依靠精良的施工，实现设计的意图。也只有当室内装饰与绿化都遵循建筑师的建议，才可能实现理想的建筑效果。

虽然没有建筑的平面图，但是这几段简单的描述足以证明，对于尤松尼亚的家庭生活而言，殖民地式的小盒子是多么憋闷和拥挤啊。你可以轻而易举地把两个那种小盒子放进尤松尼亚住宅的客厅里，不必担心会碰到外墙。我们把这个时代的新技术应用于这座造价适中、砖木结合的住宅，使它的空间尺寸和舒适度都有显著提高。它是一座适合预制加工的住宅，因为工厂可以来到你的家里。

想象一下，当这些技术变得更加普及，或者多座住宅同时施工，每一座住宅的造价就会有显著的降低。根据同时施工的数量和住宅的地点，造价有望降到四千四百美元。

这座住宅的整体布局，实现了时下流行的"盒子"闻所未闻的自由空间和私密。我们最好避开"美"这个话题不谈。美是一个含混的概念，涉及我们的大都市盛产的井底之蛙的品位。

我认为，一个富有文化涵养的美国主妇，或者说尤松尼亚的主妇，在这种住宅里会显得容光焕发。作为生活必需品的汽车，似乎将成为住宅的一部分。

花园在哪里结束，房子在何处开始？就在花园开始、房子结束的地方。

尤松尼亚住宅是一股对大地的热爱，一种对空间和光线的新认识，一种自由的新精神——我们的美利坚合众国值得拥有的自由。

The Usonian House Ⅱ
尤松尼亚住宅二号

时至今日，二十七座已经建成的尤松尼亚住宅，遍布在十七个不同的州。总体上讲，过去几年里美国的建造成本不断上涨且仍未停止。如今你需要七千五百美元，才能实现雅各布斯花五千五百美元就得到的住宅。尤松尼亚住宅的造价范围，是从七千五百到一万或者一万两千美元，针对某些较大的住宅，达到一万五千，甚至两万美元。

可以说，和一九三八年最早的尤松尼亚住宅相比，造价增加了三分之一。但事实上，与任何"常规"住宅比较，尤松尼亚住宅都更加物有所值。它所体现的自由、脱俗与个性并非造价的直接结果，但是这笔钱却让居住者享受到一种新的开敞的空间感，一种新的自由。

然而，现实是把三个方向的室外景色引入室内的同时，你不得不付出额外的取暖费用——估计多百分之二十吧。双层玻璃窗可以降低这笔费用，但那同样是一笔开销。

Gravity Heat
重力传热

说到地板取暖，我们都知道热空气总是上升。我们称这种取暖方式为"重力传热"，因为注满热蒸汽或者热水的管道都埋在混凝土地板下面的石块之间。这种带混凝土面层的石块，被我称为地板垫。如果是二层或者更高的楼层，地板需要铺设截面两英寸见方的木龙骨，间距约三英尺八英寸，将供热管道埋在龙骨之间。

追根溯源，必须回到一九一四年的冬天。大仓男爵邀请我们赴宴庆祝新帝国饭店动工。东京的冬天异常寒冷——那是一种潮湿黏糊的阴冷。虽然温度在冰点以上，这里却比除了意大利之外我到过的其他任何地方，都更难以保持暖和。

当地日本人取暖常用一种叫作"火钵"的炭火盆。地板上放着一个盛满热灰的圆形容器，几根火光荧荧的木炭从灰堆里支出来。众人围着火钵坐下，间或伸出手在上面烤一烤，握着拳头仿佛手里攥着什么东西似的。对于我们而言，这样的取暖效果实在不敢恭维。我一度对日本人坚忍的耐寒能力钦佩不已，后来才发现他们飘逸的和服下面，有很厚实的长袖、长裤、羊毛内衣。尽管如此，他们毕竟习惯于这种磨炼，比我们这些外乡人更适应这种气候。

明知会坐在那里瑟缩发抖，我们还是前往大仓男爵的东京府邸赴约。他在日本各地拥有很多处府邸。正如我所预料的那样，餐室里冷得我难以进食，只能面对十九道菜肴装模作样地比画。宴会结束后，男爵领我们来到楼下的所谓"高丽屋"。屋子大约十一英尺宽、十五英尺长，天花板只有七英尺高。地板上铺着一层红色的粗毛毯，淡黄色的墙面纯净无物，我们跪坐着一边聊天，一边品尝土耳其咖啡。

气候仿佛在这间屋子里骤然一变。并不是热咖啡的作用，而是春天降临了。我们很快就暖和过来，重又兴致高涨。跪坐在地板上，可以感受到一股难以名状的暖意，却看不到也摸不着任何供暖的器具。这完全不是传统的"供暖"，而是改变了"气候"。

借助毕业于哈佛大学的翻译，男爵向我解释，"高丽屋"指的就是从地板下加热的屋子。屋外墙角的火炉产生的热气流过地板下埋着的管子。烟和热气从设在火炉对角位置的烟囱排出去。

难以言表的舒适源自于从下面加热，这是一项重大发现。

我马上把电加热设施用于新帝国饭店的卫生间。把卫生间的楼板和天花板降低，留出空间做地板供热。瓷砖砌的地面和浴缸始终保持温热，赤脚跨进浴缸变成一种享受。试验获得成功。所有丑陋的电加热器具都随之消失，它们在卫生间里尤其危险。长久以来，我一直厌恶这些器具——尤其是散热器，如今终于有了一个完美的机会，消灭建筑内的所有散热器具。创造出的不是温暖的室内空间，而是健康、无尘和安静的春天。并且，脚下的整体供暖能够以比较低的温度提供舒适的感受。六十五度[1]对普通人就很适宜了。相比自己供热过度的家里，邻居们一开始会感觉略有寒意。事实上，我们营造了一种自然的气候，而不是人工施加的环境。不可否认，自然的气候要健康得多。

回到美国后，我寻找机会将这一发现尽早付诸应用。麦迪逊市附近的纳库玛乡村俱乐部，似乎有幸成为第一个受益者，然而，这座洋溢着印第安风情的优美建筑始终停留在纸面上。

接下来是约翰逊制蜡公司办公大楼。但是，所有专业的供暖设备承包商全都报以嘲笑（只有一家例外），拒绝和这项新技术发生关系。这时，我接到了雅各布斯住宅的委托。在制蜡公司办公大楼铺设好大规模地板采暖之前，这座小住宅已经完工了。

于是，雅各布斯住宅成为第一个将其付诸实施的建筑。"专业人士"对此颇为好奇。克兰公司的主管们前来查看，他们用手摸摸地毯下面，又把手放在离加热器很远的混凝土面上，跳起来面面相觑，犹如看见了鬼魂。上帝呀！它真的管用。可是散热片在哪里呢？

又是我早已熟悉的故事。

---

[1] 约18摄氏度。

有关"辐射散热"的文章，开始出现在产品推介杂志上。然而，我对他们的所谓"辐射散热"或者地板加热的叫法毫无兴趣。这只是简单的重力传热而已——热空气遵从自然规律向上运动。

至今已经有三十多个尤松尼亚建筑在使用地板采暖。我们必须针对不同的气候和用地条件，适当地调整供热力度，据此积累了有价值的经验数据。

没有什么取暖方式比这更为"理想"的了，即使把太阳也算上。

The Unkind Fireplace
冷漠的壁炉

劳埃德·刘易斯不仅是我的业主，也是我最知心、最忠诚地相互奚落揶揄的朋友之一。很久以前，当我在人生的低谷里仰视芸芸众生，劳埃德正是一颗冉冉升起的报界新星。我花钱收买他使我免受报纸的关注，但是还不到三个月他就难以支撑了。我只得付清他的费用，将他解雇。他责怪我提出的是无法完成的任务。

如今轮到他了。他雇我为他设计一座住宅[1]。他是个强硬的业主，可惜还不够强硬。

我曾多次去过他在河边草原上的那块地，了解那里的潮湿闷热。于是，我把他的住宅架空离开地面，以便他在春夏秋三个季节里在风中（地板下面吹过的风）保持神清气爽。同时他也不得不暴露于冬天的包围之中，并且为此付出昂贵的代价。这些都是为他的健康着想吗？是的，但更多是为了他的灵魂。

我相信，这种住宅适合于低洼潮湿的河畔草原，但是代价不菲。

劳埃德被架在树丛上面，从三个方向欣赏优美的河岸景色，但是他很难在冬天保持暖和。虽然劳埃德的妻子凯瑟琳不像他那样容易着凉，但是与其他尤松尼亚住宅一样设定在六十五度的地板供暖温度，却与劳埃德工作的《芝加哥每日新闻报》办公室有二十度的温差。他家里的锅炉泵也出了问题，我们必须前来修理，否则温度就会升到七十五度。毕竟，

---

[1] 1939年建成的劳埃德·刘易斯住宅位于伊利诺伊州，1982年被列入美国国家历史建筑名录。主人劳埃德·刘易斯曾是《芝加哥每日新闻报》的主编。

我很高兴有一个理由去劳埃德的家。

凭着素来蛮干的勇武，我把这个问题视为可以轻松解决的小菜一碟，想出种种妙招让我们这位主编不至于受冻。比如，在他穿的背心里加一套能发热的电子线路，再接上一条足够长的电源线，不妨碍他在屋里走来走去。很遗憾，这个主意被他不假思索地否定了。我没有足够的耐心劝说他，也只得作罢。我的另一个主意，是建议他的秘书把报社办公室的室温逐步调低到六十五度，这样他就能适应较低的室温。可惜劳埃德担心在这样的低温环境下，生性冷血的报社记者们恐怕再也写不出任何东西。总之，他自恃见多识广，不愿意听人指教。于是我们放弃了这个想法。

我束手无策了。既然我的设计意图在于让这座住宅被自然景观三面环抱（以及从地板下面），与自然融为一体，此时就只得听任劳埃德自己花钱装上双层玻璃窗，也就是像躲在周边时尚房屋里的邻居们一样。加入他们的秘密组织，对于我们而言无异于羞辱，但是我们别无选择。

接下来，明知会对我有所不利，我仍要继续凭着勇武讲述一段最艰苦的考验。我为劳埃德设计了一个小巧的壁炉，以便他坐在炉火旁写作。这个天真的小玩意儿却怎么也学不会让烟囱把烟抽走。也许是因为这项本领实在是太简单了，反而学不会。我设计过的大约三千个壁炉，都无师自通地知道如何让烟囱把烟抽走，即便有那么几个一开始呆头呆脑，后来也都逐个开窍。然而，劳埃德家的这一个却始终愚顽不化，让屋子里黑烟缭绕。它终究会开窍的，我们至今仍未放弃。

与此同时，好奇的邻居们纷纷驱车赶来。他们在附近停车观察，是否有一丝烟从烟囱顶上冒出。

也不知是这座房子让劳埃德受到大家如此的关注，还是劳埃德让这座房子备受瞩目？瞧瞧，我这位亲密无间的老朋友，兼做戏剧评论和体育栏目编辑的历史学家，就坐在小巧可爱的砖砌壁炉旁。我特意为他设计的这个朴素隐蔽的壁炉，如今却惹人注目，以至于几英里外的邻居都对它产生了病态的关注。

三千个恪尽职守的壁炉当中出了一个败类。

如果我们把物理规律向这个壁炉传授之后，它仍旧不开窍的话，我们打算在烟囱顶上装一个小风扇。风扇的开关安装在壁炉旁劳埃德的座椅边上。每当他不想要太多黑烟，可以开启风扇；他觉得炉火足够旺的时候，可以把它关掉。在三千个壁炉组成的星河里，这个小玩意儿将因此闪耀着它独特的星光。

我们会向读者通报最终的结果。

如果我们没有做到，邻居们自会代劳。

只不过，假如结果令人满意，他们必然会对此事丧失兴趣而从此不再理会。

这座房子让凯瑟琳变成一个园丁，而劳埃德成了一个"没有谷仓的农夫"。这个老小伙子穿着干农活儿的围裙跑前跑后的模样，真是值得一看！他在养猪。

凭借对这一对夫妇的了解与爱，我把他们身上许多最优秀的品质融入了这座住宅。他们值得我竭尽全力。他们爱这座房子，自己也为它付出许多。

发生在我的许多业主身上的厄运，同样降临在劳埃德身上——如今他们不愿外出，除非万不得已，一步也不愿走出家门。

他们的许多朋友，比如阿尔弗雷德·麦克阿瑟，只是出于和劳埃德的友情，装作喜欢这座住宅。但是，我知道有一些劳埃德的邻居毫不掩饰他们的鄙夷。这些直率的人都住在久远时代的时尚房子里，并且有"久远"的装饰与之相称。

事实上，这座新的住宅在紧随时尚、吹毛求疵的人群中就像一石激起千层浪。那些人拥有的传统墨西哥式、挪威式、古老的瑞典式和英国卡姆登[1]式的村落，全都不怀好意地隐藏在树林里窥探。

劳埃德和凯瑟琳给他们活泼而又安详的新家添置的装饰，与尤松尼亚的风格非常"匹配"，连我自己也喜欢为了欣赏它而频频回访。马克·康奈利[2]和亚历山大·伍尔考特也是如此。亚历山大就这座住宅给我写过一封热情的短信。

假如亚历山大不反对而劳埃德也不介意的话，我愿与诸位分享这一封我心仪的来信。

亲爱的弗兰克：

听说你明天将要返回塔里埃森，我自己也将返回纽约州的罗切斯特。但是离开

---

[1] 伦敦郊外的地名。
[2] 马克·康奈利（Marc Coonelly，1890—1980），美国剧作家。

之前，我务必要第二次造访你为劳埃德·刘易斯设计的这座房子。上个星期天，我在那里的第二次体验加深了我此前的印象。我想，单是这一座令人兴奋的房子，就足以让我四处宣讲弗兰克·劳埃德·赖特全新的教义。

我比以前更充分地理解了适合的住宅将如何对居住者产生影响。我告诉劳埃德，这房子甚至会令他的朋友们都卓然不群。

建成这座住宅，是我素来敬佩和欣赏的劳埃德有生以来最明智的行动。在这座房子里，你会感到精神振奋、意气风发。绝大多数住宅会带给它的主人某种束缚。现在，我先前隐约的感受得到了验证：这样一座住宅，能够赋予住在里面的人自由。

上帝保佑你。

亚历山大·伍尔考特
一九四一年四月十五日

The Stampede
蜂拥奔逃

我拒绝被席卷整个美国的造城浪潮裹挟着奔逃。包括哈维·考柏特[1]、托马斯·兰姆[2]、凡·艾伦[3]、雷蒙德·胡德、拜尔·盖蒂斯[4]等在内的众多建筑师都随波逐流，虽然我只举出了几个名字，但事实上，无论明星还是小辈，我们的每一位商业建筑师都难以幸免。所谓的"光明城市"、休·法瑞斯[5]描绘的更加宏伟的纽约以及拜尔·盖蒂斯空洞的梦想，在我看来，都不过是对已经失控的城市更加过度的开发。一个更高的芝加哥，一个耸入云端的旧金山，等等。诸如此类的蠢行令我生厌。更高，再高些，摩天楼为了不同凡

---

[1] 哈维·考柏特（Harvey Corbett，1873—1954），倡导古典复兴风格的美国建筑师，毕业于巴黎美术学院。
[2] 托马斯·兰姆（Thomas Lamb，1871—1942），美国建筑师。
[3] 凡·艾伦（Van Allen，1883—1954），美国建筑师，毕业于巴黎美术学院。代表作为纽约克莱斯勒大厦。
[4] 拜尔·盖蒂斯（Bel Geddes，1893—1958），美国建筑师。
[5] 休·法瑞斯（Hugh Ferris，1889—1962），美国建筑师。

响而盲目攀比。虚假的城市繁荣、各种流行杂志和科学月刊、手操丁字尺和三角板的聪明人，共同将吞噬人的摩天楼描绘成梦幻般诱人的未来。一旦这个未来得以实现，个人必将沦为微不足道的毛孔。他唯一的价值，是把对他的践踏镶嵌在为他而设计的华丽冰冷的墓碑顶端。

我们的商业虚荣借助科学虚假的光辉，或者应当说是伪科学的光辉，催生了对摩天楼的狂热。

尽管如此，摩天楼毕竟是现代商业社会里成功的必备标志，它实现了城市在某些方面的夙愿。然而，本质上它只是房产商们利用高度集聚获取利润的手段。它以这个时代盲目癫狂的机器作为工具，造成一种对社会的威胁，造就一种虚假的建筑。房产商们无可救药的痴迷和扩张，像咒语一样威胁着这个机器时代，在美国的摩天楼楼顶放上了一具骷髅。

我的前方有另一条道路。

极高的建筑只应当出现在郊野。作为田园与城市的结合物，"广亩城市"是我最终为击碎商业虚荣的愚蠢光环找到的利器。然而，吞噬人的摩天楼已经捕获了美国生意人的想象力。在这个国家的几乎所有城市，都有摩天楼出现在最尴尬窘迫的地点，挺直腰板努力做个有身份的人，至少要做到"跟上潮流"。它被搁在街边，却与街道毫不相干。为什么如此之多的美国建筑师争相充当摩天楼的预言家，力求他们的作品遍布西部的草原，仿佛这些城市墓地里林立的墓碑？这是一个我不屑于回答的问题。

虽然从所有道义的、美学的和经济的角度都劣迹斑斑，摩天楼依然充当着美国式商业繁荣的一面旗帜。整个国家为追逐这样的繁荣而疲于奔命，终于在公元一九二九年轰然崩溃。美利坚的奶牛被哄骗着牵进橱窗里，拴在玻璃后面的一根杆子上，只作为广告之用。这头奶牛日渐消瘦，产奶量也逐日减少，只能痴痴地怀想那片她本应在外面享受的草地。

To the American Eagle
致美国之鹰

如果你一定要挑战天空，那么不必借助摩天楼，而是应当成为一个飞翔者。在几乎每一枚美元硬币的背后,都有这位飞翔者的象征[1]。他是一个正直的美国人。我曾给他发去这样一封电报:"我们都知道你能够直上云霄。在今天这样一个充斥着搪塞和怯懦的世界,你不仅能够正直地思考,而且勇于正直地宣告。"你们都知道我指的是谁,在此我也向他娇小而勇敢的妻子致敬。

在此,我也向一位真正的美国人致敬。无论坦途还是逆境,他都为自己的祖国忠诚尽力。一个倔强的人,亨利·福特[2]。

尤松尼亚向约翰·海恩斯·霍尔摩斯[3]脱帽致敬。他是一个无畏的英雄,像美国之鹰那样振翅高飞。

On Taking Effects For Causes
颠倒因果

四十五年来,我亲眼见证了一个建筑运动的诞生和成长。由于找不到更好的名字,如今这个运动被称作——"现代"建筑。作为这场运动的主角之一,我不免将最杰出的历史学家的评论与我所熟悉的事实加以比较。亲身经历让我比从前更加怀疑历史学家的评论。我的怀疑适用于所有历史学家。是的,有时候也适用于我自己。三杯威士忌加苏打水就会引发怀疑。

我看到,原创的作品像创造力的源泉一样传播到世界各地,无论在美国还是在海外都日益壮大,但成果仅仅是表面的形式,表面的相像。

我为现代建筑贡献了数以百计新的形式,其结果不过是看到它们被人利用,被推向歧路,即使没有被颠倒是非,但无疑已经被混淆主次。自从一九一〇年第一次访问欧洲,我就目睹了自己的作品对美国以及国外当代建筑师的影响。我目睹了时常有人明显地借鉴我的作品,却声称那是他自己原创的思想和灵感。但是我从未见过有人声明灵感源自我——虽然其作品的确受到了我的影响。

---

[1] 此指美国人查尔斯·林白(Charles Lindbergh,1902—1974),第一位驾机飞跃大西洋的人。美元硬币的背面图案是美国的国鸟白头海雕。
[2] 亨利·福特(Henry Ford,1863—1947),美国福特汽车及现代化流水线生产线的创始人,反战主义者。
[3] 约翰·海恩斯·霍尔摩斯(John Haynes Holmes,1879—1964),美国基督教唯一神派牧师,反战主义者。

我曾看到评论家经常刻意地把结果说成起因，把起因当作结果。不可避免地，他们对事物发展只会向后看，造成起因的模糊和混乱。既然我无法倒着读评论文章，就只能怀着阴冷的嘲讽和适度的不敬，阅读有关我的作品与当代其他建筑师作品之间关系的评论。这些评论是如此含混不清，以至于把结果说成起因，把起因贬低成只是结果。

所谓现代建筑运动的历史，总体而言不过是一场"处心积虑的误导"。真相非但没有随着时间的推移而变得清晰，"结果"反而日渐膨胀，使"起因"变得愈发模糊。

一股清泉从地下涌出，自然而然地流淌成一条小溪，水面逐渐变得宽阔，直到成为当代生活奔流的大河——我们还远远不具备观察并且记录这些的能力。

或许源泉理应被这种混乱所湮没。莫非这是自然界的一种馈赠？

高等教育是一种低廉之极的骗局，寄希望于靠积攒"信息"而蓬勃发展，却从未真正学到实质的内容。其结果是错把爱国视为荣耀，牺牲当成职责，锱铢必较看作品德，自以为是的吵闹当成乐趣。

难怪这个坐井观天的伟大国度，对宣传鼓吹抱有如此执着的信念。

或许英语当中有某种东西将这种语言铸造成一个能干的说谎者，一个能自然地颠倒是非的弄舌者。难道历史与现状果真迥然不同吗？莫非一切历史都不过是在重复同样的谬误：以因当果，以果为因？

我曾看到评论家玩弄纯粹的巧合，频繁地偏离靶心，把外表作为他分析事实的唯一基础，最终的成果是一篇轻松的小说或者有趣的推测。引人发笑的同时也令人气恼。

我可以列出一长串名单，其结果只会挑起无益的论战，因为评论家从不尊重信息最初的来源。即便他是一个称职的评判者，也从不尊重灵感最初的来源。如果他尊重事实，那么事情就会变得过于简单，缺乏足够的空间供他发挥。我怀疑，历史的"潮流"基本上只是个人的观点。历史学家的头脑是扭曲的镜面，而历史只是镜面里浮现的幻景。

在我们的时代，适度和理性不合我们的脾胃，跟不上我们的步伐，或者说偏离我们想要实现的目的。正如梅瑞狄斯所言："速度的另一个名字是贪婪。"[1] 人的天性注定了贪婪无处不

---

[1] 出自梅瑞狄斯的小说《利己主义者》。

在。跳出学院的鸽子笼,我们又被另一种条块分明的思维模式所淹没。这种思维模式有它的价值,然而它始终只能看到一个个局部,只会为了某人的利益将局部拼凑成整体,并且令人遗憾地牺牲未来。

因此,任何对形式真诚的探寻都会陷入敌意的圈套,更可怕的是造成一代又一代人的困惑。

我们需要某种东西作为建筑坚实的地基。无疑,那就是真理。真理的探寻者总是回归简单,以公正与宽广的胸怀,让满载自以为是的学究的小舢板摇回到它下水的地方。

建筑生长的土壤里有艺术与科学浇灌的伟大和壮丽,它拥有的未来广阔无垠,超出了评论家们想象力的边界。

Dr. Ferdinand the Friend
我的朋友费迪南德博士

诸位是否记得,我曾经说过,塔里埃森学徒会几乎没有接受过任何外来的援助。我应当收回这种说法。虽然那是发生在学徒会成立之前,但是离开这个人的慷慨资助,恐怕根本就不会有学徒会的诞生。他就是芝加哥大学历史系的系主任,费迪南德·柴维尔。正如你在本书第四卷看到的那样,为了保护我并让我能重返塔里埃森继续我的事业,我的七位朋友和曾经的业主分摊筹集到大约五万七千美元,成立了一家以"弗兰克·劳埃德·赖特"为投资对象的公司。主要的出资人,包括费迪南德·柴维尔博士、哈罗德·麦考密克、库恩利夫人和达尔文·马丁。此外,本·培奇、简·波特夫人和派克制笔公司的乔治·派克,也各有一份出资。

费迪南德博士担任该公司的主席(我怀疑这有悖于他自己意愿)。虽然这五万七千美元的发起资本在一九二九年的大萧条中损失殆尽,最初筹集这笔钱的目的总算侥幸得以实现。

目的就是让我能重返塔里埃森,使我得以继续自己的事业。

费迪南德恐怕不会喜欢我这样的说法,然而事实如此:这家"公司"的绝大多数出资人都很"富有",而他只是一个依靠薪水和历史教科书版税的大学教授。直到最近,我才知道他不仅认购了公司成立时他自己的那一份七千五百美元，还以一位后来担任公司秘书的朋友的名义，又秘密地追加了五千美元。不仅如此，为了证明人能够如何驾驭金钱，当舍伍德·安德森[1]的作品不再畅销的时候，费迪南德仍对舍伍德的写作事业给予丰厚的资助，甚至超过对我的建筑事业的支持。可怜而又伟大的舍伍德！舍伍德是如此可爱，我敢说，费迪南德爱他胜过爱我。

这一切足以证明，金钱永远无法束缚像费迪南德这样的隐士的手脚。退休之后，他请建筑师沃特斯多夫为他设计了一座舒适的小房子，就在印第安纳州密歇根城外的一片树林里。他在那里悠然地生活和写作，不远处住着他的邻居卡尔·桑德堡。卡尔曾经用笔把一位民族英雄细细地解剖再组装起来，为此收入颇丰。但是真正的卡尔天生是一位诗人，他的命运应当是光辉的失败而不是这种成功。"成功"的帽子扣在卡尔头上，显得很不相称。

没能为费迪南德设计他的住宅，这让我感觉虽然接受了他的帮助却得不偿失。我宁愿他没有为那个公司出资，而让我来设计他的住宅。然而，当时我正漂泊在外，前路不定。费迪南德博士急需有一个新家……关于他为什么不愿劳神费力地奉陪我完成一个建筑，也许你会对此有自己的理解。我承认，当时的情形的确不容乐观。可是，你能猜到吗？我相信，费迪南德不打算以克服种种困难为代价换来我微薄的回报，是因为生性谦逊的他乐于享受孤独。他只想要一座简简单单的房子。如果由我来设计他的家，他或许会被旅游者和建筑系的学生逼得整日不得一刻空闲。他会变成一个标本，一件展品。既然不打算享受向每个参观者收取五十美分的特权[2]，他选择了无名的建筑师沃特斯多夫。因此，我嫉妒那个沃特斯多夫——和他的籍籍无名。

籍籍无名能让你轻松随意地生活。

假若我没有偏离青年时代羞涩的秉性，我就有机会为自己最好的朋友设计一座住宅。

都说女人总是为自己的行为付出代价。一派胡言！

只有为名誉所累的傻子才会不断地付出代价，更大的代价。

---

[1] 舍伍德·安德森（Sherwood Anderson，1876—1941），美国著名小说家。中年时放弃工厂主的事业而投入小说的写作。
[2] 前面介绍的雅各布斯住宅发表于建筑杂志之后，吸引了众多参观者。业主向每位参观者收取五十美分。

The Merry Wives of Taliesin
塔里埃森乐悠悠的夫人们[1]

我与诺艾尔分开之后，孤独一人守在塔里埃森时，陪伴我的是三位妻子：希尔维亚、戴妮和信。很遗憾，她们都不是我的妻子。她们的丈夫分别是我的三个助手：来自苏黎世的沃纳·莫瑟，来自维也纳的理查德·纽特拉，来自东京的土浦龟城。难以想象没有他们的话，我如何能走出那段精神的、道义的和情绪的低谷。

和今日的塔里埃森Ⅲ一样，那时塔里埃森Ⅱ傍晚的客厅里时常有音乐响起。有时候，我们会驱车到野外畅游。沃纳（他擅长小提琴）和希尔维亚有一个漂亮可爱的小男孩儿叫洛伦兹。我喜欢看着洛伦兹跑来跑去，有时候会情不自禁地抱起他。理查德和戴妮也有一个儿子，当他们还在维也纳时就特意给他起名叫"弗兰克"。土浦夫妇新婚不久。他们加上我的助手威尔·史密斯，组成了我当时的家庭。这个快乐的家庭，给我艰难和困窘的处境带来了温暖。

这三个小伙子协助我专注于创作，他们的夫人照料我们的日常生活。在遇到奥格瓦娜之前的几年里，他们一方面让我感到少了几分孤独，另一方面，却令我愈发渴望"我生命中的女性"。尤其是沃纳和希尔维亚的孩子，让我渴望塔里埃森能有一个我自己的小可爱。没有孩子的塔里埃森算什么呢？我猜是这些幸福的年轻夫妇和缓地推动我跨过了离婚的沟壑，拥有新的婚姻，重新开始真正的生活。

这三位年轻的夫人个性迥异。她们的丈夫堪称才华横溢，但是和自己的妻子相比还稍逊一等。性格坦诚的希尔维亚是个美人。天才的戴妮会一边拉大提琴一边唱歌，两样都带着她自己的鲜明风格，像绝大多数欧洲人那样，她在音乐方面造诣精深。信穿起精美的和服，就像一个娇小的日本娃娃。极富才干的龟城，总是在眼镜片后面聪颖地眨着眼。

如今回首，塔里埃森的那一段日子是风暴来临前的宁静。随着奥格瓦娜进入我的生活，窗外的风暴拉开了序幕。此后不久，这三对夫妇都相继离开了塔里埃森，其中两对按照他们预期的安排回国，还有一对去了西海岸"找工作"。

沃纳带着他父亲的一封信来到我这里。奥托·瓦格纳去世后，他的父亲莫瑟教授或许是

---

[1] 原文暗合莎士比亚的剧作《温莎的风流娘儿们》(*Merry Wives of Windsor*)。

当时欧洲首屈一指的建筑师。在信中，莫瑟教授希望我收下沃纳作我的学生，我很高兴身边有这位杰出建筑师的儿子。龟城曾跟随我在东京设计帝国饭店。理查德还在维也纳时就多次联系我，请求来塔里埃森。几年后，他贸然前来却发现我不在塔里埃森。于是，他和另外两个年轻建筑师霍拉伯德[1]和鲁特[2]一道，在附近守候了几个月，直到我回来。今天，沃纳、龟城和理查德各自在瑞士、日本和加利福尼亚崭露头角。

自传的作者往往会展示一大批私人信件。在这里，我想和你们分享不久前沃纳写来的一封信。凭借自己一批有分量的作品，莫瑟教授的儿子如今已经是瑞士卓有成就的建筑师。

亲爱的赖特先生：

这场极权者发动的战争，让欧洲建筑界充斥着动荡、牢骚和机会主义。欧洲迫切需要一个建设性的、敏锐犀利的头脑。你毕生的作品勾画出一条从不间断的发展轨迹，向我们展示了同一种法则千变万化的应用。你的作品，是对每一个富有理性的建筑师的慰藉，鼓舞他们永不逃避。他们从中感受到坚定的信念，相信今天一切美好的事物，相信可以用富有时代特征的声音赞颂这些美好的事物。

我的英语很差劲，但希望你能理解我的意思。为了准备一次关于你的作品的报告，我从新近出版的书刊上了解到你的新思想。在瑞士，有许多学生对你的作品怀有自发的热忱。我希望通过与你的建筑做比较，暴露出瑞士建筑界的缺陷。它缺乏完整、协调和想象力，以及其他许多许多！

当然，任何人都无法替代奇思、原创的头脑，只能尽量跟随其基本的思想！自从三年前在巴黎见到你和奥格瓦娜，希尔维亚和我时常挂念你们。我清楚地记得你批评我的设计："沃纳，你需要被人狠狠拍一下屁股！"

我们非常乐于知道，你和你的小家庭这些年来是否安好。

在你的作品里，我们能感受到永不枯竭的青春。你的灵感和激情令所有后辈建筑师为之汗颜。

想必你了解瑞士目前摇摆动荡的局势。我们正在竭力维护国家的独立。

---

[1] 霍拉伯德（John Holabird，1886—1945），美国建筑师。
[2] 鲁特（John Root, Jr.，1887—1963），美国建筑师，著名建筑师鲁特的儿子。

随信附上一些我作品的照片，恳请你严厉的批评。我听说在纽约举办了你的大型展览。很遗憾我无法前往观看。瑞士也正需要一次这样的展览！

希尔维亚和三个孩子都很好，过几天，我们将去滑雪度假。洛伦兹现在和我差不多高，再过两三年就要从学校毕业了。他也想做一名建筑师。如果他有机会做你的学徒，我将不胜荣幸。

我本人以及我们全家人，向你和赖特夫人奉上一九四一年的新年祝福。

你的沃纳

Lulu Bett
露露·贝特小姐

佐娜·盖尔[1]曾对我说："我认为，你做过的最明智的事就是留在这个国家。"

我回味着她的话，此中颇有深意。

当塔里埃森还只有希尔维亚、戴妮和信这三位妻子时，有时我会带着她们当中的一两位开车沿河而上，去波蒂奇市拜访佐娜。为此，我不得不忍受她住的那座老式殖民地风格的盒子（当然，那并不是她自己盖的）。这个被柱式包裹着的乡间宫殿突兀地立在街边，把一大片草地留在威斯康星河畔的后院。草地上稀疏的几棵大树，守着从塔里埃森的窗下流到这里的河水。

我的家人都认识佐娜，我母亲和姨妈们都很崇拜她。我在日本读了《露露·贝特小姐》，立刻决定回到美国后要深入地了解它的作者。如果不能实现这个愿望，也务必要搞清原因何在。她和夏洛特·帕金斯·吉尔曼[2]一起来塔里埃森做客，于是，我见到了她。

去佐娜家的路上，我们时常会在河边采满满一大捧野花。有那么一两次，她的老父亲粗

---

[1] 佐娜·盖尔（Zona Gale，1874—1938），生于威斯康星州的美国女作家。她发表于1920年的小说《露露·贝特小姐》讲述了一个威斯康星州老处女的艰辛生活。她将这部小说改编成戏剧，为此获得1921年的普利策奖。1928年她五十四岁时结婚。

[2] 夏洛特·帕金斯·吉尔曼（Charlotte Perkins Gilman，1860—1935），美国女作家和女权主义者、社会活动家，代表作有半自传体小说《黄色壁纸》（*The Yellow Wall-Paper*）。

暴地喝令我们把花全都扔在门外，因为他患有花粉热。

有时候，我会带上龟城和信夫妇，让他们穿上和服（少不了日本纸伞），在河边的草地上摆出姿势为佐娜做摄影模特。她家里总有一些文学名流出没，和我们一道共进简单的晚餐。

我非常厌恶佐娜·盖尔居住的环境，那里配不上她这件威斯康星州的宝贝。在还没遇到奥格瓦娜之前，我曾经有过这样的念头：对于《露露·贝特小姐》的作者而言，塔里埃森会是更适宜她的家。可惜我已经是一个浪荡之徒，无法引她垂青。或许我总是期待女人和我做爱，然而我却想象不出如何同佐娜·盖尔做爱。

她始终欢迎我们，不时邀请我们到家里做客。但是她不愿和我在公开场合露面，担心这会危及她非常珍视的威斯康星大学校董的职位。我猜测或许个中另有原因，当时离她结婚的日子很近了。和我在公开场合露面，曾经给许多女子带来危险，更不要说给我本人造成的危险。我所爱的是写出《露露·贝特小姐》的佐娜。略微熟识之后，我告诉她我不相信是她写的这本书。她自己和露露·贝特的差异是如此之大。然而你无法和佐娜争辩，她是那样地完美可爱，仿佛一件精致的象牙雕刻。

我仍在琢磨，她所说的"最明智的事"本意究竟何在。据我所知，并没有什么"明智"的选择使我留在这个国家。如果有的话，那只是一种体质和血脉的牵连。我的母亲深爱着这片山谷。我确信，当我吸吮着她的乳汁，其实就是在吸吮着这山谷的乳汁。

伴随着我的成长，这片土地的美更深地沁入我的身体。踏着被落日拉长的影子在乡间散步，就像是看一眼杯中微苦却又醉人的鲜啤酒，喝上一口；再看一眼，再喝上一口。我不禁想知道，所谓的"天堂"里是否也有如此美妙的地方。如果没有，那么死亡将是多么可悲啊！无论死去还是活着，我热爱的乡间都是一个永不背弃的诺言。

The American Citizen
美国公民

与"塔里埃森乐悠悠的夫人们"和"露露·贝特小姐"一起组成三部曲的是另一段往事：奥格瓦娜何时、何地、如何出现在我的生命中。命运之手安排她出现在那个特定的时刻。既然命运如此安排，而这又是一本自传，我不敢违抗命运的意志，擅自篡改她出现的时机或者遗漏这段故事。十八年来，她靠在我的臂弯里，紧贴我的胸膛，一直是我欢乐和灵感的源泉。

我为她的故事随手写下了一个标题：美国公民。虽然它远远无法体现故事所蕴含的深意，但这毕竟是如今奥格瓦娜真实和恰当的身份。

假如我是在持续不断地"成长"，那么当奥格瓦娜出现的时刻，我正站在一个新的起点前，至少是我成长历程中一个至关紧要的阶段。那时，我生活中的某种东西早已失效，却始终固守不去。是什么？是我自己吗？

我遇到她的时候正和杰瑞在一起。杰瑞·布鲁姆是我早在中路花园时就合作过的"老相识"。杰瑞心地纯良，有时候却令人生畏。他是一个周游四海、外粗内秀的画家，可惜被父母如流水般花在他身上的钱毁掉了。当时他正因为和妻子露西闹矛盾而怒气冲天，而我正在人生前所未有的谷底徘徊。某一个星期天，我恰好在芝加哥的国会酒店小住。我们两个"悲惨世界"里的人，走过两个街区，去看下午场的俄罗斯芭蕾舞团演出。

我们的座位在靠近舞台的包厢，挨近栏杆的位置。包厢里的第三个座位空着。很显然，它是座无虚席的整个观众厅里唯一的空位。舞台上卡莎维娜[1]刚刚起舞，引座员悄声地领着一位苗条的深色衣服女子，走到满场唯一的这个空位前。我偷偷观察着她贵族气质的仪表——美丽但毫不张扬，没有戴帽子，额头上中分的深色秀发遮住耳朵；几乎没有化妆，小巧的披肩和非常简洁的衣着。法国人吗？极具法国气息，但也可能是俄罗斯人。不去多想她的国籍，我立刻被她的容貌所吸引，揣测她是谁，从哪里来，为什么来到芝加哥。从这位温柔的陌生人走进包厢也走进我的生命起，虽然能够清楚地看见卡莎维娜立在一个脚尖上，我的心思却已经完全不在舞台上了。

对于坐在他身边这位举止优雅、苗条的深色衣服女子，杰瑞显现出比对卡莎维娜更为浓厚的兴趣。他略微凑近了一些——显然令对方感到不安而坐得离他远了一些。我透过栏杆看看楼下的池座，目测一下假如我把他扔下去的话，他会落在哪里。鉴于会伤及下面过多的无辜，我只得打消了这个念头。

---

[1] 卡莎维娜（Tamara Karsavina，1885—1978），俄罗斯著名芭蕾舞女演员。

他愚蠢地冲着我夸赞起卡莎维娜,用意却是身边的女士。我也回敬了他一句,同样是为了引起这位陌生人的注意。

"不,卡莎维娜糟透了。她已经死了,"我指指楼下的观众,"他们也全都死了。是死人在为死人们跳舞。"

年轻的法国女士朝我投来会心的一瞥。曲线妩媚的额头,深色的眼睛,莫非她是一位俄罗斯公主?

这一瞥击中了我。一股莫名的欢喜涌满我的全身。突然间,我痛苦的心中亮出一片天空。过去的许多年,我一直隐隐渴望着的东西在心中荒废,终于出现在我面前。诗意的生命!这一次机缘巧合,难道不是一首诗?我像是一个饥饿的人。

直到中场休息之前,我完全没有意识到杰瑞的存在。某种昏睡已久的东西在我胸中苏醒了。中场休息时,杰瑞迫切地打听这位女士的来历。"请原谅,夫人,我们在哪里见过吗?"对方的冷淡之中透着疑惑。"在纽约,瓦尔多·弗兰克[1]家里,对吗?"她很吃惊地望着我,在记忆中搜寻着。没错儿,这位陌生的女士凑巧认识瓦尔多·弗兰克的妻子玛格丽特。我们聪明的骑士又举出几个她也认识的名字,杰瑞就此打开了前进的道路。他介绍我道:"我的朋友弗兰克·劳埃德·赖特,著名建筑师。你或许听说过他。"她没有听说过,但是她看我的目光流露出似乎在哪里见过我的样子。我想我一定也在哪里见过她。不,我从未见过像她这样的人。某种朦胧的东西渐渐变得清晰。

她的语调富有低沉的音乐感。她用简短的一两句话评价卡莎维娜的表演,表现出对舞蹈和舞蹈界非同寻常的熟悉。我提议演出之后一起在国会酒店喝茶。想必是命运悲悯我的灵魂,从一个未知的世界里遣来使者暗中加以撮合,她点头接受了我的邀请。她接受得非常自然,不带丝毫做作和犹豫。

我爱上了她。

一切就是这样简单。当命运之手安排妥当,其他一切都退在幕后。本应如此。

茶叙间,自然少不了林林总总有关哲学和艺术的话题。我和她互递着微妙的弦外之音。她从容的仪态,得益于在葛吉夫的灵修学院接受的训练,令我遇到过的所有人接受过的教育

---

[1] 瓦尔多·弗兰克(Waldo Frank,1889—1967),美国小说家。

都相形见绌。不经意间，我知道了诸位已经知道的一些故事。她——奥格瓦娜，生于黑山的采蒂涅一个政府要员家庭，由姐姐照管，在俄罗斯的巴统接受教育。此时，她带着七岁的女儿斯维特兰娜，刚刚从巴黎来到芝加哥，与已经分居了的丈夫处理一些事务。她原本打算尽快返回巴黎。诸位也已经知道，这个有趣的名字"奥格瓦娜"，是她在巴统的朋友们把"奥尔迦·伊万诺夫娜"（俄语里"约翰的女儿奥尔迦"）精炼而成的别名。这个别名是类似英语里某某"先生"或"夫人"的一种尊称。

我对葛吉夫学院有所耳闻，它的宗旨是倡导人和谐的内心世界。前一年夏天，葛吉夫这位来自亚洲的哲人率领他的学院，在纽约的卡内基音乐厅展示对人性协调的独特研究。奥格瓦娜曾是葛吉夫的追随者之一。从她那里，我对这团体独特的训练方式有了更加深入的了解。

奥格瓦娜用他人无法模仿的语调向我讲述了这些。在此，我只是用我自己的话加以转述。包括邬斯宾斯基[1]、奥拉格[2]、罗斯梅尔夫人和凯瑟琳·曼斯菲尔德[3]等名流，似乎都是葛吉夫的资助人和信徒。他门下出众的学生包括奥格瓦娜、让·扎茨曼、莉莉·盖罗尼、哈特曼夫妇和舒恩瓦尔夫妇。在我看来，葛吉夫创立的这种舞蹈修身体系与达克罗士[4]的教育方法非常接近，但是前者更为博大精深。奥格瓦娜将它描述成一种奇妙的灵性开悟。奥格瓦娜似乎很赞赏我对葛吉夫学院的评价。隔着一张小小的茶桌，我们谈到许多有趣的话题，但是我和她的交流绝不仅限于言语。我没有小说家的妙笔，无法描摹当时我们那种默契。或许梅瑞迪斯能担此重任，但是就算他能够写出来，恐怕也难以令我和奥格瓦娜满意。

杰瑞在旁边滔滔不绝。奥格瓦娜不露声色地避开杰瑞的话题，却又不会让他太尴尬。我很崇拜她这种淑女的艺术，胜过我崇拜她对哲学的见地。但是杰瑞毕竟非常健谈，为我们的谈话添了些火花，因此我姑且原谅了他的放肆。半小时后，奥格瓦娜起身告辞（起身就是她的示意），她必须回去照看女儿。但是我无法接受让她就这样离去——我害怕她会永远消失。

"奥格瓦娜，能否留下你的地址，这样我们或许会给你打电话。我想继续向你请教。我无法想象让我们有趣的相识就此中断。"我一片真诚的求知热情，让她的迟疑只保持了短短

---

[1] 邬斯宾斯基（P.D.Ouspensky，1887—1947），俄罗斯数学家及哲学家，曾受到葛吉夫的直接影响。
[2] 奥拉格（Alfred Orage，1873—1934），英国作家。
[3] 凯瑟琳·曼斯菲尔德（Kathleen Mansfield Murry，1888—1923），生于新西兰的英国女作家。
[4] 达克罗士（Émile Jaques-Dalcroze，1865—1950），瑞士音乐家，创立了一种音乐节奏的教育法。

一刻。但是不难看出，我想向她炫耀的热情不亚于我想求教的渴望。杰瑞记下了地址——作为一个画家，他总是随身带着一支铅笔；作为一个建筑师，我从来不带。

奥格瓦娜走了。多么迷人的名字啊。灯光随着她的背影远去而熄灭。然而我很清楚，无论她身边或是我身边有怎样的阻力，任何事都不能阻挡我再次见到她。我到东部去了一个星期，在火车上给她写了一个字条。我重又陷入难耐的空虚。

一回到芝加哥，我马上打电话叫杰瑞过来。我猜他已经去找过奥格瓦娜。可怜的杰瑞被露西折磨得惨不忍睹，我只好先听他倾诉苦水。

"杰瑞，你去找过奥格瓦娜吗？"

苦命的画家去拜访了奥格瓦娜。"可是，奥格瓦娜只想谈关于你的事，简直无聊透顶。"杰瑞觉得索然无趣，对此我万分感谢，甚至他此刻发出的几声个性化的咒骂，我听起来也很悦耳。

我给奥格瓦娜写去一个字条，询问何时能见面。在商定的时间，我邀请她观看演出。演些什么我们如今都记不得了，总之无关紧要。她有几个知心的朋友住在芝加哥河北岸，其中有些是音乐家。我们很快就开始搅扰这些朋友。

不久，我邀请她来塔里埃森，见一见希尔维亚、戴妮和信，还有她们各自聪明能干的丈夫。奥格瓦娜和"塔里埃森乐悠悠的夫人们"有诸多欧洲式的共通之处。她第二天下午才离开。我在一九二四年时的"家人们"了解我身上发生过的一切。他们都坚信奥格瓦娜属于塔里埃森。她的离婚申请正在法庭处理中，并且已经获得对方同意。我的申请也一样，只待签字——那么何必等待呢？两股激情涌动的喷泉不会等待。我们的天性中从未有过等待，也永远不会有它的位置。

假如我们稍加"等待"，将会避免多少困苦和艰辛啊，对此我们毫不知情。但是即便有所预见，或许依然不会有一丝迟疑。

无论是幸福还是坎坷，我们相互拥有。

奥格瓦娜属于我了。在一起去纽约的火车上，我给她读了卡尔写的《白马姑娘与蓝色风之子》。我相信卡尔也会为她选这一篇。我刚刚读完《鲁特伯格故事集》[1]，喜爱之余我给卡

---

[1]《鲁特伯格故事集》(*Rootabaga Stories*)，卡尔·桑德堡写的一本儿童故事集。《白马姑娘与蓝色风之子》是其中一篇。

尔写了一封致谢的短信,你将在稍后读到。

我们用诗意的激情勇敢地开启了新的生活,然而艰辛随之而来。正如你在前面第三卷里看到的那样。你没有看到的是,命运——终于有这么一次仁慈地对待我——安排的相遇最终结局如何。十八年来,奥格瓦娜这位完美的伴侣和我一道在塔里埃森经历了幸运与不幸、健康与疾病(绝大多数时间里是健康)。奥格瓦娜不是那种只在阳光下出现的朋友。我们共同完成了丰硕的事业,分享充实的生活。我们经受过的考验,足以击垮任何一个没有为捍卫理想做好准备的人,足以挫败任何一个不能将造化的馈赠和炽热的爱情化为灵感的人。

无论顺流或是逆流,和她在一起总让我的意志蓬勃向上。

我们结婚了。但是除非你刻意强调,我们自己甚至注意不到这个世俗法律的节点。我身边的这个女子怀有与我相似的理想,充满激扬的想象力。她是一位真正的伴侣。

无论共同面对怎样的困苦,她从未退缩过。

令人惊诧的是,从她珍藏的照片上看,她的黑山祖辈与我的威尔士祖辈何其相像。虽然我和她的相貌并不相似而只是精神相通,但是若干世代之前,我们的先祖来自同一个家族也未可知。

威斯康星大学的约翰·康芒斯教授告诉我们,这一点不足为奇。因为黑山人、巴斯克人和威尔士人都是有所关联的山地民族。她经受的严格的教育经历,和我的少年经历非常相近。我们两人不但分享基本的价值观,并且也相互认同由此生发的许多观念。在无关大局的生活内容方面,我们之间恰好有足够多的差异,让我从她的一举一动中找到乐趣。她能够无比自如地解决学徒会遇到的任何问题。她会雕刻、绘画、烹饪、舞蹈、演奏和歌唱。斯维特兰娜在这方面很像她。这不仅仅是多才多艺,而是每一种才能中都蕴藏着激情。

在一系列前文描述过的法律纠纷之后,斯维特兰娜来到塔里埃森和我们共同生活。如今,她是韦斯利的妻子。

至于那个让塔里埃森完整的"小可爱",伊奥万娜已经长成十七岁的大姑娘,和她母亲一样高,一样亭亭玉立。她有一头和我在她这个年纪时一样的栗色头发。她看人的眼神颇有几分像我,但是幸好也有几分像她母亲,免得像我一样乖张惹事。

这些都算不上什么故事,不过是一些不值一提的家事而已。在我们太迟的相遇之前,奥格瓦娜和我都经历了太多坎坷。奥格瓦娜时常说起:"为什么你我没能更早相遇,相遇在所有过去的坎坷变为现实之前？"在我看来，这似乎是有些忘恩负义，因为她不会喜欢那个尚未被无数困窘锤炼过的我。那时的我，心中还没有对诗意生活的渴望，还没有治愈太多打击和太多赞誉对我造成的创伤。我厌恶那时的自己。同样地，如果奥格瓦娜缺少了因为她自身的挫折而激发的渴望，她的脸上将不会有今天这样高贵的神情。我也不会像今天这样，如此自豪地看着她浸染白霜的长发拂过秀美的前额。

勇敢的她怀有一颗母狮的心。

不，我认为我们相遇的时机恰到好处——正如天外诸神安排的那样。我甚至不愿意让今天的自己变年轻几岁。因为今天的奥格瓦娜和我都处于恰到好处的年龄，拥有足够成熟的人生。在成熟与青春之间，我无疑更青睐前者。我宁可死去，也不愿重拾我自己的"青春"。

当奥格瓦娜被"引导"着宣誓成为美国公民时，她笔直地站在法庭上，回答法官的提问。她吐字清晰地答对了所有问题。唯有一个问题，她犯了滑稽的错误。

"赖特夫人，我们这个国家的政府形式是什么？"

"民主，先生。"她毫不迟疑地答道。

年老的法官冲她俯下头，带着一丝微笑，敲打着他桌上的记事簿。"不对，赖特夫人。我们是一个共和国。"

从此，她是美国公民奥尔迦·伊万诺夫娜。

To Carl Sandburg，Poet
致诗人卡尔·桑德堡

亲爱的卡尔：

几乎每天睡前，我都要读你写的这些童话。它们是我长久以来向往的东西——诗歌。不用多久，我就能把它们全都背诵下来了。

你把书寄给邓塞尼爵士[1]了吗？收到你寄来的书，他一定会为自己生为爵士所以不得不写些神灵题材而感到遗憾。

---

［1］ 邓塞尼爵士（Lord Dunsany，1878—1957），英国小说家，以魔幻题材小说著称。

很久以来，我一直试图像"小亨利"那样戴着露指的手套弹吉他。多么美的《白马姑娘与蓝色风之子》啊！还有那些在玉米里随风起舞的小精灵，《玩具娃娃的婚礼队伍》和《想一起有个孩子的两座摩天楼》！

卡尔，今后一百年里出生在中西部大平原上的孩子们，都在用他们粉嫩的小手捂着脸，盯着你偷偷地笑。他们知道自己找到了一个朋友。

还有幸运的"小燕雀"和"斯卡波奇"[1]，她们那个从火中诞生的爸爸懂得蓝色。蓝色是幸福的幻想。无论多么伤心，蓝色总是会醒来并且歌唱——或许永远不停地歌唱？

是的，卡尔，唯有从火中诞生的人才懂得蓝色。你正是我心目中的这种艺术家。请把这朵小花在你的帽檐上插一天，它是我和往常一样在小路通向天空的地方采来的。我会在鲁特伯格镇那里等着你带"小燕雀"和"斯卡波奇"来和她们的叔叔一起玩。

弗兰克
塔里埃森

那时候，天才的卡尔正在细数我们国家最受爱戴的英雄[2]有多少根头发，用手指触摸英雄衣服上的每一个扣子。这位伟大的领袖真诚地相信，唯有一半国土以自由的名义毁掉另一半，联邦才得以存在。走上奴隶制这一条歧路的农场主们，被走在机器化大生产控制消费这另一条歧路上的工厂主们消灭了。

这位伟大的狂人，发明了一个民主国家内战的征兵号令，以白人为奴隶驱赶着黑人奴隶，使后者变身为国家的一部分。他并未禁绝奴隶的存在，而是给金钱和机器这二位强权者加冕，在被摧毁了的南方的废墟上挥舞着星条旗。假若北方给予任何实质的帮助，南方的文化原本可以深深地扎根，并且借此从罪恶的深渊中自我解救。

---

[1] 都是《鲁特伯格故事集》里不同短篇中的主人公。"小燕雀"和"斯卡波奇"既是书中人物名，也是桑德堡两个女儿的名字。
[2] 即林肯。

拿破仑说："你知道什么事最令我惊诧吗？暴力没有能力组织起任何事物。"战争本身就是对文明的一种否定。

The Invited Guest
受邀的客人

巴西，里约热内卢
一九三〇年十月

泛美联盟[1]邀请我前往里约热内卢，作为代表北美洲的评委，评判哥伦布纪念碑的国际设计竞赛。由赫伯特·凯尔西（他设计了华盛顿的泛美联盟大楼）负责组织此事。可以偕夫人同行，看起来这会是一次有益身心的远游。虽然奥格瓦娜和我都是蹩脚的水手，但是说不定在平静的南大西洋上，我们会表现得不那么差劲儿。

好了，我们整理行囊，在船就要起锚离岸前，跳上一艘美国造的邮轮。

凯尔西已经在里约热内卢等候。

同船的有一群外交官，还有芬兰建筑师伊利尔·沙里宁[2]。不知何故，他从美国出发却代表欧洲。欧洲和北美洲这两块大陆，将通过芬兰和威斯康星进行交流。我一向对沙里宁心存不满，我认为他是最成功的外来的折中主义者。当然，这样的评价背后不乏嫉妒之心。眼看他轻松地在美国富豪的港湾里赢得泊位，而我却不得不在风浪中苦苦抗争。没错儿，这的确是有些小肚鸡肠。但是，美国的井底之蛙们认为如果能找到文化的话，必然是取自海外。舶来品在闭塞的地域广受追捧，尤其在底特律。我猜他们认为在美国本土找不到什么值得关注的东西。

当然，这不过是因为他们还没有睁开眼睛。

沙里宁这位操着北欧口音的英语、来自芬兰的世界公民，将我此前的抵触情绪一扫而光。在船上，我们很快成了朋友，对每一个话题都抱有一致的观点。我同意他的许多观点，

---

[1] 成立于1890年的政治组织，旨在加强美国与拉丁美洲国家之间的合作交流。
[2] 伊利尔·沙里宁（Eliel Saarinen，1873—1950），芬兰著名建筑师，自1923年起定居美国。

而他对我的观点即便有异议,也都被我说服了。

写到这里,我想起在芝加哥火车站餐馆里的一次偶遇。我和沙里宁各自为一座教堂的设计途经这里。他前往哥伦布市,我赶往堪萨斯市。正如他通常的好运,他的项目预算有一百万美元;正如我通常的晦气,我需要依照大约十五万美元的造价,设计规模相仿的教堂。沙里宁问我,是否在报纸上看到了他的设计方案:"你觉得它怎么样?"

"嗯,伊利尔,"我答道,"看到这个方案时我不由得想,他是多么伟大的一位建筑师啊——我指我自己!"

他在我胸前擂了一拳,我们开怀大笑。这就是真正的沙里宁,恐怕那也是真正的我。沙里宁生而为一个芬兰人,死亦是一个芬兰人。

而我呢?一个有英国人血脉的美国人,生于斯长于斯,并且拒绝死去。

每次提到沙里宁,我总是会想到给匡溪艺术学院[1]带来魅力的卡尔·米勒斯[2]。

卡尔是雕塑家——或许是举世最伟大的一位。

在他自家的大厅里,摆放着原是巴贝里尼家族[3]藏品的整套古希腊雕塑。那是他亲自购买并从罗马运到美国来的。他曾说要将这些雕塑送给塔里埃森,而不是留在匡溪艺术学院。

我多么希望巴贝里尼家族的收藏能在塔里埃森安家。

继续我们的南美洲旅程。客货混装的巨轮在里约热内卢的晨曦中靠岸。日出的港口无比绚丽。一群小伙子(我猜是学生)登上船围住了我们,他们当中只有一个(或许还有半个)能讲英语。

他们代表的是巴西美术学院的七百多名学生。学校里正在举行所谓"罢课"(这是从美国借来的说法)。这所学校是法国人依据法国模式创办的。拉丁人理所应当关照拉丁人嘛。美术学院的教授们,把我和我的每一位志同道合者都拒之门外,图书馆里禁绝所有我写的书和有关现代建筑的刊物。

这些小伙子受全体学生之托,向我求助。

---

[1] 匡溪艺术学院(Cranbrook),伊利尔·沙里宁在密歇根州底特律附近创办的艺术学校。
[2] 卡尔·米勒斯(Carl Milles,1875—1955),瑞典雕塑家。
[3] 巴贝里尼家族(Barberini),16—17世纪罗马的显赫家族。

我会帮助他们吗？

我会的。

"要当心，"沙里宁说，"这是一个崇尚革命的国家——还不等你醒过神来，嗞啦——"他拿手指在喉咙上比画着，"到时候后悔莫及。"

"没关系。来吧，一起来帮助他们。"然而，他选择留在侧翼。

很快，我就有些招架不住了。

当我遇到赫伯特·摩西的时候，我的脑袋还安全地装在脖子上。他是里约热内卢的主要报纸之一《环球报》的编辑。借助于他，我很快就学会了如何用一种外语来发表演讲。摩西不仅思维敏捷，而且擅长表达（不愧是老到的编辑）。我向他解释了我准备帮助学生们的想法，他也非常热心。

和敌人首次交锋的战场，是美术学院古香古色的大厅。我和美术学院的名流们在台上落座。坐在我身边的是会议主持者——巴西大学仪表堂堂的校长。他用英语问候我："好——你。"我回答道："你好。"显然比他讲得要流利一些，毕竟我是在使用母语。我懂的葡萄牙语比他懂的英语还略少一些，而我刚听到的这一句就是他会的全部英语。美术学院的七百多个学生中，虽然有不少能读懂英语，居然只有一个半能讲英语！

《环球报》的编辑讲起英语来，活脱脱一个扬基佬。

我们的驻巴西大使，随和而又称职的摩根先生也到场发言。

我们这些名流端坐在高高的长凳上，就是美国法官们坐的那种长凳。学生们黑压压地挤在台下。

会议开始阶段是富有拉丁民族特色的正规礼仪。巴西大学的校长致欢迎词，随后是两位教授致辞。轮到我发言的时候，不待我开口，台下骚动起来。

我拉住《环球报》编辑的胳膊，和他并排站着。我每讲一两句话之后，由他翻译给学生们。他的翻译让年轻的叛逆分子们情绪异常高涨。

生性奔放的拉丁人。

我尽力为他们呼吁——青年是巴西的未来，如果压抑这些活跃向上的青年，让长者们的意图左右他们进步的思想，巴西还有什么未来可言？诸位不难想象我都讲了些什么。我的讲话结束，《环球报》的编辑也停止了翻译。

年轻人冲上台来，围住了法官们的长凳，把名流们推到了一旁，连《环球报》的编辑和大使先生也被挤到一边。他们夹住我来到街道上，拥上一辆出租车，驶向科帕卡巴纳海滩。

接下来，是会议和更多的会议。

有关哥伦布的事宜退居次要，但是最终我们还是对参赛作品做出了评判。然后就是一次次盛大的宴会。我写下了对竞赛的评判意见，其他评委都很客气地一致赞同——何必为此争执。争执有什么意义呢？一个英国青年凭借实力获得了大奖。可惜除了五六个例外，所有参赛作品都是宏大狂热的拙劣形式，空有精湛的绘图技艺。和几乎所有竞赛一样，整个过程都是一场徒劳。除了一帮平庸之辈评判一个平庸之辈的平庸作品，竞赛还能意味着什么？评委们通常是被挑选出的一帮平庸之辈。他们做的第一件事，就是剔除掉最差的和最好的作品，然后再从一堆平庸之作中挑出平庸的代表。这就是他们力所能及的事。然而，我不会这样做。

美术学院的"罢课"趋于白热化。我已经记不清自己在多少场合发表了讲话，记不清给《环球报》和《晨报》这两家巴西主要的报纸写了多少篇稿子。

每次学生们来邀请我，我都欣然参加他们的活动，并且由赫伯特·摩西充当"翻译"——希望他的确是在翻译我的话。他变得口若悬河，让我疑心他对我讲的话做了过多的发挥。我见到了学生们期待的"现代派"教授，他们都是很出色的建筑师，有很优秀的人品。权威人士们要么是过于疏漏，要么是宽宏大量，竟然没有将我逮捕。但最终有一位名叫阿罗约的教授被逮捕了，他曾经和我并肩向学生们讲话。

沙里宁警告我，接下来就会轮到我。

他以芬兰人独有的镇定，在一旁静观事态。

巴西有一所最高学术机构，是类似法兰西学院那种打造勋章的场所。巴西国家艺术院为我召开了一次会议，授予我荣誉院士。我接受了，条件是国家艺术院帮助学生们争取自由。

他们同意了。

巴西建筑师协会为我们及夫人们设下晚宴。我为了学生的福祉慷慨陈词，直到在我的发言和七种不同品牌葡萄酒的共同作用下，与会人士都热泪盈眶。我自己没有喝酒却也同样热泪盈眶。建筑师协会在席间授予我荣誉会员。我接受了，条件是建筑师协会帮助美术学院的学生们。

他们同意了。

里约热内卢人就像一团燃烧着勇气的火焰。我从未想过我会像这样爱上拉丁民族。在我们逗留期间，奥格瓦娜和我的脚掌几乎挨不到地面。我们被热情的朋友和他们美丽的妻子簇拥着，从一处聚会转到另一处。周末的时间，我们在科帕卡巴纳海滩上晒太阳，或者驱车沿着市郊的海岸线，饱览里约热内卢轮廓奇丽的群山。

凯尔西一定对我痛恨之极——所有这些和哥伦布纪念碑有何相干？

一位著名的法国景观建筑师，当时也身在里约热内卢。他为这里的海滩设计了凡尔赛宫式的花园。当地人请我对他和他的方案做出评价。

我深感难以胜任。

在我们六个星期的逗留期间，恰逢"大西洋"号[1]到港。里约热内卢全城出动，涌到码头上一睹其芳容。幸亏大使馆强悍的保镖在人群中挤出一条路，我们才得以跟在大使先生身后，从跳板登上船，欣赏我心目中法国对现代建筑做出的最大贡献。

巨轮室内优雅的设计和精美的手工艺果然令人叹服。我坐在那里，为之倾倒。

里约热内卢人只有一个缺陷——他们疯狂地热衷于照相。无论何时何地，不管是公开场合还是私人聚会，在你意想不到的时刻总有快门或者镁光灯闪个不停。大使摩根先生通常都会在场，他堪称里约热内卢的红人，没有一个公共或者私人的社交场面能少得了"大使先生"。

宴会之后，每个人都与其他所有人合影。我被建筑师们簇拥着拍照，特意由王牌人像摄影师掌镜。照片冲洗出来之后，我不得不在一大沓照片上签名，以便送给每一位巴西建筑师。

我们将要启程回国。各种欢送活动热闹无比。学生们希望能为我们做点什么，但是他们说自己已经"潦倒"得太久（和我一样）。有几个人想买花送给奥格瓦娜，可惜囊中羞涩。

或许他们可以到我们的酒店，为我们唱一首夜曲？是的，他们来了——数百个学生。

他们把钢琴推到舞厅中央，有几个人拿起乐器来即兴演奏。他们穿起传统装束，载歌载舞直到凌晨三点钟。我们倚着二楼走廊的栏杆朝下看。我真希望有一位美国电影大亨能把这

---

[1] "SS L'Atlantique"，一艘往返于欧洲和南美洲之间的邮轮，长约230米，排水量42000吨，以华丽的室内装修著称。1942年毁于火灾。

场表演拍下来，带回国来放映。但是如果我当时提起"美国电影大亨"的话，要么会得罪他们，要么会被认为我指的是他们自己的某位大亨。里约热内卢人一向对我们美国人自称"American"颇为不满。于是，在和他们的交谈中，我把自己的国家称作"尤松尼亚"。他们很喜欢这种叫法。虽然是第一次听说，但是他们认为这个名字非常恰当。

在风和日丽的大西洋上，我们搭乘一艘美国船回国。我常常疑惑，为什么我们要制造这种客货混装的巨轮？今天，这艘船没准儿已经被德国潜艇击沉了。总而言之，我们很高兴回到家里。

塔里埃森又一次从我美丽的梦境化为现实。没有什么比从远方回到家里，更像一次美梦成真。

我们到家两个星期之后，大使摩根先生发来一封电报。小伙子们盼来了他们期待已久的那几位教授。

从此，美术学院的学生们可以自由成长，为巴西的未来尽一份力！

我们带回来一大堆照片和登有照片的报纸。我的助手亨利坐在那里，把它们裁剪整理成一本十三英寸见方、两英寸厚的相册。今天你来到塔里埃森，仍然能够看到它。

Sniff Taliesin
塔里埃森的气味

塔里埃森宽大的窗户几乎总是敞开着，把四季的各种气味迎进屋里。塔里埃森弥漫着它自身独有的气味。初次来访的客人总会注意到这些气味，饶有兴致地问这是什么发出的香气。

春天和夏天，门和窗都敞开着。最早飘来的是附近山上白色野梅花的香气，草地上种的海棠和山楂树也从枝头送来花香。尔后，田野里苜蓿甜甜的气味乘着早晨和傍晚的微风飞进屋里。再过几日，扑面而来全都是新堆的干草的气味。

秋天，关上窗的屋里是刚烧过的橡木的气味，混合着果盘里的苹果和没剥壳的山核桃的香味——那是所有香气中的王者，还有漆树的味道。

初冬，刚从田野里采来的乳白色的香青菊点缀着屋里各处。它温和的花香之于人的嗅觉,就像红榆粉[1]之于一个幼儿的口味。在十七座石头壁炉里,直到早春时节木柴用光之前,橡木燃烧的火苗几乎从不熄灭。

塔里埃森的壁炉极少冒烟。深秋的寒夜或者塔里埃森被积雪覆盖的严冬,少数几个壁炉的烟囱顶会飘出细细的白烟,直直地升上繁星点点的夜空。

冬日的塔里埃森最能够展示它自身,而且具有最美妙的气味。

橡木燃烧散发的微酸的气味,淡淡地混合着采来的香青菊奇妙的气味。桌子上和窗台上,一捧捧乳白色的干花插在古香古色的中国瓷瓶里。清新的空气混合着橡木的火焰和香青菊奇特的花香,这就是"塔里埃森的气味"最经典的配方。

Aggressive Foreign Policy——A Fable
咄咄逼人的外交策略——寓言一则

从前,有那么个可爱的小约翰。某一天,他和小汤米、小詹妮等许多小朋友一道上学去。在路上,小约翰瞧见一个他从没见过的东西:树丛里的马蜂窝。不知道它有什么奥妙,好奇的小约翰捡起一根棍子,戳了它两下。马蜂立刻涌出来扑向小朋友们,只有小约翰勇敢地逃进学校,得以幸免。

在学校里,小朋友们全都呜呜大哭,只有小约翰把他勇挑蜂窝的事迹讲给了老师。老师夸奖他道:"嚯,约翰,你真是个小英雄!我才晓得马蜂有这么可怕啊。"小约翰骄傲地端坐在教室前排,而其他小朋友全都跑出去,捅掉树林里所有的马蜂窝,保证小约翰今后的安全。

Japan—Tokyo
日本——东京

我第一次游历日本是在一九〇五年。日后,我受邀设计东京的新帝国饭店,在日本逗留

---

[1] 红榆树的内层树皮磨粉,是美国幼儿断奶后的传统食品。

了四年时间。在这之前，我已经在大洋的另一侧对于我崇拜的日本文化有所研究，而这些亲身体验让我对它有了粗浅的理解。

古老的日本文化曾给予我如此丰富的养分，因此，我无法坐视她的文化被白人世界里的"爱国者"摧残，被愚人们用笔墨肆意玷污。翻开麦克米伦出版公司[1]发行的一本新书，可以看到这类垃圾的代表。它的题献页上写道："献给温柔、谦恭并饱受苦难的日本母亲们。她们的子孙是地球上最残酷、最傲慢，也最诡诈的一群，她们自己总是收获最苦涩的果实作为回报。"

诸位，这就是西方人对东方人颇具代表性的看法。

难以想象，多少个世纪以来，这些"最傲慢的子孙"作为父亲繁衍出堪称优良品行典范的女儿，这些女儿却反过来培养出了"地球上最诡诈的一群"。为了诋毁日本，那些云游至此的西方人士极尽粗鄙之能事，毫无常识与教养可言。

吉卜林[2]以他惯有的洞察力一语道破真谛："东方是东方，西方是西方，二者永不相会。"

我确信这二者不应该相会，至少今天为时尚早。除了像我这样寥寥几个文化捕猎者（或者说是榨取者）之外，自始至终，西方从未给予东方一星半点的宽容与理解，只有彻底荒唐的文化蔑视与人格侮辱。中国和日本都保留着伟大浩繁的艺术与美。无可辩驳的是，我们留给日本人的第一印象是下流的野蛮人。

用舰炮逼迫日本"敞开国门"的佩里将军，绝非怯生生的来客。

四百年安宁的文化积淀赋予这片日升之国举世一流的艺术与手工艺，如今她被粗暴地推醒了。

"这些暴发户既没有仪态又缺乏智慧，他们神奇的力量源自何处呢？"日本的智者们百思不得其解。他们派出资深的政治家伊藤博文伯爵，辗转于世界各地考察。在两年多的考察结束后（他停留最久的国家是德国），日本最具声望的政治家带回了谜底——"炸药和枪炮"。

自此，揭开了西方难以理解的一幕。日本开始陷入歇斯底里一般地自轻自贱。她的艺术瑰宝被投进皇城护城河外众人燃起的火堆，完成了为她的文明所举行的火葬，也完成了整个

---

[1] Macmillan Publishers Ltd，1843年创办于英国的著名出版社。
[2] 吉卜林（Rudyard Kipling，1865—1936），英国作家，以印度题材的小说著称。1907年获诺贝尔文学奖。

国家的剖腹自尽。从那场疯狂的毁灭中，一位美国青年拯救出这个伟大文明的许多遗产。他的名字叫厄内斯特·费诺罗萨[1]。

日本自有的神道教——一种崇尚非凡的"洁净"的宗教，与博大精深的佛教相融汇，形成了日本长久以来的精神支柱。如今，她的信仰已是穷途末路。她在西方面前"丢脸"了，这是一种我们无从理解的东方悲剧。数百年来，她在贫苦中恪守着外界难以想象的严苛自律，而这些信条一时间化为乌有。大日本——日升之国——必定是误入歧途了。否则，这群粗暴的野蛮人，何以瞪着泛白的眼珠，击垮了他们并且吓哭了他们的孩子呢？在日本人眼中，这群有着冰冷的白皮肤、冷酷的高鼻梁的野蛮人缺乏思想的力量，更不必说真诚的勇气，但是仅仅因为掌控着从机器里喷出的毁灭之火，就能摧毁他们！

伊藤伯爵考察归来之后不久，日本的学校纷纷依照德国模式进行改造。日本建立起一套德国化的军事体系武装自己。年复一年，日本政府的特使前往西方，不懈地探寻新生力量的每一处细节，而这些秘诀的极致几乎无一例外地出现在德国。德国建筑师设计了日本的国会大厦和老的帝国饭店。日本的特使之一在德国听说了我的名字，促成了由我来设计新的帝国饭店。日本的帝国大学实际上成了一所德国大学，而现代舞台上的日本音乐在唱着"Ich liebe dich"[2]。在东方人的胸膛里，在日本举国上下的头脑里，深植下了这样的信念：有朝一日，黄皮肤的亚洲人将与西方人对峙，挣脱粗野无赖的英吉利和它的帮凶美利坚。除了借来用作手段，西方文化里没有任何值得他们崇敬的东西。为了更好地应对当前的危机，他们借来了西方人高明的手段。

多年以后，一个美国建筑师得益于几乎是偶然的机会，在东京为日本建造帝国饭店。正当此时，有美国政客公然宣称日本为劣等种族，将她划在文明国家的行列之外。

我至今仍记得消息传到日本，愤怒的人群聚集在东京的街道上。

两个多星期的时间里，没有随从的保护我不得独自外出，直到东京逐渐重归往日的平静。

---

[1] 厄内斯特·费诺罗萨（Ernest Fenollosa，1853—1908），曾在东京帝国大学教授哲学与政治经济学的美国人，倾心于包括中国瓷器、日本能剧等东方文化的研究。

[2] 德语"我爱你"。

愤怒的日本人彻底信服了。在每一寸亚洲的土地和每一片冲刷着亚洲海岸线的海面上，亚洲必须准备好自我拯救，以免沦为白人商贩兜售他们的神灵和货品的对象。

他们缜密和高效的准备，几乎瞒过了每一个"优等种族"军事家迟钝的眼睛。唯一例外的是身材佝偻的李荷马[1]。三十多年前，他曾写下的两本敏锐的前瞻性著作《无知的勇气》和《撒克逊的时代》，却没有起到应有的警示作用。与拿破仑相仿，他以世间罕有的睿智意识到，武力指向的必然是灭亡之路。

占世界人口三分之一的亚洲人，拥有最庞大的人口和最古老的文明。亚洲人意识到，他们当中的一个领先者已经掌握了西方的秘密——是炸药赋予西方残暴和野蛮的力量。西方正骑着一匹陌生的野马，而日本不仅发现了这匹野马，并且驯服了它。因此，她自视为全亚洲沉睡无知的黄种人的救主，虽然亚洲的其他种族对于危险仍懵懂无知，日本依然需要对他们的征伐方能获得领袖的地位。这种领袖地位注定了她的命运。

有一种通行的说法：太阳旗之下的东方是朝阳的世界，而西方是黄昏的世界。西方人中最卑劣的一群败类，在亚洲的海岸找到了聪慧的学生继承他们七百种肮脏的商业诡计。很快，目光狡黠的亚洲人——尤其是日本人——学会了西方力量的另一个秘籍：商业帝国里朝三暮四的拜金主义。曾经无法与老到油滑的西方商人抗衡，如今这些昏睡中幼稚的黄种人开始行动起来。不，还没有行动，但是指日可待。他们将对诡计还以诡计。身为更古老文明的后裔，亚洲人比冷酷的白种人更轻易地堕落和丧失道德。

既然收藏浮世绘在我的东方之行当中占有独特的分量，下面两段故事自然值得一讲。第一段写给我自己，第二段写给日本人。

依靠多年的积累，我收藏了大批一流的日本歌舞伎浮世绘。大约一千一百幅精美绝伦的版画——包括胜川春章[2]、胜川春好、胜川春英等人的作品。有单幅画、双联画和三联画等不同画幅形式。画面上温润的色彩，描绘着古代歌舞伎名家饰演的经典角色。任何一位收藏

---

[1] 李荷马（Homer Lea，1876—1912），美国人，曾任孙中山的军事顾问。因幼时疾病，成年后身高仅1.50米。其地缘政治论著《无知的勇气》(*The Valor of Ignorance*)和《撒克逊的时代》(*The Day of the Saxon*)分别于1909年和1912年出版。他曾预测日本将发动太平洋战争。

[2] 胜川春章（1726—1792），日本画家，浮世绘"胜川派"创始人。葛饰北斋及胜川春好（1743—1812）、胜川春英（1762—1819）皆是其后辈门徒。

家都知道这批藏品意味着什么。在东京古董商的眼中,"瑞托君"[1]已经是古版浮世绘最大规模的买家。由此诸位可以想象,搜寻江户时代的浮世绘是我在东京生活的重要的一部分。稀罕昂贵的浮世绘价格仍在节节攀升。不断有人叹息,"什么都没剩下","日本已经被密齿的耙子梳理了四分之一个世纪,别指望了"。

芝加哥的弗雷德里克·古金[2],是我们国家最值得信赖的鉴赏行家,并且人品正直。在我将为帝国饭店的设计第五次远赴日本之际,他介绍我结识了威廉·斯伯丁。斯伯丁的妻子弗吉尼亚毕业于芝加哥艺术学院。他们夫妇曾借在日本蜜月旅行的机会收集浮世绘,但是收获寥寥。斯伯丁从古金那里听说我收藏有惊人的歌舞伎题材浮世绘,于是专程来到我当时在芝加哥乐队大厦的工作室。欣赏了一套包括一百幅版画的藏品之后,他愿意出一万美元买下它们,这在当时是个很诱人的价格。明知这批浮世绘一旦卖出,就不可能再找到这样的一流精品,然而出于种种原因,我还是同意了这笔交易。

几天后,在即将启程之际我收到斯伯丁的电报,他请我到他在波士顿灯塔街的住所一叙,我欣然前往。在晚餐桌上,我才发现收藏浮世绘不仅是威廉夫妇的爱好,他的弟弟约翰也深好此道。"赖特先生,你愿意替我们在日本搜集浮世绘吗?你在这方面的经验与知识令我们叹服。你拥有如此难得的机会,我们将给予你完全的信任。没有你的帮助,我们无法找到精美的浮世绘。"他的提议在我意料之中,但是我一直没有思量好如何应对。

我突然冒出一个念头,于是提议道:"无论你们预备付给我多少钱,我都会尽数购买浮世绘。然后由我从中酌情挑选一部分画作为我的报酬,余下的所有画都归你们。这样如何?""赖特先生,这可不大像是生意人提出的建议。"约翰笑着说道。"是的,我的确不是一个生意人,斯伯丁先生。"

他们想知道为什么我不愿意接受常规的委托。"太多账目需要算计。"我这样回答道。当晚我们没有达成结论。

第二天上午,威廉和约翰兄弟两人找到我。他们考虑好了:"我们接受你的方案。你到达东京后,会在横滨银行的账户里收到两万美元。"

商议妥当,没有只字文书合约。

---

[1] 指赖特。
[2] 弗雷德里克·古金(Frederick Gookin,1853—1936),芝加哥艺术学院浮世绘展馆的首任馆长。

无论我还是斯伯丁一家，都认为找不到足够多的值得用光这么一大笔钱的浮世绘精品。第五次跨越太平洋抵达日本之后，我径直去找我的好朋友执行弘道。作为曾被明治天皇信赖的"行家"，他负责组织日本艺术在海外的所有展览。他和几乎所有欧洲著名艺术家都是朋友，尤其与惠斯勒[1]过从甚密。他非常喜欢伦敦，总是拿它和东京做比较。弘道是一位广受尊重的贵族（从名字看，他应当有一部分中国血统），在贵族圈里结交甚广，而且以坦诚正直著称。我把这件事托付给他。

我有一种感觉，那就是在普通艺术商无法接近的贵族宅院里，还藏有大量不为人知或者会被视为"有伤风化"的浮世绘名作。

弘道对此不甚乐观，但是他答应会向自己的一些朋友询问。后来，他终于被我说服，探听到某个非常谨慎的卖家想要出售一批浮世绘。弘道自有他老练的手腕，而我手中有斯伯丁汇来的现金。

最终，我以远远低于我所预期的价格买到了此行的第一批藏品。正如我们希望看到的那样，消息（秘密）不胫而走。一九一六年前后的日本，现金非常匮乏，银行的利率高达百分之九。

普通的浮世绘卖家总是首先找到我这里，我会从他们手中挑选珍品。从日本贵族的家中发掘珍品绝非易事，因为变卖家产让他们感到颜面扫地，即便是某些"有伤风化"的浮世绘也不例外。然而，弘道显然自有路数。结果一发而不可收，两万美元很快就花光了，换来了一件件稀世之珍。我精选出其中的上品留给斯伯丁。在弘道自家的宅院里，我把这些版画加以装裱，并且分类编目。在日本的五个月里，我不断地给波士顿发电报，要求追加钱款。每一次都立即有现金汇来。除了急切的催款电报，我没有向斯伯丁做任何解释，他们也从未向我提出任何疑问。我用斯伯丁汇来的总计十二万五千美元，买到了价值约一百万美元的浮世绘。

今天，其中许多幅版画已是孤品。

这批无价之宝中的绝大多数，作为斯伯丁家族的捐赠现存于波士顿美术馆。

"何时启程归国？"收到询问的电报后，我旋即复电："最近一班邮轮。"我把画作整理装箱，登上了将要起锚的巨轮。在斯伯丁郊外的别墅里，我展示了此行的成果。虽然斯伯丁

---

[1] 惠斯勒（James Whistler，1834—1903），定居英国的美国画家。

家的三位自身已经具备足够的鉴赏力，他们仍请艺术鉴赏的权威古金到场作为顾问。整整三天时间，浮世绘的宝藏让斯伯丁一家和古金不敢相信自己的眼睛，连我自己也仿佛置身梦中。在一场世间罕有的精美艺术品的饕餮盛宴之后，我们坐下来稍事喘息。

"满意"已经不足以表达威廉·斯伯丁的心情。他的大喜过望溢于言表："赖特先生，这样的成果实在是百倍于我们的预期。交给我们这些画之后，难道你还能为自己留下些什么吗？"

"请你放心，我自己同样收获颇丰。"

"对此我难以相信。"他走到书桌旁，写下一张两万五千美元的支票交给我。我略一迟疑，然而还是接受了。他转身上楼，捧着一幅喜多川歌麿的版画《伊势的焰火》走下楼来。"这件宝贝是我们从住友男爵[1]那里买来的，我们兄弟两人请你接受它，永不离弃。你帮我们找到了印制更为精美的一幅，我相信或许那就是这幅画最好的一件印品了。仅次于它的就是我手中这一幅。"

午餐后，我们乘着斯伯丁的那辆斯蒂恩斯－奈特[2]敞篷车去兜风。我坐在后排威廉和约翰兄弟之间。我们放慢车速，享受着惬意的凉风。经过一所学校的操场，男孩子们正在操场上玩棒球。我听到挥棒击球响亮的一声：一记好球！我抬头看到球正向这边飞来，本能地抬手接住了球，把它扔回球场。

威廉惊讶地叫道："啊哈，赖特先生！原来如此，这下子我明白你是怎么搞到那些画了！"

执行弘道分得了那两万五千美元中的一部分，但是如今我宁愿他拿走了所有钱。

摆在你面前的是一幅关于西方如何掠夺东方的完美画卷。我并不道歉，任由你来评判。

搜寻和购买浮世绘，从一种引人入胜的游戏变成了一门爱好，而且是以我从未想到的力度和规模。

我购买的所有浮世绘，包括为斯伯丁家、为纽约大都会博物馆、为伯金汉姆家和芝加哥美术馆代购的，已经把我身不由己地推到了全日本浮世绘交易的首席。在现金极其紧俏的年

---

[1] 即住友友纯（1865—1926），住友家族十五代继承人。
[2] Stearns-Knight，一种在俄亥俄州克利夫兰生产的豪华轿车，1929 年停产。

代，我经手的交易数额将近五十万美元。

或许你会认为，东方人得到了金钱，不是吗？那么西方人获取了什么呢？艺术的无价之宝，日后的估价只能以百万美元计算。在日本或者中国，屡屡上演着类似的故事。

瑞托君的"爱好"带给他极大的乐趣，也让他和整个西方都获益匪浅。终于有一天，我开始感到羞愧。

当然，日本的画商们不喜欢我的这种心态，但是他们的行为并不仅限于此。

霍华德·曼斯菲尔德是当时纽约大都会博物馆的财务主管，他请我在下次赴东京期间为他挑选一些艺术珍品。散落在日本各个角落的古董密探一旦有所"发现"，他们想到的第一件事就是向我禀报。

我感到，瑞托君正在滑向一个十足的商人。

我已经与某些人同流合污了。这时从日光市传来一个消息——非常隐秘的消息。我和东京知名的艺术商人林君（"林"是一个像史密斯在美国那样普遍的姓氏）一道，先乘火车再转乘人力车，在乡间的树林里找到一座日式的小房子。

我们发现了一批"收藏"。天呐！在此之前，我满以为自己见识过了浮世绘的所有题材，然而我错了。在那里，我看到一大幅铃木春信的画作（用金叶印制在厚的皱纹纸上），日后在纽约以两千五百美元拍卖。鸟居清长的作品——我从未见过的题材。数十幅东洲斋写乐[1]的作品，其他诸如胜川春章、歌川丰国[2]，还有葛饰北斋的几乎全套作品、歌川广重的名作《甲阳猿桥》和三联画的雪景。无须再一一历数了，这些名字足以证明，这批珍宝的价值超乎人的想象和言语的描述。自从儿时读过阿拉丁与神灯的故事，我又一次走进阿拉丁的宝洞。所有这些版画都是上品，正如日本人的说法，"一番"。

又一次，我像饥饿的孤儿跑进面包店里那样眼花缭乱。在那里待了大约两个小时，我以五万美元买下了全部画作。他们急需用钱，而我已经排挤掉了其他的买家，将交易置于我的掌控之下。我总是能够以真实价值三分之一的价格实现目标，与通行的做法相比这并不算贪

---

[1] 东洲斋写乐，生卒年不详，活跃于18世纪末的日本浮世绘画家。
[2] 歌川丰国（1769—1825），日本浮世绘画家。

婪。在对东方的交易中，西方惯常出价真实价值的十分之一，并且屡屡得逞。

又一次跨越太平洋，第十一次漫长而枯燥的归航。

然而，有艺术的宝藏陪伴在我身边。我一面贪婪地研习，一面沾沾自喜。饕餮之徒吗？毋庸置疑。

回到美国后，我把这批艺术品全部加以分目和装裱，然后带到纽约。作为当时美国最严谨慎重的收藏行家，曼斯菲尔德主导着一个由极其挑剔的收藏家们组成的圈子。他们请来几位专家会商，并且让我回避。为什么要让我回避？我难以理解。

最后，曼斯菲尔德放下手中满是圈圈点点的清单，开价四万五千美元购买这批藏品的一半。我提议五万整，最终成交。

数月之后，已经厌倦了这一角色的我再次来到东京，继续帝国饭店的设计。这时，我收到曼斯菲尔德发来的一封电报：

东京帝国饭店，赖特收。
纽约画商松木自知情者处获知，东京存在翻新浮世绘之团伙。部分自你处所购版画上有针眼显示其为翻新的伪作。望速查实为要。

曼斯菲尔德

我即刻着手调查。松木的情报是真实的。多年以来，东京最精明的几个画商在隐秘的乡间供养了一位著名的技师。由他带着几个徒弟，翻新一些稀有但是画面已经模糊残损的古版浮世绘。他们将数月的心血倾注于翻新一张稀有的浮世绘，成果可以开价数千美元。

翻新的第一步，是清理掉画上需要修复的部分的颜料，还原纸张。再通过浸泡一些毫无价值的古版画，获取翻新所需的相应颜料。然后，借助于一种精巧的技法，沿着画面上某些微小的针眼，利用专为这一张画所刻的一套木版重印相应的局部。这些修复后的版画并非简单的仿品，其本身就极具价值。可是谁会买它呢？显而易见，没有一个收藏者会买。

这些人一直没有来找我。曾被他们蒙骗的收藏家包括加拿大的埃德温·沃克爵士，还有另外五六位不那么知名的美国收藏者。然而，他们设法避开我——或许是不敢在我面前冒险，直到骗过多位收藏者之后才壮起胆来向我出击。

瑞托君失手了。我除掉了这个造假的团伙，把首犯（正是林本人）投入了监狱。他在狱中关了一年之后，这个案件开始审理。我被法庭请来，坐在法庭里的一张小桌子前，看见警察把他带了进来。法庭希望由我来裁决如何惩处他。他跪在地板上向我磕头，泪如泉涌地乞求我的饶恕。

　　我说道："没收他的所有财产，永远禁止他再从事与版画相关的生意，然后放他走。"我的判决生效，而他其实已经不名一文。假如我提出要求的话，愤怒的日本官员原本可以将他绞死。

　　这种造假的把戏是对他们极大的羞辱。我以一种与我预想的截然不同的方式"清理"了市场。

　　日本的官员们向我公开致歉，那个画商被驱逐出日本。我最后一次听到有关他的消息，是他在伦敦仍旧做版画生意，但不是浮世绘。

　　他是一个西方的产物，他属于那里。

　　我敢断言，他在伦敦会很成功。

　　我满足了吗？是的，满足于东方对西方小胜一局。它没有令我感到遗憾，反而是我内心良知的一丝解脱。

　　接下来，轮到我和曼斯菲尔德还有他的朋友们扯平了。回到美国后，我在塔里埃森举办了一次被称为"名画盛宴"的聚会。我打开密室，将自己的收藏和盘托出。我卖给他们的浮世绘中，大约三分之一是经过"修复"的。此刻，任由曼斯菲尔德和他的朋友们从我的收藏里挑选，作为对那些画的补偿。

　　这次聚会花掉了我三万美元。

　　"赖特，"曼斯菲尔德对我说，"我知道我们可以信赖你！"

　　"没错儿，霍华德。但是你我的罪责相当。你把我排除在外，让你的专家为你鉴别挑选，其实我已经脱掉了责任。但是正如日本人的说法，'瑞托君'是不能丢脸的。"

　　"是的。赖特，我明白，"大都会博物馆的财务主管说道，"我明白。"

　　游戏一直在按照西方划定的规则进行着。这些规则赋予我权力闯入并不属于我的世界。我醒来了。那一刻，没有人在我耳边对我说："不，你不是美国人。"我曾经是一个相当地道的"美国人"。

假若我有意跻身于西方成功的艺术品赌徒之列,我今日的财产早已是车载斗量。我常常这样宣称,但是不带任何自豪的意味。

日俄战争爆发了。日本这个新手把她的学习收获付诸测试,并且在优势种族惊讶的注视下赢得了并不稳固的胜利。自此,她面向太平洋,蠢蠢欲动,开始吞占日后大有用途的宝贵海岸线和成百上千个岛屿。这些岛屿当中靠近海岸的一个,被选来充当训练营地,试验德国式教育与日本式改良的结合。

曾几何时——直至《排华法案》[1]通过之前,日本显然视美国为西方世界的一个例外。她的民众和政客中,有许多人视我们为一个或许可以信赖的朋友。原因何在呢?大概缘于我们对日本文化倾注的热情(和金钱)吧。然而,当发现我们一面卖给日本她急需用以投入战争机器的钢铁,一面鼓动中国抗击日本,她很快就绝望地丧失了对于美国仅存的一点敬意。美国的这种行径,使西方的无耻与两面性愈发暴露无遗。

日本始终仰慕她文化的祖国——中国,正如我们仰慕英国那样。

我于一九一八年来到北京,为帝国饭店搜集地毯。在此期间,我拜会了辜鸿铭博士,并且从他那里学到了有关日本与中国的一些真知灼见。他毕业于牛津大学,曾经做过皇太后的秘书[2]。他头顶红色的小圆帽下面,缠着一条清朝统治遗留下的辫子,作为对被他称为"坐汽车的中国人"的一种抗议。他在北京生活期间,写了几本颇具影响力的著作。我被他写的《中国人的精神》深深吸引,决定借此次北京之行前去拜访他。我有幸与他交谈,聆听他的教诲。

这位智者陪着我在北京城偏僻的街巷里探幽访古。由于他痛恨"坐汽车的中国人",因此我们雇了两个年轻蒙古人拉的人力车。其中一个高六英尺七英寸的车夫拉着我,另一个矮一些的拉着身材矮小的辜博士。我们另雇了一个向导。这个向导纠缠着我惹人厌烦,但是他毕竟能起些作用。

我们游览了紫禁城和覆盖着蓝色琉璃瓦的天坛,看到远自戈壁滩而来的骆驼队满载着毛

---

[1] 美国国会1882年通过的《排华法案》(*Chinese Exclusion Act*)。
[2] 原文有误,辜鸿铭毕业于爱丁堡大学,曾任张之洞的秘书。

皮穿过美丽的牌楼。有一天，他领我来到一处游人罕至的古庙，一边指给我看这些鲜为人知却意义重大的古迹，一边向我阐释中国人的精神。古庙大殿的屋顶已经坍塌，残存的一整面墙壁上密密地排满了数百个壁龛。每个壁龛里都嵌有将近三英尺高的圆雕陶俑，它们被划分成几个等级，各个都艳丽绝伦却已饱受雨水的侵蚀。

辜博士自顾踱到一旁，欣赏这片残破的美景。

那一刻，我再一次沦为"面包房里饥饿的孤儿"，被眼前这幅神圣的画面所吸引。辜博士的注意力正在残垣断壁之外，我旁边的向导开始偷墙上的塑像。他低声地问我道："你很喜欢这些塑像，是吗？你尽管挑，两个、三个都可以，我今晚替你送到旅馆去，你明天早晨就能看到。"

我心中闪过瞬间的犹疑，难道我要借助于这个家伙，掠夺中国最灿烂的瑰宝，摧残对于辜博士而言如此圣洁的殿堂吗？我心中升起一股厌恶。"不，不，我不能用这种方式。这地方有一天或许会被修复的。"

"没希望了，很快就全都没了。早晚会落入其他人手中。"

"但我不会那么做。"

我和向导之间的低语，没有躲过这位智者极其敏锐的耳朵。我听到身后有脚步声，这位哲人把一只手抚在我的肩膀上，几乎是耳语地对我说道："不，你不是个美国人。"这句话所蕴含的关怀与尊重让我倍受感动。直到今天，我从未后悔舍弃了那些奇丽的雕像，虽然它们"早晚会落入其他人手中"。

我们站在残壁前，注视着那些塑像，辜博士给我讲解它们背后的故事。他承认没有什么指望能挽救它们，但是与其让你的灵魂随它们一道毁灭，不如让它们静待命运的安排。

这位顶着花白发辫和红色圆帽的智者，既不属于老派也不属于新派。他的思想和见解属于不受时代左右的真谛，他拥有我平生所罕见的睿智。踩着脚下废墟的瓦砾，他向我娓娓道来。如今的中国已经没有什么纯粹的中国人了。千百年来，原初的中国人逐渐被来自北方的蒙古人同化。留存下的极少数原初中国人的后裔，实际上就是日本人。早在古代，这些中国人就取道朝鲜迁移到了日本，同化掉了当地人口稀少的土著阿伊努族人。他们惊人的生育能力，得益于食用大量鱼类。在日本，有十三口人的家庭仍只能算是小家庭。拥有三妻四妾的日本富家，甚至会有六十个子女，而日本人口的急剧增长势必引发严重的危机。亚洲迅猛的人口增长（也包括俄罗斯，他认为俄罗斯具有比世人所公认的更多的亚洲特性），是它手中握有的枪炮。人力的洪流一旦受到有效的指引，必将轻易地冲垮西方加给亚洲的任何枷锁。亚洲人生育的速度甚至超过了现代战争杀戮的速度。他们能够以三当一，驯服现代化战争这匹野马！

辜博士认为，今天的日本自恃为亚洲的"枪炮"。日本与中国都崇拜源自印度的神祇，发源于婆罗门教的佛教征服了中国和日本。如果印度获得独立，它将自然地成为日本与中国的精神领袖。亚洲人视俄罗斯为东方与西方之间的纽带。终有一天，日本借助于中国这座天然的桥梁，将与俄罗斯结为伙伴。摆脱了西方枷锁的印度，将会加入由日本和中国率领着的黄种人世界。届时，亚洲作为一个整体与德国达成协议，其结果是全世界五分之四的人口和地域都将由黄种人统治。当时机来临，非洲人必然也会投入亚洲人的麾下。

辜博士富于哲思的观点，似乎为"黄祸"之说提供了或多或少的生物学佐证。在德皇威廉二世眼中，亚洲人是一个与白种人迥异的种族，一个隐藏着巨大能量的对手，一群我们不理解并且通过努力也无法理解的天才。辜博士告诉我，西方人不仅无法理解东方人，并且只能以西方的思维模式去推想东方，从而每每陷入东方人设下的迷局。今日的俄罗斯与中国都拥有旺盛的人口繁殖力和无尽的自然资源。一旦获得现代化的卫生条件和军事装备，它们将变为蕴藏着庞大人力的冰川，而日本也将在不久的未来加入它们。

没有一个亚洲国家，会被入侵者长久彻底地征服。

被日本征服绝不会是中国的末日。同样地，被德国征服也不会是俄罗斯的末日。

征服中国将是日本的末日。昔日蒙古人的入侵造成了原初的中国人消亡，而今日混合了蒙古和中国血统的中国人，将会是日本人的终结。每一个日本男子都希望能娶到一个中国女子。即便是富裕的日本商人，也会乐于娶一个出身贫寒的中国妻子，他们的至少十九个子女尚有一半日本血统，但是他们的三百余个孙辈将只剩下四分之一日本血统。以此类推，七代以后，日本人在中国的土地上将不复存在，而在日本本土恐怕也所剩不多。就像那句诗中的老虎对女士所说的："从今以后，你就待在我的肚子里吧。"[1] 正如你无法支起东方人的眼睑

---

[1] 典故出自美国女作家威尔斯（Carolyn Wells，1862—1942）的长诗《回声俱乐部》(*The Re-echo Club*)。诗中写一位女士骑老虎出行，却被老虎吞入腹中。

或者拉直他们的鼻子那样，西方人恐慌也罢，施压也罢，都无法改变东方人的狂热与冷酷，他们只能对此敬而远之。东方人不再惧怕西方人，他们将为自己的利益而战，而不仅仅是向西方报复。

今日——一九四二年，我回想起辜博士二十多年前说过的话。依据我的亲身经历，我认为把裕仁天皇等同于希特勒、墨索里尼是极端错误的。日本拥有德国和意大利全然不可相比的人口数量和精神力量。日本支持轴心势力，仅此而已。无论生存还是毁灭，她都是亚洲的一部分。无论由此产生怎样的后果，她都会拼死抗争到最后一刻。她将怀着难以名状的东方信仰和宿命注定的狂热，为实现她的目标不惜一切。

日本感到自己手中正握着解放者的利剑，可以任意挥舞，即便她自认为正当的手段被西方世界视为背信弃义又有何妨。

在她眼中，如果白人没有染指中国、东南亚和印度，那么如今她作为亚洲当之无愧的领袖的地位本应更加稳固，她能够借此发动她所称的伟大"解放"。

在辜博士眼中，西方世界所知或者说认为存在着的"中华民国"，不过是一个滑稽的产物。即使在现代社会，中国的绝大多数土地和人口仍有待发现，而这些绝大多数人对于局限于沿海一线的所谓中华民国既知之甚少，也漠不关心。中国的民主社会等同于孙逸仙博士和他的家族亲友，以及数百万视美国为渺茫的寄托与支持的中国人。在任何关键时刻，中国人从美国等来的都只会是背弃而不是解救。若要把我们对中国的支持，硬说成我们为了中国的自由而战，你找不到任何事实的支撑——哪怕是商业交易方面的。他认为，亚洲的自由永远不会因外力而产生。无论是否有日本的崛起，亚洲的自由只能渐次地从内部滋生和成长，而这意味着未来漫长的几个世纪。

在他看来，西方完全忽视了中国与日本之间的血脉联系。假以时日，在各自的狂热与冷酷极限范围之内，这两个国家的天性将使对方极大地获益。西方对这两个国家能够做的一切，只是进一步污蔑和摧毁，尽量遏制它们不可逆转的未来：那就是黄种人终将以俄罗斯为中间人，与西方和德国牢固地联系在一起。到那时，德国这位导师即便可以幸存，也已经被付清了学费，不再有存在的必要。

England—London
英格兰——伦敦

一九三九年四月,苏尔格雷夫协会通过英国驻美国大使向我发出邀请,希望我担任乔治·华生爵士论坛今年的发言人。这一论坛是由乔治爵士设立的。主讲人由英国人和美国人隔年交替担当,旨在加强英美两国的文化沟通。布莱斯爵士、伍德罗·威尔逊[1]、耶鲁大学校长哈德利[2]、西奥多·罗斯福和加拿大总督等人都曾在这个论坛发表演讲。

你或许知道,苏尔格雷夫协会接管了乔治·华盛顿在英格兰的祖宅,并加以精心维护。那里是美国和英国历史共同的土壤。这个论坛的演讲者可以自主选择任何一所英国大学,自定演讲的次数。即使只讲一次,同样可以收到两千五百美元的报酬。演讲内容的出版需要征得演讲者的认可。

我接受了这份荣誉,计划在伦敦大学举行四次夜间演讲。英国皇家建筑师学会获悉我被选为今年的演讲者,希望我把演讲地改在建筑师学会新落成的波特兰大厅。为此,皇家建筑师学会授予我荣誉会员资格。这样,我就不至于以陌生人的身份踏上英国的土地,至少我乐于相信这个颇具英国特色的理由。

在我们的国家里,最令建筑师们垂涎的荣誉来自英国皇家建筑师学会。与我们美国的类似机构不同,皇家建筑师学会颁发的荣誉既不会附和潮流,也不会屈就名望,因此在整个联合王国广受尊重。身处世界任何角落的英国人都知道皇家建筑师学会的金奖意味着什么,对于任何一个美国人而言自不必说。它为此前七个国家授予我的荣誉画上了完美的句号。正像俗语说的那样,最后到来的本应最早出现,最早出现的却应当最后到来。

我们决定带上伊奥万娜同行。她快十三岁了,这种体验对她很有益。我们乘坐"玛丽皇后"号抵达伦敦,住在距特拉法加广场不远处一家叫"盖兰德"的旅馆。同船的一位《曼彻斯特卫报》的记者给我们讲了许多关于这个颇有渊源的旅馆的逸事。亨利·詹姆

---

[1] 伍德罗·威尔逊(Woodrow Wilson,1856—1924),1902—1910年任普林斯顿大学校长,1913—1921年任美国总统,1919年诺贝尔和平奖获得者。
[2] 哈德利(Arthur Hadley,1856—1930),美国经济学家,1899—1921年任耶鲁大学校长。

斯[1]曾住在这里写作。画家惠斯勒和他的朋友们时常在这里露面。阿什比告诉我他从卡姆登小镇到伦敦来也会住在这里。塞维奇夫人说,英国的乡绅来到伦敦往往选择住在这里。我们感受到了这座老房子的妙处。它就像《匹克威克外传》[2]一样具有英吉利的气质,浸透了英吉利式的质朴和古怪的丑陋。

就演讲而言,我发现假如我不做任何准备,反而会有最精彩的发挥。如果我能自如地即兴发挥并且乐在其中,我相信听众们也能分享我的乐趣。努力记住准备好的内容,只会扰乱我在讲坛上的思路。既然我要讲的内容全都是有关我自己,那么除了为演讲整理一些资料之外,我并不需要演练。听众本身是无法预设的灵感源泉,我尽量小心地不去刻意思考我想讲些什么,这样才能实现最好的演讲效果。以上就是我为在皇家建筑师学会晚间四次演讲所做的精心准备。

稍后,演讲的内容由隆德·亨弗瑞出版社以《弗兰克·劳埃德·赖特》为书名出版。这本插图翔实、印刷精美的书出版之时,炸弹仍在伦敦上空倾泻[3]。一九四一年二月,第一批样书寄到了亚利桑那州的西塔里埃森。

当我正在西塔里埃森收听一九四一年的新年广播时,我得知自己被授予当年的皇家建筑师学会金奖,这也是国王生日的庆典内容之一。我的朋友们都异常吃惊,而我自己吃惊的程度诸位可想而知。唯有拉塞尔·希区柯克[4]例外,他似乎早已未卜先知。

我回电接受了这份荣誉:

> 我谨怀感激之情接受这份伟大的荣誉。在可怕的战争期间,英国仍未忘记将荣耀授予一名建筑师。
>
> 弗兰克·劳埃德·赖特

---

[1] 亨利·詹姆斯(Henry James,1843—1916),长期旅居欧洲的美国作家,代表作有小说《贵妇的肖像》《华盛顿广场》等。
[2] 狄更斯的著名小说。
[3] 1940年9月起,纳粹德国开始对伦敦大规模空袭轰炸,持续至1941年10月结束。
[4] 拉塞尔·希区柯克(Henry-Russell Hitchcock,1903—1987),美国建筑史学家及评论家。

此前获此殊荣的美国建筑师有理查德·亨特[1]、查尔斯·麦克金姆[2]和托马斯·哈斯汀。他们和我之间的差异，足以证明现代世界思想潮流的巨变。我很高兴地看到，追随我的年轻人未来面对的阻力将比我当年遇到的小一些。我把这一荣誉视为有利于他们的一次重大突破，尽管比公开反对者更危险的敌人依然存在，比如受世俗追捧的成功。

我为乔治·华生爵士论坛所做的四次演讲，都是令人激动的经历。青年们从爱丁堡、剑桥和英国各地涌来，直到富丽堂皇的大厅里连站的位置都没有了。来得晚一些的人只能失望地离去。我注意到台下全都是年轻的面孔。

主持人克劳福德伯爵在讲台上向我欠身说道："这是怎么一回事？赖特先生。我们从来没有见过这样的阵势。"

"阁下，我同样没有想到。"我说道。

或许我在当晚的演讲中对文化现状表现出过分悲观的态度，克劳福德伯爵站起身来，指出演讲的过程令他困惑不解。他感觉自己有点儿像一个叫山迪的家伙，在苏格兰的老墓地参加葬礼。山迪紧靠墓穴边上站着，好奇地想看个究竟，不料脚下一滑掉了进去，蹭破了两侧小腿上的皮。第二天，本地的报纸如此评价这次葬礼："整个过程被这起不幸的意外事故染上了悲观的调子。"

台下的听众向"演讲者"投以善意的笑声。

演讲总是由一位和蔼可亲的贵族或者议员主持。世界上没有比英国绅士更理想、更称职的伙伴了。但是，也有那么一两位主持演讲的议员与克劳福德伯爵不同，他们真是"太乏味了"。每一次演讲，都会有听众问在座的奥吉瓦娜，我是否真的全靠即兴发挥而没有讲稿。他们之所以产生怀疑，并非因为我的演讲听上去不像即兴发挥，而是因为它太像即兴发挥了。她向他们保证：百分之百的即兴发挥。

演讲后的讨论会上发生了许多趣事。某位公爵夫人坐在我的一个朋友身边，她慢条斯理地举起长柄眼镜瞧了我一眼，然后问道："这个假行家到底是谁？从得克萨斯跑来对我们指指点点。"

---

[1] 理查德·亨特（Richard Hunt，1827—1895），毕业于巴黎美术学院的美国建筑师，代表作包括自由女神像基座、纽约大都会博物馆大厅等。
[2] 查尔斯·麦克金姆（Charles McKim，1847—1909），毕业于巴黎美术学院的美国建筑师，代表作包括纽约宾夕法尼亚火车站、波士顿公共图书馆等。

伊奥万娜是个"城堡狂"。但是那些不"属于"原作的加建令她大失所望。约翰·格罗哥的小女儿领着她四处参观。伊奥万娜尤其厌恶雷恩爵士所做的那些加建，它们无一例外地忽视了原有的建筑，与其说是加建，不如说是拆毁。此外，她难以容忍在城堡古老的石墙上新加的排水管道。不论怎样解释，也无法让她稚嫩的浪漫情怀接纳这些必要的合理措施。她喜欢伦敦塔，却热切地想要追寻弗朗索瓦·维庸[1]在巴黎的行踪。

总体上讲，伦敦的听众拥有我在各地演讲从未见识过的睿智，也让我领教了从未见识过的领悟力和刻意刁难。我自己就很喜欢刁难别人，英国的听众们也是如此。在此我无须引述他们众多刁钻的问题，因为有一位老练的法庭书记员，把整个过程精准地记录了下来，以至于是我一生中绝无仅有的一次对演讲记录不必做任何更正。这本包括了刁难和攻击的翔实记录，由皇家建筑师学会的秘书卡特编辑成一本装帧典雅的书。如我前面所讲，它正式出版之际，伦敦的一座座房屋正在密集的炸弹爆炸声中倒塌。

不列颠人的性格中闪烁着一种不列颠式的桀骜不驯，让人不禁悬想，假如她的帝国没有像现在这样成为"白人的负担"[2]，英国在当今世界的文化中会扮演怎样的角色？无疑，她高贵的品质远不在于以战争征服、操控那些受其压迫的族群。假如英国能够成为一个自立并且自由的英国，从内部逐步发展她的个性和力量，这个国家或许会很小，但今日的世界将拥有一个强大的、真正的民主社会。那将是一道文明的光辉，一个人类亟须的典范。抛开她的殖民征服不谈，英国的成就傲立于世界上最伟大的文明的行列。帝国毁掉了英国，三百年来的开疆扩土对英国毫无裨益。一种疾病在英国的肌体生根，并且由于她的成功而远播四海。现在也感染了我们。

一九四二年一月二十一日，也就是我的伦敦之行大约一年后，我在亚利桑那的沙漠里收到《新闻纪事报》发自伦敦的电报。报社希望我以一千五百字左右的电文，为战后重建伦敦提出建议。以下是我的回复：

---

[1] 弗朗索瓦·维庸（Francois Villon，1431—1463），法国诗人，因盗窃被判处绞刑但不知所终。
[2] 《白人的负担》（*The White Man's Burden*）是英国诗人吉卜林1899年发表的一首诗，副标题为"美国和菲律宾群岛"，时值美国出兵征服原西班牙殖民地，意在讽刺白人帝国主义者的征伐。

伦敦是地球上最墨守成规的地方。如今，原本需要数百年才能消灭的丑恶的贫民窟，在几天之内被轰炸得荡然无存。在擦去感伤泪水的同时，人类栖居的艺术和科学获得了一个机遇。如果讲英语的文化凭借着英国人坚强的意志抓住了这个机遇，投入与这个机器时代相称的建设，那么大英帝国或许将会终结，然而英国文化的统治力却将幸存并取得胜利。

不久，我们将看到毁灭的力量同样可以创造。我们将看到英国和德国究竟是人道主义的乐土，或者仅仅只是英国和德国。假如英国是人道主义的乐土，伦敦必将疏散它大量稠密的人口。就连头顶的炸弹都证明了，分散居住是何等的必要。浴火重生的伦敦将是老伦敦范围的二十五倍。在我们这个机械时代里，空间的度量二十五英尺相当于旧日里的一英尺。

无度的拥挤是一种残杀。即便不是残杀肉体，也是对最可贵的人类内心感受的摧残。一个范围更大的伦敦，不仅是迫切的必要，并且具备空间的可能性。为了规划新伦敦的蓝图，需要时刻区分真正大写的"传统"和由它生发出的种种陈规定式。陈规定式必须消亡，真正大写的"传统"方能得以永生。

伟大的建筑总是在起点出发，因此需要实现以下前提：

1．建筑的服务对象，既不是巨富者也不是赤贫者——不允许以建筑为牟利手段。
2．除了公共景观，没有任何闲置的土地，也没有土地开发商盘剥的机会。
3．不允许把持整个社会赖以生存的思想和发明，取消专利。

简而言之，针对资金、土地和思想的投机行为将无处容身。它们是像空气和水一样的人类生活必需品，绝不能沦为供人投机的商品。这些前提是我们称之为"民主"的社会制度的基石。我们将以这些前提为基石，在封建碉楼的废墟上建造属于机器时代的城市。

人类个体的解放将实现财富均等，但它并不像表面看上去那样可怕。它是真正的社会资本和个体主动精神的唯一根源。资本的基础稳固地落在大地上，而不是像当今社会那样纤小的尖头立在地上，基座飘浮在半空。在依此模式建立的国家里，对于除残疾人以外的任何人而言，失业将是不可想象的。英国将变成这样一个国家，从此坚不可摧。

今天，一座民主的城市将不仅拥有一个市中心，而是有许多个相互关联的市中心。建筑的高度随着远离市中心而增长。

假如旧的伦敦实现了轰炸之前已经局部实现了的汽车交通，那么伦敦将看不到任何建筑。伦敦的汽车交通才刚刚起步，伦敦应当成为一个以汽车与飞机为纽带的城市。汽车和飞机重新界定了人活动的尺度，新的尺度进而重新划分空间。

然而，老者们的多愁善感阻挡了进步的道路。他们不断地乞求妥协。

绝不能做任何妥协。因为，我们规划的蓝图还不足以杜绝隐患，多愁善感者仍有可能追上来，把我们拖回过去。清除这种干扰，保证交通枢纽开放通畅。古老的伦敦可以变身为新伦敦的一系列公园。原材料和燃料堆放地周边，将不再挤满工业区以及附带的死气沉沉的政府"住房"。消除无休止的往返运送人员、燃料和用品。不要惧怕在乡间住宅、学校、教堂、剧场和公园的周边建造适宜配套的工厂和农场。

高架铁路下面连绵不断的空间将被用作仓库。载货卡车的道路分置于仓库两侧，以便卡车在任意位置驶入或驶出仓库。一切交通都应当顺畅和不受时间限制。是的，这些目标将化为现实。大轰炸之后幸存的宏大狂热，将在与大地平行的方向上延展。高耸的建筑只会出现在市民活动稀少的地方。旧的建筑规范将被丢弃在一旁，简约而涵盖广泛的新规范将被适应新时代的机遇取而代之。

广亩城市理念的实现将使交通问题不复存在。宽阔的街道将是凹陷而不是凸起的，配有地下通道供行人使用。道路交叉口将采用立交形式。不再需要路灯，因为沿着道路有贴近路面的灯带照明。所有这些措施将使交通事故的几率降至千分之一。我们还将永远告别路边的电线杆和电线。

拥有言论自由的个人，在属于他自己的一块土地上，在他自己的房屋里自由地生活，并且不会妨碍到其他任何人。

不，这绝不是乌托邦。这只不过是依照一幅现代蓝图建造民主社会的一种方式。仅此而已。与之相比，古代希腊人和中世纪基督徒们享受的奢华与美，只是像舞台布景一样华丽的外表。富有者与拮据者的住宅之间，将不再有品质的差异，而只剩下规模的差异。

在任何民主社会里，家是人真正的庇护之所。我断言，在个人拥有完整家园的地方将不再有战争。

所有人可以和谐地共生。假如建筑有机会获得新生，即便是毁于无赖之手投下的炸弹而不得不重生，所有人的个性也将不会相互损害，反而让各自的家园都充满活力。或许只有炸弹才能赋予建筑新生。谁知道呢？

灵活的力量与整体合一的建筑将使这一切容易实现。在马匹和马车的时代不得已如鸽笼一样密密麻麻的聚集，将只属于马匹和马车的思维方式以及马粪堆。一种崭新的美——整体的美——将重现于生活之中。整体的经济蓝图正是这种美。整体的建筑与经济、民主的文化将凝聚在一起。这并不只是华美的辞藻。虽然有古老章程的束缚、无知者的干涉和肆意的浪费，我们仍在一点一滴地将理想化为现实。虽然这种理想是举世共有的，然而它的母语却是英语，它能够使英国永远摆脱炸弹的威胁。因为，必然导致战争的种种压力无法存在于如此规划的民主社会里，独裁者将没有立锥之地。

昨日的社会制度、美学形式、哲学和思想观念已经被机器彻底改变。回避现实将无济于事。为什么要把昨日的法规施用于今天？"只要我们遵从自然，就不会是不法之徒。"我们是安全的。假如有机的城市规划付诸实施，大英帝国或许会瓦解，然而不列颠的文化疆域会安然无恙。假如德国赢得这场战争，这一理想的未来必然被飞机大炮所断送。

不列颠，你不必过分伤怀。帝国并非不可或缺。

——F. LL. W[1]，西塔里埃森

又及："想象力的帝国，将比一切实际存在的帝国更为长久。"

伊恩·麦克阿利斯特爵士写信告诉我，全英国各地都从报纸上读到了我的回电。《新闻纪事报》支付给我的二十基尼[2]稿费设法跨过了大西洋。在当时的情况下，那张支票不失为令人感动之举。

---

〔1〕 赖特的签名缩写。
〔2〕 英国货币单位，一基尼合1.05英镑，习惯上作为购买土地、艺术品和马匹的价格单位。

Russia—Moscow
俄罗斯——莫斯科

一九三七年五月

我收到来自莫斯科的邀请，作为苏联政府的嘉宾参加在莫斯科举办的建筑师大会，来自各国的众多优秀建筑师也同时受邀。于是我们启程了，乘"玛丽皇后"号邮轮在法国瑟堡登岸，在巴黎和柏林分别短暂停留之后，最终到达波兰与俄罗斯边境的检查站。这样的盘查，有些像检查一匹作为礼物送来的骏马的牙口。正当盘查变得越来越粗野无礼时，一封从莫斯科发来的电报使盘查戛然而止。我们登上了那种带有客厅和餐车的老式欧洲列车，前往莫斯科。

沿着边境两侧密布的铁丝网，是一片荒无人烟的旷野。所有树木都被伐倒，唯一的人迹是每隔一段距离的瞭望塔上把守的哨兵。俄罗斯和波兰哨兵分别在火车站的站台两侧来回巡视。我稍稍靠近波兰一侧的站台，就被喝令回到俄罗斯把守的一侧。

我很乐意不吝笔墨地描绘一下莫斯科。然而，基于一百种正当的理由，自传的这一章已经到了必须搁笔的时候。

俄罗斯主人们对我们热情备至，而他们改天换地的壮举更是令人叹服。一座座古老的教堂被炸药送上半空，让位于一个崭新的莫斯科和一条条新修的大道通衢。莫斯科已经完成了预计容纳五百万居民的规划。拖拉机和卡车随处可见，用白手帕扎起秀发的年轻姑娘们，正驾驶着压路机修建通向列宁格勒的公路。古老的和全新的建筑物形成鲜明的对比。前者不乏杰作，比如众多古老的俄罗斯东正教教堂。当然，还有美丽的克里姆林宫。而后者的绝大多数都很拙劣。

这里的现代建筑大都生硬而粗糙，面目冰冷并且比例失调。除了极少数的例外，这样的评价并不失公允。我可以想象俄罗斯大众对它们的反应。无怪乎他们拒绝这些所谓的现代建筑而偏爱古典形式。这些所谓的现代形式与俄罗斯人独有的深沉、激情是多么地格格不入。在莫斯科逗留期间，我接触到许多俄罗斯建筑师。从俄罗斯回到塔里埃森之后，我还为《今日苏联》杂志撰文评价俄罗斯建筑师和他们的作品。

我们和美国驻苏联大使乔·戴维斯[1]夫妇共进午餐。乔是威斯康星大学校友，我们畅谈甚欢，但需要时不时瞅一眼四周的墙壁。我们有理由怀疑自己作为外来者受到了监听，然而自始至终并没有发现任何证据，我们的疑心也随着停留时日增多而逐渐淡化了。

我们没有机会自己购买任何东西。甚至连发电报、洗个人衣物都被记在旅馆账单上，最终由苏维埃政府打理。那些俄罗斯建筑师是如此的热情，听说我们想买一些古老的俄罗斯乐器带回塔里埃森，他们不顾我们的劝阻，径自买好了送到我们手里。

俄罗斯的精神深深打动了我，我有生以来第一次在启程告别时动情地眼眶湿润了。

俄罗斯，一片充满机遇的土地！无论在街道上还是家里，在所有公共和私人场所，你听到的都是"我们""我们的"。我们的剧院、我们的地铁、我们的学校等等。规模无比浩大的国防建设势必要派上用场，而这或许恰恰是因为它的规模已经如此浩大。这是一个所有人都避而不谈的话题。整个世界正陷于一团混乱，伟大的变革即将到来。当时——一九三七年的五月，空气中有某种不安的东西让所有人难以名状地担忧。

美国的报纸表现得很不友善，因为我公开指责它们没有把关于俄罗斯的真相告诉美国人。假设我是斯大林的话，为了大众的福祉，我会把所有美国记者都赶出俄罗斯。我举出了少数几个例外者，比如沃尔特·杜兰提[2]。

在建筑师大会上，来自西班牙的建筑师做了发言。当轰炸甫一停止而内战还远未结束之时，他们就立即投入了对古建筑的修复。还有来自土耳其安卡拉、耶路撒冷、芬兰、罗马尼亚、瑞典、挪威、英国和法国的众多同行。最有趣的还是来自苏联的建筑师们。我从未见过这样的氛围，所有人都满怀理想，满怀求知的热望。我感受到一种令人难以置信的团结。无论是聚在宽大的圆形门厅里交谈，还是分成小组讨论建筑的过去和未来，到处都充溢着同志般的友情。

走进乡间的集体农庄，我惊奇地发现，和塔里埃森同样种类的花草树木在和同样种类的野草斗争。我才意识到这里和塔里埃森的纬度相仿。

同样的植被、鸟儿和兽类形成一条环绕地球的带子。经度的影响无关紧要。

---

[1] 乔·戴维斯（Joe Davies，1876—1958），美国律师，1936—1938年任美国驻苏联大使。
[2] 沃尔特·杜兰提（Walter Duranty，1884—1957），生于英国的犹太人，1922—1936年任《纽约时报》驻莫斯科记者，曾发表大量亲苏的报道文章，引起广泛争议。

我们住在富于欧洲传统气息的大都会酒店。在莫斯科停留数日之后，我们前往苏克汉诺夫。苏克汉诺夫就是俄罗斯的塔里埃森。它们有同样的乡野乐趣，同样的橡树、松树、白桦树和野花，同样的牛羊和鸟鸣，还有相似的建筑师们。

但是，那里的建筑仍然是传统样式。一间宽敞的圆形大屋子里，一张大圆桌旁围坐着建筑师和他们的家属、宾朋，面对着他们自己田里的出产大快朵颐。这里四百英亩农场上牲畜的数量，是我们一千英亩农场上牲畜的两倍。

我喜欢俄国人，他们也喜欢我们。早在一九一五年到一九一九年期间，大批俄国人因躲避革命而流亡东京。我曾邀请其中一些人到我在老帝国饭店的寓所做客。那时候，我喜欢来自旧制度的俄国人。此刻的一九三七年，我喜欢苏维埃俄罗斯的无产阶级。新旧两种制度下的俄国女子，同样洋溢着浓郁的俄罗斯气息；而两种制度下的男子却是迥然不同。我更青睐无产阶级。

在我的东京寓所里，有一架稀罕之物：我在银座发现并买下的三角钢琴。我时常邀请俄国客人们分享音乐和老帝国饭店诱人的美味佳肴。很快我和他们成了好朋友。他们甚至会搂着我的肩膀说："不，你怎么会是美国人呢！你简直就是个俄国人！"

"不，我是个地道的美国人，你也是美国人！不必在意我是哪国人，你是哪国人，我们其实很相似。"我回答道。

"但是我们不喜欢美国人。"

"那是因为你们还没有真正了解美国人。那些会和你意气相投的美国人不大有机会出现在这里。到美国来结交真正的美国人吧，你们一定会喜欢上他们的。那些游历海外的美国人往往举止做作，甚至缺乏教养。我能随便举出几位地道的美国人，切利米西诺夫公主一定会爱上他们，梅塔克萨伯爵夫人和鲁宾斯基伯爵夫人也是一样。谁知道呢，也许你们会更喜欢美国的男子，但是有些美国女子非常可爱，俄国汉子们一定会喜欢上她们。这些美国女子和你们知道的美国影星不同，她们自然的天性还没有过度沾染法国或者英国气息。她们会比其他任何国家的女士更像俄国女子。我敢担保，你会爱上美国土地上的美国人。

"美国人在海外总是受到白眼。因为优秀的美国人很少出国。"

二十多年后，我又一次发表了这篇短小的演说。这次的听众不是东京的俄罗斯流亡者，而是莫斯科的无产阶级。美国与当今俄罗斯的土壤里有某种共通之处。那就是自由的简单，或者说是简单的自由。我很费解，为什么新旧制度下的俄罗斯女子非常相似，而男子却有显著的差异。

我热爱俄国的精神，对于我妻子能够讲俄语也深感荣幸。她是一名出色的翻译，多次为俄国听众和同行们解答问题。她在沙俄时代接受的教育，她讲的俄语温柔优美如母语一般。苏维埃俄罗斯和尤松尼亚，具有相互理解和支持的潜力。这是必然的。然而，俄国继承的东方遗产赋予她更深厚的人文内涵与多彩的精神。对我而言，她融合了东方与西方。美国人的精英不仅与俄国志同道合，并且能够为他们提供前车之鉴。或许我们自己正需要一场革命。

To Russia
致俄罗斯

作为俄罗斯人民的贵宾，我在苏维埃宫的讲坛上发表了下面这篇演说。震动世界的肃反审判就发生在那里。《真理报》[1]将我准备好的演讲稿翻译成俄文，经奥格瓦娜仔细校对后交给了苏联建筑师协会主席科莱。我亲自讲了前言与结语，其余的正文由科莱向听众宣读。

六百余位来自各个加盟共和国以及国外的建筑师让会堂座无虚席。我一生中从未接受过如此隆重的欢迎。年轻建筑师们围着能与他们交流的奥格瓦娜："我们都很熟悉您丈夫的作品，在你们来访之前我们就知道他的模样。"会堂里的场面就像总统选举。我不得不一次次返回讲坛向大家致意，直到我在奥格瓦娜身旁落座，掌声方才平息。

几天前，苏联飞行员刚刚驾机穿越北极上空抵达西雅图。莫斯科到处是兴奋的音乐欢庆和不分昼夜的庆祝游行。

Address to the Congress of Architects-Soviet Russia
致苏联建筑师协会

亲爱的同志们，我跨越了五个不同的国家，从世界的希望之土美利坚合众国，来到世界的另一片希望之土苏维埃社会主义共和国联盟。我的归程有可能只有我来时路途的三分之一，它将只穿越一条国界，也就是我自己祖国的国界。苏联飞行员

---

[1]《真理报》(*Правда*)，1918—1991年苏联共产党中央委员会的机关报。

的壮举,将这两个国家一起摆在了北半球的中心。拜科学技术所赐,我们得以成为近邻。然而,苏维埃还将拥有美好的建筑。这是与科学大不相同的领域,一门伟大的艺术。我很高兴能够站在这里,因为我了解你们为探索属于苏维埃新生活的建筑形式而付出的努力。我支持你们,因为我自己的祖国美利坚曾经站在你们今天的位置。正如我们自己所言,美国曾经是一块干净的"画板",拥有伟大的机遇。有两条文化之路摆在美国面前:退缩回旧日文化的硬壳里,还是经历勇敢的探索,让自身成长为一种崭新强健的文化。刚刚获得自由的人民做出了错误的选择,我们选择了做精神上的奴隶。

科学的飞速发展、技术和工业的成功,加上无尽的自然资源,使我们一夜之间获得了巨大的财富。所有这些进步,超越了我们对原则与秩序的掌控。我们肆无忌惮地盗取和滥用古代文明留下的遗产。我们盲目堆砌的建筑形式,都是从折价品柜台买来的行将就木的文化残渣。美国今日的主流建筑,不过是被无知所累、辱没了自由之名的污点。

所谓主流的美国建筑,被商业的浮华所利用,背叛了我们在科学和工业方面取得的胜利。与世界其他任何角落一样,属于新生活的真正建筑形式如今蓄势待发。我们在那些无异于舞台布景的美国建筑当中,寻找着真正的建筑形式。那些布景企图掩饰我们缺乏内在的成长,而只有这种内在的成长才能被称为"文化",也正是这种真实造就了古代文明的辉煌。我们自轻自贱的丰厚成果,是可怜的一丁点儿精神抚慰。美国没有学到有关建筑的一星半点,其他所有的艺术形式也都随之萎缩。

我们的摩天楼究竟是什么?它是工程技术的礼赞,却是建筑艺术的败绩。钢铁的框架躲藏在石材后面,描绘出一幅模仿中世纪碉楼的动人图画。阻塞城市空间的这些"建筑",与推动它建造的经济力量一样虚假。令人遗憾的是,你们将要建造的苏维埃宫也反射出这种虚假。我期望,仍在蓝图上的苏维埃宫能够成为现代版本的圣乔治屠龙——将要树立在楼顶的列宁巨像,将资本主义的摩天楼踏死在脚下[1]。

---

[1] 1931年莫斯科政府炸掉救世基督大教堂,拟在其用地建设415米高的苏维埃宫,楼顶有巨型列宁像。后因卫国战争而搁置。2000年在原址复建救世基督大教堂。

我们的宿敌——宏大狂热症，也出现在了你们国家的其他地方，甚至在你们的地铁站里。在地下，你们重复着旧日贵族们为自己营造的奢华，或者说是对自己的折磨。对那些寄生虫而言，这无可厚非。但是，它却与我们称之为有机建筑的新的真实，也就是你们为之斗争的自由目标相去甚远。

在我看来，你们一时间难以根除对"宏大"的痴迷。宏大狂热症在这里被铲除，又会在那里抬头，在我们最意想不到的时间和地点现身。我相信，病症的流行仅仅是因为你们没有给予出色的现代建筑以足够的容身之地。

一个新的理想将把人性崭新的自由带给我们。一个更难以实现也更令人激动的理想，意味着旧的文化从未尝过的自由。旧的文化繁荣只能源自外力，新的文化必须并且也有可能由内部生长出来。缓慢地生长，但它是今日的俄罗斯唯一安全的成长方式。

我很担心苏联会重蹈美国的覆辙。如果不得不匆忙地大兴土木，而文化还没有成熟到让这些房屋成为真正的建筑，那么苏联要做的就是尽可能理性地利用优质的材料，建造符合科学性的建筑。然后，原地等待！

新建筑运动的左派宣称，他们在向有机建筑前进。但是他们力所能及的，只是让平屋顶和光洁的墙面显得赏心悦目罢了。这些将是昙花一现。

右派的目标是把建筑本身变成一个大装饰。他们是陈腐拙劣的同路人。而有机建筑作为正中的前进方向，已经将科学、宜人的建筑物质环境，升华成对适应现代生活的人类精神的赞歌。

今天的苏维埃应当全神贯注于合理的建筑规模、合理的建筑设计和施工，集中精力于建设高速公路、桥梁和绿化。远离对建筑的过度装饰，远离任何对建筑形式的苦心雕琢，直到朝气蓬勃的俄罗斯建筑师们，通过渐进的试验，找到如同属于古老俄罗斯的克里姆林宫那样属于新俄罗斯的建筑形式——到那时，苏联将不愧为世界的希望，拥有名副其实的文化！我希望有一天，美国会洗净它曾经犯下的过错，并且不满足于此。

同志们，不要把自己的建筑才华浪费在单纯的"品位"上面。在思想进步的时代，建筑正迅速地将科学知识应用于哲学思考，让艺术重又获得自由和至高的地位。

这是不能妥协的理想。

现代社会的另一个重大变革，是大城市不可避免的衰败。甚至对于你们而言，无论规模大小，城市已经与时代脱节。工人们对于生活的憧憬，需要俄罗斯的土地给予他们机遇和灵感。不错，农业的发展离不开工业，然而工业的发展更深地依赖农业。土地是每一个人生来具有的自然资源和国家权利。他在土地上的一切投入或者收获，都不及土地本身对他的意义。在我看来，俄罗斯巨大的土地资源，将为她的所有公民和后世子孙提供美好生活的基本要素。

俄罗斯人，请好好利用你们崭新的土地！电力、机器、汽车、广播、电视、高速公路和广袤的农场，城市原有的集聚形式因它们而失去功能，甚至会妨害未来的生活。对人而言，高耸意味着晕眩，水平的线条才是人类生活的线条。有朝一日，整个国家将变为一个自由延展的城市。国民们生活在属于各自的一块土地上，从事农业与工业、艺术与手工艺、科学与教育、商业与运输的各种劳动者，和谐地交融在一起，交织成自由的图案。每一个人的努力都遵循对于所有人而言自然的秩序，与其他所有人息息相关。不再有无谓的运动、干扰、消遣、阻碍和负担，崭新的形式将更好地服务生活中的一切。

假如那是俄罗斯的明天，那么我就是一个俄罗斯人。无论来自哪个国家，身在俄罗斯的每一个人都将是一个自由的人。有机建筑的发展已经描绘出这一理想生活的画卷，呈现出未来城市的图景。我希望并且相信，苏联的新一代建筑师必将迎来广亩城市——无处不在却又无影无形的城市。

美国仍距离这样的蓝图千里之遥。以生产把控消费的经济模式，阻止她靠近这样的理想。被奉为至高无上的私有制和利润机制，渗透了生活的所有枝干，阻止她靠近这样的理想。这些经济蠢行，让伟大的城市构想在未来至少五十年里与美国无缘。如果有足够的渴望，今天的俄罗斯就有可能获得民主形式赋予的自由。俄罗斯建筑师们具备这样的远见和能力。

新的自由，是现代生活缺乏并且需要的真实。在这个紧要关头，有机建筑为苏联呈献的正是这种真实。日后，它将从俄罗斯扩展到整个欧亚大陆——如果届时它还有所残留的话。

苏联的建筑师们，我崇敬并且热爱你们的精神。我能够给予你们的建议是：在通向建筑殿堂的征途中放慢脚步。无论承受何种压力，都要从真正的起点出发。要学习建筑的结构，但首先要透彻地学习有机建筑的技术与形式背后的原则。用俄罗斯激昂的精神，让伟大的作品从它扎根的地方生长出来，真实地属于苏维埃的新生活，如同永恒美丽的克里姆林宫真实地属于这片土地上旧的生活。

剔除了文艺复兴风格的寄生物，巍然屹立的克里姆林宫是整个人类文明的一件瑰宝。

苏维埃绝不能模仿克里姆林宫，然而克里姆林宫却是苏维埃的荣耀。我热切地希望，发展出未来真正的文化，将给苏维埃自身带来荣耀。当建筑真正成为建筑，它将是永恒的。新生的自由将带来建筑文化之外的其他未来的财富。但是，请耐心一些。与建筑形式的成长一样，它们都无法靠强求得来，而需要谦恭地从起点出发，缓慢地成长。

回国之后，我在莫斯科对美国建筑的评价使我陷于报纸的围攻。一九三七年八月，我写下这篇《苏联的建筑与生活》，发表在《今日苏联》杂志上。对全美国的报纸和电台而言，当时"红色"的俄国就等同于声名狼藉。

没有人愿意听到赞美苏联的声音。

任何对苏联的赞许，都将置你于社会的、经济的，尤其是道德的靶心。

上帝啊，我们的虚伪真是不可限量！

Architecture and Life in the USSR
苏联的建筑与生活

现在，我又回到塔里埃森。我的莫斯科同行们远在万里之外，我可以尽情表达自己的观点。我非常喜欢他们，与他们意气相投，因此我对他们的评价难免过于美化。然而我的评价都是公允之言。

回望北极的另一端——我在莫斯科的朋友们和他们的作品，显得愈发不凡。我试图尽微薄之力，劝阻他们在迷惑中的倒退行为。我尤其厌恶他们正在建设的苏维埃宫，希望能改变扶持它的那些头脑。然而，它的基础已经完成施工。

我看到的是，如今的俄罗斯与多年前的美国一样，那些曾经因为贵族拥有一切而一无所有的大众，等来了他们欢喜雀跃的时代。没有什么比屋顶下高耸的大理石柱和光芒四射的大吊灯更让他们笑逐颜开的了。他们曾经仰视这些左右着他们命运的奢华象征，而今却饥不择食地享用这些奢华。

然而，苏维埃建筑师们的态度让我感到安心。我可以举出阿拉柏阳[1]、科莱、约凡[2]、维斯宁兄弟[3]、尼克尔斯基、舒舍夫，还有《真理报》的编辑阿尔金。他们每个人都以诙谐的态度，夹着一丝俄罗斯人特有的宿命论面对现实。

当下，没有足够的时间来创造一流的简洁，弃绝奢华和虚假。当下，还不是理想的时机来坚持大众无法理解的东西——以一流的简洁推翻浮华的做作，就像他们自己推翻那些曾经的浮华主人一样。我在美利坚毕生与之抗争的文化滞后，正在俄罗斯重演。俄罗斯人和美国人一样，还需要经过好几代人，才能接近一种替代旧秩序的更自然的生活和建筑。在俄罗斯人眼中，旧的秩序恶毒地剥夺了人的权利。然而，俄罗斯大众没有意识到毒害正在以建筑为最高境界的创造领域里渗透。他们通过斗争想要摧毁的旧生活，仍然以衍生的形式存在于他们身边，反过来以一种含蓄和深远的力量摧毁他们。

然而建筑师们——至少是我刚刚提到的那些人——意识到了这一点。但是他们认为："别担心，用不了十年我们就会把它们都拆掉。"

"光是建起苏维埃宫就需要差不多十年时间。"我说。

"别担心，我们会连它一同拆掉——没准儿会在完工之前。"

"为什么要吸引大众涌向莫斯科呢？与其为容纳五百万人而建造一个莫斯科，何不把莫斯科输送到五百万人的家中？"我问道。

"但是，俄罗斯数以百万愚昧的民众需要一个文化中心，就让这座城市充当满足一时之需的文化中心吧。"他们解释道。

这样的说辞无法令我信服。我可以理解他们，甚至嫉妒他们拥有这样的机遇，但我无法

---

[1] 阿拉柏阳（Karo Alabyan，1897—1959），苏联建筑师。
[2] 约凡（Boris Yofan，1891—1976），苏联建筑师，苏维埃宫的竞赛获奖者。
[3] 维斯宁兄弟三人都是建筑师和建筑教育家。分别是列奥尼德（Leonid Vesnin，1880—1933）、维克托（Victor Vesnin，1882—1950）和亚历山大（Alexandra Vesnin，1883—1959）。

认同他们。尽管在通向新秩序的道路上出师不利，但是我仍认为俄罗斯的机遇拥有如此强劲的动力，绝不会被失败的起步扼杀。

俄罗斯建筑师的态度是真诚的，他们的社会觉醒度远远胜过我们的美国建筑师。没有一位我认识的美国建筑师，会如此长远地眺望未来，以混合着幽默感与理想主义的微笑宽容地面对现实。

阿拉柏阳说："如果可以的话，我想把今生不得不用到的所有古典柱式都用于这座建筑（新的剧场），然后一劳永逸地抛开它们。"维斯宁在谈到文化宫（对柯布西耶设计方案的改进）时说："它还缺乏光彩，这只是一个初期的构想，还不具备俄罗斯的精神。"年轻的约凡满怀憧憬地谈到他设计的苏维埃宫，一种装饰浓重的折中主义："别担心，赖特先生。它会随着我们的推进得到改进。我们一直在推敲。"我在约凡的设计室见到了这种自信的实证（那里曾是一八一二年拿破仑在克里姆林宫内落脚的地方）。

有谁能抗拒这些思想活跃、心存高远的同行的魅力呢？有哪一位建筑师会不倾其所能来帮助他们呢？事实上，帮助来自他们自己。他们对我说："要对我们的人民有信心。我们俄罗斯人都是天生的艺术家。我们热爱美的东西，对生活的理解既深刻又把握有度。我们会创造一个新的俄罗斯。你会看到的。"

我看到了，他们的努力让一个有机的新俄罗斯慢慢绕过"紧闭的大门"，进入了他们的建筑作品。我相信，苏联的未来不必以牺牲俄罗斯的精神为代价。

如果像惊恐的局外人所言，斯大林同志背叛了革命，那么我在莫斯科的经历告诉我，他的背叛是把革命交到了民众手中。

莫斯科的建筑师们独占一座宏伟的建筑作为建筑学会。顶层是一间画廊和几间餐厅，楼下是图书馆、设计室和收藏品展室。快要离开苏联时，我和前面提到的那些建筑师当中的几位，一起来到他们的苏克汉诺夫度假。那里是距莫斯科三十英里的一片四百英亩的田园，有一座古老的宫殿。他们有自己的畜群，将要在这里建起新的建筑。美丽的森林环抱着田园。这些建筑师可以随时带着家人和朋友来这里度假。他们将在这里建起设计工作室和技术试验用的工房。

这些建筑师之间只有朋友一样真诚主动的合作，世俗的回报不会令他们心动。他们和他们的亲人可以经济独立地生活。一个人的成功非但不会妨碍他人，反而会是他人的阶梯。竞争中包含的毒刺已经被拔掉。今天的失败没有任何屈辱可言，因为它可能被明天的胜利补偿。在和他们的交谈中,你能感受到他们的"明天"就意味着今天,正如"永远"就意味着此刻。

置身于苏克汉诺夫的朋友们之中,是一段我和我出色的翻译奥格瓦娜难忘的经历。你可曾体验过俄罗斯人的热情好客?还没有吗?那么好吧,做一名建筑师去访问你的俄罗斯同行们。他们会带你来苏克汉诺夫。

身兼农民和建筑师的双重角色,我参观了一个集体化的奶牛农庄。农民们在田野里和谷仓里劳动,按劳分配。他们每天挤三次牛奶——日出时、上午十点和日落时。所有人共同住在一个与老式农庄相仿的村庄里,区别在于有一个托儿所在母亲们劳动时看管婴儿。这些婴儿都由他们的母亲喂奶。附近有一个现代模式的幼儿园。托儿所和幼儿园都由苏维埃来管理。这种集体农庄是革命后产生的一种富有特色的核心单元,但是它的发展程度远远落后于工业,正如美国的现状一样。

工厂的建筑和运营胜过农场。农场的发展还很不完备,部分原因在于革命首先是由工厂里的工人们发起,而在革命之初农庄抗拒集体化的生产模式。农民们一度宁可以宰掉牲口、破坏庄稼来对抗集体化。不难想象,要在美国农民中开展任何形式的合作化,即便现在也会是相当困难。格朗基[1]是我们最接近集体农庄的形式,但是它并没有形成规模。

苏维埃似乎清除了农业发展的障碍,合作化将给农场带来如同公有化带给工厂的益处。农场上各家的住宅散落在一个美丽的中央公园里,高音喇叭里农场管理者的声音和城市里传来的文化信息联系起每一个农场组团。假以时日,这些农场组团将变成世界上最诱人的生活和劳动场所。

在我看来,莫斯科的新规划仍然存在诸多缺陷,但是它远远胜过我见过的其他所有城市规划。改天换地的机遇在于,当伟大的城市需要粉碎整个街区的老建筑,没有私人财产,也没有多愁善感者能够说"不"。为了让肮脏混乱的小巷变成宽阔的大路,就连雄伟神圣的古迹也灰飞烟灭。规划中巨变的力度与无所顾忌,令人震撼。

当规划变为现实,莫斯科将成为全世界最美好的城市。然而我以为,它已经落后了,应当让位于一种先进的理念——"广亩城市"。

未来的莫斯科有太多的高楼。这一缺憾部分归因于苏联的工业发展领先于农业,并

---

[1] 格朗基(Grange),美国的一种农民互助组织。

且仍旧执着于旧的思维模式。出于某种原因，本应自由划分的土地上，将出现由"古典"形式严格管控的区域。那里将有四层高的学校建筑（知识的工厂），但是对我而言，两层已经太高。公园组成绿带围绕着城市，但是更理想的布局应当与此相反。最精彩的传统建筑和政府建筑坐落在城市的中央公园里；随着城市向外发展，建筑的高度随之逐渐增高。

如今，莫斯科宏伟蓝图的一部分已经变为现实，例如宽阔的街道和公园。整齐铺筑的花岗岩石块护卫着古老的莫斯科河两岸，克里姆林宫古老的宫墙和穹顶威严地注视着脚下的花岗岩堤岸。

莫斯科有一系列设计精良的地铁站。新建的地铁站更加宽敞和富丽堂皇，但我更喜欢早期建成的朴素简洁的地铁站。与莫斯科的地铁相比，纽约的地铁看上去像下水道一般。

然而，一座高墙像它挡住美国文化那样，挡住了俄国通往文化的道路，那就是大众渴求与精神脱节的奢华与宏大。但是，对于俄国我们不必惊诧也不必谴责。除了贵族和布尔乔亚的生活，俄国人一无所有。如今轮到他们享受了。数以百万的大众终于迎来了这一天，摆脱昔日鞭子下的奴役，奔向他们心目中的麦加——莫斯科，并且留在这里生活。

与其他国家最优秀的新建筑相比，他们的新建筑既不更强也不会更差。然而，当俄罗斯的现代建筑师选择了左翼的道路，厄运随之降临在莫斯科。他们在这条错误的道路上沾染了有害的洋腔洋调，比如乏味的孤芳自赏和幼稚的技术工艺。现代建筑既然已经溃不成军，大众自然而然地只能以古董为范本来描绘奢华的布景，成年人也像孩子一样痴痴地瞪大双眼。

舒舍夫和我站在他设计的苏维埃大饭店前，注视着这座庞大的建筑。我告诉他这座建筑应当被叫作"大都会风格"，它具备所有费城等大都市固有的优点和缺陷。或许我有所夸张，因为它毕竟是一座舒适的旅馆，在很多方面不失为佳作，然而，它仍属于美国人已经日渐厌弃的那种旅馆。

只有庞大的体量能让俄罗斯人心潮澎湃，如同它先前诱惑坐井观天的美国人一样。显然，这一切正是我曾经担心自己将要目击的倒退现象。

作为新建筑的登峰造极之作，苏维埃宫同样是美国式宏大狂热的受害者。它模仿摩天楼只顾向上的效果，直到被一座三百英尺高写实的列宁像用巨大的脚掌踩住。工人们的衣服和笨重的鞋子，与典雅的摩天楼形成强烈对比，显示出当前苏联文化的特征。苏维埃宫秉承了富于纽约特色的倒退精神，怀着摩天楼的冲动垂直向上，却被雕像当头压住。就这样，它从庞然大物沦为了侏儒。

伟岸的列宁将一切踩在脚下，我无法想象还有什么画面比这更为荒唐。我相信，伟大的列宁看到这一幕也会厌恶至极。在七年前苏维埃宫的设计竞赛中，年轻建筑师约凡的方案脱颖而出。今年，他设计了巴黎世界博览会上最引人注目的也最成功的国家展馆。展馆的思路与苏维埃宫颇为相似，也有一座巨大的雕像耸立于建筑的屋顶。

但是巴黎博览会的苏联展馆是低而舒展的，为雕像提供了适宜的基座。苏维埃宫却是一个完全失当、过度夸张的基座托着一个写实而平淡的雕像。

约凡陪我去莫斯科郊外看他设计的一座疗养院，一件设计和施工都很精良的佳作。任何一位需要疗养和护理的苏联公民，都可以来此享受在美国只有大西洋豪华邮轮上才有的奢侈。构思巧妙的阳台和房间布局，让室外空间拥有和室内一样的舒适。整体上看，它的优秀难以被其他任何建筑超越。《真理报》所在的大楼，是俄罗斯人尝试"现代主义"更加成功的例子。然而，在它之前那些有害的先例，决定了这样的建筑并不属于俄罗斯。它苦心经营着一种精神和内涵都少得可怜的风格。我认为，一旦俄罗斯人的文化迟滞消失，他们将不再满足于肤浅的东西。这也许只需要十年时间。

规模庞大的文化宫，是一座在许多方面都更加出色的建筑。它是服务于具有艺术情趣的公民的娱乐场所。其中的大会堂，是我这个会堂专家见过的最好的同类作品之一。从整体看，这座建筑具有好的构思，实施也可圈可点。我很喜欢设计它的建筑师们。如果这件作品能够像他们本人一样，更富有俄罗斯的精神和个性，那么就会更加打动我。苏维埃拥有许多像我提到的这些朋友一样可贵的建筑师。苏维埃政府派出四百多位建筑师参加在莫斯科举办的这次大会，并且邀请了众多来自他国的建筑师。

我能够预见，列宁格勒将成为苏联众多城市中一件精美的展品。尼克尔斯基给我看了他为列宁格勒一座新体育场所做的设计。我喜欢他以建筑手法布局的大片树阵。它理智地摆脱了笨重的砖石的束缚，有望成为一件宏伟而精美的作品。

苏联的电影院，堪称世界上供大众休闲的最佳建筑场所。其中一些出自维斯宁兄弟之手。在建筑师大会上代我宣读演讲的科莱，是苏联建筑师协会的主席。他对比例和风格有精妙的把握，却倾向于古典风格。建筑师大会的主席阿拉柏阳，以他在剧场设计领域非凡的才干，让旧的形式焕发出某种程度的新生。规模宏大的社会建设，正在呼唤建筑精神的帮助和指引。

这里有一群能够创造伟大建筑的建筑师,以及与他们携手并肩的评论家和报刊编辑们,例如《真理报》的编辑阿尔金。艺术院校的首领们站在保守倒退的一边,但我希望这只是暂时的。

多么遗憾啊,苏联的建筑不能像这里的人民一样自由。果真如此的话,千禧的盛世立刻就会降临。那里仍有世界上最宽阔的道路,却不再有令人生厌的权宜之计,不再有人类对无知的偏好所造成的文化滞后。无论俄罗斯举国上下如何欢欣雀跃,我都难以接受它正在经历的滞后,阻碍它获得与新的自由相称的建筑特征。

我参观了许多苏联新城镇建设的典范。它们全都异常出色,却都带有太多向文化滞后的妥协。令人称奇的是,这样落后的国家居然拥有这样的成就——至少是如此迅速地拥有,或许太快了一些!

我带着遗憾,肯定他们的所有成就。

那些与我短暂相识的俄罗斯人眼中,有某种东西让我能够微笑地期待:他们的俄罗斯精神!

在今日世界的其他任何地方,都没有这种精神。

我感受到这种精神洋溢在空气当中。俄罗斯男子的阳刚、女子的柔美、新的劳动赞歌和男女工人的笑脸都散发出这种精神的光晕。不知不觉间,他们已经感受到自由的影响,并且骄傲地时刻展现出来。尤其俄罗斯的女性,令我不禁感叹:"新生的俄罗斯将拥有怎样伟大的母亲啊!"

一种新的英雄主义正在苏联的大地上生长。在那里,男子有男子的阳刚,女子有女子的柔美。在那里,上帝不再是人们心目中昂贵的抽象物,不再有堕胎,不再有所谓私生子。国家的资源保障每一个母亲安心地养育她的儿女。阳光下的俄罗斯为每一个新降生的小生命准备好了一片天地。无论出生在何时何地,这个小生命都已是一个公民,国家保障他受教育和工作的权利。性别歧视将不复存在。

他们对一个人付出努力而收获的劳动品质给予鼓励。他们称之为"斯达汉诺夫运动"[1]。社会的和实物的奖励,是基于一个聪慧的领头者创造的全新的成功理想。在拥有我

---

[1] 顿涅茨矿区采煤工人斯达汉诺夫在1935年8月创造了一班工作时间内采煤102吨的纪录,超过定额十三倍。这一事迹在苏联第二个五年计划时期得到广泛传播,形成了斯达汉诺夫运动。它的特点是社会主义竞赛与新技术相联系。

们这种价值观的美国社会里，如果不能适应生活基本目标的彻底改变，很难想象个人获得这种新的自由。我发现，自己始终渴望一种新的视角，一种比"你的、我的"更为简单的视角。在拥有这种视角之前，我们无法理解俄罗斯。我们这些贪婪的西方人，只能惊叹于她的生机和力量、她勇武的成长和丰富的表露，崇拜她绚丽多彩的个性，却无从探知她幸福的秘密。

其中的秘密对于我们而言太过简单了。它不存在于我们熟悉的"获得"和"占有"之中。

生活将不再包括这两样内容，除非"获得"和"占有"能够让人们相互受益并且造福所有人。在苏联人的面孔和行动中，不再有卑贱的怯懦和对金钱的焦虑。英雄和英雄主义自然地闪耀在苏联人编织的新生活里。

见证和感受过俄罗斯精神，我想忠告那些对苏联有所企图的敌人，要提防的不仅仅是每一个武装起来的男子，还有那里的每一个妇女和九岁以上的儿童。

除了彻底的种族灭绝，一切都无法征服苏维埃俄国。

辜鸿铭，那位真正的诗人与哲人（我曾引用过他对日本的深刻剖析），拥有思考和阐述"简单"道理的天才。有一天，我和他坐在荷花池边古旧的石阶上，他洞若观火地历数各个种族的特性，谈到俄国时尤为精辟。他认为，"灵魂"是所有民族都最为匮乏的要素——法国拥有一种替代物：优雅。

但是，给世界带来"灵魂"的将是俄国。

托尔斯泰、屠格涅夫、陀思妥耶夫斯基、普希金和果戈理，还有些许俄国音乐与戏剧，这就是那时我所了解的俄国。我想我能理解他所指的深意。

今天，我相信他的预言将会实现。俄罗斯带给西方世界的，将是那些执着于金钱、暴力和争夺的衰败种族无法在自身找到的"灵魂"。并且，我期望她能及时阻止那些民族处心积虑的自杀行为。

塔里埃森，一九三七年八月十日

上文被转载于麦迪逊市的《资本时报》，其反响之一是下面这样一封信。

An Open Letter to Frank Lloyd Wright
致弗兰克·劳埃德·赖特的公开信

  多年以来，你的名字始终与美国建筑的杰作联系在一起。你的坦诚和无畏享誉四方，你的见地被无数美国人悉心聆听。因此，我们很遗憾地看到，你在夸赞苏联的同时附带对美国共产党严重的诋毁。

  我们曾访问过你的塔里埃森，看到那里没有电灯和取暖设施，屋里的地板半途停工。这幅感伤的画面，证明了在利益是唯一上帝的经济制度下，艺术怎样地遭到遗弃。我们敬仰你的正直，你决不让自己的才华随波逐流，去生产资本主义乐于购买的建筑产品。

  我们很好奇，你将如何评价那片社会主义的国土。在那里，艺术和工业都属于全体人民。在那里，一个杰出建筑师的作品，不会因为没有电而昏暗阴沉，沦落为艺术被资本主义压制的象征。我们没有误会你的真诚。你带回了直率的赞誉，给记者们提供谎言，供他们歪曲事实。你说："如果说斯大林像许多人一直以来痛斥的那样背叛了革命，那么他的背叛是把革命交到了俄罗斯人民手中。"

  你宣称美国的共产党员都是骗子。我们试图揣测你的想法，却茫然一无所获。难道你暂时忘却了你对"宏大狂热症"的厌恶，仅仅因为我们在美国还只有五万个成员，尚不足以完成俄罗斯共产党的成就而鄙视我们吗？

  抑或是，当你已经通过第一手渠道了解到苏联被美国记者们极大地歪曲和误导，你仍然满足于从这些记者那里获取对美国共产党的第二手了解？

  如果《资本时报》忠实地刊登了你的观点，我们希望你能在百忙当中，做出更为明确具体的指责，容我们也享有你评价苏联时表现出的公正，从而有机会做出回应。

  我们宁愿相信你之所以提出那样的观点，仅仅是由于缺乏对美国共产党员的直接了解，或许还夹带着极其普遍的谬误，那就是将校园里的颓废不羁者与共产党员混为一谈。

美国共产党威斯康星大学教师分部

Reply to the Faculty Communists of the University of Wisconsin
致威斯康星大学共产党员教师们的回信

母校的共产党员们:

我读了你们的公开信。首先,请相信我从未讲过美国的共产党员是骗子。那不过是我的观点从嘴唇通过电话传到记者那里造成的差错。那样的观点无疑是愚蠢而荒谬的。我的确讲过,如同在工会里存在骗子一样,在托洛茨基分子和校园里的知识分子们当中——他们是我心目中的美国共产党——也存在着骗子。这些骗子是俄罗斯最可怕的敌人。

我承认并不了解你们的"共产主义"是什么。我不相信它是那样的。然而,如今我把一切"主义"和"主义者"都视为异类,对所有"分子"都敬而远之。

我领教过我为之付出毕生心血的有机建筑,被精英人士们利用和歪曲,冠以某某"主义"之名,又被某某"分子"们打造成某某"主义"——我指的是"国际主义",也就是今天的"现代主义"。因此,我同样相信无论共产主义最初的含义如何,它已经被"校园里的聪明人"加以利用。这一帮慵懒玩世的聪明人,以经营某某"主义"和"主义者"为业而红光满面。不可避免地,诅咒真理的人总是凭借它,而不是为了它而生存。他们会献上该亚法之吻[1]。出于这种原因,"共和主义者"现在的含义是什么?"民主主义者""社会主义者",还是"共产主义者"?对于一切理想和行动而言,来自基础和内部的都要比来自顶层和外部的更加脆弱,美国的共产主义是这方面的明证。"渐进主义"的含义是什么?同样早已含混不清。让我们抛开这些被玷污同时也玷污别人的标签,谈谈具体明确的问题吧。

"社会正义",对我而言比任何主义都更为动听,而它也不过是一个标签而已。如果它有具体明确的诠释,那么我愿意在以它为旗帜的理想指引下向前。

或许美国能够在某种鲜明清晰的理想指引下,实现真诚的社会目标。

民主本身与社会信用相仿,它等同于社会正义。然而就连"民主"这样崇高的

---

[1] 该亚法,审判耶稣并力主处死他的犹太大祭司。见《圣经·新约·马太福音》26:3。"该亚法之吻"一语出自王尔德的诗《雷丁监狱之歌》(*The Ballad of Reading Gaol*),指施暴者假意的关爱。

字眼,也已经被党徒政客和卖艺的乞丐们买进卖空,以至于今天它仅仅等同于"美利坚主义"了。

To You, American Communists
致美国的共产党员们

从俄罗斯传播到美国,再回归俄罗斯的"形式":

1．每一个人工作的权利都得到保障。

2．每一个有能力的人,不劳动不得食。

3．自由的土地和自由的交换媒介。

4．整体的人口分散化:降低所有地方的人口密度;减少政府干预,政府的职能仅限于关乎公众利益的事务。

5．禁止投机自然资源或者公众赖以生存的设施。禁止以土地、水、空气或天空为牟利手段,禁止以石油、天然气、煤炭、公共交通或电台为牟利手段。禁止投机电话、电报、报纸或者邮政。实现免费的教育和医疗救助。

通往这片乐土的捷径,是成为一个自主的国家:它不受任何外界牵制,它的政府是从内部生发而成。一种比俄罗斯还要简单得多的制度。一种新的理想将取代旧日以牟利为目标的"成功"定义,它将更加有机,因此也更加人性。

如何实现呢?采用渐进的方式。通过税收和某种购买形式实现整个国家资本化,为这个国家的所有人提供适宜的生活条件,再将剩余的利润像股票那样销售给国民。

这是一种真正的私有制,一种资本制度。它的基础是宽广大地上全体民众的生活,而不是为了极少数人的利益而孤悬在半空。我所描绘的是共产主义吗?是社会主义吗?都不是?好吧,如果诸位一定需要某种"主义"的话,不妨称它为真正的资本主义——有机的资本制度。它属于一种有机的民主制度,它是有机建筑或者说尤松尼亚文化的唯一基石。

请注意：同志们，请不要将我在塔里埃森的困境与俄罗斯相比，以此作为对我的国家的指责。要知道，我曾经不懈地"努力"，并且仍在努力。

塔里埃森，一九三七年八月

The Safety of the Soul Depends on Its Courage
灵魂的安宁依赖它的勇气

目光长远，方见真知。
"宽容、尝试和变革，赋予一种文化以力量。"

生活得以绚丽多彩的力量源泉，不是什么国际主义或者其他任何"主义"，而是每个人直接的责任。它拥有一个光荣的特征叫作"主动精神"。当个体的主动精神激扬活跃，将自己的力量付诸行动，你就会看到生活的发动机强劲地运转。

造化把它给予个体的这种奖赏同样也给予了国家。国家不过是个体结成的公共力量，它的职责应当是查验个体的秉性癖好。偏离这个方向的国家必然是孱弱的国家。

有机的民主形式——日日常新的真理，尚未眷顾我们的文明。

摆在我们面前的是一幅可悲的景象，腐败的社会充斥着对理想的打击，当权者们只需举手之劳就能把我们推入毁灭和仇恨的旋涡。

我从苏联回来之后，许多朋友读了我为此行所写的文章，或者听说了我们在那里的趣闻，好奇地想了解这次访问对我的"观念"有何影响。劳埃德·刘易斯问我："嘿，弗兰克，你觉得莫斯科搞的那些共产主义到底是怎么回事？""基于他们极端愚昧的起点，俄国人实现了非常了不起的成就。但是革命还只完成了一部分，他们仍旧揣着我们的金钱教义。这东西正在毁掉我们，也会毁掉共产主义。他们依旧笃信出于教育目的将人口向城市聚集（或许日后证明是出于军事目的吧）。俄罗斯同样摆脱不了机器崇拜——这种崇拜会掉转头来把俄罗斯撕碎，就像它要将我们撕碎一样。""如此说来，你没有在那里皈依了共产主义，是吧？"

"没有。无论个人主义、国际主义,对我而言,什么主义也没有。我信仰资本的制度。只不过,我希望某些时候它能够经受住考验。"

这本《自传》的第五卷到此结束。

"让一辈辈青年健康茁壮,留给他们坚固的房屋。"[1]

几个世纪以前,奥斯曼帝国伟大的建筑师希南[2]为苏丹建造了一座城市。我希望像他一样,为民主社会建造一座城市:尤松尼亚的城市。它无影无形却又无处不在。

既然对形式的探寻就此结束,那么,尤松尼亚的城市——广亩城市——将成为这本自传的第六卷,一首自然而然的终曲。

---

[1] 乔治·梅瑞狄斯的诗句。
[2] 希南(Sinan,1489—1588),奥斯曼土耳其帝国的建筑师,一度负责设计帝国的清真寺、浴场等几乎所有重大建筑,被誉为伊斯兰世界最伟大的建筑师。

后　记　　　　　　　　Index

为了写作这本自传，长久以来我不时向这些在我头脑中闪现的人物求教：

毕达哥拉斯，阿里斯托芬[1]，苏格拉底，赫拉克利特，老子，释迦牟尼，耶稣，托尔斯泰，克鲁泡特金，培根，威廉·布莱克，塞缪尔·巴特勒，马志尼[2]，惠特曼，亨利·乔治[3]，哥戎维[4]，乔治·梅瑞狄斯，梭罗，赫尔曼·麦尔维尔[5]，乔治·包柔[6]，歌德，卡莱尔，尼采，伏尔泰，塞万提斯，贾科萨[7]，雪莱，莎士比亚，弥尔顿，凡勃伦[8]，尼赫鲁，道格拉斯少校[9]和格塞尔[10]。

我从未阅读过沙利文的著作。他本人的一言一行浸透着他的思想。多年以来，他始终是一本在我面前翻开的书。

无数平行的、交叉的和相互对立的思路汇聚在一处，原本有可能注入这本书中，然而事与愿违。如我所言，真正的篇章总是深藏于文字的背后。任何严肃讨论文化的著作皆是如此。

---

[1] 阿里斯托芬（Aristophanes，约前448—前380），古希腊喜剧作家。
[2] 朱塞佩·马志尼（Giuseppe Mazzini，1805—1872），意大利政治家，现代意大利统一复国的关键人物。
[3] 亨利·乔治（Henry George，1839—1897），美国作家与经济学家，现代土地制度改革运动人物。
[4] 哥戎维（Grundtvig，1783—1872），丹麦诗人及神父，提倡平民教育及终身教育。
[5] 赫尔曼·麦尔维尔（Herman Melville，1819—1891），美国小说家，代表作《白鲸》。
[6] 乔治·包柔（George Borrow，1803—1881），英国作家、旅行家。
[7] 朱塞佩·贾科萨（Giuseppe Giacosa，1847—1906），意大利诗人与剧作家，代表作为普契尼的歌剧《艺术家的生涯》的剧本。
[8] 凡勃伦（Thorstein Veblen，1857—1929），美国社会学家和经济学家，主张将经济学与社会学的分析途径结合起来，主要著作为《有闲阶级论》。
[9] 道格拉斯（Clifford Douglas，1879—1952），英国工程师及社会信用（Social Credit）概念的创立者。
[10] 格塞尔（Silvio Gesell，1862—1930），德国经济学家和无政府主义者。

日复一日，月复一月，学徒会的金尼[1]和他的助手们勤勤恳恳地解读和整理这本自传的手稿。这一大堆涂改潦草、乱不成行的手稿令任何看到它的人，尤其我自己啼笑皆非。金尼是唯一能够辨认它的人。

---

[1] "金尼"是"尤金"的昵称。尤金·梅斯林克（Eugene Masselink，1910—1962），1933年来到塔里埃森。作为赖特最重要的助手之一，协助其设计工作并担任秘书直至赖特去世。

附录一

弗兰克·劳埃德·赖特年表

1844 年,赖特的外祖父理查德·劳埃德-琼斯,携全家从英国的威尔士移民美国。
1865 年,赖特的母亲安娜与其父亲威廉·拉塞尔·赖特结婚。

1867 年 6 月 8 日,弗兰克·林肯·赖特生于威斯康星州的瑞奇兰。
1869 年,全家迁往艾奥瓦州的麦克格里格。
1874 年,全家迁往马萨诸塞州的韦茅斯。
1878 年,全家迁回威斯康星州的麦迪逊,从该年夏天起在詹姆斯舅舅的农场帮工。
1885 年,父母离婚。更名为"弗兰克·劳埃德·赖特"。
1886 年,就读于威斯康星大学结构工程系。

1887 年,独自来到芝加哥,进入斯尔思比事务所。
1888 年,进入埃德勒和沙利文事务所。
1889 年,与第一任妻子凯瑟琳结婚。
1892 年,离开埃德勒和沙利文事务所。
1893 年,独立开业。
1905 年,第一次赴日本旅行,从此开始收集浮世绘。
1908 年,橡树园统一教堂建成。
1909 年,与其业主的妻子梅玛旅居欧洲。
1910 年,与梅玛回到美国。"草原住宅"的最后杰作罗比住宅建成。
1911 年,开始建造威斯康星州的塔里埃森,与梅玛及她的两个孩子在此定居。

1914年8月14日，趁赖特在芝加哥之际，一名仆人在塔里埃森纵火行凶，造成包括梅玛在内七人遇难的惨剧。

1914年，结识第二任妻子诺艾尔。

1915—1922年，数次往返美国与日本之间，设计东京帝国饭店（1968年拆毁，门厅及水池移至名古屋附近犬山市的露天博物馆"明治村"）。

1918年，访问北京，拜会辜鸿铭。

1922年，与凯瑟琳离婚。

1923年，母亲安娜去世。

1923年9月1日，帝国饭店开业典礼，同日发生关东大地震。

1923年，混凝土砌块住宅"微雕"（梅拉德住宅）建成。与诺艾尔正式结婚。

1924年，沙利文去世。与第三任妻子奥格瓦娜结识并同居。

1925年，塔里埃森第二次失火（因电路故障）。

1926年，开始写作《一部自传》。受奥格瓦娜的前夫指控，被明尼苏达州警方拘押。

1927年，与诺艾尔离婚。

1928年，与奥格瓦娜正式结婚。

1932年，《一部自传》首次出版。

1932年，创办塔里埃森学徒会。

1929年，开始在亚利桑那州建造临时营地。此后陆续在此营造西塔里埃森，成为学徒会的冬季居所。

1937年，流水别墅建成。

1939年，约翰逊制蜡公司办公楼建成。

1941年，被授予英国皇家建筑师协会金奖。

1943年，扩充后的《一部自传》出版。

1949年，被授予美国建筑师协会金奖。

1959年4月9日，病逝于亚利桑那州的西塔里埃森。遗体被运回威斯康星州，葬于劳埃德-琼斯家族墓地。

1959年10月，纽约古根海姆博物馆正式建成开放。

1966年，美国邮政发行面值2美分的邮票，图案为赖特头像及纽约古根海姆博物馆。

1985年，奥格瓦娜病逝。遵照其遗愿，赖特的灵柩被运回亚利桑那州的西塔里埃森，遗体火化后与奥格瓦娜的骨灰共同葬于西塔里埃森。

2005年，美国邮政发行面值37美分的邮票，图案为纽约古根海姆博物馆的室内中庭。

附录二

赖特的"世界文化遗产"

2019 年 7 月,在阿塞拜疆首都巴库举行的第四十三次"世界遗产大会"上,赖特的八座建筑代表作组成的系列,入选"世界文化遗产"。

联合国教科文组织的正式文件中强调:"赖特的建筑作品有意识地植根于美国的环境,但事实上它们的精神和形式融合而产生的魅力,普遍地契合许多国家的现代生活。"

1. 统一教堂（Unity Temple,1908）,伊利诺伊州
2. 罗比住宅（Frederick Robie House,1910）,伊利诺伊州
3. 蜀葵住宅（Hollyhock House,1924）,加利福尼亚州
4. 塔里埃森（Taliesin III,1925）,威斯康星州
5. 流水别墅（Fallingwater,1937）,宾夕法尼亚州
6. 第一雅各布斯住宅（First Herbert Jacobs House,1937）,威斯康星州
7. 西塔里埃森（Taliesin West,1937）,亚利桑那州
8. 古根海姆博物馆（Solomon Guggenheim Museum,1959）,纽约州

附录三

美国建筑师协会认定的"十七座最重要的赖特作品"

以最初建成(不含改扩建)时间为序

1. 橡树园家与工作室(Oak Park Home and Studio, 1889),伊利诺伊州
2. 温斯洛住宅(William H. Winslow House, 1894),伊利诺伊州
3. 威利茨住宅(Ward Willits House, 1903),伊利诺伊州
4. 统一教堂(Unity Temple, 1908),伊利诺伊州
5. 罗比住宅(Frederick Robie House, 1910),伊利诺伊州
6. 蜀葵住宅(Hollyhock House, 1924),加利福尼亚州
7. 塔里埃森(Taliesin Ⅲ, 1925),威斯康星州
8. 流水别墅(Fallingwater, 1937),宾夕法尼亚州
9. 汉纳住宅(Hanna House, 1937),加利福尼亚州
10. 约翰逊制蜡公司办公楼(Johnson Wax Administration Building, 1939),威斯康星州
11. 西塔里埃森(Taliesin West, 1937),亚利桑那州
12. 莫里斯礼品商店(Morris Gift Shop, 1948),加利福尼亚州
13. 约翰逊制蜡公司试验楼(Johnson Wax Research Tower, 1950),威斯康星州
14. 唯一神派教堂(Unitarian Meeting House, 1952),威斯康星州
15. 普莱斯公司办公楼(Price Company Tower, 1956),俄克拉荷马州
16. 拜思绍罗姆犹太教堂(Beth Sholom Synagogue, 1959),宾夕法尼亚州
17. 古根海姆博物馆(Solomon Guggenheim Museum, 1959),纽约州